EDUARDO C. B. BITTAR

CURSO DE ÉTICA

GERAL E PROFISSIONAL

www.saraivaeducacao.com.br
Visite nossa página

EDUARDO C. B. BITTAR

CURSO DE ÉTICA

GERAL E PROFISSIONAL

16ª edição

Av. Paulista, 901, Edifício CYK, 4º andar
Bela Vista – São Paulo – SP – CEP 01310-100

SAC | sac.sets@saraivaeducacao.com.br

Diretoria executiva	Flávia Alves Bravin
Diretoria editorial	Ana Paula Santos Matos
Gerência de produção e projetos	Fernando Penteado
Novos projetos	Aline Darcy Flôr de Souza
	Dalila Costa de Oliveira
Design e Produção	Daniele Debora de Souza (coord.)
	Rosana Peroni Fazolari
	Camilla Felix Cianelli Chaves
	Claudirene de Moura Santos Silva
	Deborah Mattos
	Lais Soriano
	Tiago Dela Rosa
Planejamento e projetos	Cintia Aparecida dos Santos
	Daniela Maria Chaves Carvalho
	Emily Larissa Ferreira da Silva
	Kelli Priscila Pinto
Diagramação	Rafael Padovan
Revisão	Rita Sorrocha
Capa	Deborah Mattos
Adaptação de capa	Lais Soriano
Produção gráfica	Marli Rampim
	Sergio Luiz Pereira Lopes
Impressão e acabamento	Vox Gráfica

DADOS INTERNACIONAIS DE CATALOGAÇÃO NA PUBLICAÇÃO (CIP)
DE ACORDO COM ISBD
ELABORADO POR VAGNER RODOLFO DA SILVA - CRB-8/9410

B624c   Bittar, Eduardo C. B.

           Curso de Ética Geral e Profissional / Eduardo C. B. Bittar. - 16. ed. - São Paulo : SaraivaJur, 2023.
           576 p.

           ISBN: 978-65-5559-959-6

           1. Direito. 2. Ética Geral. 3. Ética profissional. 4. Ética jurídica. 5. Moral. 6. Justiça. I. Título.

2022-2868   CDD 340
                                                           CDU 34

Índices para catálogo sistemático:

1. Direito   340
2. Direito   34

Data de fechamento da edição: 1º-10-2022

Dúvidas? Acesse www.saraivaeducacao.com.br

Nenhuma parte desta publicação poderá ser reproduzida por qualquer meio ou forma sem a prévia autorização da Saraiva Educação. A violação dos direitos autorais é crime estabelecido na Lei n. 9.610/98 e punido pelo art. 184 do Código Penal.

| COD. OBRA | 14107 | CL | 608053 | CAE | 812443 |

Dedico esta obra a Alaôr Caffé Alves, cujo
intercâmbio intelectual permitiu-me
despertar de um sono filosófico para a real
consciência das questões sociais.

"A boa natureza dos animais é a força do corpo;
a dos homens, a excelência do caráter"
(Demócrito, *Fragmentos autênticos*,
Demócrates, Sentenças, 23)

"A questão da moralidade pode ser estudada valendo-se de uma
pergunta aparentemente simples: Como devo agir?"
(Freitag, *Itinerários de Antígona*,
1992, p. 13)

"A responsabilidade moral é a mais pessoal e
inalienável das posses humanas,
e o mais precioso dos direitos humanos"

(Bauman, *Ética pós-moderna,* 1997, p. 285)

"*Nobilitas sola est atque unica virtus*"
"A única nobreza é a virtude"(Juvenal, 8, 20)

"Gratuita est virtus; virtutis praemium est ipsa virtus"
"A virtude tem por prêmio a própria virtude"
(Sêneca, *De vita beata*, 9, 4)

SUMÁRIO

Prefácio XVII
Apresentação XXI

Parte I — Ética geral

1. A significação da ética 3
2. Estudo e prática da ética 7
   - 2.1. A ética e os conceitos vagos 10
   - 2.2. Ética, linguagem moral e juízos de valor 11
   - 2.3. Ética: ciência ou filosofia? 15
   - 2.4. A reflexão ético-filosófica como prática da liberdade 16
   - 2.5. Ética, sociedade e o cultivo das virtudes 19
   - 2.6. Divisões da ética 21
3. Os fins da ação ética 23
4. O objeto do saber ético e as normas morais 25
5. O objeto do saber ético e o direito 26
6. Direito e moral 27
   - 6.1. Semelhanças e diferenças entre direito e moral 29
   - 6.2. Entrelaçamento entre direito e moral: a reparação civil por danos morais 32
   - 6.3. As soluções éticas estão antes e acima das soluções jurídicas ... 37
   - 6.4. Moral, justiça e direito 39
7. Ética, pluralismo de valores e diálogo racional 41
   - 7.1. Ética, diálogo e irracionalidade 44
   - 7.2. Ética individualista e ética do consenso 46
   - 7.3. A ética do consenso e as normas jurídicas 49
8. Ética, degradação moral e desarranjo social 51
   - 8.1. O direito a ter opção ética: o comprometimento do exercício da liberdade ética 57
   - 8.2. A ética e o acervo da humanidade 57
   - 8.3. O pouco que se pode fazer em matéria de ética 59
   - 8.4. Ética e experiência de vida 59

9. Ética, história, modernidade e pós-modernidade	60
10. Ética, moralismo e neoconservadorismo	62
11. Ética e cultura	64
12. Ética e consciência cosmopolita	66
13. Ética e psicologia	70
14. Ética e religião	74
15. Ética e moralidade institucional	77
16. Ética e educação	78
16.1. Ética e ensino superior	82
17. Ética e comunicação	86
18. Ética e internet	89
19. Ética e pós-verdade	91
20. Ética e esfera pública	92
21. Ética e política	94
22. Ética e animais não humanos	98
23. Bioética e direito	101
24. A ética dos direitos humanos e a dignidade da pessoa humana	107
24.1. A ética do cuidado e a dignidade da pessoa humana	108
24.2. A ética do cuidado e a formação para os direitos humanos	109
25. História das ideias sobre a ética e a justiça	110
25.1. Sócrates: ética, educação, virtude e obediência	112
25.1.1. A filosofia socrática e o testemunho ético	112
25.1.2. A ética socrática	114
25.1.3. O primado da ética do coletivo sobre a ética do individual	116
25.1.4. Conclusões	123
25.2. Platão: idealismo, virtude e transcendência ética	124
25.2.1. O virtuosismo platônico e o socratismo	124
25.2.2. Virtude e vício: ordem e desordem	126
25.2.3. O idealismo ético e o mito de Er	130
25.2.3.1. Ética, justiça e metafísica	133
25.2.4. A ética, a alma e a ordem política	135
25.2.5. Conclusões	136
25.3. Aristóteles: a ética do meio-termo e da felicidade	137
25.3.1. "Ethiké": os escritos	137
25.3.2. A ação humana	139
25.3.3. A tratadística moral como uma tratadística política	140
25.3.4. O fim da ação humana e os modos de vida	141
25.3.5. A noção de bem e o platonismo	142

25.3.6. A felicidade como bem supremo 143

    25.3.6.1. A felicidade, os prazeres e a fugacidade 144

25.3.7. As virtudes ética e dianoética 146

    25.3.7.1. O hábito e a prática 147

25.3.8. Dor e prazer: os móveis dos vícios e das virtudes 148

25.3.9. A virtude como mediedade 150

    25.3.9.1. As virtudes em particular 152

25.3.10. A voluntariedade e a ação 154

    25.3.10.1. A deliberação 156

25.3.11. Justiça e eticidade 157

25.3.12. Conclusões 159

25.4. Epicurismo: ética, prazer e sensação 159

    25.4.1. A doutrina epicúrea 159

    25.4.2. A ética epicúrea 162

    25.4.3. O prazer e a justiça 165

    25.4.4. Conclusões 168

25.5. Sêneca: o estoicismo romano e a ética da resignação 169

    25.5.1. A filosofia e a vida política de Sêneca 169

    25.5.2. A ética estoica 170

    25.5.3. O estoicismo de Sêneca 172

    25.5.4. Alguns traços de sua doutrina ética 175

    25.5.5. Conclusões 182

25.6. Ética cristã: Santo Agostinho e São Tomás de Aquino 182

    25.6.1. A ética cristã 182

    25.6.2. A ética agostiniana 184

        25.6.2.1. Cidade de Deus, cidade da virtude; Cidade dos Homens, cidade dos pecados 184

        25.6.2.2. Ética, livre-arbítrio e justiça 188

    25.6.3. A ética aquiniana 191

        25.6.3.1. A sinderese e o hábito 192

        25.6.3.2. Ética e justiça 193

    25.6.4. Conclusões 195

25.7. Espinosa: a geometria ética e a metafísica 196

    25.7.1. Especulações filosóficas espinosanas 196

    25.7.2. A ética "more geometrico" espinosana 202

        25.7.2.1. Os princípios da ética espinosana 204

    25.7.3. Justiça e ética no sistema espinosano 215

    25.7.4. Conclusões 217

25.8. Hume: ética, justiça, utilidade e empirismo 218

25.8.1. O empirismo humeano 218

25.8.2. Ética, justiça e direito 220

25.8.2.1. Ética, justiça, lei e utilidade 224

25.8.3. Conclusões 229

25.9. Bentham: utilitarismo, bem-estar e ética 230

25.9.1. O utilitarismo e sua época 230

25.9.2. A ética utilitarista 231

25.9.3. O bem-estar e a ética benthamista 233

25.9.4. Conclusões 240

25.10. Kant: a ética racionalista e deontológica 240

25.10.1. O racionalismo kantiano 240

25.10.2. A ética kantiana 243

25.10.3. Direito e moral 251

25.10.4. Conclusões 253

25.11. Nietzsche: niilismo e genealogia da moral 254

25.11.1. Traços e linhas nietzschianos 254

25.11.2. Alguns postulados da filosofia nietzschiana: niilismo e voluntarismo 255

25.11.3. A filosofia moral nietzschiana 259

25.11.3.1. A genealogia da moral: moral dos senhores e moral dos escravos 262

25.11.3.2. A transvaloração: superação da moral tradicional 266

25.11.4. Justiça, sociedade e direito 268

25.11.5. Conclusões 270

25.12. Moore: a ética analítica e intuicionista 271

25.12.1. Moore e a filosofia analítica 271

25.12.2. A ética intuicionista e a falácia naturalista 273

25.12.3. Ética: a ciência do bom 276

25.12.4. Conclusões 279

25.13. Rawls: ética, instituições, direitos e deveres 279

25.13.1. Ética no século XX 279

25.13.2. Uma teoria da justiça 280

25.13.3. Uma ética das instituições 282

25.13.3.1. Pressupostos de leitura 284

25.13.3.2. Justiça e equidade, justiça como equidade 284

25.13.4. O pacto e o véu de ignorância 288

25.13.5. Conclusões 298

25.14. Jürgen habermas: ética do discurso e racionalidade dialógica 299

25.14.1. Ética e teoria crítica 299

25.14.2. Ética do discurso como pensamento pós-metafísico 299

25.14.3. Ética, discurso e comunicação 302

25.14.4. Ética, justiça e discurso 303

25.14.5. Conclusões 307

PARTE II — ÉTICA PROFISSIONAL GERAL

1. Ética e profissão... 311
2. Profissão e códigos de ética 314
   2.1. Utilidade dos códigos de ética profissional 316
   2.2. Os deveres ético-profissionais 318
   2.3. Ética e meio ambiente do trabalho 320
   2.4. Ética, contexto social e decisões profissionais 322
3. Ética dos agentes públicos 323
   3.1. Ética, ato, procedimento administrativo e políticas públicas..... 326
   3.2. Ética e valores republicanos na gestão pública democrática..... 331
   3.3. Código de Ética do servidor público civil federal 332
   3.4. O Sistema Único de Segurança Pública 338
   3.5. Guarda Civil Municipal: ética, cidadania e promoção de direitos........ 340
   3.6. Polícias civil e militar: ética e segurança pública 344
       3.6.1. Delegado de polícia: ética e autoridade 350
   3.7. Polícia Federal: ética e segurança pública 354
   3.8. Forças Armadas: ética, soberania nacional e cidadania............ 358
4. Ética e carreira política 362
   4.1. Ética política, decoro parlamentar e Código de Ética: o caso do Senado Federal 367
5. Ética, economia e administração 372
   5.1. Ética, liderança e meio ambiente de trabalho 374
   5.2. Ética, gestão democrática e cultura organizacional 376
   5.3. Ética, qualidade e imagem da empresa 377
   5.4. Ética, administração e responsabilidade social 378
   5.5. Código de Ética do Profissional da Administração 380
   5.6. Código de Ética Corporativa 382
   5.7. Ética, *compliance* e responsabilidade empresarial 384
6. Ética e contabilidade 386
   6.1. Ética, Contabilidade e profissões contábeis 386
   6.2. Ética, informação e Contabilidade 388
   6.3. Ética, legislação contábil e CFC... 391
   6.4. O Código de Ética Profissional do Contador............................. 392

XIII

7. Ética e carreira diplomática.. 395
   7.1. Ética, relações internacionais e cidadania cosmopolita...................... 396
   7.2. Ética e principiologia das relações internacionais............................ 398
   7.3. Ética, diplomacia e regime disciplinar das carreiras diplomáticas....... 399
   7.4. Ética e compromissos diplomáticos 401

PARTE III — ÉTICA JURÍDICA

1. Ética e profissão jurídica... 405
2. O controle da conduta dos profissionais do direito.................................... 408
3. Consciência ética do jurista 410
   3.1. Consciência ética do jurista teórico.. 411
      3.1.1. Vocação ética das ciências jurídicas................................... 413
   3.2. Ética docente: o professor de direito e os desafios ético-profissio-
      nais 414
      3.2.1. Da diversidade das atividades docentes no ambiente acadê-
         mico... 419
         3.2.1.1. Dos docentes no exercício da pesquisa 420
         3.2.1.2. Dos docentes em atividades de extensão univer-
            sitária 421
         3.2.1.3. Dos docentes em bancas examinadoras............... 422
         3.2.1.4. Dos docentes avaliadores de cursos jurídicos (MEC/
            INEP) 422
      3.2.2. O ambiente acadêmico contemporâneo.............................. 424
      3.2.3. O Docente e as redes sociais 426
   3.3. Ética do advogado... 426
      3.3.1. Advocacia: função social e profissão 427
      3.3.2. Advocacia-Geral da União e Procuradoria do Estado: função
         constitucional e exercício público.. 434
      3.3.3. Defensoria Pública: função constitucional............................ 437
      3.3.4. Deontologia ética e advocacia 439
         3.3.4.1. Advocacia e princípios fundamentais 439
         3.3.4.2. Advocacia: direitos e prerrogativas...................... 443
         3.3.4.3. Advocacia: deveres ético-profissionais................. 448
         3.3.4.4. Advocacia e sigilo profissional............................. 452
         3.3.4.5. Advocacia e publicidade..................................... 454
         3.3.4.6. Advocacia e relação de emprego 460
         3.3.4.7. Escritórios de advocacia, inteligência artificial e
            ética profissional 462
         3.3.4.8. Advocacia e Comissões Institucionais da OAB...... 464

	3.3.5.	Coercitividade ética: o processo e as sanções	466
3.4.	Ética do Promotor		472
	3.4.1.	Ministério Público: órgão essencial à administração da justiça	473
		3.4.1.1. Atribuições do Ministério Público	478
	3.4.2.	Prerrogativas e garantias do membro do Ministério Público	480
	3.4.3.	Os deveres do Promotor de Justiça	483
	3.4.4.	O Código de Ética e Conduta do Ministério Público da União	486
3.5.	Ética do juiz de direito: a justiça animada		490
	3.5.1.	Ética e poder jurisdicional	493
		3.5.1.1. Ética e atribuições judiciais	498
	3.5.2.	Desafios éticos e desafios democráticos do Judiciário	499
	3.5.3.	O compromisso social do juiz	501
	3.5.4.	Deveres do juiz	505
	3.5.5.	Código de Ética da magistratura	508
	3.5.6.	A imagem do Poder Judiciário e a atuação dos magistrados nas redes sociais	510
3.6.	Ética dos auxiliares da justiça: conciliadores e mediadores		516
	3.6.1.	A construção de uma nova cultura judiciária	516
	3.6.2.	A mediação judicial e o papel de mediadores e conciliadores	518
	3.6.3.	Os princípios da mediação e da conciliação e os deveres de mediadores e conciliadores	520
	3.6.4.	O Código de Ética dos Conciliadores e Mediadores Judiciais	521
3.7.	Ética das partes: lealdade processual e procedimental		523

Conclusões 529

Bibliografia 531

XV

PREFÁCIO

CATEGORIAS DA ÉTICA

A vida humana se caracteriza por ser fundamentalmente ética. Os conceitos éticos "bom" e "mau" podem ser predicados a todos os atos humanos, e somente a estes. Isto não ocorre com os animais brutos. Um animal que ataca e come o outro não é considerado maldoso, não há violência entre eles.

Mesmo os atos de caráter técnico podem ser qualificados eticamente. Estes atos sempre servem para a expansão ou limitação do ser humano. O que sob a perspectiva ética importa, nas ações técnicas, não é a sua trama lógica, adequada ou eficiente para obter resultados, mas sim a qualificação ética desses resultados. A eficiência técnica segue regras técnicas, relativas aos meios, e não normas éticas, relativas aos fins. A energia nuclear pode ser empregada para o bem ou para o mal. Na verdade, ela é investigada, apurada e criada para algum resultado. Não vale por si mesma, do ponto de vista ético. Pode valer pela sua eventual utilidade, como meio; mas o uso de energia nuclear, para ser considerado bom ou mau, deve referir-se aos fins humanos a que se destina. O valor, de modo geral, está presente em todas as ações, mas é preciso distinguir os valores de utilidade dos valores éticos; esses valores são de naturezas diferentes.

Vê-se, pois, que o plano ético permeia todas as ações humanas. Isto ocorre porque o homem é um ser livre, vocacionado para o exercício da liberdade, de modo consciente. Sem liberdade não há ética. A liberdade supõe a operação sobre alternativas; ela se concretiza mediante a escolha, a decisão, a consciência do que se faz. Isso implica refugir à determinação unilinear necessária, à determinação meramente causal. É a afirmação da contingência, da multiplicidade. Diante da multiplicidade de caminhos a nossa disposição, avaliamos e escolhemos. Na verdade, somos obrigados a escolher. Somos obrigados a exercer a liberdade. Assim, a decisão supõe a possibilidade e, paradoxalmente, a necessidade de estimar as coisas e as ações humanas para atender as nossas demandas; supõe a avaliação de múltiplos fatores que perfazem uma situação humana complexa. Aí, portanto, temos também compreendida a esfera do valor. Não há liberdade sem valoração. Essa esfera, entretanto, é muito ampla, pois envolve não só o mundo da ética, mas também o da utilidade, da estética, da religião etc.

Sob o ângulo especificamente ético, não há escolha, exercício da liberdade, definição ética se não houver avaliação, preferência a respeito das ações humanas. Eis

XVII

por que na base da ética, como dissemos, encontra-se necessariamente a liberdade e a valoração; a ética só se põe no mundo da liberdade, da escolha entre ações humanas avaliadas. A escolha, a decisão, que é manifestação de nossa liberdade, só é possível tendo por fundamento o mundo axiológico, tanto quanto este tem por condição de possibilidade a liberdade. Não se pode estimar sem alternativas possíveis. Se não houvesse liberdade, não haveria apreciação possível sobre as condutas do homem, não haveria preferências axiológicas e, portanto, não se daria o campo para o exercício da liberdade. Na medida em que se escolhe, se avalia para obter a consciência do que é preferido. Ao escolher-se um caminho, pondera-se que, de algum modo ou sob algum prisma, é o melhor em relação a outro; o caminho escolhido mata outras possibilidades. Na escolha não pode haver indiferença. A escolha está dirigida à ação, a exteriorização, à tomada de posição.

Isto significa que a escolha, a decisão, leva-nos à determinação normativa ou imperativa de uma via em detrimento de outra. Significa que devemos seguir a via avaliada e decidida e que devemos evitar a outra ou outras, sob pena de não realizarmos o valor correspondente ou de submetermo-nos, segundo a dimensão normativa, a uma possível sanção. Se o valor for o útil, então teremos um "dever fazer" para alcançar uma meta prática do cotidiano instrumental. Estamos, aqui, no mundo da regra, da instrução. Para assistir televisão, devo ligá-la apertando um determinado botão. Se não faço isso, não cometo uma infração, apenas não alcanço o meu objetivo. Se o valor for o bem, temos um dever fazer para alcançar um fim ético, que vale não enquanto meio para outro fim, mas enquanto um fim que se impõe a partir de si mesmo, um fim estritamente humano. Se o violo, então estarei cometendo uma infração, um delito, um mal. Do mundo dos valores, passamos para o mundo do dever-ser, ao mundo normativo. Eis por que o direito, constituído de regras e normas, é, além de um fenômeno técnico, um fenômeno eminentemente ético, visto pressupor o mundo das ações humanas, das relações entre os homens, a liberdade de agir, a valoração das condutas, a decisão sobre elas e as normas e regras que prescrevem essas condutas.

Entretanto, é preciso sublinhar que essa liberdade, esses valores, decisões e normas não se dão acima das coisas, acima do mundo real. Não estão pairando sobre o mundo das necessidades. Liberdades, valores, decisões e normas definem-se também pelas necessidades humanas naturais e sociais. O mundo oferece resistências e determinações necessárias e, por meio destas, as ações éticas se realizam... precisamente enquanto as contrariam. As ações éticas brilham justamente quando se opõem às tendências "naturais" do homem. Se as ações seguissem apenas as tendências naturais do homem, não haveria lugar para o mundo ético. Aquelas resistências e determinações não estão apenas ao redor do homem, no mundo que o circunda; são também, e principalmente, as que vêm de seu interior, de sua carne, de seu sangue, de seus ossos. São as suas tendências, seus instintos, suas necessidades, seus interesses. Assim, a liberdade não só se contrapõe à necessidade, como sua negação, mas também existe em função desta. Não há liberdade sem necessidade. Não há ética sem impulsão, sem desejo. A melhor prova da liberdade é o esforço de superação da necessidade, afirmando-a e negando-a dialeticamente, a um só tempo. Então, o mundo ético só é possível no meio social, no bojo das determinações sociais. O fenômeno ético não é um acontecimento individual, existente apenas no plano da consciência pessoal. Isto porque o ente singular do homem só se manifesta, como ser autêntico, em suas relações universais com a sociedade e com a natureza. Esse fenômeno é resultante de relações sociais e históricas, compreendendo também o mundo das necessidades, da natureza. A ética só existe no seio da comunidade humana; é uma expressão da vida social e histórica dos homens situados, dos homens em suas relações vitais, produtivas, concretas e comunicativas.

Uma das principais determinantes das possibilidades éticas são as relações econômicas, as relações de produção e de reprodução social da vida material dos homens. Estas relações não são apenas relações queridas ou escolhidas pelos homens. São relações históricas e sociais determinantes do próprio homem. Os homens ou grupos de homens que controlam a produção e os meios e circulação econômica dos bens possuem maior liberdade do que aqueles que não têm o poder desse controle. Por aí se vê também que a liberdade, assim como a ética, não se reduzem a fenômenos meramente subjetivos; elas têm sempre dimensões sociais, históricas e objetivas. Os que têm mais propriedades, maior poder material, detêm também maior poder de sobrevivência e maior poder de ampliar sua qualidade de vida e de seus familiares. Por isso eles têm maior disponibilidade ética, visto que têm o poder de melhor conhecer e avaliar as condutas, podem escolher mais e melhor, podem decidir em maior escala sobre as coisas da cultura e sobre a distribuição das riquezas, podem definir um maior leque de normas que atendam aos seus interesses etc. Isso tudo se reflete imediatamente na disponibilidade e distribuição dos direitos entre os homens. Os direitos humanos, portanto, são criados e distribuídos conforme os poderes que se tem sobre as coisas, e esses poderes são conflitivos e bem diferenciados de homem para homem, de grupo para grupo, de comunidade para comunidade, de nação para nação. Por essa razão, a ética reflete os antagonismos sociais e é também produto de lutas e conflitos entre os homens e os grupos humanos.

Há, assim, um grande esforço, um esforço ético-político para se obter uma distribuição igualitária dos direitos entre os homens, quer dentro das comunidades, quer entre as comunidades. Na verdade existe uma ética sobre a ética, uma meta-ética. A meta-ética é utópica, crítica, subversiva e transcende as condições mais imediatas da vida social. No entanto, ela precisa ser possível no mundo dos fatos sociais, sob pena de se perder como uma utopia de meros sonhos. A possibilidade da meta-ética marca-se igualmente por ter que se fundar nas necessidades humanas calcadas no processo de sua vida material, em seu desenvolvimento histórico e cultural, porém dentro de um contexto de globalidade não ideologizada, enquanto possa ser representativa de reais forças orgânicas da comunidade humana, enquanto possa ser a expressão dos autênticos interesses democráticos dos homens vivendo socialmente num contexto de igualdade e liberdade, enquanto possa ser ética no real sentido da palavra. Esse é, em rápidas linhas, o grande desiderato dos homens envolvidos com as coisas humanas, como o autor deste livro, Eduardo Bittar, para quem o que é humano não lhe é estranho.

Alaôr Caffé Alves
Professor Associado da Faculdade de Direito da USP

APRESENTAÇÃO

A 16ª edição dá impulso àquilo que já se havia iniciado desde a 15ª edição, pois a partir de então este *Curso de ética jurídica*: ética geral e profissional passou a se chamar simplesmente *Curso de ética geral e profissional*. Esta advertência é importante para acautelar o público leitor, acostumado ao título anterior. Em especial, na Parte II (*Ética Profissional Geral*) foram acrescentados capítulos inteiros, versando sobre carreiras que vieram sendo agregadas à composição geral da obra, conferindo--lhe abrangência prática e aplicada de dimensões mais alargadas. Assim, a mudança de título se justifica pela ampliação gradativa que a obra veio recebendo, ao longo dos anos, no sentido de uma *visão abrangente*, *complexa* e *aberta* acerca de inúmeros temas no campo da *Ética Geral*. Sem deixar de estar voltada para o público da área do Direito, a obra veio ganhando aceitação por outros públicos, recebendo igual acolhida e tratamento reflexivo em ambientes acadêmicos das *Ciências Sociais Aplicadas*, de modo mais amplo e geral. A subdivisão interna da obra também passou a receber nova configuração, acolhendo em seu interior, no lugar de duas *Partes*, agora três *Partes* internas, mantidas as preocupações que guiaram a obra desde a sua 1ª edição. Estas alterações renovam a obra, modernizam-na, e, também, ampliam o seu escopo. De forma geral, isso indica que a importância da ética demanda maior preocupação de sua extensão em campos os mais diversos, ao que a *vocação filosófica* da matéria convoca o(a)s leitore(a)s.

A aposta nos caminhos da ética é uma investida na esperança. Se a humanidade é ambígua, tortuosa e complexa, é próprio dessa condição o atravessamento da experiência pela dinâmica da virtude e do vício, do acerto e do desacerto, da vitória e da derrota, da luta e do sossego, da razão e do irracional. Na humana condição, vive--se com sofreguidão o conjunto dos momentos em que falham as elaborações da cultura, da sociedade e do espírito em cuidarem do humano, e vive-se com entusiasmo o conjunto dos momentos em que se vangloriam as forças da cultura, da sociedade e do espírito na prevenção às violências, na evitação do mal, na erradicação do que é causa de dor e sofrimento entre as pessoas.

A iniciativa de traduzir, numa compilação de estudos, preocupações diretamente vinculadas à ética, por meio de inúmeras fontes de pesquisa e estudo reunidas neste livro, indica a orientação de pensar como os caminhos da justiça estão atravessados por questões éticas. Assim, o conhecimento do Direito não pode ser detidamente elaborado, cuidadosamente meditado e humanamente praticado sem que as questões da ética estejam cautelosamente presentes no ambiente de formação e qualificação para o exercício da profissão. Entende-se que esse movimento é de fundamental importância para a cultura do Direito. Tem-se percebido isto ainda com maior ênfase e notoriedade, após anos de árduo trabalho acadêmico no aprimoramento da proposta interna deste *Curso de ética geral e profissional*.

A obra tem cumprido um papel didático de oferecer aos estudantes de Direito material de estudo voltado aos interesses formativos e reflexivos, investigativos e iniciáticos nas letras humanistas. A atitude biófila contida na preocupação – sempre perplexa com a nossa humana condição existencial – aponta para a trilha do agir concreto fundado no *respeito*, no *cuidado* e na *alterização*. Escrever é também preocupar-se com o outro, pois se trata de aprender para si e para o outro, de investigar e se comunicar, para fazer veicular o conhecimento, sabendo que os frutos do espírito interagem dinamicamente com os saberes, as culturas e os sistemas de ideias preexistentes, coexistentes e supervenientes. Entende-se que *inter-agir* pela linguagem escrita com o processo de construção da cultura é uma aposta no espírito humano. A reciprocidade é o elo que permite fazer da cultura uma forma de fomento à interação racional, dialógica e de alto nível moral.

Na constituição interna da obra, as fronteiras subjetivas e intersubjetivas da ética são abordadas nas inúmeras interfaces dos capítulos e demais temas. A ideia-força que trouxe a obra à lume é a de que a autonomia do indivíduo está para a sua constituição pessoal como a *reciprocidade* está para o convívio social; não há como realizar uma sem respeitar a outra, consideradas essas duas dimensões da vida humana, para si e para o outro. No campo da ética, as forças opostas, seja do individualismo depressivo e consumista, seja do coletivismo estrutural cego e homogeneizador, foram afastadas para que se pudesse dar aparição a um modelo que pondera entre extremos, valendo da ideia aristotélica de que *in medium est virtus*. Assim, do ponto de vista de sua orientação filosófica interna, a obra procura abordar os variados temas com igual peso conferido às duas dimensões, posicionando-se numa equilibrada perspectiva de reflexão, que atravessa a leitura e releitura de temas e autores clássicos, sem pretensão de exaustão do universo do conhecimento, sempre infinito em suas triangulações.

Assim, *autorrealização* e *heteroconsideração* instituem a chave de compreensão para a interação com o todo mais amplo da obra, que, ainda que didática, não descura de ser rigorosa, conceitual e investigativa. O *um* está no *outro*, como o *outro* está no *um*; constituimo-nos socialmente. Assim, a aventura da razão humana, em sua longa história, e dentro da larga tradição ocidental, desde o *lógos* dos gregos, é – e tem sido – o largo horizonte do desfecho do trágico sentido da existência humana, a árdua tarefa do autoaprimoramento, na forja comum dos deveres intersubjetivos. Na história, por isso, defrontamo-nos com a descoberta e redescoberta do *sentido* e do *sem sentido* dos valores, de modo que estamos sempre sendo constituídos por valores e constituindo valores; parturirmos valores, dialeticamente, em processo histórico. Nesse sentido, é impossível estar isento da dinâmica dos valores; o tempo todo, seres humanos julgam, avaliam e exercem o juízo moral.

XXII

Se a *ética teórica* contribui para alargar o horizonte do conhecimento, permitir o acesso pessoal à complexidade do próprio espírito humano, consentindo o autoconhecimento, na linha socrática, a *prática ética* é sempre uma responsabilidade de cada indivíduo. Numa sociedade pluralista, governada por imensas diferenças entre projetos de vida, não se pode, no campo da ética, opinar sobre eles, devendo-se ceder no campo da *teoria das formas de vida* para fazer da reflexão ética um campo, ao mesmo tempo, acautelado com a moralidade social e estimulador da originalidade do indivíduo autônomo.

Não há certezas e fórmulas no campo da ética. É o encontro do indivíduo com os seus deveres prático-existenciais, aquilo do que ninguém está a salvo. A medida da ética é sempre uma conquista, uma experiência e uma atitude de cada um(a), por natureza, intransferível. Podemos partilhar dificuldades, aconselharmo-nos, ler e nos instruir, procurar ponderar, sentir e verificar a partir do coração que atitude tomar, mas a atitude de escolha é sempre intransferível. Esta é a forma apropriada de exercer a responsabilidade moral prática. Por isso, na omissão respeitosa à ofensa à esfera do outro, está a mesma preocupação de falar ao espírito e às sensibilidades, na mesma medida em que na ação cuidadora está a atitude de consideração pelo outro.

Exatamente por isso esse campo é tão difícil para definições certeiras e precisas, ao modo dos saberes matemáticos, e a falta de "manual" para a existência nos entrega diariamente ao dilema de termos que decidir por sermos livres por todas as escolhas que realizamos a todo tempo. Dessa forma, se para a existência não existe um "manual", este livro não poderia jamais cumprir senão a função de aproximar o(a) leitor(a) das preocupações temáticas, consentindo-lhe a tomada de posição sempre pessoal sobre os temas e as atitudes de vida; por isso, a preocupação com a formação é a preocupação com a *autonomia* do agir individual.

Na revisão da obra, é mantida a abordagem dos variados temas introdutórios, seguida dos específicos temas ligados às profissões jurídicas. O encontro com os múltiplos temas permite afirmar o quanto a interdisciplinaridade constitui a possibilidade do pensar no campo da ética, sabendo-se que sua dimensão é por excelência multifacetada.

Entende-se que as fronteiras da *ética filosófica* e *profissional* são muito amplas para serem delimitadas e formalizadas, o que justifica a preocupação em se tratar dinamicamente os temas a cada nova edição, como se procurou fazer no trabalho dos últimos anos. As preocupações que fomentaram a iniciativa continuam válidas e vigentes. Alterações legislativas têm sido feitas, na medida da alteração dos dispositivos legais e dos códigos de ética profissional, mas a dinâmica da área não permite observar a realidade somente a partir da ótica das normas jurídicas. Assim sendo, se esta renovação editorial repactua o impulso inicial, acolhido com entusiasmo pelo público leitor e com respeito profissional pela comunidade acadêmica, permite-se entrever nesta resposta um alento que nos faz observar com otimismo o despontar de uma nova alvorada.

O Autor

Parte I
ÉTICA GERAL

1. A SIGNIFICAÇÃO DA ÉTICA

A ética corresponde ao exercício social de reciprocidade, respeito e responsabilidade. A ética, enquanto exercício de humanidade, nos confirma em nossa condição de seres que vivenciam, aprendem e trocam valores. Compreender e dispor-se à intersubjetividade, parece ser este um traço fundamental da ética[1]. Nestes tempos, degradados e empobrecidos, ressente-se a experiência relacional com o outro. Não é à toa que a ética, ainda que muito invocada, está ausente da concretude diária das relações humanas. Uma palavra em desuso como esta – ética –, apesar de seu valor, tem sido considerada simplesmente um obstáculo a mais a atravancar o andamento das facilidades do pragmatismo consumista e comercial.

A ética encontra na mais robusta fonte de inquietações humanas o alento para sua existência. É na balança ética que se devem pesar as diferenças de comportamentos, para medir-lhes a utilidade, a finalidade, o direcionamento, as consequências, os mecanismos, os frutos... Se há que se especular em ética sobre alguma coisa, essa "alguma coisa" é a ação humana. O fino equilíbrio sobre a modulação e a dosagem dos comportamentos no plano da ação humana importa à ética.

A ação humana é uma movimentação de energias que se dá no tempo e no espaço. Mas não só. Trata-se de uma movimentação libidinal, no sentido freudiano, que se perfaz mediante: uma determinada manifestação de comportamento (trabalhar ou roubar; elogiar ou ofender; construir ou destruir...); um conjunto de intenções (intenção de ganhar dinheiro mediante emprego de suas próprias energias ou rápida e facilmente à custa do sacrifício alheio; intenção de ofender e magoar ou intenção de estimular; intenção de fazer ou desfazer o que está pronto...); a obtenção de determinados efeitos (viver pelas próprias forças ou viver mediante o esforço alheio; promover o bem-estar de outrem ou desgastar o interior e as emoções de outrem; deixar sua contribuição ou apagar a contribuição dos outros...).

Mais ainda, a ação humana, este empenho direcionado de energias, não se restringe a existir e a se portar de acordo com o que se disse acima, pois também *con-*

---

1. Aliás, esta é a perspectiva teórica que remonta ao pensamento de Hegel: "...Hegel tem o mérito de levantar uma questão que ainda hoje permanece central no debate filosófico: a temática da intersubjetividade" (Oliveira, *Ética e sociabilidade*, São Paulo, Loyola, 1993, p. 196).

3

-*vive* com outras ações humanas em sociedade[2], de modo a que a própria sociedade se torne um cadinho para onde convergem todos os fluxos de ações aglomeradas em torno de um fim comum. Nessa medida, pode-se adiantar que da composição de ações individuais dá-se início ao processo de aglomeração de ações individuais, até a formação da intersubjetividade, momento deste processo em que se torna difícil separar uma ação individual da outra, uma contribuição individual da outra, dentro de um grande emaranhado de ações que se relacionam.

Dentre as possíveis espécies de ação humana (ação política, ação de trabalhar, ação de se alimentar, ação de pensar, ação de emitir um discurso...), de acordo com a canalização das energias e sua adequação ao cumprimento de determinadas metas, há que se priorizar as atenções deste estudo por sobre a ação moral. É tarefa difícil defini-la, em si e por si, mas sabe-se que a ação moral não pode corresponder a um único ato isolado com determinado conteúdo (dar uma esmola, perdoar uma ofensa, fazer justiça perante um desvalido...). De fato, estar diante de uma ação moral não é estar diante de uma ação com determinado conteúdo, mas sim estar diante de uma ação cuja habitualidade comportamental confere ao indivíduo a característica de ser único e poder governar-se a si mesmo[3]. Então, a ação moral tem que ver com uma determinada forma de se conduzir atitudes de vida; uma única atitude não traduz a ética de uma pessoa, é mister a observação de seus diversos traços comportamentais. O poder de deliberar e decidir qual a melhor (ou mais oportuna, ou mais adequada...) forma de conduzir a própria personalidade em interação (familiar, grupal, social...) é uma liberdade da qual faz uso todo ser humano[4]; a ética é a capacidade coligada a essa liberdade[5].

Há que se dizer, portanto, como decorrência do que se acaba de afirmar, que a ética demanda do agente:

1. conduta livre e autônoma: a origem do ato ou da conduta parte da livre consciência do agente. Dessa forma, o agente manipulado para agir inconscientemente,

---

2. Mas isso não leva à confusão entre sociologia e ética: "Assim, enquanto na Sociologia são estudados os fenômenos sociais e sociológicos, na Ética estudam-se os fenômenos e fatos éticos, que enunciam, explicam ou justificam leis, regras e normas que atuam no relacionamento e no procedimento humanos" (Korte, *Iniciação à ética*, 1999, p. 97).

3. Em seu *Termos filosóficos gregos*: um léxico histórico, 2. ed., F. E. Peters diz a respeito do termo *éthos*, p. 85: "*Éthos: caráter, modo de vida habitual*: Heráclito: 'o *éthos* de um homem é o seu *daimon*', Diels, frg. 119. Em Platão é um resultado do hábito (*Leis* 792e), é mais moral do que intelectual (*dianoia*) em Aristóteles (*Eth. Nic.* 1139a). Tipos de *éthos* em vários períodos de vida são descritos por Aristóteles, *Reth.* II, caps.12-14. No estoicismo o *éthos* é a fonte do comportamento, *SVF* I, 203".

4. "O certo é que o bem ético implica sempre medida, ou seja, regras ou normas, postulando um sentido de comportamento, com possibilidade de livre escolha por parte dos obrigados, exatamente pelo caráter de *dever ser* e não de necessidade física (*ter que ser*) de seus imperativos" (Reale, *Filosofia do direito*, 1999, p. 389).

5. *Vide*, a respeito, uma possível projeção do *éthos* na teoria aristotélica em: Bittar, *A justiça em Aristóteles*, 1999, p. 105.

por força de um poder arbitrário ou de uma imposição coercitiva, não pode ser considerado autônomo em suas deliberações, e, portanto, essa ação não pode ser considerada de sua livre autoria. Não gera responsabilidade ética;

2. conduta dirigida pela convicção pessoal: o autoconvencimento é o exercício que transforma ideias, ideologias, raciocínios e pensamentos em princípios da ação, sob a única e exclusiva propulsão dos interesses do indivíduo. Toda decisão surge da consciência individual, o que não impede que a deliberação ética possa estar influenciada por valores familiares, sociais... Mas o que há de constante é a sede de decisão, que deve ser individual;

3. conduta insuscetível de coerção: a falta de sanção mais grave, dependendo da consciência e dos valores sociais, peculiariza a preocupação ética (exclusão do grupo, vergonha, dor na consciência, arrependimento...). A conduta, portanto, só é feita eticamente não por *metus cogendi poenae* (pena privativa de liberdade, restritiva de direitos...), como ocorre diante de normas jurídicas, mas por livre convencimento do agente dentro de regras e costumes sociais.

Visto isto, há que se afirmar que os estudos histórico e etimológico do termo "ética" revelam que *éthos* está revestido de ambiguidades, o que torna a própria discussão da matéria também aberta: *éthos* (grego, singular) é o hábito ou comportamento pessoal, decorrente da natureza ou das convenções sociais ou da educação[6]; *éthe* (grego, plural) é o conjunto de hábitos ou comportamentos de grupos ou de uma coletividade, podendo corresponder aos próprios costumes[7].

A dificuldade de definir e circunscrever o estudo da ação moral se encontra sobretudo no fato de que as diversas ações humanas, das mais rudimentares às mais tecnocráticas, se misturam à ação moral. Exercem-se atos morais quando se elegem priori-

---

6. "Conceituar ética já leva à conclusão de que ela não se confunde com a moral, pese embora aparente identidade etimológica de significado. *Éthos*, em grego e *mos*, em latim, querem dizer costume. Nesse sentido, a ética seria uma *teoria dos costumes*. Ou melhor, a ética é a *ciência dos costumes*. Já a moral não é ciência, senão objeto da ciência. Como ciência, a ética procura extrair dos fatos morais os princípios gerais a eles aplicáveis" (Nalini, *Ética geral e profissional*, 1999, p. 34).

7. "Aristote est le premier philosophe à avoir fait de l'éthos un concept philosophique à part entière, donnant lieu à une étude spécifique (*pragmateia*) de la vertu éthique, c'est-à-dire de la vertu du caractère. Le caractère désigne une disposition acquise par l'habitude de la partie désiderante de l'âme, intermédiaire entre la partie végétative et la partie rationnelle. Le terme *éthos* n'a pas été inventé par Aristote; il le recueille au contraire d'une longue tradition et lui donne encore dans de nombreux textes les divers sens de cette tradition. C'est ainsi qu'*éthos* peut signifier le tempérament naturel d'une spèce animale ou d'un individu, mais aussi la manière habituelle d'être et de se comporter; quant au pluriel *êthê*, il désigne les moeurs d'un individu, d'une spèce, d'un peuple, d'une cité. Toutes ces significations renvoient au même registre de l'habitude sans qu'il soit toujours possible de décider si celle-ci est la manifestation de la nature ou le résulta de l'education et de la costume. Mais ce que révèlent ces ambiguités, c'est qu'au IVe. siècle l'*éthos* est moins un concept rigoureux qu'une notion surdéterminée par des jugements de valeur, cristalisant des polémiques où s'entremêlent des enjeux pédagogiques, politiques et moraux" (Vernières, *Éthique et politique chez Aristote*: physis, êthos nomos, 1995, Introduction, V).

dades pessoais de vida, quando se é solidário com quem necessita, quando se auxilia outrem por companheirismo numa atividade profissional... donde as ações morais permearem a presença do homem onde quer que se projete a personalidade humana. Daí poder falar em ética na ação política, em ética do profissional, em ética na ecologia...

Os canais de realização de ações morais também são os mais diversos possíveis, uma vez que estas se exercem seja através do discurso, seja através de gestos, seja através de escrito, seja através de atitudes (fazer ou não fazer), seja através de procederes... donde as ações morais contaminarem as diversas formas de manifestação humana. Disso resulta a dificuldade de se diferir o que é o conteúdo da atividade (atividade laboral, atividade política...) desenvolvida e o que é o conteúdo de moralidade do ato (atitude ético-profissional, atitude ético-política...).

Um bom critério para distinguir a ação moral das demais é considerar que a ética tem que ver com a solução de conflitos intrassubjetivos e intersubjetivos[8]. Tomado o sujeito de si para consigo, e, ao mesmo tempo, de si perante outrem, os conflitos surgidos dessas duas esferas podem ser gerenciados eticamente. Apesar de acertado, esse critério não é suficiente para se dizer que se está diante de um critério final, capaz de definir com exatidão os lindes da matéria.

Se isso pode ser aceito, então dever-se-á concluir que a ética, tendo por objeto de estudo a ação humana, encontra-se entre os saberes de maior importância, seja para a compreensão do homem em si, seja para a compreensão da sociedade e de seus fenômenos.

Está-se o tempo todo reclamando do sujeito que age, e agir é perigoso, porque se pode errar e acertar a todo instante, que vivencie a aflição de decidir, de exercitar um ato de escolha, às vezes entre duas hipóteses, às vezes entre centenas de formas possíveis de se agir. Neste sentido, o tempo todo se reclama de cada subjetividade que se constitua por si e em si na ação histórica que leva adiante, com seus frutos e consequências, toda vez que se revela entre outros seres viventes como alguém que decide. Eis aí a esfera do conflito moral, que se instala na consciência e que pode perseguir o indivíduo na tensão oriunda dos efeitos e responsabilidades decorrentes de seu ato.

Eis o que torna incendiária a necessidade de se fazer alguém que decide a todo tempo que se presentifica a subjetividade do agente no ato de decidir. Eis aí o aspecto trágico da vida, dramático de certos episódios de vida, que estrangulam no mister de decidir o imperativo do preparo para a ação ética. É isto que faz da tragédia grega – e a força metafórica que carrega em si – o grande palco das encenações de boa parte dos grandes dilemas humanos, como aquele que divide Creonte (representando a lei positiva) e Antígona (representando a lei natural), na tragédia de Sófocles[9].

---

8. Esta é a posição teórica de Guisán, *Introducción a la ética*, 1995, p. 28. Ou ainda: "De modo más o menos provisional se podría decir, pues, que una norma es moral cuando trata de solventar conflictos relativos a intereses intrasubjetivos o intersubjetivos en colisión" (p. 29).

9. A questão trazida é extraída da exímia reflexão levada adiante por Bárbara Freitag, explicitamente desenvolvida neste trecho e ao longo de toda a sua obra: "Desta forma, a tragédia grega exprime, nos planos dramático e literário, os traços essenciais da questão moral. Mostra com toda a

2. ESTUDO E PRÁTICA DA ÉTICA

Desde já, feitas estas observações primordiais, e tendo-se em vista o que ficou estabelecido acima, há que se distinguir a ética como saber da ética como prática.

O saber ético incumbe-se de estudar a ação humana, e já se procurou dar uma mostra da complexidade do assunto. E, esclareça-se, enquanto se está aqui a dissertar sobre ética, se está a falar sobre o comportamento humano tomado em sua acepção mais ampla, a saber, como realização exterior (exterioridade), como intenção espiritual (intencionalidade), como conjunto de resultados úteis e práticos (finalidade; utilidade). Esta é uma faceta da ética, ou seja, a sua faceta investigativa[10].

A ética como prática consiste na atuação concreta e conjugada da vontade e da razão, de cuja interação se extraem resultados que se corporificam por diversas formas. Se as ações humanas são dotadas de intencionalidade e finalidade, releva-se sobretudo a aferição prática da concordância entre atos exteriores e intenções. A realização mecânica de atos exteriores pelo homem deve estar em pertinente afinidade com a atitude interna, de modo que, da consciência à ação, exista uma pequena diferença de consumação. No fundo, a ação externa, modificativa do mundo (ação discursiva, ação profissional, ação política...), nada mais é que a ultimação de um programa intencional preexistente à própria ação; o programa ético é o correspondente guia da ação moral.

Então, a prática ética deve representar a conjugação de atitudes permanentes de vida, em que se construam, interior e exteriormente, atitudes gerenciadas pela razão e administradas perante os sentidos e os apetites. Assim, fala-se no bom governo da coisa pública quando não somente de intenções se constrói o espaço público. Diz-se que a prática de condução das políticas públicas é ética se se realizaram atitudes positivas e reais em prol da coisa pública. Também se fala em bom proceder quando se constata não somente uma mínima intenção de não lesar, mas sim um esforço efetivo no sentido de conter toda e qualquer conduta capaz de suscitar a mínima lesão ao patrimônio espiritual, material, intelectual e afetivo de outrem. Esta é a outra faceta da ética; trata-se do conteúdo efetivo da ética como ocorrência individual e social.

---

nitidez os dilemas e as contradições nas quais envolvem-se os seres humanos, inseridos em situações conflitantes que os impelem para a ação. Agir é perigoso. Mas é preciso agir, pois a ação exprime, em sua essência, a vida" (Freitag, *Itinerários de Antígona: a questão da moralidade*, 1992, p. 21).

10. "Posso afirmar que a Ética teórica procura estudar as ideias, linhas e formas de pensar que se relacionam à natureza abstrata e imaterial do que nos é revelado nos fenômenos éticos. Por estas paragens do conhecimento a Ética teórica e a Filosofia caminham juntas; confundindo-se muitas vezes como um único campo do saber" (Korte, *Iniciação à ética*, 1999, p. 52).

Do exposto, deve-se extrair que a especulação ética corresponderá ao estudo dos padrões de comportamento, das formas de comportamento, das modalidades de ação ética, dos possíveis valores em jogo para a escolha ética. Esse saber, que metodologicamente se constrói para satisfazer à necessidade de compreensão de seu objeto, acaba se tornando uma grande contribuição como forma de esclarecimento ao homem de suas próprias capacidades habituais.

Há que se dizer que existem autores que se detêm em conceituar o saber ético como o saber que se incumbe de conhecer a retidão da conduta humana, priorizando como objeto do saber ético o comportamento virtuoso. Há outros que assinalam a virtude como o núcleo das preocupações éticas de estudo. Porém, com base no que se disse, essas definições são insuficientes para descrever a totalidade das preocupações éticas[11].

Assim, o saber ético não é o estudo das virtudes, ou o estudo do bem, mas o saber acerca das ações e dos hábitos humanos, e, portanto, das virtudes e dos vícios humanos[12], e das habilidades para lidar com umas e com outros. É um estudo de avassalador estado de contínua transformação, respeitando-se as mutações dos padrões de ação humana e organização social.

Ademais, a especulação ética permite a crítica dos valores e dos costumes na medida em que estuda e compreende fatos e comportamentos valorativos[13]; então, possui tendência natural a imiscuir-se na própria moral social e distingue-se por

---

11. O estudo empreendido por Adam Smith, em seu tratado de moral, por exemplo, se detém não somente na análise das virtudes, mas aponta claramente e distingue e discute... a questão dos vícios, do que é desejável, do que é repugnante moralmente. Esse pensador, certamente, empreende um estudo mais completo do problema.

12. Sobre o vício e a virtude e suas relações com a moralidade e os costumes: "Conforme a tradição, o que chamamos *virtudes* são as *ideias* ou *razões morais* positivas que nos trazem os melhores resultados. Os *vícios* são os portadores dos insucessos e dos resultados negativos. Enquanto atuo, seja de acordo com virtudes ou vícios, procedo eticamente. Mas, e aí vem o fundamento da explicação, se os costumes (*mores*) indicam a prática da virtude, e eu pratico o vício, eu estou agindo contra a moral, mas, a rigor, não estou agindo contra a Ética mas *contra as regras que me são recomendadas pelos conhecimentos trazidos pela Ética*" (Korte, *Iniciação à ética*, 1999, p. 67).

13. "A Ética não é em si mesma um código, nem um conjunto de regras e nem é só o estudo do comportamento ou de suas regras, normas e leis. É um campo de conhecimentos em que, à medida que avançamos, são feitas descrições, constatações, hipóteses, indagações e comprovações. É possível encontrar leis, enunciados e respostas verossímeis e verdadeiras. O objeto da Ética é o estudo dos fenômenos éticos. Isso implica ordenação de pressupostos, ordenamento de ideias, linhas e formas de pensar, e, mais que tudo, sistematização da observação e dos conhecimentos, o que quer dizer métodos de trabalho.

"A palavra costume tem origem latina, no vocábulo *consuetudine*. Traduz a ideia de *procedimento, comportamento*. Em sociedade, conforme suas características, o vocábulo *costumes* quer significar, genericamente, regras escritas ou não, que regulam procedimentos, rituais e ritos, aceitos e praticados pela referida comunidade" (Korte, *Iniciação à ética*, 1999, p. 114).

fortalecê-la, em função dos vínculos científico e crítico que com ela mantém[14]. Então, a ética investigativa acaba possuindo forte papel de participação social[15].

Outra distinção de relevo quando se está a discutir essa temática é aquela que procura delinear o que com grande confusão é normalmente tratado: o que seja moral e o que seja ética. A moral é o conteúdo da especulação ética, pois se trata do conjunto de hábitos e prescrições de uma sociedade[16]; é a partir de experiências conjunturais e contextuais que surgem os preceitos e máximas morais[17]. A ética constitui-se num saber especulativo acerca da moral, e que, portanto, parte desta mesma para se constituir e elaborar suas críticas. Ainda que seja válido, útil e didático propor esta diferenciação, é mister informar que a ética não pode se desvincular da moralidade, pois esse é seu instrumental de avaliação, mensuração, discussão e crítica[18]. A ética deve, com suas contribuições, tender a fortalecer ainda mais a moral, e isso porque de seus juízos, proposições, sentenças e afirmações científicas podem resultar aperfeiçoamentos práticos substanciais para o que efetivamente se pensa e se faz quotidianamente[19].

Feita esta primeira consideração, de caráter epistemológico, sobre o que seja ética e o que seja moral, aquela como saber especulativo e esta como objetivo de reflexão, pode-se também fazer uma outra distinção, qual seja, aquela que nos per-

---

14. "La ética, como reflexión crítica sobre la moral, tiene que tender a fortalecer la moral, explicitando el objetivo último de las normas morales existentes, y a fortalecerse ella misma, al propio tiempo, alimentandose del sustrato que comparte con la moral positiva: la raíz de la que en principio ambas brotan y en virtud de la cual se justifican" (Guisán, *Introducción a la ética*, 1995, p. 34).

15. "A Ética estuda as relações entre o indivíduo e o contexto em que está situado. Ou seja, entre o que é individualizado e o mundo a sua volta. Procura enunciar e explicar as regras, normas, leis e princípios que regem os fenômenos éticos. São fenômenos éticos todos os acontecimentos que ocorrem nas relações entre o indivíduo e o seu contexto" (Korte, *Iniciação à ética*, 1999, p. 1).

16. "A moral é objeto da Ética. Mas a relação que se estabelece entre a Ética, um dos capítulos da teoria da conduta e a moralidade positiva, como fato cultural, é a mesma que pode ser encontrada entre uma doutrina científica e seu objeto" (Nalini, *Ética geral e profissional*, 1999, p. 73).

17. "Moral é o que se refere aos usos, costumes, hábitos e habitualidades. De uma certa forma, ambos os vocábulos se referem a duas ideias diferentes, mas relacionadas entre si: os costumes dizem respeito aos fatos vividos, ao que é sensível e registrado no acervo do grupo social como prática habitual. A ideia contida na moral é a relação abstrata que comanda e dirige o fato, o ato, a ação ou o procedimento. A moral explica e é explicada pelos costumes. A moral pretende enunciar as regras, normas e leis que regem, causam e determinam os costumes, inclusive, muitas vezes, anunciando-lhes as consequências" (Korte, *Iniciação à ética*, 1999, p. 115).

18. "La ética no debe ser confundida con la moral, como ya se ha indicado al comienzo de este libro, pero tampoco puede permanecer desligada de la moralidad positiva, de la que debe partir para corregirla y modificarla" (Guisán, *Introducción a la ética*, 1995, p. 316).

19. "La ética, como reflexión crítica sobre la moral, tiene que tender a fortalecer la moral, explicitando el objetivo último de las normas morales existentes, y a fortalecerse ella misma, al propio tiempo, alimentandose del sustrato que comparte con la moral positiva: la raíz de la que en principio ambas brotan y en virtud de la cual se justifican" (p. 34).

mite pensar que a ética é a capacidade de ação autônoma individual (*sittlichkeit*) de um indivíduo que se encontra enredado nas tramas de um contexto moral (*moralität*). Aquela é a perspectiva do indivíduo que age e pensa, que *inter-age* com seu meio e que é autônomo às pressões externas da moral, dos costumes, da política, da ideologia, da religião... Sem ética não há a possibilidade de mudança, na medida em que a moral coletiva tende a ser uma força externa conservadora e mantenedora da tradição. Sem ética não há efetiva realização do indivíduo, não há diferenciação entre as pessoas, não há possibilidade de exercer o seu *dasein* na vida social, mas apenas repetir mecanicamente os padrões e estereótipos morais já consagrados (fazer o que a coletividade acha certo e premia, e deixar de fazer o que a coletividade acha errado e reprime). É neste sentido que é possível não somente estabelecer estas diferenciações, como também alcançar alguma conceituação destas duas forças opostas, de um lado, a da coletividade, pois a moral é o conjunto dos valores medianos consagrados como pressão social controladora dos comportamentos individuais, de outro lado, a da individualidade, pois a ética aqui assume o tom de uma capacidade de resistência contra as diversas forças externas que oprimem a identidade e a criatividade de ação e diferenciação subjetivas.

E não é excessivo dizer que, feitas essas distinções, deve-se perceber que a interação do saber ético com a prática ética deve ser intensa. Isso porque a ética demanda mais que puro discurso, mais que teoria, pois requer prática. Em outras palavras, pode-se saber muito sobre ética, mas o verdadeiro valor da ética não está nesses conhecimentos acumulados, mas no uso aplicativo sobre atos e comportamentos que deles se possa fazer. Aquele que muito conhece e pouco pratica em ética não pode ser chamado prudente ou virtuoso (*phrónimos*) pelo simples fato de conhecer[20]. A advertência é importante, e sua apresentação só vem a reforçar o intuito de distinção entre saber ético e prática ética, motivo deste item.

2.1. A ética e os conceitos vagos

O terreno da ética é pantanoso, sobretudo se considerado sob o ponto de vista da ciência. De fato, os conceitos discutidos pela ética são normalmente sujeitos à ambiguidade, à polissemia, à vaguidão, enfim, à valoração. Os conceitos fluidos e

---

20. A observação é aristotélica, e para melhor compreender a matéria dever-se-ão retomar alguns conceitos fundamentais da ética aristotélica. Falar de ética significa falar da razão prática, ou seja, daquela parte do raciocínio que delibera para orientar a ação. A razão prática está relacionada com a capacidade humana de delinear sobre meios e fins na realização de suas atividades. O conceito de razão prática se opõe ao conceito de razão teórica, uma vez que esta se incumbe da reflexão e da especulação, não redundando em reflexos diretos sobre a ação. O que se há de assinalar é o fato de que o estudo da ética consiste num saber que se verte para a prática, isto é, depende fortemente da prática para subsistir. Mais que isso, como diz Aristóteles, com ênfase no livro X da *Ethica Nicomachea*, a ética não se contenta com o puro conhecimento. Para maiores esclarecimentos, consulte-se Bittar, *A justiça em Aristóteles*, 1999.

indetermináveis de modo único e absoluto são o núcleo dos estudos éticos. Então, como é possível um saber preciso sobre ética, se sujeito a tanto relativismo conceitual? Somente se pode admitir sua existência se se admite que é parte das ciências humanas e vive de perto a variedade dos aspectos humanos contidos nos valores subjetivos e sociais.

Dessa forma, admitindo-se um estatuto próprio à ética como saber, que, deve-se dizer, não se submete ao caráter purista e preciso das ciências causais (ciências exatas e biológicas), podem-se discutir valores éticos com uma margem de imprecisão admissível, tolerada, previsível e contida pelo sistema. Ora, essa folga nas amarras de funcionamento dos sistemas éticos é a própria característica que confere vitalidade às ideias por eles expostas. Um sistema ético inflexível é mostra de impermeabilidade na discussão dos valores, que são, por natureza, variáveis, histórico-culturais, parcialmente relativos e passíveis de discussão.

Então, a ética teórica não vive com dilemas por ter como objeto de estudo conceitos fluidos e palavras de difícil determinação semântica. A ética convive com eles como parte integrante de suas preocupações, pesquisando mesmo sua variabilidade como algo inerente ao valor.

Essa flexibilidade ao admitir ideias sobre ética é o que permite espaço para o desabrochar de novas éticas; é a folga do sistema para que nele penetrem as inovações e a ele sejam incorporadas as aquisições mais recentes no campo ético.

Grife-se, ainda, que a inflexibilidade somente poderia prejudicar a prosperidade das ideias éticas e conspurcar a finalidade da teoria ética. Ela não foi feita para esmagar a liberdade e a prática da ética, mas para auxiliar e orientar a ação ética. Não se podem inverter funções: a teoria é o apêndice da prática ética, e não o contrário. A teoria ética é o acessório, quando a prática ética é o principal, o fim de toda formulação teórica ética. Assim, todo estudo ou norma ética tem como fim a prática, e não a teoria ética.

O espaço dos conceitos fluidos e indetermináveis (bom, justo, correto, bem comum, virtude, boa conduta...) é justamente o espaço necessário para que os indivíduos, ante a ação e a prática, deliberem com liberdade (caso a caso; conforme suas histórias de vida; conforme o meio; conforme seus padrões morais...) o que é bom e o que é mau, o que é justo e o que é injusto, o que é correto e o que é incorreto. Enfim, na ação mora o fim de toda ética.

2.2. Ética, linguagem moral e juízos de valor

A linguagem transporta valores. No trânsito entre os signos culturais e linguísticos, institui-se, na semiótica do convívio simbólico humano, a circulação de valores que conduz a tarefa do entendimento humano à necessidade do diálogo como estreito caminho da mútua compreensão. Se a linguagem transporta verdades, também conduz inverdades; se transporta valores, também conduz antivalores; se transporta formas autênticas de moralidade, também conduz formas opressivas de moralidade e aculturação.

Se não bastasse dizer que a linguagem transpassa valores, assim como é transpassada ela mesma por uma forte herança valorativa, que são trazidos e se perpetuam no correr das sucessivas gerações, e que, por decorrência disto, as práticas discursivas acabem representando práticas de disseminação de valores, dever-se-ia considerar também que a moral se transmite e se dissemina mediante a diversidade de códigos cifrados (explícitos ou implícitos) da comunicação humana. A moral é cobrada, é exigida, seja pela disseminação de mecanismos de controle do comportamento individual ou social, seja pela caricaturização de fenômenos apelidados de imorais a partir de certos clichês exclamativos da linguagem (Que absurdo! Que inadmissível! Que horror! Que escândalo! Que depravado! Isto é pecaminoso! Que demoníaco!).

Toda vez que uma emissão exclamativa destas se veicula, juntamente com ela vão os escandalismos de juízos morais que estão sendo veiculados para causar estranheza, cercear a prática da conduta, imprimir um juízo de valor do certo sobre o errado, e, de certa forma, provocar a escandalização, a segregação, a desorientação daquele a quem a conduta se atribui. A perseguição, o sentenciamento, a determinação do comportamento alheio passam por atos de avaliação comunicativa da moral alheia. Como afirma Nietzsche, o quanto de prazer não existe no infligir dor àquele que praticou um ato contrário à moral de um tempo ou às leis de uma sociedade (*Genealogia da moral,* 1991, p. 35)? Não há dúvida: as linguagens comunicam muita coisa acerca do estado atual da moralidade social dentro de uma cultura e de um contexto específicos. Só por este fato, o estudo detido da linguagem já deveria ser suficientemente considerado como um importante canal de investigação ético-filosófica.

O que é curioso notar nesta análise é o fato de que boa parte dos juízos morais se expressa através de sentenças adjetivadas ("Isto é bom"). De fato, o adjetivo (lat., *adjetivu*), como substantivo masculino, cumpre, na estrutura da língua portuguesa, uma função específica, a saber, trata-se de palavra que modifica um substantivo, atribuindo-lhe qualidade, estado, caráter ou modo de ser, servindo, portanto, como um qualificativo, como algo que adere à dimensão semântica do substantivo, para dizer um pouco de sua essência ("Fulano é mal-intencionado"), de seu traço característico ("Beltrano é egoísta"), de sua peculiaridade ("Sicrano é rude") etc. Ao expressar-se desta forma, o juízo moral diz, avalia, descreve, disseminando por meio da linguagem sua significância acerca de algo ou de alguém. No juízo moral transportado pela língua mora o perigo da avaliação subjetiva que sempre acidamente se tem a dirigir sobre algo ou sobre alguém.

O juízo moral que permite e concede autoridade a alguém para ser proferido sobre outro ou sobre algo, geralmente vem escudado na esfera da força da mentalidade geral, ou da homogeneidade moral praticada em sociedade. Cobra-se exatamente do desviante, do não submetido, ou do recalcitrante em aceitar a lógica dos padrões vigentes a sua adesão ao paradigma de ação reinante, oferecendo-se àquele que destoa desta realidade, ou o ácido e o veneno das línguas ricocheteantes, ou a demonização completa de suas ações e posturas de vida. Os arautos do "dever", da "consciência", da "santidade do dever" são os moralistas de plantão a incendiar a esfera da existência alheia a partir *sempre* de seus juízos subjetivos. O aspecto policialesco da atitude julgamentosa do moralista é que revela sua atitude de alguém sempre muito desperto para desenvolver fórmulas de avaliação do comportamento alheio e de veiculá-las como verdades morais ou defesas longamente sustentadas, racionalmente e linguisticamente, em avaliações sobre a conduta alheia.

Os discursos portadores de verdades morais as transmitem como dimensões isentas e incólumes à reavaliação, e deste modo são vendidos e praticados por anos, décadas e séculos a fio o sacrifício das identidades em nome da preservação da moralidade. Ao contrário de se admitir o altíssimo grau de contingencialidade antropológica da maior parte dos valores humanos[21], e de, portanto, considerar-se a necessidade de avaliações relativas e ponderadas sobre valores, a moral acaba sendo escudeira de instâncias de poder que conservam modos e métodos de disseminação de hábitos velados em discursos morais. Trata-se, em última análise, da máquina da microfísica do poder, para usar da expressão de Foucault[22], em plena atividade, como portadora das grandes mensagens sociais.

---

21. Afirma-se que se trata de contingencialidade antropológica exatamente porque a relatividade é parte das práticas culturais e históricas humanas, como vem revelado neste exemplo: "De modo inverso, uma alta proporção de consenso pode ser aprovada como generosa, magnânima e boa numa cultura, enquanto em outra o mesmíssimo comportamento pode ser chamado de pródigo, irresponsável e mau" (Douglas & Isherwood, *O mundo dos bens*, 2004, p. 65).

22. Se se puder apreciar a partir do que foi dito até o momento sobre o problema do poder, poder-se-á dizer, de modo sumário, a partir da entrevista concedida a J. Rancière, em 1977, *Poderes e estratégias* (publicado em *Les Révoltes Logiques*, n. 4, 1977, p. 89-97):

"É verdade, parece-me, que o poder 'já está sempre ali'; que nunca estamos 'fora', que não há 'margens' para a cambalhota daqueles que estão em ruptura. Mas isso não quer dizer que se deva admitir uma forma incontornável de dominação ou um privilégio absoluto da lei. Que nunca se possa estar 'fora do poder' não quer dizer que se está inteiramente capturado na armadilha.

Eu sugeriria, de preferência (mas estas são hipóteses a serem exploradas):

— que o poder é coexistensivo ao corpo social; não há, entre as malhas de sua rede, praias de liberdades elementares; — que as relações de poder são intrincadas em outros tipos de relação (de produção, de aliança, de família, de sexualidade) em que desempenham um papel ao mesmo tempo condicionante e condicionado; — que elas não obedecem à forma única da interdição e do castigo, mas que são formas múltiplas; — que seu entrecruzamento delineia fatos gerais de dominação, que esta dominação se organiza em estratégia mais ou menos coerente e unitária; que os procedimentos dispersados, heteromorfos e locais de poder são reajustados, reforçados, transformados por essas estratégias globais, e tudo isso com numerosos fenômenos de inércia, de intervalos, de resistências; que não se deve, portanto, pensar um fato primeiro e maciço de dominação (uma estrutura binária com, de um lado, os 'dominantes' e, do outro, os 'dominados'), mas, antes, uma produção multiforme de relações de dominação, que são parcialmente integráveis a estratégias de conjunto; — que as relações de poder 'servem', de fato, porém não porque estão 'a serviço' de um interesse econômico dado como primitivo, mas porque podem ser utilizadas em estratégicas; — que não há relações de poder sem resistências; que estas são tão mais reais e eficazes quanto mais se formem ali mesmo onde se exercem as relações de poder; a resistência ao poder não tem que vir de fora para ser real, mas ela não é pega na armadilha porque ela é a compatriota do poder. Ela existe tanto mais quanto ela esteja ali onde está o poder; ela é, portanto, como ele, múltipla e integrável a estratégias globais. A luta de classes pode, portanto, não ser a '*ratio* do exercício do poder' e ser, todavia, 'garantia de inteligibilidade' de algumas grandes estratégias" (Foucault, *Ditos e escritos IV*: estratégia poder-saber, 2003, p. 249).

É neste sentido que se pode falar em duas esferas distintas, e, clara e nitidamente distintas entre si (apesar se tratar de praxe de linguagem o uso indiscriminado dos termos ética e moral como sinônimos, inclusive ao longo desta obra), que tocam à discussão da temática, e que resultam da reflexão da linguagem moral: uma que se pode chamar de *ética* e outra que se pode chamar de *moral*.

Define-se *ética*, neste passo, como sendo a capacidade de resistência que o indivíduo tem em face das externas pressões advindas do meio. Define-se *moral* como o conjunto das sutis e, por vezes até mesmo não explícitas, manifestações de poder axiológico, capazes de constituir instâncias de sobredeterminação das esferas de decisão individual e coletiva. Trata-se da tensão bipolar indivíduo/sociedade expressa na relação entre *Sittlichkeit* e *Moralität,* advinda dos debates do eixo filosófico Kant-Hegel[23], também incorporada na reflexão de Jürgen Habermas[24], tão determinante na definição dos níveis de consciência moral.

É certo que não há indivíduo sem sociedade, e vice-versa, de modo que comportamento ético e exigência moral social acabam se intercambiando o tempo todo. Mas o que precisa ficar claro é que nem tudo o que é *moralmente* aceito (por um grupo, por uma maioria, ou pela hegemonia coletiva) pode ser chamado de *eticamente* aceitável. Os alemães do período entreguerras não somente votaram no partido social-nacionalista, que veio a conduzir Hitler ao poder, como aplaudiram seu expansionismo e seu dinamismo disciplinado que devolveu dignidade ao povo alemão e ascendeu a nação alemã ao ápice do poder europeu; não teriam sido cúmplices do extermínio sistemático de judeus, ciganos, poloneses e deficientes? Seria lícito neste período ser contra o antissemitismo reinante?

---

23. "Hegel introduz uma precisão conceitual: reserva o conceito de *Moralität* para o ator individual que pela ação já revela consciência moral dos seus equívocos e acertos; e reserva o conceito de *Sittlichkeit* para a ação moral praticada no coletivo, conscientizada por cada ator individual.

Hegel resolve de maneira dialética a tensão criada com a polaridade entre indivíduo e sociedade, deixando claro que a ação moral individual já é socialmente mediada, enriquecendo a consciência moral subjetiva. Da mesma forma, a ação moral coletiva não seria *sittlich* se não se calcasse na consciência moral de cada um dos atores no interior de uma comunidade social (*oikós, pólis,* sociedade civil etc.). Não há indivíduo sem sociedade, como não há sociedade sem indivíduos. A questão da moralidade não é nem subjetiva nem individual, ela sempre é objetiva e social, mas conscientemente medida pela perspectiva subjetiva de cada indivíduo. Por isso a questão da moralidade tem de ser transformada numa questão da *Sittlichkeit*. Esta última inclui e absorve a primeira.

Qual o segredo profundo da *Sittlichkeit* hegeliana? O trabalho e a educação, ou seja, duas formas de ação que permitem transformar simultaneamente o indivíduo, e a sociedade por vias racionais" (Freitag, *Itinerários de Antígona: a questão da moralidade*, 1992, p. 70 e 71).

24. "A moral trata do que é igualmente bom para todos, enquanto a ética se ocupa do diferente. Ela engloba a necessidade de *autoesclarecimento*, ou de esclarecimento de quem somos e de quem gostaríamos de ser (Habermas, 1993), de forma que saibamos naturalmente quais são nossas obrigações e dúvidas" (Oliveira, A questão étnica: qual a possibilidade de uma ética global?, in *As dimensões culturais da transformação global*, 2001, p. 56).

A questão que se põe define bem a diferença entre as práticas sociais majoritárias, os valores consagrados pelo consenso de meio-termo social, e a marca da contribuição do *in-divíduo* (aquele que não se divide) para o mundo, da personalidade que não se esgota em reproduzir a moralidade alheia, mas criativamente se *faz* sujeito por decidir com *autoesclarecimento*. Ser *resistente*, no sentido foucaultiano, é ser capaz de exercitar a sua autonomia, a sua personalidade, ante mesmo a conjuntura que força à pasteurização e à homogeneização dos comportamentos em unidades servis a ideologias reinantes. Em poucas palavras, é não se deixar assujeitar, na medida em que isto é possível, nos diversos contextos em que é possível resistir às inflexões do poder.

2.3. Ética: ciência ou filosofia?

A ética é ciência ou filosofia? Em verdade, pode-se dizer que é filosofia, filosofia prática, que tem por conteúdo o agir humano. Isso porque se trata de um saber especulativo, voltado para a crítica conceitual[25] e valorativa. Se o saber filosófico instaura a dúvida e a crítica, renunciando a pretensões mais diretamente engajadas na resolução de questões imediatamente necessárias e prementes, então é nesse solo que deve se situar a especulação ético-conceitual. A ética firma-se em solo filosófico como forma de fortalecimento das construções e deveres morais hauridos ao longo do tempo pela experiência. Seu cunho especulativo não a permite ser senão um grande jogo especulativo, característica central do saber filosófico[26].

O estudo da ética envolve, por isso, um conjunto de preocupações que tornam todos os esforços de concebê-la a partir de seus objetos específicos[27], ou a partir de seu estatuto filosófico, como modo indispensável de insuflar o sopro da reflexão na dimensão do espírito e da ação. Por isso, os esforços conjuntos de distingui-la como prática e como teorética, como saber voltado à construção de modos de aprimoramento e burilamento do convívio humano.

A ciência não seria capaz de dar conta de um objeto tamanhamente complexo, como o é o objeto da especulação ética[28]. Sua complexidade se deve à ilimitação de

---

25. "A ética não trata de todo o objeto cogitável em geral, mas somente da ação humana ou dos valores éticos" (Morente, *Fundamentos de filosofia*: lições preliminares, 1980, p. 32).

26. Assim: "A Ética, como *filosofia moral*, é o ramo da filosofia que estuda e avalia a conduta e o caráter humanos à vista dos conhecimentos, das tradições, dos usos e dos costumes" (Korte, *Iniciação à ética*, 1999, p. 99).

27. "A ética é uma disciplina normativa, não por criar normas, mas por descobri-las e elucidá-las. Mostrando às pessoas os valores e princípios que devem nortear sua existência, a Ética aprimora e desenvolve seu sentido moral e influencia a conduta" (Nalini, *Ética geral e profissional*, 1999, p. 35).

28. "O problema do valor do homem como ser que age, ou melhor, como o único ser que se conduz, põe-se de maneira tal que a ciência se mostra incapaz de resolvê-lo. Este problema que a ciência exige, mas não resolve, chama-se problema ético, e marca momento culminante em toda verdadeira filosofia, que não pode deixar de exercer uma função teleológica, no sentido do aperfeiçoamento moral da humanidade e na determinação essencial do valor do bem, quer para o indivíduo

seu conteúdo, uma vez que a ação humana vive em profundo movimento espaço-temporal e cultural, acompanhando as vitórias e as desditas humanas nesse plano. Circunscrever esse objeto de estudo para se tornar uma indagação científica é o mesmo que compromissá-lo indevidamente com o campo das indagações delimitadas e rigoristas. A abertura da especulação filosófica comporta sim o tipo de indagação e preocupação que se procura assinalar como éticas, de modo que se deve concluir, não obstante alguns autores advogarem a ideia da autonomia científica da ética, ser essa uma parte do território de estudos filosóficos, seu local de assento, seu berço natural.

Se é parte da filosofia[29], então, necessariamente, liga-se à filosofia prática, ou seja, aquela que tem por principal foco de estudos a ação humana[30]. Ou seja, a atenção, ao se estudar ética, recai sobre questões de cunho prático e dirigido na realidade quotidiana de sucessão das efemérides e ocorrências que dependem da vontade e da intervenção humana para acontecerem. Essa especulação dirigida à atuação humana se chama filosofia prática[31]. Então, afinal, pode-se dizer — seguindo-se de perto o pensamento do jusfilósofo español Manuel Atienza —, enquanto campo consolidado dentro da longeva tradição filosófica ocidental, a *ética*, quando a questão é concernente à ética profissional no campo do Direito, convoca também seu braço-irmão, a Filosofia do Direito, para pensar os desafíos das profissões na área do Direito[32].

2.4. A reflexão ético-filosófica como prática da liberdade

As práticas filosóficas não se conciliam com propostas distanciadas da produção de determinados efeitos. Práticas filosóficas que caminham para o idealismo absoluto, ou mesmo para estreitos corredores acessíveis somente a filósofos, iniciados e

---

quer para a sociedade" (Reale, *Filosofia do direito*, 1999, p. 35).

29. "Concebida a ética, num primeiro passo, como a *parte da filosofia responsável pela investigação dos princípios que motivam, distorcem, disciplinam ou orientam o comportamento humano, refletindo especialmente a respeito da essência das normas, valores, prescrições e exortações presentes em qualquer realidade social,* tal como se frisou anteriormente, cumpre investigar a origem do vocábulo. Sabe-se que essa investigação constitui uma opção metodológica de há muito reconhecida, sendo designada por Hannah Arendt como fenomenologia conceitual ou terminológica" (De Lucca, *Da ética geral à ética empresarial*, 2009, p. 60).

30. Então, Reale divide a filosofia em três ramos de preocupações: teoria do conhecimento (lógica e ontognoseologia); teoria dos valores ou axiologia (ética, estética, filosofia da religião, filosofia política, filosofia econômica etc.); metafísica (*Filosofia do direito*, 1999, p. 39).

31. "A filosofia prática, já o dissemos, tem por fim definir o bem do homem. Por isto é possível colocar-se num duplo ponto de vista: do ponto de vista do fazer, isto é, da obra a produzir (arte em geral e artes do belo em particular), objeto da filosofia da arte, ou do ponto de vista do agir, isto é, da ação a realizar, o que constitui o objeto da moral" (Jolivet, *Curso de filosofia*, 1990, p. 24).

32. "Como es bien sabido, la ética es uno de los campos tradicionales de la filosofía, y un campo que tiene su "réplica", por así decirlo, en el interior de la filosofía del Derecho" (Atienza, Manuel, *Filosofía del Derecho y Transformación Social*, 2017, p. 244).

eruditos, são práticas alienadoras das mentalidades, na medida em que colaboram para o distanciamento do filósofo da sociedade[33].

Então, sem dúvida alguma, a filosofia possui um importante e destacado papel de exercer livremente o pensamento, e, no campo da reflexão ético-filosófica, fazê-lo em completo (até onde possível) descompromisso com a moral social, com os valores majoritários ou com os interesses morais de uma classe social. A reflexão ético-filosófica pode mesmo significar, segundo essa linha de raciocínio, uma prática da rebeldia, na medida em que se inscreve como recurso de acusação da hipocrisia moral, com os fetiches e recalques axiológicos protetores de certos interesses de classe, da falsa moralidade e dos moralismos alardeados como padrões de conduta. Ora, é a filosofia um exercício de liberdade de pensamento, rigorosa somente quanto aos seus próprios fundamentos e às suas próprias coerências metodológicas, de modo a produzir-se como exercício legitimamente possível na medida em que desenvolve um olhar sensível e crítico às práticas éticas e às moralidades cotidianas da(s) sociedade(s).

Para que esse exercício se faça em completa autonomia não significa que seja necessário o isolamento do filósofo eticista, muito menos que a filosofia se acantone em suas discussões. Pelo contrário, é extremamente salutar que todo esse exercício seja feito na companhia de outros saberes que com ela são convidados a pensar as questões axiológicas, comportamentais e as regras de conduta: a psicologia, como saber voltado para as características mais intimistas da personalidade humana; a antropologia, como saber devotado ao estudo dos comportamentos grupais, da organização e das práticas sociais; a sociologia e a história, como saberes capazes de colaborar com o desenvolvimento da capacidade crítica de avaliação de comportamentos e práticas contextualizados no tempo e no espaço etc.

A atitude, portanto, da filosofia ética é a de compreensão e avaliação crítico-reflexiva da ação humana (individual ou coletiva). O compromisso do filósofo eticista está na ênfase dada à pergunta, ao questionamento, provocando o abalo de estruturas axiológicas por vezes secularmente assentadas, e não na ênfase impositiva, qual a atitude do moralista, que julga, acusa e impõe, que prescreve e dita regras e valores, que se autoarroga a posição de detentor de "verdades morais".

Trata-se de uma questão de método, mas também de enfoque, algo que parece determinante para que a filosofia seja respeitada como exercício de liberdade.

E quando se trata de falar de liberdade, cuida-se de dizer que, ante as investidas da moral e do poder, ante as determinações e coações externas, o compromisso da filosofia é com a ética e não com a moralidade social.

De fato, em nome da moral muitas atrocidades já se cometeram: linchamentos, torturas, julgamentos por heresia, martírios, castigos, traumas, limpezas étnicas, discriminações de todos os gêneros (econômica, sexual, social, étnica...), guerras fratricidas, genocídios, condenações criminais, julgamentos arbitrários etc.

---

33. Debrun, *Gramsci*: filosofia, política e bom-senso, 2001, p. 172.

Quando se está diante do desafio de pensar filosoficamente o tema da moral, da ética, trata-se de verificar os saldos negativo e positivo que estão morando no calabouço da história. Visitando-o, portanto, encontram-se as peças para se construir a conexão entre os elementos necessários para a crítica da moral instalada, e para que se dê um voto a favor da reflexão ética.

Aliás, a tarefa da reflexão de Michel Foucault, nos primeiros esboços daquilo que poderia ser uma preocupação com a temática ética, ao final de sua vida, não faz desta senão o último nicho de resistência ao poder. De fato, com Foucault, investigar a tensão entre indivíduo e sociedade, trata-se de verificar nesta bipolaridade a tradução das lutas (históricas) de resistência contra os diversos mecanismos e estratégias do poder de submissão, subjetivação e disciplinação, especialmente considerado o momento de surgimento da cultura da disciplina, na sociedade moderna, e seu desenvolvimento, através de tantos outros mecanismos de dominação (como o do consumo), na sociedade contemporânea[34].

Toda esta discussão, que passa pela questão do poder e atravessa a dinâmica das práticas jurídicas, tem que ver com o tema da liberdade, na medida em que "autonomizar-se", "constituir-se a si mesmo", fazer-se objeto de si mesmo a partir de um "cuidado de si" constituem parâmetros éticos — desta ética foucaultiana anunciada ao longo de seus últimos escritos[35] — pelos quais se pode viabilizar "a arte da indocilidade refletida", no sentido da criação de um espaço cada vez mais amplo de realização da liberdade dos modos plurais de ser e de agir. A pergunta que mora atrás

---

34. "O verdadeiro campo de luta, a seu ver, é o que abre as portas a um exercício de liberdade que é autônomo e, enquanto tal, radical. Ainda assim, Foucault concede lugar às múltiplas modalidades de luta em jogo na atualidade. São elas, no campo dos afrontamentos e resistências ao poder (e a seus excessos): 'as lutas contra a dominação (étnicas, sociais, religiosas), as lutas contra as formas de exploração (que separam o indivíduo do que ele produz) e, finalmente, as lutas que levaram a questão do estatuto do indivíduo (lutas contra o assujeitamento, contra as diversas formas de subjetividade e submissão)'. As duas primeiras já são conhecidas de todos. A contribuição de Foucault está nas suas considerações quanto ao estatuto das lutas que levaram o estatuto do indivíduo. Elas foram elevadas por Foucault a lutas de primeira grandeza, mantendo relações circulares com as duas outras formas de luta. Longe de serem periféricas ou secundárias, as lutas em torno da individuação são as que trazem, na atualidade, questionamentos, métodos e objetivos inovadores, com efeitos que não são desprezíveis na esfera pública. As lutas individualizantes, enfim, são lutas efetivamente potentes contra as tecnologias de poder desenvolvidas na sociedade ocidental nos últimos séculos e que têm, no Estado contemporâneo, um de seus principais representantes" (Castelo Branco, As lutas pela autonomia em Michel Foucault, in Margareth Rago; Luiz B. Lacerda Orlandi; Alfredo Veiga-Neto (orgs.), Imagens de Foucault e Deleuze: ressonâncias nietzschianas, 2002, p. 181).

35. "A ética, em Foucault, é bem o domínio de um exercício da liberdade, o domínio de um exercício da autonomia na relação com o "outro" e com o mundo, o domínio de uma "crítica permanente visando assegurar o exercício contínuo da liberdade" (Fonseca, Michel Foucault e o direito, 2002, p. 277-278).

de todo este debate não é outra senão: "O que estamos fazendo de nós mesmos?", que é a grande pergunta que a ética propõe à moral[36].

2.5. Ética, sociedade e o cultivo das virtudes

A ética deve incitar ao cultivo das virtudes. Seguindo o adágio antigo de Juvenal (8, 20), de acordo com o qual "a única e verdadeira nobreza é a virtude" (*Nobilitas sola est atque unica virtus*), pode-se dizer que a formação da pessoa depende dos mais variados estímulos, entre os quais aqueles que atraem o seu comportamento para o campo da virtude. Por isso, esta é uma tarefa social relevante, a de incentivar um convívio social pautado pela valorização das virtudes. Os antigos cultivavam na ideia de uma busca permanente pela virtude a descoberta de si, como tarefa de humanização das relações. E é evidente que as virtudes dependem de um exercício diário, de um esforço para conduzir a vida dentro de termos aceitáveis, para si e para o outro, nos moldes de uma ética do meio-termo, ou seja, que valoriza a vida distanciando-se dos excessos. Esse é muito explorado no mundo antigo, e valorizado como padrão de comportamento, daí a ampla aceitação do adágio que aparece em Terêncio, "Nada em excesso" (*Ne quid nimis*) (Andria, 61). Esse também é o lema central da organização da ética de tradição aristotélica, e uma referência para o mundo antigo.

O mundo moderno se desgarra dessa perspectiva, em primeiro lugar, por marginalizar o campo da ética e defini-lo nos estritos limites de um subsetor dos subsistemas sociais, e, em segundo lugar, por aprofundar a promoção da era da técnica como o grande vetor de organização da vida social. Assim, aparentemente, a vida moderna valoriza muito o presente (mas leva-nos à ansiedade permanente pelo futuro), o viver (que se dá com intensidade, e não com sobriedade, e, por isso, nos leva aos excessos de todo tipo), o ter (que ocupa o espaço do ser, e, por isso, também impregna o mundo de mensagens diretas e subliminares ligadas ao imediatismo e ao consumismo), o pragmatismo (que ocupa a agenda da ação e contorce a possibilidade do agir com relação a fins, em função do agir estratégico) e o hedonismo (tornando heroicos vícios, justificáveis quaisquer tipos de ações e atraindo para a espiral da busca de sensações todos os esforços sociais, ideologizando a vida com a obrigatoriedade da felicidade).

Por isso, em muitos sentidos, o abatimento da busca das virtudes, como cardeal orientação para a vida, obscurece o horizonte da ação social. A modernidade desenfreada pode, ela mesma, ser a marca opressora da passagem do mal, colocado o problema do mal como um problema filosófico de instigação para a reflexão ética. Na coletânea que reúne alguns ensaios de Norberto Bobbio, *O elogio da serenidade*, particularmente no ensaio 8, a questão é colocada da seguinte forma: "O problema do mal se impõe à nossa atenção com particular força no caso dos eventos catastróficos, pouco importando se seus protagonistas são a Natureza ou a História. Em

---

36. Cf. Margareth Rago; Luiz B. Lacerda Orlandi; Alfredo Veiga-Neto (orgs.). *Imagens de Foucault e Deleuze: ressonâncias nietzschianas*, Rio de Janeiro: DP&A, 2002, p. 185-186.

nossa memória mais recente, são dois os acontecimentos que mais discussão provocaram sobre o tema: Auschwtiz e a queda do muro de Berlim. O primeiro representou um desafio sobretudo para o homem de fé; o segundo, sobretudo para o homem de razão". Nesse compasso, Bobbio observa os dois lados da moeda, discutindo as teses de um laicismo radical, e a decepção dos crentes diante dos fenômenos mundanos. Mais ao final do texto, ele se pergunta, lendo a história como um observador externo, se as coisas fazem sentido, e responde, no limite de sua razão: "Não, não faz sentido. Também esta é uma questão sem resposta. Mas desde sempre o homem simples concebeu sua resposta: 'Não há justiça neste mundo'"[37].

A questão posta por Bobbio não somente é de grande interesse no campo da teologia, e instiga profundas inquietações, como também o é no campo da filosofia moral. Por isso, o dilema resta irresoluto. Nesse sentido, questões desta gravidade externalizam a fragilidade da condição humana e demonstram que todas as culturas, povos e tradições creram em algo e se esforçaram por demonstrar formas indubitáveis de sua veneração a um deus ou a diversos deuses. Templos, oferendas, rezas, danças, cultos, luxo, grandiosidade arquitetônica, pomposidade, rituais, abundância, sacrifício e autoimulação são formas de aparição de que a humanidade prospera tendo dúvidas sobre o seu destino, e procura, de alguma forma, por linguagens as mais diversas, clamar por salvação, piedade, ou, ao menos, diminuição do sofrimento, dos padecimentos e da dor. No entanto, da humana condição não há fuga, e, por isso, os homens são instados a estarem uns com os outros, e a carecem de muitas coisas. É no quadro destas carências, bem como desta mutualidade do convívio, que o padrão de desenvolvimento moral condizente com os esforços capazes de serem redentores da humanidade são os esforços pelas nobrezas que decorrem da ação. A vida acaba sendo o registro vivo dos passos, dos erros e das virtudes do comportamento humano, e disto não há como fugir. Por isso, em seu monumental *Ética: direito, moral e religião no mundo moderno*, após grande digressão histórico-filosófica, Fábio Konder Comparato afirma, no item intitulado "A consciência ética": "Tal equivale a dizer que só o ser humano é dotado de liberdade, e, por conseguinte, de responsabilidade; isto é, só ele é capaz de escolher conscientemente as finalidades de suas ações, finalidades que podem se revelar boas ou más para si e para outrem, devendo, portanto, o agente responder perante os demais pelas consequências de seus atos. Em outras palavras, só o homem, como Aristóteles já havia assinalado, é, pela sua própria essência, um ser ético, que tem consciência do bem e do mal, capaz das maiores crueldades e vilanias, assim como dos gestos mais heroicos e sublimes"[38].

Para enfrentar a questão do mal, somente a união de forças sociais que gravitem em torno do poder das virtudes, pois onde há clemência, não há rudeza; onde há perdão, não há revolta; onde há prudência, não há temeridade; onde há solidariedade,

---

37. Bobbio, *O elogio da serenidade e outros escritos morais*, 2002, p. 180 e 192.

38. Comparato, *Ética: direito, moral e religião no mundo moderno*, 2006, p. 463.

não há fome; onde há tolerância, não há perseguição; onde há compreensão, não há obscuridade. Ou seja, o grupo das virtudes oferece um leque razoável de forças para a ação, que devem organizar a vida social e tornarem-se vetores do comportamento social. Muitas vezes, esses valores chegam a ganhar tamanha relevância, e estruturar a vida social de tal forma, que se pode reconhecer a existência de uma ética dos direitos humanos no coração vivo, por exemplo, de um documento constitucional[39]. Ou seja, orientar a ação social com base numa constelação de valores compartilhados, comuns, importantes para a sustentação da vida social parece ser uma contribuição que a reflexão ética traz para a discussão sobre a distribuição das forças sociais e o papel que o indivíduo e o grupo têm na determinação das consequências, que, ao menos controláveis, desestimulam a multiplicação do mal na vida social.

2.6. Divisões da ética

A ética, como saber filosófico, pode ser dividida, seguindo uma determinada orientação conceitual, em dois grandes ramos: a ética normativa e a metaética. Enquanto a ética normativa se detém no estudo histórico-filosófico ou conceitual da moralidade, ou seja, das normas morais espalhadas pela sociedade, praticadas ou não, a metaética se propõe a ser uma investigação do tipo epistemológico, ou seja, uma avaliação das condições de possibilidade de qualquer estudo ou proposta teórica ética[40]. Se a ética normativa estuda as normas sociais[41], se detendo sobre a moralidade positiva, a metaética estuda e avalia a ética normativa.

Há que se dizer que a ética normativa abre espaço para a discussão das diversas correntes de pensamento acerca da ética, e, nesse sentido, é o que permite o estudo histórico-filosófico da ética (ética socrática, ética platônica...)[42]. Pode-se, então, identificar as principais correntes de pensamento ético como constituindo grandes gru-

---

39. A respeito, *vide* A ética dos direitos humanos, in Maria Victoria Benevides; Gilberto Bercovici; Claudineu de Melo (orgs.), *Direitos humanos, democracia e república*: homenagem a Fábio Konder Comparato, 2009, p. 347-380.

40. A metaética é o estudo crítico dos sistemas éticos: "Igual que la ética normativa supone una reflexión acerca de las normas morales existentes (moralidad positiva), la metaética implica una reflexión sobre los sistemas éticos existentes (moralidad crítica)" (Guisán, *Introducción a la ética*, 1995, p. 43).

41. "No campo da Ética filosófica encontramos a Ética normativa e a Ética especulativa. A Ética normativa é mais do que prescrever regras e leis, pois procura enunciar as normas que assegurem e satisfaçam a autoridade do que deve ser, para que a sociedade atinja seus objetivos. Apoia-se em razões morais decorrentes dos costumes e também racionais empíricas, louvando-se em experiências anteriores" (Korte, *Iniciação à ética*, 1999, p. 105).

42. Também chamada ética especulativa: "A Ética especulativa procura encontrar, com a sistematização dos dados conhecidos, as razões últimas (teleológicas) ou razões primeiras (deontológicas), por meio das quais possa quantificar e avaliar os fenômenos éticos, atribuindo-lhes juízos de valor moral, ou seja, de valor segundo os costumes" (Korte, *Iniciação à ética*, 1999, p. 105).

pamentos de estudo da ética normativa, a saber: 1) as éticas normativas teleológicas (eudemonistas e hedonistas), para as quais a noção primordial é a de que a ética deve conduzir a um fim natural, ou à felicidade, ou ao bem-estar, ou à utilidade geral... (Sócrates, Platão, Aristóteles, Epicuro, Hume, Bentham, Stuart Mill...)[43]; 2) as éticas normativas deontológicas, para as quais a noção primordial é a da necessária e imperativa obediência ética pela consciência do dever e da responsabilidade, individual ou social... (cristianismo, ética kantiana, ética do contrato social...)[44]. Não obstante se poder assim dividir as dimensões filosóficas ético-normativas, nunca é demais dizer que os grupamentos não sufocam a independência lógica, conceitual, e muito menos as peculiaridades, de cada proposta filosófica.

Outra distinção importantíssima a ser feita é aquela que divide a ética em dois grandes ramos: a ética geral e a ética aplicada.

A primeira deter-se-ia na análise e no estudo das normas sociais, aquelas que atingem a toda a coletividade, e que possui lineamentos os mais abrangentes possíveis, correspondendo ao conjunto de preceitos aceitos numa determinada cultura, época e local não pelo consenso da população, mas sim pela maioria predominante. A ética geral incumbir-se-ia, portanto, de tratar dos temas gerais de interesse ligados à moralidade. Essa faceta da ética seria a mais aberta, e, por consequência, a mais abrangente, lidando com os interesses sociais de um modo geral.

A segunda deter-se-ia na apreciação de normas morais e códigos de ética especificamente localizáveis na sociedade, uma vez que estes estariam relacionados ao comportamento de grupos, coletividades, categorias de pessoas, não possuindo a abrangência da primeira. Essa faceta da ética, chamada ética aplicada, deter-se-ia no estudo qualificado (por um interesse específico por ramo de atividade, grupo de pessoas envolvido...) de questões ético-sociais. São desdobramentos da ética aplicada: a ética ecológica, a ética profissional, a ética familiar, a ética empresarial...

Tudo isso em função da especialização desses estudos e das exigências principiológicas que acabam se formando em torno deles. Porém, é certo que todas convergem, em seus interesses, para uma reflexão sintética e geral, proposta pela ética geral.

---

43. "Es común distinguir, dentro de las éticas teleológicas que proponen como meta el bienestar humano, las eudemonistas (que sólo tomarían en consideración los placeres más o menos intelectuales o espirituales) y las hedonistas (de *hedoné*, placer en griego), que tendrían como objecto la persecución de placeres más materiales" (Guisán, *Introducción a la ética*, 1995, p. 37).

44. "La diferencia esencial entre las éticas teleológicas y las deontológicas o de principios, es que mientras las primeras exigen un fin más o menos natural a perseguir por la razón humana, fin que presenta las características de ser bueno prudencialmente y bueno éticamente, en las segundas lo que importa es obrar conforme a deberes (*déon* = deber en griego) exigidos por la existencia de principios y dictados por la razón pura, como la ética kantiana, y derechos (naturales y/o fundamentales) o principios producidos mediante consenso o contrato por los humanos (aunque en este último caso podría darse un importante acercamiento a las éticas teleológicas o de fines)" (Guisán, *Introducción a la ética*, 1995, p. 38-39).

Também é certo que todas essas éticas localizadas e específicas se incrementam quando se comunicam e vivem em dialética social; mas a distinção, além de didática, é necessária para efeitos de diferenciação e de análise ramificada do saber.

A parte da ética aplicada que se procurará abordar com maior profundidade nesta obra será a da ética profissional. Quando a ética se deita sobre a projeção profissional, quer, de fato, detectar as normas que presidem o relacionamento humano por meio do trabalho; é da conjugação entre ação laboral e ação moral que se procurará extrair uma reflexão mais aprimorada sobre essa parte da ética aplicada. De fato, deter-se-á a segunda parte deste escrito na investigação das normas morais, dos princípios e das normas jurídico-disciplinares que governam a atuação de um tipo específico de profissional, a saber, o profissional do direito, em suas várias e diversificadas funções, cargos e papéis sociais[45].

3. OS FINS DA AÇÃO ÉTICA

Todas as éticas, sejam quais forem suas orientações, premissas, engajamentos e preocupações, sempre elegem "o melhor" como sendo a finalidade do comportamento humano. Toda postura ética assume uma espécie do que seja "o melhor" para o direcionamento da ação humana, e, uma vez eleita, segue a trilha e a orientação traçadas para sua realização, assumindo os riscos do caminho e das consequências.

Isso quer dizer, num primeiro momento, que existe plena liberdade de opção ética. A essa liberdade de opção segue a responsabilidade na administração dos riscos e na assunção dos resultados. E, num segundo momento, que a noção do que seja "o melhor" é a força centrípeta de toda investigação ética; é em torno desse problema que circulam as investigações éticas[46].

As éticas hedonistas elegem no prazer "o melhor" do agir humano; as éticas eudemônicas fazem residir na felicidade a busca ética; as éticas intelectualistas fazem residir no gozo contemplativo a finalidade da ação humana; as éticas espiritualistas apregoam que a orientação do que seja "o melhor" deve provir de forças e intuições religiosas para encaminhar a ação humana com vistas a um porvir além-túmulo prenhe de graças e abundância; as éticas do dever fazem residir no ato moral, em si e por si, independentemente de qualquer outro resultado ou finalidade, como imanência intelectual, a força e a razão de ser da ética da ação humana... Até mesmo o ascetismo, quando elege a dor e a ausência de prazeres como fins, realiza uma opção

---

45. O que importa dizer neste momento é que a aproximação de ambas as ciências se torna ainda mais clara quando se procura estudar a ética disciplinar do profissional do direito. Então se passa a compreender o quanto uma ciência (ética) é cara à outra (direito) na compreensão de sua preceptística.

46. "A meta da atividade ética é dada pelo valor do bem que pode ser de cunho moral, religioso, econômico, estético etc., desde que posto como razão essencial do agir" (Reale, *Filosofia do direito*, 1999, p. 389).

ética que entende ser pelo "melhor"; o asceta está em busca de uma redenção espiritual, e vislumbra no presente uma forma de maceração carnal para o alcance de gozos espirituais muito mais duradouros. Inclusive as éticas que apregoam no suicídio uma forma de liberação entendem ser esse o meio para pôr fim a tormentas existenciais ou materiais, ou seja, para reduzir ou exterminar uma quota de dor com vistas "ao melhor". Em todas as correntes e orientações éticas reside uma preocupação estável, constante e perene, qual seja: orientar a conduta humana para "o melhor".

Mas o que seja "o melhor", isto é controverso, de modo que as doutrinas éticas divergem não quanto ao que seja a busca ética, mas sim quanto ao que seja o conteúdo da busca ética. Em outras palavras, se o que é "o melhor" varia de acordo com inúmeras valorações e tendências, não há de existir uma forma única e homogênea de se pautar a conduta ética. A expressão "o melhor" (*áriston*, para o grego) é semanticamente aberta, de modo a determinar entendimentos diversos quanto ao que seja realmente "o melhor".

De qualquer forma, elegendo-se qualquer das variadas opções d' "o melhor", é impossível pensar o homem sem a ética[47]; em outras palavras, o homem é um ser ético por natureza (*homo naturaliter ethicus est*). É impensável a dissociação do homem de sua capacidade de autogestão; nessa capacidade estão abrangidos o controle de seus atos, a condução de suas condutas, a seleção de seus comportamentos, a priorização de suas opções (controle, regulação, limitação, ponderação, administração, compreensão, exame...)[48].

Dizer que a ética persegue o homem significa dizer que a orientação ética caminha com o homem desde seus titubeantes passos. Porém, é fato que a ética de outros tempos não é a mesma de hoje. As concepções éticas de povos, civilizações, gerações... alteram-se ao sabor dos tempos. Não há uma única ética para todos os povos em todos os tempos; toda construção ética se opera de acordo com a axiologia de uma cultura e de um tempo (ao mesmo tempo em que os cristãos pregavam uma consciência ecumênica na Europa do séc. XV, os canibais na América devoravam seus inimigos de guerra). O que há é que a consciência ética cresce com o homem (alarga-se, expande-se, fortalece-se...), na medida em que também crescem dentro do homem as dimensões da autoconsciência, da racionalidade, da presença da alteridade...

Porém, quando se diz que a ética nasceu com o homem, não se está a dizer que nasceu pronta, acabada, com todos os seus quadrantes delineados e previamente

---

47. "La moral es para los seres humanos como una segunda piel, tan pegada a la primera que resulta dificilmente discernible, criticable, desechable o renovable" (Guisán, *Introducción a la ética*, 1995, p. 31).

48. "Comecemos por uma noção aproximativa da ética contida na proposição: somente o ser humano é ético ou a-ético. Um dos sentidos desta afirmação é que o ser humano tem em suas mãos o seu destino: pode construir-se ou perder-se, dependendo do rumo que ele imprime às suas decisões e ações ao longo da vida. Aqui intervém a ética como direcionamento da vida, dos comportamentos pessoais e das ações coletivas" (Pegoraro, *Ética é justiça*, 1997, p. 11).

programada. A ética acompanha o homem em seu percurso existencial e histórico. A história das vicissitudes humanas é a história das evoluções e involuções éticas. Isso quer dizer que a ética está ao lado do homem em seus envolvimentos socioculturais.

Em outras palavras, a forja dos preceitos éticos não é tão só e unicamente a consciência individual; sobre a consciência individual atuam as influências sociais e educacionais, e isso em profunda dialética com as influências ambientais. Ou seja, o homem descobre-se a si próprio conhecendo melhor o outro; a alteridade é o espelho (dos vícios e das virtudes) da individualidade. Desse contato extraem-se os imperativos e os comandos do que fazer ou deixar de fazer, de como fazer ou deixar de fazer, de até quando fazer ou deixar de fazer... Em poucas palavras, a dimensão de uma consciência e de suas normas não se constrói em apartado da dimensão das outras consciências e das normas sociais. Oportunidade, conveniência e outros juízos da ação humana desenvolvem-se naturalmente com o evolver dos próprios conceitos socioculturais[49].

Ademais, as normas éticas convivem com outras normas e forças sociais (econômicas, costumeiras...), e é da interação destas que surgem deliberações individuais de comportamento. Assim, é em interação socioambiental, e, obviamente, em uma inserção cultural, que se aprende, que se vive e que se exerce ética. O homem ao agir está exercendo ética, pois para agir necessita optar por valores, por comandos de orientação de conduta, por fins, por desejos, por vontades, por objetivos... Ainda mesmo que a ética comportamental de um indivíduo (ou grupo) seja a opção pela libertação ou negação cética de toda e qualquer ética existente, ou predominante, nessa atitude, tipicamente contestatória, reside uma certa ética.

4. O OBJETO DO SABER ÉTICO E AS NORMAS MORAIS

O saber que se intitula ética tem por objeto de estudo a ação moral e suas tramas. Esse saber ético não possui natureza puramente normativa, como afirmam alguns autores, não se dedicando exclusivamente à compreensão do *dever-ser* ético[50]. Porém, há que se dizer que em suas pretensões de estudo se encontram englobadas as normas morais. Ou seja, a deontologia, o estudo das regras morais, é parte das preocupações do saber ético.

Isso significa dizer que se pode estudar, além do problema da ação e suas questões correlatas, por meio de um método científico (indução, dedução, dialética, intuição), pelo saber ético, o conjunto de preceitos relativos ao comportamento huma-

---

49. "O estudo da ética nos permite corrigir os vícios e acentuar as virtudes, de tal forma que, em cada opção, escolha ou ação, nós podemos obter resultado mais justo, próprio e oportuno. Será justo nas relações espaço-forma-tamanho; próprio, quando e de acordo com a natureza; e oportuno, porque adotado no tempo mais conveniente, em que os resultados serão os melhores possíveis" (Korte, *Iniciação à ética*, 1999, p. 165).

50. É o caso de Hans Kelsen, para quem a ciência ética se define como o estudo das normas éticas. A respeito, leiam-se *O que é justiça* e *O problema da justiça*, do referido autor.

no (individual e social). A preceptística moral, ou seja, o conjunto de regras definidas como normas morais (não matarás; não julgarás; não farás ao outro o que não desejaríeis a ti fosse feito; não roubarás; darás a cada um o seu...) é, no fundo, a abstração das experiências morais hauridas pela prática vivencial sócio-humana.

Desse modo, pode-se admitir que todo conteúdo de normas éticas tem em vista sempre o que a experiência registrou como sendo bom e como sendo mau, como sendo capaz de gerar felicidade e infelicidade, como sendo o fim e a meta da ação humana, como sendo a virtude e o vício. Essa preceptística, que não é estável, nem homogênea em sua totalidade e em sua generalidade, entre as diversas culturas, varia ao sabor de inúmeros fatores.

Com os meios de realização escolhidos, com os fins almejados, com as consequências práticas e com os reflexos sociais previstos... percebe-se, compreende-se, constrói-se, delibera-se... quais são os padrões de conduta aceitáveis e inaceitáveis. Mas isso não se pode definir antes da necessária passagem pelo convívio histórico. O que se quer dizer é que as regras orientativas e disciplinadoras do que seja o socialmente aceitável e conveniente decorrem da abstração das experiências e das vivências sociais historicamente engajadas. O indivíduo produz conceitos e padrões éticos e os envia à sociedade, assim como a sociedade produz padrões e conceitos éticos e os envia (ou inculca), por meio de suas instituições, tradições, mitos, modos, procedimentos, exigências, regras, à consciência do indivíduo. É dessa interação, e com base no equilíbrio dessas duas forças, que se pode extrair o esteio das preocupações ético-normativas.

5. O OBJETO DO SABER ÉTICO E O DIREITO

O saber ético estuda o agir humano. Isso já se disse. Também já se disse que as normas morais convivem com normas sociais. Porém, o que ainda está por ser dito é que dentre as normas sociais e as demais convenções se destacam as normas jurídicas, com as quais interagem as normas morais. Assim, há que se investigar as relações existentes entre ambas as categorias de normas, procurando-se definir o âmbito de alcance de cada qual.

As normas jurídicas distinguem-se das normas morais, sobretudo em função da cogência e da imperatividade que as caracterizam. Eis aí uma primeira delimitação de suma importância. As normas morais possuem autonomia com relação ao direito, e, pode-se dizer, vice-versa, o que, por contrapartida, não significa dizer que não possuam influências, ou que não possuam relações e imbricações recíprocas. De maneira fundamental, o que se quer dizer é que a relação entre direito e ética, entre normas jurídicas e normas morais, é estreita, não obstante se possam identificar nitidamente as diferenças que se marcam entre os dois campos de estudo.

Com essa observação, quer-se simplesmente dizer que é possível a constituição de uma especulação ética independente de uma ciência do direito, uma vez que a incidência daquela recairá sobre as ações eticamente relevantes, e a incidência desta será sobre as ações declaradas e constituídas como juridicamente relevantes. Por vezes, as ações são coincidentemente ética e juridicamente relevantes, o que não prejudica a autonomia das referidas ciências, nem faz confundir o campo do jurídico com o campo da ética.

Deve-se admitir que a cumplicidade existente entre direito e ética é notória, além de inegável[51]. Quando se trata de relacionar ética e direito[52], é de crucial importância assinalar que, às vezes, ética e direito convergem, às vezes, divergem. Que dizer das normas jurídicas de direitos humanos, contrárias à discriminação, contrárias ao desmando... senão que se trata de um conjunto de preceitos morais que deságuam no universo das prescrições jurídicas para encontrar seu reforço na coação estatal?[53] Que dizer das normas jurídicas que caminham dissociadas de quaisquer resguardos éticos ou, por vezes, contrárias à ética?[54]

É por demais importante grifar que se torna impossível ao jurista penetrar adequadamente nos meandros jurídicos menosprezando por completo as regras morais. Se isso já é por si difícil e prejudicial, então se torna inaceitável a posição que receita ao jurista manter distância absoluta do estudo das normas éticas. Em outras palavras, e sinteticamente, tudo confirma a hipótese de que a pesquisa jurídica deve ser uma pesquisa conjugada com a ética[55]; deve-se perceber que os entrelaçamentos entre o direito e a temática ética são inegáveis[56].

6. DIREITO E MORAL

Há que se averiguar, neste passo, quais as relações mantidas entre direito e moral, visto que se trata de discutir, como fulcro dessa investigação, a questão ética e suas projeções profissionais na área jurídica. Nesse intuito é que se torna necessário,

---

51. Nada há a desabonar essa ideia, a não ser posturas teóricas formalistas e puristas, do ponto de vista metodológico, como ocorre com a *Teoria pura do direito* de Hans Kelsen.

52. A respeito do tema, consulte-se o excelente estudo *Ética e direito* (1996) de Chaïm Perelman.

53. Deve-se consultar, a respeito, a análise histórico-evolutiva dos direitos humanos em Comparato, *A afirmação histórica dos direitos humanos*, 1999.

54. Este é o caso: das normas contendo prazos, indiferentes a conteúdos morais; das normas processuais que consentem a mentira em nome da defesa pessoal do réu, contrariamente ao que diz a moral quanto à mentira.

55. Hans Kelsen não negava a possibilidade de estudo da justiça; é certo que não só estudava a justiça (*A ilusão da justiça; O que é justiça?*: a justiça, o direito e a política no espelho da ciência; *O problema da justiça*), como a julgava um valor relativo. Porém, estudou a justiça como um valor em separado do direito, como objeto de uma ciência própria, autônoma e desvinculada do direito (estuda normas jurídicas), a ética (estuda normas morais).

56. Já se teve oportunidade de afirmar isso em outra parte. *Vide*, portanto, Bittar, *Teorias sobre a justiça*: apontamentos para a história da Filosofia do Direito, 2000. Também, leia-se em Ferraz Júnior, *Introdução ao estudo do direito*, 1994, p. 355: "Pelo que dissemos, a justiça é o princípio e o problema moral do direito".

por princípios metodológicos, discernir quais são as características de cada sistema, para, em seguida, poder-se pronunciar sobre as relações possíveis entre eles. Dessa iniciativa deverá resultar um esclarecimento, ainda que não definitivo, sobre as possíveis e detectáveis diferenças entre esses campos que muito se assemelham.

Costuma-se, mesmo, tratar o tema dizendo-se que: a experiência moral e a norma moral são anteriores, sobretudo tendo-se em vista o cronológico surgimento das regras de direito relativamente às regras da moral; a norma moral é interior, prescindindo de qualquer fenômeno exterior, como geralmente sói ocorrer com o fenômeno jurídico; a norma moral não é cogente, pois não pode dispor do poder punitivo de uma autoridade pública para fazer valer seus mandamentos, recorrendo-se, normalmente a sanções diferenciadas das jurídicas (consciência; rejeição social; vergonha...); a norma moral não é sancionada nem promulgada, pois essas são as características de normas estatais que se regulamentam dentro de um procedimento formal, complexo e rígido, com o qual se dá publicidade aos mandamentos jurídicos. Porém, os autores que enunciam essas notas diferenciais entre ambos os grupos de normas, de um lado, as jurídicas, de outro lado, as morais, reconhecem a falibilidade que os afeta[57].

Ademais do que se disse a respeito das características do direito e da moral, há que se insistir num fator distintivo entre ambos, a saber, a necessidade de segurança jurídica para o direito, fator que propicia a criação de outras necessidades internas ao sistema jurídico, que acabam por torná-lo fenômeno peculiar: criação de autoridades; divisão de competências; imposição de formas jurídicas; procedimentalização dos atos; discriminação taxativa de fatos, crimes, direitos, deveres, e outros[58].

Mas os esforços de diferenciar direito e moral não devem ser maiores que os de demonstrar suas imbricações. O direito pode caminhar em consonância com os ditames morais de uma sociedade, assim como andar em dissonância com eles. Na primeira hipótese, está-se diante de um direito moral, e, na segunda, está-se diante de um direito imoral. Essas expressões bem retratam a pertinência ou impertinência do direito com relação às aspirações morais da sociedade[59].

O curioso é dizer que o direito imoral, apesar de contrariar sentidos latentes axiologicamente na sociedade, ainda assim é um direito exigível, que obriga, que deve ser cumprido, que submete a sanções pelo não cumprimento de seus mandamentos, ou

---

57. Cf. Ferraz Júnior, *Introdução ao estudo do direito*: técnica, decisão, dominação, 1994, p. 326-329.

58. "Essas reflexões não significam, de modo algum, que o direito não possua uma especificidade, pela qual se afasta dos pontos de vista próprios da ética. Com efeito, a importância especial concedida em direito à segurança jurídica explica o papel específico do legislador e do juiz, tão oposto à autonomia da consciência que caracteriza a moral.

"Ante a multiplicidade de normas e de valores, o direito, querendo garantir a segurança jurídica que fixaria os direitos e obrigações de cada qual, tem de conceder a alguns, os legisladores, a autoridade de elaborar as regras que se imporão a todos, e tem de designar aqueles, os juízes, que terão a incumbência de aplicá-las e de interpretá-las" (Perelman, *Ética e direito*, 1996, p. 303).

59. Cf. Ferraz Júnior, *Introdução ao estudo do direito*: técnica, decisão, dominação, 1994, p. 326-329.

seja, que pode ser realizado. Em outras palavras, o direito imoral é tão válido quanto o direito moral. Este, no entanto, é mais desejável, pois em sua base de formação se encontra o consentimento popular, ou seja, o conjunto de balizas morais de uma sociedade, refletindo anseios e valores cristalizados de modo expressivo e coletivo.

Porém, se se pode dizer que o direito imoral é válido tanto quanto o direito moral, sua característica principal está no fato de ser um fenômeno desprovido de *sentido*, e esse fato faz presumir que o direito se exerce como mero instrumento de poder e autoridade, destituído de legitimidade, de algo que o enobreça como atividade prudencial, e não como atividade baseada na força. Por sua vez, o direito moral, além de válido, tem algo a mais, que o corrobora como prática social, ou seja, possui *sentido*, encontrando reforço de manutenção, durabilidade, constância e obediência no consentimento popular. A conclusão não é outra senão a de que o direito instrumentaliza a justiça, e é carente de seu sentido[60].

Pode-se concluir que o fundamento ético do Direito advém da responsabilidade social sobre o outro, decorrente da própria condição humana. O *dasein* (estar-no-mundo) heideggeriano é o liame que determina a identidade de compartilhar a dimensão da condição de homem no mundo, e, exatamente por isso, o fundamento ético para que as liberdades convivam quando se principiam a atritar. Esta ética existencial da responsabilidade é o que permite explicar o *porquê* do Direito intervir nas relações sociais.

6.1. Semelhanças e diferenças entre direito e moral

Quando a pesquisa temática entre direito e moral se especifica a ponto de se tornar necessário o sistemático, conceitual e comparativo estudo do *dever-ser* jurídico com relação ao *dever-ser* moral, então há que se deter a análise, para que se busquem semelhanças e diferenças. Isto se poderá fazer estudando-se aspectos preponderantes e características inegavelmente responsáveis pela criteriosa diferenciação de ambos os conjuntos de normas. De princípio, abordar-se-á o que normalmente a doutrina aponta a esse respeito, para, em seguida, verificar-se algumas hipóteses concretas de ocorrência dos pontos de semelhança e diferença.

O direito possui como características: a heteronomia; a coercibilidade[61]; a bilateralidade[62]. O direito é atributivo da conduta humana[63]. Heteronomia, coercibilidade

---

60. Cf. Ferraz Júnior, *Introdução ao estudo do direito:* técnica, decisão, dominação, 1994, p. 326-329.

61. "O direito é ordenação heterônoma e coercível da conduta humana" (Reale, *Lições preliminares de Direito*, 1994, p. 49).

62. "La diferencia esencial entre el Derecho y la Moral estriba en que el Derecho tiene por objeto las relaciones entre personas, mientras que la Moral recae sobre el hombre en cuanto individuo. De aquí que los deberes jurídicos sean siempre deberes de un sujeto de Derecho para con otro" (Radbruch, *Introducción a la filosofía del derecho*, 1993, p. 53).

63. "O Direito é a ordenação bilateral atributiva das relações sociais, na medida do bem comum" (Reale, *Lições preliminares de direito*, 1994, p. 59).

29

e bilateralidade seriam as notas essenciais do direito porque as obrigações jurídicas se formulam da comunidade para o indivíduo, e não o contrário, porque o descumprimento de comandos jurídicos pode ter como modo a aplicação de sanções, e mesmo o exercício do comando jurídico sob a força física, uma vez que o Estado monopoliza a violência, e, por fim, porque as relações jurídicas pressupõem ao menos a interação de dois sujeitos para existir e serem cumpridas. Unilateralidade, incoercibilidade e autonomia seriam as notas essenciais da moral, significando exatamente o oposto do indicado acima como característico do direito[64].

Se a moral demanda do sujeito uma atitude (solidariedade), seu estado de espírito, sua intenção e seu convencimento interiores devem estar direcionados no mesmo sentido vetorial das ações exteriores que realiza (intenção solidária, e não interesseira)[65]. É certo que a norma ética se constitui, na mesma medida da norma jurídica, de um comando de ordenação e orientação da conduta humana (dever-ser), tornando-se critério para averiguação da ação conforme ou desconforme, mas há que se notar esse diferencial[66]. Se o direito demanda do sujeito uma atitude (não matar), se conforma com a simples não ocorrência do fato considerado criminoso, não arguindo acerca da volição (rivalidade)[67].

De fato, o que se há de dizer é que a moral se caracteriza por uma série de dados (espontaneidade, consciência, unilateralidade, conduta interior...) que a faz algo distinto do direito (coercitividade, bilateralidade, heteronomia, atributividade...)[68].

São provas que corroboram a tese da intensa intimidade do direito com a moral, a saber:

a) a obrigação natural (ex.: dívida de jogo) descrita no art. 814 do atual Código Civil. Trata-se de obrigação puramente moral, não exigível juridicamente, mas que, se solvida, não pode ser motivo de ação judicial (pedido impossível). Tem-se aí a absoluta indiferença do direito por um ato (não pagamento de dívida decorrente de obrigação natural) moralmente recriminável;

---

64. Cf. Gusmão, *Introdução ao estudo do direito*, 1999, p. 69 e 70.

65. "A qual dessas categorias pertencerá a Moral? Podemos dizer que a Moral é o mundo da conduta espontânea, do comportamento que encontra em si próprio a sua razão de existir. O ato moral implica a adesão do espírito ao conteúdo da regra" (Reale, *Lições preliminares de direito*, 1999, p. 44).

66. "A norma ética estrutura-se, pois, como um juízo de dever ser, mas isto significa que ela estabelece, não apenas uma direção a ser seguida, mas também a medida da conduta considerada lícita ou ilícita. Se há, com efeito, algo que deve ser, seria absurdo que a norma não explicitasse o que deve ser feito e como se deve agir" (Reale, *Lições preliminares de direito*, 1999, p. 36).

67. "A moral não se satisfaz sem a consciência harmônica com a norma. O direito é menos exigente e requer apenas a conduta conforme o preceito" (Radbruch, *Filosofia do direito*, 1997, p. 103).

68. Cf. Reale, *Lições preliminares de direito*, 1994, p. 57. No tridimensionalismo, por exemplo, o direito é a um só tempo fato, valor e norma, ou seja, nele está imerso o juízo de valor, o costume, a axiologia... não podendo ser concebido como um fenômeno apartado da moral, com ela se relacionando intensamente (*Direito como experiência*; *Filosofia do direito*; *Lições preliminares de direito*).

b) o incesto não é considerado crime no sistema jurídico repressivo brasileiro, inexistindo tipo penal específico para a apenação do agente. Não obstante a indiferença legal sobre o assunto, trata-se de um típico comportamento moralmente condenável;

c) a preocupação constitucional com o princípio da moralidade pública, expressa no art. 37, *caput*: "A administração pública direta e indireta de qualquer dos Poderes da União, dos Estados, do Distrito Federal e dos Municípios obedecerá aos princípios de legalidade, impessoalidade, moralidade, publicidade e eficiência...". Aqui se comprova a relevância do princípio moral para a própria organização, manutenção e credibilidade cívica dos serviços públicos. O que é moralmente recomendável tornou-se juridicamente exigível do funcionalismo público;

d) toda a teoria do negócio jurídico e dos tratos comerciais circula em torno da ideia de boa-fé, estabelecendo inúmeras presunções a ela concernentes (art. 164 do atual CC);

e) o mau proceder dos pais, do ponto de vista moral, pode acarretar efeitos jurídicos sobre o poder familiar, conforme se verifica da leitura deste artigo da legislação civil (art. 1.638 do atual CC);

f) os próprios princípios gerais de direito, de possível aplicabilidade em todos os ramos do direito na falta de norma jurídica específica (art. 4º da LINDB), têm origem ética (a ninguém lesar — *neminem laedere*; dar a cada um o seu — *suum cuique tribuere*; viver honestamente — *honeste vivere*);

g) fica o juiz autorizado, jurídica e formalmente, em caso de lacuna da lei, a aplicar os costumes como forma de solução de litígios (art. 4º da LINDB).

Até mesmo do ponto de vista histórico pode-se provar a intrínseca relação do direito com a moral. Isso porque, a princípio, eram indistintas nas comunidades primitivas as práticas jurídicas, as práticas religiosas e as práticas morais. A sacralidade, o espiritualismo e o ritualismo das antigas práticas jurídicas e de suas fórmulas denunciam essa intrínseca relação[69].

O que há que se questionar agora é qual a relação mantida entre direito e moral, visto que foram analisados os principais aspectos que caracterizam cada qual dos ramos normativos. E, nesse sentido, só se pode afirmar que o direito se alimenta da moral, tem seu surgimento a partir da moral, e convive com a moral continuamente, enviando-lhe novos conceitos e normas, e recebendo novos conceitos e normas. A moral é, e deve sempre ser, o fim do direito[70]. Com isso pode-se chegar à conclusão de que direito sem moral, ou direito contrário às aspirações morais de uma comunidade, é puro arbítrio, e não direito[71].

---

69. Cf. Gusmão, *Introdução ao estudo do direito*, 1999, p. 67-70.

70. "A relação entre os seus respectivos domínios normativos consiste, em nossa opinião, sobretudo no seguinte: a moral é ao mesmo tempo, por um lado, o fim do direito, e, por outro, também o fundamento da sua validade obrigatória" (Radbruch, *Filosofia do direito*, 1997, p. 109).

71. Está-se aqui a contrariar frontalmente a teoria normativista de Hans Kelsen. O direito da *Teoria Pura* não pode ser por essência um fenômeno moral (Kelsen, *Teoria pura do direito*, 1976, p. 107).

O consenso, no entanto, não existe entre aqueles autores que visam a tratar da questão de saber se o direito é mais largo[72] ou mais estreito[73] que os domínios da moral. De qualquer forma, é interessante perceber como alguns autores possuem acuidade para detectar na moral uma forma também de dilatar a construção da pacificidade social, meta, a princípio, do direito[74].

De qualquer forma, pode-se mesmo admitir que o direito acaba por desempenhar um certo papel ético. Ainda que esse seu papel ético não se chame mínimo ético, o direito acaba desenvolvendo uma certa função social moralizadora das atitudes humanas na relação indivíduo/coletividade[75].

6.2. Entrelaçamento entre direito e moral: a reparação civil por danos morais

A proximidade do direito com a ética pode ser sentida quando se tomam por meta de estudo comparado entre as práticas éticas e as práticas jurídicas determinados institutos que regulam a moralidade ou a personalidade humana. Pode-se, portanto, testemunhar a favor da tese da imbricação entre ética e direito, contribuindo-se com a análise de institutos jurídicos coligados à esfera moral humana.

Assim, pode-se inclusive comprovar esse entrelaçamento a partir do exame de algumas disposições jurídicas relativas à reparação civil por danos morais[76]. Isso porque se tem por necessário enfatizar a função social de institutos desse naipe[77], a ponto de se chegar à conclusão de que normas jurídicas e normas éticas nesse ponto se estreitam em finalidades comuns[78].

---

72. O direito seria algo mais largo que a moral, por envolver fatos econômicos e técnicos muito mais abrangentes que a dimensão dos fatos morais. Esta é a opinião de Gusmão, *Introdução ao estudo do direito*, 1999, p. 67-70.

73. Para Hans Kelsen, a opinião é a de que o direito possuiria dimensões mais reduzidas que as ocupadas pela moral. O direito deve figurar, portanto, como parte da moral; a moral o contém (Kelsen, *Teoria pura do direito*, 1976, p. 100).

74. "Quando os indivíduos se respeitam mutuamente, põem-se uns perante os outros como pessoas, só se realizando plenamente a subjetividade de cada um em uma relação necessária de intersubjetividade. É por essa razão que a Moral, visando ao bem das pessoas, visa, implicitamente, ao bem social, o que demonstra a unidade da vida ética, muito embora esta possa ser vista sob diversos prismas" (Reale, *Lições preliminares de direito*, 1999, p. 40). Ainda, o contrário: "O Direito, como experiência humana, situa-se no plano da Ética, referindo-se a toda a problemática da conduta humana subordinada a normas de caráter obrigatório" (Reale, *Filosofia do direito*, 1999, p. 37).

75. Esta é a posição de Miguel Reale: "Em ambos os casos, a eticidade objetiva do Direito coloca o violador das normas jurídicas em consonância consigo mesmo, não com o seu eu empírico, mas com o eu harmonizável com o *alter* e o nós, base da juridicidade" (Reale, *Filosofia do direito*, 1999, p. 708).

76. Tem-se por base as obras de Carlos Alberto Bittar: *Reparação civil por danos morais*, 1999; *Os direitos da personalidade*, 2000.

77. Para Bittar, *Reparação civil por danos morais*, p. 26, a responsabilidade civil delineia-se como forma jurídica de manter a ordem vigente, compensar a vítima pelos desgastes havidos e punir o agente infrator.

78. O próprio fundamento da matéria jurídica decorre de princípios gerais, ou seja, de dados morais: "Isso, aliás, coaduna-se com a própria origem e a essência da teoria da responsabilidade civil,

A reflexão que se visa a empreender quer tomar um instituto jurídico de direito civil, que se destaca em meio à teoria da responsabilidade civil, como ponto de apoio para uma argumentação que visa a reforçar a ideia central das discussões desta obra. Quer-se destacar, da relação existente entre direito e moral, o seguinte:

a) determinadas normas jurídicas procuram efetuar a moralização da sociedade, inibindo condutas atentatórias e lesivas (sanções punitivas), bem como estimulando outras (sanções premiais);

b) determinadas normas jurídicas visam a proteger a esfera íntima da pessoa, inclusive sua moral (honra subjetiva, honra objetiva, autoestima...);

c) determinadas normas jurídicas têm por objeto de proteção o que denuncia que se importam e consideram relevantes e dignos de proteção, problemas morais, e, não obstante todo o problema da prova da consciência, do pensamento e da moralidade da pessoa, considera-se indenizável o sofrimento moral injustamente causado a outrem;

d) determinadas normas jurídicas têm um fundo ético, e procuram inibir atentados que violem esses meandros da personalidade humana;

e) as normas jurídicas e as decisões jurisprudenciais que eram, a princípio, titubeantes em aceitar a indenização pela ofensa moral, atualmente, evoluída a moral da sociedade, acompanham as necessidades de se punir os atentados violadores da personalidade humana.

Assim, há que se constatar, de princípio, que existem mecanismos jurídicos para coibir atentados que se dirigem ao patrimônio material (dinheiro, imóveis, automóveis...), assim como para coibir atentados que se dirigem ao patrimônio personalíssimo do indivíduo (honra, moralidade, imagem, forma plástica...). Este último está composto de todos os atributos morais, psíquicos, intelectuais e físicos de uma pessoa. Se se protege o menos, por que não se protegeria o mais valioso do ser humano? A categoria dos direitos que visa à proteção exclusiva desses atributos personalíssimos é a conhecida categoria dos direitos da personalidade[79]. E não é demais dizer, neste passo, que os atributos personalíssimos são amplamente protegidos juridicamente, seja no plano legal, seja no plano constitucional[80].

---

diante, principalmente, da magnitude do princípio do *neminem laedere*" (Bittar, *Reparação civil por danos morais*, p. 43).

79. Os direitos da personalidade são divididos em físicos, psíquicos e morais. *Vide*, a respeito, Bittar, *Os direitos da personalidade*, 2000. Em sede de direitos da personalidade, exsurgem as seguintes características primordiais e principiológicas que estão a guiar a matéria e a destacar a sua importância para a proteção do que é inerente ao homem: a) originalidade; b) extrapatrimonialidade; c) intransmissibilidade; d) imprescritibilidade; e) impenhorabilidade; f) vitaliciedade; g) oponibilidade *erga omnes*; h) inalienabilidade; i) irrenunciabilidade; j) incessibilidade; k) perpetuidade (p. 11).

80. Há que se dizer, desde já, que, quanto à proteção da personalidade humana, a matéria não se encontra no estado de conjecturas doutrinárias, mas efetivamente assentada no ordenamento jurídico e legalizada. Isso se prova pela própria ênfase constitucional com que se trata o tema, pois,

É certo que o ser humano é capaz de valores, e essa esfera de valores é exercida em meio a atividades sociais. O que há é que, no intercâmbio social, não podem investidas injustas atentar contra a escala valorativa de outrem[81]. Se em outra época se considerava inaceitável a possibilidade de se quantificar a moral, atribuindo-se preço à dor (*pretium doloris*), chegando-se mesmo a considerar imoral tal atitude, essa tese encontra-se, desde o *Arrêt Rosa Bonheur* da jurisprudência francesa[82], plenamente pacificada e assentada judicialmente. O dano moral, por qualquer de suas decorrências, contanto que preenchidas condições e pressupostos mínimos para sua constituição, é indenizável.

As dimensões atuais de aplicação do instituto têm demonstrado à sociedade a atualidade da discussão. Suas projeções alcançam o direito à intimidade, o direito à imagem, os direitos morais do autor, o direito à honra, os direitos do consumidor, o direito à vida...

Com isso, visa-se a grifar, sobretudo, que ampla e irrestrita é a proteção deferida a essa categoria de direitos. Os princípios acima enunciados estão mesmo a denunciar esta preocupação que já se inscreve como preocupação do ordenamento jurídico brasileiro contemporâneo. Além disso, deve-se dizer que esses direitos são absolutos, mesmo porque não admitem interferências, dominação, manipulação ou incidência de todo e qualquer tipo de ação ou omissão de particulares ou do Estado. São decorrências da natureza humana, e por isso devem ser protegidos.

Nesse caso, deve-se averiguar se estão presentes os requisitos fundamentais para a criação do dever de indenizar, em caso de ofensa a atributos personalíssimos: a

---

pela Carta Magna, à pessoa humana é assegurada larga guarida, como se vê inscrito no texto do art. 5º, X, da Constituição Federal de 1988: "são invioláveis a intimidade, a vida privada, a honra e a imagem das pessoas, assegurado o direito a indenização pelo dano material ou moral decorrente de sua violação". É esse o fundamento constitucional para a defesa da pessoa humana em face de injustas investidas contra seu acervo personalíssimo. Ademais do fundamento constitucional para a matéria, apesar de inexistente lei específica para reger a disciplina do dano moral por atentados à personalidade, há que se ler o que preceituava o art. 159 do Código Civil de 1916: "Aquele que, por ação ou omissão voluntária, negligência, ou imprudência, violar direito, ou causar prejuízo a outrem, fica obrigado a reparar o dano". O mesmo preceito foi mantido, como base da responsabilidade aquiliana no art. 186 do atual Código Civil. É esse, pois, o fundamento legal para a responsabilidade civil por dano moral e atentados à personalidade humana, em suas diversificadas manifestações.

81. "O ser humano tem uma esfera de valores próprios que são postos em sua conduta não apenas em relação ao Estado, mas também na convivência com os seus semelhantes. Respeitam-se, por isso mesmo, não apenas aqueles direitos que repercutem no seu patrimônio material, mas aqueles direitos relativos aos seus valores pessoais, que repercutem nos seus sentimentos. *Não é mais possível ignorar esse cenário em uma sociedade que se tornou invasora porque reduziu distâncias, tornando-se pequena, e, por isso, poderosa na promiscuidade que propicia.* Daí ser desnecessário enfatizar as ameaças à vida privada que nasceram no curso da expansão e desenvolvimento dos meios de comunicação de massa" (*grifo nosso*) (TJRJ, 1ª C., Ap. 3.059/91, Rel. Carlos Alberto Menezes Direito, j. 19-11-1991, *RDP*, 185/198).

82. Em Bittar, *Reparação civil por danos morais*, 1999, p. 81-120, encontra-se largo histórico da evolução do instituto e dos modos como foi abordado no tempo e no espaço.

ação injusta, o nexo causal e o dano, requisitos que determinam a ocorrência do dano moral (extraídos da teoria da responsabilidade civil). Inexistentes também deverão estar quaisquer das causas excludentes do dever de indenizar: culpa exclusiva da vítima; caso fortuito; força maior; estado de necessidade; legítima defesa; exercício regular de direito por parte do agente.

Deve-se estar, portanto, diante de um conjunto de ações lesivas, que invadem indevidamente o patrimônio personalíssimo, e que causam, por consequência, danos que não possuem natureza de danos patrimoniais, mas sim natureza de danos morais, por afetação da personalidade humana[83].

Assim, a forma encontrada para o sancionamento do infrator é o ressarcimento patrimonial pelo dano moral causado. Com isso, o que acaba por se estabelecer é um instituto de proteção à personalidade humana. De fato, a reparação civil por danos morais visa a produzir, em poucas palavras, a moralização da sociedade, pois, de fato, institui a necessidade de prevenção (*metus cogendi poenae*), pelo temor do desgaste patrimonial excessivo (de pessoa física ou jurídica), de todo tipo de atentado à personalidade humana em seus atributos físicos, psíquicos e morais.

Por sua vez, o problema da prova do dano íntimo, o que suscitaria a necessidade de adentrar-se à moralidade da pessoa, se resolve de modo singelo no contexto desta teoria: presume-se *iures et de iure*, a partir de determinados fatos, a ocorrência do dano, sendo a dor insuscetível de prova[84]. Em outras palavras, trata-se de um *damnum in re ipsa*[85].

São da vida prática os paradigmas a seguir tomados, que servem para a análise do tema *sub foco*: a discriminação; a ofensa injuriosa ou caluniosa; a morte de paren-

---

83. Pense-se no direito à honra: "Outro elemento de cunho moral e imprescindível à composição da personalidade é o direito à honra. Inerente à natureza humana e ao mais profundo do seu interior (o reduto da dignidade), a honra acompanha a pessoa desde o nascimento, por toda a vida e mesmo depois da morte, em face da extensão de efeitos já mencionada"; "O reconhecimento do direito em tela prende-se à necessidade de defesa da reputação da pessoa (honra objetiva), compreendendo o bom nome e a fama de que desfruta no seio da coletividade, enfim, a estima que a cerca nos seus ambientes familiar, profissional, comercial ou outro. Alcança também o sentimento pessoal de estima, ou a consciência da própria dignidade (honra subjetiva) (...)"; "No direito à honra — que goza de espectro mais amplo — o bem jurídico protegido é a reputação, ou a consideração social a cada pessoa devida, a fim de permitir-se a paz na coletividade e a própria preservação da dignidade humana" (Bittar, *Os direitos da personalidade*, 3. ed., 1999, p. 129).

84. "Ora, trata-se de presunção absoluta, ou *iures et de iure*, como a qualifica a doutrina. Dispensa, portanto, prova em concreto. Com efeito, corolário da orientação traçada é o entendimento de que não há que se cogitar de prova de dano moral" (Bittar, *Reparação civil por danos morais*, 1999, p. 216).

85. "Com efeito, o dano moral repercute internamente, ou seja, na esfera íntima, ou no recôndito do espírito, dispensando a experiência humana qualquer exteriorização a título de prova, diante das próprias evidências fáticas" (...) "É intuitivo e, portanto, insuscetível de demonstração, para os fins expostos, como se tem definido na doutrina e na jurisprudência ora prevalecentes, pois se trata de *damnum in re ipsa*. A simples análise das circunstâncias fáticas é suficiente para a sua percepção, pelo magistrado, no caso concreto" (Bittar, *Reparação civil por danos morais*, 1999, p. 137).

te próximo; a ofensa à honra profissional[86]; acusações falsas[87] que tingem a personalidade de um empregado perante o público[88]; a causação de sofrimento indevido.

Desses exemplos decorrem, a *contrario sensu*, o conjunto das intenções do sistema jurídico a respeito da matéria, que convergem para uma única frase: a manutenção e a preservação da personalidade humana. Desdobrando-se esse conjunto de intenções do sistema jurídico, de acordo com os casos citados acima, pode-se obter o seguinte quadro de afirmativas: prevenir e recriminar a discriminação; prevenir e recriminar a ofensa injuriosa ou caluniosa; prevenir e recriminar o atentado contra a vida de parente próximo; prevenir e recriminar a ofensa à honra profissional; prevenir e recriminar acusações falsas que tingem a personalidade de um empregado perante o público; prevenir e recriminar sofrimentos e desgastes físicos, morais e psíquicos indevidos.

Todas essas assertivas, presentes no ordenamento jurídico, são, também, e mesmo antes de serem jurídicas, princípios morais: não discriminar; não ofender; não injuriar; não matar; não julgar; não acusar injustamente; não causar sofrimento desnecessário. Nesse âmbito, percebe-se que as diferenças entre o mundo das normas jurídicas e o das normas morais não reside no conteúdo prescritivo, mas sim na forma de coibição e na força destas mesmas (sanções jurídicas/sanções morais).

Ante as milhares de possíveis formas de se causar danos à esfera íntima de uma pessoa, em relações intersubjetivas quaisquer (sociais, familiares, profissionais...), deve-se dizer que o dano moral, não obstante sua importância como instituto jurídi-

---

86. "No direito à honra, a pessoa é tomada frente à sociedade, no círculo social em que se insere, em função do valor ínsito à consideração social. Daí, a violação produz reflexos na sociedade, acarretando para o lesado, diminuição social, com consequências pessoais (humilhação, constrangimento, vergonha) e patrimoniais (no campo econômico, como abalo de crédito, descrédito da pessoa ou da empresa; abalo de conceito profissional). Com efeito, sendo a honra objetivamente atributo valorativo da pessoa na sociedade (pessoa como ente social), a lesão se reflete, de imediato, na opinião pública, considerando-se perpetrável de qualquer meio possível de comunicação (escrito, verbal, sonoro)" (Bittar, *Os direitos da personalidade*, p. 130).

87. "Indenização — Dano Moral — Direito à honra — acusação injusta de furto em estabelecimento comercial — verba devida. Tendo sido acusada injustamente de furto no interior de supermercado e conduzida a uma sala, de modo grosseiro, por preposto do ofensor, na presença de terceiros, caracterizado se acha o dano moral, pois tal procedimento acarreta à mesma sofrimento e humilhação, ofendendo sua dignidade. O valor da reparação por dano à honra deve ser fixada prudentemente pelo julgador, a fim de que não se transforme em fonte de enriquecimento da vítima nem seja ínfimo ou simbólico" (1º TACSP, 3ª C., Ap. Cível 212.489-6, Rel. Juiz Kildare Carvalho, j. 10-4-1996, *DJ*, 16-6-1996).

88. "Indenização — Responsabilidade civil — Dano Moral — Suspeita de furto — Instauração de inquérito policial — Arquivamento por falta absoluta de participação do empregado — Despedida, não obstante, a título de justa causa —Imputação insultuosa — Indenização devida. Pratica ato ilícito absoluto o empregador que, dando origem leviana a indiciamento de empregado, por furto, em inquérito policial, arquivado por falta absoluta de prova de sua participação no crime, ainda assim o demite pelo fato, a título de justa causa, causando-lhe dano moral" (TJSP, Ap. Cível 162.655-1-Ribeirão Preto, Rel. Cezar Peluso, j. 28-4-1992).

co, não possui uma prefixação legal. Isso quer dizer que a quantificação do dano moral é aferida e fixada prudencialmente pela autoridade judiciária, caso a caso, tendo-se em vista sobretudo os seguintes critérios de fixação: a) repercussão do fato; b) gravidade do fato; c) capacidade patrimonial do sujeito lesante.

Ademais, em sede de danos morais, além da natural fixação da indenização como forma de compensação pelos danos havidos pelo lesado (quantificação individual e compensatória para a vítima; punitiva para o lesante), procede-se à majoração propositsal na quantificação do dano moral (*punitive damages*) em desfavor do lesante, e isso como forma de inibição desse tipo de atentado à personalidade humana[89]. Está-se diante de outro fundamento para a quantificação do dano moral, este, agora, de caráter social e preventivo; a majoração serve para desestimular novos atentados a serem perpetrados no futuro.

Por fim, vistos esses principais aspectos da questão, tomou-se consciência de sua importância e de sua relação com a ética. Não se pretende alongar essa discussão para além do que a seu respeito já se discorreu.

É nesse passo, portanto, que se deve recobrar a tese aqui suscitada, para sucintamente se desdobrar quais as suas consequências:

a) o instituto da reparação civil por dano moral visa à prevenção da ofensa à personalidade humana, em seus diversos atributos e manifestações (direito moral do autor; higidez física; voz; vida; cor; raça...);

b) a prevenção gerada pela aplicação do referido instituto se instrumentaliza por meio de métodos jurídicos de coibição de toda espécie de atentado;

c) os mecanismos que coíbem, prevenindo e repreendendo, ações lesivas, trazem consigo o respeito e a necessidade de obediência à consciência da igualdade de todos, do respeito ao próximo, conferindo maior efetividade aos princípios perseguidos pelo direito, a saber, a ninguém lesar (*neminem laedere*), viver honestamente (*honeste vivere*) e dar a cada um o que é seu (*suum cuique tribuere*);

d) como decorrência dessa conscientização social de que o outro está juridicamente amparado em sua personalidade, o ordenamento jurídico, efetivamente, passa a interferir no âmbito da moral, modificando os procederes éticos, econômicos, sociais, familiares, políticos, de modo a institucionalizar-se o intercâmbio dos mandamentos morais com os jurídicos.

6.3. As soluções éticas estão antes e acima das soluções jurídicas

A solução para conflitos oriundos do desentendimento humano, do entrechoque de interesses, da disparidade de interpretações sobre fenômenos sociais, do abuso de um diante do outro, da lesão à esfera da liberdade alheia... pode dar-se ou por

---

89. *Vide* a respeito do poder de majoração do juiz e a questão do arbítrio judicial na fixação do *quantum* do dano moral: Bittar, *Reparação civil por danos morais*, 1999, p. 232-239.

força da ética ou por força do direito. É certo que o direito intervém para pacificar relações humanas, inclusive com recurso à sanção, tendo em vista a inabilidade humana para lidar com soluções éticas para conflitos.

A solução jurídica dada a um caso, via de regra, pressupõe julgamento por terceiro, imposição de uma vontade/visão sobre duas outras, autoridade e imperatividade da decisão proferida, a par todo um deslocamento do aparato estatal com seus custos e ônus para as partes, aí contabilizados também desgastes emocionais e a delonga temporal para o encerramento do litígio.

Representa a solução ética o avesso desta, pois pressupõe que a decisão se origine das próprias partes envolvidas, o que se alcança com consenso e sensatez, dispensando-se a autoridade, o custo, o prejuízo e a demora. A solução ética é aquela que se extrai de forma pacífica entre as partes, pela real disposição de, por meios informais, alcançar a plenitude do meio-termo necessário para dar fim a uma pendência interpessoal.

A consciência e a opção pela solução ética passam, necessariamente, pela escolha do que é pré-jurídico, ou seja, de que não é necessário recorrer nem ao legislador nem ao juiz para se fazer justiça entre as partes. O poder de determinar o que é suficiente e razoável para o equilíbrio relacional interpessoal mora na lucidez do raciocínio e na virtude do comportamento, e não na distância da letra da lei e muito menos na autoridade do juiz. Essa consciência está crescendo dia a dia mais nos sentimentos sociais e repercutindo nos trabalhos dos juristas e na ordem jurídica. Isto é de fácil constatação quando se percebe a relevância dada à prevenção de litígios no exercício profissional da advocacia, como ressaltado pelo Código de Ética e Disciplina da OAB (art. 2º, VI), à conciliação no CPC (arts. 125, IV, e 331), que pode ser feita a qualquer tempo, à conciliação e à transação penal na Lei n. 9.099/95 (arts. 21, 24, 72, 73 e 74), ao juízo arbitral e à arbitragem, com o surgimento da Lei de Arbitragem (Lei n. 9.307, de 23-9-1996), entre outros institutos.

Tudo isso está a indicar que a solução ética é, e deve ser, sobrevalorizada. Quando se diz que é anterior à jurídica, se quer dizer que ela pode evitar que se recorra à justiça institucional e formal (não ofendendo, não lesando, não roubando, não tirando vantagem...). Quando se diz que está acima da solução jurídica, é porque recorrer a ela é dar efetividade à mais nobre capacidade humana, a de conciliar interesses divergentes. A abolição de alguns comportamentos, a proscrição de determinadas condutas e a aplicação de alguns princípios ao convívio humano já seriam suficientes para revolucionar essa dimensão (princípio da não violência, princípio do *pacta sunt servanda*, princípio da não intolerância, princípio da não discriminação...).

Dessa forma pretende-se dar maior sentido e significado à transação consensual, no lugar da sentença judicial; à dignidade humana, no lugar da ação de reparação civil por danos morais; ao equilíbrio contratual, no lugar da rescisão judicial de contrato; à tolerância racial, no lugar do processo por crime de racismo; à honestidade no exercício de cargo público, no lugar da ação de *impeachment* do governo; à comunicação sincera e eficaz entre as pessoas, no lugar da ação judicial de cobrança por atraso do aluguel. É certo que a litigiosidade somente se instaura onde a ética perde seu sentido, perde seu maior lastro social, perde credibilidade e conceito. Pode-se muito bem evitar o recurso ao direito quando se opta por decisão ética (pode-se optar por prejudicar financeiramente, ou pode-se optar por não tirar vantagem de tudo; pode-se optar por fazer ao outro o que gostaria que fosse feito para si, ou pode-se optar pelo melhor para si).

Eis aí alguns apontamentos que, se seguidos e efetivados, dariam margem a que muitas energias não fossem despendidas senão na consecução de fins mais interessantes e importantes para o engrandecimento da humanidade.

6.4. Moral, justiça e direito

Nesse ponto da discussão, fica clara a necessidade de se questionar acerca do posicionamento da moral, da justiça e do direito. Isso porque se todo direito deve possuir conteúdo moral, e tem seu surgimento da moral, parece decorrência lógica que a justiça seja definida a partir dessa pertinência. O que se procurará fazer em seguida é exatamente fomentar essa discussão, com vistas ao incremento do tema, sobretudo tendo-se em vista a marcante posição metodológico-jurídica positivista e normativista de Hans Kelsen.

Hans Kelsen critica as teorias que procuram a distinção do direito com relação à moral a partir dos critérios interioridade (moral) e exterioridade (direito). Sua crítica repousa sobretudo no fato de que o direito por vezes regula condutas internas e por vezes regula condutas externas, assim como ocorre com a moral. Esse critério seria, portanto, insuficiente para dar conta do problema.

Se o direito for entendido e definido exclusivamente a partir das ideias de normatividade e validade, então seu campo nada tem que ver com a ética. Esta é a proposta de cisão metodológica, que acabou por provocar fissura profunda no entendimento e no raciocínio dos juristas do século XX, de Hans Kelsen. Então, pode-se sintetizar sua proposta: as normas jurídicas são estudadas pela ciência do direito; as normas morais são objeto de estudo da ética como ciência. O raciocínio jurídico, então, não deverá versar sobre o que é certo ou errado, sobre o que é virtuoso ou vicioso, sobre o que é bom ou mau, mas sim sobre o lícito e o ilícito, sobre o legal (constitucional) ou ilegal (inconstitucional), sobre o válido e o inválido.

A diferenciação entre os campos da moralidade e da juridicidade, para Kelsen, decorre de uma preocupação excessiva com a autonomia da ciência jurídica. Argumenta Kelsen que, se se está diante de um determinado direito positivo, deve-se dizer que este pode ser um direito moral ou imoral. É certo que se prefere o direito moral ao imoral[90], porém, há de se reconhecer que ambos são vinculativos da conduta.

---

90. Kelsen, *Teoria pura do direito*, 1976, p. 100.

Em poucas palavras, um direito positivo sempre pode contrariar algum mandamento de justiça, nem por isso deixa de ser válido[91]. Então, o direito positivo é o direito posto (*positum* — posto e positivo) pela autoridade do legislador, dotado de validade, por obedecer a condições formais para tanto, pertencente a um determinado sistema jurídico. O direito não precisa respeitar um mínimo moral para ser definido e aceito como tal, pois a natureza do direito, para ser garantida em sua construção, não requer nada além do valor jurídico[92]. Então, direito e moral se separaram[93]. Assim, é válida a ordem jurídica ainda que contrarie os alicerces morais[94]. Validade e justiça de uma norma jurídica são juízos de valor diversos, portanto (uma norma pode ser válida e justa; válida e injusta; inválida e justa; inválida e injusta).

O que de fato ocorre é que Kelsen quer expurgar do interior da teoria jurídica a preocupação com o que é justo e o que é injusto. Mesmo porque, o valor justiça é relativo, e não há concordância entre os teóricos e entre os povos e civilizações de qual o definitivo conceito de justiça. Discutir sobre a justiça, para Kelsen, é tarefa da ética, ciência que se ocupa de estudar não normas jurídicas, mas sim normas morais, e que, portanto, se incumbe da missão de detectar o certo e o errado, o justo e o injusto. E muitas são as formas com as quais se concebem o justo e o injusto, o que abeira este estudo do terreno das investigações inconclusivas[95]. Enfim, o que é justiça?

Na mesma medida em que para a ciência do direito é desinteressante deter-se em investigações metodologicamente destinadas a outras ciências (antropologia, sociologia...), a ética é considerada ciência autônoma sobre a qual não pode intervir a ciência do direito. A diferenciação metodológica seria a justificativa para que não se tomasse o objeto de estudo de outra ciência, formando-se, com isso, barreiras artificiais e intransponíveis entre elas.

A discussão sobre a justiça, de acordo com Kelsen, e conforme os argumentos acima elencados, não se situaria dentro das ambições da teoria do direito. Discutir

---

91. "Um Direito Positivo pode ser justo ou injusto; a possibilidade de ser justo ou injusto é uma consequência essencial do fato de ser positivo" (Kelsen, *O que é justiça?*: a justiça, o direito e política no espelho da ciência, 1998, p. 364).

92. Kelsen, *Teoria pura do direito*, 1976, p. 103.

93. "A exigência de uma separação entre Direito e Moral, Direito e Justiça, significa que a validade de uma ordem jurídica positiva é independente desta Moral Absoluta, única válida, da Moral por excelência, de *a* Moral" (Kelsen, *Teoria pura do direito*, 1976, p. 104).

94. O direito da *Teoria Pura* não pode ser por essência um fenômeno moral (Kelsen, *Teoria pura do direito*, 1976, p. 107).

95. "De fato, muitas e muitas normas de justiça, muito diversas e em parte contraditórias entre si, são pressupostas como válidas. Um tratamento científico do problema da justiça deve partir destas normas de justiça e por conseguinte das representações ou conceitos que os homens, no presente e no passado, efetivamente se fazem e fizeram daquilo que eles chamam justo, que eles designam como justiça. A sua tarefa é analisar objetivamente as diversas normas que os homens consideram válidas quando valoram algo como justo" (Kelsen, *O problema da justiça*, 1998, p. 16).

sobre a justiça, para Kelsen, é tarefa da ética, ciência que se incumbe de estudar não normas jurídicas, mas sim normas morais, e, portanto, incumbida da missão de detectar o certo e o errado, o justo e o injusto.

Isso não significa dizer que Kelsen não esteja preocupado em discutir o conceito de justiça, e mesmo buscar uma concepção própria acerca desse valor[96]. Isso quer dizer, pelo contrário, que toda discussão opinativa sobre valores possui um campo delimitado de estudo, o qual se costuma chamar de ética. Aqui sim é lícito debater a justiça ou a injustiça de um governo, de um regime, de determinadas leis... Por isso, Kelsen não se recusa a estudar o justo e o injusto; ambos possuem lugar em sua teoria, mas um lugar que não o solo da *Teoria Pura do Direito*; para esta somente o direito positivo, e seus modos hierárquico-estruturais, deve ser objeto de preocupação. No geral, os juristas foram muito influenciados por essa visão bipartida, que cria um fosso artificial entre as dimensões do ético e do jurídico.

7. ÉTICA, PLURALISMO DE VALORES E DIÁLOGO RACIONAL

O fundamental de todo sistema ético é que, apesar de prescrever suas próprias medidas e limites para o comportamento, apesar de esquematizar o direcionamento da ação humana, apesar de prescrever seu próprio conjunto de códigos de atuação singular e social, não exclua a possibilidade de outras éticas. Esse tipo de compostura pode ser chamada tolerância ética, ou seja, se um sistema ético existe, deve conviver com outros e não excluí-los. A ética do plural garante essa diversidade, impedindo a formação de extremos e a exclusão de outras éticas por sistemas éticos contextualmente predominantes[97]. A sociedade que protege o pluralismo e a diversidade realiza em sua plenitude o espírito democrático.

Nesse sentido é que se pode dizer que, no momento em que o proceder ético inicia sua investida demolidora sobre outras éticas, então passa-se a desrespeitar a própria ética que pretende ensinar, qualquer que seja seu conteúdo. Em outras palavras, a ética que castra, que reduz possibilidades, que impõe forçosamente condutas, que limita as liberdades... deixa de ser uma ética no exato momento em que para esses caminhos se direciona.

O essencial de toda ética, para que sobreviva como tal, e não se transforme em puro arbítrio axiológico (faço de minha vontade a vontade de todos), é que garanta

---

96. Daí dedicar-se, fora de sua obra *Teoria pura do direito*, a extensas investigações sobre a justiça, tendo publicado inúmeros artigos, e se detido com muito afinco no estudo de algumas teorias sobre a justiça, como, por exemplo, a teoria platônica da justiça, que se tornou obra coesa, publicada postumamente (*O que é justiça?*: a justiça, o direito e a política no espelho da ciência; *O problema da justiça; A ilusão de justiça*...).

97. No sentido da defesa da existência de uma pluralidade de instâncias éticas: "Acreditamos que haja não só uma pluralidade de instâncias morais, mas também de instâncias últimas e, para excluir a ideia de origem sobrenatural para elas, vamos falar de regulações sociais" (Gehlen, *Moral e hipermoral*: uma ética pluralista, 1984, p. 40).

e defenda o desenvolvimento de outras alternativas éticas, desde que estas também sejam éticas distanciadas do arbítrio axiológico[98]. O fato de postular pela adoção de seus preceitos éticos não faz de determinada ética um movimento arbitrário; o que torna determinada doutrina ética arbitrária é o fato de prever como programa próprio de realizações a exclusão de outras éticas, até a sua total e absoluta predominância sobre os espíritos e as consciências. Esse tipo de tirania ética, em verdade, constitui--se em desregramento ético, e passa a representar uma extrema forma de violação, a saber: a intolerância[99].

Também, há que se dizer que, se um sistema ético prega a eliminação de todos os seres humanos, ou de uma parte dos seres humanos, feita a seleção por um critério qualquer (raça, cor, sexo, idade, função social, comportamento...), então não se está diante de um sistema ético. Isso porque viola a ética do plural. Uma vez eliminados os seres humanos, conforme a hipótese acima aventada, ou eliminada parte deles, castra-se a possibilidade do nascimento, do surgimento e do desenvolvimento de outras e novas éticas, simplesmente porque se eliminou, de pronto, o bem maior que garante o surgimento da ética, ou seja, eliminou-se a vida[100].

Assim, a liberdade de uma escolha ética encontra barreiras naturais e limites, pois não se pode chamar ético o sistema de valores que impõe ou prega a castração de outros valores, em nome de qualquer princípio ou interpretação que se possa ter. Aqui sim é cabível utilizar o termo *a-ético* para designar um sistema ideológico qualquer; será *a-ético*, portanto, o sistema que desrespeitar este *minimum* que se tem afirmado ser o incontornável núcleo de toda ética. Todo sistema ético, para ser dito como tal, tem de administrar diferenças e igualdades, e prever em sua preceptística um conjunto de determinações que satisfaçam à exigência mínima acima enunciada: a tolerância para com os demais sistemas éticos[101].

---

98. *Vide* a esse respeito o texto de Hamilton Rangel Júnior, *Princípio da moralidade institucional*: conceito, aplicabilidade e controle na CF/88: São Paulo: Juarez de Oliveira, 2001, originalmente sua tese de Doutorado pelo Departamento de Direito Público da Faculdade de Direito da Universidade de São Paulo, 2000, onde se discutem os conceitos de subjetividade e objetividade, não podendo aquela oprimir esta nem esta oprimir aquela, mas sim conviverem harmonicamente.

99. "A ciência chamada ética deveria tratar de apresentar todas as formas de mentalidade — comportamentos existentes (*éthos*) — e, antes de tudo, estar a par do fato de que um *éthos* dominante, quer dizer, que relativize, subordine ou exclua outros *éthos*, não existe sem que haja uma camada social dominante que o proclame e imponha" (Gehlen, *Moral e hipermoral*: uma ética pluralista, 1984, p. 40).

100. Em outro contexto, mas *re-afirmando* o mesmo valor por nós consagrado, leia-se: "Do ponto de vista ético-político, coloca-se o problema do equilíbrio entre três elementos essenciais: a vida, a natureza e os artefatos da tecnociência. É claro que, dos três, o mais importante é a vida (biosfera) nas três formas interdependentes: vida vegetal, animal e humana" (Pegoraro, *Ética é justiça*, 1997, p. 114).

101. Neste sentido, o bom e o mau obedecem a padrões éticos não cristalizáveis: "Os imperativos morais nos colocam nesse limite, de sorte que a ética — como quer Levinas e, nisso apenas,

Dessa forma é que onde está a ética deve estar o pluralismo e a tolerância; isto é o minimamente ético. O desenvolvimento lógico-conceitual e pragmático no sentido do alcance da felicidade, do que seja "o melhor", do que seja o verdadeiro bem humano... são desdobramentos desse mínimo ético. Assim, deve-se admitir que a felicidade é impossível se rompidos esses limites. O desvario de uma ética tirânica e opressora não pode ser admitido como regra geral de conduta. Pode-se erigir um sistema que se defina como melhor, que se defina como mais desejável, que se apresente com uma pretensão diferenciada de orientar a conduta humana (com esta ou aquela tendência, com este ou aquele conceito...), só não se pode fazer desse motivo a causa suficiente para a eliminação das demais opiniões, ideias e comportamentos éticos.

Onde está o homem está a diversidade, estão as diferenças, estão as divergências. Pessoas são essencialmente diferentes entre si. Isso não pode ser eliminado, sob pena de se garantir um futuro amorfo, apático, não criativo, homogêneo e indiferente. É da dinâmica da interação humana que surgem possibilidades; aqui se pode contemplar o belo do surgimento *ex nihilo* de novas oportunidades. Pelo contrário, quando se deseja ver a ética funcionando, passa-se a experimentar a tolerância pela diversidade. Quer-se grifar, portanto, que a intolerância não é nunca uma boa saída[102].

---

concordo com ele — é uma ótica. Daí a ética não tratar especificamente de certos valores, do bem e do mal, mas tão só da maneira pela qual os indivíduos seguem outros sistemas normativos sem se comprometerem inteiramente com o tipo de individualidade de agente requerida por cada sistema. Desse ponto de vista, uma ação não é boa ou má, mas adquire esse predicado enquanto assegurar que o agente está se comportando como podendo agir de outro modo e levando em consideração que outra pessoa também esteja mantendo sua condição de sujeito" (Gianotti, Moralidade pública e moralidade privada, in *Ética* (org. Adauto Novaes), 1992, p. 241).

102. Em virtude da situação de limite e da diversidade dos critérios morais, para que possam ser enunciados e aceitos publicamente, os juízos morais requerem que os enunciadores tenham credibilidade, a experiência do acerto e de lidar com essas questões. Um juízo moral pronunciado, pelo imoralista, não tem valor algum.

"Chamamos de virtude esta sageza feita de experiências, para usar uma expressão arcaica. Trata-se de um dispositivo que o ser humano adquire conforme tem experiências de lidar com os juízos morais de seu tempo. Numa época em que se confrontam várias formas de moralidade, a virtude não pode ser enclausurada num conteúdo qualquer, sendo ela sobretudo uma forma de julgar, isto é, de aceitar a finitude e unilateralidade de todos os juízos morais. A virtude contemporânea chama-se, pois, tolerância.

"Desse modo, não fica difícil compreender quais são as formas pelas quais atua hoje em dia o imoralista. Em primeiro lugar, é o intolerante, que imagina ser ele o proprietário de um único critério moral para todas as formas de moralidade, e por isso o aplica a ferro e fogo sem levar em consideração as condições em que o juízo moral deva ser suspenso. Em segundo lugar, é o rigorista, aquele que pratica sua moral automaticamente, sem se dar conta da unilateralidade de seu ponto de vista.

"Para terminar, gostaria de circunscrever melhor o próprio conceito de moralidade pública. Estamos vendo que ela consiste numa esfera de que todos os seres humanos participam, na medida em que cada sistema moral, a fim de revelar sua unilateralidade, precisa ser confrontado por outros. Segue-se a necessidade de que todos os seres humanos sejam incluídos no seu âmbito. Sob este aspecto é uma moral cosmopolita, estabelecendo regras de convivência e direitos que assegurem que

Na linguagem de Gianotti, a tirania da ética pública sobre a ética privada não corresponde mais a um esquema prevalecente. A derrocada da soberania da ética pública com relação à privada é fato superado, pois, com suas palavras, existem "várias formas de moralidade", sendo que estas devem "aprender a conviver com outras"[103]. Dizer que a ética pública oprime e define parâmetros de conduta é o mesmo que aceitar que: a) somente esta é válida; somente esta é possível; b) somente seu modelo pode conduzir aos melhores resultados éticos; c) a pluralidade e a diversidade não são aceitas, por estarem desconformes com o modelo posto. O que se quer dizer, portanto, é que a ética pública não pode oprimir a ética privada, sob pena de se transformar na tirania dos hábitos e costumes sociais.

7.1. Ética, diálogo e irracionalidade

Se existem profundas diferenças entre os indivíduos, a garantia da diversidade é de fundamental importância para a constituição do convívio pluralista, como já se procurou delinear anteriormente. Mas, se as diferenças fazem parte da condição humana, como é possível administrá-las sem o exercício do diálogo? Por isso, o diálogo é condição para o exercício de nossa humanidade, consideradas exatamente as profundas diferenças entre sistemas filosóficos, identidades étnico-culturais, entre fundamentos e visões religiosas, entre partidos e utopias políticas, entre crenças e sistemas de valores, entre formas de vida e hábitos pessoais.

---

os homens possam ser morais. É neste sentido que os direitos do homem, tais como em geral têm sido enunciados a partir do século XVIII, estipulam condições mínimas do exercício da moralidade. Por certo, cada um não deixará de aferrar-se à sua moral; deve, entretanto, aprender a conviver com outras, reconhecer a unilateralidade de seu ponto de vista. E com isto está obedecendo à sua própria moral de uma maneira especialíssima, tornando os imperativos categóricos dela como um momento particular do exercício humano de julgar moralmente. Desse modo, a moral do bandido e a do ladrão tornam-se repreensíveis do ponto de vista da moralidade pública, pois violam o princípio da tolerância e atingem direitos humanos fundamentais" (Gianotti, Moralidade pública e moralidade privada, in *Ética* (org. Adauto Novaes, 1992, p. 244-245).

103. "Sempre existem várias morais, vários sistemas éticos: as éticas profissionais, as éticas grupais etc. Cada uma delas coloca problemas particulares e uma ação muitas vezes pode entrar em conflito com normas diferentes. É interessante estudar como a ética da intimidade pode relacionar-se com as outras éticas.

"Se estou tentando delinear um espaço em que vale uma ética da intimidade, convém sublinhar que ela não é a única nem fundamento das outras. Do mesmo modo, não estou defendendo este comportamento tão frequente em nossos dias que Sennett denominou tirania da intimidade. Não creio que nos tempos de hoje estejamos dispostos a voltar para uma situação em que o público oprima a vida privada, mas também não é possível deixar que o íntimo tiranize o público.

"Para meu raciocínio é importante salientar que existem muitas formas de moralidade, cada grupo social ou profissional tem sua identidade assegurada por normas consentidas, cuja infração provoca censura e até mesmo exclusão do grupo" (Gianotti, Moralidade pública e moralidade privada, in *Ética* (org. Adauto Novaes), 1992, p. 243).

A irracionalidade é a negação do lugar de discurso do outro. Na medida em que a alterização envolve a tarefa de interlúdio com a dimensão do outro, esta somente é acessível como um exercício de linguagem; o outro é sempre opaco, um mistério encriptado, até que se faça linguagem. Daí, a mediação do convívio ter como principal meio de sua realização as múltiplas dimensões das diversas linguagens. Considerando estes aspectos, percebe-se que a negação do lugar de discurso do outro é um impedimento ao pertencimento à habitação daquilo que propriamente caracteriza o humano, na medida em que é ser de linguagem, de racionalidade, um *animal simbolicus*. Na linha do filósofo alemão de Düsseldorf, Jürgen Habermas, na obra *Pensamento pós-metafísico*, identifica-se um elemento de notável significação para a dimensão da interação simbólica humana enquanto agir comunicativo, ou seja, enquanto agir voltado ao entendimento racional, dentro de pressupostos comunicativos:

> "O esboço do agir comunicativo é um desdobramento da intuição segundo a qual o *télos* do entendimento habita na linguagem. O conceito 'entendimento' possui conteúdo normativo, que ultrapassa o nível da compreensão de uma expressão gramatical. Um falante entende-se com outro sobre uma determinada coisa. E ambos só podem visar tal consenso se aceitarem os proferimentos por serem válidos, isto é, por serem conformes à coisa. O consenso sobre algo mede-se pelo reconhecimento intersubjetivo da validade de um proferimento fundamentalmente aberto à crítica"[104].

Para as condições de uma interação normal, ou para as condições de uma interação patológica entre indivíduos, o discurso racional, na visão de Jürgen Habermas, acaba representando um "...procedimento adequado para a solução de conflitos, já que ele representa um procedimento que assegura a inclusão de todos os atingidos e a consideração simétrica de todos os interesses em jogo"[105]. A pragmática comunicativa compreende, portanto, uma forma de proteção das condições de socialização não patológica, na medida em que o diálogo é força motriz do entendimento e solução racional para os eventuais desentendimentos; grande parte da experiência cultural e racional humana se dá pelos imensos volumes de exercício de linguagem cotidianamente dispendidos em todas as partes do planeta, em todos os idiomas, e através dos mais variados sistemas de signos.

A linguagem serve, nesse sentido, como um caminho nutriz para a racionalização do convívio e para a solidarização da relação entre as pessoas, substituindo-se à força do agir estratégico, e os interesses das ações meramente reificadas pelos interesses singulares e pelas trocas comerciais que tornam mudos indivíduos que não participam do jogo do toma-lá-dá-cá da moeda.

A empobrecida condição das interações sociais mercantilizadas oferece apenas um parco espaço a processos de socialização fundados em experiências do convívio não privatizado, e permite entrever apenas de forma muito tênue processos de integração social centrados na ideia do agir comunicativo.

---

104. Habermas, *Pensamento pós-metafísico:* estudos filosóficos, 1990, p. 77.

105. Habermas, *Entre naturalismo e religião:* estudos filosóficos, 2007, p. 60.

45

Em *A ética da discussão e a questão da verdade*, Jürgen Habermas ressalta no interior da prática do diálogo a aparição de virtudes cognitivas e solidárias, como se pode ler neste trecho: "É só na qualidade de participantes de um diálogo abrangente e voltado para o consenso que somos chamados a exercer a virtude cognitiva da empatia em relação às nossas diferenças recíprocas na percepção de uma mesma situação. Devemos então procurar saber como cada um dos demais participantes procuraria, *a partir do seu próprio ponto de vista*, proceder à universalização de todos os interesses envolvidos. O discurso prático pede, assim, ser compreendido como uma nova forma específica de aplicação do Imperativo Categórico. Aqueles que participam de um tal discurso não podem chegar a um acordo que atenda aos interesses de todos, a menos que todos façam o exercício de 'adorar os pontos de vista uns dos outros', exercício que leva ao que Piaget chama de uma progressiva 'descentralização' da compreensão egocêntrica e etnocêntrica que cada qual tem de si mesmo e do mundo"[106].

Essa análise nos permite verificar a diferença clara entre a racionalidade (comunicativa) e a irracionalidade (comunicativa). A primeira tem a ver com o respeito a exigência de inclusão e exercício do discurso por parte de indivíduos em processo de socialização; a segunda tem a ver com a violação da participação no diálogo com o outro, em sua exclusão, ou na corrupção dos pressupostos para o exercício do discurso (sinceridade, inteligibilidade, justeza e veracidade), ausente toda e qualquer prática de coação. A irracionalidade tem, pois, a ver com a ruptura do pacto pelo exercício da reciprocidade social fundada no diálogo, já que as diferenças humanas têm de ser administradas racionalmente, e que é neste quadrante que se pode exercer a tarefa de responsabilidade social que incumbe a cada indivíduo.

Compreende-se, pois, que o exercício do diálogo é um esforço por manutenção da dignidade da interação social, ou seja, uma forma de humanização da inter-relação entre os indivíduos socializados. No entanto, e em função da precariedade de nossos tempos, o diálogo demanda habilidades, esforços e capacidades, que, por não serem cultivados, estão sendo aos poucos erodidos e obsoletizados do convívio humano. Por isso, nossos tempos são de tanta violência, degradação, desprezo e miséria do convívio.

7.2. Ética individualista e ética do consenso

Na busca e na prospecção de melhores parâmetros acerca do que seja a ética e de quais sejam seus lindes e suas principais características, deve-se salientar a importante distinção que se visa a fazer entre ética individualista e ética do consenso. Essa diferenciação quase coincidiria com a diferenciação existente entre práticas egoístas e práticas altruístas, porém somente por semelhança se pode recorrer a esse tipo de equivalência. Visto isso, é necessário definir as expressões "ética individualista" e "ética do consenso", para que se possa continuar a digressão sobre o tema.

---

106. Habermas, *A ética da discussão e a questão da verdade*, 2004, p. 9-10.

De um lado, ética individualista consiste no conjunto de práticas de conduta que, dispersivamente, o indivíduo exerce única e exclusivamente com consciência de si, tendo como finalidade de sua atuação a realização pessoal e isolada de seus valores e desejos, não importando os meios para o alcance dessa realização, muito menos as consequências e os resultados das atitudes direcionadas para a sua autorrealização. A ética individualista, não determinando parâmetros para a realização de meios e fins, justifica até mesmo a trapaça, o jogo de máscaras sociais, a corrupção, o desmando...[107]. Trata-se de uma ética não somente individual, mas também de uma ética de fins.

De outro lado, a ética do consenso, que se pratica pelo exercício do diálogo (Jürgen Habermas), consiste no conjunto estável de práticas de conduta que o indivíduo exerce com consciência de sua inserção social, em seus múltiplos papéis e funções, tendo como fim sua realização pessoal, que só se perfecciona na medida em que da adequação entre meios e fins surgem resultados vantajosos para si, com um mínimo de lesão do outro e com a causação de um máximo de engajamento, infiltrações e melhorias na vida alheia. A ética do consenso busca, como característica própria, a autorrealização sem sufocar a realização de outros, mas pelo contrário com a verificação de que é possível a convivência entre as autorrealizações dos indivíduos que mutuamente se sustentam em *convívio*. A ética do consenso projeta-se para a universalidade porque garante a sobrevivência da espécie, ou, mais que isso, permite a sua progressão cultural, e não aniquilatória, fazendo-se das diferenças intersubjetivas pontos favoráveis para o crescimento do que é comum a todos.

Respondem bem as éticas individualistas, quando muito, ao governo de si (intrassubjetividade), mas são incapazes de satisfazer às condições impostas e exigidas pela ética do consenso (intersubjetividade).

As éticas individualistas dilaceram a tendência para o reconhecimento de uma universalidade ética, para o reconhecimento de princípios éticos que possam ser partilhados pelo maior número possível de indivíduos. As éticas individualistas respondem à maior parte dos possíveis conflitos interiores ou intrassubjetivos que se possam enfrentar, mas são absolutamente ineficazes para regular conflitos exteriores ou intersubjetivos.

De fato, a ética desse indivíduo quando confrontada com a deste outro indivíduo pode resultar num impasse ético, e isso se se mantiver como parâmetro de governo de condutas as éticas individualistas. As éticas individualistas, quando exercidas ao extremo, dilaceram a ideia de sociedade e agridem a possibilidade de reconhecimento da alteridade. Assim, as éticas individualistas sendo absolutamente ineficazes para a construção da exterioridade, resta saber de onde se devem extrair soluções, sem

---

107. "O mal, o desvio moral, está em converter a sensibilidade em suprema norma da moral e fazer do desejo um absoluto. O resultado é a instauração do egoísmo com seus desejos superiores e inferiores" (Pegoraro, *Ética é justiça*, 1997, p. 57).

se recorrer a normas jurídicas positivas, para a regulação das diferenças e dos interesses conflitantes entre sujeitos.

Desse modo, a ética deve responder ao que é o seu e ao que é o do outro[108]. Não se quer dizer outra coisa senão que a ética do consenso se erige como solução para toda possibilidade de entrechoque de interesses. É certo que não se deve governar pela ideia de consenso absoluto de todos (*consensus omnium*), mas sim pela ideia de consenso possível a ser construído através do diálogo.

Isso porque parte-se da premissa de que o viver não é solitário (*solus*) e de que é da *con-vivência* que surge o princípio ético que permite a diferenciação entre o que se deve fazer (ação) e o que não se deve fazer (omissão)[109].

Se o comportamento humano possui muitos matizes, se são várias as possíveis formas de ser, de estar, de agir e de se comportar (por palavra, por gesto, por atitude corporal, por ação, por omissão...), deve-se dizer que existem limites que se abeiram do interesse do outro, momento em que intervém a consciência ética, quando se está a falar de uma ética do consenso. A ética, mais que satisfazer o indivíduo (governo de si, para si), deve se projetar para o exterior no sentido de garantir que a ética do outro também subsista e também possa se proliferar (governo de si, com o outro).

Em suma, a ética do consenso substitui as éticas individualistas, e, mais que isso, protege as éticas individuais, permitindo que existam, que floresçam, que subsistam, que se proliferem, que se manifestem, que reivindiquem espaço... Permitir o florescimento das éticas individualistas é permitir a própria aniquilação delas por si mesmas. As éticas individualistas não possuem previsão de aceitação, de solidarização, de coletivização... uma vez que seus princípios se contradizem com as demais necessidades sociointeracionais.

Quando as éticas individualistas se sobrepõem em autoridade à ética do consenso deixa-se de optar pelo que é comum, pelo que é público, pelo que é coletivo, pelo que é de interesse geral... fazendo-se com que a esfera pessoal se sobrepuje a todo e qualquer mecanismo de conscientização macroética; está decretada a falência de uma sociedade.

A pulverização da ética em escala individual, a redução da ética à *microética*, tendo-se em vista que esta representa a faceta ética reduzida a nichos e redutos tão ínfimos, idiossincráticos e singulares, correspondentes às diversas subjetividades existentes, impede a formação de qualquer tipo de consciência coletiva, fomentando-

---

108. Ética se faz para si e para o outro: "Em outras palavras, a justiça reúne numa única perspectiva a micro e macroética. A microética das pessoas que praticam a virtude da justiça alcança sua eficácia na macroética das estruturas sociais justas. Em síntese, as pessoas que praticam a justiça querem viver em estruturas sociais justas" (Pegoraro, *Ética é justiça*, 1997, p. 16).

109. Deve também o teórico se preocupar em dizer que as éticas da infalibilidade (ética inumana), ou seja, as éticas que não preveem o erro, e matematizam o viver humano, não se constituem em modelos suficientemente satisfatórios para o perquirir neste plano.

-se a falta de identidade intersubjetiva, a falta de coligação de interesses metaindividuais, a desnecessidade do cooperativismo... erigindo-se, no fim, como princípio retor de todo comportamento ético, a anarquia e a não pacificidade da interação sócio-humana, tendo-se em vista que as éticas individualistas intolerantes tendem a se aniquilar entre si.

Deve-se ter presente, portanto, quando se discute ética e seus limites, que as vigas do corpo social, com suas estruturas e instituições, reclamam da eticidade humana esse tipo de preocupação com o consenso, onde não há espaço para a exacerbação do individualismo, mas para o florescimento dos indivíduos e de suas diversas éticas. Paradoxal ou não, a única garantia do indivíduo é o coletivo, e não o individual.

Histórias de vida diversas, valores diversos. Regiões e condições de vida diversas, valores diversos. Percursos de mundo diversos, valores diversos. A diversidade está presente na culturalidade, sendo, portanto, fator determinante da dimensão da opção ética de cada um. Na mesma medida em que a diversidade é o fundamento de praticarem-se valores diferentes, somente pode ser ética aquela ação que considera o *outro* como um diferente, e leva em consideração na avaliação do comportamento do *outro* o fato de ele ser *outro*. É da diferença que decorre a aprendizagem, e é do caudal de espectros de valores em fermentação permanente, no caldeirão histórico dos valores, que decorre a liberdade do meu exercício ético ser um ato de opção em meio à diversidade.

7.3. A ética do consenso e as normas jurídicas

O direito deve espelhar uma preocupação com a ética do consenso. De fato, suas preocupações se direcionam para o âmbito do coletivo e se projetam no sentido da defesa dos interesses públicos. Os próprios interesses individuais são regulados juridicamente na medida em que possam ter repercussões na vida pública como um todo. Instrumento social que é, o direito deve colocar-se a serviço dos interesses da coletividade[110].

Isso significa dizer que o direito não pode, e não deve, em momento algum, espelhar uma ética individualista. Em outras palavras, o direito não deve proteger e não deve tutelar uma mera somatória de interesses individuais (interesse de A + interesse de B...), mas sim tutelar um conjunto de interesses que afloram como interesses coletivamente relevantes, por vezes convergentes, por vezes divergentes. Administrar diferenças e igualdades é, portanto, parte de sua tarefa.

Com isso quer-se dizer que o direito não tutela e não protege o interesse de um indivíduo ou de um grupo de indivíduos, mas os interesses humanos mais destacados como suscetíveis de disciplina jurídica no plano das relações sociais.

---

110. Entendido o direito como uma emanação da sociedade voltada para a própria sociedade, deve-se verificar que possui entrelaçamentos claramente delineados que o fazem representar a encarnação de uma ética do coletivo.

É certo que, sob a inspiração de determinadas ideologias, o direito, historicamente estudado, aparece ora como um direito socialista, ora como um direito totalitário, ora como um direito democrático, ora como um direito liberalista... Tendências e premências político-ideológicas estão e sempre estarão imiscuídas em concepções jurídicas. É inegável que sociedades latifundiárias, individualistas e burguesas haverão de deter-se na elaboração de normas com iguais características[111].

Porém, malgrado a adoção de tendências, o direito não pode se curvar ante o poder político, tornando-se vassalo da vontade de um suserano, de um grupo de detentores de poderes políticos ou de um passivo rebanho de inativos cidadãos; nessas hipóteses, estar-se-ia diante de um direito de função meramente instrumental, secundária e servil.

O direito deve possuir como atributo constante um compromisso com a ética do coletivo. Isso significa que em suas estruturas devem estar as principais inquietações e principais premências gerais da sociedade; aos anseios sociais deve o direito responder com a adequada, completa e eficaz normalização. Ou seja, está-se a discutir o compromisso que coloca o direito na frente de batalha pelos valores sociais mais caros a todos (saúde, educação, alimentação, higiene, saneamento, habitação, dignidade...), e não a um grupo, e não em favor de privilegiados, e não em detrimento de garantias fundamentais... É nessa ética do coletivo que os atos, as decisões, os entendimentos, as interpretações... devem se fiar no sentido da realização da tecitura finalística, porém não idealista, e sim diária, do instrumental jurídico.

Com poucas palavras, minimizando-se as preocupações egocêntricas que se destacam do privatismo excessivo[112], e maximizando-se as preocupações sociais que se destacam da necessidade do fortalecimento das práticas públicas e da valorização da coisa pública (*quod ad populum pertinet*), tem-se uma aproximação do direito dos principais reclamos da ética do consenso[113].

---

111. O Código Civil de 1916, de inspiração nitidamente individualista, é exemplo do primor técnico e linguístico dos juristas do início do século XX, e, ao mesmo tempo, é exemplo das estruturas sociais e econômicas de época. Profundamente permeado por uma ética individualista, latifundiária e privatista, consagra apenas mínima contribuição para o terreno das questões sociais e coletivas. O Código Civil é, assim, mero instrumento a favor dos indivíduos, vistos como ilhas de interesses isolados uns dos outros e com pouca, ou mínima, articulação entre si.

112. Mostra dessa modificação em sentido do coletivo são as aquisições das últimas décadas do século XX. O direito tem-se manifestado com muito mais ênfase não no setor dos interesses de indivíduos que agem comercialmente, civilmente... mas sim em favor de interesses interindividuais, coletivos e difusos. Assim é que se têm ampliado as preocupações com os consumidores (Lei n. 8.078/90), com as categorias de trabalhadores (CLT), com os menores (Lei n. 8.069/90), com o acesso popular à justiça (Lei n. 9.099/95), com a causa ambiental e as repercussões da responsabilidade civil por danos nucleares (Lei n. 6.453/77) etc.

113. O tema é tão instigante e atual que André Franco Montoro, sob o título de *Retorno à ética na virada do século*, em sua obra *Estudos de filosofia do direito*, trabalha com acuidade o interesse pela ética no direito, pela ética na economia, pela ética na política, pela ética na ciência,

8. ÉTICA, DEGRADAÇÃO MORAL E DESARRANJO SOCIAL

Fome, violência, desigualdades, crise econômica, miséria, anestesia ideológica, perda de referenciais, vazio individualista, diluição da família, perda dos espaços públicos, relativização dos comportamentos sociais, indiferença, cinismo social, consumismo... são os grandes desafios de nossos tempos. Certas categorias estão se diluindo e cedendo espaço a outras novas, e neste tipo de transformação só se pode entrever fenômenos socialmente positivos. No entanto, enquanto houver fome, sofrimento e miséria, a luta pela dignidade humana não haverá de cessar, quando dialeticamente se abre e se reacende, diante de novos tempos históricos. O que se deve considerar, no entanto, é que a condição sócio-humana hodierna aponta para difíceis condições de socialização, e, neste sentido, coincidem a degradação moral e o desarranjo social. A serenidade para atravessar tempestades, pelo ensinamento dos ciclos da história, há de ser invocada, para que se possa entrever que os horizontes da renovação nunca se abrem sem antes aparecerem os sinais tormentosos e diluvianos.

O efeito esperado adveio, mas acompanhado de consequências funestas, talvez inesperadas. Com a morte da ética tradicional dominadora, veio, como consequência negativa e errônea, o descrédito de toda a ética. A ética tornou-se assunto *démodé*, sobretudo nas sociedades contemporâneas fortemente imiscuídas num modelo utilitarista, burguês e capitalista de vida, sugadas que estão pelas noções de valor econômico e de lucro. A ética tradicional, uma vez destronada, levou consigo o conceito de ético; nenhuma ética mais parecia poder habilitar-se a ensinar, a educar, a prescrever e a comandar condutas humanas. A quebra dos limites abriu para o homem pós-moderno a consciência das dimensões infinitas anteriormente desconhecidas, e o deslumbramento pelo ilimitado deu origem a uma crise de valores que se instalou na sociedade e custa a ser combatida. Optou-se pela contingência[114].

---

e, enfim, por uma ética cósmica. Assim: "Esse é o sentido da atual reivindicação de Ética em amplos setores da vida social. A exigência do respeito à dignidade da pessoa humana — em todas as suas dimensões e em todos os lugares —, traduzida na luta universal pelos direitos humanos, é um dos movimentos mais importantes da história de nossos dias. A Declaração Universal de 1948 define essa exigência ética e marca a esperança de um mundo mais humano" (Montoro, *Estudos de filosofia do direito*, 1999, p. XXX).

114. "O pós-modernismo faz a opção pela contingência. E, com ela, opta pelo fragmentado, efêmero, volátil, fugaz, pelo acidental e descentrado, pelo presente sem passado e sem futuro, pelos micropoderes, microdesejos, microtextos, pelos signos sem significados, pelas imagens sem referentes, numa palavra, pela indeterminação que se torna, assim, a definição e o modo da liberdade. Esta deixa de ser a conquista da autonomia no seio da necessidade e contra a adversidade para tornar-se jogo, figura mais alta e sublime da contingência. Mas essa definição da liberdade ainda não nos foi oferecida pelo pós-modernismo; está apenas sugerida por ele, pois definir seria cair nas armadilhas da razão, do universal, do logocentrismo falocrático ou de qualquer outro monstro que esteja em voga. Donde o sentimento de que vivemos uma crise dos valores morais (e políticos)" (Chauí, *Público, privado e despotismo*, in *Ética* (org. Adauto Novaes), 1992, p. 356).

Um crescente processo de desintérica e frenética transformação ético-cultural está em pleno vigor atualmente: ascensão acirrada do culto às paixões; a propaganda da liberação dos instintos; a desestruturação de seculares tradições; a vitimização do ego pelas forças impositivas de hábitos de consumo; o exacerbamento do voluntarismo indiscriminado; o desaparecimento e a sensação generalizada da ausência de modelos; a relativização imoderada de todos os possíveis padrões de comportamento; a institucionalização do unilateralismo das minorias, fragmentando ainda uma vez a compreensão da integração e da cooperação humanas; a criação de um consenso vitorioso (capitalismo, democracia e neoliberalismo) empacotado para venda internacional; a imposição da lógica do terror como único mecanismo de contradição com as forças imperantes e determinantes da estruturação das relações sócio-humanas; ainda uma vez, o acirramento renovado dos instintos fundamentalistas, de todos os tipos (raciais, culturais, nacionais, religiosos, étnicos...); a queda e o desaparecimento das grandes ideologias — radicalismo político de direita e/ou de esquerda — e seu *revival* contemporâneo, como modo de saudosismo das lutas políticas e *re-politização* da apatia geral da consciência popular.

A pós-modernidade trouxe consigo a herança da crise, e as propostas de consertá-la têm sido as mais variadas e têm obedecido e se revestido das mais diversificadas roupagens[115]. Se era o excessivo apego a seus cânones e dogmas que obcecava e, ao mesmo tempo, cegava a ética tradicional na perseguição de seus objetivos, ora passou-se para um sistema em que a falta de parâmetros e balizas éticas causam a desesperação humana. A necessidade de orientações, de conceitos, de regras faz com que o homem tenha de se guiar com a esperança de um agir delineado, prenhe dos objetivos, projetado na base de meios e fins. A ausência dessas referências internas (subjetivas) ou externas (sociais) causa o desnorteamento, momento em que se veem mais vulneráveis as pessoas a absorverem e a aceitarem quaisquer ofertas éticas e comportamentais externas; isso explica a atualidade e o *re-aquecimento* do debate

---

115. "Fala-se hoje, em toda parte e no Brasil, numa crise dos valores morais. O sentimento dessa crise expressa-se na linguagem cotidiana, quando se lamenta o desaparecimento do dever-ser, do decoro e da compostura nos comportamentos dos indivíduos e na vida política, ao mesmo tempo em que os que assim julgam manifestam sua própria desorientação em face de normas e regras de conduta cujo sentido parece ter se tornado opaco. Uma autora sueca, Sissela Bok, decidiu escrever um livro sobre a mentira, após ter verificado que, desde o século XVII, excetuando-se alguns momentos da literatura, do teatro e do cinema, reina o silêncio quanto aos dilemas dizer-a-verdade na vida privada e na vida pública. Sociólogos de linha durkheimiana, examinando o desamparo dos indivíduos nas escolas morais, a presença de práticas e comportamentos violentos na sociedade e na política, a multiplicidade de atitudes transgressoras de valores e normas, falam em anomia, isto é, na desaparição do cimento afetivo que garante a interiorização do respeito às leis e às regras de uma comunidade" (Chauí, Público, privado e despotismo, in *Ética* (org. Adauto Novaes), 1992, p. 345).

ético como um mister social[116]. As razões desse degringolar podem ser apontadas, porém não exaustivamente.

A pragmatização da sociedade, pós-Revolução Industrial, pós-Revolução Atômica... tornou obsoleto o tema da ética, esvaziando-o de sentido, fazendo com que sofra constantemente de uma discriminação ante as predominantes mentalidades monetaristas, que dissolvem todos os valores humanos em valores econômicos, e reduzem toda capacidade a uma capacidade laboral e produtiva[117]. É o império da razão instrumental determinando a reificação da condição humana, como apontam os frankfurtianos.

O lugar da ética tradicional esvaziado, em função de ondas de contestação, de profunda mudança das mentalidades, de grandes revoluções técnicas, científicas e econômicas... veio a ser ocupado por desvalores, que podem ser agrupados em três categorias de afinidades, como a seguir se indica[118]:

---

116. "Por que a ética voltou a ser um dos temas mais trabalhados do pensamento filosófico contemporâneo? Nos anos 60 a política ocupava esse lugar e muitos cometeram o exagero de afirmar que tudo era político. Que mudanças se deram em nosso quadro intelectual para que outros agora possam dizer que tudo é moral? Parece-me haver um motivo básico para isso. Antes de tudo, não mais se acredita numa escatologia, numa doutrina da consumação dos tempos e da história" (Gianotti, Moralidade pública e moralidade privada, in *Ética* (org. Adauto Novaes), 1992, p. 239).

117. Deve-se acrescentar ainda: "Os objetos são descartáveis, as relações pessoais e sociais têm a rapidez vertiginosa do *fast food*, o mercado da moda é dominante e a moda, regida pelas leis de um mercado extremamente veloz quanto à produção e ao consumo. Tempo e espaço foram de tal modo comprimidos pelos satélites de telecomunicações e pelos meios eletrônicos, assim como pelos novos transportes, que o tempo tornou-se sinônimo de velocidade e o espaço, sinônimo da passagem vertiginosa de imagens e sinais.

"Os antigos afirmavam que a ética, cujo modo era a virtude e cujo fim era a felicidade, realizava-se pelo comportamento virtuoso entendido como a ação em conformidade com a natureza do agente (seu *ethos*) e dos fins buscados por ele. Afirmavam também que o homem é, por natureza, um ser racional e que, portanto, a virtude ou o comportamento ético é aquele no qual a razão comanda as paixões, dando normas e regras à vontade para que esta possa deliberar corretamente. Embora Platão, Aristóteles, os estoicos ou os epicuristas divergissem quanto à definição das virtudes, da razão, da vontade, das paixões e da Natureza, concordavam com os princípios gerais acima expostos" (Chauí, Público, privado e despotismo, in *Ética* (org. Adauto Novaes), 1992, p. 347-348).

118. O mesmo tipo de crítica se encontra no seguinte texto de Marilena Chauí, onde vem traçado um quadro da vida privada: "Que se passa na esfera privada? Os movimentos sociais tornam-se cada vez mais específicos (cada vez mais diferentes) e cada vez mais localistas. A intimidade torna-se um valor como resposta ao anonimato de massa e à insegurança gerada pela flutuação incessante do sistema ocupacional e do mercado de mão de obra. A busca da satisfação imediata dos desejos, num universo de compressão temporal e de velocidade do mercado da moda, fortalece a competição e o narcisismo. Insegurança quanto ao presente e ao futuro, competição, infantilização pela propaganda, perda dos referenciais socioeconômicos que ofereciam identidade de classe ou de grupo, tudo contribui para a desaparição (lá onde havia) e para a não aparição (lá onde não havia) de formas de sociabilidade mais amplas e generosas. Os movimentos sociais duram o tempo em que dura a demanda que, uma vez satisfeita, dispersa os que estavam unidos numa ação.

a) quanto às relações humanas, sociais e familiares: indiferença pelo outro; niilismo quanto à direção e à orientação de vida e de seus valores; desaparecimento do valor do culto coletivo; desaxiologização dos discursos; relativização dos conceitos, das verdades; liberação dos instintos e apetites; justificação do irracional e aceitação da incontinência; fragilização das estruturas familiares e dos relacionamentos humanos; perda dos hábitos cordiais e solidários; fortalecimento do paradigma advindo da lei do mais forte; banalização da personalidade humana com atentados perpetrados nas múltiplas esferas em que se manifesta; vulgarização da imagem feminina, reduzida a um mero apanágio da sensualidade e do apetite masculino; funcionalização dos procederes humano-comportamentais; aceitação fácil e imediata dos raciocínios, *slogans*, clichês e formas de pensar massificados, com a consequente redução da capacidade de personalização das tomadas de decisão; criação do mito da imagem, que, ao mesmo tempo que torna o outro invasivo da intimidade do lar, afasta pessoas de carne e osso da presença e do contato relacionais; intolerância pelas diferenças...;

b) quanto às relações econômicas: redução do valor simbólico da razão; tecnologização da razão aos saberes aplicados e produtivos; criação de mecanismos de produção e venda em massa, que desestrutura os ofícios manuais e o artesanato familiar como forma de sustentação econômica; mercantilização dos prazeres; instrumentalização da alteridade; mensuração das coisas e dos produtos pelo critério econômico; celerização e superficialização do contato humano; recrudescimento dos estímulos investigativos; criação e inculcação de novos fetiches; dimensionamento do campo da ação no trabalho; instauração do egoísmo negocial; crenças no sucesso imediatista e milionário, diante das possíveis oportunidades e máquinas de fazer dinheiro fácil e rápido; perda da consciência e dos liames sociais, e crescimento exacerbado da onda consumista; velocidade e diversidade dos meios de comunicação e transporte; mensuração utilitária das energias humanas; mercantilização de todas as projeções sociolaborais; escravização capitalista e exploração desenfreada das gran-

---

"Quatro traços parecem marcar a esfera privada pós-moderna: a insegurança, que leva a aplicar recursos no mercado de futuros e de seguros; a dispersão, que leva a procurar uma autoridade política forte, com perfil despótico; o medo, que leva ao reforço de antigas instituições, sobretudo a família e a pequena comunidade da minha rua e o retorno a formas místicas e autoritárias de religiosidade; o sentimento do efêmero e a destruição da memória objetiva dos espaços, que levam ao reforço dos suportes subjetivos da memória (diários, fotografias, objetos), fazendo, como disse um autor, com que a casa se torne uma espécie de pequeno museu privado. No caso do Brasil, além dos traços anteriores, reforça-se a ética da desigualdade: são *meus* iguais, *minha* família, *meus* parentes e *meu* pequeno círculo de amigos, enquanto os demais são o outro ameaçador ou estranho. Se a lei de Gerson pode funcionar é porque, malgrado os pruridos morais de seus praticantes, ela exprime a solidão e o medo diante de uma sociedade sentida como perigosa e hostil.

"É interessante observar a maneira como a pós-modernidade acaba determinando o próprio esforço e pensamento dos que ainda desejam ser modernistas e modernos" (Chauí, Público, privado e despotismo, in *Ética* (org. Adauto Novaes), 1992, p. 388).

des massas trabalhadoras; supervalorização da imagem e estabelecimento do fetiche marqueteiro...[119];

c) quanto às relações jurídico-sociais: individualização das responsabilidades sociais; esvaziamento da *potestas* pública; dessacralização dos mitos, lendas e crendices populares; criação da mentalidade da real possibilidade de impunidade; corrupção dos serviços públicos e sociais; favoritismo e elitismo na prestação de serviços públicos aos cidadãos; queda do espaço público na desatenção social, e ascensão do espaço privado como foco de destaque pessoal e patrimonial; corrupção dos servidores públicos; perda de autoridade nas funções judicantes; desgoverno das funções executivas; falta de efetividade das leis; desarticulação dos poderes; quebra da confiança num corpo corrupto de ativistas políticos; fortalecimento das organizações criminosas e sua propagação mundial; internacionalização das práticas criminosas; surgimento das multifárias modalidades de crimes sem sangue, e conversão dos malfeitores e traficantes em empresários; perda da identidade individual com a identidade social e os liames grupais; sucateamento das bases educacionais, das atividades pedagógicas e da carreira docente; aumento das taxas de desemprego, violência e fome; descaso com a coisa pública; quebra da importância da troca, do diálogo e da dialética; deterioração exacerbada dos espaços públicos, sobretudo dos ambientes urbanos; perda de eficácia dos instrumentos jurídicos; disseminação da violência, em suas diversas facetas, desde a violência moral até a violência física; crescimento e sofisticação das formas de agressão ao outro (*serial killers*...); opressão dos espíritos por fenômenos indesejáveis, porém comuns, rotineiros, e seriados, sobretudo na vida urbana (carência de serviços públicos essenciais, desprezo por direitos, banditismo, violência)...

Com esse pequeno traçado está-se diante de um panorama que descreve vida privada e vida pública com todas as suas deficiências, uma vez que estão intimamente ligadas. Diante dessa avalanche de modificações, abalo sensível haveria de atingir as bases da ética pós-moderna. Toda desordem causada pela erupção de inúmeras, conjugadas e diferentes modificações haveria de produzir fissuras nas bases conceituais

---

119. "A peculiaridade pós-moderna — o gosto pelas imagens — se estabelece com a transformação das imagens em mercadorias, isto é, em lugar de colocar um produto no mercado, coloca-se uma imagem com a finalidade de manipular o gosto e a opinião. A publicidade não opera para informar e promover um produto, mas para criar desejos sem qualquer relação imediata com o produto (a imagem vende sexo, dinheiro e poder). A própria imagem precisa ser vendida, donde a competição enlouquecida das agências de publicidade que sabem que uma imagem é efêmera e que seu poder de manipulação é muito limitado no tempo, sendo imprescindível seu descarte e troca veloz. Na política, as imagens tornam-se muito sofisticadas e complexas porque precisam garantir, simultaneamente, estabilidade e permanência ao poder e sua adaptabilidade, flexibilidade e dinamismo para responder às conjunturas. A competição pública não se faz entre partidas, ideologias ou candidatos, mas entre imagens que disputam valores como credibilidade, confiabilidade, respeitabilidade, inovação, prestígio. Essas são as novas virtudes do novo bom governante. As eleições presidenciais de 1989, no Brasil, são o melhor exemplo do pós-modernismo no espaço público" (Chauí, Público, privado e despotismo, in *Ética* (org. Adauto Novaes), 1992, p. 386).

sobre as quais se assentavam as práticas éticas anteriormente aceitas como inabaláveis. Porém essas fissuras só foram preenchidas pelo mesmo ácido que ainda as corrói.

É certo que, em meio a essas transformações, os institutos jurídicos haveriam de sofrer um abalo considerável. Isso tem sido sentido pelos juristas, que, num esforço desmedido, têm procurado se adaptar às citadas transformações. De fato: a perda de credibilidade dos instrumentos jurídicos de defesa de direitos tem sido notada socialmente; a banalização da atividade legiferante tem-se tornado um dilema para o ensino jurídico, para o aprendizado jurídico e para a atualização profissional; as medidas judiciais formalizadas não mais garantem efetividade processual; os preceitos legais, em sua grande parte, têm gozado da descrença popular, uma vez obsoletos e inacessíveis pela linguagem de que se utilizam. Desse modo, a bandeira jurídica atualmente *re-aparece* como sendo outra, diferenciando-se completamente daquela que um dia representou seu bastião. Se hoje se há de erigir um lema, esse lema é o da efetividade, da justiça material e o da ética profissional.

Se já se acreditou que o formalismo (jurídico) fosse capaz de driblar a falta de confiança negocial (ética), e de oferecer resguardo em caso de quebra da espontaneidade das relações humanas, atualmente verifica-se que isso é uma inverdade. Se um fio de barba era suficiente para o estabelecimento do enlace negocial, é certo que hodiernamente um leque de documentos, chancelas, avais, atos oficiais... não basta para o estabelecimento das garantias negociais, por exemplo.

Um modelo judicial fartamente documental, instrutório e probatório, em que tudo se reduz a escrito, em que tudo se submete à reavaliação, ao teste de falseabilidade, ante a possibilidade da mentira ou deturpação de fatos e ocorrências... ainda assim se vê ineficaz para responder às necessidades sociais mais prementes. A estrutura do processo reinante é altamente truncada, intrinsecamente formalizada, custosa, de difícil acesso e programada para a longevidade. Porém, onde estava a chave para a resolução dos conflitos jurídicos surgiu a chaga do sistema jurídico contemporâneo. O Judiciário, por exemplo, tornou-se obsoleto para atender às demandas quantitativa e qualitativamente diferenciadas do que se havia experimentado como prática judicial.

A oralidade, a informalidade, a economia processual *re-acendem* os ânimos de implementação da justiça material, e a efetividade processual retorna à tona como foco de atenção dos juristas e do legislador[120]. A deformalização, a criação de contra-

---

120. Nesse fluxo de reação surgiram preocupações as mais diversificadas no sentido da implementação de medidas de efetividade, celeridade processual, acesso amplo à justiça etc., no rastro das modificações implantadas no Brasil (Leis n. 8.455/92; 8.637/93; 8.710/93; 8.718/93; 8.898/94; 8.950/94; 8.951/94; 8.952/94; 8.953/94; 9.099/95; 8.078/90, 9.605/98, entre outras). Podem-se indicar: a criação de penas alternativas (Tailson Pires da Costa, *Penas alternativas:* reeducação adequada ou estímulo à impunidade?, São Paulo: Max Limonad, 1999; Horácio Wanderlei Rodrigues, *Lições alternativas de direito processual*, São Paulo: Acadêmica, 1995; Antônio Cláudio da Costa Machado, *A reforma do processo civil interpretada*, São Paulo: Saraiva, 1996; Cândido Rangel Dinamarco, *A reforma do Código de Processo Civil*, São Paulo: Malheiros, 1995).

tos atípicos, a preferência pela conciliação em relação ao conflito judicial, as cobranças sociais sobre moralidade administrativa demonstram encontrar-se acesa a chama de interesse pela criação de uma nova mentalidade ética na prática jurídica. A ética judicial, a ética legislativa, a ética política, a ética advocatícia e, em geral, a ética dos operadores do direito haverão de estimular essa criação em torno dos instrumentos jurídicos e de sua função social.

8.1. O direito a ter opção ética: o comprometimento do exercício da liberdade ética

Refletir filosoficamente acerca da ética significa ter uma atenciosa atitude de *pensar* e *re-pensar* o mundo das ocorrências intersubjetivas, sempre prevista na dimensão da ação a possibilidade, bem como a admissibilidade do erro/engano. É fato que só se aprende agindo, só se age testando o mundo, só se aprende errando, só se constrói decidindo, e neste permanente processo o crescimento ético-reflexivo facilita os modos pelos quais as interações humanas se engrandecem. Não há visão completa da ética se não se considerar o homem em seus desafios concretos.

Mas para que haja a reflexão ética é necessário que se garanta que os indivíduos estarão interagindo numa relação de paridade entre a intenção interna (subjetivismo) e as condições externas da existência (determinismo). O direito a ter liberdade de decidir eticamente passa por esta questão do equilíbrio entre propensões internas do indivíduo e assédios advindos dos estímulos a ele externos. São os desafios existenciais condições para a tomada de decisão ética, motivo pelo qual as condições existenciais de produção de decisões eticamente engajadas não podem ser desprezadas no momento em que os conflitos e os imperativos de ação começam a fervilhar, demandando uma tomada de posição.

As aflições do humano são a estampa característica da dimensão ético-reflexiva. Portanto, de pouca relevância são as tradicionais ideias de uma dimensão ética desencaixada da perspectiva vivencial de indivíduos dimensionados em condições históricas de produção de decisões éticas. Por isso é que se deve perguntar, quando se discute o estado atual da ética: como vai o ser humano? Dados oficiais registram que, do contingente populacional mundial, metade da população vive com menos de 2 dólares/dia, e que 1 bilhão de pessoas vive com 1 dólar/dia. No Brasil, a situação é igualmente grave. Não se trata de uma *sociedade bulímica*, para usar a expressão de Claude Lévi-Strauss, que, após convidar a todos ao consumo, os rejeita como dejetos do processo econômico? O que está acontecendo não é difícil avaliar. Sem querer dar crédito ao determinismo, a conclusão só pode ser uma, a de que se está cassando o direito de as pessoas terem e exercerem sua liberdade ética, encurralando-as no vácuo da miséria.

8.2. A ética e o acervo da humanidade

A humanidade possui um acervo que merece ser protegido e cultivado. Chama-se de acervo ético da humanidade o conjunto de todas as ações, tendências, ideologias, posturas, decisões, experiências compartilhadas, normas internacionais, conquistas políticas, lições éticas, preceitos morais, máximas religiosas, ditos célebres, hábitos populares, sabedorias consagradas, que, por seu valor e sua singularidade, servem de referência e espelho para as demais gerações. Patrimônio imaterial de inestimável valor, trata-se de uma somatória histórica de louváveis aspectos do comportamento humano que são capazes de dignificar a pessoa humana, oriundos de todas as civilizações e de todas as culturas. Os memoráveis encontros da História e as felizes convergências éticas representam o que há de mais importante para a construção de uma identidade ética entre os povos.

Contrastando com esse acervo da humanidade, existe um conjunto de nódoas, desencontros, ações delituosas, tempestades morais, opressões culturais, guerras intestinas e fratricidas, desordens e desmandos, desatinos e incongruências, lamentáveis exemplos morais, desvarios econômico-financeiros, reprováveis comportamentos políticos, insultuosas manifestações públicas, questionáveis valores éticos, que também compõem momentos notórios da História da humanidade, mas de certo caráter subterrâneo. Em vez de dignificá-la, de enaltecê-la como fim a ser perseguido e preservado, denigre sua essência, qual imantação fumarenta que conspurca sua imagem e sua limpidez.

Diante do conflito ético, quando se questiona o indivíduo como agir, com que fim agir, qual a diferença entre agir desta ou daquela forma, para quem agir, a resposta figura muito clara: deseja-se partilhar de um sem-fim de desatinos precedentes ensinados pela história dos desvios humanos, ou deseja-se palmilhar a senda da dignificação da humanidade? Nessas opções encontra-se camuflada a seguinte ideia: a ação que fazes auxilia a construir um modelo para a humanidade ou a denegri-la. Ou, ainda, a escolha da ação a ser efetuada colabora para engrossar o conjunto das ações destrutivas ou construtivas da humanidade?

Em poucas palavras, diante do conflito ético (Fazer ou não fazer? O que fazer? Como fazer? Para quem fazer? Por que fazer? Com que fim fazer?), o indivíduo deve saber que sua ação não representa apenas mero procedimento pessoal de lidar com o mundo, com as coisas e as pessoas. A ação individual é mais significativa do que a princípio parece, tendo-se em vista que suas repercussões são o grão que faz do celeiro um local abastado ou empobrecido. Cada semente é já parte integrante do grande conjunto de contingente que se faz necessário para a existência da abundância ou da pobreza. Então, a ação deve se direcionar para enriquecer ou empobrecer o caudal das ações e dos paradigmas que denigrem a imagem da humanidade e, por vezes, até mesmo, sua existência.

A opção pela ética é uma opção que procura direcionar esforços no sentido do enriquecimento do estoque de paradigmas construtivos e dignificantes da humanidade. Por ser patrimônio da humanidade, o conjunto de todos os valores, ações e ideologias que contribuem em seu favor merece proteção e culto diários, para que se possa realmente estabelecer os parâmetros para uma sociedade de fato livre e igualitária.

8.3. O pouco que se pode fazer em matéria de ética

O plano da ética é o plano da ação, seja ela coletiva, seja individual. No entanto, carece dizer que o que dá origem a uma ética coletiva é o esforço das ações individuais. Assim, todo processo de formação de uma identidade ética e de uma consciência ética para uma coletividade decorre de um princípio: a ação individual.

O agir ético individual é a base e a origem da expansão da consciência ética de uma coletividade. Cada contribuição particular, cada ação individualizada, cada minúscula resistência às tentações antiéticas, cada movimento solteiro de construção da virtude constituem-se, e seu todo, em um grande movimento de contramão às avalanches de exemplos e modelos antiéticos.

Aquele governante que deixa de se corromper para exercer seu *munus* público com seriedade, aquele injustiçado que deixa de revidar a injustiça com a mesma medida de mal que lhe foi causado, aquele que evita lesar a outrem indiscriminadamente, aquele que possui poderio financeiro e dele se utiliza para o crescimento social... age contra uma forte e furiosa maré de atitudes contrárias, atritantes e majoritárias.

Pode-se dizer que a ação individual é incapaz de fazer frente à oposição que lhe é oposta. Isto é correto. Deve-se reconhecer: o fluxo das ações invertidas (desvalor) é maior que o fluxo das ações éticas (valor). Prova disso é o estado atual da humanidade (guerras fratricidas, golpes políticos, assassínios, corrupções, escândalos financeiros, discriminação, diferenças sociais, desvio de poder, autoritarismo, desmando, violência generalizada, exploração da prostituição infantil, regimes de exploração do trabalho semelhantes ao escravismo...).

O que se deve opor a isso é a dicção de que a ação individual, por mais insignificante que pareça à primeira vista, é uma ação monumental pelas resistências que acaba por vencer. Trata-se de uma ação que vence as inclinações pessoais do agente, as pressões psicocoletivas externas, os antagonismos de opositores à implantação do projeto contido na ação individual... Sua grandiosidade repousa, exatamente, na revolução que opera no pequeno espaço de sua influência. Por isso, essa ação é louvável como exemplo.

8.4. Ética e experiência de vida

A ética se macera no trajeto lento e gradativo da experiência de vida. Isso porque a vida é prenhe de percalços, dissabores, idas e vindas, sucessos e insucessos, que tornam os solavancos existenciais aspectos decisivos no processo de aprendizado. O planejado nem sempre se realiza, e os domínios da vida escapam à possibilidade de antevisão e de controle. É, portanto, na experiência de história de vida que se fortalece o ânimo da descoberta e do reconhecimento do que já foi vivido, o que permite ao indivíduo a autossuperação. Assim, o investimento na existência é a maior aposta da ética, sabendo-se que na existência está o desafio de viver e de *con*-viver.

Ao sabor dos anos idos, o indivíduo acumula um punhado de "verbetes interiores" que, muitas vezes, encontram-se nos bordões e ditados populares. Esse acúmulo é o que permite que valiosas experiências que são decisivas para as "tomadas de decisão" sejam transformadas na riqueza interior da pessoa. Esse acúmulo interior permite evitar que experiências negativas se repitam e que certas sendas já cursadas sejam evitadas. Na medida em que o fundamental no traçado da caminhada da vida são as "escolhas" (feitas, a fazer, sendo feitas) – com recursos e nas condições concretas de cada qual, não repetir as que se apresentarem equivocadas – e selecionar as que aparentem acertadas, eis a grande arte da vida. Afinal, a vida é esse processo de parturição de si mesmo e, nesse processo, cada um se faz autor de seu próprio percurso, tracejando as linhas de sua "autobiografia invisível".

Ao longo do percurso de vida, o amadurecimento de valores, rotas, caminhos, perspectivas, formas de interpretação dos desafios da vida, experiências bem-sucedidas e malsucedidas, vão formando práticas do indivíduo, que podem ou não coincidir com crenças, práticas e ações coletivamente compartilhadas. É deste universo de riqueza experiencial intraduzível que se alimenta a vivência de cada qual, definindo nisso a qualidade do ser humano que cotidianamente brota do interior de cada indivíduo. É aqui que nasce o ser humano, ao soerguer-se da mais miserável das condições ou ao validar-se do não esquecimento do que foi, como forma de não repetir os mesmos erros.

Esse exercício de aprendizado em torno da própria potência é intransferível, pois medi-lo, adequá-lo, direcioná-lo são também formas de aprendizado. Por isso, esses passos somente podem ser dados pelo indivíduo, pois a experiência é incindível e única. O aconselhamento, o apoio familiar, a conversa, o diálogo, a orientação pedagógica, o apoio psicológico, a proteção amiga, a fraternidade existencial são apenas suplementos ao enfrentamento dos desafios existenciais que, por vezes, sobrepesam a capacidade do indivíduo de arrostá-los.

Nesta medida, tem-se presente a importância da tarefa de considerar a ética na milimétrica decisão diária do indivíduo em proceder desta ou daquela forma, o que faz da responsabilidade moral um desafio unipessoal e indelegável. Então, todos aqueles "monólogos silenciosos" formados no interior da experiência de cada indivíduo influenciam os rumos das decisões, das ações, das vontades, dos sentimentos e dos impulsos do indivíduo no cotidiano de seus rumos. Essa "conversão carinhosa e vivida" do indivíduo consigo mesmo, não apenas como manifestação de linguagem interior, mas sobretudo como manifestação de razão e intuição, de sensibilidade e emoção, de prevenção e aprendizado, de empiria e inspiração, faz parte do circuito de forças interiores que devem ser escutadas quando o indivíduo procura se cercar dos melhores elementos para tomar suas decisões de vida.

9. ÉTICA, HISTÓRIA, MODERNIDADE E PÓS-MODERNIDADE

O processo histórico conhecido como modernidade produziu, como todas as épocas históricas, uma marca que identifica a sua ética. O mundo moderno incentivou a ética do individualismo, da razão abstrata, da acumulação capitalista e da competição, da homogeneização social. O processo histórico hodierno, de meados de 1950 até os presentes dias, conhecido como contexto de crise da modernidade (pós-modernidade), bem delineado pela sociologia francesa dos anos 1960-1970, especialmente de Jean-François Lyotard, e mais amplamente discutido pela sociologia contemporânea de Zygmunt Bauman, aponta para a exaustão dos traços fundamentais da ética moderna. Assim, com este último, pode-se questionar: "No campo da ética, deve-se considerar a pós-modernidade como passo avante ou como retirada?"[121].

Uma das principais diferenças entre as características de uma ética moderna, em confronto com as características da ética pós-moderna, está exatamente depositada nos avanços trazidos pelo debate multiculturalista, que no lugar dos universais reage com traços culturais materiais, concretos, enfatizando diferenças para realizar emancipações, locais mas genuínas.

Assim, a ética pós-moderna convive de modo mais confortável com o fato de que as diferenças podem ser enfatizadas, para que conquistas sociais, direitos fundamentais e emancipações possam ser reconhecidos[122]. A ética do contexto pós-moderno é a da relativização dos universais, enfatizando a diversidade humana. Esta se expressa de inúmeras formas, pois se não há universais absolutos, deve-se garantir a diversidade ideológica, política, cultural, social, de gênero, de sexo etc. e é desta forma que se garante democraticamente o convívio dos muitos com os muitos.

O raciocínio pluralista é, pois, seu eixo de raciocínio e sustentação; a diversidade, a multiplicidade e a emancipação por setores tornou-se sua regra interior. Percebe-se que a ruptura com o passado moderno trouxe uma avalanche de tendências reprimidas, onde as minorias se manifestam com intensidade, os comportamentos estão favoravelmente pluralizados, os padrões morais estão difusos e desconcentrados.

Sem dúvida nenhuma, há maior espaço para a liberdade, em sociedades pluralistas. Porém, alguns riscos estão contidos no processo de socialização que enfatiza a diversidade, na medida em que a relativização do comportamento, decorrência da perda dos universais que homogeneízam, é a fragmentação do sujeito, à qual se refere Zygmunt Bauman:

> "Em nenhuma ocasião o sujeito se confronta com a totalidade, do mundo, ou do outro ser humano. O mundo é uma sequência de muitas aproximações disparatadas, sendo cada uma parcial, e, em consequência, como as próprias técnicas, autorizadas e

---

121. Bauman, *Ética pós-moderna*, 1997, p. 254.

122. "Só as normas podem ser universais. Pode-se legislar deveres universais ditados como normas, mas responsabilidade moral só existe na interpelação do indivíduo e no ser portada individualmente. Os deveres tendem a fazer os humanos iguais; a responsabilidade é o que os fazem indivíduos. A humanidade não é captada em denominadores comuns — aí ela se submerge e desvanece. A moralidade do sujeito moral não tem, portanto, o caráter de norma. Pode-se dizer que o moral é o que resiste a codificação, formalização, socialização, universalização. O moral é o que permanece quando se fez o trabalho da ética, o trabalho da *Gleichschaltung*" (Bauman, *Ética pós-moderna*, 1997, p. 66).

inclinadas a pretender inocência moral. Fragmentariedade do sujeito e fragmentariedade do mundo acenam-se uma à outra e generosamente se oferecem seguranças mútuas. O sujeito nunca age como 'pessoa total', apenas como portador momentâneo de um dos muitos problemas que pontuam sua vida; também não age sobre o outro como pessoa, ou sobre o mundo como totalidade" (Bauman, *Ética pós-moderna*, 1997, p. 226).

O fluxo das ideias e ideologias navega entre qualquer tipo de coisa, pois tudo é espantosamente aceitável. Nada é proibido, tudo pode ser experimentado; tudo é válido, não importa o que seja. Nada é definitivamente certo e nem errado, pois tudo é relativo ou relativizável. Na cultura da aceitação de tudo, fica difícil divisar horizontes e identificar erros e acertos.

Entre o moderno e o pós-moderno, o que se percebe é que a cultura moderna do universal absoluto – radical, impessoal, total e radicada numa ideia de razão total – foi responsável por abusos, que já foram identificados e criticados pela cultura filosófica ocidental, especialmente a partir dos pensamentos de Theodor Adorno e Max Horkheimer, na *Dialética do esclarecimento* (1947). Ela, por exemplo, permitiu a emergência do fenômeno do totalitarismo político, consubstanciado na política do nacional-socialismo de Adolf Hitler. Ao projeto da razão total, deve-se contrapor o estado atual da ética, marcada sem dúvida pelo pluralismo, mas cuja indefinição, relativização e individualismo tornaram impossível qualquer parâmetro de conduta, ruindo por completo do projeto da razão. Nesta medida, nem à razão total, nem à ausência de razão, deve-se assumir a possibilidade de afirmação de valores comuns (solidariedade, justiça social, diálogo, igualdade, diversidade) na base de um universalismo moderado, ou seja, na base de um universalismo que parte do diálogo entre as diferenças para construir parâmetros universais comuns, que atingem e, por isso, devem beneficiar a todos, considerando e respeitando o lugar de cada um.

10. ÉTICA, MORALISMO E NEOCONSERVADORISMO

Para sociedades modernas, complexas e pluralistas, não há a possibilidade de *re-fundação* de uma *unidade moral* para toda a sociedade. Toda tendência neste sentido resvala no *desvão* de recuos em direção a concepções pré-modernas de mundo. Enfim, a modernidade, ante a fragmentação, o individualismo, o pluralismo e a desdiferenciação de esferas normativas, causa impedimentos a que filosofias, religiões ou ideologias tentem (e as tentativas são sempre insistentes neste sentido) restaurar este *"lugar perdido"*. A imagem que se forma a partir deste tipo de *leitura de realidade* é a de que seria possível retomar a ideia de um momento histórico-idílico que ficou perdido no passado, quando o "passadismo" alimenta uma *descrença* na vida contemporânea e gera uma reação de *radicalização* ou *extremização* na exigência de que o outro *seja convertido* ao *ideal prometido por um discurso passadista* (discurso religioso, discurso filosófico ou discurso ideológico-político).

O *saudosismo* e a *insatisfação* com o estado de coisas têm alimentado uma fornalha de *intolerâncias*, *extremismos* e *radicalismos* morais nos tempos presentes. Seja o *extremismo religioso*, seja o *extremismo moral*, seja o *extremismo político* são, sobretudo, manifestações do ódio, da intolerância, do não diálogo e da cultura do outro-inimigo. Neste sentido, abundam exemplos de situações em que o *moralismo* cobra excessivamente a *limpeza da sociedade* (a pretexto de protegê-la do caos, da desordem e das imoralidades), com o *elevado preço* do retrocesso em direitos, da perda de liberdades e do avanço frenético da consciência moral localista. É neste contexto que o *neoconservadorismo* se apossa da agenda pública, da esfera pública alarmada e procura construir condições (ou melhor, anticondições) para que o debate público repercuta de forma inconscientizada à *perda de direitos,* a *violação de direitos* e à cultura do *antidemocratismo* como formas de manifestação de uma *"nova agenda social".* Isto se sucede no Brasil, e também em vários outros países do mundo afora, com os riscos a este fenômeno inerentes de se olvidar o que o *passado recente* do século XX trouxe, quando foram dadas condições para que os movimentos *ultraconservadores* tivessem oportunidade de exercício do poder. Em certos termos, as próprias conquistas de um Estado Democrático de Direito se encontram ameaçadas, em tempos de *obscurantismo social, político e econômico.* Daí a importância de se manter vigilante a *opinião pública,* ante os assaltos *pseudodemocráticos* e os *retrocessos na agenda de direitos,* que são tão caros à população, na medida em que foram difíceis as lutas para a sua conquista.

Do ponto de vista de uma análise filosófica, não se podem afirmar como *morais,* por exemplo, aqueles valores e costumes *locais,* que não podem alcançar o nível de *universalização.* Assim, ainda que a promessa de *certos moralismos* seja sedutora, ou aparentem ser suficientemente *boas para todos(as),* somente se sustenta como *moral* aquilo que for passível de resistir à busca por sua *universalização.* Assim, se for levada a sério a advertência de Jürgen Habermas, em *Comentários à ética do discurso* ("Quem mantiver morais locais encerradas na esfera dos costumes concretos, renuncia ao critério racional para a avaliação de formas de vida éticas")[123], fica claro que em sociedades modernas os *movimentos refundacionalistas,* ou ainda, os *movimentos moralistas* acabam por desatender critérios fundamentais para o estabelecimento de um convívio saudável, tolerante, diverso, pluralista e democrático, resvalando em violências, extremismos e intolerâncias.

Sobretudo, é importante grifar que em sociedades modernas, complexas e plurais, uma *forma de vida boa local* não pode ser *universalizada,* pois para isso não existe coesão social, unidade moral e entendimento uniforme para todos(as). A própria filosofia crítica contemporânea renunciou a toda de tentativa de descrever as formas de vida boa (para permitir que a liberdade medre no campo do florescimento das diversas formas legítimas de vida boa mantidas pelos indivíduos em suas escolhas personalizadas), e, por isso, a ética filosófica se detém apenas no debate acerca das questões de justiça[124]. O que o *neoconservadorismo moral* pretende é transformar *o seu valor individual* (ou de um grupo (religioso, filosófico ou político-ideológico) em valor de todos(as), operando um processo social *opressivo* de conversão do(a) *outro(a),*

---

123. Habermas, *Comentários à ética do discurso,* 1991, p. 41.

124. "É, sem dúvida, servindo-se de um conceito limitado de moral que ela se concentra em questões da justiça" (Habermas, *Comentários à ética do discurso,* 1991, p. 101-102).

que pratica uma forma de vida ou realiza valores e crenças diversos dos seus, naquele que é *imoral*. Assim, o detentor de *uma moral local* não pode tentar *refundá-la como se universal fosse,* impondo-a como a *única verdade possível*, ou ainda, *como a única tábua de valores possível,* tolhendo os espaços que delimitam o exercício de liberdades, direitos e morais diversas das convicções *localistas*. É preciso observar e ter atenção para o fato de que, sendo o direito permeável aos valores sociais, não se converta em instrumento de manipulação de grupos políticos organizados, e permita, se tornar o instrumento, ou o *locus,* para abrigar as *moralidades localistas,* especialmente aquelas que violam direitos e garantias concernentes a outro(a)s, pois nenhuma ética que seja genuína (e não *moralista*) pratica uma forma de opressão e supressão do modelo de vida do outro.

11. ÉTICA E CULTURA

É impossível dissociar a ética da cultura, daí a importância inclusive dos estudos antropológicos sobre a temática ética[125]. Toda cultura exprime uma forma de codificação moral do comportamento. Toda ética é a expressão de uma determinada endogenia cultural[126]. Isto porque a cultura é o registro coletivo das práticas humanas determinadas no tempo e no espaço. De todo ato humano se desprende uma certa impregnação de cultura. Assim é que, das ações mais comuns e simples (comer, falar, viajar, manifestar-se artisticamente...) às mais complexas e consequenciais (assinar um tratado, praticar um delito, propor um projeto de lei...), tem-se presente um conjunto de determinações exteriores incorporadas ao próprio ato praticado, que o tornam inseparável e indecomponível em seus aspectos culturais.

Mais do que isto, é de fundamental importância perceber que os estudos de antropologia colocam uma clara limitação às formas abstratas, universais e conceituais de pensar "o homem". Para a antropologia não existe "o homem" fora de sua origem, cultura, tradição, língua, e os estudos de Claude Lévi-Strauss marcam muito bem esta delimitação de pretensão de nacionalidade no estudo da condição humana. Sem recair num relativismo exacerbado, nos rumos do antropologismo, é defensável que a condição humana seja avaliada com uma visão generosa, dando condições para uma antropologia filosófica da diversidade humana, tema este que pode ser o fundamento do debate sobre os direitos humanos (universalismo) e suas relações com a antropologia (relativismo). Em toda avaliação do comportamento social, o etnocentrismo aparece como a revelação de nossa incapacidade de compreensão do outro.

Quando uma ação incorpora em seu interior a axiologia de uma cultura, opera-se, em verdade, um casamento entre o livre-arbítrio da ação individual e o determinismo

---

125. Sobre o Código de Ética do antropólogo, *vide* www.abant.org.br.

126. "Afirmar que o *éthos* é coextensivo à cultura significa afirmar a natureza essencialmente axiogênica da ação humana, seja como agir propriamente dito (*praxis*), seja como fazer (*poiesis*)" (Vaz, *Escritos de filosofia II:* ética e cultura, 1993, p. 36).

social, aquele pulsando no sentido da independência absoluta do agir (liberdade) e este pressionando no sentido da reprodução dos comportamentos sociais anteriormente cristalizados como certos ou errados[127]. Cada ato de escolha de uma ação ou de uma omissão (fazer ou deixar de fazer) é uma contribuição do indivíduo sobre o acervo de possibilidades anteriormente construídas por gerações que enfrentaram a condição de existência humana sobre o planeta. O caldo resultante dessa experiência coletiva, somada às momentâneas características históricas de um povo, faz da ação humana um pequeno cadinho de cultura secular sempre passível de atualização.

As histórias de um povo, de uma civilização, de uma cultura, de uma nação, de uma etnia, sempre estão e estarão jungidas às opções feitas por gerações anteriores que determinam a cultura e os procedimentos das gerações posteriores, que modificam e revolucionam esse acervo conforme suas inclinações — ou conservadoras, ou inovadoras. Desde a mais rudimentar aldeia do Tibet até a mais complexa aglomeração urbana dos Estados Unidos fazem transbordar esse tipo de herança ética. Onde está o homem está a cultura. As formas de compreender diversamente o mundo e as relações humanas conduzem as gerações a opções nem sempre semelhantes, o que passa a construir o espaço da não identidade entre os povos e culturas. As opções pela guerra ou pela defesa territorial, pela submissão ou pelo ataque, pela emigração ou pela permanência, pelo progresso técnico ou pelo pastoreio, pela emancipação feminina ou pela submissão doméstica, pela liberdade religiosa ou pelo fanatismo inveterado, são determinações que se somam na construção do histórico de cada coletividade.

É assim que a ética nasce, claramente, pressionada por influências culturais trazidas da educação e da experiência de vida retiradas das condições socioeconômico-políticas de um povo. Desde o mito, até a religião constituída, desde a primeira descoberta técnica até a mais avançada peça de engenharia eletrônica, desde as fábulas e dizeres populares até as mais audaciosas teses científicas estão os rudimentos da ética de um povo, de uma civilização, de uma cultura[128].

O que se pode desde já concluir dessa reflexão é que a cultura é constitutiva da ética. Isto não quer dizer que: 1) a ética se constitua na simples e mera reprodução das categorias culturais construídas pelas gerações anteriores; 2) a ética se constitua somente de dados culturais extrínsecos à capacidade racional de cada indivíduo de resistir às formas habituais de proceder humanas; 3) a ética está destituída de toda forma de criatividade e inovação na condução da ação humana; 4) a ética possua o

---

127. "A cultura tem, portanto, uma dimensão axiológica que é constitutiva da sua natureza e em virtude da qual ela define para o homem não somente um 'espaço de vida' (*lebensraum*), mas outrossim, segundo a expressão de E. Rothacker, um 'estilo de vida' (*lebensstil*)" (Vaz, *Escritos de filosofia II*: ética e cultura, 1993, p. 40).

128. "As primeiras formas de saber em que o *ethos* se exprime são, de um lado, o mito e, de outro, a sabedoria da vida, estilizada em legendas, fábulas, parábolas e na sabedoria gnômica (máximas e provérbios)" (Vaz, *Escritos de filosofia II*: ética e cultura, 1993, p. 42).

mesmo significado da cultura; 5) a ética não seja passível de romper abrupta e escandalosamente com a cultura e trazer um novo modelo ou um novo padrão de conduta entre os homens, independentemente do que efetivamente se praticou ou se praticava no passado.

12. ÉTICA E CONSCIÊNCIA COSMOPOLITA

Na história da modernidade, em torno das ideias de cultura e de civilização se reúne a ideia de "cidadania", um dos elementos-chave da conformação dos Estados-nação em sua relação com os seus membros, os cidadãos. A "cidadania", como condição de quem porta um *status* de pertencente a um Estado-nação, é uma ideia que absorve em seu interior a relação entre os termos "civilização" e "cultura". Os cidadãos como "parceiros do direito" serão, antes, identificados pelos traços da língua comum, das tradições e costumes, dos laços consanguíneos, da identidade étnica e cultural, mas se farão iguais *no* direito. Significando pertença a um Estado-nação, a ideia de "cidadania" se confundia com a ideia de aceitação a uma ordem jurídico-formal de reconhecimento a partir do direito, de um povo unificado e pacificado, para cuja tutela legal implicava o pertencimento a uma unidade nacional civilizada e ordeira[129]. Assim, modernamente, os juristas identificam "cidadania" com pertença à unidade de um Estado-nação. Em *Direito e democracia*, Habermas trata do tema, afirmando que "...a 'cidadania', *citoyenneté* ou *citizenship* teve, durante longo tempo, apenas o sentido de nacionalidade ou de pertença a um Estado; só ultimamente o conceito foi ampliado no sentido de um *status* de cidadão envolvendo direitos civis. A *pertença a um Estado* regula a subordinação de pessoas sob um Estado, cuja existência é reconhecida pelo direito internacional"[130].

Para além dos limites do conceito de "cidadania" como pertencimento ao Estado moderno nacional, reclama-se, para a dinâmica do mundo pós-globalização, a concepção de formação de pessoas que se integrem à totalidade da aldeia global, como um desafio do conviver em comum, universalmente guiados por perspectivas e necessidades resolutivas também comuns. Para isso, é necessário criticar o conceito limitado de cidadania, advindo da tradição nacionalista, e avançar em direção ao conceito de "cidadania global", "cidadania cosmopolita", própria do *weltbürger*, ou seja, do cidadão do mundo.

A necessidade de conformação de uma personalidade cosmopolita responde à ideia de que a integração é um processo inevitável na relação entre os povos. Esta

---

129. Na leitura de Norbert Elias, essa associação também é clara: "O processo de civilização do Estado, a Constituição, a educação e, por conseguinte, os segmentos mais numerosos da população, a eliminação de tudo o que era ainda bárbaro ou irracional nas condições vigentes, fossem as penalidades legais, as restrições de classe à burguesia ou as barreiras que impediam o desenvolvimento do comércio — este processo civilizador devia seguir-se ao refinamento de maneiras e à pacificação interna dos países pelos reis" (Elias, *O processo civilizador*: uma história dos costumes, v. I, 1994, p. 62).

130. Habermas, *Direito e democracia*, II, 2003, p. 285.

ideia também conduz à crítica dos resultados objetivos da "doutrina do nacionalismo integral", base do genocídio à população judaica europeia, donde emergirá a formação do universalismo contemporâneo da Declaração Universal de 1948[131]. Por isso, no atual contexto, a cultura pós-nacional reclama a relativização da ideia de "nação", sem o que não é possível a formação de uma consciência de que a humanidade sobrevive a partir de laços que suplantam a conformação das identidades locais, culturais, regionais, nacionais. Consideradas, especialmente, as sociedades multiculturais existentes, como a Suíça, o Brasil e os Estados Unidos, percebe-se que a ideia de "cultura comum" não é uma condição para a existência de uma comunidade de parceiros no direito e nas instituições políticas.

É por isso que a cultura pós-nacional reclama a dispersão da consciência de que cada indivíduo "é no outro cosmopolita", parceiro do mundo, parceiro da existência e habitante da mesma globalidade. No sentido de relativizar a ideia de nação como constitutiva da vida dos cidadãos do Estado-nação, no texto *Inclusão: integrar ou incorporar?*, Habermas afirma: "O nacionalismo, contudo, apesar desse papel catalisador, não é nenhum pressuposto constitutivo de um processo democrático"[132]. Isso significa que a "cidadania democrática contemporânea" não depende da identidade nacional para sobreviver[133]. Neste ponto, Habermas diverge claramente das teses de Carl Schmitt a respeito da relação entre *povo* e *nação*, na base de uma homogeneidade nacional[134]. E esta forma de "identidade pós-nacional" que se reclama dentro da ideia de uma cidadania cosmopolita é de fundamental importância para as sociedades pluralistas, complexas e multiculturais contemporâneas[135].

Se nem Estado, nem democracia e nem cidadania coincidem com a ideia de "nação", mas são tornadas experiências convergentes com a ideia de "nação", então, essas experiências podem ser dissociadas sem prejuízo do "projeto de uma sociedade governada pelo direito nacional", para dar lugar à dimensão e às perspectivas de uma cultura pós-nacional. A solidariedade abstrata criada entre membros de uma

---

131. Sobre o tema, *vide* Lafer, *A reconstrução dos direitos humanos*: um diálogo com o pensamento de Hannah Arendt, 2001; e *A internacionalização dos direitos humanos*: constituição, racismo e relações internacionais, 2005; Almeida, *Direitos humanos e não violência*, 2001; Piovesan, *Temas de direitos humanos*, 2. ed., 2003.

132. Habermas, Inclusão: integrar ou incorporar?: sobre a relação entre nação, Estado de Direito e democracia, *Revista Novos Estudos*, 2004, p. 102.

133. Cf. Rochlitz, *Habermas:* o uso público da razão, 2005, p. 132-133. A respeito, afirma Said: "...a noção de uma identidade nacional homogênea, coerente, unificada é a mais repensada, e essa mudança está sendo sentida em toda esfera da sociedade e da política" (Said, *Humanismo e crítica democrática*, 2007, p. 44).

134. Habermas cita em específico a *Teoria da Constituição* (*Verfassungslehre*) de Schmitt para contestá-la em sua substância. *Vide* Habermas, Inclusão: integrar ou incorporar?: sobre a relação entre nação, Estado de Direito e democracia, *Revista Novos Estudos*, 2004, p. 103-107.

135. Cf. Habermas, Inclusão: integrar ou incorporar?: sobre a relação entre nação, Estado de Direito e democracia, *Revista Novos Estudos*, 2004, p. 102.

mesma sociedade se deve menos a aspectos aos quais normalmente se atribui o maior peso, como cultura, língua, práticas comuns, e mais de procedimentos que solidificam os elos de ligação entre um e outro, parceiros das regras, dada pelas leis e fomentada pela participação política[136]. O *ethos* definido como sentimento de *solidariedade nacional* não se constitui naturalmente, senão por meio de um processo dirigido politicamente. Ele não é a manifestação de nenhum sentimento natural, ou de nenhuma tendência óbvia do convívio humano. Ele é tecido e estruturado *politicamente*, e, enquanto sobrevive, adquire uma incorporação "natural" à via cotidiana, como se a "nação" fosse uma expressão presente nos sentimentos de cada cidadão cuja história se vê marcada a essa fidelidade ou a essa identidade. Em *O Ocidente dividido*, Habermas pode afirmar: "Um tal *ethos* político não é nada que brote naturalmente. Enquanto resultado de um autoentendimento político que sempre ocorre simultaneamente a processos democráticos, este *ethos* realiza-se de forma transparente e apresenta-se, mesmo aos participantes, como algo construído"[137].

Num contexto de profundas transformações sociopolíticas isso fica ainda mais evidente. Com a aceleração de transformações sob o signo da globalização, deve-se apontar a dissociação destes elementos como condição importante para a continuidade do processo de integração mundial. Nesse contexto, é inegável o fato de o "Estado-nação" estar sendo conduzido a um novo desafio, a saber, o desafio de uma requalificação de sua existência à luz das exigências de uma comunidade internacional cada vez mais presente no cotidiano das atividades nacionais. A noção de "cidadania cosmopolita" deve ser capaz de acompanhar a nova dinâmica de constituição de laços identitários e solidários[138]. É a formação cada vez mais acentuada de um "mundo da vida" mutuamente compartilhado por indivíduos que pertencem a uma mesma comunidade de risco.

"A soberania do Estado, antes indivisível, agora está sendo fatiada em pedaços cada vez mais finos e espalhada por todo o espaço continental ou mesmo planetário", na percepção sociológica de Zygmunt Bauman, traduz um pouco esta sensação do tempo[139]. Com isso, o modo de conformação westfaliano do "Estado-nação" começa a ceder em direção a novos modelos e a novas experiências que falam a linguagem da integração. É claro que isso acirra movimentos contraditórios e antagônicos, conduzindo a tendências, de um lado, ao retorno à identidade fundada na solidariedade cultural, e, de outro lado, à abertura em direção a uma comunidade expandida de

---

136. Rochlitz, *Habermas:* o uso público da razão, 2005, p. 132.

137. Habermas, *O Ocidente dividido*, 2006, p. 83-84.

138. Como acontece sob a experiência, ainda em germinação, da cidadania europeia: "Considera-se cidadão da União qualquer pessoa que tenha a nacionalidade de um Estado-membro, sendo que a cidadania europeia não anula nem substitui a cidadania nacional de qualquer cidadão de um estado-membro da UE, antes acresce a ela" (Avelãs Nunes, A constituição europeia e os direitos fundamentais, *Verba Iuris*, v. 5, n. 5, 2006, p. 386).

139. Bauman, *Vida líquida*, 2007, p. 62.

interesses. De uma forma ou de outra, o Estado-nação passa por uma experiência de transformação que deve ser notada quando se trata de discutir o futuro do próprio nacionalismo e dos conceitos que tradicionalmente organizaram tanto as ciências sociais quanto a própria cultura dos direitos[140].

Nesse sentido, fica claro que não é necessário amarrar a *cidadania democrática* à *identidade nacional* de um povo; porém, prescindindo da variedade de diferentes formas de vida culturais, ela exige a socialização de todos os cidadãos numa *cultura política comum*[141], quando a conversão do *etnonacionalismo* em *patriotismo constitucional*[142] parece significar um importante passo no sentido da afirmação da *cultura cosmopolita*, e, nesse sentido, um elemento de transição importante para a realização dos ideais de uma sociedade internacional fundada em princípios de *justiça cosmopolita*[143].

Para cá parece se deslocar o novo esforço da cultura pós-nacional e da construção de formas de vida capaz de convívio com a diferença e de integração social a partir de similaridades democrático-cidadãs. Aqui, mais uma vez, se a cultura pode ser colocada a serviço de alguma causa, se habilita a ser um elemento agregador, no sentido de uma "civilização mundial", enquanto convívio das diferenças e originais características de cada identidade cultural, no atribuído à expressão por Lévi-Strauss[144]. Ainda que alguns teóricos contemporâneos, como Axel Honneth, discordem da ideia

---

140. Cf. Rochlitz, *Habermas:* o uso público da razão, 2005, p. 115.

141. Habermas, *Direito e democracia*, II, 2003, p. 289.

142. Cf. Habermas, Inclusão: integrar ou incorporar?: sobre a relação entre nação, Estado de Direito e democracia, *Revista Novos Estudos*, 2004, p. 129-130. A busca de novas rotas para a cidadania faz parte da sensação ameaçadora que paira contra a identidade do Estado-nação nos tempos hodiernos, chamados de líquidos, por Zygmunt Bauman: "Um novo consenso sobre cidadania ('patriotismo constitucional', para usar um termo de Jürgen Habermas) não pode ser construído atualmente da maneira como o era não faz muito tempo — mediante a garantia de proteção constitucional contra os caprichos do mercado, famoso por dilapidar as posições sociais e por sabotar os direitos à estima social e à dignidade pessoal. A integridade do corpo político em sua forma atualmente mais comum de Estado-nação está em apuros, e assim é necessário procurar urgentemente uma legitimação alternativa" (Bauman, *Tempos líquidos*, 2007, p. 20-21).

143. "Unter Staatsbürger entsteht eine wie immer auch abstrakte und rechlich vermittelte Solidarität erst dann, wenn die Gerechtigkeitsprinzipien in das dichtere Geflecht kultureller Werstorientierungen Eingang finden" — tradução: "Entre cidadãos de um mesmo país surge, como sempre, uma solidariedade abstrata e legalmente mediada somente quando os princípios de justiça conseguem penetrar na densa entrançadura dos valores culturais" (Habermas, Ratzinger, *Dialektik der Säkularisierung*, 2006, p. 25).

144. "... consideramos a noção de civilização mundial como uma espécie de conceito limite, ou como maneira abreviada de designar um processo complexo. Pois se nossa demonstração é válida, não há, não pode haver uma civilização mundial num sentido absoluto que geralmente se atribui a este termo, porque a civilização implica a coexistência de culturas oferecendo entre si o máximo de diversidade, e consiste mesmo nesta coexistência. A civilização mundial só poderia ser a coligação, em escala mundial, de culturas, preservando cada qual sua originalidade" (Lévi-Strauss, *Antropologia estrutural dois*, 4. ed., 1993, p. 363).

de Habermas, afirmando ser preferível falar em *personalidade multicultural* do que propriamente em *personalidade cosmopolita*, na medida em que o desaparecimento do "Estado-nação" não será tão rápido e tão simples como se possa imaginar[145], não se desmerece a importância deste aceno filosófico que resgata a ideia kantiana do cosmopolitismo como um apontamento de fundamental importância no contexto da formação de uma cultura pós-nacional.

A noção de diálogo, emergente no debate sobre a relação entre as culturas[146], é um caminho fundamental para o desenvolvimento de condições de atrelamento político, para que desta política interna internacional se torne possível a articulação do convívio global fundado numa paz permanente entre os povos e numa forma institucionalizada de resolução dialogada de conflitos internacionais[147]. Nesse sentido, o diálogo aparece como um mecanismo de criação das condições de exercício da justiça dos povos. O diálogo pressupõe, como ferramenta de mudança, a aceitação de parâmetros mínimos a serem construídos entre as culturas, como pontes de relacionamento fundamentais para a articulação da relação circular *eu-outro/outro-eu*, o que por si só demanda a superação do relativismo, em direção à valorização de formas integradoras de constituição das formas de relação intersubjetiva[148].

13. ÉTICA E PSICOLOGIA

Não há dúvida de que é necessário pensar a complexidade do agir humano a partir, inclusive, de questões de ordem psicológica[149]. Sem dúvida, o agir individual e o agir coletivo são determinados por certas formas de compreensão do mundo, que se reve-

---

145. Cf. Honneth, *Entrevista, in* Galisi Filho, Escola de Frankfurt: a nova geração, Entrevista, *Folha de S. Paulo,* Caderno Mais!, domingo, 22 de junho, 2001, p. 6.

146. Apontando para estes rumos, os estudos interdisciplinares entre antropologia e direitos humanos, a exemplo da pesquisa desenvolvida por Peruzzo, Pedro Pulzatto. *Direitos humanos, povos indígenas e interculturalidade.* Dissertação de Mestrado. Faculdade de Direito. Universidade de São Paulo. São Paulo, 2011.

147. De onde se extrai a interrelação entre democracia e paz, um direito à paz, nas palavras de Bonavides, inspirado em Kant: "Direito à paz, sim. Mas paz em sua dimensão perene, à sombra do modelo daquele filósofo. Paz em seu caráter global, em sua feição agregativa de solidariedade, em seu plano harmonizador de todas as etnias, de todas as culturas, de todos os sistemas, de todas as crenças e que a fé e a dignidade do homem propugnam, reivindicam e sancionam" (Bonavides, O direito à paz, *Folha de S. Paulo,* 3 de dezembro de 2006, A3).

148. Da mesma opinião é o historiador Peter Demant: "O relativismo cultural-moral impossibilita qualquer avaliação do fenômeno, assim como a ideia de que todas as opiniões têm igual valor também impede um diálogo sério entre o Ocidente e muçulmanos modernistas" (Demant, *O mundo muçulmano,* 2004, p. 338).

149. O estudo de Bárbara Freitag revela a mesma preocupação, na medida em que une filosofia, psicologia e antropologia: "Por isso a questão da moralidade exige um tratamento multidisciplinar; ela não pode ser estudada de forma compartimentalizada e isolada, seja pela sociologia, seja pela filosofia, seja pela psicologia" (Freitag, *Itinerários de Antígona:* a questão da moralidade, 1992, p. 15).

lam como manifestações conscientes, mas que na verdade, desde Freud, demonstram a fragilidade da consciência ante os desígnios do inconsciente. A ação humana não é controlada apenas pela consciência e pela razão. Assim, observar indivíduo e civilização em permanente processo de recíproca formação é algo fundamental para a análise histórica, psicológica e real da dimensão do agir social. Se o viver em conjunto é um hábito, uma necessidade, uma tradição, o fruto de um pacto, pouco importa, pois, na verdade, neste passo, interessa saber se efetivamente a civilização, ao produzir a auto-preservação, é capaz também de produzir satisfação ou repressão[150].

Neste mecanismo, trata-se de observar que id, ego e superego se alternam na composição da personalidade revelada nas ações do indivíduo. Assim, se existe um determinismo externo sobre o agir humano, também se deve ressaltar a existência de um determinismo interno do agir humano, este que deve ser estudado a partir do interesse de se pesquisar as instâncias psíquicas da decisão moral.

Na luta pela afirmação de cada indivíduo em sociedade, deve-se considerar sempre um processo de permanente troca entre o ambiente interno e o ambiente externo, a partir do que se produz a socialização, a integração ao ambiente, bem como o aprendizado das categorias naturais e humanas do entorno. Trata-se de um processo de conhecimento e autoconhecimento integrados, desdobrando-se dia-leticamente, dentro de um ambiente em permanente ebulição, donde vão sendo gestados a compreensão de mundo (*lebenswelt*), os gostos, os desejos, os interes-ses, as vontades, as aptidões, as habilidades, as afinidades eletivas, a capacidade de agir etc. Ou seja, o agir individual vem sendo amadurecido, criado, perfecciona-do, alimentado, a cada nova experiência de *inter-ação* indivíduo-meio, sendo, claro, permanentemente requalificado, redimensionado, reequacionado. Não há como separar o processo de construção da subjetividade (perspectiva ontogenética freu-diana) dos afluxos de influência da objetividade do meio social (perspectiva filoge-nética freudiana)[151], senão como fruto de uma hipótese artificial que não descreve com fidelidade o fenômeno estudado.

A partir de Freud, portanto, na leitura de Herbert Marcuse, é possível fazer um emprego filosófico das categorias da psicologia, com vistas a compreender a relação

---

150. É de Freud a seguinte explicação: "Mais uma vez, portanto, nos contentaremos em dizer que a palavra civilização descreve a soma integral das realizações e regulamentos que distinguem nossas vidas de nossos antepassados animais, e que servem a dois intuitos, a saber: o de proteger os homens contra a natureza e o de ajustar os seus relacionamentos mútuos" (Freud, *O mal-estar na civilização*, 1997, p. 42).

151. "A fronteira tradicional entre a Psicologia, de um lado, a Política e a Filosofia Social, do outro, tornou-se obsoleta em virtude da condição do homem na era presente: os processos psíquicos anteriormente autônomos e identificáveis estão sendo absorvidos pela função do indivíduo no Esta-do — pela sua existência pública. Portanto, os problemas psicológicos tornam-se problemas políticos: a perturbação particular reflete mais diretamente do que antes a perturbação do todo, e a cura dos distúrbios pessoais depende mais diretamente do que antes da cura de uma desordem geral" (Mar-cuse, *Eros e civilização:* uma interpretação filosófica do pensamento de Freud, p. 25).

homem-meio, dentro da perspectiva de compreensão que pretende visitar a sociedade repressiva hodierna[152].

Na relação homem-meio, na verdade, pode-se ver desdobrarem-se duas instâncias psicanalíticas básicas, de um lado, o princípio de prazer do indivíduo (pulsão primária do id), e, de outro lado, o princípio de realidade do grupo (pressões externas do meio)[153], numa interação que acaba constituindo a lógica do agir humano, ora orientada para si, ora orientada segundo os interesses do meio[154]. Neste jogo, o princípio de prazer tem um determinante e importante papel: "Como vemos, o que decide o propósito da vida é simplesmente o programa do princípio do prazer" (Freud, *O mal-estar na civilização*, 1997, p. 24). Sendo ele vital, representa a pulsão erótica estrutural da condição humana, uma espécie de alicerce humano, algo sem o que impera não a pulsão por vida, mas a pulsão por morte. Ou seja, a supressão do prin-

---

152. "A noção de uma civilização não repressiva será examinada, não como uma especulação abstrata e utópica. Acreditamos que o exame está justificando com base em dois dados concretos e realistas: primeiro a própria concepção teórica de Freud parece refutar a sua firme negação da possibilidade histórica de uma civilização não repressiva; e, segundo, as próprias realizações da civilização repressiva parecem criar as precondições para a gradual abolição da repressão. Para elucidarmos esses dados, tentaremos reinterpretar a concepção teórica de Freud, segundo os termos de seu próprio conteúdo sócio-histórico."

"O conceito de homem que emerge da teoria freudiana é a mais irrefutável acusação à civilização ocidental — e, ao mesmo tempo, a mais inabalável defesa dessa civilização. Segundo Freud, a história do homem é a história da sua repressão. A cultura coage tanto a sua existência social como a biológica, não só partes do ser humano, mas também sua própria estrutura instintiva. Contudo, essa coação é a própria precondição do progresso. Se tivessem liberdade de perseguir seus objetivos naturais, os instintos básicos do homem seriam incompatíveis com toda a associação e preservação duradoura: destruiriam até aquilo a que se unem ou em que se conjugam. O Eros incontrolado é tão funesto quanto a sua réplica fatal, o instinto de morte. Sua força destrutiva deriva do fato deles lutarem por uma gratificação que a cultura não pode consentir: a gratificação como tal e como um fim em si mesma, a qualquer momento. Portanto, os instintos têm de ser desviados de seus objetivos, inibidos em seus anseios. A civilização começa quando o objetivo primário — isto é, a satisfação integral de necessidades — é abandonado" (Marcuse, *Eros e civilização*: uma interpretação filosófica do pensamento de Freud, 1999, p. 28-33).

153. "Por exemplo, as modificações e deflexões de energia instintiva necessária à perpetuação da família patriarcal-monogâmica, ou a uma divisão hierárquica do trabalho, ou ao controle público da existência privada do indivíduo, são exemplos de mais-repressão concernente às instituições e um determinado princípio de realidade" (Marcuse, *Eros e civilização*: uma interpretação filosófica do pensamento de Freud, 1999, p. 53).

154. "Do mesmo modo, a repressão será diferente em escopo e grau, segundo a produção social seja orientada no sentido do consumo individual ou no lucro; segundo prevaleça uma economia de mercado ou uma economia planejada; segundo vigore a propriedade privada ou a coletiva. Essas diferenças afetam o próprio conteúdo do princípio da realidade, pois toda e qualquer forma do princípio de realidade deve estar consubstanciada num sistema de instituições e relações sociais, de leis e valores que transmitem e impõem a requerida modificação dos instintos. Esse corpo do princípio de realidade é diferente em diversos estágios da civilização" (Marcuse, *Eros e civilização*: uma interpretação filosófica do pensamento de Freud, 1999, p. 52).

cípio de prazer é o mecanismo para a criação não somente de inúmeras frustrações individuais, mas sobretudo, para a civilização, o ponto produtor do desequilíbrio nos mecanismos de regulação entre o prazer-sobrevivência e a dominação-morte.

Como um processo lento e gradativo da civilização, o meio tende a sobrepujar o indivíduo, de modo que o princípio de prazer seja cada vez mais reprimido em nome do princípio de realidade; a civilização constitui-se a partir de categorias que tendem a esconder, refrear, castrar e absorver a *libido* original, para realizar-se enquanto projeto racional[155].

No entanto, a construção da civilização pela contenção de *Eros* e pela exploração da capacidade de labuta e esforço, não sendo compensada por qualquer outro mecanismo, redunda num franco processo de autoaniquilamento, na exata medida em que a repressão de *Eros* convida a civilização para *Tánatos*[156]. Isso é o que justifica a existência de guerras permanentes, lutas civis, divisões partidárias, revoluções sangrentas, disputas territoriais etc. A repressão do princípio de prazer ativa a dimensão destrutiva da humanidade, constituindo-se em canal de dominação e exploração, em pulsão de destruição e de morte.

O processo histórico da dominação segundo Freud, desde o pai-primordial, alarga-se, mas também se sutiliza, na medida em que encontra outros mecanismos repressores, outros modos de atuação, outros meios de dominação, como se podem citar: a divisão social do trabalho, o consumo desenfreado, a concorrência de mercado, entre outros mecanismos ideológicos[157]:

---

155. "A civilização é, acima de tudo, progresso no trabalho — quer dizer, trabalho para o agenciamento e ampliação das necessidades da vida".

"O trabalho básico, na civilização, é não libidinal, é labuta e esforço; a labuta é desagradável e por isso tem de ser imposta. Pois que motivo induziria o homem a colocar a sua energia sexual a serviço de outros fins, se pelo seu uso podia obter um prazer inteiramente satisfatório? Ele nunca se afastaria desse prazer nem realizaria maiores progressos. Se não existe um instinto de trabalho original, então a energia requerida pelo trabalho (desagradável) deve ser retirada dos instintos primários — dos instintos sexuais e dos destrutivos. Como a civilização é, principalmente, a obra de Eros, é acima de tudo retirada de libido; a cultura obtém uma grande parte da energia mental de que necessita subtraindo-a à sexualidade" (Marcuse, *Eros e civilização*: uma interpretação filosófica do pensamento de Freud, 1999, p. 85 e 86).

156. "A cultura exige sublimação contínua; por conseguinte, debilita Eros, o construtor de cultura. E a dessexualização, ao enfraquecer Eros, liberta os impulsos destrutivos. Assim, a civilização ameaçada por uma difusão instintiva, em que o instinto de morte luta por ganhar ascendência sobre os instintos de vida. Originada na renúncia, a civilização tende para a autodestruição" (Marcuse, *Eros e civilização*: uma interpretação filosófica do pensamento de Freud, 1999, p. 87).

157. "Vimos que a teoria de Freud concentra-se no ciclo recorrente de dominação-rebelião-dominação. Mas a segunda dominação não é, simplesmente, uma repetição da primeira; o movimento cíclico é progresso em dominação. Desde o pai- primordial, através do clã fraterno, até o sistema da autoridade institucionalizada que é característico da civilização madura, a dominação torna-se cada vez mais impessoal, objetiva, universal, e também cada vez mais racional, eficaz e produtiva. Por fim, sob o domínio de desempenho plenamente desenvolvido, a subordinação apresenta-se como que

Como escapar a este quadrilátero de tensões? Desta relação entre a esfera do indivíduo e a esfera do coletivo, destaca-se o quanto é fundamental não somente pesquisar, mas sobretudo pensar a intimidade temática existente entre ética e psicologia. A ética se revela e consubstancia no meio social, por meio de ações, de modo que a interferência do indivíduo no grupo é algo que pertence ao nível da resistência individual ante os arquétipos sociais. A psicologia, por sua vez, permite o autodesvelamento do indivíduo para si, o que, de certa forma, fortifica a capacidade do indivíduo não se curvar ante os desígnios do princípio de realidade, porque afinal esta realidade é tudo aquilo que a sociedade torna meta comum, desde aquilo que efetivamente serve ao indivíduo, até aquilo que não serve ao indivíduo. O conflito moral traduz exatamente este tipo de experiência onde é necessário ao indivíduo optar.

É por isso que a ética retorna como sendo uma capacidade única e indelegável, da razão deliberativa e prática de cada indivíduo (o que importa um certo grau de autoconhecimento), de escolher e provar entre bom e mau, justo e injusto, entre certo e errado, entre oportuno e inoportuno... a partir de sua própria capacidade de exercer seletivamente juízos sobre o que é "dito como bom, justo, certo, oportuno" e o que é "efetivamente bom, justo, certo, oportuno para si", com o menor prejuízo alheio possível.

14. ÉTICA E RELIGIÃO

Há um vício de se pensar que toda a origem da moralidade social decorre de grandes preceitos ou dogmas religiosos. Há também um profundo sentimento, arraigado, de culto aos antepassados religiosos ou de provocação com os valores que se deseja superar, quando o estreito limiar entre ser ateu e ter postura ética se confrontam. Há que, diretamente, esclarecer o que se quer dizer: ser ético independe de crença, credo ou de particularismos de cultos determinados.

O raciocínio contrário faria com que se concluísse que só é ético quem acredita (tem fé) ou participa ativamente (proselitismo) de práticas religiosas, sendo relegado ao fosso da ignorância ética todo o contingente humano desconhecedor dos preceitos de iniciação religiosa das diversas tendências pregadoras de valores espirituais. E o problema seria enorme de ser administrado, pois quem é mais dono da verdade espiritual, o judeu ortodoxo, o protestante fervoroso, o crente fervoroso, o maçônico fanático, o muçulmano fundamentalista, ou o católico catequizador? E, se um destes possui *a verdade,* então os outros creem em *mentiras*? E, então, tudo se resume a uma grande luta entre ideologias religiosas na determinação de mandamentos que não conseguem cumprir, pois se digladiar (a história é prova disto) acaba se resumindo em um mecanismo de oprimir a *verdade* do outro.

---

efetivada através da divisão social do próprio trabalho embora a força física e pessoal continue sendo uma instrumentalidade indispensável" (Marcuse, *Eros e civilização*: uma interpretação filosófica do pensamento de Freud, 1999, p. 91).

Isto não pode ser razoável na medida em que se considera que a eticidade ou não decorre de uma certa capacidade (humana) de ponderar (deliberar sobre meios e fins) e, portanto, decidir os destinos da própria ação em contextos de relevo pessoal ou social. Ao agir, age-se conforme este ou aquele valor, que pode ter sido ensinado, aprendido, consensuado, de modo que toda deliberação envolve um ato de escolha entre complexas malhas de valores, onde, por exemplo, a força dogmática da religião pode ser um *poderoso* instrumento de auxílio à decisão individual. Diz-se um *poderoso* instrumento de *auxílio* à decisão, mas não se diz o *único* instrumento de auxílio à decisão[158]. Qualquer imperialismo ético-religioso é por si mesmo dogmaticamente negador de outras possibilidades de ação.

A religião, qualquer que seja ela, é, em si, já *uma opção ética prévia,* da necessidade de filtrar o mundo através da ótica de sua dogmática, e quando se aceita e se passa a participar das práticas e crenças desta determinada religião nada mais se está a fazer senão conduzir a *sua liberdade ética prévia* para a senda *desta opção religiosa específica e determinada.* Não por outro motivo, religiões do mundo se apropriam de *valores éticos* e os elegem em grau de prioridade entre si, devolvendo-os a comunidades de crentes a partir de certas fundamentações. As religiões, portanto, incorporam, elegem, escolhem, cristalizam e vivificam valores, conforme justificações (a revelação espiritual, a intuição de vozes, a vivência de episódios transformadores, a canonização de um ser, o itinerário de vida do fundador da ordem...), que passam a funcionar como mecanismos de inculcação da necessidade da crença, e, portanto, da unilateralidade do dogma. Enfim, religiões praticam valores, espalham valores, determinam a crença em certos valores, excluem outros valores, segmentam modos de pensar os valores, dedicando-se até mesmo à expansão da consciência ética, mas não são nem podem ser a fonte de toda ética, e muito menos o berço de todo o saber ético.

Pode até mesmo haver a determinação de certa postura religiosa que favoreça a condição de vida material. Max Weber, por exemplo, percebe de bem perto, à sua época, a dimensão desta intrínseca relação entre o protestantismo, a crença na honra do trabalho e a difusão de uma postura de mundo favorável ao desenvolvimento do capital[159]:

---

158. Algo que corresponderia à ideia de ética de convicção (religiosa) para a deliberação política na teoria de Max Weber. Para caracterizar a "ética da convicção", Max Weber parte do exemplo do Sermão da Montanha, isto é, daqueles critérios éticos normativos tais como "se batem na tua face, oferece a outra" ou "dá aos pobres o que tens, mas tudo". Assim configurada, a ética da convicção apresenta-se como uma ética absoluta, na qual todos os valores são subordinados a um deles que, dessa maneira, se transforma em um valor absoluto, em um exemplo de conduta a ser imitado por quem atua conforme tal ética. Ela é absoluta no sentido de que ou a aceitamos ou a rejeitamos por inteiro e para sempre: "Dessa ética [diz Weber] pode-se dizer o mesmo que se tem dito sobre a causalidade na ciência, que não é uma carruagem que se possa pegar ou deixar à vontade" (Saint-Pierre, *Max Weber*: entre a paixão e a razão, 1999, p. 147-148).

159. "Uma simples olhada nas estatísticas ocupacionais de qualquer país de composição religiosa mista mostrará, com notável frequência, uma situação que muitas vezes provocou discussões

Para que se possa extrair alguma conclusão deste embate entre a dimensão dos valores religiosos e a dos valores éticos (sabendo-se que estes valores podem andar juntos ou separados, na medida em que, por exemplo, perseguir de modo obtuso e obsessivo certos valores religiosos pode conduzir o prosélito ao aniquilamento de outros valores éticos), deve-se dizer que a eticidade não decorre da assunção de nenhuma postura religiosa (pode-se ser um ateu de comportamento ético, pode-se ser um religioso de comportamento antiético), mas decorre da própria constituição da condição humana, na medida em que se percebe que é próprio do humano (*homo ethicus*) estar atado à necessidade permanente de deliberar entre meios e fins na vivência de *estar-no-mundo*. De fato, numa leitura existencialista da liberdade, e, portanto, da possibilidade de eleição de valores, pode-se dizer: "A existência humana se confunde para Sartre com a liberdade: 'Estou condenado a ser livre'"[160]. A constatação é uma só: sou livre, apesar de Deus, ou do que concebo ser Deus, ou do que o culto define como sendo a vontade de Deus; sou livre, apesar do mundo, apesar da visão que possa ter do mundo, apesar do que quer que determine a minha condição de *estar-no-mundo*.

A eticidade depende, portanto, exclusivamente do juízo axiológico, que corresponde, portanto, a uma esfera de ação deliberativa racional, não de uma racionalidade instrumental, lógico-dedutiva ou esquemático-calculista, mas sim de uma racionalidade fronética ou prudencial, laica, portanto, oriunda da junção do saldo crítico da condição existencial do homem a partir da própria existência humana, de modo a se considerar que a dimensão da eticidade geral entre as pessoas corresponde a uma espécie de ação mútua de interdependência coletiva para a garantia deste *estar-no-mundo*[161]. A liga entre o *ego* e o *alter*, entre eu e o outro, não decorre de opções religiosas, mas decorre da liga dada pelo *dasein* (*estar-no-mundo*) heideggeriano[162]. A condição de considerar o *outro* enquanto *outro*, e, portanto, ter no *outro*

---

na imprensa e literatura católicas e nos congressos católicos, principalmente na Alemanha: o fato de que os homens de negócios e donos do capital, assim como os trabalhadores mais especializados e o pessoal mais habilitado técnica e comercialmente das modernas empresas é predominantemente protestante" (Weber, *A ética protestante e o espírito do capitalismo*, 2001, p. 35).

160. Huisman, *História do existencialismo*, 2001, p. 133.

161. Algo que corresponde à ética da responsabilidade (meios e fins) na determinação da ação política na teoria de Max Weber: "Partindo desses traços fundamentais, a 'ética da responsabilidade' configura-se em uma situação diametralmente oposta. Com efeito, a máxima dessa ética ordena considerar todas as consequências previsíveis da própria ação. Diz Weber: 'resistirás ao mal com a força, pois de outro modo serás *responsável* pelo seu triunfo', pois as consequências da ação serão sempre imputáveis ao ator" (Saint-Pierre, *Max Weber*: entre a paixão e a razão, 1999, p. 148). No mesmo sentido, a ética da responsabilidade aparece como fruto da própria condição existencial, na filosofia de Sartre: "O existencialismo é, portanto, uma *moral da responsabilidade*, mais exigente e mais severa para o homem do que as morais estoica, kantiana ou bergsoniana" (Huisman, *História do existencialismo*, 2001, p. 145).

162. Apreenda-se esta interpretação da moralidade em Heidegger: "A análise do *Dasein* como

a imagem do *eu* feito outro (alguém que compartilha a mesma identidade existencial de *estar-no-mundo*), é o fundamento de toda a consideração de que merece este outro, e, portanto, o laço de interdependência entre seres que compartilham o mesmo espaço, transitivo ou definitivo, de *estar-no-mundo*.

15. ÉTICA E MORALIDADE INSTITUCIONAL

A penetração da ideia de moralidade[163] nos âmbitos privado, individual e público é um mister social. Para além de se pensar que simplesmente os esforços individuais são capazes de erradicar os modelos antiéticos da sociedade, para além de se considerar que somente as entidades públicas são responsáveis por mudanças morais na sociedade, deve-se entrever que todas as instituições sociais (públicas e privadas)[164], ao lado dos indivíduos, devem se afinar no sentido da conquista da cultura da moralidade. Assim como a moralidade é algo importante para a administração da *res publica* (moralidade administrativa)[165], é também importante para as relações entre particulares.

Essa cultura não se confunde com a supremacia do subjetivismo de uns, nem com o culto sacralizado dos valores do passado, nem com a reacionária manutenção das ideias das gerações passadas, nem mesmo com o estabelecimento de uma ideologia majoritária que subjugue todas as iniciativas menores. Quando se menciona a necessidade de cultivo de um longo processo de formação de uma cultura da mora-

---

'ser-no-mundo' permite apreender melhor o projeto ontológico de Heidegger" (p. 105). "Em *Ser e Tempo*, a angústia é definida como própria da condição humana: 'É a angústia, esta possibilidade de ser do *Dasein* estreitamente unida ao *Dasein* que se descobre nela, que traz a base fenomenal permitindo apreender explicitamente a inteireza de ser original do Dasein. O ser deste revela ser o cuidado'. O cuidado mostra bem ser o fundamento e a totalidade da existência" (Huisman, *História do existencialismo*, 2001, p. 112).

163. Quando se define a ética, da moral e da moralidade, tem-se que identificar na moralidade, ou seja, na capacidade, bem como na propulsão da instrumentalização do certo e do errado, do justo e do injusto, ou, ainda, na responsabilidade pela mudança das culturas. Nesse sentido, a distinção é de autoria de Rangel Júnior: "A título de síntese desta parte, confirmamos o oferecido logo ao início: a ética (cognição), a moral (regulação consuetudinária) e a moralidade (instrumentalização) estão a serviço de conseguir-se que a subjetividade do comportamento humano seja limitada ao âmbito da individualidade, assim como a objetividade dessa mesma conduta seja adstrita à esfera da coletividade, isto é, que não sejam arbitrárias, uma com a outra, visando ao bem-estar na convivência social" (Rangel Júnior, *Princípio da moralidade institucional*: conceito, controle e aplicabilidade na Constituição Federal de 1988, 2001, p. 26).

164. "Assim, são as instituições essas coletividades públicas e privadas que, sob uma determinada estrutura organizacional, legitimam-se a desempenharem certas funções na ordem social e política, sob a tutela da Constituição, como substrato da eficácia do Estado" (Rangel Júnior, *Princípio da moralidade institucional*: conceito, controle e aplicabilidade na Constituição Federal de 1988, 2001, p. 59).

165. A respeito da moralidade administrativa, consulte-se Moreira Neto, Diogo de Figueiredo, Ética na administração pública, in Ives Gandra Martins (org.), *Ética no direito e na economia*, 1999, p. 104-156.

lidade institucional, quer-se dizer que se torna indispensável arquitetar o equilíbrio entre a subjetividade e a objetividade. O direito possui este desafio de intermediar essas duas dimensões[166].

Os pilares de uma sociedade podem ser os próprios valores por ela construídos, capazes de sustentá-la em períodos de crise, em momentos de conflito, em épocas de carestia. Quais são esses pilares, senão os sólidos valores de preservação do indivíduo e da coletividade, construídos por processos históricos pela cultura de uma sociedade? Ou seriam esses pilares as riquezas auferidas pela população? Ou seriam esses pilares a evolução técnica e o progresso mecânico da sociedade? Ou seriam esses pilares as esmagadoras hegemonias das ideologias conservadoras sobre as diferenças étnicas, culturais, político-ideológicas, econômicas entre os indivíduos?

Somente a postura equilibrada que permite a identificação de uma cultura colonizadora dos instintos extremistas (extremo coletivista, que massacra a identidade individual; extremo individualista, que impede o crescimento da consciência coletiva) seria capaz de estabelecer a equitativa sensação de justo meio nos interesses sociais, institucionais, privados e públicos, individuais e coletivos[167]. Essa preocupação, no plano normativo, parece já se encontrar plenamente imersa dentro da mentalidade do legislador constitucional de 1988, como denunciam os estudos pontuais e aprofundados, realizados sobre o tema, donde se destacam diversos instrumentos de controle e disseminação dos processos de assentamento dessa cultura[168].

Eis o desafio do Estado de Direito, eis o desafio de cada instituição, pública ou privada, eis o desafio de cada indivíduo, eis o desafio do século XXI.

16. ÉTICA E EDUCAÇÃO

A discussão ética está imbricada com a discussão educacional[169]. Isso porque é impossível dissociar, ao final do processo de formação de um indivíduo (de um grupo de indivíduos ou de toda a sociedade), a questão educacional do conjunto de atributos éticos que reúne(m). Não significa retomar a espinhosa controvérsia de se saber se a ética é

---

166. "Ou seja, relacionar moralidade e o Direito, neste trabalho, é apontar, dentre seus princípios, normas e institutos, os mecanismos que essa ciência oferece para evitar a arbitrariedade, o constrangimento entre as esferas do subjetivo e do objetivo" (Rangel Júnior, *Princípio da moralidade institucional*: conceito, controle e aplicabilidade na Constituição Federal de 1988, 2001, p. 27).

167. "Não se restringe, portanto, moralidade institucional à moralidade nas relações público-administrativas, indo-se, para além disso, por exemplo, à esfera das relações financeiras, consumeristas, midiáticas e, por óbvio, as intersubjetivas. Cuida-se, enfim, do tratamento dogmático constitucional dado às moralidades pública, privada e individual, no que concerne a sua simbiose no âmbito das diversas instituições brasileiras" (Rangel Júnior, *Princípio da moralidade institucional*: conceito, controle e aplicabilidade na Constituição Federal de 1988, 2001, p. 59).

168. A respeito, consultem-se os capítulos 2, 3, 4 e 5 da obra de Rangel Júnior, *Princípio da moralidade institucional*, 2001, p. 56 a 216.

169. A respeito, pode-se encontrar estudo mais detido sobre o sentido da educação em Bittar, *Direito e ensino jurídico*, São Paulo: Atlas, 2001.

inata ou pode ser ensinada[170], mas sim verificar o quanto, a partir da liberdade de escolha, se pode oferecer ao indivíduo e à sociedade pela educação. Com Paulo Freire:

"Educar é substantivamente formar"[171].

Se educação é, entre outras coisas, o aperfeiçoamento das faculdades intelectuais, físicas e morais, é certo que tem que ver com a capacitação e o adestramento de potencialidades humanas, e, portanto, com a questão ética. Enfim, se a educação visa à formação do espírito, formar significa dar a este mesmo as condições para trabalhar, pensar, criticar, ensinar, aprender, comportar-se, avaliar... A carência de formação significa, ao revés, a falta de capacitação para trabalhar, pensar, criticar, ensinar, aprender, comportar-se, avaliar...

De fato, a educação é o implemento da formação não só intelectual, mas moral dos indivíduos. A partir do conhecimento, que de fato é de se reconhecer infinito e inexaurível, daí a consciência de que *ars longa, vita brevis*, se abrem múltiplas possibilidades de escolha, se descortinam múltiplas opções, profissionalizantes ou não. É a abundância de informações, qualitativamente gerenciadas, que gera a liberdade de escolha. Em contrapartida, a escassez de informações engendra a falta de consciência crítica e, por consequência, a fácil manipulação do indivíduo. A ignorância está na base de muitos erros[172].

Dessa forma é que educar significa crescer. O conhecimento que se expande se reverte em maiores chances de novas criações e novos encontros de ideias, das quais se engendram ainda novas alternativas de ser e de se comportar. Aí está a chave para a abertura, para a modificação. Aí está a chave para o reforço da ética. A falta de instrução é, antes de tudo, privação de escolha e castração de acertada deliberação.

Assim, o que se deve afirmar é que robustecer o processo educativo significa gerar alternativas intelectuais e morais inovadoras para uma sociedade. Então, deve-se desde já concluir que a educação é um problema de Estado, e tem que ver com estratégias de crescimento e progresso social[173]. É nesse sentido que o problema da educação deve ser uma questão central de toda política pública. Governos passivos no plano educacional são governos que apostam na miséria intelectual, na manipulação das massas, na sujeição do povo aos desmandos e às inconstitucionalidades; o bom governo se mede pela sua preocupação com as políticas sociais, entre as quais se incluem as políticas educacionais de acesso e de qualidade.

---

170. A questão foi amplamente debatida durante toda a Antiguidade, perpassando as filosofias socrática, platônica e aristotélica.

171. Freire, *Pedagogia da autonomia*: saberes necessários à prática educativa, 1996, p. 37.

172. Não de outra forma é que Sócrates afirmou que só se erra por ignorância, e Jesus dizia ao Pai que perdoasse porque não sabiam o que estavam fazendo.

173. É dessa forma que na Antiguidade a questão da *paideia* (educação) era tematizada pelo pensamento filosófico: para Platão, a educação é eminentemente pública em sua *República*; para Aristóteles, é privada e pública, com grande parcela de participação da cidade-estado na formação do espírito dos cidadãos. Para alguns dados a mais sobre o tema, consulte-se Bittar, *A justiça em Aristóteles*, 1999.

A consciência dessa dimensão faz com que, no plano federal, se esteja a pensar concretamente, por meio da Lei de Diretrizes e Bases do Ensino Nacional[174], na formação integral do estudante, radicando em seus estudos a preocupação com a ética, além de estimular e favorecer, entre outras coisas: o acabamento dos conhecimentos adquiridos no ensino fundamental; o direcionamento para o trabalho e a cidadania; facultar a capacidade de se adaptar com flexibilidade a novas condições de ocupação ou aperfeiçoamento posteriores; o aprimoramento como pessoa humana, incluindo-se nessa preocupação a formação ética e a autonomia intelectual e o pensamento crítico; a coligação entre teoria e prática. Aí se vê como objetivo educacional aprimorar a consciência ética e a formação do estudante como pessoa humana.

Ademais, por exemplo, quando se pensa em educação ambiental, conceitualmente, está-se de modo direto a pensar na importância da multiplicidade de conhecimentos científicos, técnicos, artísticos e filosóficos de diversas perspectivas, da avaliação crítica e social das conquistas científico-materiais, e, sobretudo, da ética sociocomportamental[175].

Educação para a cidadania não somente é direito de todos[176], mas sobretudo uma conquista de uma sociedade que se quer ver emancipada de suas grades estreitas e restritas, em que preponderam a falta de tecnologia, a falta de informação, a

---

174. Lei n. 9.394, de 20-12-1996: "Art. 35. O ensino médio, etapa final da educação básica, com duração mínima de três anos, terá como finalidades: I — a consolidação e o aprofundamento dos conhecimentos adquiridos no ensino fundamental, possibilitando o prosseguimento de estudos; II — a preparação básica para o trabalho e a cidadania do educando, para continuar aprendendo, de modo a ser capaz de se adaptar com flexibilidade a novas condições de ocupação ou aperfeiçoamento posteriores; III — o aprimoramento do educando como pessoa humana, incluindo a formação ética e o desenvolvimento da autonomia intelectual e do pensamento crítico; IV — a compreensão dos fundamentos científico-tecnológicos dos processos produtivos, relacionando a teoria com a prática, no ensino de cada disciplina".

175. É o que denuncia o texto da Lei n. 9.795, de 27-4-1999: "Art. 4º São princípios básicos da educação ambiental: I — o enfoque humanista, holístico, democrático e participativo; II — a concepção do meio ambiente em sua totalidade, considerando a interdependência entre o meio natural, o socioeconômico e o cultural, sob o enfoque da sustentabilidade; III — o pluralismo de ideias e concepções pedagógicas, na perspectiva da inter, multi e transdisciplinaridade; IV — a vinculação entre a ética, a educação, o trabalho e as práticas sociais; V — a garantia de continuidade e permanência do processo educativo; VI — a permanente avaliação crítica do processo educativo; VII — a abordagem articulada das questões ambientais locais, regionais, nacionais e globais; VIII — o reconhecimento e o respeito à pluralidade e à diversidade individual e cultural".

176. Constituição Federal de 1988: "Art. 205. A educação, direito de todos e dever do Estado e da família, será promovida e incentivada com a colaboração da sociedade, visando ao pleno desenvolvimento da pessoa, seu preparo para o exercício da cidadania e sua qualificação para o trabalho"; "Art. 208. O dever do Estado com a educação será efetivado mediante a garantia de: (...) § 1º O acesso ao ensino obrigatório e gratuito é direito público subjetivo. § 2º O não oferecimento do ensino obrigatório pelo Poder Público, ou sua oferta irregular, importa responsabilidade da autoridade competente. § 3º Compete ao Poder Público recensear os educandos no ensino fundamental, fazer-lhes a chamada e zelar, junto aos pais ou responsáveis, pela frequência à escola".

falta de instrumentos de progresso, a falta de consciência para o exercício do voto, a falta de preparo dos eleitos para a condução dos negócios públicos, a falta de interação civilizada e sincronizada entre membros da sociedade civil e associações, a falta de preparo para a filtragem de informações veiculadas pelos *mass media*... Propugnar por um sistema de forte educação é propugnar pelo futuro da democracia[177], pelo futuro da cidadania e pelo futuro dos direitos humanos[178]. Então, perguntar quem é o povo[179] pode significar mesmo questionar-se qual é a sua educação... Alguns autores chegam a definir cidadania a partir da própria educação[180].

E, quando se fala cidadania, não se quer falar em mero conjunto de direitos e deveres legais ou constitucionais, mas em cidadania ativa e participativa, interativa e crítica, consciente e dinâmica[181]. Além da consciência cívica, para o exercício de direitos e deveres públicos, a educação tem em vista a formação da consciência nacional, uma vez que fortalece os laços históricos, éticos, comunitários, restabelece ligações com o passado e as tradições culturais de um povo.

Para tanto é necessário o fortalecimento do sistema educacional nacional, com vistas à implementação e à abertura de novas diretrizes para a população. E isso não ocorrerá sem uma política sistemática de valorização e capacitação do profissional da área educacional[182].

---

177. Esse tipo de preocupação aparece em Bobbio, *O futuro da democracia*, 1986.

178. "Por isso avulta a importância da educação para a cidadania, para a democracia e para os direitos humanos" (Aquino, Ética na escola: a diferença que faz a diferença, in *Diferenças e preconceito na escola*: alternativas teóricas e práticas (org. Aquino), 1998, p. 159).

179. Especificamente sobre democracia, cidadania e povo, consulte-se Müller. *Quem é o povo?*: a questão fundamental da democracia, São Paulo: Max Limonad, 1998.

180. "Assim entendida, educação como possibilidade de transformação, justifica-se o rompante do exagero acima" (Aquino, Ética na escola: a diferença que faz a diferença, in *Diferenças e preconceito na escola*: alternativas teóricas e práticas (org. Aquino), 1998, p. 159).

181. Distingue-se, portanto, a cidadania passiva — aquela que é outorgada pelo Estado, com a ideia moral da tutela e do favor — da cidadania ativa, aquela que institui o cidadão como portador de direitos e deveres, mas essencialmente criador de direitos para abrir espaços de participação" (Aquino, Ética na escola: a diferença que faz a diferença, in *Diferenças e preconceito na escola*: alternativas teóricas e práticas (org. Aquino), 1998, p. 159).

182. Lei n. 9.424, de 24-12-1996 (Dispõe sobre o Fundo de Manutenção e Desenvolvimento do Ensino Fundamental e de Valorização do Magistério, na forma prevista no art. 60, § 7º, do Ato das Disposições Constitucionais Transitórias e dá outras providências); regulamentada pelo Decreto n. 2.264, de 27-6-1997 (*DOU*, 28-6-1997, em vigor desde a publicação): "Art.13. Para os ajustes progressivos de contribuições a valor que corresponda a um padrão de qualidade de ensino definido nacionalmente e previsto no art. 60, § 4º, do Ato das Disposições Constitucionais Transitórias, serão considerados, observado o disposto no art. 2º, § 2º, os seguintes critérios: I — estabelecimento do número mínimo e máximo de alunos em sala de aula; II — capacitação permanente dos profissionais de educação; III — jornada de trabalho que incorpore os momentos diferenciados das ativida des docentes; IV — complexidade de funcionamento; V — localização e atendimento da clientela; VI — busca do aumento do padrão de qualidade do ensino".

O desenvolvimento só é possível com incentivos educacionais concretos e palpáveis. Essa é a forma de libertação de um povo de sujeições de diversas naturezas, entre elas, o colonialismo cultural[183]. Há que se conceder a um povo o acesso à sua história, aos seus modos costumeiros de se organizar, permitindo-lhe a valorização de suas práticas tradicionais, a consciência de suas estruturas morais, as normas de seu *éthos* peculiar.

Assiste-se, atualmente, junto ao quadro mais amplo de degradação da educação, com lamentável desgosto por parte de educadores e educadoras em todo o país, a crescentes índices de violência no ambiente das instituições escolares, não importa se na educação básica, se no ensino médio ou superior. Não somente a vulgarização do *bullying*, como forma de causar sofrimento mental, psicológico e moral, mas também crescentes índices de incompostura, desrespeito e práticas de agressão, que compõem um quadro terrível, em detrimento do fortalecimento dos elos que a educação é capaz de promover, do ponto de vista social. Se ficou para trás o modelo autoritário de educação, certamente, ainda não alcançamos um modelo de convívio democrático, livre e maduro, que valorize o caráter racional e construtivo, respeitoso e estimulante de encontros morais de elevado nível. Os ambientes escolares estão se contaminando por práticas de violência, das mais explícitas às mais veladas. As violências contidas nas palavras, nos gestos de descompostura, no assédio moral, no trato indelicado com as coisas da instituição escolar, nas práticas de covardia coletiva em face de um(a) colega, nas intrigas e maledicências de corredor, no uso denegritório de redes sociais, na prática de violações e atentados a direitos da personalidade... estes que são coletados como sinais de que a violência social, externa ao ambiente escolar, atingiu as instituições de ensino. Isso é uma constatação, e, também, uma denúncia. Enquanto formos incapazes de cultivo dos traços mais elevados do espírito no trato com as coisas da educação, mais sintomaticamente estaremos revelando o quanto ainda formamos uma sociedade despreparada para a democracia, sabotada por patologias sociais e infensa a traços de ética na educação. No ambiente escolar, como instituição social de central importância, todos são corresponsáveis pelo desenvolvimento de condições de trabalho em que o respeito seja o grande mote (estudante-estudante, professor-professor, professor-estudante, estudante-professor).

16.1. Ética e ensino superior

No ensino superior, há que se destacar, sobretudo, que a carência ética da sociedade repercute e se faz sentir como um mister incontornável, afetando diretamente

---

183. Nesse sentido é que afirma com sua convicção e clareza André Franco Montoro: "O importante é desenvolver o espírito crítico e a capacidade de reflexão em profundidade em todos os setores de nossa cultura. A focalização de temas brasileiros e a reflexão em profundidade sobre questões básicas de nossa realidade cultural, no campo da Educação, da Sociologia, da Economia, da Política, do Direito, da técnica, das artes, etc. representam um passo necessário para a superação de colonialismo cultural e elaboração de um autêntico pensamento filosófico no Brasil" (Montoro, *Estudos de filosofia do direito*, 1999, p. 173).

o ensino do direito. De fato, o que ocorre é que os males que afetam a sociedade, o mercado de trabalho, as relações humanas... também haverão de afetar o microuniverso de relações que se dão nas Instituições de Ensino Superior (públicas e privadas).

Dessa forma, os reclamos éticos da sociedade têm produzido ecos dentro dos muros universitários, repercutindo numa onda de modificações que se fizeram sentir a partir dos últimos anos. Se as exigências profissionais se modificam, se aperfeiçoam, parece que também as exigências acadêmicas devem perseguir esses mesmos objetivos, tornando-se necessários: a modificação permanente das metodologias de ensino; a modificação permanente das grades curriculares com as quais se estruturam os cursos; o aperfeiçoamento contínuo dos profissionais da área.

Desde a implantação dos primeiros cursos jurídicos no país, com a Lei de 11 de agosto de 1827, em São Paulo e Olinda[184], o ensino jurídico no Brasil já teve vários perfis.

Dispunha a referida Lei do Império:

"Dom Pedro Primeiro, por Graça de Deus e unânime aclamação dos povos, Imperador Constitucional e Defensor Perpétuo do Brazil: Fazemos saber a todos os nossos subditos que a Assembleia Geral decretou, e nós queremos a Lei seguinte:

Art. 1º Crear-se-ão dous Cursos de sciencias juridicas, e sociaes, um na cidade de S. Paulo, e outro na de Olinda, e nelles no espaço de cinco annos, e em nove cadeiras, se ensinarão as materias seguintes:" (...).

Os estudantes que se habilitassem a se inscrever nos cursos jurídicos deveriam possuir completo conhecimento em ciências humanas para adentrar ao ensino superior:

"Art. 8º Os estudantes, que se quizerem matricular nos Cursos Juridicos, devem apresentar as certidões de idade, por que mostrem ter a de quinze annos completos, e de approvação da lingua franceza, grammatica latina, rhetorica, *philosophia racional e moral*, e geometria".

Porém, o ensino do direito, como todas as instituições brasileiras, acompanhou as diversas e rápidas modificações sofridas pelo país. Um país de estruturas agrárias (economia primária, baixa tecnologia, baixa qualificação profissional, modos de vida campesinos...) passou no curto espaço de tempo, de um centenário e meio, por enormes modificações e começa a se habilitar na era tecnológica e nos novos clichês do século vinte e um (economia terciária, emprego de alta tecnologia, melhor qualificação profissional, modos de vida urbanos...).

Acompanhando essas modificações estruturais do país, dever-se-ia prever que o ensino jurídico iria passar por momentos mais turbulentos e menos turbulentos. Enfim, o ensino jurídico já representou o máximo da cultura intelectual e política

---

184. A respeito da matéria, consulte-se o excelente texto de Ana Valderez Ayres Neves de Alencar, *O poder legislativo e a criação dos cursos jurídicos*, obra comemorativa do Sesquicentenário da Lei de 11 de agosto de 1827, que criou os cursos de ciências jurídicas e sociais de São Paulo e Olinda, Senado Federal, Brasília, 1977.

brasileira (República dos Bacharéis), já se fixou como bastião e foco de resistência em tempos revolucionários (Ditadura Vargas; Ditadura Militar), já atravessou as crises estudantis de 1968..., mas, atualmente, enfrenta condições incomparavelmente interessantes para a sua modificação e reavaliação. Assim:

1) se já se apostou no autodidatismo do aluno, isso se mostra absolutamente obsoleto, do ponto de vista pedagógico, em contextos atuais;

2) se o ensino já se ministrou a partir da leitura oralizada de artigos de lei em sala de aula, isto se mostra absolutamente impróprio para a conscientização e formação do aluno;

3) se já seguiu um modelo nitidamente positivista e acrítico como forma de estruturação das grades curriculares, em que se percebia nítida ênfase para os ramos do direito positivo, entende-se atualmente que o currículo deve ser completo e fornecer conhecimentos não somente técnicos e legalistas, mas críticos e fundamentais;

4) se já se pôde pressupor a boa e completa formação humanística e ética como condição de acesso do aluno que adentra ao ensino universitário, isso parece utopia nos quadros atuais do ensino brasileiro.

O que se quer dizer é que não se pode menosprezar, na atualidade, a existência de outras condições de trabalho e estudo, e isso tendo-se em vista os seguintes apontamentos: a formação primária e secundária se deteriorou; os cursos privados de direito se multiplicaram, suprindo antiga lacuna do país em ensino superior; a concorrência profissional tem alcançado níveis insuportáveis, saturando o mercado; as exigências de qualificação para o mercado de trabalho são cada vez maiores; as informações, jurídicas e não jurídicas, se celerizaram e abalaram os fundamentos tradicionais do raciocínio, do pensamento e do ensino; as modificações legislativas e as necessidades sociais têm exigido muito mais do jurista, inclusive do ponto de vista do preparo, da atualização, da constante revisão de conhecimentos, de maior investimento nas atividades intelectuais etc.

Em meio a esse singelo quadro de preocupações contemporâneas, destaca-se, então, uma ampliação da consciência da necessidade da ética profissional. Se falta ao aluno consciência histórica, filosófica, sociológica, antropológica, cultural... que dizer de suas bases éticas? Que dizer, então, de sua consciência quanto a deveres e direitos profissionais nas carreiras jurídicas? Assim, diante dessa dimensão de lacunas educacionais, passa-se a exigir dos cursos de direito uma maior atenção inclusive para o preparo humanístico e ético do estudante. A ausência de formação escolar primária e secundária, portanto, não pode ser ignorada em nível universitário. As carências dos ensinos básico e médio hão de repercutir nas estruturas universitárias, e os abalos causados nestas, traduzir-se-ão em novos problemas no campo de trabalho.

E não se pense que esse movimento de modificações é fruto exclusivo das preocupações dos juristas e profissionais da educação jurídica. Os profissionais do direito têm sido alvo de severas críticas sociais, de estridentes escândalos públicos, de notórias falhas de formação e de inadaptação a situações inovadoras num mercado continuamente em progressiva expansão e modificação. Trata-se de um movimento sistemático, proveniente de diversas camadas sociais, instituições, órgãos públicos... que culmina na exigência e na cobrança da criação e aplicação rigorosa da ética profissional.

Em face desses desafios é que a nova regulamentação e as recentes exigências curriculares implantadas pelo Ministério da Educação têm procurado acompanhar de perto as sensibilidades e necessidades do ensino jurídico superior. Se o ensino é livre, do ponto de vista constitucional, há o mister de o governo fornecer os parâmetros e exigências de qualidade.

Daí a necessidade de introdução da disciplina Ética no currículo obrigatório das Instituições de Ensino Superior voltadas para o ensino jurídico. Assim, fez-se necessária a inserção no currículo dos cursos de direito da disciplina como exigência mínima para autorização pelo Ministério da Educação e da Cultura.

Desse modo, o ensino da disciplina *Ética* (geral e profissional) é feito, seja como matéria acoplada à *Filosofia do Direito*, seja como matéria autonomamente ministrada[185]. A disciplina entra nos cursos de direito como preocupação não técnico-jurídica, mas como preocupação de formação fundamental, humanística e sociopolítica[186]. É isso que se vê assinalado no conjunto de preocupações ministeriais sobre educação jurídica brasileira contemporânea.

---

185. Portaria do Ministério da Educação e da Cultura n. 1.886, de 30-12-1994 (*DOU* 4-1-1995) (Fixa as diretrizes e o conteúdo mínimo do curso jurídico): O Ministro de Estado da Educação e do Desporto, no uso das atribuições do Conselho Nacional de Educação, na forma do art. 4º da Medida Provisória n. 765, de 16 de dezembro de 1994, considerando o que foi recomendado nos Seminários Regionais e Nacionais dos Cursos Jurídicos, e pela Comissão de Especialistas de Ensino de Direito, da SESu-MEC, Resolve: (...) "art. 6º O conteúdo mínimo do curso jurídico, além do estágio, compreenderá as seguintes matérias, que podem estar contidas em uma ou mais disciplinas do currículo pleno de cada curso:

I — Fundamentais: Introdução ao Direito, Filosofia (Geral e jurídica; ética geral e profissional), Sociologia (geral e jurídica), Economia e Ciência Política (com Teoria do Estado);

II — Profissionalizantes: Direito Constitucional, Direito Civil; Direito Administrativo, Direito Tributário, Direito Penal, Direito Processual Civil, Direito Processual Penal, Direito do Trabalho, Direito Comercial e Direito Internacional.

Parágrafo único. As demais matérias e novos direitos serão incluídos nas disciplinas em que se desdobrar o currículo pleno de cada curso, de acordo com suas peculiaridades e com observância de interdisciplinariedade".

186. Conforme a própria distinção proposta pela Portaria do Ministério da Educação e da Cultura, n. 1.886, de 30-12-1994 (*DOU*, 4-1-1995) (Fixa as diretrizes e o conteúdo mínimo do curso jurídico): O Ministro de Estado da Educação e do Desporto, no uso das atribuições do Conselho Nacional de Educação, na forma do art. 4º da Medida Provisória n. 765, de 16 de dezembro de 1994, considerando o que foi recomendado nos seminários Regionais e Nacionais dos Cursos Jurídicos, e pela Comissão de Especialistas de Ensino de Direito, da SESu-MEC, Resolve: (...) "art. 3º O curso jurídico desenvolverá atividades de ensino, pesquisa e extensão, interligadas e obrigatórias, segundo programação e distribuição aprovadas pela própria instituição de ensino superior, de forma a atender às necessidades de formação fundamental, sociopolítica, técnico-jurídica e prática do bacharel em direito".

Atualmente, essas preocupações têm encontrado eco positivo em inúmeras iniciativas que vêm coroando o processo de exigências formativas de candidatos a concursos para carreiras públicas, a partir da exigência de conhecimentos não apenas técnicos e dogmáticos do direito, mas também filosóficos, éticos, sociológicos, psicológicos, históricos e antropológicos. Afinal, começa a medrar em iniciativas de diversas carreiras, como ocorre com a magistratura, a ideia de que o bacharel em direito tem de possuir vasta capacidade de compreensão da sociedade, pois o exercício de suas tarefas práticas envolve grande responsabilidade moral. Este tipo de exigência formativa, como pré-requisito, aponta para o sentido correto dos estímulos para um saber jurídico mais interdisciplinar, mais humanístico e mais formativo.

17. ÉTICA E COMUNICAÇÃO

A comunicação é a base de toda cultura democrática. Na comunicação estão estacionados diversos aspectos emancipatórios daquilo que, com Jürgen Habermas, em *Direito e democracia*, se pode chamar de poder comunicativo. Por isso, a liberdade exercida pela comunicação é o caminho para a conscientização e a politização da vida social. É até mesmo a base de expressão da soberania popular organizada em discurso e levada à esfera pública política. Esta é a esfera na qual se acumulam os debates sobre os valores, os princípios, as ideias e ideologias que dão legitimidade ao funcionamento das instituições abrigadas no interior do Estado de Direito.

Assim, a comunicação não está isenta das preocupações éticas[187]. Porque a comunicação, por seus meios, técnicas, canais e processos, possui ampla capacidade de dispersão de ideias, informações, conceitos, sendo capaz de movimentar culturas. Isso tem valor, sobretudo, para civilizações marcadas pela ascensão da *mass media* e pelos processos de aculturação das massas pelas formas televisivas, jornalísticas, radiofônicas, informáticas e internéticas de difusão de informações e conhecimentos[188]. A comunicação, enfim, nunca foi tão importante na constituição da mediação entre os indivíduos em sociedade. Também, nunca foi tão importante a presença da ética na comunicação.

As maiores acusações contra a *mass media* são apresentadas e apontadas por Umberto Eco[189]:

a) basta-se com o gosto médio do público heterogêneo ao qual se refere;

b) proporciona a homogeneização da cultura universal;

---

187. Em texto de publicação anterior a este (Bittar, *Linguagem jurídica*, São Paulo, Saraiva, 2001), encontra-se maior digressão sobre a discussão da comunicação, do discurso e das relações semióticas, sobretudo no enfoque jurídico.

188. A respeito do tema, em função da ascensão da retórica e da comunicação na intermediação humana, consulte-se Ferraz Júnior, *Direito, retórica e comunicação*, tese, São Paulo, USP, 1973.

189. Todos os indicativos aqui apontados são retirados da discussão esquemática proposta por Umberto Eco, em sua obra *Apocalittici e integrati*: comunicazione di massa e teorie della cultura di massa, 1993, p. 35-39.

c) manipula o auditório ao qual se dirige, em função de ser inconsciente dos processos aos quais está sendo submetido;

d) conserva o que é de maior difusão, mantendo os valores sociais de maior aceitação passada e atravancando a originalidade;

e) usa meios sonoros e plásticos não de sugerir valores, mas de impô-los e subliminarmente torná-los necessários;

f) funciona na base do sistema de oferta e procura, atendendo a demandas econômicas e marqueteiras;

g) sintetiza a cultura superior e institui a condensação formular que impede o desenvolvimento do raciocínio;

h) equipara produtos de diversos gêneros e culturas de diversos escalões num tabuleiro de igualdades indiferentes;

i) estimula a consciência acrítica e a aceitação de valores e imagens;

j) renega a consciência histórica com o passado, enfocando somente questões do presente;

k) não desperta a atenção de aprofundamento, mas somente a de superfície;

l) padroniza gostos, ícones e símbolos coletivos e universais, em detrimento da individualidade;

m) adota e assimila a opinião comum, geral, a consciência aceita sobre fatos e acontecimentos;

n) forma modelos oficiais da cultura, entroniza umas coisas e marginaliza outras;

o) dissemina uma cultura que não nasce de baixo para cima, mas de cima para baixo, crestando toda a naturalidade do processo de produção e reprodução de valores.

Isto não a torna a vilã social, e seus excessos podem ser adequados, limitados e corrigidos, sobretudo levando-se em consideração que a *mass media* não pode estar a serviço da arbitrariedade, se é comunicação social autorizada pelo Estado. A não arbitrariedade[190] é um dever para os meios de comunicação. Esse dever possui dupla natureza: ética e jurídica.

Mas, quando todo tipo de meio de comunicação social aparece transfigurado e servilizado aos modos mercantis de estimular o consumo e a reprodução de bens econômicos, quando multidões aplaudem (por índices do IBOPE), em horário nobre, os escândalos familiares, as chantagens, os rumores sexuais, a desmoralização de institui-

---

190. "Como processo constitucional-educativo, o direcionamento da chamada mídia à formação para o institucionalmente moral da sociedade civil deve, conforme absorvemos da Carta Política, obedecer a dois critérios: a exposição de modelos e a confirmação de limites. No caso, modelos significam a sensibilização comunicacional para a não arbitrariedade, por meio da divulgação de posturas individuais, privadas e públicas. Já, limites representam a publicidade da eficácia punitiva da moralidade institucional constitucionalmente prevista" (Rangel Júnior, *Princípio da moralidade institucional*: conceito, aplicabilidade e controle na Constituição Federal de 1988, 2001, p. 203).

ções sociais, a violência disentérica dos atentados e assassínios (narrados e filmados em minúcias), a disseminação da exploração da imagem alheia, fatos sensacionalistas e de aterradora natureza reproduzidos pelos canais televisivos de comunicação... há sintomas de perda de significado e de banalização da cultura real da comunicação[191].

Neste momento, sente-se a necessidade, ou seja, passa-se a demandar a intervenção do direito na regulamentação da liberdade de imprensa, nos processos de dispersão de ideias, nas formas de se conceber e disseminar conhecimentos desde que a própria liberdade de coexistência digna em sociedade é atingida pelo aviltamento dos meios de comunicação. Formam-se exigências as mais diversas no sentido da implementação de códigos disciplinares e éticos, não por outro motivo senão aquele segundo o qual se deseja um processo e divulgação de informações e ideias que não firam valores ainda maiores que os contidos no direito de se comunicar e de informar.

Quer-se dizer que, deixando de simplesmente comunicar e informar, a *mass media* passa a atender a pressões externas, abandonando simplesmente a ética em nome de outros interesses, faz-se mister a intervenção de expedientes jurídicos para coibir abusos no exercício da liberdade de expressão (exploração da miséria humana; exposição pública ao ridículo de pessoa humana; invasão de privacidade; exposição vexatória; manipulação de informações; uso da imagem do menor infrator). Seja através de medidas judiciais cabíveis, seja através da elaboração de normas jurídicas aplicáveis ao setor, o que se percebe é que quando a liberdade, de pensamento e de imprensa, se choca com interesses sociais ainda maiores, torna-se necessário disciplinar a liberdade para que não se converta em libertinagem. Nem a censura nem a castração da palavra são soluções plausíveis, mas talvez a valorização da qualidade da informação e o efetivo cumprimento dos princípios elencados no art. 221, I a III, da Constituição de 1988, combinados com preocupações tecidas no Plano Nacional de Educação em Direitos Humanos (PNEDH), sejam esteios para a formação de critérios interessantes para o exercício do poder comunicativo midiático que induza a sociedade ao encontro de valores e práticas extraídas dos próprios princípios e regras matriciais, especialmente no campo dos direitos humanos, constantes do texto constitucional.

Tudo isso é muito diferente de se pensar em constranger ou cassar o direito à livre expressão, garantido constitucionalmente (incisos IV, IX, XXVII e XXVIII do art. 5º da CF/88). O que se quer dizer ao se mencionar a necessidade de instituir marco regulatório democrático para os meios de comunicação é que o comportamento comunicacional também possui sua ética, que deve ser estudada e debatida amplamente junto à sociedade, como forma de fazer dos meios de comunicação instrumentos que efetivamente sirvam à causa social e não exclusivamente a interesses escusos.

Os processos midiáticos de disseminação de informação devem se ancorar no dever e no compromisso de formarem e de contribuírem para o desenvolvimento da cultura e da cidadania nos meios sociais. Quando esses canais passam a dar guarida

---

191. A respeito, consulte-se http://intervozes.org.br.

à divulgação de ideologias únicas e a colaborar para os processos de expansão das formas de exploração da imagem humana e do deliberado consumismo, há de se entrever nisso uma certa distorção de fins. O que há de se garantir é que a publicidade, o *marketing*, a comunicação, a propaganda, o jornalismo, a arte e a expressão se exerçam com base num código ético, e não por códigos de autorregulamentação setorial, que são, por natureza, servis e interesses econômicos poderosos.

O discurso da mídia não pode ser usado da forma que se deseja, ou direcionado de acordo com este ou aquele interesse unilateral; trata-se de um instrumento de relacionamento humano que constitui valores, forma ideias, movimenta ideologias, distorce conceitos, dissemina o ódio, cancela ideais, origina o proselitismo religioso, planta a discórdia, envenena relações políticas, dissemina preconceitos... A mídia informa, mas também forma[192], e, por isso mesmo, também pode *de-formar*. É exatamente por isso que não é isenta de responsabilidades sociais, culturais, educacionais e, sobretudo, ético-jurídicas[193].

18. ÉTICA E INTERNET

A ética não se restringe a estar isolada ou confinada a qualquer tipo de ambiente específico (social, profissional, educacional...), pois ela está onde o ser humano está. E se o recente desenvolvimento da *e-técnica* e do aparato tecnológico vem permitindo a descoberta de todas as potencialidades da rede mundial de computadores (*@-internet*), bem como de inúmeras ferramentas digitais (dispositivos eletrônicos), afirmam-se a partir daí novas formas de socialização e construção de relações virtuais (redes sociais, como *facebook*).

Não se pode, no entanto, acreditar que a virtualidade promove a *invisibilidade* dos atores virtuais, e *esconde* ações pelo fato de estarem sendo realizadas *longe dos olhos*, ou de *forma oculta*, do controle e da observação de outras pessoas, ou das formas mais tradicionais de controle jurídico das condutas sociais. Todo comportamento social, *di-*

---

192. "Assim, o processo de cognição do que seja a ética, a moral e a moralidade é algo que pode ser esteira das manifestações culturais vivenciadas pela sensibilidade humana, em seu cotidiano. Eis que não podemos afastar o fenômeno midiático dessa responsabilidade cognoscente, já que, nos dias de hoje, ele se vem apropriando da construção de padrões de comportamento da sociedade civil e política — padrões em meio aos quais se encontram os caracteres da moralidade, a qual, segundo o mesmo mestre, *passa a ser elemento essencial constitutivo da identidade cultural de um povo*" (Rangel Júnior, *Princípio da moralidade institucional*: conceito, aplicabilidade e controle na Constituição Federal de 1988, 2001, p. 206).

193. "O caminho para esse processo de reflexão a respeito de tais imposturas e como, muito mais do que reprimi-las, é a grande mídia, num trabalho sistemático não apenas de denúncia, mas de sugestão pedagógica de meios de solução, a médio e longo prazo, construindo, mesmo, uma nova cultura, como já dito. Enfim, criar-se um quadro em que as corrupções deixem de ser objeto de indignação, mas causa de autocrítica" (Rangel Júnior, *Princípio da moralidade institucional*: conceito, aplicabilidade e controle na Constituição Federal de 1988, 2001, p. 215).

gital ou *não digital*, deixa rastros, gera efeitos e responsabilidades. Por condutas várias, hoje disseminadas de forma viral na *internet,* inclusive propagadas no formato #, vêm se potencializando em muito violações e constrangimentos a direitos.

Aliás, como tudo em cultura de massa, a ideia de *espalhar virais* é antagônica à reflexão, e, por isso, à autonomia e à crítica. A linguagem eletrônica, de certa forma, afetou a forma pela qual os processos de socialização se dão, de modo que cada vez menos se estimulam o raciocínio, a frase, a construção lógica, a independência intelectual e a capacidade de discernimento. Assim, cria-se uma arena de *vale-tudo* em linguagem virtual. Na *torrente de virais* que *correm pela internet*, especialmente pelas redes sociais, torna-se possível que as mais improváveis informações se disseminem, afetando opiniões, julgamentos, convicções, ideias, favorecendo-se condutas de massa.

Assim, todo o deslocamento operado do *mundo real* ao *mundo virtual* vem exigindo preocupações no debate sobre a natureza do espaço virtual, na medida em que vem sendo transformado em lugar de depósito e armazenagem de todo tipo de *dado*. A discussão sobre a *qualidade do dado* é relevante especialmente para o campo da ética, na medida em que o *dado* que viola liberdades, privacidade, intimidade, documentos pessoais, honra, integridade psíquica, viola direitos e pessoas.

Assim, especialmente atingidos vêm sendo os direitos da pessoa humana, seja na perspectiva do direito privado (direitos da personalidade), seja na perspectiva do direito público (direitos humanos), ensejando a discussão sobre a legitimidade, a legalidade e a descaracterização do sentido da conquista do *espaço virtual*. A ampliação da fronteira, a expansão da interação comunicativa, a armazenagem de informações, a transmissão de dados, as transações virtuais são fatores positivos do espaço virtual, e o que se deve debelar são as condutas atentatórias a direitos e violadoras de regras básicas de convívio e socialização que estão fundadas em valores estruturantes.

Nessa perspectiva, a liberdade deve se compatibilizar com a segurança no espaço virtual, estimulando-se um uso responsável da rede, e não a concepção de rede que signifique *acolher tudo*, inclusive o abuso, a arbitrariedade, a liberdade absoluta, o crime, a pornografia infantil, o tráfico de pessoas, o mau uso da liberdade, o racismo, a dispersão de ideologias destrutivas, a apologia à violência, a xenofobia, a criação de estereótipos sociais (*inimigo social*), o fundamentalismo religioso, o assédio moral, os estímulos ao ódio social e de classes sociais, o *hate speech*, o *bullying* virtual, o *cyberstalking,* o controle, devendo-se estimular a intervenção de mecanismos e frentes de trabalhos que apontam para a prevenção, para a educação, para a denúncia, para a inibição e para a coibição de condutas ilegítimas e danosas no espaço virtual.

Essa recente preocupação torna ainda mais complexa a discussão sobre as fronteiras e os limites da liberdade, na medida em que ela encontra e toca de perto um enorme campo de sensibilidades relativas aos direitos de todos e de cada um (intimidade, privacidade, consciência, culto, identidade, igualdade etc.)[194], sendo relevan-

---

194. A respeito, consulte-se o estudo mais aprofundado do tema Os direitos humanos no espaço virtual (Campos, Diogo Leite de; Bittar, Eduardo C. B., coords.), in *Galileu:* Revista de Economia e Direito, v. XVII, n. 1/n. 2, Universidade Autónoma de Lisboa, 2012, Lisboa, p. 5-360.

te a iniciativa de proteger direitos no espaço virtual, tarefa que incumbe à sociedade civil e ao governo desenvolver e incentivar[195].

19. ÉTICA E PÓS-VERDADE

A internet, o desenvolvimento tecnológico, a aceleração do quotidiano[196], o aumento em escala global das trocas comunicativas virtuais, o uso disseminado de *gadgets*, a virtualização das trocas pessoais e simbólicas são fenômenos dos nossos tempos. Esses fenômenos haveriam de impactar e transformar a forma como concebemos o mundo, designando-se a *realidade virtual,* atualmente, como sendo a nossa terceira natureza, como o faz a filósofa Marcia Tiburi[197]. Assim sendo, várias *relações, noções* e *concepções* haveriam de ser afetadas por esta nova *dimensão da existência,* e uma das *noções* mais evidentes do mundo da cultura será diretamente afetada por estas mudanças: a *verdade*. Por isso, se debate nos meios intelectuais o sentido da expressão *pós-verdade,* seja associada ou não ao debate sobre as contribuições do debate sobre o *pós-moderno*[198].

Ao contrário de ser uma mera discussão *acadêmica* ou *conceitual,* ela é um forte revelador do *estado-de-coisas* do convívio social. A *pós-verdade* fala de trocas comunicativas aceleradas, individualizadas, narcisistas e consumistas. Por isso, talvez, seja reveladora do grande *vazio ético* que ocupa as sociedades contemporâneas, e talvez seja, ainda mais, evento de superfície de um *descompromisso mais profundo* com o sentido das palavras.

Não é por falta de fala e nem por falta de escrita que a *pós-verdade* se afirma. Aliás, cada *fake news,* cada *post* do *Facebook,* cada expressão de *insinceridade virtual* cada demonstração de *discipulato virtual,* cada *ação digital* vem recambiando as formas de *interação social e humana* em interações virtuais muito mais voltadas para a atração visual, para a espetacularização de si e para a criação de sensacionalismo

---

195. A respeito, consulte-se www.humanizaredes.gov.br.

196. "Uma descrição resumida dessa situação costuma salientar que nossa vida está cada vez mais *acelerada, icônica* e *funcionalizada*" (Dunker, Subjetividade em tempos de pós-verdade, in *Ética e pós-verdade* (Dunker, Christian (et al.)), 2017, p. 28).

197. "O virtual é uma espécie de nova natureza. Assim como dizemos que a cultura é uma segunda natureza, podemos dizer que o virtual é a nossa terceira natureza" (Tiburi, Pós-verdade, pós-ética: uma reflexão sobre delírios, atos digitais e inveja, in *Ética e pós-verdade* (Dunker, Christian (et al.)), 2017, p. 120).

198. "Fica claro que a pós-verdade não pode ser pensada apenas como expressão e desdobramento de uma cultura pós-moderna. Ela inverte as narrativas da cidade, da viagem e do corpo em uma disciplina personalista da vontade. Ela parasita a educação com valores regressivos ligados à família. Ela retorna à figura parasita do pai-chefe administrador eficiente como forma de desviar-se da política. EM todos os casos, temos uma inversão sem contradição e, portanto, uma subjetividade que pensa com dificuldade sua própria temporalidade..." (Dunker, Subjetividade em tempos de pós-verdade, in *Ética e pós-verdade* (Dunker, Christian (et al.)), 2017, p. 40).

digital, do que com qualquer vínculo, apelo ou digressão no que tange a conteúdos de *verdade*. As redes sociais vieram permitindo um *novo uso* para a *escrita* e a *fala,* e este *uso formatado pela fôrma virtual* acaba retroagindo e contaminando as próprias formas de *interação real*. A verdade-mercadoria[199], a desatenção, a insinceridade, a declaração unilateral de vontade, a intolerância para com o outro, o anichamento de defensores de ideias e pensamentos extremos são apenas *manifestações* daquilo que vem sendo *criado* e *re-criado* em ambiente virtual. O que está *estampado* nas redes sociais passa a ser tomado como *verdade inconteste*[200]. Ora, os hábitos criados no espaço virtual passam a afetar os hábitos nas interações reais, com prejuízos notórios ao liame entre *ego* e *alter,* pois a mediação dos *instrumentos* acaba desabilitando os usos e os processos de *interação humana real*. Aí, a *verdade,* no discurso, desaparece para dar lugar à *aparição da palavra-espetáculo, da imagem-espetáculo,* que promove o *eu* em detrimento e, muitas vezes, por sobre o *outro*.

A *falência da verdade* é, também, uma revelação da *dilaceração da ética*[201]. Nesta medida, é de antiética que se abastece o processo de ascensão da *hipocrisia virtual,* que vem tornando possível as expressões do universo da *pós-verdade*. Ao criar o descompromisso com a esfera da alteridade, ela não poderá estar aprofundando condições de socialização racionais e de alto nível, e, portanto, tornando mais firme o compromisso de *ego* com *alter*[202], senão diminuindo o sentido dos *usos do discurso* e *potencializando* a *banalização da palavra*.

20. ÉTICA E ESFERA PÚBLICA

A ética não é uma questão da *esfera do privado*, mas uma questão de relevante interesse público, e, exatamente por isso, uma questão da *esfera pública*. A própria

---

199. "Ao espectro da verdade pertence o termo pós-verdade. Conceito que coloca em questão o fim da verdade como um valor maior. Se não seu fim, pelo menos está em jogo a sua inutilidade. Com a ideia de pós-verdade, trata-se de falar de uma verdade útil. Da verdade consumível e consumida. A verdade possível quando a forma mercadoria dita que ela mesma é a verdade" (Tiburi, Pós-verdade, pós-ética: uma reflexão sobre delírios, atos digitais e inveja, in *Ética e pós-verdade* (Dunker, Christian (et al.)), 2017, p. 107).

200. "As redes sociais são valorizadas como meios de produção de exposição da verdade, mas essa exposição já e sua própria produção. Uma nova ontologia, necessariamente, está em jogo" (Tiburi, Pós-verdade, pós-ética: uma reflexão sobre delírios, atos digitais e inveja, in *Ética e pós-verdade* (Dunker, Christian (et al.)), 2017, p. 114).

201. "No contexto da pós-verdade, quando, ainda que provisoriamente, podemos denominar de pós-ética a um conjunto de desvalores tomados como valores, de pseudoações tratadas como o que há de mais importante a ser feito, quando a dessubjetivação generalizada toma o lugar da alma, é nesse contexto que a questão da ética soa anacrônica" (Tiburi, Pós-verdade, pós-ética: uma reflexão sobre delírios, atos digitais e inveja, in *Ética e pós-verdade* (Dunker, Christian (et al.)), 2017, p. 111).

202. "A partir dessas considerações extemporâneas, da reflexão sobre ao não lugar da ética, parece evidente que a era da pós-verdade é a época em que nenhuma ética é mais possível" (Tiburi, Pós-verdade, pós-ética: uma reflexão sobre delírios, atos digitais e inveja, in *Ética e pós-verdade* (Dunker, Christian (et al.)), 2017, p. 112).

noção de *esfera pública*[203] está entrelaçada com a questão do que concerne ao bem comum, na medida em que atende e realiza a possibilidade da liberdade em comum, ou, ainda, do que concerne ao interesse de todos, àquilo que tem a ver com os negócios comuns, e, por isso, tem a ver com as atividades que não se confundem com as individuais, com as domésticas, ou com as coletivas, mas com aquelas que atingem e beneficiam o interesse da coletividade de todos aqueles que se reúnem em sociedade com uma finalidade em comum[204].

Ao se considerar o cenário contrário, em que os negócios públicos são mediocrizados pela cultura do abandono/negligência do que é público, pela política da violentação/conspurcação do que é público, pela continuidade de práticas de patrimonialismo com o que é do Estado, pela aparição de permanentes situações e casos de corrupção privada e pública, figura-se aos olhos de todos um detestável clima de desgaste do espaço público. De fato, sucessivos escândalos de corrupção pública ou privada, denúncias constantes a atingirem personalidades públicas, mau uso do dinheiro público, privatização dos interesses coletivos, entre outros fatores, colaboram para criar uma atmosfera social não de permanente interesse pelo que é comum, mas sim para o desinteresse, a descrença e a desmobilização sociais.

E isso porque, assim que o espaço público se torna o espaço do desvio de conduta, da atitude antiética, do denuncismo jornalístico, da conduta criminosa, da ilicitude, da rapinagem, junto com isso segue-se a *descrença* generalizada da população nos negócios públicos, a sensação de *crise* das instituições, a *desconfiança* na legitimidade da democracia para o controle das coisas de interesse comum, a *criminalização* da política e do serviço público, o *desinvestimento* nas iniciativas inovadoras de políticas públicas, o exaurimento do ambiente criativo para os temas de interesse social, tudo mergulhado numa atmosfera de acusações constantes, investigação ilimitada, desgaste e perseguição, que, em seu conjunto, formam a *derrota* da política — em seu sentido mais genuíno. Não por outro motivo, a *Lei anticorrupção* (Lei n. 12.846/2013)[205] e outras iniciativas deste jaez são fundamentais para a garantia do zelo com o que é público, na medida em que em risco se encontram não apenas o dinheiro público, mas juntamente com isso, o que há de mais inestimável na esfera pública, o *interesse de todos pelo que é comum*.

A garantia da higidez da esfera pública é, por isso, uma questão de interesse de todos, pois, na medida em que cada cidadão(ã) depende diretamente dela, seu *en-*

---

203. A respeito, consulte-se Habermas, *Mudança estrutural da esfera pública*: investigação quanto a uma categoria da sociedade burguesa, 1984, p. 15-16.

204. "A esfera pública é, desde longa data, vista como sendo um lugar de realização da própria liberdade, de uma forma de liberdade que se constitui pelo *logos* e que se exerce participativamente na constituição do solo do comum. A liberdade aqui é entendida como uma liberdade *no* coletivo" (Bittar, *Democracia, justiça e emancipação social*, 2013, p. 407).

205. A respeito, consulte-se Dal Pozzo, Antonio Araldo Ferraz (et al.), *Lei anticorrupção*: apontamentos sobre a Lei n. 12.846/2013, 2. ed., 2015.

fraquecimento, seu *desgaste*, ou, ainda, seu *desvirtuamento de finalidade* não pode interessar a ninguém. Assim, a esfera pública deve servir como guardiã da moralidade dos negócios públicos, e cumprir a tarefa de promover a salvaguarda do que é de interesse geral de todos(as). É uma esfera estruturalmente relacionada à conquista dos direitos, e, sem dúvida, à realização do espaço político, uma vez que é através da política — em seu sentido genuíno — que se constroem os laços do que é comum, e, exatamente por isso, uma esfera diretamente comprometida com a vida democrática e com a atitude cidadã perante a sociedade, o outro e a vida comum.

21. ÉTICA E POLÍTICA

A questão ética volve-se para o mundo das atividades políticas de modo todo especial[206]. Quando se afirma isso, tem-se em vista, sobretudo, a magnitude das consequências que se podem produzir com simples atitudes nesse plano de relações. De fato, se a saúde político-institucional se traduz na saúde social, deve-se aceitar que a estrutura do *éthos* de uma sociedade fica, em grande parte, na dependência de ocorrências e atitudes políticas. O individual está jungido ao coletivo, assim como o privado ao público.

De certa forma, o que se quer dizer é que a política determina o *éthos* institucional, de modo a comprometer o surgimento e o desaparecimento de condutas sociais previsíveis, tudo, certamente, a partir do que se estimula ou do que se reprime. Não se pode, portanto, admitir como legítimas as políticas, as ideologias, as filosofias que, inadvertidamente, postulam a cisão entre os preceitos morais e os preceitos que governam as atitudes políticas[207]. Os desencontros entre ética e política só podem produzir o desgoverno e a perversão das instituições públicas, por vezes em favor de uns, e em detrimento da maioria[208].

É certo que uma política pluralista será um passo no sentido do diálogo, do entendimento, da cooperação e da participação. Uma política unilateralista será certamente um passo para os conflitos ideológicos, para a intolerância, para a repulsão de

---

206. "A política, como arte, como elaboração da vontade humana, além de ser estudada pela sociologia, pela psicologia social, pela psicologia gestáltica e experimental, pela economia e outros campos do conhecimento, deve ser também estudada sob o ângulo da Ética, à medida que define suas forças de ação no campo das relações entre o homem e seu contexto" (Korte, *Iniciação à ética*, 1999, p. 132).

207. "Maquiavel diria que pouco importa se é justo ou não segundo a moral. Nos dois casos, o sentido crítico é o mesmo: se cada qual puder impugnar, por injustos, os atos do governante, a governação se mostrará impossível" (Ribeiro, O retorno do bom governo, in *Ética* (org. Adauto Novaes), 1992, p. 104).

208. "A vida moral e a vida do poder dão a impressão de correr paralelas, com raras convergências. Este desencontro entre a ética e a política incomoda e indigna a todos que querem ver e sentir a presença de virtudes na condução dos negócios públicos" (Lafer, A mentira: um capítulo das relações entre a ética e a política, in *Ética* (org. Adauto Novaes), 1992, p. 225).

forças antagônicas, para o enclausuramento das atitudes políticas dentro de certas ideias preconcebidas e para a facilitação da formação de dogmas políticos. Entre uma e outra política há nítida diferença, fator que faz com que de modos diferentes se possa agir sobre a sociedade e permitir, ou não, a manifestação deste ou daquele eco de pensamento ou ação sociais; as atitudes políticas que inibem ou estimulam condutas são frutos de atitudes ideologicamente engajadas. Estimular a cidadania, a participação, a ascensão das oportunidades individuais, estas são as tarefas da política[209]. A libido política há de ser estimulada a se desenvolver no mesmo sentido da defesa do diálogo e dos direitos humanos[210].

Se a liberdade há de ser entendida como um *re-início* constante no plano das possibilidades do agir político, então se pode medir o grau de permeabilidade das políticas por meio desse critério. Políticas reducionistas, unilateralistas, totalitárias... são políticas desfocadas quanto ao propósito de se permitir à sociedade o verdadeiro viver autárquico e comunitário, ou seja, o viver da dialética e das mudanças futuras. Se só se pode entender a liberdade como liberdade dos espaços públicos, ou seja, como liberdade política, então há de se considerar que um conceito tipicamente ético, como a liberdade, está estreitamente relacionado com a política[211]. E isso sobretudo porque onde há liberdade política, há participação, há engajamento, há deliberação, há enunciação e discussão de princípios, de meios e de fins[212].

Pensar, então, na relação política/ética é tatear, em primeiro lugar, o deslumbre que causa o exercício do poder, tendo-se em vista as possibilidades que, com sua manipulação adequada, podem ser abertas e oferecidas à coletividade. Há na política um gérmen de ética da responsabilidade[213]. Somente o fim comum (publicismo/

---

209. "La conscience civique sait discerner, dans le passé de la nation qu'elle aime, les grandes lignes de faits qui y témoignent des efforts accdomplis pour l'édification des hommes que nous sommes par les grands compagnons disparus. Mais elle sait aussi projeter dans l'avenir la claire vision d'une mission civilisatrice, sous l'impératif de noblesse qui donne à ses efforts un sens ascensionnel" (Bastide, *Traité de l'action morale*, 1961, p. 799-800).

210. Consulte-se Comparato, *A afirmação histórica dos direitos humanos*, São Paulo: Saraiva, 1999.

211. A esse respeito, consulte-se Eduardo Carlos Bianca Bittar; Samuel Rodrigues Barbosa, Liberdade e ação na teoria política de Hannah Arendt, *Revista da Faculdade de Direito da Universidade de São Paulo*, v. 94, 1999, p. 339-346, onde se faz a análise e a exegese da proposta de Hannah Arendt sobre o conceito de liberdade. Consulte-se, também: Hannah Arendt, *A condição humana*, 10. ed., 2000; Hannah Arendt, *Entre o passado e o futuro*, 1979.

212. "Il resulte de lá que s'il n'y a pas d'abord un minimum de liberté politique, c'est-à-dire une libre et démocratique participation des citoyens à la vie de l'état, il n'y aura jamais aucune autre liberté civile possible" (Bastide, *Traité de l'action morale*, 1961, p. 811).

213. "No primeiro caso estamos diante de uma *ética de deveres*, que corresponde à *ética de convicção* de que falava Max Weber, e que tem como linha de conduta o fazer o que se deve, obtendo o que se pode, de acordo com os princípios.

"No segundo caso estamos diante de uma *ética de fins* a serem alcançados que, na ponderação entre meios e fins, legitimaria a *ética de responsabilidade* sustentada por Max Weber como sendo a

altruísmo) justifica a existência de uma governança comum à coletividade, e é esse fim que deve continuar motivando e norteando as decisões políticas. Quando se está diante de instituições públicas governadas e comandadas com um fim particular (privatismo/egoísmo)[214], na verdade se está diante de procederes políticos antiéticos. Isso porque guerrear pela ética na política, entre outras coisas, é guerrear contra o maquiavelismo na governança da coisa pública[215]. O que é público (*res publica*) é comum a todos (antônimo de privado) e acessível a todos (antônimo de secreto), nas duas acepções que comporta a palavra[216].

Quer-se enfatizar o fato de que as diretrizes públicas têm de ser comuns c não particulares. O *éthos* natural das práticas políticas se destina à implantação de utilidades e benefícios comuns, de modo que se servir, sob qualquer pretexto, dos procedimentos públicos para fins particulares só pode representar a corruptela de sua teleologia[217]. Com essa afirmação caem por terra as políticas tendenciosas, elitistas, voltadas para o favorecimento de uma classe, ou para a eliminação de outra classe, bem como as políticas voltadas para a satisfação das necessidades de gabinete. A *ratio essendi* de toda diligência pública tem de atender ao que é comum[218].

O que há de peculiar na política é o fato de o discurso democrático, ou o discurso ético-político, ou o discurso de empenho pela causa pública e pelos interesses populares e sociais... não satisfazerem aos interesses práticos. O discurso paira como mero ato de linguagem desprovido que está de efeitos político-sociais efetivos, nunca se realizando na prática se não acompanhado de ação. O comprometimento do

---

ética da política" (Lafer, A mentira: um capítulo das relações entre a ética e a política, in *Ética* (org. Adauto Novaes), 1992, p. 229).

214. As formas corruptas de constituição ou governo na teoria política de Aristóteles estão a espelhar esse tipo de preocupação. A teoria política, no geral, é consente com esse princípio. A respeito, consulte-se Bobbio, *Estado, gobierno y sociedad*: por una teoría general de la política, México, Fondo de Cultura Económica, 1992.

215. "A exigência de ética na política contrapõe-se às concepções maquiavélicas e às práticas políticas dominadas pelo interesse pessoal ou de grupos" (Montoro, *Estudos de filosofia do direito*, 1999, p. XXIV).

216. O esclarecimento a esse respeito vem dado por Celso Lafer: "Na oposição entre o *público* e o *privado* verifica-se que existem duas acepções que apontam para realidades e problemas distintos, apesar de complementares. Na primeira acepção, público é o *comum* a todos, a ser diferenciado do que é particular a alguns. É neste sentido que a *res publica* é diferente da *res privada, domestica e familiaris*. Na segunda acepção, *público* é o acessível a todos — de conhecimento público — em contraposição ao *secreto*, que é reservado a poucos" (Lafer, A mentira: um capítulo das relações entre a ética e a política, in *Ética* (org. Adauto Novaes), 1992, p. 231).

217. "Há dois modos opostos de compreender a promoção da vida política. O mais fácil — e que não conduz a nada de bom — é o modo hábil, esperto ou violento. O mais difícil e exigente, mas de valor construtivo e progressista, é o modo moral, ético ou humanista" (Montoro, *Estudos de filosofia do direito*, 1999, p. XXV).

218. "A exigência de ética na política contrapõe-se às concepções maquiavélicas e às práticas políticas dominadas pelo interesse pessoal ou de grupos" (Montoro, *Estudos de filosofia do direito*, 1999, p. XXIV).

discurso com a ação política deve obedecer às condições de necessidade e veracidade. A correção de uma política se mede pelas ações efetivamente praticadas, e não pelos discursos proferidos[219]. Julgar o passado político é vislumbrar a articulação que possuem, se coerentes ou não entre si, ação e discurso. A pertinência do discurso com a ação política realizada é o que permite dizer: esta política é boa; esta política é ruim.

Deve-se dizer que o campo da política é o campo da ação que repercute sobre necessidades privadas e públicas, e, portanto, se trata de um campo em que as consequências do agir se fazem sentir pela coletividade; é o que a todos pertence (*quod ad populum pertinet*) que está ou estará sendo afetado por esta ou aquela ação política. Em larga escala se fazem sentir os ecos de uma tomada de decisão política. Um comando econômico-político pode abalar as estruturas financeiras de um Estado, assim como pode reerguer a economia popular e alavancar os estímulos para a finança, a poupança e o investimento. Assim, se a política é capaz de criar e fazer, também é capaz de destruir e desfazer. Nesse sentido, a castração dos bens de utilidade pública, da capacidade financeira dos indivíduos e contribuintes, a cassação de direitos políticos, a restrição às liberdades de expressão, circulação, pensamento, imprensa... são lidas e interpretadas como atitudes políticas que afrontam conquistas solidificadas no curso da história e que subsistem como forma de permitir a preservação e o progresso da humanidade. São essas atitudes recebidas com desprestígio e senso de atentado ético[220].

Nesse passo é que surge a crucial demanda da política por ética, pois se identifica que o poder que é exercido injustificadamente, arbitrariamente, desmesuradamente, distorcidamente... só pode ser rotulado de poder arbitrário, e ao poder arbitrário não se pode conceder o bastião de verdadeira política, pois não gera obediência e se desvincula do protocolo em que se constituem os incontornáveis princípios éticos da política[221].

Onde o público (o que é de todos) se governa para o público (bem comum) e de modo público (não velado, não secreto) não há que se contestar sua legitimidade no exercício do poder. Aí estão em sintonia política e ética. A civilização constituiu na democracia este ponto de encontro. Porém, onde as premissas de trabalho não são claras, onde os empenhos do dinheiro público são de origem duvidosa, onde os favorecimentos pessoais se multiplicam, onde o descaso com as causas sociais alcança proporções alarmantes, onde o discurso se choca com a prática, onde a mentira

---

219. "Nouns savons qu'il ne suffit pas d'écrire le mot de République dans une constitution pour échapper aussitôt à la tyrannie ou à l'anarchie: il n'y a pas de République sans la vive conscience et sans le souci pratique du bien commun" (Bastide, *Traité de l'action morale*, 1961, p. 794).

220. Consulte-se, a esse respeito, Rosa, *Sociologia do direito*: o fenômeno jurídico como fato social, 1974, p. 165.

221. "O mais forte não é nunca suficientemente forte para conservar sua chefia, se não conseguir transformar a sua força em direito e obediência em dever. Daí o direito do mais forte, direito em aparência considerado ironicamente, mas na verdade erigido em princípio... A força constituiu um poder físico; não vejo que sentido moral possa resultar dos seus efeitos. Ceder à força é um ato de necessidade, e não de vontade... Assentemos, pois, em que a força não faz o direito, e que não se é obrigado a obedecer senão aos poderes legítimos" (Rousseau, *Le contrat social*, Liv. I, Cap. 3).

prevalece, nesse caso se está diante de uma política ilegítima, assim como antiética[222]. Romper com o compromisso ético na governança é decretar o choque do exercício do poder com os fundamentos legítimos sobre os quais se devem assentar as premissas de trabalho com a coisa pública.

22. ÉTICA E ANIMAIS NÃO HUMANOS

As fronteiras da ética filosófica estão sensivelmente modificadas e alargadas, quando a questão é a do alcance da ética. Ao se pensar em questões éticas como questões que concernem à relação entre seres humanos (H-H), se está diante de um universo de questões suficientemente complexas, mas tradicionais. Porém, mais recente, e como campo teórico em movimento, é a preocupação da ética filosófica pelas questões concernentes à relação entre homens e animais (H-A), a partir do debate contemporâneo trazido pelo movimento do *Animal Rights*. É certo que este tipo de questão não se poria adequadamente em outros tempos, por isso, se situa historicamente em nossos tempos, enquanto *questão moral da humanidade de hoje*[223].

O fato é que o pensamento contemporâneo vem completando, cada vez mais, as exigências de justiça[224], manifestando-as no sentido da fronteira em direção à vida animal, considerando-se a preservação, a ausência de sofrimento e a proteção das condições de seu desenvolvimento livre. Este tem sido exatamente o esforço do pensamento de Martha Nussbaum, que, na obra intitulada *Frontiers of Justice,* vem exatamente a identificar quais sejam as exigências mais profícuas para a proteção dos

---

222. "Estas rápidas referências à legislação brasileira, que está em harmonia com as tendências internacionais, permitem encaminhar o arremate desta exposição. O direito à plena informação da cidadania, ainda que em certos casos defasado no tempo — que são as hipóteses de sigilo, por um certo período, daquilo que é imprescindível à segurança da sociedade e do Estado —, é mais do que um instrumento jurídico necessário para domesticar a propensão ao realismo do poder do príncipe. É, como meio de conter a mentira dos governantes, uma expressão de justiça. Com efeito, a justiça tem entre os seus componentes inarredáveis o valor da igualdade. Este valor a teoria democrática atualizou historicamente, afirmando o primado da veracidade na *res publica*, ao pressupor como norma geral da convivência humana politicamente ordenada a reciprocidade, e ao postular, consequentemente, na relação entre governantes e governados, a exigência da igualdade de oportunidades na aferição daquilo que é a gestão do interesse comum. É neste sentido, para evocar o texto do padre Antônio Vieira que serviu de epígrafe a este trabalho, que 'A verdade' — ao contrário da mentira — 'é filha legítima da justiça, porque a justiça dá a cada um o que é seu'. No caso, dar a cada um o que é seu significa, democraticamente, tornar do conhecimento público, através de uma informação exata e honesta, aquilo que é e deve ser comum a todos: a *res publica*" (Lafer, A mentira: um capítulo das relações entre a ética e a política, in *Ética* (org. Adauto Novaes), 1992, p. 235).

223. "O dever de garantirmos o direito dos animais à inviolabilidade faz sentido em uma sociedade como a nossa em que sua instrumentalização e sua morte não são necessárias para nossa sobrevivência em circunstâncias normais" (Jesus, *Entre pessoas e coisas: o status moral-jurídico dos animais*, tese de doutorado, USP, 2017, p. 226).

224. "When I say that the mistreatment of animals is unjust, I mean no say not only that it is wrong *of us* to treat them in that way, but also that they have a right, a moral entitlement, not to be treated in that way, It is unfair *to them*" (Nussbaum, *Frontiers of Justice*, 2007, p. 337).

animal rights. Aqui, dentro da revisão da tradição e do legado de Aristóteles, o que se desenvolve é uma visão sobre as capacidades (*capabilities*), valorizando-se a *complexidade* como marca da diversidade da vida animal[225], e também as capacidades naturais que não podem ser simplesmente podadas, restringidas ou danificadas[226]. Daí, o respeito à dignidade de cada ser, na diversidade dos seres que *co-existem* no mesmo planeta[227]. Em verdade, esta relação se instaura enquanto questão ética, porque envolve o senso moral, no plano da razão prática, e se institui enquanto questão concernente à relação *especista* que se tem[228], tradicionalmente, com o entorno ambiental e com os demais animais, de modo que vale iniciar esse tipo de questionamento não somente reavaliando a postura do homem para com a natureza[229], no reverso da tradição moderno-cartesiana[230], mas também reformulando a questão da relação, não em termos de homens e animais, mas em termos de *animais humanos* e *animais não humanos*. Esse reposicionamento é de fundamental importância para que se possa operar o importante giro teórico da visão *antropocêntrica* de mundo[231] a uma visão *biocêntrica* de mundo, em que o lugar da vida humana é totalmente dependente do conjunto da vida que a cerca, enquanto totalidade ambiental[232], equilíbrio ecológico e função planetária.

---

225. "The capabilities approach judges instead, with the biologist Aristotle, that there is something wonderful and wonder-inspiring in all the complex forms of life in nature". (Nussbaum, *Frontiers of Justice*, 2007, p. 347).

226. "With due respect for a world that contains many forms of life, we attend with ethical concern to each characteristic type of flourishing, and strive that it not be cut off or fruitless" (Nussbaum, *Frontiers of Justice*, 2007, p. 351).

227. "The core of the approach, as we have said, is that animals are entitled to a wide range of capabilities to function, those that are most essential to a flourishing life, a life worthy of the dignity of each creature. Animals have entitlements based upon justice" (Nussbaum, *Frontiers of Justice*, 2007, p. 392).

228. "A maioria dos seres humanos é especista" (Singer, *Libertação animal*, 2013, p. 15).

229. "Um mundo humano... e que não obstante se especifica (e se constrói) repensando a natureza e a nossa relação com a natureza" (Aroso Linhares, A ética do *continuum* das espécies e a resposta civilizacional do direito: breves considerações, *Boletim da Faculdade de Direito da Universidade de Coimbra*. Coimbra, v. 79, 2003, p. 197-216).

230. "Assim, na filosofia de Descartes, a doutrina cristã de que os animais não possuem alma imortal tem a extraordinária consequência de levar à negação de que eles tenham consciência. Segundo Descartes, os animais são meras máquinas, autômatos" (Singer, *Libertação animal*, 2013, p. 291).

231. "No âmbito jurídico, principalmente por parte de autores que trabalham com o Direito Ambiental (ou Direito do Ambiente), tem sido suscitada alguma reflexão sobre a superação do paradigma antropocêntrico na regulação das relações jurídico-ambientais" (Sarlet; Fensterseifer, Algumas notas sobre a dimensão ecológica da dignidade da pessoa humana e sobre a dignidade da vida em geral. *Revista Brasileira de Direito Animal*, n. 3, jul./dez. 2007, p. 83).

232. "O mais homogéneo é aparentemente aquele em que a natureza é assumida como *sujeito*, no valor intrínseco das suas unidades macroscópicas (espécies, *habitats*, populações, ecossistemas) e nas implicações de totalidade que estas unidades determinam" (Aroso Linhares, A ética do *continuum* das espécies e a resposta civilizacional do direito: breves considerações. *Boletim da Faculdade de Direito da Universidade de Coimbra*. Coimbra, v. 79, 2003, p. 197-216).

Todo o debate parece ter seu estopim com a consciência do sofrimento animal[233] e da indevida abusividade com que os homens lesam e impõem sofrimentos desnecessários ou abusivos a outros seres sencientes. Desta forma, o papel de Peter Singer[234] foi de fundamental importância, ainda que o debate na ética filosófica atual não se restrinja a este autor utilitarista e que a questão tenha caminhado além dos limites de seus argumentos filosóficos, se encontrando em estado avançado em outras concepções e teorias mais contemporâneas[235]. E é a partir daí que se desenvolve a concepção de que, enquanto seres morais, temos o dever de abstenção de causar danos a outros animais não humanos[236]. Eis o *núcleo moral* de onde deriva o *direito dos animais* ou o *direito animal*[237].

Somos seres, na escala da natureza, sem dúvida superiores aos demais animais não humanos. No entanto, essa superioridade (em inteligência, em linguagem e em moralidade) não é imediatamente fundadora de um *nivelamento moral por baixo* dos demais animais não humanos; pelo contrário, enquanto seres dotados de *razão, linguagem, sensibilidade, sentimentos e moralidade,* passamos a ter o *dever* de agirmos de forma condizente com nossa condição e, por isso, *de humanizarmos a nós mesmos, humanizarmos o nosso entorno.* Não há nada que justifique que, apesar de podermos causar males aos demais animais, o façamos, sob pena de abrirmos mão da capacidade de irmos em direção à nossa própria condizente *superioridade.* Nossa superioridade é o fundamento da nossa *necessidade* de sermos coerentes com nossa racionalidade. Temos, assim, o dever de agirmos de forma condizente com os nossos iguais e com os demais seres conviventes da natureza, numa noção de inte-

---

233. "Quando pensamos que cerca de 50 bilhões de animais são abatidos por ano para a alimentação humana, e que 115,3 milhões de animais são usados anualmente, no mundo, para experimentos científicos, parece que nossa vida depende da morte da liberdade deles" (Jesus, *Entre pessoas e coisas: o status moral-jurídico dos animais,* tese de outorado, USP, 2017, p. 9).

234. "O especismo — a palavra não é atraente, mas não consigo achar um termo melhor — é um preconceito ou atitude parcial em favor dos interesses de membros de nossa própria espécie e contra os interesses dos membros de outras espécies" (Singer, *Vida Ética,* 2002, p. 52).

235. Essas contribuições são estudadas em tese de doutorado, desenvolvida por Carlos Frederico Ramos de Jesus: "...as contribuições de Tom Regan, Mark Rowlands, Martha Nussbaum, Christine Krosgaard, Gary Francione, Steven Wise, Sue Donaldson e Will Kymlicka..." (Jesus, *Entre pessoas e coisas: o status moral-jurídico dos animais,* tese de doutorado, USP, 2017, p. 4).

236. "Pacientes e agentes morais podem ser, assim, iguais? Isto é, têm características moralmente relevantes que permitem incluí-los em uma mesma classe — a de destinatários do dever *prima facie* de abstenção de danos? Sim, pois o moralmente relevante neste ponto é apenas ser alguém para quem as coisas importam de forma original. Nenhum ser precisa de entendimento para ser capaz de sofrer danos que afetam sua vida relevantemente (...). É o quanto basta para serem destinatários do dever de justiça de abstenção de danos" (Jesus, *Entre pessoas e coisas: o status moral-jurídico dos animais,* tese de doutorado, USP, 2017, p. 199).

237. "Dessa forma, embora deveres nem sempre gerem direitos, o dever *prima facie* de abstenção de danos gera, para os animais, o direito a não sofrer danos" (Jesus, *Entre pessoas e coisas: o status moral-jurídico dos animais,* tese de doutorado, USP, 2017, p. 210).

gração e totalidade ambiental que envolvem as demais formas de vida. Ao contrário da crença vulgar disseminada, a cada dia mais a Ciência – em diversas de suas interfaces de estudos – vem provando a existência não apenas de instintos, mas de certos níveis de inteligência, manifestações de linguagem animal, além de sentimentos e emoções; assim, o reino animal, ao qual a humanidade pertence, teria maior identificação com a vida humana do que normalmente se afirma. Assim, a diferenciação não seria aquela tradicionalmente conhecida entre a *racionalidade humana* e a *irracionalidade animal*, mas entre *graus* de desenvolvimento da *racionalidade* em humanos e em animais.

À parte o debate filosófico-moral, o debate jurídico, e, inclusive, o debate mais propriamente constitucional já se encontram amadurecidos o suficiente não somente para reconhecer a qualidade de sujeito de direito a todo animal não humano, e, por isso, permitir a proteção em face do sofrimento desnecessário e da exposição abusiva de sua vulnerabilidade, como também, e mais ainda, oferecendo-se o fundamento de que os direitos dos animais decorrem de uma noção de *dignidade do animal não humano e da vida em geral*[238]. Mas o estado atual da questão, no âmbito do Direito, aponta para a necessária e forte crítica à concepção de que animais não humanos são meros *objetos* e que podem ser instrumentalizados, sendo por isso tratados pela legislação positiva como *objetos do Direito*. Dessa posição, parte-se em direção à concepção, que será aos poucos absorvida pelo Direito Positivo, seja com a noção controversa de "pessoa"[239], seja com a noção de "sujeito", como vem ocorrendo mundo afora, de que animais não humanos têm dignidade própria, condizente com sua especificidade, e são *sujeitos de Direito*[240].

23. BIOÉTICA E DIREITO

Os avanços técnicos têm colocado à prova o direito, assim como ameaçado os valores mais caros ao homem, e que recebem acolhida constitucional, inclusive desafiando seus aparatos de repressão e prevenção de ilícitos. É o claro avanço do

---

238. "Deve-se destacar que a proteção de espécies ameaçadas de extinção é mais abrangente do que a vedação de práticas cruéis contra os animais, pelo fato de tutelar também a flora e todas as demais formas de vida que estiverem sujeitas à extinção, o que acaba por revelar, de certo modo, o reconhecimento, por parte do constituinte, de um valor inerente à vida de um modo geral como sendo digno e exigente de tutela" (Sarlet; Fensterseifer, Algumas notas sobre a dimensão ecológica da dignidade da pessoa humana e sobre a dignidade da vida em geral. *Revista Brasileira de Direito Animal*, n. 3, jul./dez. 2007, p. 88).

239. "Em certos contextos, pode ser mais fácil aprovar medidas favoráveis aos animais que não usem o termo 'pessoas' e prefiram, simplesmente, 'sujeitos de direito', 'entes despersonalizados'" (Jesus, *Entre pessoas e coisas*: o status *moral-jurídico dos animais*, tese de doutorado, USP, 2017, p. 228).

240. "Em suma: entre pessoas e coisas, os animais sencientes não devem ser coisas e podem ser pessoas. Fundamental é que sejam sujeitos de direito" (Jesus, *Entre pessoas e coisas*: o status *moral-jurídico dos animais*, Tese de Doutorado, USP, 2017, p. 228).

processo de tecnificação da vida que vem sendo acompanhado de desumanização e manipulação de mercado da esfera do humano. Essa realidade contextual afirma realmente a necessidade do desabrochar de novas perspectivas teórico-jurídicas, técnico-jurídicas e ético-jurídicas, provocando a conjugação de estudos e atitudes dialógicas no sentido da renovação dos conhecimentos para que se possa fazer frente às inovações advindas do empenho humano[241]. Assim, isso tem ocorrido:

1) seja a partir da intervenção da tecnologia e dos avanços técnico-científicos sobre a responsabilidade civil, criando-se a necessidade de inversão de ônus da prova, seguro obrigatório de responsabilidade, culpa objetiva, presunção de culpa e outras técnicas[242];

2) seja a partir da criação de novas formas de intervenção e lesão dos direitos do autor-criador, com a divulgação massiva e a longa distância da imagem de pessoas, da criação de divulgação não autorizada[243];

3) seja a partir da manipulação de técnicas científicas avançadas de exploração de energia atômica, gerando-se um risco constante à sociedade e às comunidades pelo vazamento, pelo uso e pelo transporte dos resíduos de exploração dessas energias[244];

4) seja a partir dos desafios oriundos da transnacionalidade de delitos perpetrados pelos meios avançados de comunicação à distância, sempre à exposição de *hackers*, como é o caso da internet[245];

5) seja a partir dos avanços dos estudos e técnicas de caráter biológico, médico, químico, bioquímico... e suas formas de intervenção sobre o organismo humano e a vida, suas formas de propagação etc. Discussões desse vulto são as condizentes com a inseminação *in vitro*, a reprodução assistida, a eutanásia, a ortotanásia, a clonagem humana, a manipulação de cadeias de cromossomos, a escolha de sexo e características biológicas de seres humanos...

6) seja a partir dos avanços da Tecnologia da Informação, da Inteligência Artificial, das Nanotecnologias, da Tecnociência, da Neurociência, da Robótica e da Nanomedicina[246], estamos a caminho de uma nova e desafiadora etapa de reflexão acerca da

---

241. A respeito da temática do biodireito, consulte-se a definitiva contribuição de Maria Helena Diniz, *O estado atual do biodireito*, São Paulo: Saraiva, 2001.

242. A esse respeito, sobretudo quanto à evolução das teorias e formas de responsabilidade civil no Brasil, consulte-se Bittar, *Responsabilidade civil*: teoria e prática, 1999.

243. Consulte-se, a respeito da matéria, Bittar, *Contornos atuais do direito do autor*, 2. ed. São Paulo: Revista dos Tribunais, 1999; também, Bittar, *O direito do autor nos meios modernos de comunicação*, 1989.

244. O estudo pioneiro e inovador de Bittar, *Responsabilidade civil nas atividades nucleares*, 1985, é esclarecedor a respeito da matéria.

245. A respeito, deve-se consultar a análise de Luiz Olavo Baptista, Comércio eletrônico: uma visão do direito brasileiro, *Revista da Faculdade de Direito da Universidade de São Paulo*, v. 94, 1999, p. 83-100.

246. "É um processo disjuntivo que se afirma em não pura evolução modificada do terreno biológico em relação àquele tecnológico. São mutações constitutivas de corpos pós-orgânicos que

relação entre natureza e humanidade, entre humanidade e tecnologia, na medida em que todos estes avanços dos tempos contemporâneos e futuros virão a impactar profundamente a manifestação mais elementar e física do que se conhece como humano, ou seja, o corpo. Nesta corrida de intrusão da tecnologia sobre o corpo humano[247], diluem-se categorias do humano em *pós-humano,* ou em *trans-humano,* e a partir daí se glorificam as vitórias da técnica sobre a perecibilidade e imperfeição do corpo humano, num processo que declara a obsolescência dos limites humanos e orgânicos e enaltece o *futurismo,* a *máquina,* a *tecnologia* e os fazeres superiores (mais eficientes, mais velozes e mais perfeitos) de seres constituídos de forma híbrida entre o humano e o tecnológico, a exemplo do *cyborgue*[248]. Esse processo acompanha toda a lógica de transferência da vida para a computação, para as ciências da tecnologia e para o mundo virtual, dentro de um processo social mais amplo que o filósofo francês Gilles Lipovestky vem chamando de desubstancialização da matéria e de virtualização da existência[249]. Os riscos decorrentes de um processo de desumanização, já apontados anteriormente[250], e que são oriundos destas novas fronteiras da técnica e das ciências, não é pequeno, e as ciências do Direito, em especial os Direitos da Personalidade, haverão de ver recambiados, por completo, determinados conceitos tradicionalmente conhecidos, a partir do momento em que o desenvolvimento tecnológico e científico vierem a concretizar aquilo que, por ora, tem sido alvo de rumores, especulações e projeções futuras.

Está-se, portanto, diante de uma realidade em que os instrumentos jurídicos tradicionais não comportam respostas satisfatórias e adequadas para necessidades

---

constroem novos processos multissensoriais, por conta do novo transdisciplinar. Infobiologia, tecnologia da informação, cultura cibernética, neurochips" (Canevacci, Corpos polifônicos e tecnologias digitais, in *O triunfo do corpo*: polêmicas contemporâneas (Couto, Edvaldo Souza; Goellner, Silvana Vilodre, orgs.), Rio de Janeiro, Vozes, 2012, p. 54-55).

247. "A técnica torna-se uma religiosidade, um tecnoprofetismo, um caminho de salvação para libertar o homem de seus antigos limites, doravante sentidos como pesados fardos" (Le Breton, Individualização do corpo e tecnologias contemporâneas, in *O triunfo do corpo*: polêmicas contemporâneas (Couto, Edvaldo Souza; Goellner, Silvana Vilodre, orgs.), Rio de Janeiro, Vozes, 2012, p. 26).

248. "Questionável é a desconstrução maniqueísta e salvacionista do futuro pela figura do homem-máquina. O suposto bio-homem já é um tecno/trans-homem (ou tecno/trans-corpo), assim como o suposto melhoramento não é meramente uma consequência do desenvolvimento tecnocientífico, mas a expressão de um processo desencadeado por ele próprio" (Camargo, Vaz, *De humanos e pós-humanos*: ponderações sobre o corpo *queer* na arena esportiva, in *O triunfo do corpo*: polêmicas contemporâneas (Couto, Edvaldo Souza; Goellner, Silvana Vilodre, orgs.), 2012, p. 139).

249. "Estamos agora em um cosmo dominado simultaneamente pela velocidade e pela corrida da miniaturização e da desmaterialização" (Lipovetsky, *Da leveza*: rumo a uma civilização sem peso, 2016, p. 112).

250. A respeito, consulte-se Bittar, Ética, técnica e direitos humanos, *in Revista Brasileira de Estudos Políticos*, Revista de Pós-Graduação da Faculdade de Direito da UFMG, n. 103, Jul./Dez. 2011, ps. 139-182.

contemporâneas. Assim é que, se a sociedade requer avanços técnicos e científicos, também o direito deve acompanhar essas premências, resguardando o homem contra as possíveis lesões causadas pela manipulação da tecnologia.

Nesses casos, além do patrimônio econômico das pessoas, o que se tem por ameaçados são os seus atributos personalíssimos, em suas características físicas, psíquicas e morais. São os chamados direitos da personalidade[251] que se veem mais ameaçados pela evolução da tecnologia e da ciência. Na medida em que a tecnologia e a ciência avançam, os modos invasivos de intervenção sobre a personalidade humana se multiplicam.

Quanto mais imergimos na discussão de uma sociedade líquida, à qual se refere o sociólogo Zygmunt Bauman, mais o corpo se liquefaz de sua solidez para significar apenas mais um produto em circulação na sociedade produtivista.

Assistindo-se a esse quadro de avanços e desafios é que hodiernamente tem avultado a importância do debate bioético[252]. É nesse contexto que se passa a questionar quais são os limites e as possibilidades de confronto entre medicina e ética, tendo-se em vista que os avanços das ciências biológicas, químicas e médicas têm-se mostrado desafiadores em consequências para a humanidade[253]. O domínio humano das formas de reprodução, dos códigos genéticos animal e humano, do controle populacional, do extermínio de doenças, da prevenção e cura de epidemias, de intervenções cirúrgicas uterinas...[254] parece constituir um poder desafiador do ponto de vista jurídico e ético.

A bioética é, portanto, uma resposta a essas necessidades hodiernas, consistindo na avaliação crítico-moral dos avanços médico-técnico-científicos[255], pode-se dizer

---

251. O conceito e a classificação de direitos da personalidade adotados e perfilhados nesse texto condizem com o que se leciona na obra de Bittar, *Os direitos da personalidade*, 2000.

252. "A experimentação humana e as técnicas de engenharia genética configuram um novo domínio peculiar do conhecimento sobre o qual versa uma nova ciência: a Bioética. Seu objetivo é trazer critérios éticos e morais a investigadores e profissionais, propondo limites ao técnico e científico no sentido de que a dignidade e a vida humana seja um *prius* sobre qualquer outro valor" (Santos, Contornos atuais da eutanásia e da ortotanásia: bioética e biodireito. A necessidade social de controle das técnicas médicas, *Revista da Faculdade de Direito da Universidade de São Paulo*, v. 94, 1999, p. 265-266).

253. "Así, hoy en dia son temas de especial atención los relativos a: — la bioética, que incluye la ética médica así como la relativa a la investigación y práctica de las ciencias biológicas en general; — los derechos de los animales; — el pacificismo; — la ética del medio ambiente; — la ética de los negocios; — la ética de los asuntos publicos; — las relaciones entre países ricos y países pobres; — el paternalismo; — la desobediencia civil; — la violência" (Guisán, *Introducción a la ética*, 1995, p. 46-47).

254. A esse respeito, quanto ao problema da clonagem humana, consulte-se Eduardo Carlos Bianca Bittar, Clonagem: fenômeno e disciplina jurídica, artigo publicado no *Repertório IOB de Jurisprudência*, 2ª quinzena de junho de 1998, n. 12/98, texto 3/14482.

255. "Todavia, nem tudo aquilo que científica e tecnicamente é possível fazer se pode afirmar *eticamente* irrepreensível. A biomedicina tem avançado de maneira indizível e produzido realidades só previstas na ficção científica. A quem incumbe dizer se tal desenvolvimento se valida à luz da

que se constitui numa reação, com vistas a estabelecer o compasso reflexivo e dialógico ao avanço de técnicas aplicadas e experimentais que sacrificam valores e conceitos humanos preexistentes ou recentemente adquiridos[256].

Nesse sentido, pode-se admitir, a bioética é uma resposta pragmática a um contexto de mutações em que o ser humano se vê exposto à ganância intelectual, técnica e econômica do próprio homem. Não se trataria de mais uma ciência, mas sim de um lugar de debates contemporâneos[257]. Sob esse nome de bioética não se encontrariam acobertados maiores intentos científicos inovadores; desprovida de intentos cognitivos, seria ela apenas um desafio sociopolítico que colocaria à prova os testes científicos e médicos contemporâneos, ante conceitos e barreiras ético-morais[258].

Se à bioética se tem dado tamanha divulgação, tamanha importância e tamanha ênfase, é porque a novas formas de se organizar a vida e de se conviver com novidades tecnológicas se deve dar um também sustentáculo reflexivo e dialógico. Sabe-se, em verdade, que a bioética consiste no conjunto sistemático de opiniões, convergentes ou divergentes, que avaliam, a partir de inúmeras contribuições interdisciplinares (medicina legal, ética, direitos da personalidade, responsabilidade médica, responsabilidade penal, medicina, farmacêutica, moral...), os problemas práticos surgidos da convivência do homem com novas técnicas médico-científicas. Mas isso não com vistas ao triunfo desta ou daquela tese teórica, e sim com vistas à resolução de conflitos, existentes ou futuros, oriundos da manipulação de técnicas e aparatos em face do ser humano[259].

A bioética, portanto, corresponde a uma preocupação contemporânea de aproximação entre ciência e ética. Isso não quer significar que a ética normativa e filosófica já não satisfizesse a essas necessidades, ou, muito menos ainda, que se possa vislumbrar na bioética uma ciência formalmente constituída, mas sim que os avanços técnico-científicos têm colocado o homem diante de embaraçosas questões que carecem de respostas e soluções pragmáticas imediatas.

---

moral contemporânea? Principalmente nos domínios da transmissão da vida, as questões continuam passando pelas crenças humanas" (Nalini, *Ética geral e profissional*, 1999, p. 121).

256. "A bioética surgiu como alerta ao descontrole de práticas, pondo em perigo valores ainda honrados ou recentemente adquiridos" (Lepargneur, *Bioética, novo conceito*: a caminho do consenso, 1997, p. 26).

257. "A bioética é o lugar virtual, mas disciplinado, do encontro das dificuldades emergentes no tocante às modalidades modernas da vida humana" (Lepargneur, *Bioética, novo conceito*: a caminho do consenso, 1997, p. 15).

258. "A bioética não detém, portanto, uma função cognitiva (ainda que exija elucidações cognitivas prévias) como as ciências: ela é uma prática, uma metodologia pragmática, sociopolítica, se ousamos dizer, num sentido nobre" (Lepargneur, *Bioética, novo conceito*: a caminho do consenso, 1997, p. 16).

259. "A meta comum dos bioeticistas não é o triunfo de teses particulares, cada um tendo a sua, mas a coexistência da humanidade com constante esforço de redução da conflitividade, graças à implementação real de certas normas que obtiveram, mediante processos consensuais, ampla aprovação" (Lepargneur, *Bioética, novo conceito*: a caminho do consenso, 1997, p. 16).

Nos intentos bioéticos deve estar, portanto, a ambição de reforçar a prevalência de soluções práticas para problemas hodiernos. Mas esse reforço deve possuir uma sede de inspiração, qual seja, os conceitos extraídos da ética normativa e filosófica. No entanto, não parece ser essa uma brecha para o revisionismo da história da ciência e de seus cânones; mas parece ser essa a oportunidade para que se *re-acendam* as chamas que acalentam a discussão sobre os fins da ciência, sobre a utilidade e os perigos sociais dos produtos e testes científicos, questões nitidamente ético-filosóficas.

Assim, entende-se que suas principais inspirações devam advir da ética normativa, que, com seu papel reflexivo e crítico, haverá de lançar luzes sobre as principais carências contemporâneas. Não como efetivamente vem ocorrendo, uma vez que os estudos sobre biodireito e bioética procuram inspiração num modelo de discussão fundamentalmente calcado na ciência dogmática jurídica[260]. Se a bioética deveria ter por inspiração a ética normativa, na verdade, o que vem ocorrendo é que a ética normativa tem sido influenciada pelo tecnicismo e pelos raciocínios práticos da bioética, numa inversão de valores.

O que não se pode conceber nesse campo é que a bioética se transforme no parâmetro para a formação dos conceitos ético-normativos, num nítido processo de tecnicização e pragmatização dos saberes constituídos em sede ético-filosófica. A bioética é uma discussão relevante, mas desde que imbuída das mesmas intenções que a ética filosófica, a saber, o fomento da virtude, do caráter e da felicidade[261].

Se entende que o lugar de discussões ocupado pela bioética é insubstituível, assim como o é o espaço ocupado pela ética filosófica. Mas, ao mesmo tempo, se reconhece que tem sido exatamente a carência de estudos ético-normativos, contemporaneamente, a causa do descrédito e da marginalização da ética como discussão a respeito da felicidade humana. A ética, como reflexão filosófica, com o racionalismo e o utilitarismo imperantes no século XX, tem sido, efetivamente, negligenciada e marginalizada, o que responde à perda de sua força explicativa. Nesse momento, na tentativa de ocupar esse espaço deixado ao léu, surgem as tendências bioéticas. A bioética é, no fundo, uma resposta pragmática, técnica e imediatista para problemas pragmáticos e técnico-científicos contemporâneos.

Enfim, há de se concluir que a ética normativa e filosófica não retira campo à bioética, nem esta dispensa aquela; seus estudos, de um lado prioritariamente reflexivos, de outro lado, prioritariamente pragmáticos, são complementares e úteis do ponto de vista social. De um lado, essa utilidade decorre do fato de que, socialmente,

---

260. "Puede decirse que la ética de principios, cuyo modelo canónico es la bioética, está en buena medida inspirada en el derecho o la ciencia jurídica" (Barrera, Reducionismo en la ética. La influencia de la bioética en la moral contemporánea, in *A filosofia*: seu tempo, seus lugares (Hipnos, v. 5), 1999, p. 73).

261. "La bioética no ha tenido entonces aún un contacto genuíno con lo más importante de la filosofía moral" (Barrera, Reducionismo en la ética. La influencia de la bioética en la moral contemporánea, in *A filosofia*: seu tempo, seus lugares (Hipnos, v. 5), 1999, p. 75).

se constroem de modo crítico empecilhos e avaliações que detêm a avalanche das progressivas e infinitas conquistas técnico-científicas. De outro lado, essa utilidade decorre do fato de que, a partir das contribuições da bioética, podem os juristas inscrever *de lege ferenda* suas opiniões para a regulamentação das sempre novas conquistas humanas. Assim, ética e bioética convivem num mesmo espaço, sem se agredirem mutuamente, devendo a segunda (mais técnica, imediatista, opinativa e pragmática) buscar acalento no seio da primeira (mais filosófica, universal e reflexiva), tudo no sentido de se fortalecer os conhecimentos que instrumentalizam a sapiência jurídica sobre as ocorrências hodiernas.

24. A ÉTICA DOS DIREITOS HUMANOS E A DIGNIDADE DA PESSOA HUMANA

A ética dos direitos humanos decorre diretamente do princípio da dignidade da pessoa humana. A justiça não pode ser pensada isoladamente, sem o princípio da dignidade humana, assim como o poder não pode ser exercido *apesar* da dignidade humana[262]. Em verdade, todos os demais princípios e valores que orientam a criação dos direitos nacional e internacional curvam-se ante esta identidade comum ou este *minimum* dos povos. A própria Declaração de 1948 lhe confere tal posição de superioridade ante os demais princípios e valores[263]. Como referência motivante da cultura dos direitos humanos, além de fundamental, este princípio tem valia universal[264], inscrevendo-se em nossa Constituição de 1988 logo no art. 1º, inciso III.

Foram necessárias diversas violações, diversas experiências de indignidade, diversas práticas de exploração da condição humana para que a própria noção de dignidade surgisse um pouco mais clara aos olhos do pensamento contemporâneo. "O sofrimento, como matriz da compreensão do mundo e dos homens, segundo a lição luminosa da sabedoria grega, veio aprofundar a afirmação histórica dos direitos humanos", como afirma Comparato[265]. Parece a personalidade recuperar o espaço perdido nos desvãos da erosão da ética das últimas décadas do século XX, e do longo processo que deu origem ao niilismo, ao tecnicismo, ao ceticismo e à relativização absoluta de todos os valores. Enfim, em poucas palavras, parece a ideia de personalidade recuperar seu sentido pleno, preenchendo o oco das experiências céticas e materialistas do tecnologismo do século XX e invadindo as diversas linhas de pensamento ocupadas com os desvarios da história contemporânea.

---

262. "La dignidad humana seria el valor fundante básico. Y la libertad (La igualdad, la solidaridad), la justicia y la paz serian valores cofundantes, coadyuvantes" (Pascual, *Ética de los derechos humanos*, 2000, p. 53).

263. Cf. Pascual, *Ética de los derechos humanos*, 2000, p. 26.

264. "La conclusión es clara: la dignidad humana es un ideal universal" (Pascual, *Ética de los derechos humanos*, 2000, p. 31). E, também: "La dignidad humana es claramente la referencia motivante de los derechos humanos" (Pascual, *Ética de los derechos humanos*, 2000, p. 37).

265. Comparato, *A afirmação histórica dos direitos humanos*, 1999, p. 44.

24.1. A ética do cuidado e a dignidade da pessoa humana

A dignidade da pessoa humana, por sua natural complexidade, demanda uma série de cuidados. Tomando-se na expressão *dignidade da pessoa humana* o princípio que metaformata e ajusta o direito a um conjunto de exigências afirmadoras da condição humana, pode-se dizer, com Eric Fromm, que uma cultura centrada nos direitos humanos é uma cultura que acena positivamente em direção à erotização do mundo, no sentido freudo-marcuseano[266], à biofilia e à tolerância, negando os caminhos modernos da biopolítica e do extermínio do outro como forma de realização mesmo dos projetos emancipatórios[267]. Por isso, a política do amor, na expressão de Warat, ganha campo para se afirmar como um trunfo do discurso pós-moderno e do revisionismo crítico da modernidade[268], abrindo campo para a reflexão acerca do cuidado de si como ética e do cuidado do outro como expressão da responsabilidade ativa[269].

Considerando que o afeto é conciliador, tático, sedutor... e que se funda na base do lúdico, da interação, ele passa a ser um elemento fundamental para a dinâmica da reconceituação da experiência a partir de novos paradigmas e referências culturais. Pode ser tomado como um elemento central para a cultura em geral do direito, como se processa no âmbito do direito de família[270], mas também como um importante

---

266. O mundo erotizado é um mundo onde Eros deixou de ser confundido com o impulso genital específico. É um mundo que se mostra como uma emanação do princípio da vida" (Doria, *Marcuse*, 1983, p. 202).

267. A advertência de Eric Fromm é de notória importância para inspirar o pensamento da tolerância: "... Do ponto de vista da lógica paradoxal, a ênfase não é posta no pensamento, mas no ato. Essa atitude tem várias outras consequências. Em primeiro lugar, ela leva à *tolerância* que encontramos no desenvolvimento religioso indiano e chinês. Se o pensamento correto não é a verdade suprema, nem o caminho para a salvação, não há motivos para combater outros, cujo pensamento chegou a formulações diferentes. Essa tolerância é lindamente expressa na história de vários homens a quem foi pedido que descrevessem um elefante no escuro. Um deles, tocando seu tronco, disse: 'esse animal é como um cano d'água'; o outro, tocando a orelha, disse: 'esse animal parece um leque'; um terceiro, tocando as pernas, descreveu o animal como um pilar... " (Fromm, *A arte de amar*, 2006, p. 98).

268. "Na pós-modernidade, coloca-se pela primeira vez a questão da dimensão política do amor. Começa a pensar-se o amor como uma dimensão simbólica emancipatória: seria uma mudança do valor dos valores que pode permitir a preservação da condição humana pela conservação dos desejos. Eles compensariam, como condição de sentido, o declínio do mundo suprassensível com poder de obrigação e gozo (gratificação idealizada). É o triunfo do desejo como inscrição prévia da subjetividade" (Warat, *Territórios desconhecidos*: a procura surrealista pelos lugares do abandono do sentido e da reconstrução da subjetividade, 2004, v. 1, p. 306).

269. "...Ela se sente responsável por seus semelhantes, tanto quanto se sente responsável por si..." (Fromm, *A arte de amar*, 2006, p. 35).

270. Como se pode notar pelos diversos trabalhos de pesquisa na área do direito de família, pelas pesquisas desenvolvidas pelo IBDFAM, bem como pela doutrina desenvolvida em torno do tema do afeto. Neste caso, cito especialmente Rodrigo da Cunha Pereira, que afirma: "Independentemente do embate entre velhas e novas concepções, assim caminha a família. Em outras palavras, a afetividade ascendeu a um novo patamar no direito de família, de valor e princípio" (Pereira, *Princípios fundamen-*

elemento a fundamentar o crescimento e o desenvolvimento de uma cultura dos direitos humanos. A emergência do sentimento, a ampliação do lugar da mulher nas deliberações sociais e políticas, a construção de uma economia do cuidado, a transformação das práticas do direito, a criação de mecanismos alternativos de construção de justiça, a discussão sobre o papel necessário e convergente do diálogo nas práticas sociais, a experiência do fórum social mundial e a construção de uma lógica pluralista e multiculturalista para os povos, a luta pelo cuidado ambiental são demonstrações claras de que reações estão se processando no interior da civilização como importantes conquistas, a revelarem a mudança de paradigma. Mas isto é só o que na superfície se enxerga deste processo; a julgar pela sua profundidade, ele é mais rico e mais complexo que isto, e implicará transformações ainda mais relevantes que estas para a acomodação de suas novas determinantes.

A preocupação com a alteridade e o favorecimento de uma concepção de mundo centrada na dimensão da consideração do outro e do afeto, traços de uma cultura do cuidado, têm que ver com a necessária passagem para o campo da dinâmica existencial fundada no cultivo do socialmente inexplorado campo do feminino, que pertence a cada um de nós. Este que pode ser caracterizado como forma de expressão do caráter ativo do amor, e que se revela, "... além do elemento dação, o caráter ativo do amor se torna evidente no fato de que sempre implica certos elementos básicos, comuns a todas as formas de amor. São elas *cuidado, responsabilidade, respeito* e *conhecimento...* "[271].

24.2. A ética do cuidado e a formação para os direitos humanos

Em verdade, trata-se de pensar o próprio aprimoramento da democracia e da cultura dos direitos humanos a partir do desenvolvimento de práticas sociais capazes de ser portadoras de uma ética do cuidado[272]. Se não há direitos humanos sem respeito, o respeito significa aqui a capacidade de amar e deixar-se desenvolver integralmente, e não o dominar, o castrar, o manipular, o submeter, o violar, o discriminar, o segregar, o anular; uma ética do cuidado exala respeito, porque cultiva o poder do afeto como forma de "olhar com atenção" (*respiecere*, lat.)[273]. Por isso, a educação e

---

tais norteadores do direito de família, 2006, p. 190). Ademais, pode-se pesquisar sobre o tema em Groeninga, Pereira (coords.), *Direito de família e psicanálise*: rumo a uma nova epistemologia, 2003.

271. Fromm, *A arte de amar*, 2006, p. 33.

272. "... Assim, a *anima*, arquétipo da democracia, através de seus atributos, em especial da inventividade e do sentimento, pode surgir como agente catalisador da transformação do magistrado para atender a esse anseio coletivo. Em toda sua obra, Byington tem ressaltado a importância, na psique coletiva, da democracia, entendida como um processo de livre interação das polaridades em função do *todo* (por exemplo, povo-governo) sem que ocorra uma identificação com um dos lados de qualquer polaridade. Para o autor, os valores da democracia apenas serão atingidos no dinamismo da alteridade (ou seja, sob a regência do arquétipo do *animus/anima*)..." (Prado, *O juiz e a emoção*, 2003, p. 93).

273. "... A responsabilidade poderia deteriorar-se facilmente em denominação e possessividade, não fosse um terceiro componente do amor, o *respeito*. Respeito não é medo e temor reverente; ele

a metodologia em (e para os) direitos humanos devem preparar para o convívio com a diversidade, na base do diálogo e do respeito, voltado para a alteridade, como forma de prática de solidariedade social, e essa lógica é capaz de trazer consigo a consciência da tolerância[274].

A biofilia como norte da educação em direitos humanos incentiva a acumulação e a produção de esforços sociais e reflexivos, ativos e teóricos, no sentido da proliferação de condições de cultivo e desenvolvimento pró-ativos das dimensões realizadoras da dignidade humana. O caráter ativo da política do amor envolve necessariamente uma atitude pró-ativa perante o mundo que, entre outras coisas, se pronuncia sobre a barbárie, repele a injustiça, enoja-se com a desigualdade, promove a cultura da não violência e se indigna com o sofrimento humano. Uma cultura dos direitos humanos deve envolver, por isso, táticas de recolhimento das energias eróticas que pulsam a favor da biofilia e da política do amor, esta que é conjuntiva e não disruptiva[275].

25. HISTÓRIA DAS IDEIAS SOBRE A ÉTICA E A JUSTIÇA

Traçar algumas considerações a respeito das principais ideias éticas, construídas ao longo da história do pensamento filosófico, parece tarefa incontornável no contexto de um curso de ética. Isso porque as concepções filosóficas existentes sobre ética são: a) o retrato do que os diversos períodos históricos vivenciaram do ponto de vista ético; b) a síntese diferenciada do que se pode conceber como sendo o conjunto das abstrações e aspirações intelectuais, volitivas e éticas humanas; c) o material intelectual que movimentou revoluções, mudanças morais, conquistou direitos sociais, criticou e avaliou os vícios e as virtudes humanas em suas diversas perspectivas e em diversos momentos sócio-históricos; d) aquilo que há de mais caro ao homem do ponto de vista especulativo, tendo em vista que resumem anseios pessoais e sociais dos pensadores em torno do tema ético; e) o repositório de temas, abordagens, metodologias e ideias de que pode se servir o pensador atual para alçar maiores investigações éticas.

Não se pode admitir, portanto, quanto ao interesse histórico-filosófico, o *omissis*. Na medida em que, com o auxílio da história da filosofia, refletir (*reflectere*) possa

---

denota, conforme a própria raiz da palavra (*respiecere* = olhar com atenção), a capacidade de ver uma pessoa como ela é, ter consciência da sua individualidade. Respeito significa a preocupação com que o outro cresça e se desenvolva tal como é... " (Fromm, *A arte de amar*, 2006, p. 35).

274. A respeito do tema, *vide* Bittar, Educação e metodologia para os direitos humanos: cultura democrática, autonomia e ensino jurídico, in Rosa Maria Godoy Silveira; Adelaide Alves Dias; Lúcia de Fátima Guerra Ferreira; Maria Luiza Pereira de Alencar Mayer Feitosa; Maria de Nazaré Tavares Zenaide (orgs.), *Educação em direitos humanos*: fundamentos teórico-metodológicos, João Pessoa: Editora da UFPB, 2007, p. 313-334.

275. "... O amor é uma atividade, não um afeto passivo; ele é um 'manter-se ligado', não é uma simples 'queda'. De um modo geral, o caráter ativo do amor pode ser descrito afirmando-se que amar é principalmente *dar*, e não receber... " (Fromm, *A arte de amar*, 2006, p. 28).

significar fazer retroceder, a reflexão (*reflexio*) aparece como um exercício de volta e de busca. Ponderar, calcular, raciocionar... são atividades do pensamento que não se fazem somente prospectivamente, mas sobretudo retrospectivamente. Assumido um problema como fonte de estudo e raciocínio, é em torno dele que se deitará toda a atividade reflexiva; cercar-se-ão suas causas, suas aparições, seus efeitos, seus motivos... de modo que se estará exercendo uma atividade que volta aos princípios da cadeia para compreender a totalidade do problema e de suas consequências práticas e futuras.

Refletir, portanto, é um mister, do qual se exime, em parte, o pesquisador, na medida em que se abre para dialogar com aqueles que já pensaram a respeito do problema. Ter esses pontos de apoio pode representar, para o pesquisador da ética, ter premissas a partir das quais possa discutir com maior embasamento a temática eleita como fulcro de investigação.

No entanto, as ambições de pesquisa não devem obscurecer o projeto de se tratar por meio de um *aperçu* as principais ideias filosóficas a respeito da ética. Por isso, dever-se-á considerar que as obras e os autores analisados nesta parte da obra não exaurem a história da filosofia; são peças escolhidas pelo destaque e pela contribuição que trouxeram à temática ética.

Das escolas, autores, tendências, movimentos, pensamentos analisados, tem-se, em realidade, um conjunto de contribuições, com suas peculiaridades e suas ideologias próprias, que podem ser condensadas didaticamente para conhecimento da totalidade da dimensão histórica da questão e posterior aprofundamento das discussões, da seguinte forma:

Sócrates (469-399 a.C.): interagindo com a escola sofística de sua época, conduz a discussão ética para a dimensão da sabedoria, cuidando de acentuar a preocupação da ética com a formação e a educação da alma para a morte.

Platão (427-347 a.C.): dando sequência ao socratismo, faz residir na transcendência do Mundo das Ideias o Bem, fundamento de toda ética mundana, além de modelo para a conduta humana e para a arquitetura das relações sociais.

Aristóteles (384-322 a.C.): em antagonismo à metafísica platônica, centra suas ideias na afirmação de uma ética teleológica, cujo fim precípuo é a felicidade, realizável pela prática da virtude, identificada como o meio-termo de toda ação.

Epicuro de Samos (341-270 a.C.): em face da dor e do prazer, que marcam a condição humana, o epicurismo vem afirmar que as escolhas de conduta, que marcam a ética, selecionam o prazer como meta de ação.

Lúcio Aneu Sêneca (4 a.C.-65 d.C.): com Sêneca a ética estoica é trazida à baila entre os romanos, orientando-se a virtude para o campo da resignação e para o exercício do amor ao universo.

Cristianismo: Santo Agostinho (354-430 d.C.) e São Tomás de Aquino (1225-1274 d.C.): o Bem cristão é introduzido no Ocidente, passando a ser conciliado ao platonismo transcendente (Agostinho) e ao virtuosismo aristotélico (Aquino), numa ética que convida o homem à harmonização da dimensão do humano à dimensão do divino.

Baruch Espinoza (1634-1677): inaugura uma reflexão que torna mister a ética ser demonstrada de maneira geométrica e rigorosa, circunscrita e definida pelo método matemático, estando a razão à dianteira de todo movimento de ação ética (valora-se o bom ou o mau conforme juízos racionais), diante da precisão e do cálculo de perfeição próprios aos desejos de ligação entre a metafísica e a ética.

David Hume (1711-1776): o empirismo humeano marca a introdução da discussão dos determinismos materiais sobre as decisões humanas, e, inclusive, sobre a aplicação do bem à coletividade, destacando-se que a ética e a justiça são úteis socialmente.

Jeremy Bentham (1748-1832): ética e felicidade aparecem como resultantes de um processo mecânico e automático de somatória de vontades e desejos e de realizações humanas em sociedade, tornando-se possível definir o Estado de bem-estar como sendo aquele capaz de proporcionar, de modo utilitário, o maior alcance possível de prazeres e o menor possível de dores.

Emmanuel Kant (1724-1804): o criticismo kantiano, forjado numa mentalidade pós-revolucionária, faz depositar toda a responsabilidade ética na consciência individual, encontrando na ideia do *dever-pelo-dever* (imperativo categórico) o pilar sobre o qual faz assentar todo o fundamento do agir ético.

George Edward Moore (1873-1958): na proposta de Moore, sentimentos morais são insuscetíveis de avaliação precisa, de definição racional pura, caracterizando-se, com isso, um verdadeiro modelo analítico para a construção de uma metaética, ou ainda, para a formação de uma metodologia de pensamento da ética por si mesma.

John Rawls (1921-2002): com a teorização de Rawls, neocontratualista, a discussão se encaminha no sentido da condução das instituições para a satisfação a contento das necessidades sociais de modo equilibrado e equitativo, a partir de dois princípios, que orientam a aplicação da justiça na condução dos interesses sociais.

Jürgen Habermas (1929-): a ética do discurso procura revitalizar os parâmetros racionais universais da modernidade, tornando possível uma intrincada elaboração teórica na qual pluralismo e universalismo se reconciliam, com ênfase na interação comunicativa e dialógica entre *ego* e *alter*, sem apelo a substâncias morais e nem a imposição paternalista de valores, salvo aquelas julgadas próprias e consensuadas pelos atores sociais envolvidos em deliberações públicas.

25.1. Sócrates: ética, educação, virtude e obediência

25.1.1. A filosofia socrática e o testemunho ético

A respeito de Sócrates (469-399 a.C.) e de sua filosofia, muito já se discutiu[276]. Sua vivência foi sua obra, e seu testemunho, grande contribuição ética e filosófica[277]. Sócra-

---

276. Este mesmo estudo encontra-se em Bittar/Almeida, *Curso de filosofia do direito*, Atlas, 2001, p. 58-70. Para uma acabada noção da amplitude do problema socrático, consulte-se a obra de Vasco Magalhães Vilhena, *O problema de Sócrates*: o Sócrates histórico e o Sócrates de Platão, 1984.

277. Para maiores detalhes a respeito da vida de Sócrates e de suas perambulações, deve-se consultar a obra de René Kraus, *Sócrates*, 1960.

tes conviveu com o povo ateniense do século V a.C. (século de Péricles), em plena glória da civilização grega na Antiguidade, e nas praças públicas (*agorá*) e no solo da cidade (*pólis*) inscreveu seu método e suas preocupações. Sócrates é, sem dúvida alguma, divisor de águas para a filosofia antiga, sobretudo pelo fato de situar seu campo de especulações não na cosmovisão das coisas e da natureza, mas na natureza humana e em suas implicações ético-sociais. É, de fato, interagindo e reagindo ao movimento dos sofistas, que faz de seu pensamento um marco na história da ética. Sócrates erigiu uma linha de pensamento autônoma e originária que se voltasse contra o despotismo das palavras que se havia instaurado nesse período da história grega.

Seu método maiêutico, baseado na ironia e no diálogo, possui como finalidade a parturição de ideias, e como inspiração a parturição da vida, uma vez que Fenareta, sua mãe, era parteira. Isso porque todo erro é fruto da ignorância, e toda virtude é conhecimento; efetuar a parturição das ideias é tarefa primordial do filósofo, a fim de despertar nas almas o conhecimento. Daí a importância de se reconhecer que a maior luta humana deve ser pela educação (*paideia*), e que a maior das virtudes (*areté*) é a de se saber que nada se sabe[278].

A abnegação pela causa da educação das almas, bem como pelo bem da cidade[279], representou, como testemunho de vida, senão o maior, ao menos um dos maiores exemplos históricos de autoconfiança e de certeza no que dizia; condenado a beber cicuta pelo tribunal ateniense, não se furtou à sentença e curvou-se ante o desvario decisório dos homens de seu tempo. A acusação que pendia sobre sua cabeça era a de que estaria corrompendo a juventude e cultuando outros deuses, e não obstante ter-se dedicado a vida inteira a pregar o contrário disso, se resignou à injustiça de seus acusadores, em nome do respeito à lei que a todos regia em Atenas. Isso porque a obediência à lei era para esse pensador o limite entre a civilização e a barbárie[280], onde residem as ideias de ordem e coesão, pode-se dizer garantida a existência e manutenção do corpo social. Isso haveria de influenciar profundamente o pensamento de seu discípulo, Platão, em seu afastamento da política e em sua decepção com a justiça humana.

A partir dessas noções primordiais pode-se discutir qual o significado da ética para Sócrates.

---

278. "De forma que eu, em nome do oráculo, indaguei a mim mesmo se deveria permanecer tal como era, nem sabedor de minha sabedoria nem ignorante de minha ignorância, ou ser ambas as coisas, como eles, e respondi a mim e ao oráculo que convinha continuar tal qual eu era" (Platão, Apologia de Sócrates, in *Sócrates* (Os pensadores), 1999, p. 73).

279. "El cuidado de si mismo es, indisolublemente cuidado de la ciudad y los demás, como lo vemos en el ejemplo del propio Sócrates, cuya razón de vivir es ocuparse de los demás" (Hadot, *Qué es la filosofía antigua?*, 1998, p. 50).

280. "No *Críton*, diálogo entre os primeiros de Platão, há uma indicação da importância que ele dá às leis como limite à barbárie. Se os homens erram ao aplicá-las — como fizeram com Sócrates quando o condenaram — nem por isso elas devem ser quebradas, dado o poder de obediência que têm e sua validez para todos. A lei estende seu manto igualando os homens como cidadãos, apesar de preservar a diferença entre eles, de tal modo que, na igualdade e na diferença possa transparecer um todo harmônico, logo justo, porque pleno de limites necessários à convivência" (Andrade, *Platão: o cosmo, o homem e a cidade. Um estudo sobre a alma*, 1993, p. 206 e 207).

25.1.2. A ética socrática

O pensamento socrático é profundamente ético. Reveste-se, em todas as suas latitudes, de preocupações ético-sociais, envolvendo-se em seu método maiêutico todo tipo de especulação temática impassível de solução (que é a justiça?; que é o bem?; que é a coragem?...), o que aparece retratado nos diálogos platônicos, uma das únicas fontes de referência escrita a respeito da filosofia socrática, ao lado dos *Ditos e feitos memoráveis de Sócrates*, da *Apologia de Sócrates* e da peça teatral *As nuvens*, estes de autoria de Xenofonte. O que se conhece de Sócrates é, portanto, mais fruto de leitura dos diálogos platônicos que de uma obra por ele escrita. Desses diálogos, por vezes, se extraem muito menos respostas e muito mais perguntas, e, assim mesmo, seu valor é inestimável para a história da ética, sobretudo tendo-se em vista que com Sócrates a filosofia se converteu num *ethos*.

Isso porque a filosofia socrática possui um método, e esse método faz o filósofo, como homem, radicar-se em meio aos homens, em meio à cidade (*pólis*). É do convívio, da moralidade, dos hábitos e práticas coletivas, das atitudes do legislador, da linguagem poética... que surgem os temas da filosofia socrática. Pode-se mesmo dizer que o modo de vida socrático e a filosofia socrática não se separam. Pelo contrário, a filosofia socrática reafirma-se pelo exemplo de vida de Sócrates; na mesma medida, a doutrina ética e o ensino ético de Sócrates se retiram de seu testemunho de vida, corporificado que está em seus atos e palavras[281].

Sócrates, em verdade, pode ser dito o iniciador da filosofia moral e inspirador de toda uma corrente de pensamento. Sua contribuição surge como uma forma de antagonismo: a) aos sofistas, pensadores da verve vocabular e da doutrina do relativismo das coisas, que gozavam de alta reputação nos meios intelectuais atenienses, cobrando pagamento por seus ensinos daqueles que acorriam para suas palestras e que, por isso, eram chamados de prostituídos por Sócrates[282]; b) à cosmologia filosófica dos pré-socráticos, que especulavam a respeito da natureza, dos astros, das estrelas, da origem do universo, do quinto elemento, da constituição última das coisas[283]. Assim, há que se

---

281. "Quanto à justiça, longe de ocultar sua opinião, manifestava-a por meio de atos: no particular de sua casa era todo retidão e afeto: como cidadão, todo obediência aos magistrados em tudo o que exige a lei, quer na cidade, quer nos exércitos, onde o guiava seu espírito de disciplina. Ao presidir, na qualidade de epístata, os congressos populares, impediu o povo de votar contra as leis e, nelas amparado, resistiu à fúria do populacho que nenhum outro teria coragem de enfrentar. Quando os Trinta lhe davam ordens contrárias às leis, não as acatava. Assim, ao lhe proibirem de palestrar com os jovens e o encarregarem, juntamente com outros cidadãos, de conduzir um homem que pretendiam assassinar, só ele se recusou a obedecer, porque tais ordens eram ilegais" (Xenofonte, Ditos e feitos memoráveis de Sócrates, in *Sócrates* (Os pensadores), Livro II, Capítulo 4, p. 243).

282. "O mesmo sucede em relação à sabedoria: os que com ela traficam com quem lha queira pagar se chamam sofistas ou prostituídos" (Xenofonte, Ditos e feitos memoráveis de Sócrates, in *Sócrates* (Os pensadores), Livro I, Capítulo 7, p. 113).

283. Por isso não se pode creditar fé na figura criada por Xenofonte em *As nuvens* para ilustrar Sócrates ensinando aos seus discípulos de cima de um cesto suspenso no ar, qual se se tratasse de um pré-socrático, mais preocupado com as coisas do céu do que com as coisas da terra.

dizer que Sócrates é referência primordial na filosofia grega (filosofia pré-socrática/filosofia socrática/filosofia pós-socrática), exatamente pela ruptura que provocou com a tradição precedente e com os ensinos predominantes de seu tempo.

O conhecimento, para Sócrates, reside no próprio interior do homem. Conhecendo-se a si mesmo, pode-se conhecer melhor o mundo (*gnoûte autós*, greg.; *nosce te ipsum*, lat.). A isso se adiciona o fato de Sócrates ter vislumbrado na linguagem um grande manancial de dúvidas que gerou o fulcro da necessidade de depuração lógico-semântica do que se diz, o que era exercitado em praça pública, com discípulos ou terceiros, por meio da parturição discursiva das ideias[284].

Assim é que adotando essa metodologia de pensamento, granjeou inúmeros discípulos, bem como um sem-número de inimigos, que mais tarde haveriam de reunir forças para sustentar a sua condenação popular. Mas, de qualquer forma, marcou sua presença nas ruas de Atenas pelo conteúdo de suas lições, flagrantemente opostas à ordem prevalecente de ideias nos meios intelectuais de seu tempo. Isso porque, para Sócrates, o respeito às normas vigentes, a vinculação do filósofo com a busca da verdade, o engajamento do cidadão nos interesses da sociedade, entre outros ensinamentos, aparecem como postulados perenes de seu pensamento, que haveriam de golpear fatalmente o relativismo e lançar os germens de novos sistemas filosóficos, como o platônico, o aristotélico e o estoico[285].

Em poucas palavras, o ensinamento ético de Sócrates reside no conhecimento e na felicidade. Em primeiro lugar, a ética significa conhecimento, tendo-se em vista que, na medida em que se pratica o mal, se crê praticar algo que leve à felicidade, e, normalmente, esse juízo é falseado por impressões e aparências puramente externas[286]. Para saber julgar acerca do bem e do mal, é necessário conhecimento, este

---

284. A revolução socrática é bem expressada por Zeller: "L'époque de Socrate avait reçu de l'âge précédent un riche héritage d'idées religieuses, de principes moraux et de conceptions scientifics. Mais en même temps elle s'était bien écartée, en toutes choses, de la direction intellectuelle et morale des générations antérieurs. Les formes traditionneles étaient devenues trop étroites pour elle, on cherchait des voies nouvelles, de nouveaux problèmes s'imposaient. Les conceptions mythiques des dieux et de la vie future avaient perdu leur valeur pour la grande majorité des hommes instruits; l'existence même des dieux était devenu douteuse pour un grand nombre. Les anciennes moeurs étaient tombées en désuétude; le respect de la loi dans la vie publique, la simplicité et l'austérité dans la vie privée avaient fait place à une licence sans frein, à une poursuite sans scrupule de la jouissance et de l'interêt. Des principes qui ébranlaient les fondements mêmes du droit et de la loi étaient hardiment proclamés, aux applaudissements unanimes de la jeune génération; la sévérité et l'élévation de l'art ancien, la beauté limpide, la grâce classique, la dignité pleine de retenue de l'art postérieur commençaient à dégénérer en un savoir-faire uniquement á l'effet. Avec la sophistique, la philosophie était arrivé à se défier non seulement des systèmes particullers, mais de la direction générale qu'avaient suivie les recherches antérieurs, disons plus, de la possibilité même de la science" (Édouard Zeller, *La philosophie des grecs considérée dans son dévellopement*, Trad. Émile Boutroux, Paris, 1884).

285. Tovar, *Vida de Sócrates*, 1953, p. 319.

286. " Entonces, comprendemos mejor el significado de la paradoja socrática: nadie es malo voluntariamente, o también: la virtud es saber, quiere decir que, si el hombre comete el mal moral,

sim verdadeira sabedoria e discernimento. O conhece-te a ti mesmo é o mandamento que inscreve como necessária a gnose interior para a construção de uma ética sólida. Em segundo lugar, a felicidade, a busca de toda a ética, para Sócrates, pouco tem que ver com a posse de bens materiais ou com o conforto e a boa situação entre os homens; tem ela que ver com a semelhança com o que é valorizado pelos deuses, pois parecem estes ser os mais beatos dos seres[287]. O cultivo da verdadeira virtude, consistente no controle efetivo das paixões e na condução das forças humanas para a realização do saber, é o que conduz o homem à felicidade[288].

25.1.3. O primado da ética do coletivo sobre a ética do individual

A ética socrática impõe respeito, seja pela sua logicidade, seja pelo seu caráter. É certo que se Sócrates desejasse, poderia ter fugido à aplicação da pena de morte que lhe havia sido imposta, e os discípulos ao seu lado estavam para auxiliá-lo e acobertá-lo. No entanto, a ética do respeito às leis, e, portanto, à coletividade, não permitia que assim agisse. E também, se durante toda a sua vida se distinguiu por seguir os conselhos dos deuses, não seria no momento de sua morte que os desobedeceria, negando seu destino de união com a cidade (*pólis*) e com a constituição (*politeía*). De fato, é o que afirma Xenofonte:

> "A ela renunciando demonstrou todo o vigor de sua alma, cobrindo-se de glória tanto pela verdade, desprendimento e justiça de sua defesa quanto pela serenidade e coragem com que recebeu a sentença de morte" (Xenofonte, Ditos e feitos memoráveis de Sócrates, in *Sócrates* (Os pensadores), trad. Mirtes Coscodai, Livro II, Capítulo 8, p. 265).

Sócrates, de fato, dedicou-se a um valor absoluto, e por ele lutou até o ponto de renunciar à própria vida[289]. E isso porque a ética socrática não se aferra somente à lei

---

es porque cree encontrar el bien en él, y si es virtuoso, es que sabe con toda su alma y todo su ser en dónde radica el verdadero bien" (Hadot, *Qué es la filosofía antigua?*, 1998, p. 46-47).

287. Da discussão de Sócrates diante do sofista Antifão, relativa às suas posses e seu modo de se trajar e conduzir, extrai-se que a felicidade não está nas posses materiais: "Pareces, Antifão, colocar a felicidade nas delícias e na magnificência. De mim, penso que de nada necessita a divindade. Que quanto menos necessidades se tenha, mais nos aproximamos dela. E como a divindade é a própria perfeição, quem mais se aproximar da divindade mais perto estará da perfeição" (Xenofonte, Ditos e feitos memoráveis de Sócrates, in *Sócrates* (Os pensadores), Livro I, Capítulo 7, p. 113).

288. "A verdadeira virtude é uma purificação de todas as paixões. O comedimento, a justiça, a força e a própria sabedoria são purificações, e é muito claro que aqueles que estabeleceram as iniciações místicas não eram personagens desprezíveis, mas sim grandes gênios que, desde os primórdios, desejaram nos fazer compreender sob esses enigmas que aquele que for ao Hades sem ser iniciado e purificado será jogado na lama, e que aquele que chegar após as expiações, purificado e iniciado, será recebido entre os deuses" (Platão, Fédon, in *Platão* (Os pensadores), 1999, p. 131).

289. "En efecto, podemos decir que un valor es absoluto para un hombre cuando está dispuesto a morir por él. Tal es precisamente la actitud de Sócrates cuando se trata de lo que es mejor, es decir de la justicia, del deber, de la pureza moral" (Hadot, *Qué es la filosofía antigua?*, 1998, p. 47).

e ao respeito dos deveres humanos em si e por si. Transcende a isso tudo: inscreve-se como uma ética que se atrela ao porvir (*post mortem*). A filosofia socrática, não se omita essa importante contribuição de seu pensamento, prepara para o bem viver após a morte. Isso significa dizer que nem toda virtude proclamada como tal perante os homens há de ser considerada virtude perante os deuses, e que a verdade, a virtude e a justiça devem ser buscadas com vistas a um fim maior, o bem viver *post mortem*. E não há outra razão pela qual se deseje filosofar senão a de se preparar para a morte[290].

Isso porque, para Sócrates, a morte representa apenas uma passagem, uma emigração, e a continuidade há de ensinar quais valores são acertados, quais são errôneos[291]. Se a vida é uma passagem, é porque a morte não interrompe o fluxo das almas, que preexistem e subsistem ao corpo[292]. Não é a efêmera vida o começo e o fim de tudo, mas apenas parte de um trajeto[293]. Ao homem é lícito especular a respeito, porém a certeza do que será somente os deuses possuem[294]. Veja-se como se expressa, a respeito, Fédon:

"— Naquele dia, minhas impressões foram de fato estranhas, pois, em vez de condoer-me diante da morte de um amigo a quem eu estimava tanto, tive a impressão

---

290. "Esquece-o — respondeu Sócrates. — É chegado o momento que eu exponha a vós, que sois meus juízes, as razões que me convencem de que um homem, que haja se dedicado ao longo de toda sua existência à filosofia, deve morrer tranquilo e com a esperança de que usufruirá, ao deixar esta vida, infinitos bens. Procurarei dar-vos provas disso, ó Símias e Cebes. Os homens não sabem que os verdadeiros filósofos trabalham durante toda sua vida na preparação de sua morte e para estar mortos; por ser assim, seria ridículo que, depois de ter perseguido este único fim, sem descanso, recuassem e tremessem diante da morte" (Platão, Fédon, in *Platão* (Os pensadores), 1999, p. 124).

291. "Façamos mais esta reflexão: há grande esperança de que isto seja um bem. Morrer é uma destas duas coisas: ou o morto é igual a nada, e não sente nenhuma sensação de coisa nenhuma; ou, então, como se costuma dizer, trata-se duma mudança, uma emigração da alma, do lugar deste mundo para outro lugar. Se não há nenhuma sensação, se é como um sono em que o adormecido nada vê nem sonha, que maravilhosa vantagem seria a morte" (Platão, Apologia de Sócrates, in *Sócrates* (Os pensadores), 1999, p. 95).

292. "Renascer, se existe um regresso da morte à vida — disse Sócrates —, é realizar esse regresso. Por este motivo nos persuadiremos de que os vivos nascem dos mortos, como estes daqueles, prova incontestável de que as almas dos mortos existem em algum lugar, de que retornam à vida" (Platão, Fédon, in *Platão* (Os pensadores), 1999, p. 134).

293. "Então, preciso satisfazer-vos — respondeu Sócrates — e procurar fazer com que esta defesa seja mais eficiente entre nós do que o foi aquela na frente dos juízes. Em verdade, Símias, e tu, Cebes, se eu não cresse encontrar na outra vida deuses bons e sábios e homens melhores que os daqui, seria inconcebível não lamentar morrer. Sabei, no entanto, que espero juntar-me a homens justos e deuses muito bons. Eis por que não me aflijo com a minha morte; morrerei tendo a esperança de que existe alguma coisa depois desta vida e de que, de acordo com a antiga tradição, os bons serão mais bem tratados que os maus" (Platão, Fédon, in *Platão* (Os pensadores), 1999, p. 123).

294. "Bem, é chegada a hora de partirmos, eu para a morte, vós para a vida. Quem segue melhor destino, se eu, se vós, é segredo para todos, exceto para a divindade" (Platão, Apologia de Sócrates, in *Sócrates* (Os pensadores), 1999, p. 97).

de que seu destino fosse ditoso, porque eu me encontrava junto a um homem feliz, amigo Equécrates, feliz por seu comportamento, pelas palavras que proferia e pela coragem e serenidade com que faleceu. Conseguiu até mesmo convencer-me de que não iria para o Hades sem alguma ajuda divina, mas que, lá embaixo, desfrutaria uma felicidade que nunca ninguém desfrutara. Por este motivo não senti pesar algum, como seria normal num semelhante, mas também não experimentei a satisfação que experimentava quando conversávamos sobre filosofia, já que o assunto daquela conversação tinha tal caráter. A consciência de que aquele homem estava para morrer causava em mim uma extraordinária mistura de pesar e satisfação, e o mesmo ocorria com todos que ali se encontravam. Todos nós ríamos e chorávamos, em especial modo um de nós, Apolodoro, que, com certeza, tu conheces" (Platão, Fédon, in *Platão* (Os pensadores), 1999, p. 118).

A certeza socrática quanto ao porvir é a mesma que o movimentava para agir de acordo com a lei (*nómos*). Sócrates está plenamente cônscio de que a *nómos* é fruto do artifício humano, e não da natureza[295]. E mesmo assim ensina a obediência irrestrita.

Isso porque Sócrates vislumbra nas leis um conjunto de preceitos de obediência incontornável, não obstante possam estas serem justas ou injustas. O direito, pois, aparece como um instrumento humano de coesão social, que visa à realização do Bem Comum, consistente no desenvolvimento integral de todas as potencialidades humanas, alcançável por meio do cultivo das virtudes. Em seu conceito, que nos foi transmitido pelos diálogos platônicos de primeira geração, as leis da cidade são inderrogáveis pelo arbítrio da vontade humana.

É perceptível a transição do pensamento dos sofistas para o de Sócrates. Enquanto os primeiros relevaram a efemeridade e a contingência das leis variáveis no tempo e no espaço, Sócrates empenhou-se em restabelecer para a cidade o império do ideal cívico, liame indissociável entre indivíduo e sociedade.

E, no entanto, foi justamente durante o governo de restauração democrática que Sócrates foi condenado à morte. É exatamente nesse momento, em que se comemorava a vitória contra a oligarquia dos Trinta Tiranos de Esparta, após a Guerra do Peloponeso (431-404 a.C.), que deveria primar pela liberdade e pela restauração de concepções mais democráticas de justiça, que Sócrates foi acusado e condenado. A acusação de seus antagonistas já era esperada; não se esperava o julgamento favorável à demanda, condenatório de Sócrates.

Sócrates sabia que, durante seus anos de lição, havia despertado a animosidade em muitos daqueles que interpelara por meio da dialética e da maiêutica, de modo que estava plenamente consciente desse fato quando de sua defesa perante o tribunal[296]. Elaborou sua defesa, em que contraditou os argumentos de seus adversários,

---

295. Cf. Guthrie, *Os sofistas*, 1995, p. 74.

296. "Em virtude desta pesquisa, fiz numerosas e perigosíssimas inimizades, e a partir destas inimizades surgiram muitas calúnias, e entre as calúnias, a fama de sábio, porque, toda vez que participava de uma discussão, as pessoas julgavam que eu fosse sábio naqueles assuntos em que somente punha a descoberto a ignorância dos demais. A verdade, porém, é outra, ó atenienses: quem sabe

mas ainda assim foi condenado a beber cicuta por negar as divindades da cidade, criando outras, além de corromper a juventude com seus ensinamentos[297].

Que duvidosa e incerta democracia vivia a Atenas do século V-IV a.C., tendo-se em vista que foi a própria cidade (*pólis*) que elegera como lugar de ensino que o condenou à morte?[298]. As leis que havia ensinado a obedecer contra ele se voltaram. Tal condenação só veio a demonstrar a relatividade de todo julgamento humano não lastreado no verdadeiro senso de justiça, prova da própria imperfeição das leis atenienses da época.

Não obstante a injustiça do julgamento a que deram causa as acusações de Meleto, Anito e Licon, Sócrates submeteu-se serenamente à sentença condenatória, deixando entrever aos seus discípulos mais um importante e supremo ensinamento: o valor da lei como elemento de ordem do todo. Se em sua defesa poderia ter aduzido fatos, discursos, palavras que mitigassem a ira dos juízes contra si, ao invés de tentar conquistar a piedade e o favoritismo humanos, impugnou pela verdade, e em momento algum renunciou à causa que já havia abraçado como missão atribuída pelos deuses[299]. Mas, apesar de não ter tentado seduzir o corpo de juízes que o jul-

---

é apenas o deus, e ele quer dizer, por intermédio de seu oráculo, que muito pouco ou nada vale a sabedoria do homem, e, ao afirmar que Sócrates é sábio, não se refere propriamente a mim, Sócrates, mas só usa meu nome como exemplo, como se tivesse dito: Ó homens, é muito sábio entre vós aquele que, igualmente a Sócrates, tenha admitido que sua sabedoria não possui valor algum. É por esta razão que ainda hoje procuro e investigo, de acordo com a palavra do deus, se existe alguém entre os atenienses ou estrangeiros que possa ser considerado sábio e, como acho que ninguém o seja, venho em ajuda ao deus provando que não há sábio algum. E tomado como estou por esta ânsia de pesquisa, não me restou mais tempo para realizar alguma coisa de importante nem pela cidade nem pela minha casa, e levo uma existência miserável por conta deste meu serviço ao deus" (Platão, *Apologia de Sócrates*, in *Sócrates* (Os pensadores), 1999, p. 73).

297. Coloca-se a seu favor Xenofonte, no exame que faz da situação e da acusação que pendia sobre Sócrates: "O que da mesma forma me assombra é o haver penetrado em certos espíritos a ideia de que Sócrates corrompia os jovens, Sócrates que, à parte o que foi dito, era o mais moderado dos mortais a respeito nos prazeres dos sentidos como da mesa, o mais insensível ao frio, ao calor, às fadigas de todo tipo e tão sóbrio que lhe bastava seu minguado pecúlio. Com tais qualidades, como poderia ter desencaminhado os outros à crueldade, à libertinagem, ao ócio? Ao contrário, não afastou muitos homens desses vícios, tornando-os amantes da virtude e infundindo-lhes a esperança de, por meio da fiscalização de si mesmos, virem a ser um dia virtuosos?" (Xenofonte, Ditos e feitos memoráveis de Sócrates, in *Sócrates* (Os pensadores), Livro I, Capítulo 2, p. 85).

298. A respeito do julgamento de Sócrates, consulte-se Stone, *O julgamento de Sócrates*, 1988.

299. "Ao ouvir tais palavras os juízes murmuraram, uns de incredulidade, outros de inveja da predileção que lhe dedicavam os deuses. Prosseguiu Sócrates:

"Ouvi mais isto, para que os que o desejam tenham mais um motivo para não acreditar no favor com que me honraram as divindades. Um dia em que, em presença de numerosa assistência, Querefonte interrogava a meu respeito o oráculo de Delfos, respondeu Apolo não haver homem mais sensato, independente, justo e sábio do que eu.

"Como era de esperar, a estas palavras os juízes fizeram ouvir murmúrio maior ainda" (Xenofonte, Apologia de Sócrates, in *Sócrates* (Os pensadores), Livro II, p. 276).

gavam, provou à sociedade que seus ensinamentos não corrompiam a juventude nem contrariavam o culto tradicional dos deuses[300].

No lugar de se proteger com palavras emotivas, replicou aos que queriam lhe imputar crimes por ele não cometidos, certo de que não deveria se proteger, pois sua vida havia sido o maior dos testemunhos de justiça, felicidade e retidão. Assim testemunha Xenofonte a seu respeito:

> "Mas Hermógenes, filho de Hipônico e amigo de Sócrates, deu a esse respeito pormenores que mostram que o teor de sua linguagem coadunava perfeitamente com a de suas ideias. Relatava que, vendo-o discorrer a respeito de assuntos completamente alheios ao seu processo, dissera-lhe:
> "Não deverias, Sócrates, pensar em tua apologia?
> "Ao que lhe respondeu Sócrates:
> — "Não te parece que lhe consagrei toda a minha vida?
> "Ao ser indagado por Hermógenes de que maneira:
> — "Vivendo sem cometer injustiça alguma, o que é, a meu aviso, a melhor maneira de preparar uma defesa.
> "Tornara Hermógenes:
> — "Não vês que, melindrados com a defesa, fizeram os juízes de Atenas morrer muitos inocentes e absolveram muitos culpados cuja linguagem lhes despertara a piedade ou lhes lisonjeara os ouvidos?
> — "Por duas vezes — dissera Sócrates — tentei preparar uma apologia; contudo, a isso se opôs meu demônio.
> "Estranhando-lhe a linguagem, respondera Sócrates:
> "Por que te assombras, se julgam os deuses mais vantajoso para mim deixar a vida desde já? Não sabes que, até o presente, homem algum viveu melhor e mais feliz que eu? Agrada-me haver sempre vivido na devoção e na justiça" (Xenofonte, Apologia de Sócrates, in *Sócrates* (Os pensadores), Livro I, p. 271-272).

E ainda, às vésperas da execução da sentença, negando ao apelo de Críton, discípulo que viera ao cárcere propor-lhe a evasão da prisão, Sócrates pôde consolidar a sua doutrina e demonstrar a solidez de seu sistema filosófico. Antes ser condenado à morte por uma sentença injusta do que ser condenado à morte por uma sentença justa, afirma Sócrates:

---

300. "Diante disso, como é possível que a alguns agrade estar comigo tanto tempo? Vós ouvistes, ó cidadãos, que eu disse toda a verdade: têm prazer de ouvir-me quando submeto à prova aqueles que pensam serem sábios e não o são. Com efeito, não é desagradável. Ao fazer isso, repito-vos, cumpro as ordens do deus, dadas por intermédio de vaticínios e sonhos, e por outros meios de que se serve a providência divina para ordenar ao homem que faça alguma coisa. E estas coisas, ó atenienses, são verdadeiras e demonstráveis. Se de fato eu corrompo os jovens, se já corrompi algum, seria ainda necessário que estes, ao envelhecerem, tomassem consciência de que quando eram jovens eu os aconselhei a praticar o mal, e que viessem à tribuna para acusar-me e para exigir minha punição, e, se não quisessem fazê-lo diretamente, que enviassem hoje para cá as pessoas de sua família, pais, irmãos e outros, se os que lhes são caros sofreram algum mal por mim causado, e que me fizessem pagar por isso" (Platão, Apologia de Sócrates, in *Sócrates* (Os pensadores), 1999, p. 86).

"Acompanhava-o certo Apolodoro, alma simples e profundamente afeiçoada a Sócrates, que lhe disse:

— "Não posso aguentar, Sócrates, ver-te morrer injustamente.

"Então, dizem que, passando-lhe de leve a mão pela cabeça, Sócrates respondeu:

— "Meu caro Apolodoro então preferias ver-me morrer justamente?"

(Xenofonte, Apologia de Sócrates, in *Sócrates* (Os pensadores), Livro III, p. 281).

Dessa forma, não procurando revidar o injusto corporificado na sentença condenatória com outro ato de injustiça para com a cidade, Sócrates consagrou valores que foram, posteriormente, absorvidos por Platão e por Aristóteles. O homem enquanto integrado ao modo político de vida deve zelar pelo respeito absoluto, mesmo em detrimento da própria vida, às leis comuns a todos, às normas políticas (*nómos póleos*). O homem, assim radicado naturalmente na forma de vida comunitária, tem como dever o cumprimento de seu papel como cidadão participativo, e, assim, integrado nos negócios públicos, deve buscar a manutenção da sacralidade e da validade das instituições convencionadas que consentem o desenvolvimento da harmonia comunitária.

O ato de descumprimento da sentença imposta pela cidade representava para Sócrates a derrogação de um princípio básico do governo das leis: a eficácia. Com a eficácia das leis comprometida, a desordem social haveria de reinar como princípio, uma vez que cada qual cumpriria ou descumpriria as regras sociais de acordo com suas convicções próprias; mas, para Sócrates, o débito social é incontornável[301]. Sua atitude serviria de exemplo para que outros também se esquivassem do cumprimento de seus deveres legais perante a cidade, o que equivaleria a solapar as estruturas da cidade-estado, reerguida sob a égide do governo de Sólon, que havia instituído a *isonomía* entre os cidadãos.

A inderrogabilidade do valor das leis expressa uma solidariedade comunitária acima do indivíduo. A justiça política, que se fazia viva por meio das leis positivas, representou entre os gregos, e mesmo entre outros povos da Antiguidade, a orientação da vida do próprio indivíduo.

As leis eram amplamente restritivas da liberdade individual, intercedendo profundamente na vida privada dos indivíduos, em algumas cidades gregas. Em Esparta, por exemplo, o que ocorria é que desde o nascimento até a morte do cidadão, o paternalismo das leis se exprimia por um conjunto de disposições que norteavam a educação,

---

301. "Vejamos se assim entendes melhor. Se no instante de nossa fuga, ou como queres denominar nossa saída, as leis da República nos dissessem: Sócrates, o que vais fazer? Executar teu plano não significa aniquilar-nos completamente, sendo que de ti dependem as leis da República e as de todo o Estado? Acreditas que um Estado pode subsistir se as suas sentenças legais não têm poder e, o que é mais grave, se os indivíduos as desprezam e aniquilam? Que responderíamos, Críton, a essas e a outras acusações semelhantes? Quantas coisas não poderiam ser ditas, até mesmo por um retórico, a respeito do aniquilamento dessa lei que exige cumprimento das sentenças emitidas? Porventura responderíamos que a República foi injusta e nos julgou mal? É isso que diríamos?" (Platão, Críton, in *Sócrates* (Os pensadores), 1999, p. 109).

a disciplina, a forma do convívio e outros valores sociais no sentido do aperfeiçoamento não só da parte, mas do todo, ao qual está indissociavelmente ligada[302].

Sócrates serviu-se de sua própria experiência para fazer com que a verdade acerca do justo e do injusto viesse à tona[303]. A lei interna que encontra guarida no interior de cada ser, lei moral por excelência, poderia julgar acerca da justiça ou da injustiça de uma lei positiva, e a respeito disso opinar, mas esse juízo não poderia ultrapassar os limites da crítica a ponto de se lesar a legislação política pelo descumprimento[304]. Em outras palavras, para Sócrates, com base num juízo moral, não se podem derrogar leis positivas[305]. O foro interior e individual deveria submeter-se ao exterior e geral em benefício da coletividade[306].

Assim, pode-se dizer que a sua submissão à sentença condenatória representou não só a confirmação de seus ensinamentos, mas, também, a revitalização dos valores sociorreligiosos acordantes com os que foram a base da construção da própria cidade-estado grega, quando da transição de um estado gentílico ao político. Obedecer aos deuses era o mesmo que obedecer à cidade, e vice-versa[307]. Moralidade e

---

302. *Vide* Tovar, *Vida de Sócrates*, p. 321 e 322. Também, nesse sentido: "Traza límites y caminos (la ley), incluso en los asuntos más íntimos de la vida privada y de la conducta moral de sus ciudadanos" (Werner Jaeger, *Paideia*: los ideales de la cultura griega, v. I, p. 127).

303. É o que diz a respeito Aloysio Ferraz Pereira, *História da filosofia do direito*: das origens a Aristóteles, 1980, p. 37.

304. "... temos em Sócrates o exemplo clássico do conflito entre a ordem objetiva e legal, por ele considerada como expressão da justiça, e o seu sentimento subjetivo de que estava sendo injustiçado ao ser condenado à morte" (Cláudio de Cicco, A justiça e o direito moderno, *Revista Brasileira de Filosofia*, 1991, p. 147).

305. "Possuímos, diriam, importantes provas de que nós e a República sempre te agradamos, porque permaneceste na cidade mais que qualquer outro ateniense e não houve espetáculo que te fizesse sair dela, salvo quando te dirigiste ao istmo de Corinto para assistir aos jogos. Nunca saíste, exceto para expedições militares e nunca fizeste viagem alguma, como todos os cidadãos têm o hábito de fazê-lo, não tiveste a curiosidade de conhecer outras cidades e outras leis; nos amavas tanto e tão decidido estavas em viver à nossa maneira, que aqui tiveste teus filhos, testemunhos vivos de quanto isto te agradava, e até ao longo do teu processo poderias haver-te condenado ao exílio se o quisesses, e então fazer, com a anuência da tua cidade, o que pensas fazer apesar dela. Tu, que te declaravas indiferente ante a morte e que dizias que era preferível ao exílio, sem envergonhar-te com essa linguagem, sem nos respeitar, a nós, leis, intentas aniquilar-nos, ages como agiria o mais reles escravo e procuras salvar-te transgredindo a convenção que te obriga a viver como bom cidadão. Responde-nos, então: dizemos a verdade quando afirmamos que te submeteste a esta convenção, não por palavras, mas de fato e de forma irrestrita? O que responderíamos a isto e o que nos seria possível fazer exceto admiti-lo?" (Platão, Críton, in *Sócrates* (Os pensadores), 1999, p. 111).

306. "Avec Socrate cette direction devient dominante. Il s'occupe exclusivement de la détermination des concepts et des recherches sur la vertu; c'est aux mêmes problèmes, à quelques exceptions près, que les écoles demi-socratiques limitent leur champ d'études" (Zeller, *La philosophie des grecs considérée dans son dévellopement*, 1884, p. 38).

307. "Algum de vós talvez pudesse contestar-me: Em silêncio e quieto; ó Sócrates, não poderias viver após ter saído de Atenas? Isso seria simplesmente impossível. Porque, se vos dissesse que

legalidade caminham juntas para a realização do escopo social, dentro da ordem das leis divinas, as quais Sócrates insistia em sublinhar como parâmetro do correto julgamento do próprio ser[308].

A atitude desprendida do filósofo relativamente à sua própria vida conferiu novo fôlego ao princípio do respeito às leis da cidade. Se essa decisão foi salutar, do ponto de vista político e ético, não foram poucos os motivos que inspiraram Sócrates em sua decisão, podendo-se enumerar, entre outros, os seguintes:

a) o momento histórico decadencial vivido pela mais célebre cidade-estado grega após haver sucumbido às forças espartanas na Guerra do Peloponeso, carecendo-se, portanto, de atitudes e posturas favoráveis à democracia e ao respeito às leis;

b) a concatenação da lei moral com legislação cívica;

c) o respeito às normas e à religião que governavam a comunidade, no sentido do sacrifício da parte pela subsistência do todo;

d) a importância e imperatividade da lei em favor da coletividade e da ordem do todo;

e) a substituição do princípio da reciprocidade, segundo o qual se respondia ao injusto com injustiça, pelo princípio da anulação de um mal com seu contrário, assim, da injustiça com um ato de justiça[309];

f) o reconhecimento da sobrevivência da alma, para um julgamento definitivo pelos deuses, responsável pelo verdadeiro veredito dos atos humanos.

25.1.4. Conclusões

A ética socrática é uma ética teológica, e sua contribuição consiste em vislumbrar na felicidade o fim da ação. Essa ética tem por fito a preparação do homem para conhecer-se, uma vez que o conhecimento é a base do agir ético; só erra quem desconhece, de modo que a ignorância é o maior dos males. Mas conhecer não é fiar-se nas aparências e nos enganos e desenganos humanos, e sim fiar-se no que há de verdadeiro e certo. Erradicar a ignorância, portanto, por meio da educação (*paideia*) é tarefa do filósofo, que, na certeza desses princípios, abdica até mesmo de sua vida para *re-afirmar* sua lição e seu compromisso com a divindade.

Portanto, um misterioso conjunto de elementos éticos, sociais e religiosos permearam os ensinamentos socráticos, que permaneceram como princípios perenes e

---

significaria desobedecer ao deus e que, por conseguinte, não seria possível que eu vivesse em silêncio, não acreditaríeis e pensaríeis que estivesse sendo sarcástico. Se vos dissesse que esse é o maior bem para o homem, meditar todos os dias sobre a virtude e acerca dos outros assuntos que me ouvistes discutindo e analisando a meu respeito e dos demais, e que uma vida desprovida de tais análises não é digna de ser vivida, se vos dissesse isto, acreditar-me-iam menos ainda" (Platão, Apologia de Sócrates, in *Sócrates* (Os pensadores), 1999, p. 91).

308. Platão, Críton, in *Sócrates* (Os pensadores), 43 b.

309. A esse respeito, Platão, Críton, in *Sócrates* (Os pensadores), 54 c.

modelares, apesar de não terem sido reduzidos a escrito[310], mas que se transmitiram e se consubstanciaram principalmente no pensamento platônico, surtindo seus reflexos nas demais escolas que se firmaram na doutrina socrática.

Ao contrário de fomentar a desordem, o caos, a insurreição, sua filosofia prima pela submissão, uma vez que a ética do coletivo está acima da ética do indivíduo. Seu testemunho de vida bem provou essa convicção no acerto da renúncia em prol da cidade-estado (*pólis*). Onde está a virtude está a felicidade e isso independentemente dos julgamentos humanos a respeito.

25.2. Platão: idealismo, virtude e transcendência ética

25.2.1. O virtuosismo platônico e o socratismo

A principal parte do conjunto de premissas socráticas vem desembocar diretamente no pensamento platônico[311]. De fato, Platão (427-347 a.C.), por meio de seus diálogos *Fedro* e *República* (livros IV e X), que especificamente abordam a questão, desenvolve com acuidade os mesmos pressupostos elementares do pensamento socrático: a virtude é conhecimento, e o vício existe em função da ignorância. Ao raciocínio socrático somam-se as influências pitagórica e órfica, que acabam por torná-lo um pensamento peculiar. De qualquer forma, em sua exposição do problema ético, ressalta-se, sobretudo, o entrelaçamento das preocupações gnoseológicas, psicológicas, metafísicas e éticas propriamente ditas[312].

Toda a preocupação ética platônica decorre não de uma vivência direta e efetiva em meio às coisas humanas. Todo o sistema ético platônico é decorrência de pressupostos transcendentes, quais a alma, a preexistência da alma, a reminiscência das ideias, a subsistência da alma...[313]. O que há é que Platão, diferentemente da propos-

---

310. A esse respeito diz Hannah Arendt: "Depõe muito a favor de Sócrates o fato de que só ele, entre todos os grandes pensadores — singular neste aspecto como em muitos outros — jamais se tenha entregue ao trabalho de dar forma escrita a seus pensamentos; pois é óbvio que, por mais que um pensador se preocupe com o eterno, no instante em que se dispõe a escrever os seus pensamentos deixa de estar fundamentalmente preocupado com a eternidade e volta a sua atenção para a tarefa de legar aos pósteros algum vestígio deles" (*A condição humana*, 1989, p. 28).

311. Este mesmo estudo sobre o tema encontra-se em Bittar/Almeida, *Curso de filosofia do direito*, São Paulo, Atlas, 2001, p. 71-84.

312. "A relação entre a psicologia e a ética é exposta em dois diálogos: no Livro IV da *República* e no Mito do Cocheiro, no *Fedro*" (Chauí, *Introdução à história da filosofia*: dos pré-socráticos a Aristóteles, 1994, v. I, p. 214).

313. " — E concordamos também que, quando o conhecimento chega de certa maneira, é uma recordação. Ao dizer de certa maneira, quero dizer, por exemplo, que quando um homem, ao ver ou ouvir alguma coisa, ou percebendo-a por qualquer um de seus outros sentidos, não conhece apenas a coisa que chama a sua atenção, mas, ao mesmo tempo, pensa em outra que não depende de sua maneira de conhecer, mas de uma diferente. Não afirmamos que esse homem lembra o que surgiu em sua imaginação?" (Platão, Fédon, in *Platão* (Os pensadores), 1999, p. 136).

ta de Sócrates, se distancia da política e do seio das atividades prático-políticas. Se Sócrates ensinava nas ruas da cidade, Platão, decepcionado com o golpe que a cidade desferiu contra a filosofia, ensinará num lugar apartado, no recôndito, onde o pensamento pode vagar com tranquilidade, e onde se pode desenvolver um modo de vida ao mesmo tempo preocupado com a cidade e dela, de suas corrupções, torpezas e problemas, distante: a Academia[314].

Sócrates via na prudência (*phrónesis*) a virtude de caráter fundamental para o alcance da harmonia social. E a prudência estava incorporada ao seu método de ensinar e ditar ideias, com vistas à realização de uma educação (*paideia*) cidadã. Quando a condenação de Sócrates firmou a hostilidade da cidade ao filósofo, à qual era inerente a politicidade do convívio, iniciou-se um processo acadêmico de distanciamento da cidadania participativa; esta era a derrocada do ideal de perfeição democrática.

O que há é que a prudência (*phrónesís*) socrática se converte em vida teórica (*bios theoréticos*). Esta, declarada como a melhor das formas de vida, dentre as possíveis e desejáveis formas de vida humana (filósofo; cavalheiro; artesão), passou a servir de modelo de felicidade humana. Tudo isso com base na tripartição da alma da seguinte forma: alma logística, correspondendo à parte superior do corpo humano (cabeça), à qual se liga a figura do filósofo; alma irascível, correspondendo à parte mediana do corpo humano (peito), caracterizada pela coragem como virtude cavalheiresca; alma apetitiva, correspondendo à parte inferior do corpo humano (baixo ventre), à qual se ligam os artesãos, comerciantes e o povo.

Às potências da alma (*psyché*) humana ligam-se, portanto, os modos de vida, de maneira que: a) a parte logística da alma passa a representar o que diferencia o ser humano de outros seres; b) a parte logística da alma passa a representar a imortalidade do ser; c) a parte logística da alma passa a representar o que há de mais excelente no homem, que o faz assemelhar-se aos deuses; d) a alma logística (*logistikón*) é hegemônica diante das outras partes da alma humana; e) a alma logística é capaz de reflexão (*diánoia*), de opinião (*dóxa*), e de imaginação (*phantasía*); f) a alma logística é capaz de razão (*noûs*) e é essa razão que permite ao homem acessar, por meio da contemplação, as ideias que somente aos deuses são acessíveis[315].

---

314. Em torno do século VI a.C. se destacou a figura de Tales, de acordo com toda a tradição que se formou em torno de sua personalidade, alcançando grandes repercussões na posteridade pela anedota da escrava trácia, o que aparece consignado no *Teeteto* de Platão. Nessa passagem da obra do filósofo da Academia, sublinha-se que as preocupações filosóficas afastam o pensador da realidade, dicotomizando sua personalidade humana à sua personalidade astronômico-científica. A importância da verdade e a prevalência da última personalidade sobre a primeira atestam o valor atribuído à especulação, coincidente com o início da reflexão humana pelas causas e princípios do universo, e aos iniciadores da atividade especulativa quando se firmaram as bases do paradigma teorético com a Academia de Platão.

315. Aí não há movimento, não há discurso, não há pensamento: a ideia encontra-se absorvida em sua plenitude de inteligibilidade. Assim, " (...) o *noûs* intui e o logístico pensa e fala sobre o *einai te kai tên ousían* através do *noûs*, assemelhando-se àquilo do que fala e pensa (ser e substância)"

A ciência só é possível em face do que é certo, eterno e imutável. Somente as ideias são, para Platão, certas, eternas e imutáveis, tendo-se em vista que tudo o mais que se conhece é incerto, perecível e mutável. Do que se disse acima, somente a alma logística é capaz de ciência, e essa ciência (*epistéme*), à qual se refere Platão, deriva da contemplação das ideias perfeitas e imutáveis pelo filósofo[316].

25.2.2. Virtude e vício: ordem e desordem

Cada parte da alma humana exerce uma função, e essas funções delimitadas, sincronizadas e direcionadas para seus fins são a causa da ordem e da coordenação das atividades humanas. Assim, as diversas faculdades humanas estão dotadas de aptidão para a virtude (*areté*); diga-se que a virtude é uma excelência, ou seja, o aperfeiçoamento máximo de uma capacidade ou faculdade humana suscetível de ser desenvolvida e aprimorada[317].

O virtuosismo platônico tem que ver, portanto, com o domínio das tendências irascíveis e concupiscíveis humanas, tudo com vistas à supremacia da alma racional. Então, virtude significa controle, ordem, equilíbrio, proporcionalidade... em que as almas irascíveis e concupiscentes se submetem aos comandos da alma racional, esta sim soberana[318]. Desse modo, boa será a conduta que se afinizar com os ditames da razão[319].

(Andrade, *Platão*: o cosmo, o homem e a cidade, 1994, p. 137). Das sombras sensíveis ao imutável do inteligível todo tipo de recurso simbólico humano é eliminado para que se vislumbre em sua pureza a forma (*morphé*) sem qualquer interferência de elementos da razão mundana.

316. Assim é que a opinião não é ciência, é algo entre o ser e o não ser (*República* 478 d), uma vez que não se estabelece, por meio desta, as bases de um conhecimento sólido e sustentável, permanecendo-se na inconstância da aparência, na fluidez insólita do relativo e particular. Da mesma forma como opinião não é ciência, opõem-se, também, os sujeitos-artífices da *dóxa* e da *epistéme*, ou seja, o *philodoxos* e o *philosophos*, na perspectiva de que o primeiro lança suas observações com base no conhecimento empiricamente captado, enquanto o segundo constrói o saber sobre a experiência contemplativa, que se baseia no conhecimento daquilo que não é contingente.

317. É a análise que da temática faz Chauí: "Embora a psicologia e a ética recebam exposições diversas, em todas elas Platão estabelece uma relação precisa entre *areté*, *dýnamis*, *epistéme* e *téchne*. A *areté*, vimos, é a excelência ética, o ser bom. Os mitos platônicos evidenciam que a *areté* é uma *dýnamis*, uma possibilidade ou potencialidade da alma que precisa ser atualizada. A atualização é feita pela *téchne* como terapia e *paideia*. Estas pressupõem a ciência, a *epistéme*, que indica qual é a *areté* de cada função da alma — qual a excelência de cada uma delas — e qual a hierarquia entre essas funções. A *téchne*, isto é, a *paideia* dialética desfaz os conflitos entre as funções da *psykhé* (sua desordem), fazendo com que cada uma realize sua função própria" (Chauí, *Introdução à história da filosofia*: dos pré-socráticos a Aristóteles, 1994, v. I, p. 218).

318. "Assim, um homem é virtuoso ou justo quando a alma racional domina a irascível e a faz corajosa, e quando a alma corajosa domina a concupiscente e a faz temperante" (Chauí, *Introdução à história da filosofia*: dos pré-socráticos a Aristóteles, 1994, v. I, p. 214).

319. "— Não se afirma que uma alma que possui inteligência e virtude é boa, e que outra que é infame e corrompida é má? Não se afirma com razão?

— Com toda a razão" (Platão, Fédon, in *Platão* (Os pensadores), 1999, p. 160)

A harmonia (*armonía*)[320], uma vez dominados os instintos ferozes, o descontrole sexual, a fúria dos sentimentos... surge como consequência natural, permitindo à alma fruir da bem-aventurança dos prazeres espirituais e intelectuais. A ética que deflui da alma racional é exatamente a de estabelecer esse controle e equilíbrio entre as partes da alma, de modo a que o todo se administre por força racional e não epitimética ou irascível[321].

O vício, ao contrário da virtude, está onde reina o caos entre as partes da alma. De fato, onde predomina o levante das partes inferiores com relação à alma racional, aí está implantado o reino do desgoverno. Isso porque ora manda o peito, e suas ordens e mandamentos são torrentes incontroláveis (ódio, rancor, inveja, ganância...), ora manda a paixão ligada ao baixo ventre (sexualidade, gula...)[322].

Então, buscar a virtude é afastar-se do que é tipicamente valorizado pelos homens, que é o que mais ainda o liga ao corpo e ao mundo terreno, e procurar o que é valorizado pelos deuses, e que mais o distancia do corpo e do mundo terreno. O homem deve sim procurar identificar-se com o que há de melhor e mais excelente, e nesse sentido deve buscar inspiração nas faculdades que caracterizam os deuses, os mais excelentes dos seres, e não os animais. A alma que valoriza a mundanidade acaba por construir em torno de si uma certa corporalidade, que possui o peso das carnes humanas, e não a leveza característica dos deuses[323]. Lastreado num dos principais

---

320. "— Mas — disse Sócrates — não vemos agora que a alma faz exatamente o contrário? Que dirige e governa as coisas de que pretende ser composta, resiste a elas no decorrer de quase toda sua existência, reprimindo a umas, duramente, pelas dores, como no ginásio, e a medicina tratando a outras com maior doçura, contentando-se em ameaçar ou reprimir os desejos, os ódios, os medos, como coisas de natureza distinta à sua? Foi isto que Homero representou tão bem quando, na Odisseia, diz que Ulisses: Golpeando o peito dirigiu-se duramente a seu coração: Suporta, coração! Já que maiores torturas suportaste. Crês que Homero teria dito isto se julgasse que a alma é uma harmonia que deve ser governada pelas paixões do corpo? Não é mais lógico que julgasse que a alma deve dominá-las e dirigi-las e que é, enfim, coisa por demais divina para ser comparada com uma simples harmonia?" (Platão, Fédon, in *Platão* (Os pensadores), 1999, p. 162).

321. "Qual a tarefa ética ou moral da alma racional? Dominar as outras duas faculdades, e harmonizá-las com a razão" (Chauí, *Introdução à história da filosofia*: dos pré-socráticos a Aristóteles, 1994, v. I, p. 214).

322. "E como já dissera Sócrates, o vício é ignorância; portanto, quem não exerce a razão não conhece a virtude e não pode ser virtuoso" (Chauí, *Introdução à história da filosofia*: dos pré-socráticos a Aristóteles, 1994, v. I, p. 214).

323. "— No entanto, se a alma se afasta do corpo maculada, impura, como se houvesse estado sempre mesclada com ele, até o ponto de julgar servi-lo, embriagada pelo corpo, até o ponto de crer que nada existe além do físico, do que se pode ver, tocar, comer e beber, ou do que se presta aos prazeres do amor, ao passo que detesta, receia e foge de tudo que é obscuro e invisível, de tudo que é inteligente, crês que essa alma pode, ao separar-se do corpo, ver em si mesma, por si mesma e sem mistura?

"— Não, não creio.

"— Ao contrário, conforme penso, sai toda misturada com uma corporalidade que, por ela haver-se habituado com o corpo, parece-lhe íntima e natural, porque nunca deixou de viver em comu-

ensinamentos de Sócrates é que Platão erigiu seu sistema, obviamente já sincretizado com o orfismo e o pitagorismo:

"— Parece-te, portanto — replicou Sócrates —, que os desejos de um filósofo não têm por objeto o corpo e que, ao contrário, trabalha para afastar-se dele dentro do possível, a fim de se ocupar apenas de sua alma?

"— Com certeza.

"— Assim, de todas essas coisas que acabamos de falar — disse Sócrates —, é evidente que o trabalho do filósofo consiste em se ocupar mais particularmente que os demais homens em afastar sua alma do contato com o corpo" (Platão, Fédon, in *Platão* (Os pensadores), 1999, p. 125).

Sacrificar-se pela causa da verdade significa abandonar os desejos do corpo, e fazer da alma o fulcro de condução da conduta em si e por si. Ao que deve visar o homem, para que sua ética se fortaleça? Ao aprimoramento da alma, e sobretudo, daquela sua parte que se determina a ser a parte que mais faz o homem semelhante aos deuses: a razão. De fato:

"Deste princípio — prosseguiu Sócrates — não se segue que os filósofos precisam pensar e dizer: a razão deve seguir apenas um caminho em suas investigações, enquanto tivermos corpo e nossa alma estiver absorvida nessa corrupção, jamais possuiremos o objeto de nossos desejos, isto é, a verdade. Porque o corpo nos oferece mil obstáculos pela necessidade que temos de sustentá-lo, e as enfermidades perturbam nossas investigações. Em primeiro lugar nos enche de amores, de desejos, de receios, de mil ilusões e de toda classe de tolices, de modo que nada é mais certo do que aquilo que se diz correntemente: que o corpo nunca nos conduz a algum pensamento sensato. Não, nunca! Quem faz nascer as guerras, as revoltas e os combates? Nada mais que o corpo, com todas as suas paixões. Com efeito, todas as guerras têm origem apenas no desejo de acumular riquezas, e somos obrigados a acumulá-las pelo corpo, para servi-lo, como escravos, em suas necessidades. Eis o motivo de não termos tempo para pensar em filosofia; e o pior é que, quando conseguimos alguns instantes de paz e começamos a meditar, esse intruso irrompe em meio de nossas investigações, nos entorpece, nos perturba e nos impede o discernimento da verdade. Está demonstrado, ao contrário, que, se desejamos saber realmente alguma coisa, é preciso que abandonemos o corpo e que apenas a alma analise os objetos que deseja conhecer. Somente então usufruiremos da sabedoria pela qual estamos apaixonados, isto é, depois de nossa morte e de maneira alguma no decorrer da vida. E a própria razão o afirma, já que é impossível conhecer alguma coisa de forma pura, enquanto temos corpo; é preciso que não se conheça a verdade ou então que se a conheça após a morte, pois então a alma se pertencerá, livre desse fardo, e não antes. Enquanto estivermos nesta vida não nos aproximaremos da verdade a não ser afastando-nos do corpo e tendo relação com ele apenas o estritamente necessário, sem deixar que nos atinja com sua corrupção natural, e conservando-nos puros de todas as suas imundícies até que o deus venha nos libertar. Desta forma, livres da loucura do corpo, conversaremos,

---

nidade com ela e multiplicou as oportunidades de exercitar-se nisso" (Platão, Fédon, in *Platão* (Os pensadores), 1999, p. 147).

como é correto, com homens que usufruirão a mesma liberdade e conheceremos por nós mesmos a essência das coisas, e talvez a verdade não seja mais do que isso. Mas tenho grande temor de que aquilo que não esteja puro não possa alcançar a pureza. Aqui está, meu caro Símias, o que me parece que os verdadeiros filósofos devem pensar e a linguagem que devem usar entre eles. Pensas como eu?" (Platão, Fédon, in *Platão* (Os pensadores), 1999, p. 127-128).

Adotado o *modus vivendi* virtuoso, o homem tem os deuses a seu favor. Trata-se de um sacrifício que possui compensações, uma vez que justos e injustos, bons e maus, virtuosos e viciosos se submetem ao julgamento dos deuses, e se a justiça humana é impune para recriminar condutas, e se a ética humana é insuficiente para controlar os desregramentos humanos, existe a continuidade da vida para provar que os que se desigualam dos demais pela virtude terão suas recompensas, e que os que se desigualam dos demais pelo vício, suas punições. Caso contrário, se assim não fosse, ensina Sócrates que grande benefício seria a morte opaca e escura, prenhe de trevas e silêncio, pois daquele que erra apagaria todos os vícios e atrocidades. A mecânica ética está apontada para algo mais além da vida e da morte. Como diz Sócrates:

"— Existe, contudo — prosseguiu Sócrates —, ao menos uma coisa em que seria justo que todos vós refletísseis: se a alma é de fato imortal, se faz necessário que zelemos por ela, não só durante o tempo presente, que denominamos viver, mas ao longo de todo o tempo, pois seria grave perigo não se preocupar com ela. Suponhamos que a morte seja apenas uma completa dissolução de tudo. Que maravilhosa ventura estaria então reservada para os maus, que se veriam libertos de seu corpo, de sua alma e de sua própria maldade! Mas, em verdade, uma vez que se tenha demonstrado que a alma é imortal, não haverá escapatória possível para ela em face de seus males, exceto que se torne melhor e mais sábia. A alma nada leva consigo ao chegar ao Hades, a não ser sua formação e regime de vida, o que, de acordo com a tradição, é exatamente o que mais valoriza ou prejudica o morto, a partir do início da viagem para o além. Portanto, dizem que o mesmo gênio que acompanha cada um de nós ao longo da vida é também quem conduz o morto a um determinado lugar. Os que lá estão são submetidos a um julgamento e, proferida a sentença, são levados ao Hades por um guia a quem foi ordenado conduzi-los até lá. Após receberem o que mereciam e terem permanecido lá o tempo necessário, outro guia os reconduz para cá, através de muitos e demorados intervalos de tempo. Dessa forma, o caminho não é como pretende o Télefo de Ésquilo, que declara ser simples o caminho que leva ao Hades; para mim, não é nem tão simples nem único, pois, se existisse um só caminho para chegar ao Hades, não haveria necessidade de guias, pois ninguém erraria a direção. Mas fica evidente que tal caminho possui muitas encruzilhadas e curvas, e uma prova disso são os cultos e costumes religiosos de que dispomos.

"Então, a alma comedida e sábia segue a seu guia de livre e espontânea vontade e não desconhece a sorte que a espera; mas aquela que está presa a seu corpo pelas paixões, como eu dizia anteriormente, permanece por muito tempo ligada a ele e a este mundo visível, e só depois de haver resistido e sofrido muito é arrastada à força pelo gênio que lhe foi designado. Quando chega a esta reunião de todas as almas, se ela é impura, se está maculada por algum assassinato ou qualquer outro crime terrível, todas as outras almas fogem de sua presença e lhe demonstram horror; não encontra nem companheiro nem guia e vaga em completo abandono até que, após um certo tempo, a necessidade arrasta-a até o lugar que merece. Mas aquela alma que passou sua vida no comedimento e na pureza tem os próprios deuses por companheiros e guias, e ocupará o lugar que lhe está destinado, já que lá há lugares maravilhosos e diferentes da Terra, e não é o que imaginam aqueles que têm o hábito de fazer descrições, como já ouvi algumas" (Platão, Fédon, in *Platão* (Os pensadores), 1999, p. 178).

25.2.3. O idealismo ético e o mito de Er

O platonismo, ao contrário do que faz o aristotelismo, como se verá adiante[324], prima pelo idealismo e não pelo realismo. Isso porque o núcleo da teoria platônica repousa na noção de ideia (*eîdos*) que penetra inclusive o entendimento do que seja o bem supremo do homem. A *eîdos*, por distanciada dos mais vulgares desejos e tendências humanas realizáveis, se inscreve, portanto, no quadro das especulações humanas, mas jamais das realizações humanas. Isso porque a ideia do que seja o Bem Supremo não pode ser atingida pelo homem nem realizada concretamente. Enfim, a ideia do Bem que está a governar todo o cosmo (*kósmos*) representa a grande prioridade do sistema de Ideias concebido por Platão[325].

Às ideias de ética e de virtude se liga diretamente a ideia de conhecimento como algo necessário[326]. De fato, o platonismo não nega sua herança socrática, e faz o conhecimento derivar dos altiplanos do Mundo Ideal. É por reminiscência que se pode recuperar as ideias que estão latentes na alma humana, mas que foram esquecidas pela passagem da alma de sua condição no Hades para a Terra. Recuperar o conhecimento latente na alma humana é reacender labaredas de vidas precedentes, uma vez que dessas vivências anteriores se podem extrair os conceitos primordiais já aprendidos e efetivamente adquiridos pela alma.

---

324. Em que consiste a felicidade parece ser um problema comum a ambas as Ethicae (EN e EE), pois tanto numa como noutra se expõem as opiniões vulgares acerca dela (Eth. Nic., 1095 a, 14/1095 b, 13; Eth. Eud., 1214 b, 29/1215 a, 19), para, metodologicamente, superar-se o falseamento das premissas endoxológicas, das aporias e dos juízos errôneos.

325. "Donde mejor se ve cómo concebía él esta solución es en la *República*, pues toda la estructura de esta obra descansa sobre el criterio de que la idea del bien, el principio primario de todos los valores, ocupa un lugar predominante en el centro del cosmos" (Jaeger, *Paideia*: los ideales de la cultura griega, III, 1949, p. 288).

326. De pronto, deve-se dizer que a justiça é uma virtude, e liga-se diretamente à virtude a ideia de conhecimento (só se erra por ignorância, no lema socrático), de modo que a virtude é algo ensinável. Mas se todo conhecimento somente pode ser dito como tal se se detiver nas Essências, e não nas aparências, então, a justiça que se ensina é acerca do que É e não do que parece ser; em meio ao dualismo (presente em Tales, Parmênides, Heráclito, Anaxímenes, Anaximandro, Empédocles) mitológico e místico flagrante entre Bem (cuja causa é Deus e que existe como Ideia) e Mal (cuja causa é outra que não Deus e que inexiste como Ideia), a justiça ensinável é algo que aponta para o Bem. Consulte-se, a respeito dessas impressões, Kelsen, *A ilusão da justiça*, 1995, p. 1-17 e 142-152.

Assim, incumbe à alma logística a contemplação da verdadeira Realidade, de onde se extraem os conhecimentos certos e definitivos para serem seguidos pelos homens. Essa questão é ilustrada pelo Mito da Caverna (*República*, Livro V), mas pode ser esclarecida a partir do Mito de Er, apresentado, em meio a uma exposição de Sócrates a Glauco sobre arte e técnica, no final do Livro X do diálogo *República* (525 a/621 d) de Platão[327].

A narrativa do mito[328] se detém fundamentalmente à figura de Er, guerreiro originário da Panfilia (Ásia Menor), que, morto em uma batalha, teve seu corpo posteriormente encontrado dentre outros cadáveres de guerreiros, mas na espantosa condição de cadáver são e íntegro. Uma vez encontrado, reconduzido à sua pátria e velado por doze dias (*dwdekataîos*) (*Rep.*, 614 a), no último desses doze dias, recobrou a vida e contou aos circunstantes o que havia visto no Hades.

A partir de então advém seu relato pessoal, tudo narrado por Sócrates, baseado nas tradições populares a respeito de como seria a vida no Além, contando que, ao deixar o corpo, sua alma foi para um lugar maravilhoso, uma grande pradaria, onde se aglomeravam inúmeras almas, e onde se avistavam quatro buracos, dois no solo e dois no céu. Os juízes, que ali se encontravam, avistavam os justos, e a estes recomendavam de seguir à direita e para o céu, por uma das aberturas[329], e avistavam, da mesma forma, os injustos, e a estes recomendavam de seguir à esquerda e para baixo, por uma das aberturas[330]. Esses mesmos juízes, que selecionavam os justos dos injustos, recomendaram a Er que não tomasse nenhuma das direções, mas que retornasse ao mundo e servisse de testemunha aos homens do que havia visto ali.

De uma das aberturas da terra, conta Er ter visto surgir almas sujas e empoeiradas, que contavam sofrimentos e dores, e, pelo contrário, de uma das aberturas do céu, almas puras, que contavam das maravilhas que haviam visto[331], todas vindas de uma longa viagem. Sócrates, em sua narrativa do relato de Er sobre o supraterreno, insiste em contar apenas o essencial a Glauco, atribuindo ainda a Er outras informações acerca da vida no Além. Assim, as almas injustas pagavam, para cada injustiça cometida, dez vezes mais (*dekákis*); a duração de cada punição é de cem anos (vida

---

327. O fato de se abordar um mito não torna a pesquisa parte de uma panaceia figurativa; o mito é tão significativo como método, em Platão, como o diálogo e a discussão dialética. De fato: "Por vezes, abandona a discussão dialética e exprime ideias de acesso difícil por meio do mito. Este encontrava-se na tradição, servia para embelezar a exposição e repousar o espírito com sua beleza poética, exprimindo o provável ou o possível, mas não o absolutamente certo. Pensa-se que só se empregava nas obras destinadas ao público, e não ao ensino" (Pereira, *Estudos de história da cultura clássica*, 1993, v. I, p. 478).

328. Essa narrativa já foi abordada em outra obra. Consulte-se Bittar, *Teorias sobre a justiça*: apontamentos para a história da Filosofia do Direito, 2000.

329. *Toùs mèn dikaíous keleúein poreúesthai ten eis dexían te kaì ánw dià toú ouranoû* (*Rep.*, 614 c).

330. *Toùs dè adíkous tèn eis aristerán te kaì Kátw* (*Rep.*, 614 c).

331. *Tàs d'au ek toû ouranoû eupatheías diegeîsthai kaì théas amechánous tò kállos* (*Rep.*, 615 a).

humana); para cada boa ação, na mesma medida, a recompensa é decuplicada. A narrativa de Er sobre o sistema de punições e recompensas se baseia no testemunho de almas que, além de terem visto coisas feias e padecido coisas ruins, presenciaram grandes criminosos (parricidas, tiranos...) serem impedidos de deixar as entranhas da terra ao tentarem delas sair.

Logo em seguida a uma permanência de sete dias nessa pradaria, onde esses fatos narrados foram presenciados por Er, as almas dela se deslocaram por mais quatro dias, caminhando em direção a uma coluna luminosa, que se vertia em direção ao céu. Ali se avistavam *Lachésis* (passado), *Clotho* (presente) e *Atropos* (futuro), filhas da Necessidade, responsáveis pelo movimento dos arcos celestes. Apresentando-se, relata Er, diante de *Lachésis*, cada alma recebia sua sorte no porvir, e isso tendo-se em vista o reencontro próximo com um corpo carnal[332], mas tudo não por intervenção e responsabilidade da divindade, mas sim por sua própria liberdade de escolha (*aitía eloménou; Theòs anaítios*) (*Rep.*, 617 e; *Timeu*, 42 d); escolhendo os modelos de vida (*tà twn bíwn paradeígmata*) (*Rep.*, 618 a), as almas o faziam com base em experiências e hábitos de vidas anteriores[333], selecionando o que melhor lhes conviria num futuro próximo.

Nesse sentido, tendo em vista a liberdade de escolha de cada alma, podiam ser escolhidas vidas animais ou humanas[334]; após a escolha, cada alma recebia seu demônio, que lhes encaminharia nas dificuldades da vida[335]. Isso feito, o demônio de cada alma se encarregava de conduzir a sua pupila diante de *Clotho* e, em seguida, de *Atropos,* tornando irrevogável o destino por ela escolhido livremente, dentro de seu cabedal de responsabilidades e experiências anteriores.

Em seguida, todas as almas se apresentavam diante do trono da Necessidade para, posteriormente, passar pela grande planície do *Léthes*, onde, pela noite, beberiam da água do rio Amelete, responsável pelo esquecimento do que viram e vivenciaram. Feito esse ritual, em meio à noite, após fortes estrondos e relâmpagos luminosos, cada alma é conduzida ao local onde renascerá. Er, por sua vez, não tendo bebido da água do rio Amelete (cuja água é responsável pelo esquecimento das vivências anteriores) e sim recebido a orientação de retornar ao mundo para contar sua experiência no Além, recobrou sua consciência, tomando novamente posse de seu corpo, que foi retirado de campo em meio aos andrajos de guerra, e pôde, liberto do adormecimento que acomete todas as almas, trazer seus relatos sobre o que seria a responsabilidade de cada qual pelos seus atos e pelo próprio destino.

Sócrates, então, conclui diante de Glauco sua dissertação sobre o mito, encerrando seu diálogo e afirmando que se pode ser feliz, bem como agradar os deuses, neste mundo, e no Além (*Rep.*, 621 d).

---

332. *Archè álles periódou thnetoû génous thanatephórou* (*Rep.*, 617 d).

333. *Katà synétheian gàr toû protérou bíou tà pollà aireîsthai* (*Rep.*, 620 a).

334. *Wwn te gàr pántwn bíous kaì dè kaì toùs anthrwpínous ápantas* (*Rep.*, 618 a).

335. *Ekeínen d'ekástw òn eíleto daímona* (*Rep.*, 620 d).

132

25.2.3.1. Ética, justiça e metafísica

A admissão de uma Realidade (divina) para além da realidade (humana) importa, também, na admissão de que existe uma Justiça (divina) para além daquela conhecida e praticada pelos homens. O que é inteligível, perfeito, absoluto e imutável pode ser contemplado, e é do resultado dessa atividade contemplativa que se devem extrair os princípios ideais para o governo da *politeía*, tarefa delegada ao filósofo[336].

Mesmo estando a Ideia da Justiça distante dos olhos do comum dos homens, sua presença se faz sentir desde o momento presente na vida de cada indivíduo. Existe, para além da ineficaz e relativa justiça humana (a mesma que condenou Sócrates à morte!), uma Justiça infalível e absoluta, que governa o *kósmos*, e da qual não se pode furtar qualquer infrator. A justiça não pode ser tratada unicamente do ponto de vista humano, terreno e transitório; a justiça é questão metafísica, e possui raízes no Hades (além-vida), onde a doutrina da paga (pena pelo mal; recompensa pelo bem) vige como forma de Justiça Universal.

A cosmovisão platônica, que segue rigorosamente passos pitagóricos, permite a abertura da questão da justiça a caminhos mais largos que aqueles tradicionalmente trilhados no sentido de se determinar seu conceito. O que a proposta platônica contém é uma redução dos efeitos racionais da investigação, e uma maximização dos aspectos metafísicos do tema[337]. Nesse sentido, toda alma que perpassa a sombra e a incógnita da morte encontrará seu julgamento, que será feito de acordo com os impecáveis mandamentos da Justiça. A doutrina da paga no Além dos males causados a outrem, deuses e homens, possui caráter essencialmente órfico-pitagórico[338], e é o cerne da justiça cósmica platônica.

A conduta ética e seu regramento possuem raízes no Além (Hades), de modo que o sucesso terreno (homicidas, tiranos, libertinos, ...) e o insucesso terreno (Sócrates...) não podem representar critérios de mensurabilidade do caráter de um homem (se justo ou se injusto). No reino das aparências (mundo terreno, sensível), o que parece ser justo, em verdade, não o é, e o que parece ser injusto, em verdade, não o é.

---

336. Onde o filósofo platônico governa não são necessárias leis, pois sua vontade é a vontade do Estado; as leis somente aparecem como um paliativo, como uma alternativa viável para a falta de um verdadeiro homem sábio. Nesse caso, as leis não devem e não podem ser desobedecidas em hipótese alguma, como se afirma no *Político*, 300 (Kelsen, *A ilusão da justiça*, 1995, p. 498-503).

337. Assim, o que ocorre é que a noção de justiça se funcionaliza, de modo a que seja feita parte de uma ordem de coisas muito maior; sua importância como máximo valor humano diminui à medida que a investigação evolui em seus aspectos metafísicos e transcendentes. De fato, a Justiça participa do Bem, Ideia Maior que tudo ordena, e para o que tudo teleologicamente se direciona, ou seja, da Ideia que congrega todas as demais virtudes (Amizade, Coragem, Amor...). A própria paga no Além é somente meio para a realização do Bem Supremo, como se pode inferir do texto da *República*. A respeito, consulte-se Kelsen, *A ilusão da justiça*, 1995, p. 447-448.

338. Consulte-se, a respeito do misticismo platônico, Cornford, Mysticism and science in the pythagorean tradition, in *The pre-socratics*: a collection of critical essays, 1974, p. 135-160.

A inversão ético-valorativa operada por Platão[339] faz com que todo o equilíbrio das relações humanas se baseie não em critérios palpáveis, acessíveis aos sentidos, passíveis de serem discutidos pela opinião (dóxa)[340]; o que há é que se cria uma expectativa de justiça, somente realizável no Além, apesar de, por vezes, imediatizar-se na vida terrena.

Nos textos do *Górgias*, das *Leis*, da *República*, a retribuição aparece como a forma providencial de justiça cósmica. Nas *Leis*, sobretudo, a ordem do mundo é dada pela justiça retributiva (*Leis*, 903)[341]. Esta é infalível[342]. O melhor à alma que se separa do corpo é nada dever a ninguém, pois aquele que algo deve, ainda que se esconda (*Leis*, 905), sob a justiça encaminhada pela providência divina, haverá de sucumbir. De fato, a retribuição é o modo de justiça metafísica (*Rep.*, 613), que ocorre desde o aqui e também no Além.

A justiça agrada a Deus[343], sendo que a injustiça o desagrada; mais que isso, a justiça é causa de bem para aquele que a pratica, e causa de mal para aquele que a transgride[344]. Passam à direita e para cima de Deus as almas que se destinam a fruir os gozos celestes, e passam à esquerda e para baixo de Deus as almas destinadas ao cumprimento de penas[345]; as almas cumprem seus ciclos num longo período de provas, durante o qual permanecem indo e vindo entre duas realidades.

Toda alma que retorna de seu ciclo tem o direito de escolher, diante de três moiras, a sorte que deseja cursar, dentro de um vasto leque de opções, podendo

---

339. "Platão não dá grandes garantias acerca do destino dos justos nesta vida — embora ele tenha a certeza de que os deuses os não esquecerão (*Rep.* 613a-b; comparar *Leis X*, 899c-900b) —, mas é na vida futura que a justiça recebe a sua recompensa suprema, tal como é descrito em termos ardentes no Mito de Er in *República X*" (Peters, *Termos filosóficos gregos*: um léxico histórico, 1983, p. 55, verbete *diké*).

340. O que é justo não pode ser objeto de *dóxa*, mas somente de *epistérne*, e esta não é senão o conhecimento por meio da dialética; a própria massa dos homens não está em acordo quanto ao que seja a justiça. *Vide*, nesse sentido, Kelsen, *A ilusão da justiça*, 1995, p. 279.

341. "Enquanto identifica justiça com retribuição, Platão não apenas assume a doutrina órfico-pitagórica, mas aceita uma visão do povo grego que vem da Antiguidade" (Kelsen, *O que é justiça?*: a justiça, o direito e a política no espelho da ciência, 1998, p. 99).

342. Cf. Kelsen, *A ilusão da justiça*, 1995, p. 325-327.

343. Cf. Kelsen, *A ilusão da justiça*, 1995, p. 279.

344. O castigo corrige, emenda, ensina; é a única forma de correção do incorreto; também a intimidação metafísica (temeridade pelo futuro no Hades) é aliada da correção e educação das almas. *Vide*, a esse respeito, as considerações acerca da pedagogia penal de Platão no texto *A ilusão da justiça*, de H. Kelsen, 1995, p. 305-310.

345. Está-se a utilizar da palavra Deus (*Théos*), no contexto dos estudos da *República*, mas há que se ressaltar que a presença de Deus é muito mais sensível nas obras posteriores à *República*. Nestas Platão parece assumir todas as consequências diretas e indiretas do uso do termo Deus, como princípio e causa do existente, em sua reflexão. Essa é a opinião de Jaeger, *Paideia*: los ideales de la cultura griega, III, 1949, p. 289.

optar por profissões e posições sociais as mais variadas, levando-se em conta as aptidões que já possui e que já adquiriu em vivências passadas; logo em seguida submete-se a alma a beber a água do rio Ameles para o esquecimento do que viu e posterior renascimento[346]. O próprio renascimento, momento de união do corpo com a alma, sendo que esta está presa como a um cárcere àquele, significa a justiça em funcionamento, mecanismo que responsabiliza cada alma por sua conduta aqui e no Além[347].

A conclusão não é outra senão a de que não se pode ser justo ou injusto somente para esta vida, pois, se a alma preexiste ao corpo, é porque também subsiste à vida carnal, de modo que ao justo caberá o melhor e ao injusto o pior. Aqui residem esporos da doutrina órfico-pitagórica e de um dualismo escatológico. Ao justo, a Ilha dos bem-aventurados, ao injusto, o Tártaro (*Górgias*, 447)[348]. Nesse sentido, o mecanismo é implacável, pois toda alma comparecerá diante de um tribunal, que sentenciará os acertos e os erros, determinando o fim de cada qual no Além[349].

25.2.4. A ética, a alma e a ordem política

A ordem política platônica estrutura-se como uma necessidade para a realização da justiça, um imperativo para o convívio social[350], em que governados obedecem e governantes ordenam[351]. E, nessa ordem, onde uns obedecem e outros ordenam, deve haver uma cooperação entre as partes para que se realize a justiça.

A alma tripartite, cuja estrutura é dada pelo *Fédon*, é feita paradigma funcional para a explicação da estrutura do próprio Estado (*Rep.*, 368 e s.), onde a razão deve imperar sobre a paixão, sob pena de o cocheiro não conseguir corrigir o curso da alma (charrete) desgarrada pelos instintos, como narrado no *Fedro*, 246. A divisão do trabalho é a regra de justiça no Estado Ideal; três classes dividem-se em três atividades (política; defesa; economia), não podendo haver interferência de uma classe na atividade da outra (*Rep.*, 592); a interferência representa a injustiça[352]. Isto, pois cada classe corresponde a uma parte da alma, e a alma racional, aliada à epitimética, deve

---

346. Daí a ideia fundamental da doutrina platônica de que a concepção de justiça é inata ao homem quando de seu nascimento, pois conheceu o que é o justo e o injusto no Além, disto tendo se esquecido transitoriamente, cabendo ao filósofo, por maiêutica, trazer à tona esse conhecimento previamente adquirido, reavivando apenas o que já se conhece por experiências anteriores.

347. Cf. Kelsen, *A ilusão da justiça*, 1995, p. 315-323.

348. Essa mesma reflexão reaparece no começo e no fim da *República*.

349. Cf. Kelsen, *A ilusão da justiça*, 1995, p. 300-304.

350. Para que se perceba de mais perto as nuances que estão a governar o cosmo, a cidade e o homem, leia-se, obrigatoriamente, Rachel Gazolla de Andrade, *Platão: o cosmo, o homem e a cidade. Um estudo sobre a alma*, 1993, onde se encontrará excelente análise da teoria platônica.

351. Cf. Kelsen, *A ilusão da justiça*, 1995, p. 238-241.

352. Cf. Kelsen, *A ilusão da justiça*, 1995, p. 462.

governar. Nesse sentido, a justiça na cidade é ordem; a desordem é sinônimo de in-justiça[353]. A justiça é a saúde do corpo social, pois, onde cada um cumpre o que lhe é dado fazer, o todo se beneficia dessa complementaridade.

O Estado Ideal platônico descrito sistematicamente na *República* é apenas meio para a realização da justiça[354]. Mas, de fato, esse Estado não existe na Terra, e sim no Além, como modelo a se inspirar (*Rep.*, 592). Nesse Estado, a Constituição (*politeía*) é apenas instrumento da justiça, pois estabelece uma ordem jurídica. De qualquer forma, para Platão, o Estado Ideal deve ser liderado não por muitos (democracia), uma vez que a multidão não sabe governar[355], mas por um único (teocracia), o filóso-fo, o sábio, pois este contemplou a Verdade, e está apto a realizá-la socialmente. Aqui, poder e filosofia (platônica) se aliam.

25.2.5. Conclusões

A ética platônica destina-se a elucidar que a ética não se esgota na simples loca-lização da ação virtuosa e de seu discernimento com relação à ação viciosa. De suas principais figuras textuais, de seus principais mitos, podem-se inferir lições que fazem a alma se orientar de acordo com padrões de conduta ditados a partir da noção de Bem. Se sua natureza é metafísica, também a natureza da verdadeira e definitiva ética será metafísica. Ao se moldar a conduta de acordo com esses reclamos, estará definitivamente, a alma, a se orientar de acordo com o Bem; ao desviar-se destes, estará, literalmente, deixando o barco ser guiado pela correnteza e não pelo timonei-ro. No controle das almas pela alma racional reside a harmonia da virtude; no des-controle, o vício.

De qualquer forma, a educação (*paideia*) da alma tem por finalidade destinar a alma ao pedagogo universal, ao Bem Absoluto. No mundo, a tarefa de educação das almas, para Platão, deve ser levada a cabo pelo Estado, que monopoliza, no diálogo da *República*, a vida do cidadão. A educação deve ser pública, isto com vistas ao me-lhor aproveitamento do cidadão pelo estado e do estado pelo cidadão[356]. Assim, justiça, ética e política movimentam-se, no sistema platônico, num só ritmo, sob a

---

353. "La justicia, en efecto, la justicia en la ciudad, consiste simplemente en que cada una de las clases sociales que hemos dicho, o más concretamente los hombres a ellas pertenecientes, hagan lo que les corresponde: los guardianes, que gobiernen; los soldados, que combatan y los de la clase económicamente productiva, que produzcan" (Robledo, *Platón*: los seis grandes temas de su filoso-fía, 1993, p. 559).

354. Cf. Kelsen, *A ilusão da justiça*, 1995, p. 453-457.

355. Idem, p. 458.

356. A respeito do problema da educação predominantemente pública em Platão, comenta-se: "En realidad, la creación de un sistema completo de educación elemental, considerado como la *paideia* del pueblo y como base de la alta educación de que se había ocupado en sus obras anteriores, cons-tituye una de las más audaces innovaciones de Platón, digna de este gran genio educativo" (Jaeger, *Paideia*: los ideales de la cultura griega, III, 1949, p. 318).

melodia de uma única e definitiva sonata, cujas notas são as ideias metafísicas que derivam da Ideia primordial do Bem.

25.3. Aristóteles: a ética do meio-termo e da felicidade

25.3.1. "Ethiké": os escritos

A ideia de estudo do problema em torno da *ethiké*[357] em Aristóteles, ao contrário do que ocorre com outras temáticas encetadas no conjunto do *corpus aristotelicum*, conjunto de obras de Aristóteles, não se cinge à análise, interpretação e exposição de uma única obra peripatética que comporte todo o problema. A complexidade do conteúdo da reflexão ética, que, na obra de Aristóteles, avança por sobre diversas questões, como a da amizade, a da justiça, a das virtudes, a da adequação legislativa, a da adequada regência da *pólis* etc., prevê a existência de várias obras dedicadas ao mesmo capítulo do saber aristotélico que autorizam o que se disse.

Dentre essas obras, o escrito *Sobre a justiça* encontrar-se-ia em meio à problemática da justiça, temática ética, por excelência. Porém, chegou aos nossos dias uma trilogia de obras, obras não pertencentes a um mesmo ou único período, composta pela *Magna Moralia*[358], pela *Ethica Eudemia*[359] e pela *Ethica Nicomachea*[360]. Da primeira para a última, as obras escalonam-se no sentido da menos à mais madura das construções em torno do problema ético[361]; cada qual pertencendo a uma etapa própria dos estudos aristotélicos, guardam, essas obras, peculiaridades diferenciais entre si, não obstante haver horizontalidade conceitual no conjunto, além de mútua referência entre os escritos. A *Ethica Nicomachea* recebeu amplo tratamento[362], de-

---

357. Para um estudo detalhado da questão da ética e da justiça na teoria de Aristóteles, consulte-se a obra específica sobre o assunto: Eduardo C. B. Bittar, *A justiça em Aristóteles*, Rio de Janeiro, Forense Universitária, 1999.

358. W. Jaeger e Gauthier-Jolif consideraram os *Magna Moralia* obra espúria, de autoria posteofrástica. A respeito, *vide* Jaeger, *Aristóteles*: bases para la historia de su desarrollo intelectual, 1992, p. 262-263.

359. A respeito da *Ethica Eudemia*, de não poucas edições, consta a atribuição da obra da Eudemo de Rodes (Fritzsche, 1851; Susemihl, 1864).

360. A respeito de um estudo crítico-comparado das Éticas de Aristóteles (*Grande Moral, Ética à Nicômaco e Ética à Eudemo*), suas proximidades, suas incompatibilidades, sua autonomia recíproca e sua temporalização, bem como das opiniões especializadas, *vide* A. J. Frestegière, *Le plaisir* (Eth. Nic. VII, X), 1936.

361. Cf. During, *Aristóteles*: exposición e interpretación de su pensamiento, 1990, p. 90-94 e 671-718.

362. Os X livros que compõem a atual estrutura da *Ethica Nicomachea* não parecem ter sido escritos de uma única vez. Há dissensão dos eruditas no enquadramento cronológico do Tratado como um todo, assim como de suas partes. Não obstante sua organicidade, restam não infundadas dúvidas que justificam a apresentação da hipótese de que esse Tratado ter-se-ia formado pela justaposição *a posterior* de livros de diversos períodos da evolução do pensamento aristotélico.

vido ao interesse que desperta dos modernos comentadores da obra aristotélica[363]; o mesmo não se sucede com as duas outras obras dedicadas à temática. Aqui, pretende-se calcar a reflexão partindo-se do texto da *Ethica Nicomachea* como texto base, uma vez que mais completo e de maior profundidade psicológica, fazendo-se, à margem, comentários e remissões aos outros textos correlatos ao problema ético.

Os escritos éticos parecem guardar valor nuclear em meio às demais obras peripatéticas, pois, em seu bojo, em pura coligação com a questão política, desenvolve-se uma teoria da relação e da conivência sociais. Tábua de prescrições para o legislador (*nomothétes*), conjunto conceitual orientativo para o juiz (*dikastés*), suma de valores para o político (*polites*), a doutrina ética de Aristóteles centraliza a atenção e a preocupação de uma filosofia direcionada para uma atuação prático-social. Isso porque, em temática ética, a *philosophía* opera não como teoria (*theoría*), mas como ciência voltada para a prática (*práxis*). Nessa perspectiva, indivíduo e coletividade não são extremos ou polos antagônicos e repulsivos, mas corpos complementares e reciprocamente dependentes na realização dos magnos valores do indivíduo (*eudaimonía*) e da coletividade (*télos*).

É curioso notar que, embora a temática circunscreva-se à perspectiva da questão ética, essa *ethiké* não deixa de estar amplamente influenciada por contribuições não éticas. Assim é, pois a ética de maturidade, do período da fundação em Atenas do Liceu (*Lykeon*), pressupõe preexistentes amplos estudos exclusivamente dedicados à penetração na seara dos saberes biológico, psicológico, físico etc.

Assim, a interpenetração conceitual aparece como algo natural se analisada a carga de ideias incorporada nos escritos éticos. É o caso da incorporação de uma doutrina médica e da adoção de uma postura simétrica para a conceituação da *quaestio* ética. A excelência do tratamento dado ao problema ético parece conduzir, inclusive, a padrões estéticos de referência.

Assim, a perfeição ética como meio termo (*mesótes*) entre excesso e defeito, o exercício do reta razão (*orthòs lógos*) para a deliberação racional, o alcance da felicidade (*eudaimonía*) pela conjunção de fatores anímicos da prudência (*phrónesis*) e da sabedoria (*sophía*), entre outros. Daí a terapêutica do corpo, do que se incumbe a medicina, ser tomada como parâmetro para a terapêutica da alma[364]. Em sede ética encontram-se, portanto, abundantes indícios da existência de um Aristóteles naturalista como gênio investigador da *natura* humana. Em grande parte, esse espectro teórico remonta ao empreendimento socrático[365], pois foi com o filósofo maiêutico

---

363. Poucos não são os comentadores da obra, entre os quais, Ramsaver, Grant, Gauthier-Jolif e o impecável texto de F. Dirlmeier.

364. *Vide Eth. Nic.*, 1104 a, 15/20.

365. A crítica de Aristóteles a Sócrates não está propriamente no fato de que este considerou que nada seria mais forte que a prudência, mas que fazia desta uma ciência e não uma virtude. A crítica vem enunciada em *Eth. Eud.*, 1246 b, 34/36.

que a doutrina da conceptualização ganhou sua plena maturidade no seio de seu humanismo antropocêntrico[366].

25.3.2. A ação humana

Em essência, como condição para o completo entendimento da estrutura do ato moral, mister se faz a investigação acerca da ação e das demais tênues noções que a circundam ou a compõem. Quando a procura se volta para a devida compreensão da ação, deve-se distinguir desta as demais manifestações do espírito humano. A compreensão da ação moral será uma consequência da aplicação das premissas alcançadas para a qualificação do gênero, ou seja, da ação.

O pensamento, o raciocínio, o juízo, a especulação, a vontade não se podem confundir com as demais faculdades e formas de expansão do espírito humano e, nesse sentido, pode-se estabelecer a diferença básica entre os atributos típicos da *vita contemplativa* e os atributos próprios da *vita activa*. Manifestações há que não se concretizam e outras há que também se concretizam, porém se diferenciando pela forma de concreção. Assim, destas há algumas que são produtivas (*poietiké*) e outras que são práticas (*praktiké*), tendo em comum a contraposição àquelas que são puramente teoréticas (*theorétiké*). Nisso se funda a própria dinâmica das ciências em Aristóteles, visto ser objeto próprio de conhecimentos científicos cada um dos tipos de ação do espírito sobre a realidade.

Todos, percebe-se, têm em comum o fato de se dirigirem a um fim peculiar e nisso se equivalem não só as ações humanas, mas também toda técnica (*téchné*), toda investigação (*méthodos*), toda deliberação (*proaíresis*), plagiando-se mesmo a lapidar sentença com a qual abre Aristóteles o Capítulo I do Livro I da *Ética a Nicômaco*. Deliberadamente, se a toda técnica, a todo método, a todo raciocínio e a toda ciência corresponde um fim, também à ação corresponderá um fim. Por aqui vê-se ser o teleologismo a noção fundante de toda a arquitetura ontológica para Aristóteles. Isso porque se a tudo corresponde um fim, nada há que se encontre desprovido de um fim. Porém, tudo é decorrente do fato de que a natureza (*phýsis*) é ordem, e é fim, e como tal, tudo está perpassado de ordem e, portanto, de natureza (*phýsis*).

E a natureza (*phýsis*) de cada ser é uma ordem que obedece a ditames característicos às peculiaridades do singular e às generalidades do universal. Daí falar-se em uma *phýsis* específica e em uma genérica do ser; aquela o faz ser individuado entre outros seres, esta o faz ser pertencente a uma conjuntura maior de outros seres dotados das mesmas faculdades. Ao mesmo tempo que o homem é animal (*zoön*), ele é também social (*politikón zoön*)[367], daí fazerem-se necessárias as considerações acerca de cada ser tomado em si mesmo como unidade e diferença em meio ao todo do existente.

---

366. Zeller, *La philosophie des grecs considérée dans son développement*, 1884, p. 38.

367. O homem não é somente um animal social, mas também um animal familiar e, de qualquer forma, o homem não é um animal solitário, disposto naturalmente à associação com seus parentes (*Eth. Eud.*, 1242 a, 20/27).

139

25.3.3. A tratadística moral como uma tratadística política

Adentrando-se em meio ao problema, propõe-se que a citada sentença possa ser resumida nas seguintes palavras: o Tratado de Ética é um Tratado de Política[368]. Se para esta última matéria tem-se como texto aristotélico de base a Política (*Polítikas*), e para a matéria propriamente moral as três Éticas (*Magna Moralia, Etica Nicomachea, Etica Eudemia*), no entanto, não se podem compreender esses textos como setores estanques de um saber que se estandardiza em partes incomunicáveis e absolutamente autorizadas conceitual e logicamente. Diz-se ser a tratadística moral um estudo de concepções políticas exatamente porque o autorreferimento e a reciprocidade entre essas ciências é uma necessidade[369].

Assim, de inesgotável valor é que se perceba que o político e o ético se misturam. Isso porque, de acordo com a teleologia aristotélica, a análise das noções do bem, entendido em sua faceta individual como "bem singular", e em sua faceta coletiva como "bem comum", está a apontar para uma unidade de princípios. À Ciência Maior, à Política, de reger os ditames arquitetônicos da vida em comum, de modo que leis, regras, diretrizes, normas, prescrições, valores, administração e pedagogia convirjam para a excelência (*kalokagatía*) do todo.

Isso porque, para Aristóteles, a felicidade de um indivíduo depende do "bem coletivo". A Política, como ciência prática (*episthéme praktiké*), visa a consequências exteriores tais quais aquelas consequências retiradas ao labor ético; se, por vezes, parece o "bem individual" não se aproximar do "bem comum", é só por acidente, como reflexo de uma patologia, que isso ocorre, pois, de fato, a doença do órgão há de afetar diretamente a saúde do organismo, pelo que parte e todo se mesclam incontornavelmente.

Só se pode compreender a verdadeira função do estudo da *Ética* aristotélica se se atentar para o *locus* teórico que ocupa dentro da obra filosófica de Aristóteles. Mais que simples conjunto de prescrições morais, a *Ética* radica-se em importância pelo seu íntimo relacionamento com a *Política*. Aliás, a saúde da cidade-estado (*pólis*) obtém-se exatamente a partir de boa estruturação ética. Aos políticos de, individualmente, tornarem ato — e é dessa operação de fazer atos que a potência cívica é a nobreza da cidade — aquilo que se encontra em potência no âmbito dos conceitos. Aquilo que os indivíduos (*idiotai*) fazem pela cidade é o que redunda em práticas comuns (*koinoi*).

O discurso ético é, nesse sentido, um discurso situado no âmbito da política, pois tanto a questão da justiça quanto a da amizade, a da virtude, só são possíveis a partir da pressuposição da vida gregária, afeita por natureza ao homem, de acordo com Aristóteles.

---

368. *E mèn oun méthodos toúton ephíetai, politiké tis ousa* (*Eth. Nic.*, I, 1094 b, 10).

369. A própria tarefa da política, na *Ethica Eudemia*, aparece definida como promoção da amizade, de modo que o virtuoso, o justo e o político alinham-se *pari passu* no sentido da realização da teleologia da *pólis* (1234 b, 23/26).

25.3.4. O fim da ação humana e os modos de vida

Tendo-se determinado que a toda ação, a toda ciência, a todo método, a toda arte corresponde um fim, segue-se a necessidade de se investigar qual seria o fim próprio de cada uma dessas. O fim, não constituindo uma noção genérica ou imprecisa, deve ter contornos singulares que o faz distinto em cada tipo de ação, método, arte ou ciência. Porém, não há acordo na opinião comum, diferindo o que pensam os homens a respeito do que seja o fim de cada coisa, e até mesmo qual seja a ciência responsável pela investigação de determinados fins, qual o fim do Estado relativamente à ciência política, com seus apensos específicos, como a retórica, a economia, a arte militar.

Sobretudo no que tange ao fim das ações humanas, a heterodoxia prevalece. Indica Aristóteles a dissintonia entre o que dizem os homens comuns do povo — que, aliás, se equiparam aos escravos em sua opinião —, o que dizem os homens de vida prática e o que dizem sábios e filósofos[370]. Se há três tipos de vidas (*bíoi*), estas podem ser enumeradas e caracterizadas com as respectivas opiniões (*dóxai*) que as erigem como fim supremo do agir humano[371].

Assim: a) uma vida de prazeres (*eirímenos*) correspondendo ao simples gozo material das existentes perspectivas fugazes de fruição do que é sensível — trata-se de opção por uma vida animal, pois em nada se aparta e em nada se diferencia, nesse particular e pela eleição desse objetivo, o homem do animal; b) uma vida política ou prática (*politikós*), voltada para a ação, resumindo-se sobretudo na busca da honra, do mérito e do reconhecimento de suas ações pelos outros, pois nada diferente deste é o objetivo político; c) uma vida contemplativa (*theorétikós*)[372]. Essas são as três formas superiores de vida, estando, portanto, excluídas quaisquer outras formas de vida (*bíoi*) que possam adstringir o homem, seja ao labor, seja ao trabalho, como ocorria com os escravos[373] e com os artesãos. Os modos de vida (*bíoi*) indicados são formas de vida desejáveis por si e em si.

A tripartição dos modos de vida (*bíoi*) em Aristóteles está a indicar qual seja a forma eleita pelo homem como sendo aquela de acordo com a sua natureza (*katà physin*); trata-se da busca de fins que possam corresponder à felicidade (*eudaimonía*)

---

370. 1095 a, 20.

371. Nesse diapasão, não é de se negligenciar a constância do problema das três classes ou formas de vida na doutrina aristotélica. A tópica da trilogia das vidas é explorada aqui como em *Eth. Eud.*, 1215 a, 35/1215 b, 14, de forma que a cada tipo de vida se relaciona uma espécie de bem humano, a saber, à vida teorética a prudência, à vida política as nobres ações ou a virtude, à vida de prazeres o prazer. O tópico se desenvolve para a demonstração de quais sejam as vidas mais dignas ao homem, pois as vidas dedicadas às artes vulgares ou aos assuntos comerciais ou servis não são propriamente dignas de qualquer louvor (*Eth. Eud.*, 1215 a, 25/35).

372. 1095 b, 15.

373. *Sequuntur auctoritates VIII libri ethicorum aristotelis* (21): "Servus est organum animatum", relacionando a *Eth. Nic.*, 13, 1161 b, 4 (Hamesse, *Les auctoritates aristotelis*: un flonilège médiéval. Étude historique et édition critique, 1974, p. 249).

verdadeira do homem em sua singularidade de ser racional[374]. A tradição dos três *bíoi* não só descende da doutrina platônica, como também aparece claramente exposta na teoria pitagórica que, de forma análoga, condena as formas inferiores de vida e enaltece a forma magna de vida, a chamada *vita contemplativa* (*bíos theorétikos*)[375].

25.3.5. A noção de bem e o platonismo

Não sendo nem a riqueza, nem o prazer, nem a glória, o verdadeiro bem maior das ações humanas, bem que se confundiria com a própria felicidade (*eudaimonía*), deve-se procurar aquele que seja o bem em sua acepção universal[376]. Opiniões acerca do que seja "bem" há muitas e não cabe sejam todas examinadas; cabe sim proceda-se à busca do verdadeiro bem (*agathós*), qual se entende aquele capaz de representar o bem único e exclusivo do homem, ao que se chega a partir da análise de sua ontologia e de sua função natural (*phýsis*) na estrutura da escala natural (*scala naturae*)[377].

Cercando-se o homem em sua essência, ter-se-á por resultado a unidade do conceito de bem. Da pluralidade de opiniões existentes a respeito do assunto, destacam-se aquelas que definem o bem, ou o sumo bem: a) como de essência eidética — e a referência é feita ao platonismo —, não existindo outro bem (*agathós*) que o substitua, mas sim uma única Ideia, a do Bem Absoluto; b) como de essência eidética e numérica, confundindo-se a Ideia do Bem com o número — a referência recai aqui sobre os pitagóricos, para quem a ontologia do real residia na dimensão numérica e harmônica do universo, na circularidade dos movimentos e na perfeição da década, com toda a semântica de seu simbolismo[378].

---

374. A respeito da participação do homem no divino, *vide Eth. Eud.*, 1217 a, 25/30, onde se anuncia a diferença entre os animais e os homens a partir desta tópica; a natureza animal, para Aristóteles, não consente a participação na ideia de *eudaimonía,* que só é aplicável ao homem e aos seres a ele superiores, exatamente em função da diferença que guardam entre si.

375. *Eth. Nic.*, I, 1096 b, 5. Ex libri ethicorum aristotelis (96/97): "Vita contemplativa melior est quam vita activa quae est vita secundum hominem, quia vita contemplativa est vita divina", relacionado a *Eth. Nic.*, K7, 1177 b, 26-29 (Hamesse, *Les auctoritates aristotelis*: un florilège médiéval. Étude historique et édition critique, 1974, p. 247). Jâmblico descreve, em sua *Vita pitagórica*, XII, 58, a concepção pitagórica, *in litteris*: "Ebbene, allo stesso nado anche nella vita le persone dalle pui diverse aspirazioni si radunano nello stesso luogo: alcreni soa presi dalla brona di denaro e di liessuosa mollezza, alti soa doiati dal desiderio di potere e di comando, nonché da falli ambizioni di gloria. Metre il tipo d'uomo pui puro è quello che ha scelto la cortemplazione delle cose più nobili: è quest'uomo che Pitagora chiamava filosofo".

376. A classificação dos bens é dada nos seguintes termos pelo texto da *Ethica Eudemia*: ou são exteriores, ou são interiores à alma, de modo que aqueles que são interiores à alma são os mais excelentes. Os bens mais perfeitos devem corresponder à parte mais nobre do ser, e, como tal, prudência, virtude e prazer pertencem à classe dos bens interiores à alma, e, como tais, desejáveis por si e em si (1218 b, 30/35).

377. *Eth. Nic.*, I, 1096 b.

378. *Eth. Nic.*, I, 1096 b, 5.

Aristóteles, nesse ponto, lança sua crítica aos antecessores, e, na opção entre a verdade e a amizade por Platão, prevalece o valor maior, ou seja, a verdade (*amicus Plato sed magis amica Veritas*)[379]. Aristóteles critica aqueles que defendem a existência de um Bem Absoluto e inatingível[380]. Trata-se aqui de se pesquisar um conceito palpável de bem, conceito que, pela sua plausibilidade e concretude, consinta, àquele que o busca, alcançar esse fim; o fim do homem deve ser um fim concreto e não *supra-real*, pois o seu conhecimento deve facilitar a cada sujeito em particular a persecução de objetivos realizáveis[381]. O âmbito de felicidade (*eudaimonía*) do homem deve ser, portanto, realizável e não transcendente[382].

25.3.6. A felicidade como bem supremo

Com a discussão anterior tornou-se clara a crítica de Aristóteles a seus antecessores na temática do bem humano e dos fins das ações humanas, particularmente no que concerne ao platonismo[383]. Relativamente à doutrina de Platão restou concluído, em sintéticas linhas, que o núcleo de sua teoria repousava na noção de ideia (*eidos*) que penetrava inclusive seu entendimento do que seria o Bem Supremo do homem. A ideia (*eidos*), por distanciada da mais vulgar e atingível das categorias humanas, foi objeto de aberta e criteriosa crítica pela teoria aristotélica, uma vez perseguir-se, com esta, uma resposta mais próxima aos anseios humanos.

Aduz o filósofo que para a pergunta "qual o verdadeiro, único e supremo bem próprio do ser racional?" não se pode responder apontando-se uma multiplicidade de "bens"[384]. O "bem" há de ser único e unitário, aplicando-se, destarte, a todos os seres, indistintamente, que compartilham de uma categoria de seres racionais e, portanto, sociais (*phýsei politikòn o anthropos*)[385]. Não obstante (não constituírem os

---

379. *Eth. Nic.*, I, 1096 a, 5.

380. *Eth. Nic.*, I, 1096 a, 15/30.

381. O bem buscado pelo homem não é nem a ideia de bem, visto que algo puramente imóvel e irrealizável, nem o bem comumente aceito por todos ou pela maioria como sendo o verdadeiro bem. O bem deve ser algo de mais excelente ao homem e, ao mesmo tempo, por ele alcançável, visto que humano. A filosofia aristotélica demonstra uma vez mais estar voltada para a concretude da teoria e de especulação, fazendo-se, com todas as letras, uma *anthropíne philosophía*. A respeito, *vide Eth. Eud.*, 1218 b, 5/10.

382. *Eth. Nic.*, I, 1096 b, 30/1097 a, 5/10.

383. Em que consiste a felicidade parece ser um problema comum a ambas as *Ethicae* (EN e EE), pois tanto numa como noutra se expõem as opiniões vulgares acerca dela (*Eth. Nic.*, 1095 a, 14/1095 b, 13; *Eth. Eud.*, 1214 b, 29/1215 a, 19), para, metodologicamente, superar-se o falseamento das premissas endoxológicas, das oporias e dos juízos errôneos.

384. *Sequuntur auctoritates super primum librum ethicorum aristotelis* (11): "Omnia bonum appetunt", referência a *Eth. Nic.*, A 1, 1094 a, 3 (Hamesse, *Les auctoritates aristotelis*: un florilège médiéval. Étude historique et édition critique, 1974, p. 232).

385. *Eth. Nic.*, I, 5, 1097 b, 10.

bens resposta ao questionamento assinalado, são eles, num trajeto teórico mais palpável, o indicativo da existência de uma categoria a qual se possa atribuir o qualificativo do "bem supremo".

Assim, também com Aristóteles, o "bem humano" é único, porém, não da mesma forma que o concebia Platão. Bens existem e estes podem ser individualizados e identificados dentre as multíplices formas de bens próprios a cada qual dos atos e demais ações refletidas humanas. Deles são exemplos a vitória (*niké*), a saúde (*uguíeia*), a casa (*oikía*), para as respectivas artes, a estratégia, a medicina, a arquitetura[386]. Porém não pode o bem supremo distender-se em tantas formas quantas artes (*téknai*) existirem; deve-se tratar de um bem comum a todos os homens.

O "bem" atribuído como natural (*phýsei*) ao homem, distinto dos demais bens próprios de outros seres, passível de ser comungado socialmente, e não em uma *vita silvatica*, eremítica (*éremos*) e antissocial, deve ser algo de singular, bastante a si mesmo, e, sobretudo, que seja buscado em si e por si. A riqueza, o prazer, o poder e a glória parece não ser desse tipo, daí não representarem por si sós o bem. Este há de representar-se como fim (*télos*) independentemente de qualquer outra coisa; se um algo serve como meio para outro, a este já não se pode predicar categoria de fim.

Como algo que por si só representa o próprio fim humano identifica-se a felicidade (*eudaimonía*)[387], com o que parece concordar grande parte das opiniões comuns, não obstante as divergências conceptuais anteriormente referidas[388].

25.3.6.1. A felicidade, os prazeres e a fugacidade

Parece o prazer participar diretamente do conceito de felicidade (*eudaimonía*). Ao menos este é o entendimento da maioria, e, efetivamente, não pode ser desarrazoada a ideia, pois se assenta em bases tradicionais na opinião popular e também na opinião dos eruditos[389]. Mas o prazeroso varia de acordo com diversas opiniões; assim, para o amante da arte teatral (*filotheóron*), o objeto de sua absorção parece ser o espetáculo teatral (*théoma*), como para o amante da justiça (*filodíkaion*), as coisas justas (*tà díkaia*)[390].

Como o bem humano por excelência não pode se submeter à variedade de opiniões, parece não ser o prazer em si o conceito coincidente com aquele de felicidade

---

386. *Eth. Nic.*, I, 5, 1097 a, 15/20.

387. A *eudaimonía* é, na *Ethica Nicomachea* como na *Ethica Eudemia*, o objeto maior de toda investigação ética. Nesta e naquela desempenha uma função nacional teleológica tal que, como maior bem, é o que há de mais belo e melhor e mais agradável para o homem, de acordo com o que aparece dito em *Eth. Eud.*, 1214 a, 5/10.

388. *Eth. Nic.*, I, 5, 1097 b, 20/25.

389. I, 9, 1099 a, 10/15.

390. I, 9, 1099 a, 5/10.

(*eudaimonía*). Possível sim é que se o admita como participante daquele, e nesse caso será o mais imorredouro dos prazeres de que possa desfrutar o homem, ou seja, o gozo das coisas divinas; esse tipo de prazer foge à inconstância dos gozos passageiros mais comumente consagrados entre os homens[391].

A felicidade é o bem supremo (*aristón*), o mais belo (*kallistón*) e o mais prazeroso (*édiston*); o prazer é conceitualmente parte da felicidade, porém não toda ela, nem qualquer prazer, mas o maior dos prazeres[392]. Nessa perspectiva, a felicidade reside numa disposição efetiva da alma[393], de acordo com a virtude; acentua-se que se trata de uma disposição anímica efetiva, pois a possessão da virtude não pode ser separada de sua prática (*práxis*)[394]. A posse da virtude em sua integralidade, aliada à sua prática (*práxis*), confere ao sujeito que a possui um gozo que, além de não ser efêmero, é usufruído independentemente de qualquer outra coisa. Mesmo assim, esse gozo não deixa de depender da concorrência de uma série de outros bens, que não aqueles da alma, quais sejam, os corporais ou físicos (saúde, rigidez das carnes, perfeição dos órgãos, beleza, proporção das partes do corpo...) e os exteriores (amizade, honra, poder, riqueza...)[395].

Descrita a felicidade (*eudaimonía*), em toda a sua ambicionada essência, como bem supremo que é, sua natureza demanda, portanto, que se questione, num primeiro momento, se esse é um bem que pode ser conquistado pelo homem, pelo ensinamento ou pela técnica, ou, ao contrário, se se trata de uma herança ou bênção inata derivada da contemplação divina de alguns e não de todos, e, num segundo momento, se é necessário que se alcance o final da vida para que possa o homem declarar-se feliz.

Cômoda seria a postura de aceitação de um inatismo da felicidade. A existência humana não é nada de tão estável que durante seu percurso não possa alguém tornar-se feliz pela concorrência de seus esforços nessa procura, e que alguém possa deixar

---

391. "En efecto, toda virtud moral está siempre en relación con placeres y dous corpordes, los cuales provienen a su vez de la occión de la menoria o de la expectativa" (Physica, VII, 247 a, 5).

392. I, 9, 1099 a, 20/25.

393. *Sequuntur auctoritates super primum librum ethicorum aristotelis* (27): "Bona animeie maxime sunt bona", referência a *Eth. Nic.*, A 8, 1098 b, 14-15 (Hamesse, *Les auctoritates aristotelis*: un florilège médiéval. Étude historique et édition critique, 1974, p. 233).

394. A felicidade não pode consistir, nesses termos, em nada diferente do que uma atividade de uma vida perfeita em concordância com a virtude perfeita, uma vez que vida boa e felicidade se sintonizam. É de se consultar a lapidar definição lançada em *Eth. Eud.*, 1219 a, 35/39.

395. *Sequuntur auctoritates X libri ethicorum aristotelis* (9/13): "Homo felix, sive sapiens indiget aliqualiter rebus exterioribus, quia natura per se non est sufficiens speculari, sed oportet quod habeat corpus sanum, cibum bonum et reliquum famulatum; non tamen indiget multis ac magnis rebus quod non oportet felicem vel philosophum esse dominum terrae vel maris", referente a *Eth. Nic.*, K9, 1179 a, 6-12 (Hamesse, *Les auctoritates aristotelis*: un florilège médiéval. Étude historique et édition critique, 1974, p. 248).

de sê-lo, isto por deixar de concorrer para a sua má nutrição, ou por ser colhido por um fortuito imprevisto. Em outro passo, a felicidade, como atividade, parece demandar a ação do homem, pelo que a inercial hipótese do inatismo em nada aclara o problema; sendo atividade, sua conquista é um mister humano, e, com isso, responde-se ao segundo questionamento acima levantado, pois, se o fim da vida fosse necessário para que se alcançasse a felicidade, esta seria um bem exclusivo dos cadáveres[396]. A atividade e a operosidade parecem ser indispensáveis para a aquisição e a manutenção da felicidade. A desventura e o infortúnio, amplamente narrados, dramatizados e representados pela arte teatral, parecem ser constantes na vida humana.

Porém, isso não ocorre se tomada a felicidade na acepção que aqui se procura grafar. Como disposição da alma no sentido de realização da plena virtude, a felicidade patenteia-se pela absorção existencial do homem pela virtude, em toda a sua abrangência; isso só pode ser ideia antagônica àquela de instabilidade; todas concordam que nem mesmo a ciência tenha o mesmo grau de constância desta[397].

As adversidades, nessa perspectiva, tornam-se fugazes e pequenas as contrariedades ao normal transcurso existencial diante da altivez de personalidade sustentada pelo homem cativo do ideal virtuoso. Não por insensibilidade, mas por nobreza e magnanimidade, suporta os revezes e as desventuras dos quais, como homem, não está isento[398]. Parece não refugir, portanto, às forças humanas a realizabilidade ou a irrealizabilidade da felicidade.

Nesse diapasão, pode-se sintetizar a essência da felicidade como sendo uma atividade de acordo com a virtude, o que, por si só, afasta a possibilidade de admitir--se se se tratava ou não de uma beatificação congênita ou se de algo verificável e residente apenas num estágio *post mortem*. A *eudaimonía* que se investiga é, sobretudo, no sistema aristotélico, um conceito humano[399].

25.3.7. As virtudes ética e dianoética

A integral compreensão do conceito de felicidade não pode ser feita senão se acompanhada da compreensão do conceito de virtude que lhe é correlato. Isso porque a virtude participa da ideia de felicidade (*eudaimonía*); esta é, além de princípio e causa dos outros bens, por natureza divina e por ser estimada pelos homens como fim de suas próprias ações e, de uma maneira geral, do próprio convívio social, uma atividade da alma conforme a uma virtude efetivamente presente na conduta humana, como anteriormente dito. Mas o que é que há na alma humana que faculta o desenvolvimento da virtude que não há na alma dos demais seres dotados de alma (animais e vegetais)?

---

396. I, 11, 1100 a, 10/1100 b, 5.

397. I, 11, 1100 b, 10/15.

398. I, 11, 1100 b, 30.

399. I, 11, 1101 a, 20.

Pode-se dizer que nem todo ser dotado de alma é um ser dotado de todas as faculdades da alma, sendo que as faculdades da alma são a nutritiva, comum a animais, vegetais e homens; a sensitiva, comum a animais e homens; e a racional, exclusiva ao homem. É na parte racional da alma humana que residem as virtudes, sejam aquelas éticas (generosidade, esperança...), sejam aquelas dianoéticas (sabedoria, prudência...)[400]. A conclusão não é outra senão a de que o homem é o ser por excelência dotado de uma faculdade que o torna apto ao exercício de virtude em seu sentido mais amplo.

25.3.7.1. O hábito e a prática

A instrução está a dirigir a virtude intelectual, que aparece somada à experiência, ao passo que o hábito (*éthos*) se destaca como o elemento essencial da virtude propriamente ética. Aliás, é a prática e a reiteração da boa conduta que permitem se possa conquistar a excelência moral; ética (*ethiké*) é termo derivado exatamente de hábito (*éthos*)[401]. Dependendo da habitualidade, a virtude ética está na razão direta da plena concorrência da vontade deliberada humana para a sua aquisição, motivo pelo qual não pode ser considerada como virtude inata ou de necessária existência congênita no espírito humano.

Aqui ressai, com matrizes ainda mais fortes, a postura aristotélica anti-imanentista[402] acerca da possibilidade ou não de aprendizagem da virtude (o que aparece em I, 11, 1100 a, 10/1100 b, 5). O imanente o é por natureza; o que é por natureza (*phýsei*) não pode ser alterado; os corpos pesados, por mais reiteradas que sejam as experiências e tentativas no sentido de realizarem movimento contrário ao que normalmente realizam, destinam-se para o centro, ao contrário dos leves, que se destinam em sentido oposto ao do outro, ou seja, para o alto[403].

É a *práxis* reiterada que consente se possa falar em *éthos*; ambos os conceitos parecem correlacionar-se e concorrerem para a compreensão da somatória eidética final, ou seja, da própria noção de virtude ética. Assim é, pois o *éthos* está presente na conduta individual bem como na social; o legislador (*nomothétes*) é o sujeito ao

---

400. Em *Eth. Eud.*,1220 a, 5, lê-se: "Mas existem duas espécies de virtudes: a ética e a intelectual". Essa frase encerra em si a dicotomia também nuclear no seio do Tratado a Nicômaco.

401. O conceito de *éthos*, por ser determinante para o conhecimento da proposta ética, é também explorado textualmente na *Eth. Eud.*, 1220 b, 1/5, onde se o indica como significado hábito, movimentação reiterada de ações de um certo tipo de modo que, com o discurso do tempo, o sentido do obrar é esculpido como educação sobre a alma humana. O mesmo tipo de resultado não se obtém com os seres irracionais, visto que mesmo que se lance dez mil vezes uma pedra para o alto, esta jamais o fará por sua própria força, senão por virtude de uma ação a ela exterior.

402. *Sequuntur auctoritates II libri ethicorum aristotelis* (51): "Virtus non est potentia, quia potentes sumus per naturam", referência a *Eth. Nic.*, B4, 1106 a, 6-7, 9-10 (Hamesse, *Les auctoritates aristotelis*: un florilège médiéval. Étude historique et édition critique, 1974, p. 235).

403. *De Caelo*, 269 b, 20/30

qual incumbe a função de inscrever no espírito dos cidadãos (*politai*) os ditames da virtude[404]. A conduta legislada e prescrita torna-a exigível e obrigatória, sendo que da sua observância coletiva e reiterada exsurge o *éthos* coletivo de realização da virtude.

A observância da lei, nesse sentido, é o primeiro passo para a educação cívica; mais ainda, a internação e a conscientização das prescrições legais não são irrelevantes caminhos para a eticização do sujeito não como agente social, mas como indivíduo. O *télos* da produção legislativa está colocado na boa distribuição da virtude por meio das leis; a corrupção desse fim corresponde à corrupção da própria atividade legiferante[405].

25.3.8. Dor e prazer: os móveis dos vícios e das virtudes

O conceito de hábito (*éthos*) parece ser determinante para a essencialidade das virtudes. Porém, não está desacompanhado em sua estrutura, visto que o *éthos* pode ser traduzido como sendo uma inclinação da atividade humana que predispõe à prática reiterada de certos tipos de atos. Essa inclinação para estes ou aqueles atos opera-se de acordo com a maior ou menor repulsão que estas ou aquelas coisas causam sobre o ânimo do sujeito agente. Assim, é determinando quais os tipos de atos praticados por esse agente que se poderão definir vícios e virtudes.

À ação propriamente dita, como algo de exterior e verificável, precede o movimento da alma em direção a este ou àquele objetivo; antecede à dimensão real da ação a dimensão da virtude do desejo. É essa perseguição de um algo, ou, pelo contrário, na fuga de um algo, que consiste o prazer, e seu correspectivo, a dor[406]. O prazer experimentado na fruição de algo conduz o agente à busca reiterada desse mesmo algo, visto ser o prazer algo naturalmente desejado pelo homem[407]. A dor, *a contrario sensu*, está a afastar o homem do que lhe cause tal sensação.

O prazer[408] como fator de atração e a dor como fator de repulsão conduzem o homem à eleição de meios e fins, de atos e omissões, de modo a que possa gozar

---

404. *Eth. Nic.*, II, 1, 1103 b.

405. *Eth. Nic.*, II, 1, 1103 b, 5.

406. O prazer e a dor parecem ser, como conceitos opostos e polarizantes que são, o móvel de todo vício e de toda virtude. De fato, é sobre essa oposição de natureza entre o que é absoluta ou relativamente penoso ou agradável é que baseia Aristóteles todo o arquipélago de considerações em tema de virtudes e vícios. As virtudes como tendência para a mediedade e os vícios como tendência ao excesso ou ao defeito radicam-se na busca do prazer e na fuga da dor. A tópica é de grande importância em matéria ética e é muito bem explorada em diversas passagens da *Ethica Eudemia*, entre as quais, 1220 a, 30/35, 1121 b, 30/1222 a, 5, 1222 b, 9/10.

407. "Placer y dolor son el acto del término medio en que consiste la sensibilidad para la bueno y la bueno y la nolo equato tales" (*De anima*, 431 a, 10/15).

408. Estudo detido a respeito do prazer, não só em Aristóteles, mas também em Platão, foi feito por La Fontaine em sua obra *Le plaisir d'après Platon et Aristote:* étude psychologique, métaphysique et morale, Paris: Félis Alcan, 1902, tese apresentada à Faculdade de Letras de Paris.

mais do que é prazeroso e distanciar-se mais do que é doloroso. É com esse processo de discernimento entre o prazeroso e o doloroso que se define a natureza da eleição e, com isso, o virtuoso e o não virtuoso[409].

São o útil, o belo e o prazeroso os fatores de atração, enquanto o inútil, o feio e o doloroso são os fatores de repulsão para o direcionamento dos interesses em torno deste ou daquele algo[410]. Também os animais participam das sensações de dor e prazer, e parecem comportar-se da mesma forma, sendo-lhes comum a eleição de objetivos e fins em função desse critério dicotômico (prazer/dor)[411]. Em suma, a tratadística parece dever se orientar para a devida valoração do binômio dor/prazer visto serem estes elementos essenciais para a compreensão do problema ético[412] que opõe virtude a vício, bem como este àquela[413].

Só há virtude *areté* onde há plena consciência (1), escolha deliberada (2) e estabilidade (3) na reiteração da cadeia de atos virtuosos[414]. Essa afirmação espanca uma dificuldade, qual seja, a de se saber se pode o homem fazer-se virtuoso pela prática repetida ou não sapiente de atos de virtude[415]. A prática de atos de virtude não significa o mesmo que a plena adesão da vontade para a articulação da conduta humana em torno de objetivos excelentes.

Ademais, só há virtude onde há *éthos* (*habitus*), sendo que para que este exista a consciência das ações parece ser *conditio sine qua non*. Sem (1) não há (2), pois a escolha deliberada de meios e fins depende do maior ou menor conhecimento de causa por parte do sujeito agente; mas somente (1) não basta para que haja virtude em potência, não atual, que é a virtude de alguém que dorme, pois quem dorme nada pratica, nem bem, nem mal. A ausência de (3) impede ainda a multiplicação das ações, ou seja, a estabilidade na escolha deliberada conduz a uma atuação propensa ao alcance de um fim positivamente almejado pelo agente, de modo que sem estabilidade não há um mesmo fim, assim como não há um mesmo tipo de ação direcionada a um fim preciso. O conceito de hábito (*éthos*) deve aqui estar presente em sua integralidade.

---

409. *Eth. Nic.*, 2, 1104 b, 30/35.

410. *Eth. Nic.*, 2, 1104 b, 30/35.

411. *Eth. Nic.*, 2, 1104 b, 34/35.

412. *Sequuntur auctoritates II libri ethicorum aristotelis* (40): "Malum est facile, bonum autem difficile", referência a *Eth. Nic.*, B 5, 1106 b, 31-32 (Hamesse, *Les auctoritates aristotelis*: un florilège médiéval. Étude historique et édition critique, 1974, p. 235).

413. *Eth. Nic.*, 2, 1105 a, 10/15.

414. *Eth. Nic.*, 2, 1105 a, 30.

415. *Sequuntur auctoritates II libri ethicorum aristotelis* (60): "Virtus est habitus electus in mente consistens quo ad nos declarata ratione ut utique sapiens determinabit", relacionado a *Eth. Nic.*, B 6, 1106 b, 36/1107 a, 2 (Hamesse, *Les auctoritates aristotelis*: un florilège médiéval. Étude historique et édition critique, 1974, p. 235).

Concorrendo todas as três condições acima expressas tem-se a prática da virtude. Isso não basta para que se possa caracterizar a natureza da virtude (*areté*). Entre paixões, disposições adquiridas e faculdades que pertencem à alma, a uma dessas categorias deve pertencer a virtude, da qual extrairá a sua essência[416]. Não se confundindo com o ódio, com o medo, com a inveja ou com a alegria, com a amizade, com a piedade, a virtude (*areté*) não é uma paixão.

Muito menos é uma faculdade, algo em potência, visto que pelo simples fato de o homem ser dotado da capacidade para a prática da virtude, por isso não pode ser dito virtuoso[417]. Infere-se, por final, que a virtude só pode ser uma disposição adquirida, participante de uma categoria anímica, com plena adesão da consciência, requerendo praticidade — atualização, além de *habitus*. Parecem, pois, ser esses os elementos identificadores do conceito de virtude (*areté*).

25.3.9. A virtude como mediedade

A especulação ética tende para a dilucidação teórica da questão da virtude. Aristóteles caminha por desvelar o conceito de virtude, demonstrando a sua essencialidade como disposição consciente de ânimo no sentido da realização prática desta ou daquela conduta[418]. O aspecto valorativo do problema ético está a indicar que mais de uma solução se apresenta, não raras vezes, ao espírito, com a aparência de verdade ética; a ciência da eleição entre o que verdadeiramente "é" e o que aparentemente "é" constitui o saber ético, que pode ser resumido em uma palavra: discernimento.

As soluções com as quais se depara o espírito podem indicar tanto para o excesso quanto para a privação, porém nem excesso nem privação são a virtude, pois ela consiste no meio-termo (*in medium est virtus*)[419]. A mediedade da conduta com relação aos seus extremos é que define uma ação como virtuosa ou não. Entre o vício por excesso ou por defeito reina a mediedade como padrão para a situação da conduta virtuosa[420].

---

416. *Eth. Nic.*, 2, 1105 b, 20.

417. *Eth. Nic.*, 2, 1106 a, 5/10.

418. O aqui voluntário e consciente torna o homem responsável pelos seus atos, isso porque é ele origem e princípio de um movimento, pois a ação é movimento (*Eth. Eud.*, 1222 b, 30). A virtude e o vício, pois, encontram-se entre as coisas voluntárias (1223 a, 20), na dependência direta da *proaíresis*, recriminando-se o vício voluntário e louvando-se a virtude voluntária.

419. A virtude ética é, por necessidade, uma vez que ontologicamente marcada pela noção, uma mediedade. Entre o excesso e o defeito, a mediedade é o termo não polar, não extremo e equilibrado, de acordo com o qual se devem afinizar as disposições humanas, que naturalmente se inclinam ao que abunda ou escasseia, de acordo com o significado doloroso ou prazeroso que tenha a coisa. Esse termo médio é, também, relativo, e não absoluto, como querem alguns, de modo que está para cada qual na mesma medida que os remédios na dosimetria médica. A respeito, consultar *Eth. Eud.*, 1220 b, 25/35.

420. *Sequuntur auctoritates II libri ethicorum aristotelis* (55): "Omnis virtus consistit in medio, scilicet inter defectum et excessum", referência a *Eth. Nic.*, b 5, 1106 b, 14-16, a 28-29 (Hamesse, *Les auctoritates aristotelis*: un florilège médiéval. Étude historique et édition critique, 1974, p. 235).

Porém, qual o sentido desta expressão mediedade (*mesothés*) e qual o seu alcance é o que incumbe seja investigado para que se possa ter melhor precisado o próprio entendimento do conceito de virtude, visto ser esta uma espécie de mediedade[421].

Para que se alcance a proporção aritmética (*arithmétikèn analigían*)[422], basta que se tomem os extremos que se pretende relacionar, como é o caso de se tomar os números 02 e 10, somando-os e dividindo-os, de modo que a proporção resultante seja universal abstrata e categoricamente constituída, ou seja, 06, visto que dista igualmente 04 unidades de 02 e a mesma proporção de 10.

Essa espécie de mediedade não é aquela que se pretende para o problema ético, visto que se aplicada para sujeitos diferentes constituir-se-á em excessiva para uns e em insuficiente para outros[423]. Assim como não há prescrição de ginástica igual para atletas diversos, também não há medida ética idêntica para pessoas diferentes. Que a virtude (*areté*) é algo que tende para uma mediedade (*mesotés*), parece isso ser claro, porém claro não é que tipo de meio pressupõe.

Isso porque a mediedade (*mesotés*) ética tem por critério referencial não um paradigma abstrato; o critério ético define-se a partir do próprio indivíduo[424]. Nesse sentido pode-se fazer verdade com as palavras da mais remota tradição helênica[425], segundo a qual o homem é a medida de todas as coisas (*anthrópos pantón métron*)[426].

A dificuldade inicialmente levantada se acirra ainda mais levando-se em conta o problema do parâmetro individual para a precisão do meio-termo em que se constitui a virtude (*areté*). Não há virtude (*areté*) no excesso nem no defeito, pois estes são ambos vícios relativamente à ação ou omissão às quais se relacionam. Mas nem todas as ações ou omissões possuem extremos[427], o homicídio, o adultério, o furto, a inveja não são ações das quais se predicam excesso ou defeito. De fato, não. Ações há que por si só não compreendem mensuração alguma.

Deve-se advertir, no entanto, de que a opinião (*dóxa*) em matéria ética oferece seus perigos; faz-se daquilo que não é aquilo que é, e daquilo que é, aquilo que não é.

---

421. *Eth. Nic.*, 1106 b, 25/30.

422. *Eth. Nic.*, 1106 a, 35.

423. Guthrie, *Los filósofos griegos*: de Tales a Aristóteles, 1967, p. 152.

424. *Eth. Nic.*, 1106 b, 5/10.

425. A *kalokagathía*, paradigma helênico, aparece como a virtude perfeita no Livro VIII da *Ethica Eudemia*, sobretudo na passagem 1249 e, 15/20. A *kalokagathía*, como excelência absoluta, é uma qualidade do homem que da virtude extrai os padrões para a sua conduta.

426. A tendência, pois, ínsita ao homem, e mais consectária com os fins da alma racional, há de ser de tal forma que, propendendo para fins, eleja aqueles que coloquem o homem mais próximo da divindade, em sua expectação (*tèn toû theoû theorían*). Hão de ser rejeitadas quaisquer formas de ação e quaisquer padrões de conduta que façam prevalecer a ordem de disposições próprias à alma irracional sobre a ordem das disposições próprias à alma racional (*Eth. Eud.*, 1249 b, 15/22).

427. *Eth. Nic.*, 1107 a, 10.

O relativismo na definição das coisas, das sensações, paixões e sentimentos, virtudes e vícios, todavia, não deve vingar. A ciência prático-ética, com sua dose de relativismo, não deve autorizar a que do universo conceitual se faça um caos de opiniões. Frequentemente aquele que é moderado e recatado na economicidade da riqueza é cognominado avaro; por vezes, o mais prudente na deliberação é chamado tímido. Nesse terreno, não há concessão para a vagueza e inconstância do relativismo absoluto. A ética, em seu estatuto, é *epistéme*, e deve se circunscrever aos ditames da cientificidade; seus conceitos são dotados de uniformidade e generalidade, não comportando incertezas. É com isso que se preocupa Aristóteles ao lançar as bases dessa parte do conhecimento, nos termos em que vem lançado, e ao estabelecer o grande quadro dos vícios (extremos por excesso ou por escassez) e das virtudes (mediedade).

25.3.9.1. As virtudes em particular

O peculiar da virtude (*areté*) como mediedade (*mesotés*) é que se opõe não só a um dos extremos, mas a ambos, e ao mesmo tempo. Porém, a verdadeira noção de contrariedade reside na relação entre os extremos reciprocamente tomados, pois aquilo que está em excesso dista ainda mais daquilo que está em defeito que daquilo que é virtuoso, ou que corresponde à justa medida[428]. Daí que se costuma verificar que o corajoso é chamado de temerário por alguém que se encontra em defeito com relação à coragem[429].

A *Eth. Nic.* está repleta de conceitos que se ligam à tradição da literatura médica[430], sobretudo naquela que guarda maior relação com o sentido que a essa ciência imprimiu Hipócrates. A justa medida (*mesotés*) está em estreita relação conceitual com a noção de adequado (*armotton*).

A sabedoria reside em guardar a justa medida em tudo o que se faz; nisto reside a tarefa da educação (*paideia*) ética, ou seja, em orientar a conduta humana para o cultivo da justa medida. É por meio da racionalização e da conscientização dos valores éticos que se pode fazer da prudência (*phrónesis*) uma referência necessária para a eleição dos melhores meios para o alcance dos melhores fins. Mas como a temática está eivada de dificuldades, não se pode esquecer que é exatamente por consistir em uma mediedade entre extremos que a virtude (*areté*) é a mais difícil das posturas humanas a ser alcançada; cumprir uma virtude certa, com o fim correto, na forma mais adequada é tarefa ingente para o saber prático humano[431].

Daí falar-se em hábito ético (*éthos*), pois somente o *habitus* pode insculpir no espírito humano a prática consciente de atos de um homem virtuoso. Essa conquis-

---

428. *Eth. Nic.*, 1108 b, 15.

429. *Eth. Nic.*, 1108 b, 25.

430. A virtude como justa medida é, sem dúvida alguma, uma figura estética e que descende das influências médicas mais remotas na cadeia de tradição hipocrática.

431. *Eth. Nic.*, 1108 a, 25/30.

ta inicia-se geralmente com a prática dos contrários, consistente na contrariedade à tendência inata que apresenta o sujeito em sua particular constituição anímica; uns tendem para um excessivo pudor, devendo, pois, alcançar o justo meio, exercitando-se por caminhar no sentido do extremo contrário até que cheguem ao meio adequado, que lhes seja próprio e exato, visto que o meio jamais é um meio aritmético para os homens.

O quadro apresentado por Aristóteles acerca das virtudes (*arétai*) vem enunciado em 1107 a, 30/1108 b, 10[432]. Dessa análise fica excluída a apreciação do conceito de virtude da justiça (*dikaiosýné*), que recebe posterior tratamento na *Ethica*. Pode-se

---

432. Na *Ethica Eudemia*, 1221 a - 1221 b, num quadro não exaustivo, as virtudes e vícios são:

a) irascibilidade, indolência, mansuetude;

b) temeridade, covardia, virilidade;

c) ausência de vergonha, timidez, pudor;

d) intemperança, insensibilidade, moderação;

e) inveja, (sem nome), justa indignação;

f) ganância, (sem nome), perda justa;

g) prodigalidade, avareza, liberdade;

h) fanfarronice, dissimulação, sinceridade;

i) adulação, insipidez, amabilidade;

j) obsequiosidade, antipatia, dignidade;

k) indiferença, padecimento, firmeza;

l) vaidade, pusilanimidade, magnanimidade;

m) ostentação, mesquinhez, magnificência;

n) malícia, simplicidade, prudência.

Sistematicamente, conforme o esquema que surge, os apontamentos lançados por Ross a respeito da temática (Aristóteles, 1987, p. 209):

Vício por excesso	Vício por falta	Virtude
libertinagem	insensibilidade	temperança
temeridade	covardia	coragem
prodigalidade	avareza	liberalidade
vaidade	humildade	magnificência
vulgaridade	vileza	respeito próprio
irascibilidade	indiferença	gentileza
zombaria	grosseria	agudeza de espírito
condescendência	tédio	amizade
sem-vergonhice	timidez	modéstia
inveja	malevolência	justa apreciação
malevolência	inveja	justa indignação

seguir a enunciação proposta por Aristóteles, indicando-se os extremos em contraposição ao meio ocupado pela virtude em cada caso. Assim:

1) com relação ao sentimento do medo, a virtude traduz-se na *coragem*, enquanto o excesso consiste no *arrojo* desmesurado, e o defeito, na *covardia*;

2) com relação às dores e aos prazeres, a *temperança* é o meio-termo, equidistante da *libertinagem*, excesso, e da *insensibilidade*, defeito;

3) no que pertine às ações de dar e de extorquir dinheiro, a *liberalidade* é a justa medida, sendo a *mesquinhez* e a *prodigalidade* os extremos opostos simetricamente pelo centro. Há que se distinguir também que a ação de dar dinheiro em grande escala comporta extremos, a vileza e a vulgaridade, sendo a *magnificência* o *mesotés* dessa ação;

4) relativamente à postura do sujeito diante da honra, pode-se distinguir o ambicioso que, por *vaidade*, a reivindica em excesso, o moderado, por possuir *respeito próprio*, em justa medida reivindica a honra, e o não ambicioso, dotado de *modéstia*;

5) o sentimento da cólera ou da ira, por sua vez, gera possíveis posturas que pairam entre a *gentileza* (justo meio), a *irascibilidade* (o excesso) e a *indiferença* (o defeito);

6) no convívio social, as condutas variam no que pertine à verdade (dissimulação, veracidade, jactância), à forma de divertimento (rusticidade, agudeza de espírito, zombaria), às relações humanas (condescendência, amizade, enfado), podendo-se divisar ainda nuances entre aqueles que nas relações humanas desejam simplesmente agradar causando condescendência daqueles que agradam finalidades outras;

7) relativamente ao sentimento da vergonha, têm-se aqueles dotados de modéstia, que bem a administram, mas têm-se aqueles desavergonhados e aqueles tímidos, para os quais a modéstia sequer existe em limites, ou existe em excesso;

8) por fim, a fortuna ou o infortúnio do outro pode causar reações diversas em várias pessoas, tendo-se aquelas que invejam o bem que atinge o outro (inveja), que desejam o mal do outro (malevolência), ou que, na justa medida, sentem uma justa indignação com o estado de afetação do outro, seja maléfica, seja benéfica.

O quadro apresentado não é exaustivo da realidade das virtudes, mas expressa suas principais nuances, na dinâmica vida das manifestações humanas, seja individualmente, seja no convívio social. É interessante que se retenha que para determinadas virtudes ou vícios inexiste nomenclatura própria que designe especificamente a espécie, para o que se utiliza de um substitutivo qualquer que possa exprimir a ideia ou a noção do ente conceptual. Às vezes não o vício ou a virtude quedam anônimos, mas a própria ação e sua consistência. No entanto, fica, nesses termos, investigada uma grande porção das questões que se dividem em excesso e defeito, simetricamente distantes pela equidistância que guardam com relação ao meio-termo (*mesotés*).

25.3.10. A voluntariedade e a ação

Descerrar o véu que cobre a problemática das virtudes, expressas em uma dimensão conceitual e genérica ou em uma dimensão mais específica, qual aquela das virtudes em particular e em relação com o indivíduo concretamente isolado, é o mesmo que desvelar, em um exercício de psicologia da conduta humana, a ação em sua ossatura constitutiva. Ação e paixão, aliás, correlacionam-se nesse ponto, sendo, para ambas, determinante o elemento vontade. Vontade e consciência livre para o agir determinam o conteúdo da conduta humana dirigida, não coagida e voluntária. Assim sendo, somente pode ser definida como voluntária a ação deliberada (*proaíresis*)[433], fruto de uma decisão, da eleição de uma dentre várias ações possíveis, de modo a assumir-lhe, o agente, a paternidade.

O ato racional é o ato deliberado, e, como tal, trata-se de opção consciente de um sujeito momentaneamente atuante com vistas à realização de um fim (*télos*). O próprio fim (*télos*), enquanto buscado e almejado, é eleito pelo agente livremente.

Daí que o conceito de voluntariedade da ação deve ser objeto de estudo ético. Somente há virtude na reiteração de uma conduta assumidamente virtuosa, ou seja, que não se confunda nem com o extremo por excesso, nem com o extremo por defeito. O ato virtuoso, como tal, é um ato consciente e racional, sobretudo de caráter prático, intencionalmente dirigido para a realização de algo teleologicamente concebido e pretendido pelo sujeito agente. Somente a partir da reiteração é que surge a noção de hábito (*éthos*), reiteração que não prescinde do elemento volição e, muito menos, do elemento consciência.

Um ato involuntário é um ato praticado sem o concurso da razão, seja por coerção, seja por ignorância. O sujeito que sofre uma coerção tem sua capacidade de escolha reduzida. Sua conduta torna-se tal qual a de um paciente e não a de um agente. Aquele que verdadeiramente age, o faz em virtude de alguns fins e pelos meios eleitos para a realização desses fins; tanto os meios quanto os fins são eleitos a partir de uma escolha refletida ou deliberada (*choix réfléchi*). Não há voluntariedade ativa sem um prévio encadeamento de meios e fins pelo agente, o que não se opera sem o concurso do raciocínio deliberativo.

De qualquer forma, o ato extraído mediante coerção é um ato viciado *ab origine*, visto não estar presente a vontade livre de realização da prática (*práxis*) exterior. Esta é uma conduta involuntária. Também involuntário é o ato por ignorância. A ignorância como o desconhecimento de causa, no entanto, não se confunde com a mera ação executada sem que se saiba o que se está a fazer; este é o caso do colérico que, mesmo que por fugaz medida de tempo, desconhece o inteiro teor do seu agir, remanescendo, porém, a principal responsabilidade pelo que faz, visto estar para este presente a sabedoria de seu próprio caráter.

Do exposto, queda, pois, ressaltada a importância da compreensão da diferença existente entre a ação voluntária e a involuntária, entre a ação consciente e a ação inconsciente, bem como salientado fica o papel dessas categorias para a instrumentalização do pensamento em busca da compreensão das próximas premissas que seguem, em vistas de se obviar os problemas em torno dos quais se traçam estas ideias, o saber, o hábito (*éthos*) e a virtude (*areté*).

---

433. A respeito das *proaíresis*, vide *Ethica Eudemia*, 1225 b, 19/1228 a, 21.

25.3.10.1. A deliberação

O conceito de deliberação (*proaíresis*) é a ligação indispensável para a formatação conclusiva da arquitetura da ação voluntária, e, como tal, da virtude como disposição de ânimo tendente à realização dos fins eleitos pela reta razão por meios operados proaireticamente.

Pode-se principiar a análise pela diferenciação já lançada entre o desejo (*proaíresis*) e a deliberação (*boulesis*)[434]. Aquele, como norte da ação, elege fins[435], atingíveis ou inatingíveis, mais ou menos reprováveis, mais ou menos louváveis, de acordo ou em desacordo com a reta razão (*orthótés*). Erigidos os fins, teleologicamente a prática (*práxis*) verte-se em ato para a realização do objeto perseguido pela vontade[436], o que não se faz sem que se percorram transcursos intermédios até que seja atingido definitivamente.

A ação voltada para um fim, um fim entre vários, o mais fácil e o melhor, ou o fim único, vale-se de meios e esses meios são o objeto da deliberação (*boulesis*)[437]. Esta recai, portanto, sobre a área de incidência de algo que já foi anteriormente objeto de uma escolha. A deliberação, portanto, não é nem opinião, nem sensibilidade, nem mero *logismós*, é opção racional acerca de meios para a realização (atualização) de fins concebidos pela vontade.

Se todo tipo de fim pode ser erigido à condição de norte teleológico da ação, tudo pode, por consequência, ser objeto da vontade. Não da mesma forma com os meios. Estes são aqueles possíveis e alcançáveis pelo homem, individualmente tornado como senhor de suas ações, além de razoáveis e convenientes ao alcance do fim (*télos*). Fins impossíveis de serem realizados têm por consequência a absoluta ineficácia dos meios para atingi-los, visto dirigirem-se a um destino irrealizável. Meios e fins adaptam-se, pois meios justos devem conduzir proporcionalmente à realização de fins justos, não parecendo razoável que meios injustos facultem a ascensão da conduta ao padrão da mediedade (*mesotés*).

Assim é pois que o domínio do vicioso e do virtuoso se encontra no homem; o princípio da ação, sendo do agente, resulta que este é o senhor do fazer e do não fazer[438].

---

434. A etimologia do termo *boulesis* está a indicar que não há decisão sem prévia deliberação, isto porque *boulesis* como deliberação não é um termo ético, mas também político e técnico. Sua raiz vem de *boulé*, tribunal dos anciãos, sede das deliberações. A união de *boulesis* com *orthótés* consente falar-se em um conceito de natureza ética, afastando-se a maior ambiguidade do termo (Cf. Aubenque, *La prudence chez Aristote*, 1963, p. 111).

435. Nesse sentido há identidade entre *proaíresis* e *órexis*. *Vide* Aubenque, *La prudence chez Aristote*, 1963, p. 119-143.

436. Não se delibera a respeito de fins, mas sim de meios, bem como desejamos tudo que elegemos, mas não elegemos tudo que desejamos (*Eth. Eud.*, 1226 b, 9/20).

437. "Elle consiste à rechercher les moyans de réaliser une fin préalablement posée" (Aubenque, *La prudence chez Aristote*, 1963, p. 106).

438. *Eth. Nic.*, 1113 b, 30/1114 a.

Ao mesmo tempo que se moldduram teleologicamente estas ou aquelas coisas do mundo da razão como objetivos a serem atingidos, para a sua consecução se concebem meios que instrumentalizem os fins desejados: ações, *re-ações*, omissões e inter--relações escalonam-se nos entremeios do fio teleológico. A ação e a omissão dependentes exclusivamente do agente, a inter-relação dependente da alteridade, umas e outras colocam-se em face do propósito da vontade[439].

Nesse sentido, vício e virtude encontram-se na mesma condição[440]. *Boulesis* é, portanto, a deliberação em torno do certo e do errado, do justo e do injusto para o alcance de fins eleitos pelo desejo; vício e virtude estão, por assim dizer, intestinamente relacionados com essa noção. Essa conclusão decorre até mesmo da própria etimologia do vocábulo, pois *prò etéron aireton*, donde *pro-aíresis*, significa o que foi escolhido como objeto de uma preferência anteriormente a outros[441].

Eis, pois, os elementos que caracterizam a virtude: a) justo meio; b) disposição anímica; c) reversão em atos; d) ordenação de acordo com a reta razão; e) voluntariedade e estreita dependência do agente[442].

25.3.11. Justiça e eticidade

O encadeamento sistemático da teoria aristotélica da justiça se torna muito presente aos olhos do estudioso que meticulosamente destaca a problemática sobretudo do texto do Livro V da *Ethica Nicomachea*. No entanto, a temática da justiça reaparece em outras passagens da obra aristotélica, demonstrando-se, por esse mesmo fato, a sua importância como decorrência de uma constante preocupação de se utilizar o problema da *justiça* como pressuposto de análise de outras questões de cunho sociopolítico. Assim, podem-se extrair reflexões a esse respeito dos livros da *Política* e da *Rhetorica*.

O problema da justiça é, dentro da filosofia aristotélica, como já se procurou salientar, uma questão acentuadamente de caráter ético[443]. Tal premissa requer que preliminarmente se proceda a um exame do que se pode entender pelos termos ético, eticidade e natureza ética. Uma primeira referência nesse sentido deve neces-

---

439. "Le prairésis est doc le siège de l'imputabilité: elle s'oppose à la contraint et est le fondement des actes qui se fout de pllin gré (ekoúsis), les sues qui soient abjets de louange et de blâmes" (Aubenque, *La prudence chez Aristote*, 1963, p. 120).

440. *Eth. Nic.*, 1114 b, 20/25.

441. *Eth. Nic.*, 1112 a, 17.

442. *Eth. Nic.*, 1114 b, 25/1115 a.

443. "No direito, dá-se o mesmo que na medicina. A desconfiança de Aristóteles em relação aos absolutos vem à tona mais uma vez em sua grande contribuição ao direito. Foi ele o primeiro a formular o conceito de equidade como componente necessário de qualquer sistema legal justo, e isso séculos antes que o conceito denominado 'equitude' no direito anglo-americano surgisse nos tribunais dos reis ingleses como corretivo do direito consuetudinário" (Stone, *O julgamento de Sócrates*, 1988, p. 107).

sariamente sublinhar que a esfera da eticidade não se aparta daquela da racionalidade. Não se aparta pelo fato de que, em Aristóteles, razão prática (*noûs praktikós*) e razão teórica ou teorética (*noûs teoretikós*) caminham conjuntamente na totalização do ser racional, ou seja, atuam paralelamente para a realização integral da natureza social do homem em sociedade.

A vida social demanda respostas do indivíduo que tocam as faculdades da utilidade, do prático (*práxis*), assim como da razão pura, abstrata e teórica (*theoría*). Nesse sentido, ambas as razões, tanto a razão prática quanto a razão teórica, representam, quando vistas em conjunto, a completude das esferas noética e dianoética do ser racional. Se o ser humano se distingue por ser-lhe inerente a racionalidade — o que envolve razão prática e razão teórica —, seu fim não se confunde com o dos demais seres, e o que o caracteriza é a faculdade de alcançar a beatitude da felicidade (*eudaimonía*) pela utilização de suas faculdades racionais.

Se diz ética toda questão que desborda na esfera do *ethos*, ou seja, de acordo com a etimologia da palavra, esfera da habitualidade. Isso se dá pelo fato de que a conquista ética não se faz sem a prática reiterada de ações deliberadas advindas do juízo da razão prática (*noûs praktikós*). Sendo a razão prática a parte da racionalidade humana específica para o tratamento das questões advindas da esfera da utilidade e da *práxis* da conduta humana em sociedade, elegendo ações e deliberando sobre o útil e sobre o injusto nos limites das circunstâncias práticas em que se inserem as individualidades, releva-se o caráter ético da conduta social.

Aqui se deve ater o leitor na seguinte reflexão: entre a deliberação ética interna e a exteriorização de uma conduta social ou antissocial medeia o processo de eleição de meios para a execução de fins individuais ou sociais, problema este que toca diretamente à razão prática resolver, bem como institucionalizar mediante o hábito (*éthos*), que pode ser individual ou tornar-se coletivo no costume.

A elegibilidade de fins e de meios coadunados dá consistência ao processo deliberativo de ação social, consentindo uma adequação entre o todo e as partes. Aqui está presente a noção de virtude prudencial de eleição de fins e meios individuais compatíveis com aqueles outros eleitos pela comunidade da qual participa o indivíduo. Para que a célula possa adaptar-se ao órgão, mister se faz que a parte atue em uníssono com o todo.

Portanto, a justiça ou injustiça de uma conduta se poderá medir perante um critério social, qual seja, a adequação ou não da conduta do indivíduo aos limites sociais que o envolvem. A justiça ou injustiça da conduta, concebida a questão enquanto imersa na questão maior da eticidade do ser, é propriamente essa prática humana, esse fazer individual que transborda da esfera privada para lançar seus reflexos sobre a esfera pública, sobre o coletivo. A ação, participando da esfera coletiva, em sendo um ato vivenciável por homens, também é um ato sujeito ao juízo de reprovabilidade do coletivo, motivo pelo qual se pode falar em adequação ou não da ação aos objetivos eleitos pelo social.

Nesse sentido, ações justas ou de justiça correspondem a virtudes quando implementam condições sociais para que possam ser qualificadas como tais. A justiça de uma ação eleva esta à condição de virtude, ação louvável socialmente, podendo-se a esta se denominar virtude da justiça (*dikaosýne*). A eticidade da conduta lhe confere esta característica de ser ou não conforme os objetivos sociais, o que faz desta uma virtude ou um vício sociais.

No entanto, a justiça é uma virtude *sui generis*, pelo fato de que comporta uma cautela na aplicação da ideia de meio-termo (*mesotés*). Se com relação às demais virtudes, como a prudência, a sabedoria, a moderação etc., a equivalência entre extremos e meio-termo é válida incondicionalmente, dentro da temática da justiça esta não se pode tomar inadvertidamente como parâmetro. Isso se dá pelo fato de que, se à justiça se opõe um único vício, esse vício é a injustiça.

Aquele que pratica a injustiça encontra-se em excesso, por ter interferido na esfera alheia, enquanto aquele que sofre a injustiça encontra-se em defeito, visto ter sido o sujeito passivo da relação. No lugar de ter-se dois vícios diversos opostos à medianeira virtude da justiça, como ocorre com todas as outras (ex.: covardia — coragem — pusilanimidade), o mesmo vício, em excesso (injustiça) ou em defeito (injustiça), se opõe ao conceito central de justiça (ex.: injustiça — justiça — injustiça).

25.3.12. Conclusões

A ética aristotélica é uma ética teleológica, uma vez que erige como fim do agir humano a felicidade (eudemonismo, de *eudaimonía*, felicidade em grego). A ética aristotélica se detém, sobretudo, no conceito de mediedade para explicar que a virtude é um meio-termo entre excessos. É esse meio-termo alcançável pelo discernimento dos opostos (excesso e carência), que favorece o cultivo da virtude e que fortalece o bem viver coletivo em sociedade.

O homem virtuoso é feliz de si para consigo, mas sua felicidade se engaja na necessidade de vida gregária e social. O legislador deve estar atento às virtudes e vícios com vistas a realizar na sociedade a implantação de uma legislação que favoreça e estimule as virtudes e a cidadania. Nesse sentido, o estudo ético está intrinsecamente comprometido com o estudo político.

25.4. Epicurismo: ética, prazer e sensação

25.4.1. A doutrina epicúrea

A escola epicurista de pensamento, que organiza um determinado conjunto de ideias, e à qual se liga uma tendência doutrinal que elege no prazer a finalidade do agir humano, deve seu nome ao pensador grego Epicuro de Samos (341/270 a.C.)[444].

---

444. Este mesmo estudo pode ser encontrado em Bittar/Almeida, *Curso de filosofia do direito*, São Paulo, Atlas, 2001, p. 120-129.

Epicuro foi o iniciador de uma corrente de pensamento que gerou muita polêmica pelos preceitos que produziu[445]; sua obra está recolhida na forma de algumas cartas, um testamento, algumas sentenças vaticanas e máximas epicúreas[446]. Porém, Epicuro não militou suas ideias sozinho, uma vez que deixou discípulos que disseminaram suas ideias, quais Menequeu, Heródoto, Pitocles, Metrodoro, Hermarco e Colotes[447].

Apesar de a doutrina epicurista guardar suas peculiaridades doutrinárias, e ter-se inscrito na história do pensamento como marcante contribuição exatamente pela sua singularidade, comunga com outras doutrinas as mesmas condições sociotemporais da Grécia decadente do século IV a.C. Esse período corresponde a uma época de dominação macedônica sobre o povo heleno, momento pós-glorioso do século anterior, intitulado século de Péricles (séc. V a.C.). A Grécia que florescia pelas elevadas características da cidadania ativa, da política, da retórica assemblear, da arte, da poesia, da filosofia..., ora se via jungida aos estertores decadenciais de um período.

Esse declínio, já sentido com a injusta condenação de Sócrates à morte, em 399 a.C., só se acentuou na medida em que o século IV a.C. se esvaía. O degringolar sociopolítico-cultural haverá de produzir, como reflexo, o desaparecimento dos filósofos das praças públicas, num primeiro momento, e o desaparecimento definitivo de escolas de filosofia, num segundo momento.

O que há de comum entre o epicurismo e as demais filosofias é o desapontamento com a política de seu tempo[448]. Às trevas sócio-organizacionais de seu tempo, os epicuristas responderam da mesma forma que o platonismo e o aristotelismo, a saber, distanciando-se das atividades políticas e aglomerando-se num lugar comum de estudos, reflexões e discussões: o jardim, a escola[449]. Foram vários os locais de ensina-

---

445. Diógenes Laércio, o biógrafo da Antiguidade, em sua *Vida de Epicuro*, afirma que foram muitos aqueles que contestaram suas ideias e a ele se opuseram já à sua época, mas afirma também, e, sobretudo, que gozou de muita honorabilidade social, de muito bom conceito dos amigos e da pátria que o reconheceu com bustos e elogios públicos.

446. É também Diógenes Laércio quem testemunha a existência de uma enorme obra epicúrea (300 rolos ou livros), a saber: *Acerca da natureza; Acerca do amor; Compêndio dos livros contra os físicos; Casos dúbios; Máximas capitais; Acerca do fim; Acerca do critério; Protréptico; Acerca da vista; Acerca da música; Acerca das doenças...* Sua obra deve ter-se desencaminhado, e dela restam apenas os fragmentos acima elencados.

447. "Entre os primeiros integrantes da corrente epicurista, além dos três discípulos cujos nomes foram imortalizados pelas cartas que o mestre respectivamente lhes dirigiu (Heródoto, Pitocles e Menequeu), destacaram-se Metrodoro, Hermarco, Colotes, dos quais chegaram até nós alguns fragmentos" (Moraes, *Epicuro*: as luzes da ética, 1998, p. 71).

448. "Traz, entretanto, a marca inequívoca de seu tempo histórico. O desinteresse pela política é característico de todas as filosofias helenísticas: estoicismo, epicurismo, ceticismo, misticismo neoplatônico... Cada um desses movimentos de ideias extraiu suas próprias conclusões da constatação de que a *pólis* estava morrendo ou tinha morrido" (Moraes, *Epicuro*: as luzes da ética, 1998, p. 61-62).

449. "O epicurismo respondeu a essa questão propondo não o isolamento na solidão, como o fariam os eremitas cristãos, mas o recuo da praça pública (*ágora*) — onde os atenienses, enquanto foram sujeitos políticos, cidadãos de uma comunidade independente, deliberavam sobre os grandes

mento em que se sediou a escola epicúrea (Mitilene, Lampsaco, Atenas), obedecen-do-se à própria peregrinação de vida de Epicuro. A salvo dos despotismos públicos, das contradições sociais, das distorções éticas... ali podiam se dedicar ao pensamento e à discussão filosófica.

A doutrina epicurista resume-se, em suas linhas gerais, a discutir e a traçar contribuições em torno de temas, quais o da matéria, o do átomo[450] e o das sensações. Fundamentalmente empírica, essa doutrina anuncia uma explicação do mundo a partir dos elementos que o integram. O cosmos existe, para o epicurismo, e faz parte de suas preocupações. Porém, o cosmos, infinito que é, funciona como um conjunto concatenado de elementos mínimos, os átomos, que interagindo causam as condições de formação da vida. Nesse sentido, a dissolução da vida é somente a desagregação dos átomos que a ela deram origem, o que causa a privação de toda sensação; a morte nada significa na medida em que deixa de existir a causa de todo conhecimento, de toda dor e de todo prazer, a saber, a sensação[451].

Não há divindade, não há transcendência nem autoridade sobre o cosmos; ele se autogoverna a partir de suas partículas. As lendas populares, a metafísica sacerdotal, a mitologia tradicional... são respostas insuficientes aos olhos dos epicuristas. Mais que isso, os mitos, as lendas, as crenças são insatisfatórios para responder às concretas necessidades humanas de respostas aos seus anseios; viver sob a suspeita de um medo constante sobre os deuses e o cosmos é irracional, aos olhos dos epicuristas, como informa a décima segunda máxima epicúrea (*Ouk en tò foboúmenon lýein upèr twn kyriwtátwn mè kateidóta tís e tou sýmpantos phýsis, all'ypopteúontá ti twn katà toùs mýthous*).

Em síntese, a física domina a explicação inclusive da própria ética. A noção de matéria organizada em átomos, unidades diferentes entre si[452], eternas, existentes desde sempre e de durabilidade infinita, passa a ser o núcleo de organização de seus conceitos filosóficos. Esta é, na explicação epicurista, a singela explicação cosmológica, nitidamente materialista, do todo, do Universo[453].

---

temas de interesse coletivo — para o Jardim — concebido como um refúgio (mas não como um claustro ou esconderijo). Lá era possível viver livremente, entre amigos, 'sem déspotas' (*adéspoton*), numa nova forma de comunidade, composta de seguidores da mensagem emancipadora ensinada pelo mestre amorosamente venerado" (Moraes, *Epicuro*: as luzes da ética, 1998, p. 62).

450. "Os átomos são pois não só infinitos (*ápeiroi*) em número, como já ficou demonstrado, mas, além disso, seus esquemas são ilimitados (aperíleptoi)" (Moraes, *Epicuro*: as luzes da ética, 1998, p. 39).

451. Máxima epicúrea: II — "A morte não é nada para nós, pois o que se dissolve está privado de sensibilidade e o que está privado de sensibilidade não é nada para nós" (Epicuro, Máximas fundamentais, in Moraes, *Epicuro*: as luzes da ética, 1998, p. 93-97). Ou ainda, no original grego: *O thánatos oudèn pròs emas; tò gàr dialythèn anaisthetei, tò d'anaisthetoun oudèn pròs emas.*

452. O atomismo epicúreo difere do atomismo de Demócrito exatamente por prever que os átomos são unidades diversas entre si, capazes de formar seres diversos entre si. Cf. Chevalier, *Histoire de la pensée*, 1955, p. 466-467.

453. "Como as demais correntes filosóficas do período helenístico, a moral de Epicuro busca na consciência adequada da ordem cósmica o fundamento da conduta mais propícia à felicidade. Mas

25.4.2. A ética epicúrea

O homem vive e experimenta o mundo através das sensações. A percepção humana do mundo se dá em função da abertura que seus sentidos lhe conferem. Assim, é a partir das coisas visíveis que se pode melhor compreender, não somente as coisas visíveis, mas também as coisas invisíveis, com auxílio da analogia, da reflexão, do cálculo racional, da comparação etc.[454]. Desse modo, as sensações desempenham papel fundamental na formação do conhecimento humano[455], mas, além disso, oferecem ao homem o móvel de seu comportamento e interação com a natureza e os demais seres humanos.

Acima de qualquer fonte metafísica de conhecimento, acima de qualquer poder lógico-racional humano, acima de qualquer capacidade intuitiva humana, para os epicuristas, está a sensação (*aisthésis*). Outras formas e fontes de conhecimento existem (pré-noções, paixões...), mas todas devem se submeter ao crivo do que verdadeiramente pode ser tateado, visto, provado... pelos sentidos[456].

Reconhecendo a importância dos sentidos e seu papel para o homem é que o epicurismo delineia seus princípios éticos. Isso porque a base da experiência humana provém dos sentidos humanos. Assim, onde estão os sentidos, está a ética. Mais que isso, é na base das sensações de dor e prazer que se organizam os comportamentos humanos[457]. Todo homem que age, o faz no sentido de evitar a dor e procurar o prazer; a insatisfação dos sentidos é a dor, enquanto a satisfação dos sentidos é o prazer.

Em qualquer momento de vida, se verte o homem no sentido de realizar-se pessoalmente por meio dos sentidos, de modo mesmo a agir hoje para haurir condições de no futuro fruir deste ou daquele prazer (*hedoné*)[458]. Então, para a doutrina epicu-

---

distingue-se das outras, notadamente do estoicismo, por conceber o cosmos como efeito mecânico do entrechoque dos átomos e, consequentemente, por negar toda e qualquer intervenção divina na trama da física universal" (Moraes, *Epicuro: as luzes da ética*, 1998, p. 63).

454. Cf. Chevalier, *Histoire de la pensée*, 1955, p. 461.

455. "A fonte de todo conhecimento é a sensação. Não há evidência mais forte do que aquilo que sinto e percebo" (Moraes, *Epicuro: as luzes da ética*, 1998, p. 29).

456. "Vale insistir em que a preocupação maior do epicurismo ao analisar as fontes e os graus do conhecimento era fixar os *critérios da evidência*, isto é, do conhecimento firmemente irrefutável, e que o *critério dos critérios* para ele é sempre a *sensação*, presença em nós da imagem do objeto percebido. Qualquer tipo de *inferência lógica* fica, portanto, sujeito ao crivo da experiência direta e imediata" (Moraes, *Epicuro: as luzes da ética*, 1998, p. 35).

457. Aristóteles, em sua *Ethica Nicomachea*, já havia notado e discutido com profundidade isso. Porém, o que há de peculiar aos epicuristas é eleger o prazer como fim da ação, numa atitude que representa um hedonismo declarado.

458. Sobre o termo *hedoné* e sua relação com o epicurismo: "Aqui há uma correlação com a sua teoria da sensação (*aisthésis*) baseada no atomismo: tal como a sensação é o critério da verdade, assim também os movimentos ou experiências (*pathe*) do prazer e da dor, que são concebidos como tipos de deslocação atômica (Lucrécio II, 963-966), servem como critérios do bom e do mau, visto

rista, vive-se às voltas com a fuga da dor e a busca do prazer; o que há de mais caro à vida humana, a felicidade, depende do alcance do prazer[459].

Pode-se mesmo dizer que se organiza a vivência com base nas experiências anteriores de dor e prazer; se isso provocou dor, então será um comportamento a, no futuro, ser evitado; se aquilo provocou prazer, então, será, no futuro, um comportamento a ser perseguido. Assim, toda deliberação de meios e fins, com vistas ao agir, é governada pelas orientações que se formam a partir das experiências de dor e de prazer.

Porém, há que se dizer que aí entra um ingrediente que define exatamente a complexidade da discussão. O que seja o prazeroso e o que seja o doloroso é, sem dúvida alguma, algo relativo, uma vez que, de acordo com as orientações e as experiências, variam certos fatores que determinam a interpretação do que seja doloroso e do que seja prazeroso. Mas é certo que toda dor é um mal (algo não natural), e que todo prazer é um bem (algo natural), mas nem toda dor haverá de nos fazer repeli-la, nem todo prazer haverá de nos fazer procurá-lo. É o que afirma Epicuro:

> "Exatamente porque o prazer é um bem primitivo e natural, não escolhemos todo e qualquer prazer; podemos mesmo deixar de lado muitos prazeres quando é maior o incômodo que os segue; e consideramos que muitas dores são melhores do que os prazeres quando conseguimos, após suportá-las, um prazer ainda maior" (Epicuro, Carta a Menequeu, in Moraes, *Epicuro*: as luzes da ética, 1998, p. 92).

O prazer, então, é o móvel da ação humana. O prazer é absoluto e supremo na medida em que representa a estável condição de supressão de toda dor. Assim, sendo sensação incomparável e estável, a vivência de puro prazer seria aquela de total ausência da dor (*Óros tou menéthous twn ndonwn e pantòs tou algountos ypexaíresis*)[460]. A ausência absoluta de dor sendo impossível para os homens, deve-se dizer que o realizável é que seja suprimido o maior número de dores possível, uma vez que, se a somatória de dores for maior que a somatória de prazeres em uma vida, esta poderá ser dita uma vida infeliz[461].

---

que o prazer é aquilo que é natural, tal como o bem, enquanto a dor é contrária à natureza, da mesma forma que o mal (D. L. X, 34)" (Peters, *Termos filosóficos gregos*: um léxico histórico, 1983, p. 98, termo *hedoné*).

459. "Voilà pourquoi, observe Épicure (D. L. X, 128), nous disons que le plaisir est le principe et la fin de la vie heureuse" (Chevalier, *Histoire de la pensée*, 1955, p. 476).

460. "En esta perspectiva, el placer, como supresión del sufrimiento, es un bien absoluto, es decir, no puede crecer, no puede agregársele un nuevo placer, 'al igual que un cielo sereno no es susceptible de una mayor claridad'. Este placer estable tiene una naturaleza distinta de la de los placeres móviles. Se opone a ellos como el ser al devenir, como lo determinado a lo indeterminado y a lo infinito, como el reposo al movimiento" (Hadot, *¿Qué es la filosofía antigua?*, 1998, p. 131).

461. "Sustentando que o prazer está sempre na atividade, no movimento, e que o bem supremo consiste na somatória dos prazeres de que logramos desfrutar, ironizaram a concepção epicurística da ataraxia, isto é, de que a condição fundamental da felicidade consiste na 'eliminação daquilo que traz sofrimento', chamando-a de 'estabilidade do morto'. Não compreenderam que, ao considerar

Se somente os deuses podem fruir do prazer absoluto e constante, e os homens devem viver às voltas com dores e sofrimentos, então o sábio buscará: a) prolongar os prazeres; b) reduzir e suportar as dores; c) favorecer a que os outros participem do prazer[462].

O prazer, na concepção epicurista, gera a tranquilidade de alma, a estabilidade das sensações e a satisfação do corpo[463]. Mas, para alcançar esse estado anímico, será mister a ascese dos desejos[464]. De fato, o epicurismo consiste num grande apelo ao homem para que se utilize da maior de suas faculdades, a saber: a prudência (*phrónesis*). É ela que permite a sabedoria do discernimento na escolha de comportamentos, na prática de atos e na realização de atitudes.

O discernimento permite ao homem domar seus instintos e vencer suas temeridades. Novamente aqui se está às voltas com o controle das paixões pela razão. Se a infelicidade possui causas (temer punição dos deuses; temer a morte; não saber escolher o que desejar; angustiar-se com o sofrimento), elas podem ser elencadas, estudadas e eliminadas[465]. Nisso reside a sabedoria e a estabilidade da felicidade epicúrea: discernir, mesmo sofrendo, as causas do sofrimento, e procurar domar os instintos que o cercam (suicidar-se, matar alguém, furtar...).

Então, há que se insistir no fato de que a felicidade oriunda do prazer só se atinge com a ascese dos desejos, ou seja, uma certa sabedoria prática no discernimento e na escolha de quais sejam os prazeres úteis, naturais e necessários para o homem.

---

como prazer fundamental o sereno equilíbrio da alma, Epicuro estava supondo que viver é um bem e que, portanto, para ser boa, basta que a vida não seja demasiado perturbada por dores e sofrimentos" (Moraes, *Epicuro: as luzes da ética*, 1998, p. 69).

462. "Por isso que, em vez de rezar para implorar a misericórdia divina, o sábio epicurista, tendo constatado, lúcido e sereno, que não está em nosso alcance (mas somente no dos deuses) sentir apenas prazer e nunca sofrer dor, concentra o esforço na busca de um prazer durável e do controle da dor" (Moraes, *Epicuro: as luzes da ética*, 1998, p. 64).

463. O equilíbrio representa satisfação para o corpo e para a alma: "Este prazer mais puro não é então o prazer cinético da *anaplerosis*, mas o prazer estático (*katastematike*) do equilíbrio, a ausência de dor (*algos*) do corpo (*aponia*) e a ausência de perturbação da alma (*ataraxia*)" (Peters, *Termos filosóficos gregos: um léxico histórico*, 1983, p. 98, termo *hedoné*).

464. "Agreguemos que este estado de placer estable y de equilibrio corresponde también a un estado de tranquilidad del alma y de ausencia de perturbación. El método par alcanzar este placer estable consistirá en una ascesis de los deseos" (Hadot, ¿*Qué es la filosofía antigua?*, 1998, p. 132).

465. "Um bom remédio supõe um bom diagnóstico. O quádruplo remédio responde às quatro principais causas da infelicidade humana: temer a cólera dos deuses, apavorar-se diante da morte, escolher mal os objetos do desejo e angustiar-se ante o sofrimento. A felicidade, entretanto, não é difícil. Basta seguir a terapia do Jardim. Podemos decompô-la em duas etapas: uma contendo os dois primeiros, outra, os dois últimos remédios. Os dois primeiros, dirigindo-se unicamente ao intelecto, exercem efeito terapêutico imediato. Basta *compreender* a natureza das coisas: não são os deuses, mas sim os átomos em movimento que regem o Universo; a morte é apenas a separação dos átomos componentes do organismo. Já o terceiro e o quarto remédios são propriamente éticos: ensinam a lidar com o prazer e com a dor" (Moraes, *Epicuro: as luzes da ética*, 1998, p. 66).

Isso porque, para o epicurismo, os desejos são:

1. necessários e naturais: comer, beber, dormir...;

2. não necessários e naturais: desejo sexual, desejo de extravagâncias alimentares...;

3. não necessários e não naturais, ou artificiais: os desejos ilimitados de poder, ganância...[466].

Saber escolher e discernir é ser prudente; ser prudente é conquistar a ataraxia, ou seja, a estabilidade de ânimo diante das coisas, dos prazeres, das paixões e, inclusive, da própria dor. Para o epicurismo, isso é ser livre. Aqui está o princípio da autossuficiência (*autarkeía*) e, portanto, da felicidade[467].

25.4.3. O prazer e a justiça

A noção de prazer é o núcleo dos entendimentos epicúreos no plano ético; sem prazer, não há felicidade. Porém, o que seja o prazer, isto foi seriamente distorcido no curso dos séculos. Há que se dizer que o epicurismo sofreu fortes resistências ao entrar em confronto com o cristianismo, que rapidamente se transformou em doutrina antagônica, tendo em vista a abertura que essa filosofia concedia à fruição dos gozos terrenos; confundida com uma filosofia apologista dos vícios e das torpezas humanas, uma vez que estaria estimulando o cometimento de pecados e o apego às coisas terrenas. Aí, o epicurismo tornou-se sinônimo de perdição, confundido que foi com uma doutrina sensualista.

A noção de prazer aqui não se resume à noção vulgarmente admitida, um tanto quanto licenciosa e libertina. À sua época, Epicuro já havia pressentido que sua doutrina estaria sofrendo más interpretações. O prazer epicurista é a ausência de dor[468]. Epicuro adverte:

> "Quando dizemos que o prazer é a meta, não nos referimos aos prazeres dos depravados e dos bêbados, como imaginam os que desconhecem nosso pensamento ou

---

466. "Son naturales y necesarios los deseos cuya satisfacción libera de un dolor y que corresponden a las necesidades elementales, a las exigencias vitales. Son naturales mas no necesarios el deseo de manjares suntuosos o también el deseo sexual. No son ni naturales ni necesarios, sino producidos por opiniones vacías, los deseos sin límite de la riqueza, de la gloria o de la inmortalidad" (Hadot, ¿*Qué es la filosofía antigua?*, 1998, p. 132). Ainda, a respeito dessa distinção entre os prazeres: "Les désirs naturels et nécessaires sont ceux qui sont de nature à supprimer la douleur, tandis que les naturels et non nécessaires ne font que varier le plaisir. Parmi les désirs nécessaires, il y en a qui le sont pour le bonheur, d'autres pour la vie même" (Chevalier, *Histoire de la pensée*, 1955, p. 476).

467. "Esta doctrina de la libertad de la voluntad constituye el fundamento de la ética de Epicuro" (Nestle, *Historia del espíritu griego*, 1987, p. 248).

468. Máxima epicúrea: III — "O limite da grandeza dos prazeres é a eliminação de tudo que provoca dor. Onde estiver o prazer e enquanto ele aí permanecer, não haverá lugar para a dor ou o sofrimento, juntos ou separados" (Epicuro, Máximas fundamentais, in Moraes, *Epicuro: as luzes da ética*, 1998, p. 93-97).

nos combatem ou nos compreendem mal, e sim à ausência de dor psíquica e à ataraxia da alma. Não são com efeito as bebedeiras e as festas ininterruptas, nem o prazer que proporcionam os adolescentes e as mulheres, nem comer peixes e tudo mais que uma rica mesa pode oferecer que constituem a fonte de uma vida feliz, mas aquela sóbria reflexão que examina a fundo as causas de toda escolha e de toda recusa e que rejeita as falsas opiniões, responsáveis pelas grandes perturbações que se apoderam da alma. Princípio de tudo isso e bem supremo é a prudência. Por isso, ela é ainda mais digna de estima do que a filosofia" (Epicuro, Carta a Menequeu, in Moraes, *Epicuro*: as luzes da ética, 1998, p. 93).

Nem sempre o prazer atrai o que há de melhor. Nem sempre a dor atrai o que há de pior. Há que se considerar ainda esta máxima epicúrea:

"VII — Nenhum prazer é em si um mal, mas as coisas que nos proporcionam certos prazeres acarretam sofrimentos às vezes maiores que os próprios prazeres" (Epicuro, Máximas fundamentais, in Moraes, *Epicuro*: as luzes da ética, 1998, p. 93-97).

A consciência da dor e do prazer é o que faculta ao homem escolher causar dor ou prazer; a ética social epicurista, uma vez bem compreendida, leva à conclusão de que a consciência de dor e de prazer induz o homem a se furtar da dor, e, portanto, de evitar produzi-la injustamente em outrem, e a buscar o prazer, e, portanto, de procurar favorecer a que os outros fruam do prazer. Da ética individualista do prazer surge uma ética social do prazer[469].

O sábio evita não só prejudicar como causar preocupações nos outros[470]. Mais que isso, se o sábio se encontra distante das perturbações, procura oferecer serenidade aos outros, como vem escrito na quinquagésima nona sentença vaticana atribuída a Epicuro (*O atárachos eautw kaì etérw aóchletos*). Aqui está a chave da sociabilidade ética do epicurismo e também a chave para a compreensão dos preceitos de justiça dessa doutrina.

Enfim, o homem que sofre se torna sensível ao sofrimento do outro. Sua quinta máxima traduz esta preocupação:

"V — Não é possível viver feliz sem ser sábio, correto e justo, [nem ser sábio, correto e justo] sem ser feliz. Aquele que está privado de uma dessas coisas, como, por exemplo, da sabedoria, não pode viver feliz, mesmo se for correto e justo" (Epicuro, Máximas fundamentais, in Moraes, *Epicuro*: as luzes da ética, 1998, p. 93-97). Ou no original grego: *Ouk éstin ndéws zen áneu tou phrónimws kaì kalws kaì' dikaíws [oudé phronímws kaì kalws kaì'dikaíws] áneu tou ndéws; dè touto m'n yparchei, ouk ésti touton ndéws zen.*

---

469. Por isso, não se pode dizer com tanta simplicidade como o faz Nestle: "La ética epicúrea está cortada a la medida del individuo" (Nestle, *Historia del espíritu griego*, 1987, p. 249).

470. Máxima epicúrea: I — "O ser bem-aventurado e imortal está livre de preocupações e não as causa a outrem, de modo que não manifesta nem cólera nem bem-aventurança: tudo isso é próprio da fraqueza" (Epicuro, Máximas fundamentais, in Moraes, *Epicuro*: as luzes da ética, 1998, p. 93-97).

O homem justo só pode ser tranquilo e sereno, e o epicurismo só pode recomendar a justiça e a serenidade, na medida em que não perturbar o outro afasta problemas, dissabores, ódios, vinganças e demais dores que possam advir da atitude tomada. O homem injusto, por sua vez, vive perturbado e desequilibrado, seja pelo medo de ser a qualquer momento golpeado pela vítima de seus atos, seja pelo temor de ver-se rejeitado por suas atitudes pela comunidade à qual pertence, seja pelo *metus* de ser-lhe aplicada uma sanção pela prática de determinado ato socialmente desaconselhado. De fato:

> "XVII — O justo goza de uma perfeita tranquilidade de alma; o injusto, em compensação, está cheio da maior perturbação" (Epicuro, Máximas fundamentais, in Moraes, *Epicuro*: as luzes da ética, 1998, p. 93-97). Ou, ainda: *O díkaios ataraktótatos, o d'ádikos pleístes taraches gémwn.*

Não causar danos e não sofrê-los é o ideal do direito natural. Há nisso uma simbologia, uma artificialidade, uma convenção traçada entre os homens no sentido de debelar todo tipo de conduta que possa interferir no viver alheio; assim, se não se sofre o mal, também se está obrigado a não causar nenhum mal. Tal convenção tem por objeto o prazer geral da sociedade e a garantia da tranquilidade e do equilíbrio das relações que envolvem uma pluralidade de indivíduos.

> "XXXI — O direito natural é uma convenção utilitária feita com o objetivo de não se prejudicar mutuamente" (Epicuro, Máximas fundamentais, in Moraes, *Epicuro*: as luzes da ética, 1998, p. 93-97). Ou, ainda: *To'tes phýsews díkaión esti sýmbolon tou symphérontos eis tò mè bláptein allélous medè bláptesthai.*

O mesmo se pode dizer com a máxima seguinte, que traduz com todas as letras que a justiça não tem serventia de si para consigo mesma, tendo-se em vista que sua utilidade se encontra no caráter relacional que sustenta. Assim, onde há relações humanas, há justiça. E justiça consiste em conservar-se longe da possibilidade de causar dano a outrem e de sofrê-lo.

> "XXXIII — A justiça não existe em si mesma, mas só nas relações recíprocas e naqueles lugares em que se concluiu um pacto para não causar e não sofrer danos" (Epicuro, Máximas fundamentais, in Moraes, *Epicuro*: as luzes da ética, 1998, p. 93-97).

Nesse sentido, praticar injustiça é construir para si o tormento da perseguição, uma vez que não é eternamente que se consegue escapar das mãos daqueles a quem cumpre efetivamente aplicar as leis, as sanções, enfim, as punições. Se há que se evitar a dor, há também que se evitar a injustiça. De fato:

> "XXXIV — A injustiça não é em si um mal, este reside no medo aterrorizante de não escapar àqueles que têm por função castigar os culpados" (Epicuro, Máximas fundamentais, in Moraes, *Epicuro*: as luzes da ética, 1998, p. 93-97).

Entenda-se que a justiça não só é necessária, mas, sobretudo, é útil socialmente. Desse modo pode-se dizer que a justiça é igual para todos; mas isso não a exime de por vezes causar injustiça, pois o que parece estar atrás do pensamento epicúreo é a afirmação de Aristóteles de que se dê igualmente aos iguais e desigualmente aos desiguais, uma vez que a justiça não se aplica somente de modo matemático e certeiro com um único critério indiferente para todos. No desigualar, diante de determinadas condições, há justiça, traduzindo-se a máxima que segue:

"XXXVI — Em geral, a justiça é a mesma para todos, dado que ela representa uma vantagem para as relações sociais. Mas, considerando cada país em particular e outras circunstâncias determinadas, a mesma coisa não se impõe a todos como justa" (Epicuro, Máximas fundamentais, in Moraes, *Epicuro*: as luzes da ética, 1998, p. 93-97).

A justiça não é algo naturalmente instintivo no homem; é como um pacto útil para a subsistência da sociedade na medida em que evita a causação dos danos mútuos[471]. Mas isso não é estanque, variando de tempos em tempos, de acordo com as necessidades da comunidade:

"XXXVIII — Ali onde se torna manifesto, sem que as circunstâncias tenham mudado, que as leis estabelecidas como justas acarretam consequências que não são conformes à prenoção de justiça, tais leis não são justas. E quando, em consequência de uma mudança das circunstâncias, as leis estabelecidas como justas não se mostram mais úteis, elas não deixarão de ter sido justas no momento em que ofereciam utilidade às relações sociais entre os cidadãos da mesma comunidade. Elas posteriormente deixaram de ser justas por não mais serem úteis" (Epicuro, Máximas fundamentais, in Moraes, *Epicuro*: as luzes da ética, 1998, p. 93-97).

25.4.4. Conclusões

Neste passo, há que se concluir que o epicurismo é, fundamentalmente, uma doutrina filosófica que se orienta, no campo da ética, no sentido de afirmar a prevalência do sensório e do empírico na definição do bem agir. Não é nem um Bem Supremo (platonismo), nem a mediedade (aristotelismo), mas o equilíbrio que proporciona a felicidade, ou seja, a ataraxia (*ataraxía*), ao estilo estoico, que definirá o que seja o bem agir. Porém, o epicurismo se distingue pelo critério eleito para definir de onde deriva a ataraxia; esse critério é hedonista e sensório.

A sensação é, para o epicurismo, não só a origem de todo conhecimento, mas sobretudo: o meio pelo qual se conhece o mundo; o fim do agir humano, uma vez que é em busca de uma sensação, a de ausência de dor, que vive o homem; a forma pela qual se torna possível interagir com o mundo, escolhendo comportamentos e agindo, sendo a causa de dor ou de prazer aos demais.

Assim, se as sensações desempenham fundamental papel para o homem, é a partir delas que deve se orientar eticamente. A ética estoica tem em vista a relação

---

471. "Une loi est juste, qu'elle soit la même ou non pour tous les hommes, du moment qu'elle est utile aux rapports sociaux" (Chevalier, *Histoire de la pensée*, 1955, p. 478).

dor/prazer, na medida em que o primeiro fator provoca repulsão e o segundo, atração (hedonismo; *hedoné*, gr., prazer). Assim se governaria o homem em suas escolhas e necessidades, distribuindo seu comportamento e suas ações de conformidade com suas escolhas de dor e prazer.

25.5. Sêneca: o estoicismo romano e a ética da resignação

25.5.1. A filosofia e a vida política de Sêneca

De origem espanhola, Lucio Aneu Sêneca, Lucius Annaeus Seneca (4 a.C. 65 d.C.), foi um homem público que marcou seu tempo. De grande influência política, participativo e ativo nos negócios públicos (advogado, senador, questor, conselheiro...), teve reconhecimento nas cortes e circulou entre os homens e as decisões mais célebres de sua época. Tendo-se tornado personalidade de nomeada, passou a sofrer também as vicissitudes de sua eminência (acusação de adultério, que lhe leva ao exílio; acusação de traição), até que, por fim, se suicida em 65 d.C., como renúncia política, filosófica e ética, por ter sido envolvido em uma conspiração da qual consta não ter feito parte.

Sua vasta obra lança-se, sobretudo, por temas da política e da moral, possuindo grande valor existencial, podendo-se citar: *Consolatio ad Marciam; De ira; Consolatio ad Helviam; Consolatio ad Polybium; De brevitate vitae; De constantia sapientis; De vita beata; De tranquilitate animi; De otio; De providentia,* ademais de alguns textos teatrais trágicos (*Hercules furens; Troades; Phoenissae; Medea; Phaedra; Oedipus; Agamêmnon; Thyestes; Hercules Oetaeus; Octavia*[472].

Pode-se mesmo dizer que ao menos grande parte de seus escritos, de sua filosofia e de sua ética são fruto de suas reflexões sobre sua experiência como atuante da vida política de seu tempo[473]. Tudo em sua biografia acusa no sentido de que suas atribulações, suas intranquilidades e as agitações de sua engajada vida

---

472. São dadas como obras perdidas: *De situ Indiae; De forma mundi; De piscium natura; De lapidum natura; De motu terrarum; Exhortationes; De officiis; De superstitione; De matrimonio; De immatura morte; De remediis fortuitorum ad Gallionem; Quomodo amicitia continenda sit; Libri moralis philosophiae; Epistulae ad Novatum; De vita patris.*

473. Sua vida ativa foi repasto importante para sua especulação: "Em 54, quando Nero torna-se imperador (com apenas 16 anos!), Sêneca continua a seu lado, transformando-se numa verdadeira eminência parda do governo. Conselheiro pessoal de Nero, ele propõe leis, escreve os discursos do imperador e faz indicações para cargos públicos, sendo uma figura de relevo nos momentos de crise. Num mundo político fechado e atroz, Sêneca, um negociador habilidoso e pragmático, precisou lançar mão de toda a sua destreza política e prestígio intelectual para acomodar interesses e manter seu espaço" (Ricardo da Cunha Lima, Prefácio à tradução de *Sobre a providência divina; Sobre a firmeza do homem sábio,* São Paulo: Nova Alexandria, 2000, p. 9).

pública[474] serviram de pasto para o desenvolvimento de suas convicções e certezas morais, assim como para o desenvolvimento de suas habilidades teóricas no trato com a ética[475].

25.5.2. A ética estoica

Para que se possa discorrer a respeito da ética de Sêneca, preliminarmente, deve-se identificar a principal influência sobre seu pensamento e de seu pensamento: o estoicismo. Essa doutrina transpira a ideia de respeito ao universo e suas leis cósmicas. O ser agente, de acordo com a doutrina estoica, em primeiro lugar, se conhece, e conhece suas limitações, de modo que é capaz de alcançar a *ataraxia*, o estado de harmonia corporal, moral e espiritual, por saber distinguir o bem do mal. A *ataraxia* é o clímax de um processo de autodepuração da alma. Esse homem não se abala excessivamente nem pelo que é bom nem pelo que é mau, do que possa lhe advir. Significa, então, descoberta de sua interioridade, posse de um estado imperturbável diante das ocorrências externas[476].

---

474. "Quando anuncia num diálogo a proposta de que um amigo se retire da vida pública, parece falar de si para si mesmo, já cansado, do que deve fazer: "Sépare-toi donc de la foule, mon très cher Paulin; tu as eu une existence plus agitée que personne à ton age; retire-toi enfin dans un port plus tranquille. Pense à toutes les vagues que tu as essutées, à toutes lês tempêtes que tu as affrontées dans la vie privée, à toutes celles que tu as attirées sur toi dans ta vie publique" (Sêneca, De la brièveté de la vie, in *Lês stoïciens*, II, par. XVIII, p. 716).

475. "Em 49 d.C., Messalina, primeira esposa do imperador Cláudio e responsável pelo exílio de Sêneca, caiu em desgraça e foi condenada à morte. O imperador Cláudio casou-se com Agripina e esta mandou chamar Sêneca para educar seu filho Nero. Em 54 d.C., quando Nero se torna imperador, Sêneca passa a ser seu principal conselheiro. Esse período estende-se até 62 d.C., ano em que sua estrela começa a perder o brilho junto ao despótico soberano. Sêneca deixa a vida pública e sofre a perseguição de Nero, que acaba por condená-lo ao suicídio, em 65 d.C.

"As Cartas Morais de Sêneca, escritas entre os anos 63 e 65 e dirigidas a Lucílio, misturam elementos epicuristas com ideias estoicas e contêm observações pessoais, reflexões sobre a literatura e crítica satírica dos vícios comuns na época. Entre seus doze *Ensaios Morais*, destacam-se *Sobre a Clemência*, cautelosa advertência a Nero sobre os perigos da tirania, *Da Brevidade da Vida*, análise das frivolidades nas sociedades corruptas, e *Sobre a Tranquilidade da Alma*, que tem como assunto o problema da participação na vida pública. As *Questões Naturais* expõem a física estoica enquanto vinculada aos problemas éticos.

"Além dessas obras filosóficas, Sêneca escreveu ainda nove tragédias e uma obra-prima da sátira latina, *Apokolokintosis*, que ridiculariza Cláudio e suas pretensões à divindade" (G. Ribbeck E. Joyau, Sêneca: vida e obra, in Prefácio à Epicuro (*Os pensadores*), 1988, p. XVII).

476. "Em sabendo diferenciar, com segurança, esses dois aspectos, o homem, segundo o estoicismo, descobre as causas dos males que o afligem e, ao revés, a paz da consciência, a justiça e a filantropia. Assim sendo, é mister suportar as coisas exteriores — que independem de nós — sem murmurar. Fora pueril e inútil labor lutar contra elas e maldizê-las. Sábio é o homem que, retraindo-se desse mundo, contra o qual nada pode, busca refúgio em si mesmo. Destarte, torna-se senhor de si, vive sem perturbação, na ataraxia" (Ullman, O estoicismo ético de Marco Aurélio, *Revista Brasileira de Filosofia*, v. XLI, fasc. 169, jan./mar., 1993, p. 41).

Mas essa ética assim pregada pelos estoicos é, no fundo, a derivação de um conjunto de estudos de caráter físico, lógico... A ética estoica é o resultado da interpenetração dos conhecimentos adquiridos pelo homem, e isso porque a lógica confere a certeza ao raciocínio; a física mostra os fundamentos das coisas...[477]. No sistema ético estoico, portanto, convivem conhecimentos de várias naturezas e fins para afirmar o que o homem deve ou não deve fazer. Todos os conhecimentos (físicos, lógicos, metafísicos...) estarão a favor das conclusões ético-estoicas.

Nesse sentido, há que se adiantar que não será a contemplação a finalidade da conduta humana, mas sim a ação, pois é nesta que reside a capacidade de conferir felicidade ao homem[478]. É através da ação que surgem as oportunidades de ser ou não ser; é na ação que reside o ideal de vida estoico.

A ética estoica é ainda uma ética que determina o cumprimento de mandamentos éticos pelo simples dever. Não é com vistas a um fim outro qualquer que da ação deve decorrer um bem qualquer para si ou para a comunidade. Não é visando ao enriquecimento, à honra social, ao elogio, à elevação de seu conceito entre as pessoas...[479] que se deve distinguir o agir ético. A ética deve ser cumprida porque se trata de mandamentos certos e incontornáveis da ação. Eis aí uma ética do dever[480].

Essa obediência aos mandamentos éticos se deve ao fato de esses mandamentos decorrerem de leis naturais. À *physis* não pode se sobrepor o ser humano. É da *physis* que emanam as normas do agir. E nessa obediência ao que é natural reside uma forma de intuição do que é elementar e natural, assim como consentâneo, à conservação e manutenção da vida humana; é a intuição das normas naturais que confere ao homem a capacidade de discernir o que é favorável e o que é desfavorável ao seu

---

477. "Não obstante a ética representar o fulcro do estoicismo, impossível é separá-la das outras partes do sistema. A lógica representa o fundamento da moral, porque proporciona ao sábio a certeza onde se encontra a ataraxia. Também à física está vinculada a ética, porquanto ela ministra os verdadeiros princípios. Mas como a física logra fundamentar os últimos princípios? Na visão estoica, o caráter essencial do universo consiste em estar sujeito a uma lei que governa, de modo igual, a totalidade do universo e todas as suas partes. A essa lei natural, que é o *lógos*, conformam-se, por uma fatalidade natural, os seres inanimados e os seres animados, desprovidos de razão. Cifra-se nisso a lei natural — o *nómos physikos*. Ao homem racional incumbe conformar-se voluntariamente com o *lógos*" (Ullman, O estoicismo ético de Marco Aurélio, *Revista Brasileira de Filosofia*, v. XLI, fasc. 169, jan./mar., 1993, p. 41).

478. "Para os estoicos não é mais a contemplação, mas a ação que está no ápice da vida humana" (Maritain, *A filosofia moral*, 1964, p. 74).

479. "Cumprir o dever ético de amar os outros não deve visar a uma recompensa. Nada mais do que o dever pelo dever! O motivo da gratidão, da recompensa ou da bajulação não deve nem sequer ser cogitado" (Ullman, O estoicismo ético de Marco Aurélio, *Revista Brasileira de Filosofia*, v. XLI, fasc. 169, jan./mar., 1993, p. 43).

480. "A ética estoica é uma ética do valor puro" (Maritain, *A filosofia moral*, 1964, p. 77).

bom agir[481]. As certezas para o agir decorrem dessa confiança intuitiva sobre o que é e sobre o que deve ser.

25.5.3. O estoicismo de Sêneca

À parte da reconhecida notoriedade do pensador Cícero, cujo estoicismo possui um caráter muito mais eclético, fundindo sincreticamente diversas tendências filosóficas e opiniões de seu tempo, o estoicismo romano parece ganhar corpo com Sêneca. Em seus escritos, o filósofo romano reconhece a matriz de suas ideias e também sua proximidade e sua admiração pelas ideias estoicas[482], além de possuir princípios caracteristicamente influenciados pelas tendências estoicas.

O estoicismo de Sêneca aponta no sentido:

1. de uma certa indiferença risonha aos problemas humanos, verificando em todo o agir humano, em todas as falcatruas e em todas as reais torpezas humanas uma comédia cuja cura só pode se encontrar na esperança e no riso sobre tudo o que existe, ou, ainda, em uma certa dose de sobriedade no agir nos momentos turbulentos e desfavoráveis[483];

2. do cosmopolitismo e da universalidade da ética, pois não se pode desprezar o fato de que todas as dimensões e todas as pátrias são locais aptos à propagação de suas ideias e à disseminação de sua ética, que deve ser indiferente ao desprezo político dos outros e da perseguição mundana que possa resistir aos seus intentos[484];

---

481. "Para fundamentar esta teoría de los deberes, los estoicos van a volver a su intuición fundamental, la del acuerdo instintivo y original del ser vivo con él mismo que expresa la profunda voluntad de la naturaleza. Los seres vivos tienen una propensión original a conservarse y a rechazar lo que amenaza su integridad. Con la aparición de la razón en el hombre, el instinto natural se vuelve elección pensada y razonada; deberá ser elegido aquello que responde a las tendencias naturales: el amor a la vida, por ejemplo, el amor a los niños, el amor a los conciudadanos, fundamentado en el instinto de sociabilidad" (Hadot, ¿ Que és la filosofía antigua?, 1998, p. 150).

482. Como é exemplo a seguinte passagem: "Nunc probabo tibi non desciscere me a praeceptis Stoicorum, nam ne ipsi quidem a suis desciverunt (et tamen excusatissimus essem etiam si non praecepta illorum sequerer, sed exempla)"; "Ora ti dimostrerò che io non mi allontano dagl'insegnamenti della scuola stoica, come non se ne sono allontanati neppure i suoi discepoli; ma anche se seguissi gli esempi di questi, invece che i precetti dei maestri, sarei più che scusato" (Sêneca, L'ozio e la serenità,1993, par. II, p. 26 e 27).

483. "Aceitemos, pois, todas as coisas superficialmente e suportemo-las com bom humor: pois está mais em conformidade com a natureza humana rir-se da existência do que lamentar-se dela. Acrescentemos que se presta melhor serviço ao gênero humano ao se rir dele do que ao lamentá-lo: o gracejador nos deixa alguma esperança de melhora, o outro se aflige estupidamente com os males que desesperadamente procura remediar. Enfim, para quem julga as coisas de um ponto de vista mais superior, uma alma mostra-se mais forte abandonando-se ao riso do que cedendo às lágrimas; visto que não se deixa perturbar a não ser por uma emoção muito artificial e que não vê nada de importante, nada de sério, nem mesmo de deplorável em toda a comédia humana" (Sêneca, Da tranquilidade da alma, in Os pensadores, par. XV, p. 211).

484. "Daí o princípio do qual nós, estoicos, estamos orgulhosos: o de não nos encerrarmos nas muralhas de uma cidade só, mas de entrarmos em contato com o mundo inteiro e de professarmos

3. da eternidade e da superioridade da alma, pois insuscetível de se submeter aos caprichos do corpo, bem como inábil para ser manejada como instrumento de tortura e constrição, nela se depositando todo o valor humano e toda a possibilidade de alforria das dimensões puramente materiais e circunscritas do homem[485];

4. da consolação na natureza, assim como de contemplação da natureza[486], verdadeiro repasto de sabedoria do homem, proveniência e matriz de toda a inspiração para a simplicidade que governa o bem-estar físico e anímico[487];

5. da vida segundo a natureza, que, quando se trata do homem, deve ser concebida como sendo uma dupla relação, que alterne ação e contemplação[488];

---

que nossa pátria é o universo, a fim de oferecer à virtude o mais amplo campo de ação. Excluem-te do tribunal, expulsam-te da tribuna e dos comícios? Volta-te e olha: quantas extensões imensas, quantas nações se abrem para ti! Por mais vasta que seja a parte do mundo que te é vedada, aquela que te é permitida será sempre maior" (Sêneca, Da tranquilidade da alma, in Os pensadores, par. IV, p. 202).

485. "É a alma que torna ricos os homens: a alma segue-os no exílio; e quando encontra quanto basta para sustentar o corpo, mesmo nas mais ásperas solidões, é rica e goza de seus bens: à alma nada importa o dinheiro, não mais do que importa aos deuses imortais. Todas essas coisas que os tolos, escravos do próprio corpo, olham admirando — mármores, ouros, pratas, grandes mesas redondas e polidas — são pesos terrenos que não podem atrair uma alma pura e que lembra sua natureza, imune de tal vício e pronta para voar ao céu assim que liberta do corpo, e, no entanto observa as coisas divinas com pensamento incansável, quanto lho permite o grave e importuno cargo dos membros, que a cercam. Por isso não pode nem ser mandada ao exílio, pois que é livre, semelhante aos deuses, presente em todo o espaço e contemporânea a todo o tempo: porque seu pensamento vaga em todos os céus e penetra o passado e o futuro. É esse nosso mísero corpo, prisão e corrente da alma, que pode ser jogado em qualquer lugar; sobre ele tem poder os suplícios, os roubos, as doenças: a alma é sagrada e eterna, e ninguém lhe pode fazer violência" (Sêneca, Consolação a minha mãe Hélvia, in Os pensadores, par. X, p. 189).

486. "Ergo secundum naturam vivo si totum me illi dedi, si illius admirator cultorque sum. Natura autem utrumque facere me voluit, et agere et contemplationi vacare: utrumque facio, quoniam ne contemplatio quidem sine actione est."; "Vive dunque secondo natura e si dedica completamente a lei, per contemplaría e veneraría. Però la stessa natura vuole anche che ci si dedichi all'azione, sicché possiamo fare entrambe le cose, e cosi faccio io, tantopiù che pure la contemplazione a, in definitiva, un'azione" (Sêneca, L'ozio e la serenità, 1993, par. V, p. 32 e 33).

487. "A natureza nos gerou em bom estado e nele estaríamos se dela não nos afastássemos. Ela fez com que não precisássemos de muitas coisas para viver prosperamente: cada um pode por si tornar-se feliz. Pouca importância têm as coisas contingentes, tanto que não têm poder, nem, se favoráveis, de ensoberbecer o sábio, nem, se contrárias, de abatê-lo: ele esforçou-se sempre para pôr em si cada bem seu, para obter de si toda a sua alegria. E com isso pensas talvez que eu queria dizer que sou um sábio? Não, absolutamente; porque, se pudesse mesmo só afirmá-lo, isso significaria que não só não seria infeliz, mas seria o mais felizardo de todos os homens a quase um deus. Agora (e isso basta para suavizar qualquer miséria) me entreguei aos sábios, e, ainda incapaz de defender-me por mim, encontrei em campo alheio o abrigo, que facilmente protege a si mesmo e aos seus. Eles me aconselharam que ficasse sempre atento e observasse qualquer ataque, qualquer assalto da desgraça muito antes que me abatesse" (Sêneca, Consolação a minha mãe Hélvia, in Os pensadores, par. V, p. 184).

488. "Solemus dicere summum bonum esse secundum naturam vivere: natura nos ad utrumque genuit, et contemplationi rerum et actioni"; "Noi diciamo che il sommo bene è vivere secondo natu-

6. do *modus vivendi* que não se resume a meramente contemplar, nem somente a agir, nem somente a buscar o prazer, mas as três coisas ao mesmo tempo, porque conciliáveis e úteis à vivência humana[489];

7. da vida segundo a virtude, que inspira no que é bom e belo, e, em último grau, em Deus, e não segundo o vício e seus desregramentos[490];

8. da felicidade autônoma, ou seja, daquela cultivada pelo sábio não na expectativa da retribuição de algo por outrem, ou no depósito de confiança sobre as coisas do mundo, mas sobre si mesmo e a partir de suas próprias forças e sua própria consciência[491];

9. do prazer sensato e racional, contrário ao prazer sensual e libidinoso que procuram atribuir errônea e deturpadamente a Epicuro[492];

10. da negação da contemplação estéril e inútil, que nada rende ao mundo e que nada oferece de concreto a outrem, pois na virtude reside a verdadeira utilidade da razão e da contemplação[493];

---

ra, e la nostra natura há due facce, una rivolta alla contemplazione e l'altra, invece, all'azione" (Sêneca, *L'ozio e la serenità*, 1993, par. II, p. 30 e 31).

489. "Nec ille qui voluptatem probat sine contemplatione est, nec ille qui contemplationi inseruit sine voluptate est, nec ille cuius vita actionibus destinata est sine contemplatione est. Quo pet haec dicere? Ut appareat contemplationem placere omnibus: alii petunt illam; nobis haec statio, non portus est."; "Tanto per cominciare, il piacere non esclude la contemplazione, come la contemplazione non esclude il piacere, e l'azione, a sua volta, comprende pure la contemplazione. A dimostrare, chiaramente, che la contemplazione piace a tutti, con la differenza che altri vi aspirano come ad una meta finale senza ritorno, per noi invece é solo uno scalo, non un porto definitivo" (Sêneca, *L'ozio e la serenità*, 1993, par. VII, p. 36 e 37).

490. "Ergo in virtute posita est vera felicitas. Quid haec tibi virtus saudebit? Ne quid ai bonum malum axistimes quod nec virtute nec malitia continget. Deinde ut sis immobilis et contra malum et ex bono, ut qua faz est deum effingas"; "La vera felicità, dunque, risiede nela virtù, la quale ci consiglia di giudicare come bene solo ciò che deriva da lei e come male ciò che proviene invece dal suo contrario, la malvagità. Poi, di essere imperturbabili sai di fronte al male che di fronte al bene, in modo da riprodurre in noi, per quanto à possibile, Dio" (Sêneca, De vita beata, in *La felicità*, par. XVI, p. 58 e 59).

491. "Le sage ne dépend pás d'autrui; il n'attend pas la faveur de la fortune ou la faveur d'un homme; sa félicité vient de luimême; elle pourrait sortir de l'âme, si elle y était entrée, mais elle y prend naissance" (Sêneca, Lettre 72 à Lucilius, in *Lês stoïciens*, II, p. 786).

492. "Itaque non ab Epicuro impulsi luxuriantur, sed vitiis dediti luxuriam suam in philosophiae sinu abscondunt et eo concurrunt ubi audiant laudari voluptatem. Nec aestimant,voluptas illa Epicuri (ita enim me Hercules sentio) quam sóbria ac sicca sit, sed ad nomen ipsum advolant quaerentes libidinibus suis patrocinium aliquod ac velamentum"; "Quindi non à Epicuro che apinge questi individui alla lussuria, sono loro che, essendo dedit al vizio, celano la propria libidine nel grembo della filosofia, rifugiandosi in quella dottrina in cui si fa l'elogio del piacere. E però non si preoccupano di vedere quanto sai sóbrio e sereno il piacere di Epicuro (questa almeno, è la mia interpretazione), ma corrono diritti allá parola, in cui credono di trovare una giustificazione ed una maschera alle loro afrenate passioni" (Sêneca, De vita beata, in *La felicità*, par. XIII, p. 50 e 51)

493. "Quomodo res appetere sine ullo virtutum amore et sine cultu ingenii ac nudas edere

11. do desprendimento, da privação e da provisoriedade das coisas que cercam sua vida, de seu corpo a seus bens, de sua notoriedade social a suas habilidades, de sua função a seus recursos, uma vez que tudo deve ser restituído a sua origem, enquanto a virtude permanece com o homem e nele se guarda em segredo na alma[494];

12. da felicidade advinda da resignação, que faz repousar a sorte humana na constância do que é bom, e não na fugacidade do que é precário e passageiro[495];

13. da brevidade da vida, em face da infinitude dos saberes, dos conhecimentos, das técnicas, das artes e das oportunidades de crescer na virtude e na sabedoria[496].

25.5.4. Alguns traços de sua doutrina ética

A felicidade não é algo que se possa definir com tanta facilidade. Seus conceitos são muitos, e as opiniões sobre ela as mais diversificadas[497]. Por isso, pensar sobre a felicida-

---

operas minime probabile est (misceri enim ista inter se et conseri debent), sic imperfectum ac languidum bonum est in otium sine actu proiecta virtus, numquam id quod didicit ostendens"; "Il giusto agire richiede anche l'esercizio della mente e l'amore per la virtù, che devono mescolarsi e intrecciarsi com lui; allo stesso modo una virtù passiva, che si chiude in se stessa, pigramente, senza mai tirar fuori e mostrare agli altri il frutto delle sua esperienze e delle sue scoperte, è um bene sterile e incompleto" (Sêneca, *L'ozio e la serenità*, 1993, par. VI, p. 34 e 35).

494. "Nec habet ubi illam timeat, qui non mancipia tantum possessionesque et dignitatem, sed corpus quoque suum et oculos et manum et quicquid cariorem vitam facit seque ipsum inter precaria numerat, vivitque ut commodatus sibi et reposcentibus sine tristitia redditurus"; "E non la teme, inquantoché considera ogni cosa come un bene precario, non soltando i suoi averi, la sua posizione, la servitù, ma anche il suo corpo, gli occhi, le mani, tutto ciò che gli rende cara la vita, e persino il suo essere uomo: vive, insomma, la sua esistenza come un prestito fatto a se estesso, pronto a restituirla senza rimpianto quando ne sarà richiesto" (Sêneca, *L'ozio e la serenità*, 1993, par. IX, p. 74 e 75).

495. "Quaeramus aliquod non in speciem bonum sed solidum et aequale et a secretiore parte formosius; hoc eruamus"; "Cerchiamo dunque un bene non apparente ma vero, che sia costante e bello nella sua intima essenza: è questo che dobbiamo sprigionare e portare alla luce" (Sêneca, De vita beata, in *La felicità*, par. III, p. 32 e 33).

496. Sêneca chega a reproduzir o velho adágio *ars longa, vita brevis*: "La plupart des mortels, Paulin, se plaignent de la méchanceté de la nature: nous sommes venus à la vie pour un court espace de temps, disent-ils; la durée qui nous est accordée s'écoule si vite et si rapidement qu'à l'exception d'un petit nombre, la vie nous quitte quand nous sommes en train de nous y préparer. Et ce mal qu'ils croient général n'est pas seulement l'objet des plaintes de la foule et du vulgaire ignorant; ce sentiment a suscité aussi le mécontentement d'hommes illustres. De là l'exclamation fameuse du plus grand des médecins: 'La vie est brève et l'art est long'. De là encore cette discussion d'Aristote avec la nature, où il lui fait um procès qui ne convient guère à um sage, em disant qu'elle a permis aux seuls animaux d'avoir une durèe de vie de cinq ou dix générations humaines, tandis que l'homme, né pour tant de grandes choses,voit le terme de sa vie, tellement inférieur au leur" (Sêneca, De la brièveté de la vie, in *Lês stoïciens*, II, par. I, p. 695).

497. "Potest aliter quoque definiri bonum nostrum, id est eadem sententia non eisdem comprendi verbis"; "Della felicità si possono dare anche altre definizioni, giacché uno stesso concetto può essere espresso com parole diversa" (Sêneca, De vita beata, in *La felicità*, par. IV, p. 34 e 35).

de deve ser um caminho que indique à alma o que lhe é melhor, e não necessariamente o que se deseja repetir como sendo o melhor para a maioria dos homens. Ela deve, portanto, ser um bem constante, que mora no interior de cada um, dependendo da virtude para sua manifestação. O homem virtuoso pode ser chamado de homem sábio.

No entanto, o homem virtuoso não está necessariamente isento das aflições e das turbulências da vida. As pessoas e o destino preparam ao homem sábio tantas ciladas quanto ao mais comum dos homens. A felicidade advinda do domínio da virtude não está em se viver em pura harmonia contemplativa, na ausência de preocupações exteriores ou na pomposa suntuosidade das luxúrias e prevaricações humanas. A felicidade reside no suportar resignadamente as atribulações, com a necessária altivez, com a indispensável sobriedade de quem sabe que se trata de algo passageiro, e de que os obstáculos são dificuldades a serem superadas pelo homem. A *ataraxía,* nesse sentido, está na resignação diante de dificuldades, e não na ausência de dificuldades.

Assim, não é porque um homem, sábio ou não, sofre por atribulações da vida que os deuses o abandonaram, ou que se encontra em pleno abandono da causa dos céus. Mesmo os bons sofrem e são atingidos por abalos da providência, o que está na lógica da regência do mundo:

> "Tu me perguntaste, Lucílio, por que, se a providência rege o mundo, tantos males atingem os homens bons. Tua dúvida seria sanada de modo mais adequado ao longo de uma obra abrangente, na qual provaríamos que a providência comanda o universo e um deus se preocupa conosco; porém, como queres que se destaque uma parte do todo e se resolva essa única objeção, ficando em aberto o litígio, convém que antes faça algo que não é difícil; defender a causa dos deuses"[498].

As atribulações, as dificuldades, as turbulências, os obstáculos, os percalços, os espinhos são apenas modos de fortalecer a alma do homem bom. Este não está distante ou abandonado dos bons deuses; estes o querem como a um filho, por isso lhe conferem aquilo de que mais carece, ou seja, de lições que provem sua resistência, sua habilidade, seu destemor, sua constância, sua virtude, sua força.

> "Vou te reconciliar com os deuses, que são muito bons com quem é muito bom. De fato, a natureza nunca tolera que o bem prejudique os bons; entre os homens de bem e os deuses há uma amizade selada pela virtude. Amizade? Eu disse amizade? É muito mais que isso, é uma relação de necessidade e semelhança, pois na verdade o bom apenas quanto ao tempo de vida difere de um deus, sendo seu discípulo, imitador e verdadeiro descendente, a quem aquele magnífico pai, exigentíssimo fiscal das virtu-

---

498. "Quaesisti a me, Lucili, quid ita, providentia mundua ageretur, multa bonis viris mala acciderent. Hoc commodius in contextu operis redderetur, cum praesse universis providentia probaremus et interesse nobis deum; sed quodam a toto particulam revelli placet et unam contradictionem manente lite integra solvere, faciam rem non difficilem, causam deorum agam" (Sêneca, *Sobre a providência divina*, 2000, 1.1, p. 18 e 19).

des, como fazem os pais severos, educa com extremo rigor"; "Que o mesmo fique claro a respeito de deus: não trata o homem de bem com mimos, ele o prova, o endurece, prepara-o para si"[499].

O destino (*ananké*) não procede de modo leviano com aqueles que escolhe para serem os mais valentes. Seria o mesmo que tratar gladiadores para lutarem com os mais fracos. Ora, os sobrestamentos da vida quotidiana são mesmo os adversários a serem enfrentados com pulso pelo homem sábio, que, constante na virtude, sedento de vitória, luta pela manutenção de seus ideais e propósitos da ética da resignação.

"Um gladiador considera uma ignomínia ser posto para lutar com alguém inferior e sabe que é vencer sem glória vencer sem perigo. O mesmo faz o destino: procura para si os mais valorosos adversários, outros supera com fastio. O destino ataca os homens mais obstinados, os mais hirtos e arrojados, contra os quais desfere toda a sua violência: experimenta o fogo em Múcio, a pobreza em Fabrício, o exílio em Rutílio, a tortura em Régulo, o veneno em Sócrates, a morte em Catão. Só a desgraça revela o grande exemplo"[500].

De mais próximo, ainda, e com maior clareza, se pode dizer que "a calamidade é a ocasião da virtude" (*calamitas virtutis occasio est*). O que é que se faz de excepcional quando se tem tudo sob controle e tudo marcha sob ideais condições de fluência? O que é que se tem de melhor se nada se opõe à sua vontade? O que é que suas capacidades e forças são hábeis de realizar se nunca foram testadas? Assim, exorta-se:

"Eu vos imploro, não tenhais tamanho pavor disso que os deuses imortais lançam aos espíritos como estímulos; a calamidade é a ocasião da virtude. A outros se poderia chamar com razão infelizes, aos que se tornam malevolentes sob uma excessiva felicidade, aos que, como num mar em calmaria, a tranquilidade modorrenta paralisa: o que quer que os atinja, os pegará de surpresa"[501].

---

499. "In gratiam te reducam cum dis aduersus optimos optimis. Neque enim rerum natura patitur ut umquam bona bonis noceant; inter bonos uiros ac deos amicitia est conciliante virtute. Amicitiam dico? Immo etiam necessitudo et similitudo, quoniam quidem bonus tempore tantum a deo differt, discipulus eius aemulatorque et uera progenies, quam parens ille magnificus, uirtutum non lenis exactorm sicut seueri patres, durius educat"; "Idem tibi de deo liqueat: bonum uirum in deliciis non habet, experitur indurat, sib illum parat" (Sêneca, *Sobre a providência divina*, 2000, 1.5 e 1.6, p. 20, 21, 22 e 23).

500. "Ignominiam iudicat gladiator cum inferiore componi et scit eum sine gloria uinci qui sine periculo uincitur. Idem facit fortuna: fortissimos sibi pares quaerit, quosdam fastidio transit. Costumacissimum quemque et rectissimum adgreditur, aduersus quem uim suam intendat: ignem experitur in Mucio, paupertatem in Fabricio, exilium in Rutilio, tormenta in Regulo, uenenum in Socrate, mortem in Catone. Magnum exemplum nisi mala fortuna non inuenit" (Sêneca, *Sobre a providência divina*, 2000, 3.4, p. 32 e 33).

501. "Nolite, obsecro uos, expauescere ista quae di inmortales velut stimulos admouent animis: calamitas virtutis occasio est. Illos merito quis dixerit míseros quinimia felicitate torpescunt, quos velut in mari lento tranquillitas iners detinet: quidquid illis inciderit, novum venie" (Sêneca, *Sobre a providência divina*, 2000, 4.6, p. 44 e 45).

A temperança e a superioridade da virtude, portanto, não se adquirem com manjares doces, não se tornam realidade efetiva se não são conquistadas, não moram no coração do homem sem esforços. Assim como se deve fugir daquilo que é pura aparência de bem, se deve fugir das frivolidades humanas, que é o que faz do homem um ser débil de coragem para afrontar as inconstâncias do destino e da vida:

> "Foge dos mimos, foge da enervante felicidade com que os espíritos vão-se tornando flácidos e, a não ser que algo intervenha para lembrá-los da sorte humana, definham como que entorpecidos numa perpétua embriaguez. O homem a quem os vidros sempre protegeram do vento, cujos pés foram amornados por fomentos constantemente renovados, cujos jantares o calor sob o piso e espalhado pelas paredes aqueceu, este apanhará uma leve brisa não sem perigo"[502].

Eis com todas as letras a exortação da paciente resignação que tornou famosa a filosofia estoica sendo proferida pela boca de Sêneca:

> "O que há de espantoso se um deus experimenta duramente os espíritos mais nobres? Não há nem nunca houve um modelo de virtude que fosse fraco. O destino nos chicoteia e lacera: aguentemos! Não é uma crueldade, é um combate, e quanto mais lutarmos, mais fortes seremos: a parte mais robusta do corpo é aquela que o uso frequente exercitou. Devemos nos oferecer aos golpes do destino, para nos fortalecermos contra ele por ele mesmo: aos poucos ele nos fará iguais a si; a constante exposição ao perigo provocará o desprezo do perigo"[503].

Quando o sentimento que mora em teu interior é o que de nada é teu, então fica mais simples obedecer aos caprichos do destino. Quando se é aguerrido à estabilidade, à pacificidade, bem como quando se é apegado aos bens e utensílios do mundo, se torna mais difícil afrontar e lutar nas marés e nas tempestades que chicoteiam os corpos humanos. Assim, maiores são as dores e dificuldades, maior deve ser a força para enfrentar estes desafios (*Verberat nos et lacerat fortuna: patíamur*). Então:

> "Sendo assim, por que nos indignamos? Por que nos queixamos? Para isso é que fomos feitos! Que a natureza use como quiser os corpos, são seus: nós, alegres diante de tudo, e valentes, pensemos que nada que perece é nosso. O que é próprio de um homem de bem? Oferecer-se ao destino. É um grande consolo ser arrastado junto com

---

502. "Fugite delizias, fugite eneruantem felicitatem que animi permadescunt et, nisi aliquid interuenit quod humanae sortis admoneat, 'marcent' uelut perpetua ebrietate sopiti. Quem specularia semper ab adflatu uindicauerunt, cuius pedes inter fomenta subinde mutata tepuerunt, cuius cenationes subditus et parietibus circumfusus calor temperauit, hunc leuis aura non sine periuulo stringet" (Sêneca, *Sobre a providência divina*, 2000, 4.9, p. 46 e 47).

503. "Quid mirum, si dure generosos spiritus deus temptat? Nunquam uirtutis molle documentum est. Verberat nos et lacerat fortuna: patiamur. Non est saevitia, certamen est, quod 'quo' saepius adierimus, fortiores erimus: solidissima corporis pars est quam frequens usus agitauit. Praebendi fortunae sumus, ut contra illam ab ipsa duremur: paulatim nos sibi pares faciet, contemptum periculorum absiduitas periclitandi dabit" (Sêneca, *Sobre a providência divina*, 2000, 4.12, p. 48 e 49).

todo o universo. Seja o que for que nos ordenou a viver assim, a morrer assim, sob a mesma imperiosa necessidade, ata também os deuses"[504].

Traidores seriam os estoicos se ensinassem que as sendas humanas correspondem a um simples navegar em mares tranquilos. As marés nem sempre são favoráveis, e é com essa noção que se deve encarar a vivência. Todos os seus percalços são instrumentos para que se esteja fora da mira dos próximos dardos de flexas. Ou, então, "por caminho plano se vai às alturas?" (*Plano aditur excelsum*?). A ética estoica da resignação não é uma ética falaciosa, que desmente a realidade dos fatos, ou que fantasia ou idealiza a realidade quotidiana. Nela repousa estampada, com todo o vigor possível, a preocupação com as dores atravessadas pelo mais comum dos mortais.

> "Os estoicos, tendo adotado o caminho viril, não se preocupam em fazer com que ele pareça ameno aos que estão ingressando, mas em quanto antes nos resgatar dos perigos e nos guiar até aquele pico culminante, que se sobreleva a tal ponto fora do alcance de todo e qualquer dardo, que paira acima do destino"; "Mas são íngremes e são espinhosas as trilhas por onde somos chamados. Ora!? Então por caminho plano se vai às alturas? E, além disso, essas trilhas não são assim tão abruptas quanto alguns imaginam"[505].

Mas, para que se esteja armado contra uma guerra são necessários o preparo e o treinamento. Para não ser atingido pelas armas dos inimigos, o soldado deve estar encouraçado, para que, com coragem suficiente, técnica e habilidade, se desvencilhe de seu fardo. Estar acima do inimigo não é estar imune a ele, mas estar preparado para enfrentá-lo pelos meios adequados. Assim é o homem sábio:

> "Afirmo, pois, que o sábio não está sujeito a nenhuma injúria; por isso, não importa que muitos dardos sejam arremessados contra ele, porque é impenetrável a todos. Tal como a dureza de algumas pedras é inexpugnável ao ferro e o diamante não pode ser riscado ou partido nem desgastado, mas, ao contrário, refreia as agressões, assim como alguns materiais não podem ser consumidos pelo fogo, mas envoltos em chama conservam sua forma e rigidez, assim como certos rochedos avançados em alto-mar quebram as ondas e mesmo fustigados por tantos séculos não apresentam nenhum vestígio dessa violência, do mesmo modo é sólido o espírito do sábio, concentrando tal robustez que está não menos protegido da injúria que essas coisas às quais me referi"[506].

---

504. "Quid itaque indignamur? Quid querimur? Ad hoc parati sumus. Utatur ut vult suis natura corporibus: nos laeti ad omnia et fortes cogitemus nihil perire de nostro. Quid est boni uiri? Praebere se fato. Grande solacium est cum universo rapi; quidquid est quod nos sic vivere, sic mori iussit, eadem necessitate et deos alligat" (Sêneca, *Sobre a providência divina*, 2000, 5.8, p. 56 e 57).

505. "Stoici virilem ingressi uiam non ut amoena inventibus videatur curae habent, sed ut quam primum nos eripiat et in illum editum verticem educat qui adeo extra omnem teli iactum surrexit ut supra fortunam emineat"; "At ardua per quae vocamur et confragosa sunt. Quid enim? Plano aditur excelsum? Sed ne tam abrupta quidem sunt quam quidam putant" (Sêneca, *Sobre a firmeza do homem sábio*, 2000, 1.1 e 1.2, p. 70 e 71).

506. "Hoc igitur dico, sapientem nulli esse iniuriae obnoxium; itaque non refert quam multa illum coiciantur tela, cum sit nulli penetrabilis. Quomodo quorundam lapidum inexpugnabilis ferro

E o homem que possui essa higidez, essa couraça, essa robustez de espírito não está alhures, em plagas ideais ou quiméricas, mas está entre os homens e pode ser chamado de sábio[507]. De certa forma, este é um imbuído de Deus, e age segundo o que considera próprio dos deuses. Mais que isso, vê em tudo o agir da providência divina, pois detecta nos homens de seu tempo (potentados, soberanos, autoridades...) meros instrumentos do destino.

> "O homem que, apoiado à razão, atravessa as vicissitudes humanas com espírito divino, não tem onde receber injúrias. Achas que me refiro apenas às que partem do homem? Não, também às que partem do destino, o qual, todas as vezes em que enfrentou a virtude, sempre se retirou inferiorizado. Se aquele evento supremo — além do qual nem leis rancorosas nem soberanos crudelíssimos podem representar ameaça, no qual o destino esgota todo o seu poder — recebemos com *espírito tranquilo e sereno*, tomando consciência de que a morte não é um mal, nem mesmo, por conseguinte, uma injúria, vamos tolerar muito mais facilmente tudo o mais, perdas e dores, ignomínias, mudanças forçadas de lugar, lutos, separações. Ainda que todos esses reveses se acerquem ao mesmo tempo do sábio, não o sufocam; muito menos pode entristecê-lo o ataque de um deles isoladamente. E se até as injúrias do destino ele suporta de modo circunspecto, que dirá a dos homens poderosos, sabendo que eles são meros instrumentos do destino!"[508].

E, advirta-se, agir dessa forma não significa ter "sangue frio", como se costuma dizer. Ser apático e indiferente a tudo não é o mesmo que saber atravessar as turbu-

---

duritia est nec secari adamas aut caedi uel deteri potest sed incurrentia ultro retundit, quemadmodum quaedam non possunt igne consumi sed flamma circumfusa rigorem suum habitumque conseruant, quemadmodum proiecti quidam in altum scopuli maré frangunt, nec ipsi ulla saevitiae vestigia tot verberati saeculis ostentant, ita sapientis animus solidus est et id roboris collegit ut tam tutus sit ab iniuria quam illa quae rettuli" (Sêneca, *Sobre a firmeza do homem sábio,* 2000, 3.5, p. 78 e 79).

507. "Non est quod dicas, ita ut soles, hunc sapientem nostrum nusquam inveniri. Non fingimus istud humani ingenii vanum decus nec ingentem imaginem falsae rei concipimus, sed qualem conformamus exhibuimus, exhibebimus, raro forsitan magnisque aetatium intervallis unum; neque enim magna et excedentia solitum ac vulgarem modum crebro. Ceterum hic ipse M. Cato, a cuius mentione haec disputatio processit, vereor ne supra nostrum exemplar sit."; "Denique validius debet esse quod laedi eo quod laedtur; non est autem fortior nequitia virtute; non potest ergo laedi sapiens. Iniuria in bonos nisi a malis non temptatur; bonis inter se pax est, mali tam bonis perniciosi quam inter se. Quodis laedi nisi infirmior non potest, malus autem bono infirmior est, nec iniuria bonis nisi a dispari verenda est, iniuria in sapientem uirum non cadit. Illud enim iam non est admonendus, nemimem bonum esse nisi sapientem" (Sêneca, *Sobre a firmeza do homem sábio,* 2000, 7.1 e 7.2, p. 90 e 91).

508. "Qui ratione innixus per humanos casus divino incedit animo, non habet ubi accipiat iniuriam ne ab homine me tantum dicere putas? Ne a fortuna quidem, quae quotiens cum virtute congressa est, numquam par recessit. Si maximum illud ultra quod nihil habent iratae ieges ac saeuissimi domini 'quod' minentur, in quo imperium suum fortuna consumit, aequo placidoque animo accipimus et scimus mortem malum non esse, ob hoc ne iniuriam quidem, multo facilius alia tolerabimus, damna et dolores, ignomínias, locorum commutationes, orbitates, discidia, quae sapientem, etiam si universa circumueniant, non mergunt, nedum ut ad singulorum inpulsus maereat. Et si fortunae iniurias moderate fert, quanto magis hominum potentium, quos scit fortunar manus esse!" (Sêneca, *Sobre a firmeza do homem sábio,* 2000, 8.3, p. 94 e 95).

lências com altivez e sobriedade, com vistas à melhor decisão, ao melhor comportamento, ao aguardo da bonança. O sábio não é ser alheio ao que ocorre, ausente das preocupações mundanas, mas sim alguém que consegue concebê-las com gravidade, porém não com desespero e desatino. O sábio não é um insensível, mas alguém hábil para lidar com a sensibilidade. De fato:

> "Outras são as coisas que ferem o sábio, embora não o transtornem, como a dor física e a invalidez ou a perda de amigos e filhos ou ainda a derrocada de sua pátria ardendo nas chamas da guerra; não nego que o sábio sente tais infortúnios, pois não atribuímos a ele a dureza da pedra ou do ferro. Não há nenhuma virtude em suportar o que não se sente. De que se trata então? Ele recebe alguns golpes, mas, tão logo recebidos, os supera e dissipa e anula. Quanto aos ataques miúdos, não chega sequer a senti-los, nem usa contra eles sua costumeira virtude empregada em suportar duras adversidades, mas, ao contrário, ou nem os percebe ou os considera dignos de riso"[509].

Desde quando o destino deixa de operar como força invencível para conturbar a vida de um homem, na verdade, não foi o destino que cessou de atormentá-lo, mas sim foi ele que aprendeu a estar acima de suas inquietações perturbadoras. É isso que é exercer sabedoria, ou seja, meticulosa forma de dosagem de resignação, coragem e paciência para saber suportar as agruras da vida, os sentimentos desfavoráveis, administrando a si em meio a outros e outros em meio a si, com vistas ao melhor aproveitamento da própria vida mortal. Se seu percurso na terra é finito, fazer dele algo infinito é saber explorar as profundas forças que moram na alma resignada, o que, de certa forma, em muito contribui para o próprio bem da raça humana. A universalização dessa sabedoria é, em verdade, a cura para os males comuns a todos os homens, na filosofia estoica de Sêneca.

> "Para o sábio, a ajuda é outra, o contrário dessa: pois vós estais em plena luta e ele já obteve a vitória. Não sejais contrários ao vosso bem e, enquanto estais prosseguindo em direção à verdade, alimentais esta esperança em vossas almas, acolhei de bom grado o que for melhor e ajudai com vossa convicção e vossas preces: ser invencível, ser um homem contra quem o destino nada possa, é zelar pelo interesse da raça humana"[510].

---

509. "Alia sunt quae sapientem feriunt, etiam si non pervertunt, ut dolor corporis et debilitas aut amicorum liberorunque amissio et patriae bello flagrantis calamitas: haec non nego sentire sapientem; nec enim lapidis illi duritiam ferrive adserimus. Nulla virtus est quae non sentias perpeti. Quid ergo est? Quosdam ictus recipit, sed receptos et vincit et sanat et comprimit, haec vero minora ne sentit quidem nec adversus ea solita illa virtute utitur dura tolerandi, sed aut non adnotat aut digna risu putat" (Sêneca, *Sobre a firmeza do homem sábio*, 2000, 10.4, p. 100 e 101).

510. "Sapienti aliud auxilium est huic contrarium; uos enim rem geritis, illi parta victoria est. Nam repugnate vostro bono et hanc spem, dum ad verum pervenitis, alite in animis libentesque meliora excipite et opinione ac voto iuuate: esse aliquid invictum, esse aliquem in quem nihil fortuna possit, e re publica est generis humani [est]" (Sêneca, *Sobre a firmeza do homem sábio*, 2000, 19.3, p. 126 e 127).

25.5.5. Conclusões

O estoicismo de Sêneca consagra para a história da filosofia e da ética a preocupação com a serenidade humana ao enfrentar as tribulações da vida, as injustiças do mundo, sabendo dividir-se em atitudes éticas mesmo estando consciente de que se está a viver em um covil de lobos. Seja a política desonesta, seja a inconstância das paixões humanas, seja a tentação das ofertas mundanas... nada deve ser capaz de perturbar a serenidade e a certeza ética que moram no coração do homem sábio. Nesse sentido, saber-se diferenciar pela ética dos demais é próprio do sábio, é próprio do *homo ethicus.*

Nos temas estoicos de sua reflexão não discrepa dos demais pensadores que se identificaram na busca da felicidade e da mediania do comportamento humano, vislumbrando a saída para as ansiedades e dificuldades humanas não na mera fortuna material, mas na ética da ação virtuosa.

25.6. Ética cristã: Santo Agostinho e São Tomás de Aquino

25.6.1. A ética cristã

A ética cristã, com seu conjunto de preceitos, reorienta os destinos da ética no mundo ocidental[511]. De fato, a ética cristã se abeira mais da noção de livre-arbítrio que da noção de liberdade[512], se apoia mais na noção de vontade interior do que na

---

511. Estudos anteriores sobre a temática podem ser encontrados em Bittar, *Teorias sobre a justiça,* Juarez de Oliveira, 2000, e Bittar/Almeida, *Curso de filosofia do direito,* São Paulo, Atlas, 2001, p. 148-209.

512. No entanto, algo já se anuncia, pondo em risco a integração entre ética e cosmos, preparando as dificuldades que marcarão a modernidade. Em primeiro lugar, como mostra Hannah Arendt, desloca-se o campo da liberdade. Para os antigos, a liberdade era um conceito essencialmente político, pois só na *pólis* alguém poderia ser livre e a liberdade era a definição mesma da cidadania. O cristianismo, porém, religião da salvação nascida fora do campo político e contra o Estado, desloca a liberdade para o interior de cada humano, articula liberdade e vontade e apresenta esta última como essencialmente dividida entre o bem e o mal. A liberdade surge como uma divisão interior entre mim e mim mesma, entre meu querer bem e querer mal, tornando-se livre-arbítrio. O cristianismo despolitiza a liberdade e, ao interiorizá-la, moraliza-a. Em segundo lugar, introduzindo o sentimento da culpa originária, coloca o vício como constitutivo da vontade e, dessa maneira, a ética não pode ser apenas a conduta racional que regula a vontade e submete as paixões, mas ainda exige a submissão da vontade humana a uma outra vontade, transcendente e essencialmente boa, que define desde a eternidade os valores e comportamentos morais, segundo uma finalidade que não é mais a da felicidade social; política e terrena, mas a da salvação extraterrena e extratemporal. A liberdade, além de luta interior, torna-se também luta pela ou contra a transcendência. Em terceiro lugar, e como consequência, o cristianismo subordina o ideal da virtude à ideia do dever e da obrigação, faz da humildade uma virtude desconhecida para os antigos e exige a submissão à vontade divina, tornando problemática e quase impossível a finalidade ética dos antigos, isto é, autonomia, o dar-se a si mesmo sua norma de ação. Por isso, a liberdade se reduz ao arbítrio, à escolha entre fins já estabelecidos, segundo critérios que só a Deus pertencem. Mas, em quarto lugar, e como consequência, a noção de

noção de conjugação de interesses, de modo que suas posturas induzem à formação de uma orientação diferenciada em meio às já existentes éticas socrática, platônica, aristotélica, estoica... Por vezes conflitante com o pensamento filosófico pagão, por vezes coincidente com algumas de suas premissas ou conclusões, a ética cristã vive a tensão de ser uma medida nova para a conduta humana. Medida nova e de orientação organizada na base da fé na divindade; o Cristo estava consciente de que trazia uma nova medida para os valores humanos, e declara que não havia vindo ao mundo para trazer a paz, mas sim para trazer a divisão, dizendo que tinha pressa em que o fogo se acendesse.

A ética cristã estabelece parâmetros revolucionários para a história da ética. Profundamente imbricados à cultura ocidental, esses parâmetros se veem vivamente presentes e atuais na consciência popular, nos atos, nos gestos, nas cobranças, nos comportamentos, nos padrões de moralidade... Trata-se de um conjunto de preceitos que, uma vez interpretados e conjugados entre si, distribuem as seguintes responsabilidades e fixam as diretrizes abaixo:

• submissão humana à ética divina, revelada por meio da palavra sagrada, ou seja, a uma ética do transcendente como forma de se orientar e guiar a vida humana em sociedade;

• propõe a ascese mundana;

• cria a ética do pecado original;

• estabelece a premissa ética da culpa coletiva;

• pela ética da igualdade no pecado, solidariza os homens entre si pela ética da caridade;

• faz admitir que a miséria e a imperfeição moral são congênitas à humanidade;

• converte o homem em observador da potência divina, tendo-se em vista o parâmetro ético da impotência ante a providência;

• favorece o cultivo de uma ética de interiorização e de introspecção;

• estimula a ética do conflito e das soluções duais: alma e corpo, justiça e injustiça, virtude e pecado, bem e mal..., que aparecem, por vezes, como inconciliáveis e dicotômicos valores[513].

Da tensão resultante da introdução de uma nova orientação ética florescem duas propostas filosóficas concretas, na tentativa de conciliar o pensamento racional ao

---

responsabilidade individual assume um papel desconhecido para os antigos, pois torna-se universal e faz surgir uma virtude também desconhecida para os antigos, a caridade, como responsabilidade pela salvação do outro, seja este quem for. Salvação e pecado introduzem um conteúdo extramundano para a ética e criam um paradoxo insolúvel para a liberdade de escolha: como exercer o livre-arbítrio num mundo predeterminado pela onipotência e onisciência da vontade divina?" (Chauí, Público, privado e despotismo, in *Ética* (org. Adauto Novaes), 1992, p. 349).

513. Veja-se a esse respeito as reflexões de Chauí, Público, privado e despotismo, in *Ética* (org. Adauto Novaes, 1992, p. 346 e s.).

ato de fé, quais sejam: a proposta agostiniana, que reconcilia o cristianismo com o platonismo, através de suas principais obras a respeito da temática (*De Libero Arbitrio, De Civitate Dei*); a proposta aquiniana, que reconcilia o cristianismo com o aristotelismo, por meio de suas principais obras a respeito da temática (*Summa Theologica, Summa Contra Gentiles*).

Não somente a base cristã é comum a Santo Agostinho (354-430 d.C.), cognominado *Pater Ecclesiae*, e a São Tomás de Aquino (1225-1274 d.C.), cognominado *Doctor Angelicus*, mas sobretudo a projeção teórica que alia duas facetas, uma mística e outra racional, do ser humano.

25.6.2. A ética agostiniana

A ética agostiniana fundamenta seus ensinos na noção de redenção das almas. Seja em suas relações interindividuais na sociedade, seja nas relações familiares, seja nas relações da alma para consigo mesma... deve-se ater o fato de que a felicidade depende inteiramente de um fator extramundano, a saber, da Providência Divina.

Se a consciência e a interiorização garantem à alma a conversa com a divindade, o intercâmbio de sutilezas com o que há de mais elevado... isso deve-se retratar no comportamento natural e habitual para que se convertam os atos em comportamentos virtuosos, o que significa dizer: a) que se conheça, por meio dos segredos divinos, o que é efetivamente bom e o que é efetivamente mau; b) que se localize o que é mau em sua raiz; c) que, uma vez detectados, se eliminem, se afastem e se expurguem os efeitos maléficos do vício sobre a alma.

Esse modelo ético certamente possui um código de referência, que são os textos sagrados, revelação de Deus em palavra encarnada e feita salvação entre os homens, código que se faz compatível com a filosofa e a linguagem platônicas.

25.6.2.1. Cidade de Deus, cidade da virtude; Cidade dos Homens, cidade dos pecados

A vida humana[514], no lugar de se voltar para o crescente envolvimento com Deus, representa um desfile de atitudes que provam concretamente a ignorância das leis eternas (anarquias, guerras, roubos, assassínios, latrocínios, desmandos, autoritarismos, pilhagem, banditismo...). Agostinho vê nesse estado de transitoriedade, nesse conjunto disperso de eventos irracionais, um desprezo de Deus. Este é interpretado como constitutivo de um estado de coisas, chamado de humano, terreno, que recebe em sua teoria a designação de Cidade dos Homens (*Civitas terrena*). A Cidade dos Homens é, em síntese, a reunião dos ímpios (*societas ipiorum*)[515].

---

514. A respeito da justiça na Cidade de Deus e na Cidade dos Homens, consulte-se Eduardo Bittar, *Teorias sobre a justiça*: apontamentos para a história da Filosofia do Direito, São Paulo, Juarez de Oliveira, 2000.

515. "A Civitas terrena — a qual não corresponde precisamente a um Estado concreto, mas, em geral, ao reino da impiedade (*societas impiorum*) — resulta do pecado original, sem o qual não existi-

A Cidade dos Homens vem maculada *ab origine* pelo pecado original[516]; seu desencaminhamento se deve exatamente ao fato de que a corrupção invadiu o espírito humano, distanciando-o de sua fonte de vida, Deus. A desordem terrena que Agostinho condena é fato humano que atesta o desencaminhamento da Cidade dos Homens. Mas, apesar de assim maculada, sua indelegável missão terrena é conquistar a *pax* social[517].

Essa ordem, em que a primazia é das imperfeitas instituições, de incompletas estruturas de governo, de injustas leis... é caracterizada por reunir insuficientes conhecimentos acerca das leis eternas. Não por outro motivo é que Agostinho condena os julgamentos perpetrados nas cidades, onde frequentemente os juízos de ignorância dos juízes são a causa da flagelação e do suplício dos inocentes, imolados por práticas de tortura, por Augustinus consideradas condenáveis[518]. O que se quer dizer é que sua teoria denuncia a miséria da Cidade dos Homens, opondo-a à eterna beleza da Cidade de Deus. Mais que isso, o *pater ecclesiae* quer condenar os malefícios das penas e atitudes humanas que depõem contra o semelhante, e se torna um crítico mordaz da tortura e da pena de morte, pois tudo que é humano (sistemas de governo, de justiça...) se ofusca diante da contemplação do que é imutável e perfeito (Justiça, Ordem, Bem...)[519].

Ao estado de coisas humano, portanto, em que medram os pecados e o destempero comportamental, em que o próprio julgamento vem maculado pela injustiça, em que os vícios e a desordem seculares prevalecem sobre a razão e a virtude, se opõe o estado de coisas divino, caracterizado pela ordem e justiça constantes. Nesse sentido, na existente e clara oposição entre o terreno e transitório, de um lado, e o divino e perene, de outro lado, reside o essencial da aventura humana. Trata-se de vislumbrar na humanidade um estado passageiro do homem, ou para estágios mais elevados de vida, ou para outros de maior sofrimento ainda. A mediação entre um estado e outro se dará por meio do chamado Juízo Final.

---

riam senhorios políticos, juízes e penas. Os Estados têm até delitos por origem (Caim e Rômulo, por exemplo, foram fratricidas) e o próprio Império romano surge aos olhos de Santo Agostinho profundamente corrupto e viciado pelo paganismo" (Del Vecchio, *Lições de filosofia do direito*, 1979, p. 63).

516. "L'égalité des hommes n'est pas seulement l'égalité d'hommes qui vivent par hasard les uns avec les autres: elle s'etend jusqu' à l'extrême du passé historique" (Arendt, *Le concept d'amour chez Augustin*: essai d'interprétation philosophique, 1991, p. 97).

517. "O Estado Terreno possui finalidade louvável, e deriva também da vontade divina e da natureza enquanto se propõe manter a paz temporal entre os homens; mas é sempre subordinado à cidade celeste, isto é, praticamente à Igreja, a qual procura obter a paz eterna" (Del Vecchio, *Lições de filosofia do direito*, 1979, p. 63).

518. *De civitate Dei*, Liv. XIX, par. VI: *Ac per hoc ignorantia judicis plerumque est calamitas innocentis*.

519. "Cette faiblesse de la nature humaine, devenue prompte aux défaillances dont Augustin avait la triste expérience, et l'amour du prochain, lui inspirent l'indulgence pour les coupables, et lui font souhaiter l'adoucissement de la législation criminelle. Il combat la peine de mort, qui enlève au condamné le moyen de se repentir; il proteste contre la question, qui trop souvent fait subir la torture à des innocents" (Hatzfeld, *Saint Augustin*, 1924, p. 161-162).

É exatamente levando-se em conta essas diferenças que ao estado de coisas divino Agostinho atribui um nome, qual seja, Cidade de Deus (*Civitas Dei*). A Cidade de Deus é a comunidade dos fiéis em Jesus Cristo, aqueles que serão beatos por conhecerem a Deus[520]. Jesus Cristo[521] é o fundador da Cidade Divina, e lutar contra os inimigos desta é função sacrossanta[522]. Num mundo de iniquidades, aproximar o homem de Deus é uma tarefa gigantesca a que se tem de lançar o fiel, reforçando a aliança inscrita no coração humano, a fim de se fazer reinar também na Terra a Cidade de Deus[523].

De fato, na base dessa divisão dicotômica, a Cidade de Deus em face da Cidade dos Homens, podem-se identificar dois amores: um primeiro, ou seja, o amor de si e o desprezo de Deus, que deu origem à cidade terrestre; um segundo, ou seja, o amor de Deus e o desprezo de si, a cidade celeste[524]. Em *De civitate Dei*, Liv. XVIII, par. LIII, se diz que ambas as cidades, uma terrena, de falsos deuses (*Quarum illa quae terrena est, fecit sibis quo voluit, vel undecumque, vel etiam ex falsos deos*), e outra divina, derivada da vontade do próprio Deus para ser seu próprio sacrifício (*illa autem quae celestis peregrinatur in terra, falsos deos non facit, sed a vero Deo ipsa fit, cujus verum sacrificium ipsa sit*), não só diferem em amor, em fé e em esperança, mas terão fins diferentes, após serem separadas pelo Julgamento Final (*Ambae tamen temporalibus vel bonis pariter affiguntur, diversa fide, diversa spe, diverso amore, donec ultimo judicio separentur*)[525]. A comunidade dos crentes está

---

520. "A *Civitas terrena* é, portanto, caduca, e aspira a ser substituída pela *Civitas Dei* (ou *civitas caelestis*), que existe já na terra, embora parcialmente, e, por último, chegará a reinar só. Por *Civitas Dei* entende Santo Agostinho a comunhão dos fiéis, a qual como que figura uma cidade divina, pois os fiéis estão predestinados a participar da vida e da beatitude eternas" (Del Vecchio, *Lições de filosofia do direito*, 1979, p. 63).

521. "Santo Agostinho coloca Cristo no centro da história. No *De civitate Dei* (X, 4-6), vê o mundo antigo, seus antigos ritos, sacrifícios, como um simples prelúdio de Cristo, como do mesmo modo as profecias, os milagres. A Revelação mostra que Cristo é o fundador da Cidade. Sendo o mediador divino entre Deus e os homens, Cristo é o criador da história" (Macedo, Cristo como centro da história: uma interpretação agostiniana da história, in *Perspectivas atuais do direito* (coord. Oliveiros Litrento coord.), 1994, p. 135).

522. *De civitate Dei*, L. XVIII, par. I, *cum prius inimicos Civitatis Dei, qui conditori ejus Christo deos suos praeferunt*.

523. "Le commandement explicite de l'amour du prochain est donc lui-même précedé d'un autre commandement, indépendant de toute révélation divine telle qu'elle s'est réalisé dans le Christ; il s'agit de cette loi inscrite dans nos coeurs (*lex scripta in cordibus nostris*), passim, surtout Conf. II, 9, où cette loi se trouve expressément distinguée de la loi de Dieu (*lex Dei*). Le commandement chrétien renforce cette loi naturelle et ainsi seulement ramène l'ê're-ensemble des hommes à la singularité la plus parfaite, où sont éliminés tous les crimes (*facinora*)" (Arendt, *Le concept d'amour chez Augustin*: essai d'interprétation philosophique, 1991, p. 97).

524. *De civitate Dei*, Liv. XIV.XXVIII: *Fecerunt itaque civitates duas amores duo, terrenam scilicet amor sui usque ad contemptum Dei, caelestem vero amor Dei usque ad contemptum sui*.

525. "Mais, remarquons-le, ces deux cités, ici-bas, sont mêlées et enchevêtrées, car la note qui

destinada a gozar dos benefícios proporcionados pela implantação da Cidade de Deus na Terra, e a comunidade dos ímpios está destinada a provar dos maiores malefícios, em função do mau uso do livre-arbítrio.

Assim, de um lado tem-se o Estado terreno, a garantia da ordem e da paz social, que cumpre seu papel transitório até o advento definitivo do Juízo Final, quando se instaurará a Ordem Divina[526], reunindo o contentamento do corpo e da alma. A partir desse momento, e para os justos, à paz social unir-se-á a paz eterna dos eleitos que vivem em Cristo[527]. A tranquilidade da ordem, a unidade de todos em Deus, é o que predomina na construção da paz do todo[528]. E ordem não quer dizer nada além de que a cada um o que é seu[529].

A Cidade dos Homens possui sua história, que é anterior à própria história da Cidade de Deus[530], pois esta só surgiu com o advento do *verbum* encarnado[531]. A história de vicissitudes da humanidade pecadora caminha lutando para o alcance da paz temporal, e isso desde o momento em que o homem é homem[532]. A história da Cidade de Deus iniciou-se em momento determinado e destina-se à realização da paz

---

les distingue et les oppose est une note, non d'appartenance extérieure, mais de vertu intérieure. Et elles demeurent telles jusqu'à la discrimination du jugement final, du Jugement dernier..." (Chevalier, *Histoire de la pensée*: la pensée chrétienne, 1956, p. 105).

526. "Ce principe, qui régit l'un et l'autre pouvoir, qui trace la mission de l'État, et don't l'Église assure la sauvegarde, c'est l'idée de la paix sous la primauté de la justice. La justice est la raison d'être de la société, *societas ratio*. L'univers est comparable à un vaste concert réglé par Dieu, en vue de la jouissance de Dieu et de tous en Dieu: *ordinatissima et concordissima societas fruendi Deo et invicem a Deo*" (Chevalier, *Histoire de la pensée*: la pensée chrétienne, 1956, p. 105).

527. "Ânsia de paz de que Agostinho, de resto, se faz eco, lembrando a ideia virgiliana da *pax romana*, não apenas em referência à sua própria pessoa, mas também em relação à existência colectiva da humanidade. Também esta será vista como ânsia e marcha colectiva, através das perturbações e vicissitudes da história intramundana, na direcção da paz perfeita e definitiva, na transcendência da mesma história" (Coutinho, Essencialidade e existencialidade em Santo Agostinho, *Revista Portuguesa de Filosofia*, XLIV, 1988, p. 20).

528. *De civitate Dei*, Liv. XIX, par. XIII: *Pax coelestis civitatis, ordinatissima et concordissima societatis fruendi Deo et invicem in Deo. Pax ominum rerum, tranquilitas ordines.*

529. *De civitate Dei*, Liv. XIX, par. XIII: *Ordo est parium dispariumque rerum sua cuique loca tribuens dispositio.*

530. "La communauté des hommes qui, remontant à Adam, forme le monde (*mundus*) est toujours antérieure à toute cité de Dieu" (Arendt, *Le concept d'amour chez Augustin*: essai d'interprétation philosophique, 1991, p. 97).

531. O Livro XVIII do *De civitate Dei* se dedica à descrição da história paralela das duas cidades desde a origem do mundo. Por sua vez, o fim de cada Cidade vem estudado no Livro XIX da mesma obra.

532. "La créature est incapable d'accomplir cette loi, de ce garder des tentations liées au fait d'être du monde, donc nécessairement après le monde (*post mundum*).Si elle parvenait à accomplir cette loi, elle ne vivrait encore que selon sa propre justice (*secundum suam justitiam*). La loi divine est donnée avec l'être venu de Dieu qu'est la créature" (Arendt, *Le concept d'amour chez Augustin*: essai d'interprétation philosophique, 1991, p. 75).

eterna[533]. O soberano bem da Cidade de Deus é a paz eterna e perfeita, diversa desta paz fugaz da vida humana[534]. Dois amores, duas histórias e dois destinos diversos fazem diferir ambas as Cidades.

A teleologia da história, em Agostinho, não é outra senão a do desmantelamento do primado do terreno sobre o divino, ou seja, a paulatina desagregação dos valores mundanos em função dos teológicos. Isso quer dizer que se pretende ver na sucessão dos fatos históricos a desagregação da Cidade dos Homens em favor da construção da Cidade de Deus, ou, ainda, a absorção dos membros da *societas impiorum* pela Cidade de Deus[535]. A tendência histórica das duas Cidades é o esvaziamento da comunidade terrena (homens que vivem governados pelo desregramento) e a lotação da divina (homens que vivem governados pela vontade de união a Deus), onde tudo se dá não em função do pecado comum[536], mas sim da fé comungada por todos[537], pois a Cidade de Deus se glorifica ao ver-se preencher por aqueles que não possuíam destino em Deus[538].

Em poucas palavras, o destino histórico demonstrará que, para os que se encontrarem fora da Cidade de Deus, será a lamúria, a segunda morte[539]. Sobre o que seja o verdadeiro e soberano bem, deve-se dizer: a vida eterna. Sobre o que seja o verdadeiro e soberano mal, deve-se dizer: a morte eterna[540].

25.6.2.2. Ética, livre-arbítrio e justiça

Exsurge a ideia de que a justiça consiste em dar a cada um o que é seu (*suum cuirque tribuere*)[541]. Essa virtude que sabe atribuir a cada um o que é seu é uma vir-

---

533. *De civitate Dei*, Liv. XIX, par. XIV: *Omnis igitur usus rerum temporalium refertur ad fructum terrenae pacis in civitate terrena: in coelesti autem civitate refertur ad fructum pacis aeternae.*

534. *De civitate Dei*, Liv. XIX, par. XX: *Quamobrem summum bonum Civitatis Dei cum sit aeterna pax atque perfecta, non per mortales transeant nascendo atque moriendo.*

535. "A construção progressiva da Cidade de Deus é, pois, a grande obra, iniciada quando da criação, incessantemente continuada desde então e que dá sentido à história universal" (Gilson, *A filosofia na Idade Média*, 1998, p. 157).

536. "La provenance commune est d'avoir tous part au péché originel (*peccatum originale*)" (Arendt, *Le concept d'amour chez Augustin*: essai d'interprétation philosophique, 1991, p. 96).

537. "La véritable société (*societas*) est fondée sur le fait de la foi commune" (Arendt, *Le concept d'amour chez Augustin*: essai d'interprétation philosophique, 1991, p. 92).

538. "La cité de Saint Augustin, au contraire, est ouverte à tous ceux qui reconnaissent le même vrai Dieu" (Chevalier, *Histoire de la pensée*: la pensée chrétienne, 1956, p. 105).

539. *De civitate Dei*, Liv. XIX, par. XXVIII: *Eorum autem qui non pertinent ad istam Civitatem Dei, erit contrario misera sempiterna, quae etiam secunda mors dicitur.*

540. *De civitate Dei*, Liv. XIX, par. IV, *respondebit aeternam vitam esse sumum bonum, aetenam vero mortem summum malum.*

541. "O Direito Positivo se fundamentaria, em último grau, na lei eterna, que é a lei de Deus. A exemplo de Ulpiano e Cícero, concebeu a justiça como virtude: *Iustitia et virtus est quae sua cuique distribuit*" (Nader, *Filosofia do direito*, 5. ed., 1997, p. 120).

tude que coordena interesses e vontades, estabelecendo a ordem. Não há república sem ordem, não há ordem sem direito, não há direito sem justiça.

Quebrar essa ordem estabelecida representa mesmo quebrar a ordem de Deus, atribuindo algo a alguém que disso não é merecedor; na distribuição do que é devido a cada um deve haver equilíbrio e sobriedade, ou, ainda, sabedoria prática. Atribuir algo a alguém a quem não deva ser dado, deixando-se, portanto, de se atribuir algo que a alguém é devido, nessa medida, é ser injusto[542]. A justiça, portanto, tem que ver com ordem[543], da razão sobre as paixões, das virtudes sobre os vícios, de Deus sobre o homem[544].

Sabendo-se que o homem é mais que corpo, e não simplesmente alma, mas união de corpo e alma[545], o sentido a ser imprimido à vida humana não deve ser outro senão o do cultivo da alma para a vida eterna. Deus preenche a existência humana, na medida em que a vida eterna é o destino de toda alma por Ele criada[546]; galgar o *pax aeterna* é o destino de toda alma. Assim é que se pode dizer que a alma é a vida do corpo, e que Deus é a vida bem-aventurada do homem[547].

A alma errática, após a sua criação, e após o pecado original, desgarrada de Deus, possui como parâmetro para sua conduta e comportamento nada mais, nada menos que a lei que se encontra inscrita em seu coração (lei divina), e será o livre-arbítrio (*liberum arbitrium*) que facultará a ela escolher e decidir entre comportamentos conformes ou desconformes aos preceitos de ordenação do universo[548]. É certo que a lei humana governa o comportamento humano, mas não é essa lei que governa a alma humana, pois é incapaz de penetrar em seus desígnios. O que realmente garante ao homem a segurança de que o certo é o certo e de que o errado é o errado é a

---

542. *De civitate Dei*, Liv. XIX, par. XXI: *An qui fundum aufert ei a quo emptus est, et tradit ei qui nihil in eo habet iuris, injustus est; et qui se ipsum aufert dominant Deo, a quo factus est, et malignis servit spiritibus, justus est?*

543. Agostinho, *Contra Faustum Manich.*, lib. 22, c. 27: "Lex vero aeterna est ratio divina vel voluntas Dei ordinem naturalem conservari iubens et perturbari vetans".

544. *De civitate Dei*, Liv. XIX, par. XXVII: *Hic itaque in unoquoque justitia est, ut obedienti Deus homini, animus corpori, ratio autem vitiis etiam repugnantibus imperet, vel subigendo, vel resistendo.*

545. *De beata vita*, sectio secunda, I, 7: *Ergo jam scis te constare ex corpore et vita*, onde no diálogo se faz Navigius concordar que o homem não é somente corpo, mas também alma.

546. "La loi, qui tout en étant de Dieu est aussi en nous, l'exigence immanente à notre existence, met à jour la déficience de la créature et la renvoie au Créateur" (Arendt, *Le concept d'amour chez Augustin:* essai d'interprétation philosophique, 1991, p. 77).

547. *De civitate Dei*, Liv. XIX, par. XXVI: *Quocirca ut vita carnis anima est, ita beata vita hominis Deus est.*

548. Derivando do Alcibíades de Platão seus estudos, Agostinho concebe o homem como uma alma num corpo (cf. Gilson, *A filosofia na Idade Média*, 1998, p. 146). Mas, ao contrário do platonismo, que extrema o corpo como cárcere da alma, o agostinianismo faz derivar os males não da natureza material de parte do homem, mas de seu mau uso do livre-arbítrio, pelo pecado (p. 153).

lei divina que se encontra inscrita em seu coração, e de acordo com a qual se deve pautar, na volição de alcançar a *gnosis* de si mesmo.

A justiça divina exerce-se, então, para Agostinho, em função do livre-arbítrio, que pode atuar contra (matar, cometer adultério...) ou a favor (não matar, não cometer adultério...) do que prescreve a lei eterna ("Não matarás"; "Não cometerás adultério"...). O livre-arbítrio é o que permite ao homem atuar segundo sua vontade, que pode estar a favor ou contra a lei divina. Essa importância dada ao livre-arbítrio como autodeterminação da alma por si mesma fica clara no diálogo em que Agostinho se defronta com Evodius (*De libero arbitrio*, I, 1), dizendo que "as más ações não seriam punidas justamente se não tivessem sido cometidas voluntariamente" (*Non enim juste vindicarentur, nisi fierent voluntate*), ou seja, se as punições não tombassem sobre homens capazes de decidir, de fazer, de se conduzir de acordo com o bem ou com o mal, não haveria aí justiça alguma. Se Agostinho se refere à capacidade humana de orientar-se *secundum legem* ou *contra legem*, a ideia de que no livre-arbítrio reside a chave para a compreensão do julgamento divino das obras humanas é fundamental. Ser livre é não só poder deliberar com autonomia, mas sobretudo deliberar iluminado pelo espírito divino, que se busca pela interiorização, caminho em direção a Deus.

Ou seja, onde há *liberum arbitrium* há a possibilidade de escolha[549], e é segundo essa escolha que cada qual será julgado. Nas obras de cada homem pode-se identificar o que fez de bom e de ruim, e, nesse sentido, as obras são a identidade da alma. A conclusão não é outra senão a de que toda alma, a partir do conjunto de seus comportamentos, forja seu próprio destino, sobre o que Deus não possui nenhuma influência imediata e determinada[550]. O destino não é dado a cada um, mas por cada um construído de acordo com suas obras. É assim que o Julgamento da alma se fará de acordo com suas obras, de acordo com o que cada um faz ou fez, a partir do exercício de seu próprio livre-arbítrio[551]. Eis o ponto em que a justiça esbarra na questão da remissão dos pecados[552].

---

549. "Esse poder de utilizar direito o livre-arbítrio (*liberum arbitrium*) é precisamente a liberdade (*libertas*). Poder fazer o mal é inseparável do livre-arbítrio, mas poder não fazê-lo é um sinal de liberdade, e encontrar-se confirmado em graça a ponto de não mais poder fazer o mal é o grau supremo da liberdade. O homem que a graça de Cristo domina da maneira mais completa é, pois, também o mais livre: *libertas vera est Christo servire*" (Gilson, *A filosofia na Idade Média*, 1998, p. 155).

550. "Quanto ao sentido moral, ele só se encontra nos atos das criaturas racionais. Já que dependem de um juízo da razão, esses atos são livres; os erros morais provêm, pois, do fato de que o homem faz um mau uso do seu livre-arbítrio. O responsável por isso é ele, não Deus" (Gilson, *A filosofia na Idade Média*, 1998, p. 153).

551. *De civitate Dei*, Liv. XX, par. I: *sed etiam de singulorum operibus propriis, quae gerunt arbitrio voluntatis.*

552. *De civitate Dei*, Liv. XIX, par. XXVI: *Ipsa quoque nostra iustitia, quamvis vera sit propter veri boni finem, ad quem refertur, tamen tanta est in hac vita, ut potius peccatorum remissione constet, quam perfectione virtutem.*

Na raiz da distinção entre bem e mal parece residir não somente um poder de decisão, que confere estatuto ao livre-arbítrio, erradicando-se da doutrina agostiniana, nesse sentido, qualquer determinismo irracional ou teológico sobre os fins humanos, mas sobretudo um importante argumento de experiência; não há discernimento acerca do bem e do mal sem a existência do bem e do mal[553]. É necessário viver para presenciar bem e mal, e fazer da razão o meio para a orientação do comportamento para o bem, distanciando-se do mal.

O livre-arbítrio, nesse sentido, deve orientar-se segundo a razão divina, ou seja, de acordo com os preceitos da lei eterna, o que não se faz sem que o homem mergulhe em si mesmo para se conhecer[554]. Isso pelo simples fato de que a lei eterna se encontra inscrita no coração de cada homem, e será nele que cada qual encontrará a Verdade, que é uma só para todos. Sobretudo a filosofia agostiniana pós-conversão vem regida pelo princípio de que *in interiore homines habitat veritas*.

25.6.3. A ética aquiniana

A ética tomista é uma ética teleológica, na medida em que deposita a finalidade do obrar ético na noção de Bem Comum, com base na escolha do bem e do que é melhor. A atividade ética consiste exatamente em, pela razão prática, discernir o mal do bem e executar o escolhido através da vontade, destinando-se atos e comportamentos para um determinado fim, que é o bem (o *télos* da filosofia aristotélica).

O ato moral de escolha do bem, e de repúdio do mal (*bonum faciendum et male vitandum*), consiste numa atividade racional na medida em que os melhores meios se escolhem pela experiência haurida, direcionando-se para a realização do bem vislumbrado também pela razão.

A sociedade civil carece de ética, uma vez que o próprio convívio dos seres racionais já representa uma eleição de um fim (Bem Comum) e dos meios (Sociedade Civil) para o alcance desse fim; é a razão prática que indica o caminho para o convívio social (*societas*).

Surge a sociedade como agregado humano natural composto de várias unidades familiares, esta sim a primeira e mais natural forma de convívio humano. A continuidade da sociedade, seu destino, sua fortuna, sua bem-aventurança... dependem nada mais, nada menos, da prudente governança instituída para o direcionamento do que é comum a todos; a sociedade deve ser dirigida por uma autoridade que deverá ser prudente na escolha dos meios que conduzirão ao Bem Comum. Mais uma vez se está a dizer que a ética, como fruto do operar da razão prática, deve estar a presidir

---

553. Se os bons não estão isentos do mal deste mundo, isto se dá porque em todo mal se encontra escondida uma lição divina (*De civitate Dei*, Liv. XX, par. II: *Ac per hoc etiam in his rebus, in quibus non apparet divina iustitia, salutaris est divina doctrina*).

554. *De ordine*, liber primus, I, sectio prima, 3: *Cujus erroris maxima causa est, quod homo sibi ipse est incognitus*.

o convívio social. Nesse sentido, percebe-se que o Doutor Angélico segue de perto o pensamento aristotélico no que concerne à ética do coletivo.

Já se disse que é sobre o agir (individual, familiar, social...), ou seja, sobre a razão prática que a ética incide. Na filosofia tomista esse conceito encontra-se sob a denominação *sinderese* (*sinderesis*), conjunto de conhecimentos conquistados a partir da experiência habitual; é com base nesses conhecimentos extraídos da vivência, da prática, que se podem cunhar os principais conceitos acerca do que é bom e do que é mau, do que é justo e do que é injusto[555].

25.6.3.1. A sinderese e o hábito

A sinderese (*sinderesis*) atua[556], para o ser agente, de modo a estabelecer o fim da razão prática, ou seja, o Bem. Mas o que é o Bem que guia a ação como causa final? O conceito, já definido anteriormente por Aristóteles, é: *bonum est quod omnia eppetunt*, ou seja, o bem é o que a todos agrada. Assim, a busca que se empreende no sentido da realização do Sumo Bem é mais que a simples caminhada reta por caminhos retos.

Pelo contrário, identificar o Sumo Bem e distingui-lo do bem aparente é vaguear por caminhos tortuosos. Porém, de qualquer forma, é o fim o nexo de causalidade da ação, e é o fim que movimenta a atuação humana por atos, comportamentos, condutas... Nesse quadro, o mal só encontra lugar como bem aparente, ou seja, elege-se um mal como fim somente julgando-se equivocadamente que se trata de um bem (mal = aparência de bem). O mal, portanto, na teoria tomista, não é fim de uma ação, pois o mal representa somente a simples privação do bem. Em verdade, São Tomás de Aquino nega uma ontologia ao mal, fazendo deste um estado de ignorância do Verdadeiro Bem, este sim fim de toda ação[557].

Todo o conjunto de experiências sinderéticas, ou seja, de experiências hauridas pela prática da ação, é capaz de formar um grupo de princípios, de conceitos... que permitem a decisão por hábitos (bons, maus; justos, injustos...). Isso quer dizer que os hábitos não são inatos, mas sim conquistados a partir da experiência; é essa a base

---

555. Ainda aqui se veem ecoar as palavras aristotélicas inscritas na *Ethica Nicomachea* (Livro VII), que preceituam uma doutrina que faz do agir ético um agir pendular entre o vício e a virtude e se lastreia na escolha entre a dor e o prazer.

556. Essas reflexões foram desenvolvidas com maior profundidade em momento anterior. Consulte-se Eduardo Bittar, *Teorias sobre a justiça*: apontamentos para a história da filosofia do direito, 2000.

557. *Dicendum quod, sicut ex dictis patet, malum quod in defectu actiones consistit semper causatur ex defectu agenti* (Sum. Theol., quaest. XLIX, art. II); *Unde, cum malum sit privatio boni...* (Sum. Theol., quaest. XLIX, art. IV); *Dicendum quod nullum ens dicitur malum per participationem, sed per privationem. Unde nono oportet fieri reductionem ad aliquid quod sit per essentiam malum* (Sum. Theol., quaest. XLIX, art. IV).

das operações da razão prática. O primeiro princípio da razão prática, assim dirigida em sua finalidade, será, como já se disse, fazer o bem e evitar o mal (*bonum faciendum et male vitandum*)[558]. Este é o princípio que haverá de governar, como pano de fundo, a teoria tomista da justiça[559].

O governo de si para o homem será guiar-se por princípios extraídos da experiência, que formam o que se pode chamar de uma lei natural, verdadeiro hábito interior. Essa lei natural apresenta características básicas, a saber: a) trata-se de uma lei racional: *rationis prima regula est lex naturalis*, uma vez que é fruto da razão prática e sinderética do homem; b) trata-se de uma lei rudimentar: só pode ser considerada como princípio norteador ou origem do direito, não correspondendo à sua totalidade; c) trata-se de uma lei insuficiente e incompleta: necessita da lei humana (positiva), para a qual representa uma diretriz, para efetivar-se. Isso já permite dizer que a lei natural, atuando somente como forma de governo do homem por si mesmo, não basta.

Destaque-se que a ética não é a única forma de controle e regramento do comportamento humano em sociedade. Assim, de uma relação de débito recíproco entre o homem, seu semelhante e a comunidade, surge a justiça dentro da comunidade civil[560].

25.6.3.2. Ética e justiça

São Tomás de Aquino, seguindo as lições do *Philosophus*[561], faz o conceito de justiça emergir do seio dos conceitos éticos; *éthos*, em grego, significa hábito, reiteração de atos de voluntários que se destinam à realização de fins (justiça é uma virtude). Assim, o pensador cristão não despreza as lições gregas, sobretudo aristotélicas, mas, pelo contrário, delas comunga, fazendo com que a ela se una a noção de

---

558. Ou, nos próprios termos do Aquinatense: *Et ideo primum principium, in ratione practica, est quod fundatur supra rationem boni; quae est: bonum est quod omnia appetunt. Hoc est ergo primum praeceptum legis, quod bonum est faciendum et prosequendum et malum vitandum* (Sum. Theol., I-II, quaest. 94, a.2).

559. "Ora, a igualdade da justiça nós a constituímos fazendo o bem, isto é, dando a outrem o que lhe é devido; e conservamos a igualdade da justiça já constituída desviando-nos do mal, isto é, não causando nenhum dano ao próximo" (*Constituit autem aliquis aequalitatem iustitiae, faciendo bonum, id est, reddendo alteri quod ei debetur; conservat autem aequalitatem iustitiae iam constitutae, declinando a malo, id est, nullum nocumentum proximo inferendo, Sum. Theol.*, Secunda Secundae Partis, quaest. LXXIX, art. I).

560. "Iustitia autem proprie dicta debitum necessitatis requerit: quod enim ex iustitia dicui redditur, ex necessitate iuris ei debetur". Ainda: "Iustitia enim, secundum PHILOSOPHUM, in V Ethic., ad alterum est, cui debitum reddit" (*Sum. C. Gent.*, cap. XXVIII, II, 1). E mesmo, "Cum iustitiae actus sit reddere unicuique quod suum est" (*Sum. C. Gent.*, cap. XXVIII, II, 2).

561. "Et ideo medium iustitiae consistit in quadam proportionis aequalitate rei exterioris ad personam exteriorem. Aequale autem est realiter medium inter maius et minus; ut dicitur in X Metaph. (lect. VII)" (*Sum. Theol.*, quaest. LVIII, art. X).

justiça tal qual concebida pelos juristas romanos (justiça é uma vontade perene de dar a cada um o que é seu, segundo uma razão geométrica)[562].

Assim, se a discussão sobre o justo e o injusto se situa no âmbito dos conceitos éticos, é possível dizer que a justiça é uma virtude, ou seja, um meio (*medium*) entre extremos opostos, ao qual os gregos chamavam de *mesotés*, ou seja, a justa medida entre algo por excesso e outro algo por carência[563]. Pode-se dizer, então, que razão (*ratio*) e experiência (*habitus*) caminham de braços dados, tudo no sentido de se dizer que a justiça, em particular, consiste em dar a cada um o que é seu, nem a mais do que é devido ao outro, nem a menos.

De fato, o *Doctor Angelicus* diz expressamente que o ato de justiça consiste em dar a cada um o que é seu: *Cum iustitiae actus sit reddere unicuique quod suum est, actum iustitiae pracedit quo aliquid alicuius suum efficitur, sicut in rebus humanis patet* (*Summa Contra Gentiles*, Liv. II, cap. XXVIII, 2).

Mas as ambiguidades que a expressão "dar a cada um o seu" gera, torna necessária a introdução de uma explicação acerca "do que seja o próprio de cada um". Com isso, o ato de justiça torna-se o ato habitual de dar, com vontade perpétua e constante, a cada um o que lhe pertence, nada a mais e nada a menos[564]. Mais que isso, a igualdade aqui não é uma igualdade entre coisas, ou entre coisas e pessoas, mas sim entre pessoas; a justiça é uma relação de igualdade entre pessoas[565].

A justiça, então, tem que ver com uma atividade da razão prática, de discernir o meu do seu e o seu do meu. Mais que isso, a justiça não tem que ver com as paixões interiores, que são objeto das outras virtudes; a justiça é fundamentalmente um

---

562. "Ora, chama-se nosso o que nos é devido por uma igualdade proporcional. Por onde, o ato próprio da justiça não consiste senão em dar a cada um o que lhe pertence" (*Hoc autem dicitur esse suum unicuique personae, quod ei, secundum proportionis aequalitatem debetur. Et ideo proprius actus iustitiae nihilaliud est quam reddere unicuique quod suum est*; Sum. Theol., Secunda Secundae Partis, quaest. LVIII, art. XI).

563. "Por onde, a mediedade da justiça consiste numa certa proporção de igualdade entre a nossa obra externa e uma outra pessoa. Ora, o igual é uma mediedade real entre o mais e o menos, como diz Aristóteles. Logo, a mediedade da justiça é real" (*Et ideo medium iustitiae consistit in quadam proportionis aequalitate rei exterioris ad personam exteriorem*, Sum. Theol., Secunda Secundae Partis, quaest. LVIII, art. X).

564. "E quem quisesse reduzir essa definição à sua forma devida, poderia dizer: *a justiça é um hábito pelo qual, com vontade constante e perpétua, atribuímos a cada um o que lhe pertence*. Definição quase idêntica à do Filósofo quando diz: *a justiça é um hábito que nos faz agir escolhendo o que é justo*" (*Et si Qui vellet eam in debitam formam definitionis reducere, posset sic dicere, quod iustitia est habitus secundum quem aliquis constanti et perpetua voluntate ius suum unicuique tribuit*"; Sum. Theol., Secunda Secundae Partis, quaest. LVIII, art. I).

565. "Como já dissemos, o nome da justiça, implicando a igualdade, está na natureza da justiça ser relativa a outrem; pois, nada é igual a si mesmo, mas a outrem" (*Sum. Theol.*, Secunda Secundae Partis, quaest. LVIII, art. II).

hábito na medida em que pressupõe a exterioridade do comportamento, ou seja, de um comportamento que sabe atribuir a cada qual o seu[566].

Nos esforços de conciliação das concepções filosófica grega e jurídica romana, o Doutor Angélico acaba por elaborar não apenas uma conceituação eclética a partir da mera fusão de ambas, mas uma teoria própria, tudo isso sem que se perca a noção da realidade e da imperiosa necessidade de efetivação da justiça. E, para essa concepção, a justiça é uma virtude cardeal, e sua função consiste em dar a cada um o que é seu (*Ergo non sufficienter, per hoc, notificatur actus iustitiae, quod dicitur actus eius esse reddere unicuique quod suum est; Sum. Theol.*, quaest. LVIII, art. XI).

A justiça requer a lei positiva para se consubstanciar em sociedade. Advirta-se que a finalidade da lei positiva é conduzir o homem para a virtude, ordenar as condutas dirigindo-as para o bem comum, mas a lei não está adstrita a tornar imediatamente o indivíduo particular virtuoso; a lei visa a tornar o meio social pacífico o suficiente para que seja favorável à proliferação e ao cultivo das virtudes.

A lei não proibirá todos os vícios ou tudo aquilo que contrarie qualquer virtude, mas apenas os vícios que atentem contra o conjunto social. O particular estará adstrito à lei apenas no que concerne à necessidade de manutenção de virtudes conexas com o todo; nem todos os seus vícios serão recriminados, apenas aqueles que atingirem a outrem ou obstruírem o desenvolvimento da sociedade. A lei preocupa-se com o inter-relacional, com a conduta externa.

25.6.4. Conclusões

A vontade torna-se o principal atributo da ética, após a intervenção do cristianismo. Operar com virtudes e vícios é operar com a capacidade humana de interiorização e convívio com a presença da divindade, que está em toda parte, inclusive no interior do homem, que tudo perpassa, que tudo vê, que tudo pode, que tudo sabe... Nada é oculto aos olhos da divindade e, portanto, nada é secreto, ou passível de ser maquilado, ou contornado, perante a divindade. Assim sendo, é no domínio do eu, para comigo mesmo, que a divindade mais se faz presente, convertendo-se, com isso, a ética em adequação da mente (o que se pensa) com a palavra evangélica (*adequatio mentem ad verbum*). Da interioridade virtuosa o homem retira o necessário para a elaboração da conduta externa virtuosa; o bem que se pratica por meio de atos é, em verdade, consequência da fé e do conhecimento da divindade, do temor de sua onipresença e da vontade de orientar-se de acordo com a palavra que salva.

As éticas tomista e agostiniana procuram em fundamentos racionais e filosóficos motivos para concluir com sentenças muito semelhantes, porém não idênticas, suas

---

566. A justiça não versa sobre as paixões: "Ora, não é pelas paixões interiores que comunicamos imediatamente com outrem. Por onde, a justiça não versa sobre as paixões" (*Et ideo iustitia circa passiones non est, Sum. Theol.*, Secunda Secundae Partis, quaest. LVIII, art. IX).

apreciações acerca do mesmo fenômeno. São Tomás procura detectar na razão prática e na sinderese a fonte de determinação do certo e do errado, do bem e do mal, do justo e do injusto. Santo Agostinho destaca o livre-arbítrio como chave para a redenção dos erros, e encaminhamento das ações humanas de acordo com a vontade divina.

Ambos convergem para admitir que à *lex divina* (*lex aeterna*) se deve atribuir uma supremacia que a faz pairar acima dos atos, julgamentos, práticas, necessidades, ideias, políticas, sistemas, comportamentos... humanos. Se o homem é capaz de virtudes e vícios, estão de acordo ambos os pensadores cristãos, isso não há que se atribuir a Deus, mas ao próprio homem, que pode deliberar (Aquino) pelo bem e pelo mal e escolher (Agostinho) pela opção que melhor lhe aprouver à realização de sua vontade.

25.7. Espinosa: a geometria ética e a metafísica

25.7.1. Especulações filosóficas espinosanas

O imenso acervo filosófico espinosano é uma polêmica forma de se conceber o mundo e as coisas. Na linha de raciocínio de seu tempo, Baruch Spinoza (1634-1677), ou Bento de Espinosa, já representava um pensador de caráter provocativo, o que diretamente se verifica na proposta de sua obra, cujas próprias interpretações históricas reconheceram, de modo que se inaugurou uma série de desencontros, desacertos e interpretações preconceituosas que acabaram por criar uma imagem, por vezes inclusive, negativa de seu autor. Por ter-se imiscuído em solo metafísico, sobretudo com uma concepção própria da divindade, gerou sérias reações por parte de judeus e católicos ortodoxos. Espinosa movimentou as opiniões dos séculos XVII e XVIII, ora sendo categorizado como ateu, ora sendo nominado como panteísta[567]. Em parte, a polêmica da obra se deve a uma postura espinosana de dividir os procedimentos teológicos e os filosóficos, de modo a que os primeiros, baseados na fé, não pudessem se racionalizar, e os segundos, baseados na razão, não pudessem se teologizar[568].

---

567. "A guerra de livros e panfletos, contra e a favor da obra de Espinosa, atravessa a segunda metade do século XVIII com escaramuças, batalhas campais, cruzadas e barricadas: o racionalismo e a fé sentem-se ameaçados, investindo por isso contra os novos deístas que nela reconhecem uma paternidade a ser defendida; o idealismo transcendental ali vê o perigo que ameaça todo o projeto da *Aufklärung*, enquanto o romantismo nascente nela encontra a harmonia panteísta que reconcilia homem e natureza no seio do absoluto. Todo texto filosófico, teológico ou literário sente-se na obrigação de tomar partido e nenhum pode deixar de mencionar, pelo menos, o nome de Espinosa" (Chauí, *A nervura do real*: imanência e liberdade em Espinosa, 1999, p. 113).

568. Espinosa pode, agora, concluir: uma teologia racional é inútil para a fé e perigosa para a filosofia. Por isso, a menos que seja para satisfazer uma insaciável cupidez pelo poder, nada explica a tentativa da teologia para servir-se da razão. Em outras palavras, somente o desejo de escravizar pode explicar o avanço tecnológico sobre a liberdade de pensar.

"Essa liberdade espinosana, na perspectiva dos 'cristãos cordatos e razoáveis', é percebida como libertinismo espinosista e prende o filósofo nas malhas da impostura combatida pelo século.

Também recebeu a indiferença de outros filósofos e teve sua obra categorizada à conta de um extremismo ideológico, na tradição da visão leibniziana[569]. O próprio verbete[570] que leva o nome de Espinosa retrata todo um conjunto de premissas que ligam o sistema espinosano ao ateísmo[571]. Não obstante essa dimensão da obra, há de se reconhecer a importância e a contribuição para a história das ideias éticas. Suas perspectivas filosóficas são inovadoras e, criticáveis ou não, merecedoras da atenção do leitor.

A obra espinosana deita-se sobre vários temas e constitui-se dos seguintes títulos: *Ética demonstrada de maneira geométrica; Curto tratado; Tratado da reforma do*

Que não nos cause surpresa, então, vê-lo na companhia de Charron, Vanini e Hobbes, e que dele se diga que pertence à laia 'dos impostores que especulam sob a máscara velada do ateu' e à dos *politiques*, seguidos pelo 'rebanho epicurista'" (Chauí, *A nervura do real*: imanência e liberdade em Espinosa, 1999, p. 216).

569. "No entanto, a construção da imagem da obra espinosana como ateísmo, ainda que anunciada e propalada por Leibniz é fruto do trabalho de More, Malebranche e Bayle, que, acompanhando Leibniz, deslocam a crítica do espinosismo do Teológico-político para a Ética. Doravante, as ideias de substância, atributo e modo ocupam o primeiro plano das críticas a Espinosa. Esse deslocamento reordena as linhas do esboço para desenhar uma imagem inédita no século, a do ateu especulativo, pois, até então, conhecia-se apenas o ateu prático. Ao reunir as críticas ao fatalismo (mecanicismo, ausência de causas finais, recusa da Providência, indiferença de Deus com os homens) e ao entusiasmo (a alma humana como parte do intelecto divino, o conhecimento como intuição intelectual ou amor intelectual de Deus, a imanência de Deus à Natureza) e tomar como eixo a ideia da substância única, infinita, eterna e necessária. More, Malebranche e Bayle constroem uma doutrina para a qual, seguindo o espírito dos Seiscentos, reservam o nome de ateísmo, mas que, no século XVIII, receberá um outro nome que nunca mais irá dela separar-se: panteísmo" (Chauí, *A nervura do real*: imanência e liberdade em Espinosa, 1999, p. 255).

570. "O verbete Spinoza, do Dicionário histórico e crítico de Bayle, inicia-se com concisão: "Espinosa (Bento). Judeu de nascença, depois desertor do judaísmo e, por fim, ateu, era de Amsterdã. Foi um ateu de sistema e com um método todo novo, embora o fundo de sua doutrina lhe fosse comum com outros filósofos antigos e modernos, europeus e orientais"; "Escrito num tom em que se mesclam o estilo do apologista cristão e do libertino erudito, e publicado antes das biografias de Colerus e Lucas, o verbete de Bayle oferece o primeiro apanhado da vida do filósofo e a primeira e vasta sistematização de tudo quanto, até então, fora escrito sobre Espinosa ou a partir dele. Ali, Bayle desenvolve sua própria refutação da obra espinosana recolhendo muito das críticas que lhe são anteriores, e embora, sob muitos aspectos, seja devedor das refutações de Henry More, Boyle e Malebranche, deles se afasta porque seu cetismo metafísico e seu fideísmo o conduzem noutra direção" (Chauí, *A nervura do real*: imanência e liberdade em Espinosa, 1999, p. 280-281).

571. "Assim, o verbete Spinoza cobre um campo vasto de referências que balizam a acusação de ateísmo. Se é verdade que, no caso específico de Espinosa, as principais referências são, na metafísica, a unidade substancial e o mecanismo; na política, o direito natural e civil como potências despojadas da normatividade exigida pela ideia de justiça; e na moral, a teoria dinâmica do *conatus*, que elimina causas finais e livre-arbítrio, todavia, não é menos verdade que essas teses são apresentadas no interior de uma moldura formada pela história do ateísmo como predisposição do espírito humano toda vez que se depara com a superstição" (Chauí, *A nervura do real*: imanência e liberdade em Espinosa, 1999, p. 301).

entendimento; Princípios da filosofia de Descartes; Tratado teológico-político[572], tendo deixado seu tratado de política inacabado[573]. Sem dúvida nenhuma, sua principal obra não foi publicada em vida, mas postumamente: *Ética demonstrada de maneira geométrica*[574].

Sua larga obra, e não somente o texto da *Ética,* abraça uma linguagem ao estilo matemático, em que cada passo é um convite para a adequada definição e determinação exata das palavras e expressões utilizadas[575]. Percebe-se que, em geral, em sua obra, não há grande espaço para a liberdade indeterminada, seja do ponto de vista lógico, seja do ponto de vista metafísico.

Isso porque, para além da pura discussão a respeito da linguagem da obra espinosana, percebe-se que, ao discutir Deus, sua natureza, sua presença, seu papel, sua existência, Espinosa o transforma em uma entidade dispersa na natureza; está aí a primeira grande subversão ao sistema judaico-cristão[576]:

---

572. A própria reação criada pelo texto do Teológico-político ilustra a polêmica de sua obra, entre ateísmo e panteísmo: "Espinosa parece não ignorar o risco de identificação entre o Teleológico-político e o livro infame. Tanto assim que toma vários cuidados para evitá-lo: Jesus não é apresentado como fundador político-religioso nem como legislador, mas como exemplo de uma nova espiritualidade: os princípios do credo mínimo ou da religião natural universal são afirmados; a profecia é interpretada como dotada de certeza moral. Todavia, essa cautela é insuficiente para proteger a obra da acusação de libertinismo" (Chauí, *A nervura do real*: imanência e liberdade em Espinosa, 1999, p. 211).

573. "O caráter da obra de Espinosa e a atmosfera de escândalo que depressa o envolveu tornam difícil precisar a sua real influência, que, em muitos casos, foi oculta e partiu de uma interpretação parcial ou incompleta. Por outro lado, esta influência limitou-se ao aspecto metafísico e religioso. É possível encontrá-la em Goethe, Hegel e no romantismo inglês e alemão. Para lá das vicissitudes da fama, é Espinosa — hoje também o do *Tractatus politicus,* e não só o do *Tractatus theologico-politicus* e da *Ethica* — um dos filósofos do século XVII mais familiares a largos círculos de leitores" (Serra, *História da filosofia do direito e do estado,* 1990, p. 219).

574. "Sua obra principal, a Ética, foi publicada postumamente" (Russell, *História da filosofia ocidental,* 1969, p. 96).

575. "Tendo em mira a norma matemática, portanto, a do livro inteligível, Espinosa desenvolve, no Tratado da emenda do intelecto e na Ética, uma teoria das definições que aplica em todos os seus escritos, explicando cuidadosamente ao leitor 'o pensamento do autor'. Busca, por meio de definições nominais, liberar as palavras, tanto quanto possível, a equivocidade imaginativa e, através de definições reais, oferecer a gênese interna e necessária das ideias que expõe e demonstra. Essa elaboração marca a diferença profunda entre o texto hieroglífico e o filosófico, determinando diferenças fundamentais entre as Sagradas Escrituras e a obra filosófica, não só porque as primeiras nascem da imaginação e a segunda é a atividade do intelecto, mas também porque as primeiras são fáceis quanto ao assunto e difíceis apenas pelos problemas impostos por sua língua e pelas circunstâncias históricas de sua redação, enquanto a segunda difícil por seu assunto, embora clara e distinta por sua linguagem. Além disso, os leitores da obra espinosana possuem 'dicionário, gramática e retórica da língua em que ela foi escrita e contam com o trabalho clarificador do próprio filósofo, que nos deixou definições e demonstrações de suas ideias'" (Chauí, *A nervura do real*: imanência e liberdade em Espinosa, 1999, p. 21).

576. "Lido na unidade dedutiva dessas sequências, o De Deo trincava as vigas mestras do edifício judaico-cristão e impunha a seus adversários a tarefa de trazer novas precisões ao conceito de

"La existencia de Dios y su esencia son uno y lo mismo"[577].

A presença e o governo de Deus dominam a paisagem e o horizonte, recheando a existência humana de uma necessidade lógica inequivocamente restritiva[578]. Para que se explique Deus, é necessário deitar os olhos sobre todo o existente e encontrar nessa totalidade seu existir real e material. Como *res extensa*, Deus é o que existe; o que existe é Deus. É assim que Deus deixa de ser a substância perfeita, distante, que subsiste por si, e longínqua à realidade dos humanos e da natureza; onde está Deus, estão as coisas, onde estas estão, isto é Deus, ser complexo e infinitamente composto de múltiplos atributos. A tarefa da filosofia, diversa da religião e da teologia, nesse sentido, é produzir conhecimentos racionais acerca de Deus, com vistas à beatitude humana[579].

Deus é necessidade, porque substância, e, como causa eficiente de tudo, determina a existência do todo[580]. Deus é causa naturante, enquanto as coisas são causa naturada. Essa predeterminação das coisas e dos acontecimentos pela própria preexistência da substância divina, a tudo perpassando, determina a liberdade de ser, de estar, de fazer, de errar e de acertar; Deus tudo sabe, e, nessa medida, tudo prevê, e

---

substância, de maneira a garantir a pluralidade substancial, a separação entre Deus e a natureza, a criação *ex nihilo* segundo a sabedoria do intelecto divino e a liberdade da vontade divina, repondo a contingência no mundo e assegurando a individualidade da alma livre e imortal" (Chauí, *A nervura do real*: imanência e liberdade em Espinosa, 1999, p. 245).

577. "Demostración: Dios (por la Proposición anterior) y todos sus atributos son eternos; esto es (por la Definición 8), cada uno de sus atributos expresa la existencia. Luego los mismos atributos de Dios que (por la Definición 4) explican la esencia eterna de Dios, explican a la vez su existencia eterna; esto es, aquello mismo que constituye la esencia de Dios, constituye a la vez su existencia; por tanto, ésta y su esencia son uno y lo mismo. C.q.d." (Espinosa, *Ética demostrada según el orden geométrico*, 1996, I Parte, Prop. XX, p. 30).

578. "Tudo, segundo Spinoza, é governado por uma necessidade lógica absoluta. Nada há que se pareça ao livre-arbítrio na esfera mental, nem nada que ocorra por acaso no mundo físico. Tudo que acontece é uma manifestação da natureza inescrutável de Deus, e é logicamente impossível que os acontecimentos fossem diferentes do que são" (Russell, *História da filosofia ocidental*, 1969, p. 98).

579. "Uma vez que os preceitos da fé e da obediência são obtidos por revelação e não podem ser deduzidos da razão, poder-se-ia indagar se, no que toca à salvação, a razão não deveria submeter-se à teologia e se esta não seria uma parte da filosofia. A resposta espinosana é negativa. A filosofia diz respeito exclusivamente aos acontecimentos obtidos por luz natural e possui da salvação uma ideia diversa daquela professada pela teologia. Para esta, a salvação depende da autoridade dos profetas; para a filosofia, do conhecimento intelectual da essência, potência e existência necessárias de Deus. A religião promete bem-aventurança; a filosofia é beatitude" (Chauí, *A nervura do real*: imanência e liberdade em Espinosa, 1999, p. 215).

580. "O que é pois esse Deus de que Spinoza parte e que nada tem a ver com o Deus criado e pessoal do judaísmo ou do cristianismo? É a realidade fundamental (Spinoza diz: a substância), necessariamente existente por si mesma, infinita, logo única. Causa eficiente de todas as coisas que decorrem da necessidade de sua natureza" (Jerphagnon, *História das grandes filosofias*, 1992, p. 164).

tudo o que ocorre é manifestação de sua natureza[581]. Daí decorre que Deus não conhece o mal, pois aquilo que o homem chama de mal, em verdade, é, na ótica divina, um bem[582].

O que se percebe desde já é que a ética, nesse sistema de ideias, é uma manifestação de Deus, e dele parte, como realização de sua própria natureza[583]. N'Ele estão imersos os homens, a ordem, a desordem, o certo, o errado, o vício e a virtude. Nesse sentido, a liberdade ética não representa aqui liberdade de escolha, uma vez que Deus determina os espaços da ação ética, mas liberdade ética significa ação ética, pura e simplesmente, ou seja, o ser em ação[584].

Se extensão e pensamento são os atributos de Deus, o homem será uma substância derivada da de Deus, na exata medida em que sua alma é parte desse pensamento e seu corpo é parte limitada de sua extensão[585]. De fato:

"El Pensamiento es un atributo de Dios, o sea, Dios es una cosa pensante"[586].

Os homens estão imersos em Deus; são parte de Deus. Isso, em outras palavras, significa que Deus não se distancia de suas partes finitas, o que foi causa de muito escândalo e muita reação por parte de teólogos e filósofos[587]. Mas isso não significa

---

581. "Ele sustentava que só existia uma substância, a que chamava Deus *sive natura*. Tudo quanto acontece no mundo é expressão dessa substância e, como tal, absolutamente perfeito. Dentro de semelhante concepção nenhum lugar há, por conseguinte, para as diferenças de valor e de estimativa. Aquilo que nos parece imperfeito, está, não obstante, determinado *ex necessitate divinae naturae*, e como tal, na ordem da natureza é perfeito" (Del Vecchio, *Lições de filosofia do direito*, 1979, p. 95).

582. "Deus não tem nenhum conhecimento do mal, porque não há nenhum mal, que tenha de ser conhecido; a aparência do mal só surge por se considerar as partes do universo como se existissem por si mesmas" (Russell, *História da filosofia ocidental*, 1969, p. 101).

583. "O conhecimento verdadeiro segue a ordem de dependência das realidades: a Ética parte de Deus e, mostrando que tudo procede de Deus, ela situa o homem na natureza antes de poder determinar o que está em poder do homem. A dedução matemática exprime em sua necessidade a própria realidade; a necessidade é a própria lei do ser" (Jerphagnon, *História das grandes filosofias*, 1992, p. 163).

584. "Mas há lugar para uma ética? Pode o homem fazer alguma coisa? Não, se entendermos por isso introduzir liberdade de escolha. Sim, se compreendermos o que é a atividade para um ser" (Jerphagnon, *História das grandes filosofias*, 1992, p. 165).

585. "Alma e corpo, mas que nada têm de substancial: a alma é um modo finito de Pensamento (sendo o Pensamento uma expressão — diz Spinoza: um atributo — da substância divina); o corpo é um modo finito da Extensão (outro atributo de Deus)" (Jerphagnon, *História das grandes filosofias*, 1992, p. 165).

586. Espinosa, *Ética demostrada según el orden geométrico*, 1996, II Parte, Prop. I, p. 21.

587. "Nenhuma das teses espinosanas foi considerada tão satânica como aquela que afirma a existência de uma única substância no universo e, por conseguinte, nega a criação *ex nihilo*, faz da extensão material um atributo constitutivo do ser de Deus e impõe a necessidade absoluta sobre toda a realidade. Sendo a extensão um atributo infinito do ser absolutamente infinito, concluem os primeiros leitores da obra, os corpos, modificações finitas, passam a integrar a essência divina. O escân-

que Deus seja muitos, porque sua natureza é única e absoluta[588]; Deus se manifesta em toda sua extensão por meio de seus atributos.

"De la necesidad de la naturaleza divina deben seguirse infinitas cosas en infinitos modos (esto es, todas las que pueden caer bajo un entendimiento infinito)"[589].

E, nessa medida, tendo em vista que o homem é desejo, porque possui por natureza a índole de desejar[590], amar a Deus é o aspecto mais relevante para a criatura, pois a virtude é esse amor e esse amor é a virtude em si mesma[591]:

"El alma humana tiene un conocimiento adecuado de la esencia eterna e infinita de Dios"[592].

---

dalo não está apenas em que, pela primeira vez, Deus deixa de ser tomado como puro espírito, mas também em que, pela imanência, os corpos sejam divinizados e, como dirá Bayle, 'cem húngaros chacinando cem turcos' signifique deus chacinando-se a si mesmo" (Chauí, *A nervura do real:* imanência e liberdade em Espinosa, 1999, p. 239).

588. "A substância, porque em si, por si, causa de si e absolutamente infinita, demonstra Espinosa, é única. Não é composta por outras, mas constituída por infinitos atributos infinitos em seu gênero, dos quais conhecemos dois: o pensamento e a extensão, cada um deles realizando e exprimindo de maneira própria e diferenciada a essência da mesma e única substância. Potências qualitativas causais imanentes infinitas, os atributos produzem modos e mesma natureza que a sua, e a essência destes é, portanto, uma potência causal interna qualitativamente diferente de outras" (Chauí, *A nervura do real:* imanência e liberdade em Espinosa, 1999, p. 87).

589. "Demostración: Esta Proposición debe ser manifiesta para cualquiera, sólo con que tenga en cuenta que de la definición dada de una cosa cualquiera concluye el entendimiento muchas propiedades, que en realidad se siguen necesariamente de ella (esto es, de la esencia misma de la cosa), y tantas más cuanto más realidad expresa la definición de la cosa, esto es, cuanto más realidad implica la esencia de la cosa definida. Pero como la naturaleza divina tiene absolutamente infinitos atributos (por la Definición 6), cada uno de los cuales expresa también una esencia infinita en su género, de su necesidad deben, pues, seguirse, infinitas cosas en infinitos modos, esto es, todas las que pueden caer bajo un entendimiento infinito. C.q.d.

"Corolario I: De aqui se sigue: 1) Que Dios es causa eficiente de todas las cosas que pueden caer bajo um entendimiento infinito.

"Corolario II: Se sigue: 2) Que Dios es causa por sí, pero no por accidente.

"Corolario III: Se sigue: 3) Que Dios es absolutamente causa primera" (Espinosa, *Ética demostrada según el orden geométrico,* 1996, I Parte, Prop. XVI, p. 26).

590. "No homem, esse *conatus* é consciente de si mesmo, é desejo. A essência do homem é, pois, o desejo. Se nos encontros com as coisas, esse desejo de ser for aumentado, é alegria; se for diminuído, é tristeza" (Jerphagnon, *História das grandes filosofias,* 1992, p. 165).

591. "A bem-aventurança, que consiste no amor a Deus, não é recompensa da virtude, mas a própria virtude; não gozamos nela porque dominamos nossos desejos, mas dominamos nossos desejos porque nos rejubilamos nela" (Russell, *História da filosofia ocidental,* 1969, p. 104).

592. "Demostración: El alma humana tiene ideas (por la Proposición de esta parte) por las cuales (por la Proposición 23 de esta parte) se percibe a si misma y percibe su propio cuerpo (por la Proposición 19 de esta parte) y (por lo Corolario I de la Proposición 16 y por la Proposición 17 de esta parte) los cuerpos externos como existentes en acto; por tanto (por la Proposiciones 45 y 46 de esta

25.7.2. A ética "more geometrico" espinosana

Explicar as regras éticas, no sistema espinosano, é explicar o funcionamento da natureza e, portanto, é explicar o funcionamento de Deus. Aí está a chave de ligação entre a metafísica e a ética. Na medida em que os atributos divinos são infinitos e que Deus está em toda parte, explicar a ética é explicar esses atributos em funcionamento real. E para que se esteja de conformidade o pensamento com a realidade, é mister a utilização de um raciocínio que espelhe a realidade de acordo com o que é: esse é o raciocínio *more geometrico*[593].

Assim, com sua proposta de Ética, escrita segundo a regra geométrica, Espinosa adentra ao universo das discussões éticas com a intenção de determinar com a precisão matemática o que se diz a respeito dos valores, dos vícios e das virtudes; prenhe de demonstrações, definições, escólios e outros modos típicos de operações de raciocínio matemático, se inscreve sua obra mais importante[594]. Somente a linguagem e o raciocínio que conduzem à verdade e à certeza, do ponto de vista do conhecimento, podem servir de sustentáculo para a criação de uma teoria ética, e esse raciocínio

---

parte), tiene un conocimiento adecuado de la esencia eterna e infinita de Dios. C.q.d." (Espinosa, *Ética demostrada según el orden geométrico*, 1996, II Parte, Prop. XLVII, p. 93).

593. "*Ordine geometrico demonstrata* é uma ordem discursiva adequada ao seu objeto e requerida necessariamente por ele. Ordem adequada não só porque é a forma exemplar de exposição da autonomia do intelecto como força inata para o verdadeiro, mas também porque exprime sem lacuna a ideia adequada da própria adequação. Isto é, de causa *sive ratio*: a substância absolutamente infinita é causa de si e não carece do conceito de outra coisa para ser concebida; é causa adequada em sentido pleno, infinitude atual ou eterna, autossuficiente e autodeterminada que põe sua própria inteligibilidade porque é *ratio* de si mesma quanto à essência, à potência e à existência. A substância absolutamente infinita é *philosophice* o que a quantidade infinita é *mathematice*. Ordem necessária não só porque oferece a gênese necessária de seu objeto e porque a ordem e conexão das ideias é a mesma que a ordem e conexão das coisas, mas também porque afirma a *ratio* entre o infinito e o infinito, a passagem contínua do primeiro ao segundo e deste àquele, descrevendo a produção real da realidade e assegurando que nosso intelecto conhece o mesmo e da mesma maneira que o intelecto de Deus. Por isso é ordem livre: instituindo seus conceitos, é exatamente como seu objeto, ou seja, como ele, ela também não é determinada por nada que lhes seja extrínseco, mas apenas pela necessidade imanente que gera, ordena, conecta e comunica todas as suas ideias. Em suma, ordem imanente. "Espinosa insiste em todas as suas obras que a Natureza (Naturante e Naturada) não é um agregado de atributos, modos, coisas, partes, acontecimentos, mas sistema autorregulado de conexões necessárias que são atividades dos atributos, dos modos infinitos e dos modos finitos. O uso dos verbos constituir, exprimir, pertencer e envolver explicitam as várias formas simultâneas e diferenciadas dessa atividade e evidenciam que *Deus sive Natura* significa, em oposição à construtura imaginária e em sentido rigoroso, a estrutura da realidade, isto é, leis da existência e ação de seus constituintes que são elas mesmas entendidas como ordem de copresença" (Chauí, *A nervura do real*: imanência e liberdade em Espinosa, 1999, p. 733).

594. "A Ética é redigida no estilo de Euclides, com definições, axiomas e teoremas; tudo o que se encontra atrás dos axiomas é rigorosamente demonstrado, segundo se supõe, por argumentos dedutivos" (Russell, *História da filosofia ocidental*, 1969, p. 98).

e essa linguagem são extraídos das regras matemáticas[595]. Filosofar adequadamente é pensar de conformidade com o rigor da geometria euclidiana[596].

Num grande esforço de concentração sobre o problema metafísico, a doutrina ética acaba por revestir-se de incontáveis intervenções metafísicas, o que a torna indissociável de seu sistema metafísico. Aí está a chave do hermetismo espinosano, que converte sua doutrina, por via das matemáticas, num conjunto heterodoxo de diversas raízes religiosas, entre as quais o cristianismo, a cabala, o hinduísmo, o judaísmo...[597]. De fato, para se aproximar do tema da ética, passa por considerações ao estilo metafísico, e por outras ao estilo psicológico, para, então, adentrar ao solo propriamente ético[598]. E, tendo em vista a necessidade de exprimir a realidade metafísica, somente a linguagem mais verdadeira pode ser o instrumento do pensamento ético: a linguagem matemática.

---

595. "É toda a obra que responde a essa questão: a ética é conhecimento, conhecimento que é sabedoria. Embora isso só se revele plenamente ao termo da obra, fica claro que o conhecimento verdadeiro não é, para Spinoza, algo a que poderíamos ter acesso se já não estivéssemos nele de algum modo: temos pelo menos uma ideia verdadeira e a verdade é, em si mesma, sua própria marca. Já que, para Spinoza (como para Descartes), é a matemática que nos fornece a norma da ideia verdadeira (...)" (Jerphagnon, *História das grandes filosofias*, 1992, p. 163).

596. "Entre a Bíblia e os Elementos de Euclides, Espinosa toma posição: a Ética é exposta como livro inteligível em si mesmo, que pode ser lido e compreendido nele mesmo. Para tanto, deve ser demonstrado em ordem geométrica: como repete incansavelmente Espinosa, a 'ordem devida para filosofar' é aquela que mostra e demonstra que a natureza do absolutamente infinito é anterior tanto na ordem do conhecimento como na ordem do ser. Ao mesmo tempo, porque é uma *ethica*, nesse livro ordem de vida, ordem da natureza e ordem de conhecimento devem ser entrelaçadas, pois só sabemos ordenar nossa vida se pudermos conhecer que fazemos parte da ordem inteira da Natureza e só podemos sabê-lo se a ordem de nossos conhecimentos exprimir a ordem necessária da realidade. Ordenar é passar de conexões empíricas imaginativas (que são desordem necessária) a conexões lógicas reais que são a ordem da própria Natureza" (Chauí, *A nervura do real*: imanência e liberdade em Espinosa, 1999, p. 670-671).

597. "Graças a geometria, Espinosa pode não só sistematizar a herança estoica, mas ainda ideias da Cabala, da alquimia do hermetismo e 'um dogma muito corrente na Índia e na Pérsia', isto é, que o mundo não foi propriamente criado por uma causa eficiente, mas é uma extração e uma extensão das entranhas de Deus e sua destruição não será senão o retorno de todas as coisas às entranhas divinas. Também se reconhece em Espinosa a ideia hindu e persa, compartilhada pelos cabalistas, de que o mundo é apenas uma aparência, ilusão ou sonho porque a única realidade é Deus, comparado por eles a um imenso oceano no qual somos frasquinhos repletos da mesma e única substância, ou à luz que é a mesma em todo o universo, embora apareça sob mil formas, cores e figuras, ou à aranha que tira de si mesma sua teia" (Chauí, *A nervura do real*: imanência e liberdade em Espinosa, 1999, p. 300).

598. "A Ética de Spinoza trata de três matérias diferentes. Começa com a metafísica; passa, depois, para a psicologia das paixões e da vontade e, finalmente, formula uma ética baseada na metafísica e na psicologia precedentes. A metafísica é uma modificação da de Descartes, a psicologia lembra a de Hobbes, mas a ética é original, sendo o que o livro contém de mais valioso" (Russell, *História da filosofia ocidental*, 1969, p. 96).

O método espinosano de discussão e tratamento de questões éticas procede de modo sistemático e rigoroso a partir de premissas e suas demonstrações. Assim, o sistema ético espinosano acaba por perfazer uma lógica rigorosa, introduzindo-a como método para o tratamento e a vivência dos problemas de natureza ética.

Vê-se nessa pretensão espinosana uma pretensão formal injustificável e incompreensível, que acaba por aniquilar a natureza do universo ético, a saber, a liberdade. Demonstrar a certeza de algo pressupõe que esse algo seja passível de certeza, o que por si só já denuncia o vício do projeto espinosano. É certo que o rigor no tratamento da temática e o modo de organização e disposição dos argumentos, no principal texto em que Espinosa discute ética, é elogiável. Passível de crítica é toda e qualquer tentativa de reduzir o universo dos valores ao universo matemático das demonstrações de validade universal.

Pensar *more geometrico* a realidade ética é matematizar o âmbito dos conhecimentos valorativos. Esse tipo de proposta teórico-metodológica acaba por retesar as dimensões de um fenômeno que, por sua natureza, é um fenômeno flexível e plural: o fenômeno ético. A dimensão axiológica não pode ser reduzida à dimensão da causalidade. Demonstrar valores e tratar de modo sistemático e rigoroso as certezas éticas é construir uma visão teórica incompatível com a prática do fenômeno.

25.7.2.1. Os princípios da ética espinosana

A proposta da ética espinosana é realçar o potencial interno e racional que possui o homem para o controle das paixões, que desgovernam, e para o encaminhamento humano em direção à beatitude, à virtude suprema. Essa proposta consiste em discutir, *more geometrico*, as condições pelas quais opera a razão para bem construir a virtude humana. Isso porque o homem no desgoverno das paixões é um homem servil; o homem no governo de si pela razão é um homem capaz de domínio de si. De fato, desde o Prefácio da *Ética* se lê:

> "A la impotencia humana para gobernar y reprimir los afectos la llamo servidumbre; porque, el hombre sometido a los afectos no depende de si, sino de la fortuna, bajo cuya potestad se encuentra de tal manera que a menudo está compelido, aun viendo lo que es mejor, a hacer, sin embargo, lo que es peor. Me he prepuesto demostrar en esta parte la causa de esta situación, y, además, lo que tienen de bueno o de malo los afectos" (Espinosa, *Ética demostrada según el orden geométrico*, 1996, p. 172).

As coisas em si não ensinam o que é o bom e o que é o mau. Essas duas avaliações são juízos formados pelo espírito humano, com certo grau de variabilidade bastante amplo, o que torna indefinido o que essas palavras, que se devem aqui estudar, querem dizer. Dessa forma, o que se quer dizer é que se o intento espinosano é adentrar ao campo ético, sua primeira tarefa é justificar a ambiguidade dos termos éticos fundamentais: bom e mau. Isso para que, em seguida, possa aplicar sobre eles um método de demonstração que lhes confira certeza e perenidade, necessárias numa especulação que enxerga a ética dentro da necessidade metafísica[599].

Então, o início do escrito deve se preocupar com definições, ainda que mínimas, para passar às posteriores divagações e demonstrações, escólios... Assim, siga-se o pensamento do filósofo:

> "DEFINICIONES:
>
> "I. Por bueno, entenderé lo que sabemos ciertamente que nos es útil.
>
> "II. Por malo, en cambio, lo que sabemos ciertamente que impide que seamos poseedores de algún bien.
>
> "(...)
>
> "VI. Por el fin a causa del cual hacemos algo, entiendo el apetito.
>
> "VII. Por virtud y potencia entiendo lo mismo; esto es (por la Proposición 7 de la parte III), la virtud, en cuanto se refiere al hombre, es la esencia misma o la naturaleza del hombre, en cuanto tiene la potestad de hacer ciertas cosas que pueden entenderse por las solas leyes de su naturaleza" (Espinosa, *Ética demostrada según el orden geométrico*, 1996, p. 176).

Dessa forma, o que há que se dizer é que o conhecimento dos termos bom e mau, numa perspectiva nitidamente psicológica, é o que causa alegria e o que causa tristeza. Isso porque, na medida em que se escolhem objetos e realidade e fenômenos para dotar-lhes de um significado qualquer, bom ou mau, está-se, em verdade, ava-

---

599. "Por lo que atañe a lo bueno y a lo malo, tampoco indican nada positivo en las cosas, por lo menos consideradas en sí mismas, y no son sino modos de pensar o nociones que formamos porque comparamos las cosas unas con otras. Pues una sola y misma cosa puede ser al mismo tiempo buena y mala, y también indiferente. Por ejemplo, la música es buena para el melancólico, mala para el afligido; para el sordo, en cambio, no es ni buena ni mala; pero aunque esto sea así, hemos de conservar, sin embargo, estos vocablos. Pues ya que deseamos formar una idea del hombre que sea como un modelo de la naturaleza humana que contemplamos nos será útil conservar esos mismos vocablos con el sentido que he dicho. Así, pues, entenderé en lo que sigue por bueno, aquello que sabemos ciertamente que nos impide reproducir ese mismo modelo. Además, diremos que los hombres son más perfectos o menos perfectos, según se aproximen más o menos a ese mismo modelo. Pues ha de notarse, ante todo, que cuando digo que alguien pasa de una perfección menor a otra mayor, y viceversa, no entiendo por esto que de una esencia o forma se mude en otra, pues un caballo, por ejemplo, se destruye tanto si se muda en hombre como en insecto, sino que concebimos que su potencia de obrar, tal como se la entiende por su naturaleza, se aumenta o disminuye. En fin, entenderé por perfección en general, como ya lo he dicho, la realidad, esto es, la esencia de una cosa cualquiera, en cuanto existe y opera de un cierto modo, sin tener para nada en cuenta su duración. Pues ninguna cosa singular puede llamarse más perfecta porque haya perseverado más tiempo en la existencia, ya que la duración de las cosas no puede determinarse por su esencia, puesto que la esencia de las cosas no implica ningún tiempo cierto y determinado de existencia, sino que una cosa cualquiera, sea más o menos perfecta, podrá perseverar siempre en la existencia con la misma fuerza con que empezó a existir, de manera que en esto todas son iguales" (Espinosa, *Ética demostrada según el orden geometrico*, 1996, p. 174-175).

liando se por essa via se produz alegria ou tristeza. A coisa não é em si boa ou má, mas sim depende de uma avaliação, conforme os estados de alma que produza:

"El conocimiento de lo bueno y lo malo no es nada más que el afecto de la alegría o la tristeza en cuanto somos conscientes de él"[600].

A compreensão acerca dos sentimentos e das paixões não pode ser passível de agir sobre qualquer afeto:

"El verdadero conocimiento de lo bueno y lo malo, no puede, en cuanto verdadero, reprimir ningún afecto, sino sólo en cuanto es considerado como un afecto"[601].

Mas, na medida em que essa compreensão acompanha a intensidade de cada afeto, é capaz de ser afetada por ele.

"El deseo que nace del verdadero conocimiento de lo bueno y lo malo, puede ser extinguido o reprimido por otros muchos deseos que nacen de los afectos por los cuales somos dominados"[602].

O que se quer dizer é que, se nada é realmente bom ou mau por si, mas é feito mau ou bom conforme a avaliação subjetiva dos indivíduos, em verdade, deve-se dizer, é o conhecimento que define se aquela experiência ou aquela coisa é boa ou má.

Então, a coisa ou experiência produzirá alegria ou tristeza, conforme a compreensão racional que se tiver delas. Em outras palavras, ficará na dependência da razão humana definir o que é bom e o que é mau, e, com isso, ficará na dependência humana ser triste ou alegre:

---

600. "Demostración: Llamamos bueno o malo lo que es útil o perjudicial para la conversación de nuestro ser (por la Definiciones I y 2 de esta parte), esto es (por la Proposición 7 de la parte III), lo que aumenta o disminuye, favorece o reprime nuestra potencia de obrar. En cuanto (por las Definiciones de la alegría y la tristeza que pueden verse en el Escolio de la Proposición II de la parte III) percibimos, pues, que una cosa nos afecta de alegría o tristeza, la llamamos buena o mala; y, por tanto, el conocimiento de lo bueno y lo malo no es nada más que la idea de la alegría o la tristeza que se sigue necesariamente (por la Proposición 22 de la parte II) del afecto mismo de la alegría o la tristeza. Pero esta idea está unida al afecto del mismo modo que el alma está unida al cuerpo (por la Proposición 21 de la parte II), esto es (como ha mostrado en el Escolio de la misma Proposición), esta idea no se distingue, en realidad, del afecto mismo, o sea (por la Definición general los afectos), de la idea de la afección del cuerpo, sino por el solo concepto; luego, este conocimiento de lo bueno y lo malo no es nada más que el afecto mismo, en cuanto somos conscientes de él. C.q.d." (Espinosa, *Ética demostrada según el orden geométrico*, 1996, IV Parte, Prop. VIII, p. 181).

601. "Demostración: Una afecto es una idea por la cual el alma afirma una fuerza de existir de su cuerpo mayor o menor que antes (por la Definición general de los afectos) y, así (por la Proposición I de esta parte), no tiene nada de positivo que pueda quitar la presencia de lo verdadero; y, por consiguiente, el verdadero conocimiento de lo bueno y lo malo, en cuanto verdadero, no puede reprimir ningún afecto. Pero, en cuanto es un afecto (véase la Proposición 8 de esta parte), sólo si es más fuerte que el afecto a reprimir (por la Proposición 7 de esta parte), podrá reprimir aquel afecto. C.q.d." (Espinosa, *Ética demostrada según el orden geométrico*, 1996, IV Parte, Prop. XIV, p. 181).

602. Espinosa, *Ética demostrada según el orden geométrico*, 1996, IV Parte, Prop. XV, p. 185-186.

"Cada cual apetece o aborrece necesariamente, por las leyes de su naturaleza, lo que juzga que es bueno o malo"[603].

Em ato não há virtude; a virtude pressupõe ação de acordo com a razão, e, desse modo, atividade de comportar-se, de fazer-se conforme ao que a razão orienta. Dessa forma, decorrerá que o princípio da autoconservação será o primeiro rudimento dessas noções psicológico-humanas. Se a primeira grande necessidade que se experimenta é a da conservação da própria existência, aí estará a noção rudimentar de virtude:

"No puede concebirse virtud anterior a ésta (es decir, el esfuerzo por conservarse)"[604].

Ou ainda:

"Nadie se esfuerza por conservar su ser a causa de otra cosa"[605].

O animal também possui instintos e por meio deles também procura se conservar. Isso, no entanto, não faz dele um ser capaz de virtude. À noção de virtude está ligada a ideia de compreensão, ou seja, de compreensão que decorre da razão. Aquele que se guia por instinto e que age por instinto pode ser comparado a um animal, e, nesse sentido, distancia-se da verdade que se procura em campo ético. O homem é capaz de ética porque é racional:

"El hombre es cuanto está determinado a obrar algo porque tiene ideas inadecuadas, no puede decirse, en absoluto, que obra por virtud, sino sólo en cuanto está determinado porque entiende"[606].

---

603. "Demostración: El conocimiento de lo bueno y lo malo (por la Proposición 8 de esta parte) es el afecto mismo de la alegría o tristeza en cuanto somos conscientes de él; y, por ende (por la Proposición 28 de esta parte III), dada cual apetece necesariamente lo que juzga que es malo. Pero este apetito no es nada más que la esencia misma o naturaleza del hombre (por la Definición del apetito que puede verse en el Escolio de la Proposición 9 de la parte III y la Definición I de los afectos). Luego, cada cual apetece o aborrece necesariamente, por las solas leyes de su naturaleza, etc. C.q.d." (Espinosa, *Ética demostrada según el orden geométrico*, 1996, IV Parte, Prop. XIX, p. 189-190).

604. "Demostración: El esfuerzo por conservarse es la esencia misma de una cosa (por la Proposición 7 de la parte III). Si pudiera concebirse, pues, alguna virtud anterior a ésta, es decir, a este esfuerzo, entones la esencia misma de la cosa (por la Definición 8 de esta parte) se concebiría como anterior a ella misma lo cual (como es notorio por sí) es absurdo. Luego, no puede concebírse ninguna virtud, etc. C.q.d." (Espinosa, *Ética demostrada según el orden geométrico*, 1996, IV Parte, Prop. XXII, p. 191-193).

605. "Demostración: El esfuerzo con que cada cosa se esfuerza por perseverar en su ser, se define por la sola esencia de la cosa misma (por la Proposición 7 de la parte III) y de esta sola esencia dada, pero no de la de otra cosa, se sigue necesariamente (por la Proposición 6 de la parte III) que cada cual se esfuerce por conservar su ser. Esta Proposición es evidente, además, por el Corolario de la Proposición 22 de esta parte. Pues si el hombre se esforzara por conservar su ser a causa de otra cosa, entonces esta cosa seria el primer fundamento de la virtud (como es notorio por sí), lo cual (por el Corolario antedicho) es absurdo. Luego, nadie se esfuerza, etc. C.q.d." (Espinosa, *Ética demostrada según el orden geométrico*, 1996, IV Parte, Prop. XXV, p. 191-193).

606. "Demostración: En cuanto el hombre está determinado a obrar porque tienes ideas inadecuadas, entonces (por la Proposición I, parte III) padece, esto es (por las Definiciones I y 2, parte III),

Assim, voltar-se absolutamente para a virtude significa voltar-se para a própria conservação e para o próprio viver conforme a razão. Não há distinção entre ser virtuoso e ser racional. Ou melhor, a distinção que se pode detectar entre ser virtuoso e ser racional se encontra na distância entre teoria e prática: ser virtuoso significa efetivamente agir de acordo com a acionalidade, pois o simples fato de possuí-la não garante a todos a virtude:

> "Obrar absolutamente por virtud no es en nosotros nada más que obrar, vivir y conservar su ser (estos tres términos significan lo mismo) bajo la guía de la razón, teniendo por fundamento la búsqueda de la propia utilidad"[607].

As coisas são avaliadas, no campo da ética, ou como boas, ou como más, ou como indiferentes, nem boas nem más. Conforme essa avaliação é que serão evitadas ou perseguidas, de modo que aquilo que é causa de tristeza, e que diminui uma capacidade de realizar algo, será afastada, enquanto aquilo que é causa de alegria, dará origem à aproximação, à afinidade, à busca, à perseguição:

> "Ninguna cosa puede ser mala por lo que tiene de común con nuestra naturaleza; sino que en cuanto es mala para nosotros, nos es contraria"[608].

E mais:

> "En cuanto una cosa concuerda con nuestra naturaleza, es necesariamente buena"[609].

---

obra algo que no puede percibirse por su sola esencia, esto es (por la Definición 8 de esta parte), que no se sigue de su virtud. Pero en cuanto está determinado a obrar algo porque entiende, entonces (por la misma Proposición I de la parte III), obra algo que se percibe por su sola esencia, o sea (por la Definición 8 de esta parte), que se sigue adecuadamente de su virtud. C.q.d." (Espinosa, *Ética demostrada según el orden geométrico*, 1996, IV Parte, Prop. XXIII, p. 191-193).

607. "Demostración: Obrar absolutamente por virtud no es nada más (por la Definición 8 de esta parte) que obrar por las leyes de la propia naturaleza. Pero solamente obramos en cuanto entendemos (por la Proposición 3 de la parte III) luego, obrar por virtud no es, en nosotros, nada más que obrar, vivir y conservar su ser bajo la guía de la razón, y esto (por el Corolario de la Proposición 22 de esta parte) teniendo por fundamento la búsqueda de la propia utilidad. C.q.d." (Espinosa, *Ética demostrada según el orden geométrico*, 1996, IV Parte, Prop. XXIV, p. 191-193).

608. "Demostración: Llamamos malo a lo que es causa de tristeza (por la Proposición 8 de esta parte), esto es (por la Definición de la tristeza; véasela en el Escolio de la Proposición II, de la parte III), a lo que disminuye o reprime nuestra potencia de obrar. Si una cosa, pues, fuese mala para nosotros, podría disminuir o reprimir eso mismo que tiene de común con nosotros, lo cual (por la Proposición 4 de la parte III) es absurdo. Ninguna cosa, pues, puede ser mala para nosotros por lo que tiene de común con nosotros, sino que, al contrario, en cuanto es mala, esto es (como acabamos de mostrar), en cuanto puede disminuir o reprimir nuestra potencia de obrar (por la Proposición 5 de la parte III) nos es contraria. C.q.d." (Espinosa, *Ética demostrada según el orden geométrico*, 1996, IV Parte, Prop. XXX, p. 194).

609. "Demostración: En efecto, en cuanto una cosa concuerda con nuestra naturaleza, no puede (por la Proposición precedente) ser mala. Será, pues, necesariamente o buena o indiferente. Si

Esse é o sistema psicoafetivo, ético, antropológico, básico, de conformidade com o qual se guiam os atos humanos, dentro ou fora da sociedade. Até aqui, tem-se um ensaio sobre a natureza humana e suas peculiaridades, pressupostos para a adequada digressão acerca do tema em tela, a saber, o tema ético, das virtudes e dos vícios. Mas virtudes e vícios se organizam exatamente a partir desses pressupostos. Se os afetos humanos estão dominados por paixões, a cegueira se manifesta, e, então, são capazes de se contrapor uns aos outros, de se destruir uns aos outros, numa vivência mais assemelhada a um estado de selvagem beligerância instintiva:

> "En cuanto los hombres están dominados por afectos que son pasiones, pueden ser contrarios unos a otros"[610].

É a paixão que distorce a natureza humana, nitidamente racional. É pela razão que se percebe que o homem pode ser homem, ou seja, pode satisfazer às suas necessidades básicas de preservação e buscar a plena beatitude por intermédio da virtude.

É imperativo dizer que a ética se forma na base da conquista humana da racionalidade. Deve-se, portanto, dizer que os homens vivem e concordam com relação ao que é bom e ao que é melhor sempre que estão concordes em raciocinar segundo a razão. Nas palavras de Espinosa, a Proposição XXXV da IV Parte da *Ética*:

> "En cuanto los hombres viven según la guía de la razón, sólo entonces concuerdan siempre necesariamente en naturaleza"[611].

Esse guiar-se segundo a razão defere ao homem a oportunidade de ser virtuoso, pois se seguir a racionalidade conduz o homem a seguir o que é bom e o que é melhor, ser racional significa ser virtuoso. Nesse sentido, a virtude é alcançável por todos e

---

se sienta que es indiferente, es decir, que no es ni buena ni mala, nada (por la Definición I de esta parte) se seguirá, pues de su naturaleza que sirva para la conservación de nuestra naturaleza, esto es (por hipótesis), que sirva para la conservación de la naturaleza de la cosa misma; pero esto es absurdo (por la Proposición 6 de la parte III); será, pues, en cuanto concuerda con nuestra naturaleza, necesariamente buena. C.q.d." (Espinosa, *Ética demostrada según el orden geométrico*, IV Parte, Prop. XXXI, p. 195-196).

610. "Demostración: Un hombre, por ejemplo Pedro, puede ser la causa de que Pablo se entristezca porque tiene algo semejante a una cosa que Pablo odia (por la Proposición 16 de la parte III), o porque Pedro solo posee una cosa que Pablo también ama (véase la Proposición 32 de la parte III con su Escolio) o por otras causas (véanse las principales de éstas en el Escolio de la Proposición 55 de la parte III), y, por tanto, sucederá (por la Definición 7 de los afectos) que Pablo tenga odio a Pedro, y, por consiguiente, sucederá fácilmente (por la Proposición 40 de la parte III con su Escolio) que Pedro, a su vez, tenga odio a Pablo y, por tanto (por la Proposición 39 de la parte III) que se esfuercen en hacerse mal el uno al otro, esto es (por la Proposición 30 de esta parte), que sean contrarios el uno al otro. Pero el afecto de la tristeza es siempre una pasión (por la Proposición 59 de la parte III), luego, en cuanto los hombres están dominados por afectos que son pasiones, pueden ser contrarios unos a otros C.q.d." (Espinosa, *Ética demostrada según el orden geométrico*, 1996, IV Parte, Prop. XXXIV, p. 195-196).

611. Espinosa, *Ética demostrada según el orden geométrico*, 1996, IV Parte, Prop. XXXV, p. 198-199.

realizável por todos, na medida em que todos são dotados de razão. É o que diz a Proposição XXXVI da IV Parte:

> "El sumo bien de los que siguen la virtud es común a todos y de él todos pueden gozar igualmente"[612].

Se a razão é fonte do que é útil e bom para o homem, também o será para a sociedade, na medida em que a sociedade representa o governo da razão sobre as paixões. Todo fator de discórdia, de desestruturação da sociedade, de inimizade, de desagregação, de tumulto e afetação da ordem racional da sociedade é um comprometimento da estrutura racional da qual precisa o homem para viver, e isso pode ser dito um mau. Então, bom para sociedade é o que é capaz de preservá-la, em benefício mesmo do homem; mau para a sociedade é o que é capaz de desagregá-la, fazendo com que o homem seja conduzido a viver novamente fora da sociedade, ou seja, num estado onde governa a paixão sobre a razão. A esse respeito, a Proposição XL da IV Parte:

> "Lo que conduce a la sociedad común de los hombres, o sea, lo que hace que los hombres vivan en concordia, es útil, y malo, por el contrario, lo que introduce la discordia en el Estado"[613].

Nesse sentido, o que é favorável ao indivíduo como ao Estado é: o que é capaz de unir, e não o que é capaz de dividir; o que é capaz de reproduzir, e não o que é capaz de reduzir; o que é capaz de gerar benefícios, e não o que é capaz de gerar malefícios. Dessa forma, o viver racional, individual e socialmente pede e requer que se combatam os sentimentos nefastos com sentimentos contrários, ou seja, as armas do homem virtuoso contra os inimigos da virtude são também elementos virtuosos, como o amor, a generosidade, o perdão. Isso decorre da Proposição XLVI da IV Parte:

> "El que vive conforme a la guía de la razón, se esfuerza, cuanto puede, en compensar el odio, la ira, el desprecio, etc.; del prójimo hacia él con lo contrario, el amor, o sea, la generosidad"[614].

---

612. "Demostración: Obrar por virtud es obrar conforme a la guía de la razón (por la Proposición 24 de esta parte), y todo lo que nos esforzamos en hacer según la razón es entender (por la Proposición 26 de esta parte), y, por tanto (por la Proposición 28 de esta parte), el sumo bien de los que siguen la virtud es conocer a Dios, esto es (por la Proposición 47 de la parte III y su Escolio), el bien que es común a todos los hombres y que puede ser poseído igualmente por todos los hombres en cuanto son de la misma naturaleza. C.q.d." (Espinosa, *Ética demostrada según el orden geométrico*, 1996, IV Parte, Prop. XXXVI, p. 200-201).

613. "Demostración: Pues lo que hace que los hombres vivan en concordia, hace al mismo tiempo que vivan conforme a la guía de la razón (por la Proposición 35 de esta parte), y por tanto (por las Proposiciones 26 y 27 de esta parte) es bueno; y (por la misma razón) es malo, al contrario, lo que concita las discordias. C.q.d." (Espinosa, *Ética demostrada según el orden geométrico*, 1996, IV Parte, Prop. XL, p. 207).

614. Espinosa, *Ética demostrada según el orden geométrico*, 1996, IV Parte, Prop. XLVI, p. 211-212.

E, nesse sentido, surge uma advertência importantíssima na IV Parte, que vem expressa na Proposição LXIII. Ser virtuoso é agir de conformidade com o que a razão prescreve; ser virtuoso é agir a favor da manutenção da sociedade e não de sua desagregação. Porém, para além disso, há que se dizer que aquele que tem por móvel de sua ação o medo (de ser punido, de ser repreendido, de ser sancionado...), não age eticamente, mas sim por força de um temor. Aquele que se guia eticamente, se guia livremente de acordo com a sua orientação racional. Evitar o mal por medo não é busca do bem racionalmente, mas passionalmente:

> "El que es guiado por el miedo y obra el bien por evitar el mal no es guiado por la razón"[615].

E em LXV aparecerá a referência que diz que na escolha entre bens e males, tudo se fará de acordo com o que a razão orienta, ou seja: dos bens, se escolherá o melhor, dos males, o menor. A virtude está aí, ou seja, em saber ponderar e diferençar os bens dos males, e, assim, poder escolher entre o maior bem e o menor mal. Há nisso um certo princípio hedonístico, na base de uma dicotomia de raciocínio, no sentido de que a menor dose de benefício (prazer) é melhor e preferível com relação à maior dose de malefício (dor). Leia-se a Proposição:

> "De dos bienes, seguiremos, conforme a la guía de la razón, el mayor, y de dos males, el menor" (Espinosa, *Ética demostrada según el orden geometrico*, 1996, IV Parte, Proposición LXV, p. 226).

A Proposição LXXIII oferece ainda maiores fatores de raciocínio no sentido do atrelamento do tema da virtude e da ética com relação ao tema da sociedade e do Estado. Já se disse anteriormente que o que é bom para o indivíduo é bom para o Estado e vice-versa. A partir dessa proposição se pode dizer que o próprio conceito de liberdade espinosano fica na dependência do atrelamento do homem ao seu es-

---

615. "Demostración: Todos los afectos que se refieren al alma en cuanto obra, esto es (por la Proposición 3 de la parte III) a la razón, no son otros que los afectos de la alegría y del deseo (por la Proposición 59 de la parte III); y, por tanto (por la Definición 13 de los afectos), el que es guiado por el miedo y obra el bien por temor del mal, ése no es guiado por la razón. C.q.d.

"Escolio: Los supersticiosos, que saben más bien reprobar los vicios que enseñar las virtudes y que no procuran guiar a los hombres por la razón, sino contenerlos por el miedo de manera que huyan del mal más bien que amen las virtudes, no intentan otra cosa que hacer a los demás tan míseros como ellos mismos; y, por eso, no es extraño que sean generalmente molestos y odiosos a los hombres.

"Corolario: Por el deseo que nace de la razón, seguimos directamente el bien y huimos indirectamente del mal.

"Demostración: Pues el deseo que nace de la razón puede nacer solamente un afecto de alegría que no es una pasión (por la Proposición 59 de la parte III), esto es, de una alegría que no puede tener exceso (por la Proposición 61 de esta parte), pero no de la tristeza; y, por ende, este deseo (por la Proposición 8 de esta parte) nace del conocimiento del bien, pero no del conocimiento del mal; así, pues, conforme a la guía de la razón, apetecemos directamente el bien y sólo en tanto huimos del mal. C.q.d." (Espinosa, *Ética demostrada según el orden geométrico*, 1996, IV Parte, Prop. LXIII, p. 224-225).

tado pós-contratual, ou seja, social. Isto é, em seu estado de natureza, o homem vive individualmente e segundo seus interesses egoísticos. Há aí a mesma proposição hobbesiana latente no raciocínio espinosano. O homem só encontra o verdadeiro governo de si, um modo de vida racional, quando encontra a sociedade; esta é-lhe necessária, condição para que se liberte do governo das paixões e viva de acordo com um estado racional:

> "El hombre que es guiado por la razón es más libre en el Estado donde vive según el decreto común, que en la soledad donde sólo se obedece a sí mismo"[616].

Essa advertência já abre caminho para que se discuta com mais seriedade o papel do domínio da razão sobre as paixões, pois enveredar pela sociedade é abandonar uma vida passional por uma vida racional. A V Parte da obra tem esse intuito[617].

Fazer claras as ideias confusas é dominar-lhes o caráter passional, e, assim, libertar-se, pela própria razão, dos domínios da vivência desarrazoada, confusa e agitada sob o domínio das paixões. Então, das coisas que são confusas e que causam tumulto, deve-se libertar o homem que vive segundo a razão:

> "Un afecto que es una pasión deja de ser una pasión, tan pronto como nos formamos de él una idea clara y distinta"[618].

E a Proposição IV torna ainda mais forte esse cartesianismo do sistema espinosano. Aqui se afirma que nada há que não possa ser conhecido e racionalizado pelo homem, e, nesse sentido, nenhuma paixão, nenhum sentimento, nenhuma vivência

---

616. "Demostración: El hombre que es guiado por la razón, no es guiado a obedecer por el miedo (por la Proposición 63 de esta parte), sino que, en cuanto se esfuerza en conservar su ser conforme al dictamen de la razón, esto es (por el Escolio de la Proposición 66 de esta parte), en cuanto se esfuerza en vivir libremente, desea observar la norma de la vida en común y de la utilidad común (por la Proposición 37 de esta parte), y por consiguiente (como hemos mostrado en el Escolio 2 de la Proposición 37 de esta parte) vivir según el decreto común del Estado. El hombre que es guiado por la razón desea, pues, para vivir más libremente, observar las leyes comunes del Estado. C.q.d." (Espinosa, *Ética demostrada según el orden geométrico*, 1996, IV Parte, Prop. LXXIII, p. 231).

617. "Paso finalmente a esta otra parte de la Ética, que ocupa del modo el camino que conduce a la libertad. En esta parte trataré, pues, de la potencia de la razón, mostrando que puede la razón misma contra los afectos y, además, que es la libertad del alma o beatitud; por donde veremos cuánto más poderoso es el sabio que el ignorante" (Espinosa, *Ética demostrada según el orden geométrico*, 1996, V Parte, p. 242).

618. "Demostración: Un afecto que es una pasión es una idea confusa (por la Definición general de los afectos). Si pues, de este afecto nos formamos una idea clara y distinta, esta idea no tendrá con el afecto mismo, en cuanto se refiere al alma sola, sino una diferencia de razón (por la Proposición 21 de la parte II con su Escolio); por tanto (por la Proposición 3 de la parte III), el afecto dejará de ser una pasión. C.q.d.

"Corolario: Un afecto está, pues, tanto más en nuestra potestad y el alma padece tanto menos en virtud de él cuanto más conocido nos estava" (Espinosa, *Ética demostrada según el orden geométrico*, 1996, V Parte, Prop. III p. 246-247).

corporal escapam aos domínios da razão. Em outras palavras, isso ainda quer dizer que o homem é inteiramente passível de conhecimento e, mais, de autodomínio a partir da razão. Se ter ideias claras significa dominar o que há de oculto, e espantar o domínio das paixões, então autoconhecer-se significa autodominar-se:

> "No hay ninguna afección del cuerpo de la cual no podamos formar algún concepto claro y distinto"[619].

Isso é ainda mais explícito em:

> "Mientras no estamos dominados por afectos que son contrarios a nuestra naturaleza, tenemos la potestad de ordenar y encadenar las afecciones del cuerpo según el orden propio del entendimiento"[620].

Se as paixões do corpo são passíveis de dominação, também as imagens mentais o são. E dominar-se, nesse sentido, significará colocar-se de acordo com a razão. Colocar-se em sintonia com o que é de acordo com a razão é propor-se a voltar para Deus, enfim, para o entendimento de Deus. É esse o conteúdo da Proposição XIV da V Parte:

> "El alma puede conseguir que todas las afecciones del cuerpo, o sea, las imágenes de las cosas, se refieran a la idea de Dios"[621].

Mais uma vez se introduz uma preocupação metafísica em assuntos éticos; na verdade, não se introduz uma preocupação metafísica em assuntos éticos, mas sim se explica como as coisas realmente são, de acordo com a realidade divina. Deduzir princípios da razão, em última instância, significa deduzir o que por Deus foi feito, uma vez que é ele a origem do existente, uma vez que é ele o que existe. Assim:

> "El que se entiende a sí mismo y entiende sus afectos clara y distintamente, ama a Dios, y tanto más cuanto mas se entiende a sí mismo y más entiende sus afectos"[622].

---

619. "Demostración: Lo que es común a todas las cosas no puede concebirse sino adecuadamente (por la Proposición 38 de la parte II); por tanto (por la Proposición 12 y el Lema 2 que se encuentra del Escolio de la Proposición l3 de la parte II), no hay ninguna afección del cuerpo de la cual no podamos formar algún concepto claro y distinto. C.q.d." (Espinosa, *Ética demostrada según el orden geométrico*, 1996, V Parte, Prop. IV, p. 246-247).

620. Espinosa, *Ética demostrada según el orden geométrico*, 1996, V Parte, Prop. X, p. 251.

621. "Demostración: no hay ninguna afección del cuerpo de la cual el alma no pueda formar un concepto claro y distinto (por la Proposición 4 de esta parte); por tanto, puede conseguir (por la Proposición 15 de la parte I) que todas se refieran a la idea de Dios. C.q.d." (Espinosa, *Ética demostrada según el orden geométrico*, 1996, V Parte, Prop. XIV, p. 254-255).

622. "Demostración: El que se entiende a sí mismo y entiende sus afectos clara y distintamente, se alegra (por la Proposición 53 de la parte III); y esto acompañado por la idea de Dios (por la Proposición precedente); y, por ende (por la Definición 6 de los afectos), ama a Dios, y (por la misma razón) tanto más cuanto más se entiende a sí mismo y más entiende sus afectos. C.q.d." (Espinosa, *Ética demostrada según el orden geométrico*, 1996, V Parte, Prop. XV, p. 254-255).

Esse compreender-se a si mesmo e dedicar-se a uma vida conforme ao conhecimento racional das coisas divinas, conduzindo-se na virtude, espelha a preocupação com a alma. A alma, nesse passo, é um aspecto importante da discussão, e isso porque, se o corpo morre, algo dela deve subsistir, na medida em que possui algo da essência eterna[623] que a originou. Assim:

"El alma humana no puede destruirse absolutamente con el cuerpo, sino que de ella subsiste algo que es eterno"[624].

A máxima satisfação da alma só pode surgir como desdobramento de uma espécie de conhecimento. E isso reside no ato racional de conhecer a Deus. Esse é o maior benefício humano a ser almejado, e, sem dúvida alguma, é a melhor forma de se alcançar a máxima alegria e o melhor estado de ânimo. Então, a vida virtuosa, a vida segundo a razão, é uma recomendação no sistema espinosano, à medida que a maior felicidade humana só pode ser alcançada com esse tipo de ética:

"De este tercer género de conocimiento nace la suma satisfacción del alma que puede darse"[625].

Daí surge a verdadeira e absoluta beatitude, que é o real problema da filosofia e não da teologia. O caminho ético que conduz ao melhor estado de alma só pode ser o caminho em direção a Deus, pois perfeita harmonia e absoluta realidade do todo, é essa a razão de que ética e metafísica se entrelacem. Mas no que consiste essa beatitude senão na própria virtude? Se a virtude é ser racional e viver racionalmente, e se viver racionalmen-

---

623. "El que tiene un cuerpo apto para muchas cosas tiene un alma cuya mayor parte es eterna"; Demostración: El que tiene un cuerpo apto para obrar muchas cosas, es muy poco dominado por los afectos que son malos (por la Proposición 38 de la parte IV) esto es (por la Proposición 30 de la parte IV) por los afectos que son contrarios a nuestra naturaleza; y, por tanto (por la Proposición 10 de esta parte), tiene la potestad de ordenar y encadenar las afecciones del cuerpo según el orden propio del entendimiento, y, por consiguiente, de hacer (por la Proposición 14 de esta parte) que todas las afecciones del cuerpo refieran a la idea de Dios; por lo que ocurrirá (por la Proposición 15 de esta parte) que sea afectado de amor a dios, amor que (por la Proposición l6 de esta parte) debe ocupar a constituir la mayor parte del alma; y, por ende (por la Proposición 33 de esta parte), tiene un alma cuya mayor parte es eterna. C.q.d." (Espinosa, *Ética demostrada según el orden geométrico*, 1996, V Parte, Prop. XXXIX, p. 269).

624. Espinosa, *Ética demostrada según el orden geométrico*, 1996, V Parte, Prop. XXIII, p. 259-260.

625. "Demostración: La suma virtud del alma es conocer a Dios (por la Proposición 28 de la parte IV), o sea, entender las cosas mediante el tercer género de conocimiento (por la Proposición 25 de esta parte); y esa virtud es tanto mayor cuanto más conoce el alma las cosas mediante este género de conocimiento (por la Proposición 24 de esta parte); así, pues, el que conoce las cosas mediante este género de conocimiento, pasa a la suma perfección humana, y, por consiguiente (por la Definición 2 de los afectos) es afectado de suma alegría, y esto (por la Definición 43 de la parte II), acompañado de la idea de sí y de su virtud; y, por ende (por la Definición 25 de los afectos), de este género de conocimiento nace la suma satisfacción que puede darse. C.q.d." (Espinosa, *Ética demostrada según el orden geométrico*, 1996, V Parte, Prop. XXVII, p. 261-262).

te significa caminhar de acordo com a ordem divina, não seria a virtude ela mesma a beatitude máxima? É nisso que se resume a próxima lição espinosana:

> "La beatitud no es el premio de la virtud, sino la virtud misma; y no gozamos de ella porque reprimamos nuestras concupiscencias, sino, al contrario, porque gozamos de ella, podemos reprimir nuestras concupiscencias"[626].

25.7.3. Justiça e ética no sistema espinosano

O pensamento ético espinosano irá contaminar as premissas filosóficas a partir das quais se podem discutir o valor da justiça e a formação do direito e da organização do Estado. Assim é que se poderá detectar um forte sabor hobbesiano nas elocubrações espinosanas[627], uma vez que onde estão os instintos, os apetites, as paixões... estão as causas da destruição humana[628]. Onde estão a racionalidade, a virtude, a lucidez do espírito que sabe se autogovernar... estão as armas para a construção da felicidade.

Abandonar o estado de natureza significa abandonar o estado onde o governo das paixões prepondera. Adentrar à sociedade significa colocar, sob a força do pacto social, a vida sob os rumos racionais. Mais que isso, se cada um possui um instinto de conservação primordial, esse instinto em estado de natureza é extremado no egoísmo, que cessa, ou deve cessar com a fundação da sociedade[629]. Ceder ao argu-

---

626. "Demostración: La beatitud consiste en el amor a Dios (por la Proposición 36 de esta parte con su Escolio), y este amor nace del tercer género de conocimiento (por el Corolario de la Proposición 32 de esta parte); y, por tanto, este amor (por las Proposiciones 59 y 3 de la parte III) debe referirse al alma en cuanto obra y, por ende (por la Definición 8 de la parte IV), es la virtud misma. Que era lo primero. Además, cuanto más goza el alma de este amor divino o beatitud, tanto más entiende (por la Proposición 32 de esta parte), esto es (por el Corolario de la Proposición 3 de esta parte), tanto menos padece en virtud de los afectos que son malos; así, pues, porque el alma goza de este amor divino o beatitud es por lo que tiene la potestad de reprimir las concupiscencias; y dado que la potencia humana de reprimir los afectos consiste en el solo entendimiento, nadie goza, pues, de esta beatitud porque haya reprimido sus afectos, sino que, por el contrario, la potestad de reprimir las concupiscencias nace de la beatitud misma." Espinosa, *Ética demostrada según el orden geométrico*, 1996, V Parte, Prop. LXII, p. 272-273.

627. "O pensamento jurídico e político de Bento (equivalente ao Baruch hebraico) Espinoza (Spinoza, 1632-77) oferece importantes analogias com o de Hobbes, apesar da distância que vai do mecanismo materialista do Epicuro britânico ao panteísmo pleno do misticismo, à maneira estoica, do judeu neerlandês. Seria, porém, exagerado considerar Espinosa como mero prolongamento de Hobbes" (Serra, *História da filosofia do direito e do estado*, 1990, p. 213).

628. "Coerente, com estas premissas, Spinoza foi levado a identificar o Direito com o poder físico; e, nesse particular, avizinha-se de Hobbes. Nada de absolutamente injusto pode existir no mundo; na ordem natural, tudo quanto se pode e quer é também justo (*sub solo naturae imperio injuria non potest concipi*)" (Del Vecchio, *Lições de filosofia do direito*, 1979, p. 95).

629. "O estado de natureza é, para Espinosa, como para Hobbes, um estado de insegurança, pois nele o direito se confunde com a força. O Direito natural não é senão 'as regras da natureza de

mento racional, e à impetuosa avalanche da necessidade da virtude racional, permite o florescer da sociedade[630].

Se a autoconservação é o que há de primordial no ser humano, e não há virtude mais presente e primeira que essa, o mesmo sucederá com relação à sociedade. Tudo o que possa conservar a sociedade poderá ser definido como bom. Tudo o que pode destruir a sociedade poderá ser definido como mau. Assim, justiça e injustiça somente podem ser concebidas a partir da fundação da sociedade; o estado de natureza é um estado em que prevalecem as paixões, e não a razão[631]. Mas o melhor estado será aquele em que prevalecer a razão em detrimento das paixões, o governo em detrimento do desgoverno[632].

Mas o Estado possui limites, pois não pode invadir a consciência e o pensamento de cada qual dos membros da sociedade. A liberdade, então, está garantida, pois é impossível coarctá-la, uma vez que é imaterial[633]. A chave para futuras distinções ético-jurídicas, que aparecerão em Kant, se encontra aqui[634].

A democracia seria o sistema mais adequado para exprimir as liberdades e necessidades humanas em torno de um governo social. Aqui há a plena conservação da liberdade, que só é cedida em prol de uma maior conservação do todo[635]. Política,

---

cada indivíduo, segundo as quais concebemos cada um deles determinado naturalmente a existir e a atuar de certa maneira'" (Serra, *História da filosofia do direito e do estado*, 1990, p. 213).

630. "Assim, decidindo submeter o apetite à razão, os homens tiveram de unir necessariamente os seus esforços e fazer com que o natural direito de cada um a todas as coisas fosse por todos possuído coletivamente, e daí, por diante, 'já não estivesse determinado segundo a força e o apetite de cada indivíduo, mas segundo o poder e a vontade de todos ao mesmo tempo'" (Serra, *História da filosofia do direito e do estado*, 1990, p. 214).

631. "Ora, como em Hobbes, a justiça e a injustiça não se podem conceber senão debaixo da tutela da autoridade civil, pois só esta determina com precisão, em face da dependência do direito para com a força (que caracteriza o estado de natureza) o que a cada um corresponde perante os apetites dos outros" (Serra, *História da filosofia do direito e do estado*, 1990, p. 215).

632. "O Estado mais poderoso e livre será aquele que se reja pela razão" (Serra, *História da filosofia do direito e do estado*, 1990, p. 215).

633. "Daqui Spinoza deduz uma importante consequência: o Estado não pode impor limites à consciência, ao pensamento, e isto não por impossibilidade racional ou jurídica, mas material, porque o pensamento é por natureza incoercível; portanto só se tem liberdade, por ser impossível violá-la" (Del Vecchio, *Lições de filosofia do direito*, 1979, p. 96).

634. "Spinoza, sem embargo, tem o mérito de ter insistido sobre os limites naturais do poder do Estado, preparando assim a distinção entre Moral e Direito, a qual, pouco tempo depois, deveria ser formulada por Tomásio" (Del Vecchio, *Lições de filosofia do direito*, 1979, p. 96).

635. "Explicar e compreender com rigor a realidade natural da sociedade e da autoridade política é, aqui como alhures, o objetivo de Spinoza. Portanto, a princípio, a natureza e seu poder: 'tudo o que um homem realiza em virtude das leis da sua natureza, ele o faz com pleno direito natural, e o direito, de que desfruta ativamente no seio da natureza, é medido pelo grau de seu poder'; mas, no estado ordinário de ignorância e de paixões, esse direito permaneceria 'mais teórico que real' em razão dos conflitos entre todos, se os homens não se entendessem para aceitar uma 'legislação geral' (isso

ética e justiça se atrelam num único conjunto de premissas colocadas sob o império da razão e dos argumentos metafísicos.

25.7.4. Conclusões

Deve-se extrair, sinteticamente, das proposições acima tratadas, que Espinosa, em sua teoria ética, propôs na razão a chave para a construção do caminho ético humano. É o império da razão que retira o homem do lodo da paixão e o faz galgar em direção à luz da virtude; é o império da razão que retira o homem do estado de natureza, submisso que estava ao egoísmo e à desordem das paixões, para construir a sociedade, forma racional de vida e de direcionamento dos comportamentos individuais para a beatitude do conhecimento de Deus.

Sua principal preocupação consistia em afirmar a continuidade de Deus nas coisas e a proximidade deste mesmo de todo o existente. Nada há fora de Deus; Deus é, ele mesmo, a razão de ser de tudo, a causa eficiente do que existe e age, bem como a substância absoluta e unitária que é a origem de tudo. Aí que a ética e a metafísica se confundem indistintamente em seu sistema de pensamento, e isso porque o melhor caminho ético a se ensinar só pode ser aquele que leva a Deus. A metodologia que permite essa certeza sobre o que é necessário e absoluto é a metodologia da matemática, daí a justificativa dos raciocínios sutis e das operações racionais para provar argumentos éticos e valorativos.

Explicar a ética sem partir de premissas básicas sobre o conhecimento e a metafísica é tarefa possível no sistema espinosano. Há de se relevar a imbricação existente entre essas temáticas, sobretudo quando se pensa que homem é apenas parte do grande todo das coisas formado pela noção da deidade espinosana.

As críticas que se dirigem ao seu sistema dizem, sobretudo, respeito à formalização do raciocínio ético. Nesse sentido, quer-se dizer que é incompatível a lógica formal para a explicação cabal da dimensão valorativa da ética. Assim, o que há é que onde estão os valores, estão as flexíveis dimensões e possibilidades existenciais; se demonstrar é exibir certezas, qual a certeza do que é variável conforme a própria variação dos valores humanos?

---

não porque se teriam tornado razoáveis, mas por esperança ou temor, temor da solidão e da esperança de segurança). Por esse pacto, instaura-se a autoridade política. Cada um deve, então, obedecer aos mandamentos do soberano, que pode coagir os rebeldes a tanto. Contudo, o estado de sociedade não está em ruptura com o estado de natureza, pois o poder soberano originou-se da natureza. O Estado mais natural, porém, é aquele em que se transfere seu direito natural não a outro indivíduo, mas 'à totalidade da sociedade', é, portanto, a democracia" (Jerphagnon, *História das grandes filosofias*, 1992, p. 168).

"A democracia é o governo mais natural, por mais próximo da liberdade que a natureza a todos concede. Espinosa não chegou a dar-nos o seu pensamento acerca dela, por a morte haver interrompido o capítulo do Tratado político que lhe era expressamente consagrado" (Serra, *História da filosofia do direito e do estado*, 1990, p. 216).

25.8. Hume: ética, justiça, utilidade e empirismo

25.8.1. O empirismo humeano

David Hume (1711-1776) destaca-se em seu tempo por provocar uma revolução filosófica nos conceitos éticos, jurídicos e políticos reinantes[636]. Ao contrário de afirmar a supremacia da razão e dos métodos racionais de alcançar a certeza e a verdade, ao estilo cartesiano, conduz sua reflexão para o caminho da *re-construção* do conhecimento humano a partir de bases sensoriais. A filosofia humeana tem seus alicerces baseados na experiência, que figura como a grande matriz do conhecimento humano[637]. Em um primeiro sentido, seu pensamento se enquadra nas demais pretensões das filosofias empiristas inglesa e escocesa[638]. Em um segundo sentido, sua filosofia destoa do racionalismo jusnaturalista imperante.

Sua principal obra, que será aqui explorada, o *Tratado sobre a natureza humana (A treatise of human nature)*, que teve uma primeira publicação em 1739 (dois volumes), e uma segunda em 1740 (terceiro volume), discute amplamente o tema ético, e faz repousar na utilidade o fundamento último de toda moralidade. Possui ainda famoso estudo intitulado *Investigação sobre o conhecimento humano (An enquiry concerning human understanding), e outros como Princípios da moral (An enquiry concerning the principles of morals), Diálogos referentes à religião natural (Dialogues concerning natural religion), Discursos políticos (Political discourses)*, além de vários ensaios, bem como uma *História da Inglaterra*. Com seus escritos, aprofundou o empirismo inglês já reinante no pensamento setecentista, cujos expoentes foram Berkeley (1685-1753) e Locke (1588-1679)[639].

Seu empirismo foi uma reação direta ao racionalismo do século XVIII[640]. Ao contrário de destacar a importância dos juízos lógicos e decretar impecáveis as sutilezas

---

636. Este mesmo estudo pode ser lido em Bittar/Almeida, *Curso de filosofia do direito*, São Paulo, Atlas, 2001, p. 245-257.

637. "A filosofia de Hume, verdadeira ou falsa, representa a bancarrota da racionalidade do século XVIII. Começa ele, como Locke, com a intenção de ser razoável e empírico, sem confiar em nada, mas procurando toda a instrução que lhe fosse possível obter da experiência e da observação" (Russel, *História da filosofia ocidental*, 1969, Livro III, p. 214).

638. "Com David Hume, a filosofia do Direito e do Estado volta a integrar-se numa filosofia geral. Entronca esta com a teoria empirista do conhecimento, de John Locke, mas, ao invés do seu precursor, Hume leva as suas implicações até a esfera da moral, do Direito e da religião" (Serra, *História da filosofia do direito e do estado*, 1990, p. 307).

639. "Haveria também de influenciar o próprio pensamento rousseauniano, uma vez que com o filósofo francês conviveu por certo tempo: "Entre estes se destacou Jean-Jacques Rousseau, a quem levou consigo para Inglaterra, onde o complexo de perseguição do hóspede veio a provocar ruidosa ruptura de relações. Hume retirou-se definitivamente para Edimburgo, onde morreu" (Serra, *História da filosofia do direito e do estado*, 1990, p. 306).

640. "Se o século XVIII foi o século da apologia da razão, foi também o que lhe marcou limites. Já antes de meados do século, David Hume opunha ao racionalismo imperante um empirismo destinado a atingir o apogeu em oitocentos" (Serra, *História da filosofia do direito e do estado*, 1990, p. 305).

racionais, Hume se afirmou como um cético e empirista, levando às últimas consequências sua explicação da origem do conhecimento pelos sentidos. Não a razão, mas os sentidos são responsáveis pelo conhecimento. Esboça sua tese empirista sustentando que está nas próprias falhas do raciocínio humano, sempre suscetível ao erro e ao engano[641]. Ao contrário de afirmar o absolutismo da razão e do saber humanos, Hume deposita nos sentidos corporais a sede de todo conhecimento humano. Nesse sentido, as reavaliações das posições do saber, do conhecimento e da própria existência de causas e leis naturais são colocadas em dúvida em sua filosofia[642].

Sua ética foi uma resposta direta ao jusnaturalismo imperante. Reconhecendo pouco de universal à moral e ao direito, protegeu suas convicções das invasivas tendências ao imanentismo natural; para Hume, moral é expressão de empirismo ético. Nesses exatos termos é que afirma Hume ter-se construído sua teoria:

> "A presente teoria é o simples resultado de todas estas inferências, cada uma das quais parece estar fundamentada na constante experiência e observação" (Hume, *Uma investigação sobre os princípios da moral*, 1995, p. 100).

Nesse sentido, sua teoria, ainda que contrária, interagiu com a de Hugo Grócio (1583-1645), autor de *De iure belli ac pacis*[643], uma vez que teve de conviver, direta ou indiretamente, com o jusnaturalismo de seu tempo[644]. Nesse sentido, haveria de

---

641. "Acrescentarei, para maior confirmação da teoria precedente, que, como esta operação do espírito — que nos permite inferir efeitos iguais a partir de causas iguais e vice-versa — é tão essencial para a subsistência de todos os seres humanos, não é provável que pudesse ser confiada às falazes deduções de nossa razão, que é lenta em suas operações, que não aparece em nenhum grau durante a infância que, no máximo, em toda idade e período da vida humana está bastante exposta ao erro e ao equívoco" (Hume, Investigação sobre o entendimento humano, in Pereira, *Textos de filosofia geral e de filosofia do direito*, 1980, p. 156).

642. "Para tanto, Hume empreende a observação do homem em sua vida concreta cotidiana e ao inventário das impressões e ideias que preenchem seu entendimento, pois a experiência é, segundo ele, a única fonte de nosso saber. Mostra, assim, que todas as nossas ideias estão arraigadas nas sensações que os objetos exteriores provocam em nós pela mediação do corpo. Daí lhe vem um ceticismo invencível. Analisando em particular a noção de causalidade, parece-lhe que, quando dizemos que o mundo exterior nos é dado com certa ordem, ou que é regido por leis, essa ordem e essas leis nada mais são, na verdade, que nossas crenças, e mesmo, nossos hábitos mentais" (Jerphagnon, *História das grandes filosofias*, 1992, p. 190).

643. Sua doutrina haveria de contrastar com o que afirma Hugo Grócio (*Do direito da guerra e da paz*, X, 1): "O direito natural é um ditado da reta razão, que indica que alguma ação, por sua conformidade ou desconformidade com a mesma natureza racional, é moralmente feia ou necessária, e por conseguinte é proibida ou ordenada por Deus, autor da natureza".

644. Apesar de toda querela com o jusnaturalismo universalista de seu tempo, Hume concorda com ele quando identifica os conceitos de propriedade e direito. Assim, leia-se: "Malgrado todas as divergências a respeito do fundamento do direito, o grande ponto de identificação entre Hume e a vertente grociana do jusnaturalismo é o fato de ambos equacionarem direito e propriedade. Hume, sem dúvida, vai polir o quanto possível esta equação, tornando-a mais estreita do que em Grócio. De qualquer modo, ela empresta certas características ao seu pensamento que nos permite, em teoria jurídica, aproximá-lo do espírito da teoria grociana" (Araújo, Hume e o direito natural, in *Clássicos do pensamento político*, 1998, p. 153).

ter uma proposta singular, no sentido de refutar os sólidos argumentos oriundos de uma larga e bem sedimentada doutrina jusnaturalista. O que se fará a seguir será exatamente demonstrar quais os argumentos que o sustentam em sua crítica ao jusnaturalismo.

25.8.2. Ética, justiça e direito

A ética humeana não possui qualquer vínculo metafísico. Pelo contrário, procura construir-se a partir de recursos empíricos, recorrendo à explicação de que é da experiência sensorial que se extraem o caráter e as convicções morais. Nesse sentido é que vício será dito o que causa incômodo, e virtude será dito aquilo que causa satisfação[645]. Não é a razão que informa o que seja o certo e o errado, o justo ou o injusto, mas a própria experiência humana[646].

De qualquer forma, a moral aparece como um imperativo para o homem; não só todo homem possui a noção da moral, mas até mesmo o mais insensível dos homens é capaz de distinguir pela experiência as impressões causadas pelas virtudes das impressões causadas pelos vícios[647]. Assim é que a advertência da utilidade do estudo da moral ganha sentido, uma vez que se deve valorizar a virtude e reprimir o vício:

> "A finalidade de toda especulação moral é ensinar-nos nosso dever, e, pelas adequadas representações da deformidade do vício e da beleza de virtude, engendrar os hábitos correspondentes e fazer-nos evitar o primeiro e abraçar a segunda" (Hume, *Uma investigação sobre os princípios da moral*, 1995, p. 22-23).

A conquista das virtudes na história da humanidade[648] é um processo gradativo de aquisição de certas práticas e conceitos que se formam com uma única finalidade, incluindo-se aí a própria finalidade da legislação e do direito, o bem da humanidade[649].

---

645. "Tudo o que produz incomodidade nas ações humanas se chama vício, e o que produz satisfação, se chama virtude. Os juízos de valor, tais como o bom, o mau, o útil, e também as operações que indicam relações de causa e efeito entre os fatos, não se baseiam na razão, mas naquilo que Hume chama convenções" (Serra, *História da filosofia do direito e do estado*, 1990, p. 307).

646. "Se, no plano geral, a crítica de Hume desembocava na negação da metafísica, no campo da ética subvertia nos alicerces a teoria do Direito natural, já que tanto a existência deste como a sua universalidade e imutabilidade vinham, para os seus defensores, precisamente de um modo apodítico, dos ditames da razão" (Serra, *História da filosofia do direito e do estado*, 1990, p. 308).

647. "Mesmo um homem de enorme insensibilidade será frequentemente tocado pelas imagens do certo e do errado e, ainda que seus preconceitos sejam os mais obstinados, irá certamente aperceber-se de que outras pessoas experimentam impressões análogas" (Hume, *Uma investigação sobre os princípios da moral*, 1995, p. 20).

648. "A história, a experiência e a razão nos instruem o suficiente sobre este progresso natural dos sentimentos humanos e sobre a gradual ampliação de nosso respeito pela justiça à medida que nos familiarizamos com a extensa utilidade de virtude" (Hume, *Uma investigação sobre os princípios da moral*, 1995, p. 48).

649. "Se examinarmos as leis particulares pelas quais se administra a justiça e se determina a propriedade estaremos mais uma vez diante da mesma conclusão: o bem da humanidade é o único

A justiça, em meio a esse entendimento, aparece como algo necessário, pelo motivo de ser útil socialmente. De fato, é ela o mais fervoroso dos sensos morais desenvolvidos pelo homem que atua sobre o comportamento alheio; seu motivo não é outro senão a utilidade social que produz, tendo em vista a necessidade de manutenção e sobrevivência da sociedade[650]. A justiça é tão útil e tão necessária que mesmo as sociedades mais primitivas e estruturadas no banditismo ou na pirataria têm seus próprios critérios de justiça como suficientes para a manutenção do equilíbrio de convívio e subsistência[651]. Se até mesmo a guerra possui suas regras, que dizer do convívio pacífico entre os homens? Hume institui, pois, os princípios e noções de justiça, ainda que variados de acordo com a sociedade, como *conditio sine qua non* para o evolver da comunidade de vida a que se propõem os que repartem bens e espaços entre si[652]. Então:

> "Seria um empreendimento supérfluo provar que a justiça é útil à sociedade e, consequentemente, que parte de seu mérito, pelo menos, deve originar-se dessa consideração" (Hume, *Uma investigação sobre os princípios da moral*, 1995, p. 35).

Aí as hipóteses humeanas, respectivamente, da extrema escassez de bens e da abundância de bens, começam a pôr à prova a ideia de justiça:

> "Suponhamos que a natureza houvesse dotado a raça humana de uma tamanha abundância de todas as conveniências exteriores que, sem qualquer incerteza quanto ao resultado final, sem qualquer atenção ou dedicação de nossa parte, todo indivíduo se achasse completamente provido de tudo aquilo que seus mais vorazes apetites pudessem necessitar, ou sua faltosa imaginação pretender ou desejar" (Hume, *Uma investigação sobre os princípios da moral,* 1995, p. 35).

---

objetivo de todas estas leis e regulamentos" (Hume, *Uma investigação sobre os princípios da moral*, 1995, p. 48).

650. "A necessidade da justiça para subsistência da sociedade é o único fundamento dessa virtude, e como nenhuma qualidade moral é mais valorizada do que ela, podemos concluir que esta característica de utilidade é, de modo geral, a mais enérgica, e a que tem um controle mais completo sobre nossos sentimentos" (Hume, *Uma investigação sobre os princípios da moral*, 1995, p. 63).

651. "Mesmo em sociedades que estão estabelecidas sobre os princípios mais imorais e mais destrutivos dos interesses da sociedade em geral, são requeridas certas regras que uma espécie de falsa honra, bem como de interesse privado, obriga os membros a observar. Assaltantes e piratas, já se notou muitas vezes, não poderiam manter sua perniciosa associação se não estabelecessem entre si uma nova justiça distributiva e recorressem àquelas mesmas leis de equidade que violam no que diz respeito ao resto da humanidade" (Hume, *Uma investigação sobre os princípios da moral*, 1995, p. 70-71).

652. "Para levar a questão mais adiante, podemos observar que nem sequer é possível aos homens manterem-se uns aos outros sem estatutos e princípios e sem uma ideia de honra e justiça. A guerra tem suas leis, tanto quanto a paz, e mesmo aquele tipo esportivo de guerra levada a cabo entre lutadores, boxeadores, esgrimistas de bastões e gladiadores é regulamentado por princípios definitivos. O interesse e a utilidade comuns geram infalivelmente uma norma sobre o que é certo e o que é errado entre as partes envolvidas" (Hume, *Uma investigação sobre os princípios da moral*, 1995, p. 72-73).

Para Hume, a situação de abundância de bens corresponderia a condição tal que dispensável se tornaria a existência da justiça[653]. A justiça teria que ver com certa necessidade e utilidade humana de regular aquilo que é escasso; o dividir, o definir o que é o seu e o que é o meu, estabelecer a propriedade, defendê-la, isto é, o que gera conflito e dá origem à imperativa necessidade da presença da justiça. Isso porque, entre outros motivos, a noção de direito se confunde com a noção de propriedade, ou seja, de poder opor-se a outrem de alguma forma[654]. Ter um poder jurídico significa agir contra outrem, que pretende a sua coisa, do modo legitimamente admitido pela lei, portanto, de modo justo, sem recorrer à força[655]. De fato:

> "Parece óbvio que, em uma condição tão afortunada, todas as demais virtudes sociais iriam florescer e intensificar-se dez vezes mais; mas, quanto à cautelosa e desconfiada virtude da justiça, dela não se ouviria falar uma vez sequer. Pois qual seria o propósito de efetuar uma repartição de bens quando cada um já tem mais do que o suficiente?" (Hume, *Uma investigação sobre os princípios da moral,* 1995, p. 36).

> "Suponha-se além disso que, embora as carências da raça humana continuem as mesmas do presente, o espírito se tenha engrandecido tanto e este tão repleto de sentimentos amigáveis e generosos que todo o ser humano nutre o maior carinho pelos demais e não sente uma preocupação maior pelos assuntos de seu próprio interesse do que pelos de seus companheiros" (p. 37).

> "Parece evidente que, em vista de tamanha benevolência, o uso da justiça ficaria suspenso neste caso, e jamais se cogitaria, aqui, as divisões e barreiras da propriedade e obrigação" (p. 37).

Tal estado produziria um contentamento geral, em que, satisfeitas as necessidades materiais humanas, todos se regozijariam de ver-se dividindo a abundância de bens em comum:

---

653. Isto não ocorre na formação da sociedade, pois no início era a escassez que definia a beligerância completa entre os homens: "O poder era a única medida do direito, e uma guerra permanente de todos contra todos era o resultado do egoísmo incontrolado e da barbárie dos homens" (Hume, *Uma investigação sobre os princípios da moral,* 1995, p. 43). Ainda, a respeito: "Os seres humanos nascem necessariamente em uma sociedade familiar, pelo menos, e são instruídos pelos seus pais em alguma regra de conduta e comportamento. Mas deve-se admitir que, se esse estado de guerra e violência mútuas foi alguma vez real, a suspensão de todas as regras de justiça, dada a absoluta inutilidade delas, terá sido uma consequência necessária e inevitável" (Hume, *Uma investigação sobre os princípios da moral,* 1995, p. 44-45).

654. "Isto quer dizer que, do ponto de vista da jurisprudência humeana, um indivíduo tem um direito toda vez que puder traduzi-lo na forma de um poder moral de exigir de outros que se abstenham de algo (uma ação ou objeto) que seja tido como seu" (Araújo, Hume e o direito natural, in *Clássicos do pensamento político,* 1998, p. 136).

655. "A ideia de que o direito é um poder moral do indivíduo é decisiva, pois significa que independentemente de sua capacidade de garanti-lo pela força, ele pode demandar com justiça o ato ou objeto a que corresponde o direito" (Araújo, Hume e o direito natural, in *Clássicos do pensamento político,* 1998, p. 138).

"E a raça humana em seu todo formaria uma única família, na qual tudo seria possuído em comum e usado livremente, sem consideração de propriedade, mas ao mesmo tempo com bastante prudência, dando-se às propriedades de cada indivíduo uma atenção tão plena como se nossos próprios interesses estivessem aí intimamente envolvidos" (Hume, *Uma investigação sobre os princípios da moral,* 1995, p. 38).

A próxima hipótese ostenta condições diametralmente contrárias, no sentido de continuar pondo à prova a ideia de justiça. Podem-se supor condições tais em que o homem ficasse submetido a uma privação absoluta de bens:

"Suponha-se que uma sociedade tombe em uma carência tão grande de todas as coisas comumente necessárias para se viver, a ponto de a máxima frugalidade e trabalho não serem capazes de impedir a morte da maioria das pessoas e a extrema miséria de todas elas. Numa tal emergência admitir-se-á prontamente, segundo acredito, que as leis da justiça estarão suspensas, dando lugar aos motivos mais fortes da necessidade e autopreservação. Seria porventura um crime, após um naufrágio, agarrar-se a qualquer meio ou instrumento de salvação em que pudéssemos pôr as mãos, sem preocupar-se com as anteriores limitações decorrentes do direito de propriedade?" (Hume, *Uma investigação sobre os princípios da moral*, 1995, p. 39).

"Quando alguém, mesmo numa sociedade politicamente construída, torna-se por seus crimes ofensivo ao público, ele é punido pelas leis em seus bens e em sua pessoa; ou seja, as regras ordinárias da justiça ficam, em relação a ele, momentaneamente suspensas, e não é iníquo infligir-lhe, para o *benefício* da sociedade, aquilo que de outro modo ele não poderia sofrer sem que se configurasse ofensa ou injustiça" (p. 41).

Ambas as hipóteses, a da abundância e a da carestia geral, têm uma única finalidade, qual seja: provar a utilidade da justiça. Mais que comprovadamente útil, a justiça é julgada valor de primacial importância para Hume, uma vez que para esse pensador só se confirma a utilidade da justiça, em se suprimindo os bens ou em se causando, hipoteticamente, a sua abundância. Torna-se ainda mais claro, a partir do contraste que produzem essas duas hipóteses, quanto o valor da justiça é caro ao homem, e não o contrário[656]:

"Contrarie-se, em qualquer aspecto relevante, a condição dos homens — produza-se extrema abundância ou extrema penúria, implante-se no coração humano perfeita moderação e humanidade ou perfeita rapacidade e malícia: ao tornar a justiça totalmente *inútil*, destrói-se com isso totalmente sua essência e suspende-se sua obrigatoriedade sobre os seres humanos" (Hume, *Uma investigação sobre os princípios da moral*, 1995, p. 42).

---

656. "Estas reflexões estão longe de enfraquecer as obrigações derivadas da justiça ou de diminuir em qualquer medida a sacrossanta consideração pela propriedade. Pelo contrário, tais sentimentos devem adquirir uma nova força pelo presente raciocínio. Pois que formação mais sólida poder-se-ia desejar ou conceber para qualquer dever do que a observação de que a sociedade humana, e mesmo a natureza humana, não poderá substituir em seu estabelecimento, e chegará a graus ainda mais elevados de felicidade e perfeição quanto mais inviolável for o respeito dedicado àquele dever?" (Hume, *Uma investigação sobre os princípios da moral*, 1995, p. 58-59).

25.8.2.1. Ética, justiça, lei e utilidade

O que há de curioso em Hume é que não possui nada de utópico. Seu pensamento é coerente em afirmar que, uma vez implantada a igualdade de propriedades entre os homens, as diversas habilidades, técnicas, experiências e diligências, que existem naturalmente entre si, romperiam com a pretensa igualdade[657]. O bom-senso ordinário e um pouco de experiência, de acordo com Hume, seriam bastantes para administrar essa situação e devolver o homem a uma situação em que é capaz de dizer o que é o seu e o que é o do outro[658]. Aqui está o gérmen para que se possa opor ao outro, pelo direito, uma forma de não intervenção, para que cada um se proteja e se resguarde sob a ideia de que o "seu" e o "meu" são intocáveis.

Assim, a lei surge como uma forma de conduzir o homem ao que lhe é natural, traduzindo-se em um conjunto de preceitos que existe e vigora como lei suprema para a segurança do povo. No texto:

> "A segurança do povo é a lei suprema; todas as outras leis particulares são subordinadas a esta lei e dela dependem. E no curso *ordinário* das coisas elas são seguidas e levadas em consideração, é apenas porque a segurança e o interesse públicos *ordinariamente* requerem um exercício assim equânime e imparcial" (Hume, *Uma investigação sobre os princípios da moral*, 1995, p. 53).

As leis devem traduzir, em outras palavras, os anseios, as expectativas, as peculiaridades de um determinado povo, constituindo-lhe a chave para sua adequada proteção. Não é, para Hume, uma legislação forjada na base de princípios universais[659], satisfatória para dar conta das necessidades sociais; é preciso que haja correspondência das leis com os preceitos de ordem religiosa, moral... e ademais correspondência das leis com o clima, a situação geográfica... específica de cada sociedade:

---

657. "Mas os historiadores e mesmo o senso comum podem nos informar que, por mais plausíveis que pareçam estas ideias de uma *perfeita* igualdade, elas são no fundo realmente *impraticáveis*, e, se não o fossem, seriam extremamente perniciosas para a sociedade humana. Por mais iguais que se façam as posses, os diferentes graus de habilidade, atenção e diligência dos homens irão imediatamente romper essa igualdade" (Hume, *Uma investigação sobre os princípios da moral*, 1995, p. 50).

658. "Podemos concluir então que, a fim de estabelecer leis para a regulamentação da propriedade, devemos estar familiarizados com a natureza e a condição dos seres humanos, devemos rejeitar aparências que podem ser falsas embora plausíveis, e devemos procurar aquelas regras que sejam, no seu todo, as mais *úteis* e *benéficas*. O bom senso ordinário e uma pequena experiência são suficientes para esse propósito, desde que os homens não se entreguem a uma avidez demasiado egoísta ou a um fanatismo excessivo" (Hume, *Uma investigação sobre os princípios da moral*, 1995, p. 51).

659. O paradoxo entre racionalismo e empirismo surge neste passo, quando Hume afirma: "Por maior que seja a variedade das leis dos Estados, deve-se reconhecer que elas concordam de forma bastante regular em seus traços gerais, pois os propósitos que elas visam são em toda parte exatamente similares" (Hume, *Uma investigação sobre os princípios da moral*, 1995, p. 61-62). É certo que, para Hume, não se trata de explicar a harmonia das legislações pelo racionalismo jusnatural, mas sim a partir da coincidência de fins que possuem em comum.

"As leis têm, ou deveriam ter, uma referência permanente à constituição do governo, aos costumes, ao clima, à religião, ao comércio, à situação de cada sociedade" (Hume, *Uma investigação sobre os princípios da moral*, 1995, p. 53-54).

E se se questionar para que servem a justiça, a lei positiva e o governo, o raciocínio humeano estará disposto de forma tal que se provarão por necessidades concretas as ocorrências de justiça e a formação dos governos, com óbvias restrições de liberdade e criação de maiores constrições de comportamento aos homens:

"Qual a necessidade de uma lei positiva quando o direito natural, por si só, é uma coerção suficiente? Para que empossar magistrados quando jamais ocorre qualquer desordem ou iniquidade? Por que limitar nossa liberdade original se, em todos os casos, o mais extremo exercício dessa liberdade se revela inocente e benéfico? É óbvio que o governo jamais teria surgido se fosse completamente inútil, e que o único fundamento do dever de obediência é a *vantagem* que proporciona à sociedade, ao preservar a paz e a ordem entre os seres humanos" (Hume, *Uma investigação sobre os princípios da moral*, 1995, p. 65-66).

Assim, é na base da utilidade que se estabelecem as forças governamentais na condição de impor restrições de comportamento e conduta em sociedade. Se existe um motivo para isso, esse motivo é a utilidade geral que causa a aplicação da justiça, que, de fato, não beneficia a um, mas a muitos[660]. Assim é porque o que é útil é louvável, estimável e necessário, produzindo sempre um bem[661]. Decorre que:

"Deve-se admitir, portanto, que as virtudes sociais têm uma beleza e estimabilidade naturais que, de pronto e anteriormente a todo preceito e educação, recomendam-nas ao respeito da humanidade não instruída e angariam sua afeição. E como a utilidade pública dessas virtudes é o principal aspecto do qual derivam seu mérito, segue-se que a finalidade que elas tendem a promover deve ser-nos de algum modo agradável, e capaz de apoderar-se de alguma feição natural. Ela deve agradar, seja por uma intenção ao interesse próprio, seja por motivos e considerações mais generosas" (Hume, *Uma investigação sobre os princípios da moral*, 1995, p. 78).

---

660. "A utilidade é agradável e granjeia nossa aprovação. Esta é uma questão de fato, confirmada pela observação diária. Mas é útil? Para quê? Para os interesses de alguém, certamente. Mas interesses de quem? Não apenas os nossos, pois nossa aprovação frequentemente se estende além disso. Devem ser, portanto, os interesses daqueles que são beneficiados pelo caráter ou ação que é objeto de aprovação; e estes, devemos concluir, por mais remotos que sejam, não nos são totalmente indiferentes. Ao tornar disponível este princípio, teremos descoberto uma imensa fonte de distinções morais" (Hume, *Uma investigação sobre os princípios da moral*, 1995, p. 82-83).

661. "Parece uma ideia tão natural atribuir à sua utilidade os louvores que dedicamos às virtudes sociais que esperaríamos nos deparar em toda parte com este princípio nos escritos sobre a moral, como a base principal de seus raciocínios e investigações. Na vida cotidiana, podemos observar que o aspecto da utilidade é sempre lembrado, e não se imagina um elogio a qualquer homem do que exibir ao público sua utilidade, e enumerar os serviços que ele prestou à humanidade e à sociedade" (Hume, *Uma investigação sobre os princípios da moral*, 1995, p. 75).

Para Hume é óbvio e natural o sistema que explica a moralidade pelo conceito de utilidade, sendo desnecessário remontar a causas longínquas para que se recobre o porquê da escolha deste ou daquele valor como moralidade positiva (virtude) ou negativa (vício). Então, pode-se dizer que se age com vistas a estes ou àquele fim com base em uma experiência humana que favorece o entendimento de que se trata de algo imediatamente útil. É essa utilidade o fundamento de toda a moralidade:

"A utilidade é apenas uma tendência à obtenção de um certo fim, e é uma contradição em termos que alguma coisa agrade como meio para um certo fim se esse próprio fim não nos afeta de modo algum. Assim, se a utilidade é uma fonte do sentimento moral, e se essa utilidade não é invariavelmente considerada apenas em referência ao próprio sujeito, segue-se que tudo o que contribui para a felicidade da sociedade recomenda-se diretamente à nossa aprovação e afeto. Eis aqui um princípio que explica em grande medida a origem da moralidade. Que necessidade temos, então, de buscar sistemas remotos e abstratos, quando já se tem a mão um que é tão óbvio e natural?" (Hume, *Uma investigação sobre os princípios da moral*, 1995, p. 84).

A utilidade é, portanto, o grande princípio com base no qual se organizam e se estruturam os conceitos morais. Aqui está, para Hume, a grande chave para a compreensão do universo da moralidade, de todas as grandes formas de ser e estar humanamente entre humanos:

"Parece ser uma questão de fato que o aspecto da utilidade, em todos os assuntos, é uma fonte de louvor e aprovação; que essa utilidade é constantemente citada em todas as decisões morais relativas ao mérito ou demérito de ações; que ela é a única origem de alta consideração dedicada à justiça, fidelidade, honra, lealdade e castidade; que ela é inseparável de todas as demais virtudes sociais da humanidade, generosidade, caridade, afabilidade, leniência, misericórdia e moderação. E, numa palavra, que ela é o fundamento da parte principal da moral, que se refere à humanidade e aos nossos semelhantes" (Hume, *Uma investigação sobre os princípios da moral*, 1995, p. 99).

Assim é que o princípio da utilidade perpassa a constituição da moralidade humana. A utilidade geral é o verdadeiro critério estável da justiça[662]. Porém, não de uma moralidade do indivíduo, mas sobretudo da moralidade social. Existem, e Hume as reconhece, as virtudes sociais, quais a justiça e a fidelidade. O que há é que, além do plano das virtudes particulares (interesse individual), existem as virtudes sociais (interesse coletivo), que devem sua existência a uma convenção[663], que quer dizer

---

662. "A utilidade pública é o objetivo geral de todas as correntes de justiça, e essa utilidade requer igualmente uma regra estável em todas as controvérsias; mas quando diversas regras quase iguais ou indistintas se apresentam, basta uma mínima inclinação do pensamento para estabelecer a decisão em favor deste ou daquele litigante" (Hume, *Uma investigação sobre os princípios da moral*, 1995, p. 205).

663. "Numa acepção diversa da dos jusnaturalistas, distingue Hume as virtudes naturais, causadas por paixões e sentimentos, das artificiais, produzidas pelas convenções. Uma destas virtudes artificiais é a justiça. A justiça numa situação em que os bens disponíveis se tornam escassos em relação com os desejos que deles têm os homens, nasceu da necessidade de estabelecer regras pro-

pacto para utilidade geral no sentido de regência comum das ações de acordo com um certo conjunto de normas. Não é, portanto, a subjetividade[664] que detecta o que é justiça, mas a convenção que determina o que é justiça, e isso em função da utilidade gerada por esse pacto.

Então, nesse sentido, a observância das virtudes sociais corresponde a uma convenção social. Mas, desde já, diga-se que essa convenção não se perpetua no tempo com os mesmos interesses, intenções, pois aquilo que obrigou gerações passadas pode não obrigar futuras...[665].

As virtudes sociais diferenciam-se pelo fato de as consequências dos atos conformes ou desconformes à justiça e à lealdade serem sentidas nos planos gerais da sociedade. Não se trata de um benefício/malefício específico de um indivíduo, mas de um benefício/malefício social. O que ocorre é que essas virtudes sociais possuem sumo grau de importância por terem reflexos sociais e por se constituírem em regras gerais de conduta na sociedade. De fato, é o que vem dito em seu texto:

> "Mas a situação não é a mesma no que se refere às virtudes sociais da justiça e da fidelidade. Elas são úteis ao extremo e, na verdade, absolutamente necessárias ao bem--estar da humanidade; contudo o benefício que delas resulta não é uma consequência de cada ato individual isolado mas decorre do plano ou sistema global no qual cooperam todos ou a maior parte dos membros da sociedade. A paz e a ordem geral são os frutos da justiça, ou de uma generalizada abstenção de apropriar-se da propriedade alheia, mas o acatamento específico de um direito particular de um cidadão individual pode, com frequência, tomado isoladamente, trazer consequências perniciosas. O resultado dos atos individuais é aqui, em muitos casos, diretamente oposto ao resultado do sistema global de ações, e pode ocorrer que o primeiro seja extremamente prejudicial, embora o último seja vantajoso no mais alto grau. As riquezas herdadas de um progenitor são, quando em mãos de uma má pessoa, um instrumento de malefício; o direito de herança pode, em certos casos, ser pernicioso. Seu benefício provém apenas da observância de uma regra geral, e é suficiente se, por meio dele, estabelecer-se uma compensação por todos os males e inconveniências que decorrem de situações e caracteres particulares" (Hume, *Uma investigação sobre os princípios da moral*, 1995, p. 198-199).

O que há é que o exercício das virtudes sociais permite o controle da conduta em geral em sociedade, com fito em uma utilidade geral. Isso já foi dito. Deve-se, no

---

pícias à paz social, que estabilizem as propriedades e assegurem a eficácia dos contratos e convênios acerca destas" (Serra, *História da filosofia do direito e do estado*, 1990, p. 308).

664. "Quando Hume afirma que a justiça é inútil em casos de extrema abundância ou escassez de bens, ele está recusando precisamente este tipo 'subjetivado' de justiça distributiva natural" (Araújo, Hume e o direito natural, *Clássicos do pensamento político*, 1998, p. 162).

665. "Mas a hipotética historicidade de tal contrato não podia ter validade para mais tarde, pois a vontade de uns homens não obriga os seus descendentes" (Serra, *História da filosofia do direito e do estado*, 1990, p. 309).

entanto, dizer que essas virtudes sociais, assim como as demais virtudes, são desdobramentos naturais[666] das potencialidades humanas. E quando se utiliza a palavra natural, nessa parte, não se veja contradição[667] alguma com o que se disse acima a respeito da convenção, pois se é natural ao homem ser justo, por meio de uma convenção, pode-se fazer dos critérios de justiça regra geral para a sociedade. Pode-se qualificar de naturais essas virtudes na medida em que correspondem à atualização do que o ser tem de possível em suas faculdades:

> "Em um animal tão sagaz, aquilo que surge necessariamente do exercício de suas faculdades intelectuais pode com justiça ser considerado natural" (Hume, *Uma investigação sobre os princípios da moral,* 1995, p. 203).

É simples dizer que se está diante de virtudes naturais, mas se deve explicar que não são somente regras naturais que regem os homens, uma vez que estas podem ser insuficientes. Ao falhar a razão natural, para Hume, surge a lei positiva, que nada mais é que uma forma de se ocupar o lugar do debate no sentido de dizer qual a utilidade pública que prevalece e que deve ser adotada.

> "Assim, quando a razão natural não aponta nenhuma regra fixa de utilidade pública pela qual se pode decidir uma controvérsia de propriedade, leis positivas são comumente promulgadas para ocupar o seu lugar e dirigir os procedimentos de todas as correntes de justiça" (Hume, *Uma investigação sobre os princípios da moral,* 1995, p. 204).

Se a razão falha, entram as leis positivas. Se estas, por sua vez, falham, entram os precedentes, com toda a força social que possuem em função do costume, ou outras técnicas jurisprudenciais de analogia, comparação...

> "Quando também estas leis falham — o que muitas vezes sucede — recorre-se a precedentes; e uma decisão anterior, embora ela própria tomada sem qualquer razão suficiente, torna-se com justiça uma razão suficiente para uma nova decisão. Se faltam leis e precedentes diretos, busca-se o auxílio de outros indiretos, e o caso controverso é submisso a eles por meio de raciocínios analógicos, comparações, semelhanças e correspondências que frequentemente são mais fantasiosos do que reais. Em geral,

---

666. "A palavra 'natural' é comumente tomada em tantos sentidos e tem uma significação tão vaga que parece ocioso discutir se a justiça é ou não natural. Se o amor a si mesmo, se a benevolência são naturais ao ser humano; se a razão e a prudência também lhe são naturais, então o mesmo epíteto pode ser aplicado à justiça, ordem, fidelidade, propriedade, sociedade" (Hume, *Uma investigação sobre os princípios da moral,* 1995, p. 203).

667. Se bem que quanto a esse passo da discussão pode-se localizar uma certa controvérsia: "E foram estas circunstâncias e necessidades — fundamentalmente o processo de superação das *family-societies* e a necessidade de regular os bens materiais —, que não só deram origem à ideia de direito ou propriedade associada a estes objetos, mas à ideia mesma de direito ou propriedade. Se Hume tivesse assumido que a vida e a liberdade são propriedades naturais do indivíduo, ele teria necessariamente que reconhecer que a virtude da justiça é uma ideia moral natural, e não fruto de convenção. Um dos objetivos centrais de seu argumento, contudo, é mostrar exatamente o oposto" (Araújo, Hume e o direito natural, in *Clássicos do pensamento político,* 1998, p. 143).

pode-se afirmar com segurança que a jurisprudência é, sob este aspecto, diferente de todas as ciências, e que em muitas das questões mais sutis não se pode propriamente dizer que a verdade ou falsidade esteja deste ou daquele lado" (Hume, *Uma investigação sobre os princípios da moral*, 1995, p. 204-205).

Assim, o viver social é necessário, para que o homem possa suprir suas necessidades pessoais em comum com outros homens[668]. A convenção coloca a utilidade de cada qual em função de uma utilidade geral, que a todos beneficia. Assim é que, se a convenção causa utilidade, deve ser preservada e mantida, daí a necessidade de sua observância e obediência de suas regras[669]. Essa comunhão de todos, ou da maioria, em torno de objetivos utilitários comuns cria uma situação de estabilidade que só pode ser mantida na medida em que se respeita o princípio de que o do outro não pode ser invadido. A não intervenção no alheio é o grande pivô da discussão após a criação da convenção que garante estabilidade aos critérios de justiça eleitos para e pela sociedade.

25.8.3. Conclusões

Assim, à guisa de conclusão, pode-se detectar na teoria humeana da justiça uma preocupação de justificação de existência do valor pelo empirismo (a experiência humana determina o que é bom, o que é mau, o que é justo, o que é injusto...), bem como uma preocupação de justificação de finalidade do valor pela utilidade, que pode ser geral, se se tratar de uma virtude individual, ou particular, se se tratar de uma virtude social. Com essa argumentação, floresce em Hume uma crítica profunda ao jusnaturalismo imperante, uma vez que de seu pensamento decorrem sérias controvérsias com relação ao absoluto, racional, lógico-dedutivo e universal jusnaturalismo; não há, para Hume, imanência das regras de justiça, há experiências de justiça.

Também a estável garantia de manutenção da convenção utilitária que guia a sociedade se deve ao princípio da não intervenção, segundo o qual não se pode invadir o alheio sem se cometer uma indevida intromissão em direitos. Então, se a convenção utilitária se desdobra, em última hipótese, da experiência humana, há que se dizer que essa convenção é mantida pela não invasidade do alheio, que é o que garante uma certa estabilidade e paz social. Porém, um ato de invasão não descaracteriza a nação de regra geral que é a convenção; isso é capaz de afetar a utilidade geral na medida em que a regra geral se vê afetada pelo descumprimento generalizado de seu mandamento.

---

668. "Para Hume, apenas a sociedade permite ao homem suprir as deficiências que individualmente o afligem, comparado com os outros animais" (Serra, *História da filosofia do direito e do estado*, 1990, p. 309).

669. "A obediência é devida porque, sem ela, não poderia subsistir a sociedade e a existência da sociedade é condição da existência da espécie" (Serra, *História da filosofia do direito e do estado*, 1990, p. 311).

25.9. Bentham: utilitarismo, bem-estar e ética

25.9.1. O utilitarismo e sua época

O utilitarismo é a corrente de pensamento reformista que forjou a consciência filosófica e científica inglesa dos séculos XVIII-XIX, se expandindo para conquistar sequazes em todas as partes do mundo[670]. O utilitarismo é ainda hoje a bandeira de muitas políticas e a orientação básica da legislação de alguns países. Em suas origens, no século XVIII, o utilitarismo nasce em meio a uma notória prodigalidade de tendências, sendo que quase todas se destacam pelo desapego e pela crítica aos modelos preestabelecidos de pensamento; a ruptura com os dogmas religiosos é uma batalha comum para a garantia da liberdade de raciocínio, pensamento, organização social e crença. É em meio a turbulências e agitações sociais que é plantada a semente do utilitarismo moderno.

Insere-se, portanto, o utilitarismo, em um contexto tal em que preponderavam os movimentos reformistas e iluministas, de contestação dos dogmas tradicionais e construção de modelos pragmáticos de pensamento e organização social; isso repercutirá sobre a economia, a política, a vida social, a religião, a filosofia, as ciências...[671]. Contemporâneo ao momento em que o liberalismo ganha acento, encontram-se no pensamento utilitarista notórias e acentuadas forças a favor do *laissez faire, laissez passer*.

Em meio a esse contexto, dividindo espaço com tendências revolucionárias, anárquicas..., se destaca o utilitarismo originado da pena do filósofo inglês Bentham. De fato, como derivação da influência do iluminismo francês sobre o pensamento inglês de Jeremy Bentham (1748-1832), nasce esse movimento teórico que haveria de revolucionar os cânones até então estabelecidos. O filósofo cresceu em meio a um movimento de efervescência teórica, ideológica e civil, uma vez que nasce em Londres, quando na França se está publicando *O Espírito das Leis*, de Montesquieu (1748), vivendo e, em parte, compactuando com as turbulências do revolucionismo de 1789 (ano da publicação de sua principal obra, *Uma introdução aos princípios da moral e da legislação*)[672].

Ganhando notoriedade, não nega suas matrizes teóricas, e categoriza-se como seguidor de Cesare Beccaria e de Adam Smith, acabando por dar origem a um movimento de pensamento que não havia encontrado tamanha eloquência anteriormente em seu meio. Sua expansão é tanta que a ética benthamista haverá de influenciar profunda e diretamente o liberalismo e o economismo de John Stuart Mill, chegando-

---

670. A respeito dos precedentes franceses ao utilitarismo, e seus reflexos europeus, continentais e não continentais, consulte-se Serra, *História da filosofia do direito e do estado*, 1990, p. 287-289.

671. Consulte-se Jerphagnon, *História das grandes filosofias*, 1992, p. 203.

672. "As doutrinas dos filósofos revolucionários franceses, tornadas muito menos entusiásticas e muito mais precisas, foram levadas à Inglaterra pelos radicais filosóficos, dos quais Bentham era o chefe reconhecido" (Russel, *História da filosofia ocidental*, 1969, p. 275).

-se, com esse autor (*Sistema da lógica dedutiva e indutiva*)[673], a se conceber que o método das ciências naturais pode ser utilizado com sucesso na descoberta das regras e continuidades causais sociais (etologia).

Enfim, nesta obra, será através do benthamismo que se procurará traduzir o espírito da época, que ecoava em torno da libertação e da reconstrução dos valores sociais, destacando-se, assim, a sua importância para a história das ideias éticas.

25.9.2. A ética utilitarista

A filosofia utilitarista, cujo preceptor foi Jeremy Bentham, enuncia para o campo da ética que a felicidade humana depende da redução das dores e do aumento de prazeres (hedonismo), dentro de um cálculo geral de administração de interesses conciliáveis. O pensamento da ética utilitarista torna-se, em parte, responsável por justificar, filosoficamente, a transformação do fim em meio, na medida em que o que é bom é chamado de útil, e útil na medida em que é capaz de gerar prazer[674].

Para o equacionamento da felicidade humana, parte-se do cálculo em que se proporciona aumento do prazer (hedonismo) e eliminação da dor[675], para alcançar-se a maior utilidade possível na administração ética de si. Assim, contados os benefícios e extraídos os malefícios, tem-se a fórmula para a realização da felicidade. Não há aqui, nesse tipo de pensamento, preocupação com a *ataraxia* ou algo semelhante (harmonia), como existe para o pensamento epicurista, pois aqui o hedonismo é apenas parte de um processo que redundará no utilitarismo.

Assim, em poucas palavras, o que é útil é o bom, e o bom é o que é útil; a utilidade de algo mede a sua perfeição e sua excelência morais. O inútil não é bom, enquanto o útil é bom; a utilidade, conceito intrinsecamente mecânico e funcional, é transformada em critério de mensuração da moralidade. Contra esse sistema de ideias não haveria nada de racional que pudesse ser levantado, e as únicas hipóteses que

---

673. John Stuart Mill (1806/1873), que, posteriormente a Bentham, editará seu *Utilitarismo* (1863), foi profundamente influenciado pelo pensamento utilitarista de seu pai (James Mill) e pelo benthamismo, com o qual teve contato por meio do estudo direto dos manuscritos de Jeremy Bentham. Também sofreu influências do positivismo de Auguste Comte, afirmando-se normalmente que seu vínculo é de continuidade com o empirismo inglês do século XVIII.

674. A respeito de uma crítica à ética utilitarista, *vide* Nalini, *Ética geral e profissional*, 1999, p. 41.

675. Mesmo aqueles que pregam o culto da dor como forma de alcance da felicidade se equivocam, além de mascararem o que os move, ou seja, a utilidade: "O princípio do ascetismo foi ideado, ao que parece, por certos especuladores apressados que, tendo percebido — ou imaginado — que certos prazeres, quando colhidos ou desfrutados em certas circunstâncias, trazem como consequência, a longo prazo, dores maiores do que o prazer desfrutado, utilizaram este pretexto para impugnar tudo aquilo que se apresenta sob o nome de prazer. Depois de chegarem até este ponto, e esquecendo o ponto do qual haviam partido, tais especuladores avançaram mais, chegando ao ponto de considerar meritório enamorar-se da dor. Como se pode ver, mesmo esta colocação não é outra coisa senão uma aplicação errônea do princípio da utilidade" (Bentham, *Uma introdução aos princípios da moral e da legislação*, 1979, Cap. 2, IX, p. 9).

denunciam em contrário de suas principais teses são: o ascetismo e a simpatia/anti-patia[676]. Mas, esses são, obviamente, argumentos insólitos para denunciarem contra a pujança racional do utilitarismo.

Há que se acrescentar que aqui medram os germens para a ética individual e para a ética coletiva; para a ética privada e para a ética pública. Essas ideias valem tanto para o indivíduo quanto para a sociedade, de modo que isso redundará, no plano das especulações jurídicas, na responsabilidade de o legislador produzir leis que satisfaçam a essas condições, ou seja, que realizem a felicidade geral do maior número, administrando interesses e reduzindo as dores[677].

A felicidade não é fim. Surge apenas como uma consequência das previsões do benthamismo. O cálculo social dos benefícios e dos prejuízos, da administração dos interesses conflitantes, aritmeticamente, deve conduzir à felicidade, que consiste em participar do maior número de prazeres e do menor número de dores (hedonismo). A felicidade não é almejada em si e por si, mas surge como decorrência das medidas empreendidas pelo legislador na sociedade, e pelo indivíduo, na administração de si. Onde está a utilidade, está a felicidade[678].

Nesse sentido, a pobreza do utilitarismo esbarra em determinados argumentos, levantados pelos seus críticos, os quais parece não conseguir superar, a saber: a no-ção de bem-estar é vaga e geral, tão abrangente que denuncia uma preocupação com o cômputo geral de bem-estar da sociedade, e nada mais; o bem-estar encontra-se, para o utilitarismo, acima mesmo dos direitos individuais e fundamentais; a preocu-pação com o humano, com o individual, com a realização, com a virtude... é diminu-ta[679]. Dessa forma se considera que o utilitarismo, tendo ensaiado um *modus* ético para a Modernidade, em verdade, preparou a Modernidade para o malogro ético.

---

676. "Um princípio pode diferir do princípio da utilidade de duas maneiras: (1) pelo fato de ser-lhe constantemente contrário; tal é o caso do princípio que pode ser denominado princípio do *asce-tismo*; (2) pelo fato de às vezes ser-lhe contrário e às vezes não, conforme o caso; tal acontece com o que podemos designar como princípio da *simpatia* e da *antipatia*" (Bentham, *Uma introdução aos princípios da moral e da legislação*, 1979, Cap. 2, II, p. 8).

677. "A adoção por Bentham do princípio de maior felicidade do maior número foi devida, sem dúvida, ao sentimento democrático, mas este implicava oposição à doutrina dos direitos do homem, que ele qualificava, sem meias palavras, de 'tolice'" (Russel, *História da filosofia ocidental*, 1969, p. 275).

678. "Mostramos acima que a felicidade dos indivíduos de que se compõe uma comunidade — isto é, os seus prazeres e a sua segurança — constitui o objetivo, o único objetivo que o legislador deve ter em vista, a única norma em conformidade com a qual todo indivíduo deveria, na medida em que depende do legislador, ser *obrigado* a pautar o seu comportamento" (Bentham, *Uma introdução aos princípios da moral e da legislação*, 1979, Cap. 3, p. 13).

679. "1) El utilitarismo no tiene en cuenta la distribución justa del bienestar, sino su monto total; 2) El utilitarismo no considera valores más importantes que el bienestar, como los relativos a los derechos individuales; 3) El utilitarismo es insensible a la dignidad y autoestima de los seres hu-manos; 4) El utilitarismo descuida determinadas lealtades y obligaciones específicas que tenemos únicamente con determinados miembros de la comunidad, exigiéndonos tratar a todo el mundo por igual" (Guisán, *Introducción a la ética*, 1995, p. 159).

25.9.3. O bem-estar e a ética benthamista

Para Jeremy Bentham, a natureza humana pende, na realização de suas funções, entre dois extremos na administração do que lhe é próprio: a dor e o prazer[680]. Dor e prazer acompanham o ser humano em todas as partes, e são os critérios para a ação e o movimento de energias sociais mais graves; suas fontes são morais, políticas, religiosas e físicas[681]. Aqui já se enuncia o conjunto de intenções e o percurso argumentativo que deverá seguir J. Bentham para inscrever suas lições de ética. Desse modo, já se percebe, desde o início do principal texto sobre filosofia ético-jurídica de Bentham (*Uma introdução aos princípios da moral e da legislação*), que o utilitarismo reconhece que dor e prazer são os grandes móveis da ação humana e os incorpora como parte de sua filosofia ou como pressuposto para o desenrolar de suas consequências ético-teóricas[682].

Nesse sentido é que se inscreve o princípio da utilidade, partindo da referência à dor e ao prazer. A utilidade, assim constituída, figura como o princípio de julgamento de toda ação ou conduta, individual ou coletiva[683]. Esse princípio, por ser geral, é capaz de avaliar qualquer conduta e se inscreve como regra geral do comportamento individual e coletivo; o que a crítica sugere, desde esse momento, é uma deficiência que abala todo o edifício do raciocínio utilitarista, uma vez que se afirma que Bentham teria criado dores e prazeres com apreciação uniforme para todos os seres humanos, o que, na realidade, não existe, uma vez que essas apreciações são subjetivas[684].

---

680. "A natureza colocou o gênero humano sob o domínio de dois senhores soberanos: a *dor* e o *prazer*. Somente a eles compete apontar o que devemos fazer, bem como determinar o que na realidade faremos. Ao trono desses dois senhores está vinculada, por uma parte, a norma que distingue o que é reto do que é errado, e, por outra, a cadeia das causas e dos efeitos" (Bentham, *Uma introdução aos princípios da moral e da legislação*, 1979, Cap. 1, p. 3).

681. "Existem quatro fontes distintas, das quais costumam derivar o prazer e a dor; consideradas em separado, podemos designá-las como fonte *física*, fonte *política*, fonte *moral* e fonte *religiosa*. Na medida em que os prazeres e as dores pertencentes a cada uma delas são capazes de emprestar a qualquer lei ou regra de conduta uma força obrigatória, todas elas podem ser denominadas sanções" (Bentham, *Uma introdução aos princípios da moral e da legislação*, 1979, Cap. 3, II, p. 13).

682. "O *princípio da utilidade* reconhece esta sujeição e a coloca como fundamento desse sistema, cujo objetivo consiste em construir o edifício da felicidade através da razão e da lei. Os sistemas que tentam questionar este princípio são meras palavras e não uma atitude razoável, capricho e não razão, obscuridade e não luz" (Bentham, *Uma introdução aos princípios da moral e da legislação*, 1979, Cap. 1, p. 3).

683. "Por princípio de utilidade entende-se aquele princípio que aprova ou desaprova qualquer ação, segundo a tendência que tem a aumentar ou a diminuir a felicidade da pessoa cujo interesse está em jogo, ou, o que é a mesma coisa em outros termos, segundo a tendência a promover ou a comprometer a referida felicidade. Digo qualquer ação, com o que tenciono dizer que isto vale não somente para qualquer ação de um indivíduo particular, mas também de qualquer ato ou medida de governo" (Bentham, *Uma introdução aos princípios da moral e da legislação*, 1979, Cap. 1, p. 4).

684. "Qual é a medida para o prazer que experimento numa situação ou em outra? Qual deverá ser a unidade de medida? O único critério para chamar um bem de maior do que outro é, obviamente, o fato de que, na realidade, eu o prefiro" (Ross, *Direito e justiça*, 2000, p. 339).

Ao se encontrar o princípio da utilidade, na teoria benthamista, como o guia da conduta humana, pode-se dizer que se encontrou o parâmetro para o julgamento da conduta individual e coletiva. Isso porque a diferença entre o indivíduo (pessoa física) e a coletividade (pessoa fictícia) consiste na mera diferença entre unidade e pluralidade, em que a soma dos interesses individuais representa a quantidade dos interesses envolvidos em uma sociedade[685]. A utilidade aí residirá em encontrar a fórmula que produz a maior felicidade ao maior número de integrantes da sociedade[686]. E, nesse sentido, como aponta a crítica, Bentham se equivoca ao universalizar esse cômputo para construir uma regra sobre a avaliação moral da conduta humana[687].

O princípio da utilidade conecta-se com maior propriedade à natureza humana, na qual está presente dor e prazer, sobretudo diante do que segue:

> "Para um número de pessoas, com referência a cada uma das quais o valor de um prazer ou de uma dor é considerado, este será maior ou menor, conforme as sete circunstâncias, isto é, as seis acima alegadas, a saber:
>
> "(1) A sua *intensidade*.
>
> "(2) A sua *duração*.
>
> "(3) A sua *certeza* ou *incerteza*.
>
> "(4) A sua *proximidade* no tempo ou *longinquidade*.
>
> "(5) A sua *fecundidade*.
>
> "(6) A sua *pureza*.
>
> "E uma outra, a saber:
>
> "(7) A sua *extensão*, quer dizer, o número de pessoas às quais *se estende* o respectivo prazer ou a respectiva dor; em outros termos, o número de pessoas afetadas pelo prazer ou pela dor em questão" (Bentham, *Uma introdução aos princípios da moral e da legislação*, 1979, Cap. 4, IV, p. 17).

Isso porque daí decorre a verdadeira calculometria do que é bom e do que é mau, a partir de critérios utilitaristas, que levam em conta a somatória de dor e prazer, até que se obtenha o balanço final das tendências do ato, para ser reprovado ou aplicado socialmente, segundo segue:

---

685. "A comunidade constitui um *corpo* fictício, composto de pessoas individuais que se consideram como constituindo os seus *membros*. Qual é, neste caso, o interesse da comunidade? A soma dos interesses dos diversos membros que integram a referida comunidade" (Bentham, *Uma introdução aos princípios da moral e da legislação*, 1979, Cap. 1, p. 4).

686. "Por conseguinte, afirmar-se-á que uma determinada ação está em conformidade com o princípio da utilidade, ou, para ser mais breve, à utilidade, quando a tendência que ela tem a aumentar a felicidade for maior do que qualquer tendência que tenha a diminuí-la" (Bentham, *Uma introdução aos princípios da moral e da legislação*, 1979, Cap. 1, VI, p. 4).

687. "O princípio do utilitarismo, no seu último aspecto, se apoia na pressuposição de que em toda situação prática nossa escolha pode ser reduzida a uma escolha racional entre montantes quantitativos, medidos em termos de prazer. Se se adota a premissa de que o prazer é intrinsecamente bom e que se deve dedicar a mesma consideração ao prazer dos outros e ao próprio, a escolha se reduz a um cômputo puramente racional" (Ross, *Direito e justiça*, 2000, p. 339).

"Se, por conseguinte, quiseres fazer uma avaliação exata da tendência geral de qualquer ato que afeta os interesses de uma coletividade, procede da seguinte maneira.

"Começa por qualquer uma das pessoas cujos interesses parecem ser mais imediatamente afetados pelo ato em questão, e procura fazer uma apreciação dos seguintes elementos:

"(1) o valor de cada *prazer* distinto que se manifesta como produzido pelo ato na *primeira* instância;

"(2) o valor de cada *dor* distinta que se manifesta como produzida pelo ato na *primeira* instância;

"(3) o valor de cada *prazer* que se manifesta como produzido pelo ato *após* o primeiro prazer. Isto constitui a *fecundidade* do primeiro *prazer* e a *impureza* da primeira dor;

"(4) o valor de cada *dor* que se manifesta como produzida pelo ato após a primeira. Isto constitui a *fecundidade* da primeira *dor* e a *impureza* do primeiro *prazer*;

"(5) Soma todos os valores de todos os *prazeres* de um lado, e todos os valores de todas as *dores* do outro. Balanço, se for favorável ao prazer, indicará a tendência *boa* do ato em seu conjunto, com respeito aos interesses desta pessoa *individual*; se o balanço for favorável à dor, indicará a tendência *má* do ato em seu conjunto;

"(6) Faze uma avaliação do *número* das pessoas cujos interesses aparecem em jogo e repete o processo acima descrito em relação a cada uma delas. *Soma* depois os números que exprimem os graus da tendência *boa* inerente ao ato, com respeito a cada um dos indivíduos em relação ao qual a tendência do ato é *boa* em seu conjunto. Ao depois, faze o mesmo com respeito a cada indivíduo em relação ao qual a tendência do ato é *má* em seu conjunto.

"Feito isto, procede ao *balanço*. Este, se for favorável ao *prazer*, assinalará a *tendência boa* geral do ato, em relação ao número total ou à comunidade dos indivíduos em questão. Se o balanço pesar para o lado da dor, teremos a *tendência má* geral, com respeito à mesma comunidade" (Bentham, *Uma introdução aos princípios da moral e da legislação*, 1979, Cap. 4, V, p. 17-18).

Tudo isso, obviamente, no sentido de se alcançar a felicidade, como uma decorrência dos cálculos elaborados. Trata-se de uma felicidade que mais figura como um resultado de uma engrenagem qualquer do que um fim humanamente desejado. Mas o que é a felicidade, no sistema ético benthamista, senão a eliminação da dor e o aumento do prazer[688], como decorrência dos procedimentos acima elencados?

Assim é que se chega à conclusão do que seja a ética. A felicidade, na ética benthamista, é decorrência de um esquadrinhamento matemático de formas de se alcançar maior prazer e de se diminuir as dores (físicas, morais, religiosas...), produzindo-se a liberdade do bem-estar liberal. O autogoverno, ou o governo de si próprio, deverá se adaptar a essas diretrizes, pois, seguindo-as, se pode alcançar a felicidade. Aqui já se chegou ao conceito propriamente do que seja a ética:

---

688. "Ora, a felicidade consiste naquilo que já vimos, ou seja, em desfrutar prazeres e estar isento de dores" (Bentham, *Uma introdução aos princípios da moral e da legislação*, 1979, Cap. 7, p. 19).

"(...) Em sentido amplo, a ética pode definir-se como a arte de dirigir as ações do homem para a produção da maior quantidade possível de felicidade em benefício daqueles cujos interesses estão em jogo.

"Quais são, porém, as ações que o homem pode dirigir? Serão necessariamente ou as suas próprias ações ou as de outros agentes. A ética, enquanto arte de dirigir as próprias ações do homem, pode ser denominada a *arte do autogoverno*, ou seja, *ética privada*" (Bentham, *Uma introdução aos princípios da moral e da legislação*, 1979, Cap. 17, II-III, p. 63).

Aquele que sabe governar-se a si mesmo, de acordo com a boa administração de si, evitando dores e buscando o que é causa de prazer, pode ser dito prudente. Aí está a chave para a ética privada[689]. Mas a felicidade das pessoas não depende exclusivamente de si, caso contrário toda ética se encerraria nos cuidados de si. A felicidade das pessoas, em parte, depende dos outros, e, nesse sentido, pode-se falar numa ética geral, de acordo com a qual se influencia e se é influenciado pelos outros. Os cuidados dirigidos aos outros dependem do cumprimento de deveres positivos (ação; atuação; fazer...), que se resumem no conceito de probidade, e negativos (comissão; abstenção; não fazer...), que se resumem no conceito de benquerença.

"Quanto à ética geral, a felicidade de um homem dependerá, em primeiro lugar, daqueles setores do seu comportamento acerca dos quais ninguém, exceto ele mesmo, tem interesse; em segundo lugar, dependerá daqueles setores do seu comportamento que possam afetar a felicidade de outros que o rodeiam. Na medida em que a sua felicidade depende do primeiro setor mencionado, diz-se que a sua felicidade depende da sua *obrigação em relação a si mesmo*. Consequentemente, a ética, na medida em que consiste na arte de governar as ações de uma pessoa sob este aspecto, pode ser denominada a arte de cumprir os deveres em relação a si mesmo, sendo que a qualidade que uma pessoa manifesta no cumprimento deste tipo de deveres — se tais se puderem chamar — se denomina *prudência*.

"Na medida em que a felicidade da pessoa — bem como a felicidade de quaisquer outras pessoas cujo interesse está em jogo — depende daqueles setores do seu comportamento que possam afetar os interesses dos que a circundam, pode-se dizer que

---

689. A conduta pessoal de cada indivíduo se submete sempre a diversas instâncias de julgamento, e, nesse sentido, está-se diante de uma pluralidade de possibilidades de avaliação da conduta, de acordo com a prudência, de acordo com as leis, de acordo com a moral, de acordo com a religião: "Suponhamos que os bens de uma pessoa, ou a própria pessoa, são consumidos pelo fogo. Se isto lhe ocorreu acidentalmente, foi uma calamidade; se foi devido à sua própria imprudência (por exemplo, pelo fato de haver descuidado de apagar a vela), podemos chamar a ocorrência de castigo ou punição da sanção física; se o fato ocorreu em consequência de uma decisão do magistrado político, temos uma punição derivante da sanção política — ou seja, o que costumeiramente se denomina uma punição; se a ocorrência se deve ao fato de que o seu *próximo* lhe negou uma ajuda por desaprovar o seu caráter moral, estamos em face de uma punição que dimana da sanção *moral*; se o fato se deve a um ato imediato da desaprovação de *Deus*, manifestada em razão de algum *pecado* cometido pela pessoa, teremos uma punição proveniente da sanção *religiosa*" (Bentham, *Uma introdução aos princípios da moral e da legislação*, 1979, Cap. 3, IX, p. 14).

ela depende da sua *obrigação em relação a outros*, ou seja, para usar uma expressão hoje um tanto antiquada, da sua *obrigação em relação ao próximo*. Por conseguinte, a ética, na medida em que for a arte de governar as ações de uma pessoa sob este aspecto, pode ser denominada a arte de cumprir as obrigações relacionadas com o próximo.

"Ora, a felicidade do próximo de alguém pode ser salvaguardada ou aumentada de duas maneiras:

"(1) de uma forma negativa, abstendo-se de diminuí-la;

"(2) de uma forma positiva, procurando aumentá-la.

"Em correspondência a esta distinção, as obrigações de uma pessoa em relação ao seu próximo são em parte negativas, em parte positivas. Para o cumprimento do primeiro dever existe a *probidade*, para o cumprimento do segundo existe a *benquerença* (*beneficence*)" (Bentham, *Uma introdução aos princípios da moral e da legislação*, 1979, cap. 17, VI, p. 65).

Feita essa distinção entre a prudência para consigo e a benquerença e a probidade para com o outro, não se consegue chegar à distinção entre qual seja a diferenciação entre a arte da ética e a arte da jurisprudência. Ambas se direcionam a pessoas e almejam à realização da felicidade. Então, onde estaria a diferença entre essas artes? Seria a ética privada idêntica à arte da jurisprudência?

"Ora, a ética privada tem por objetivo a felicidade, sendo este também o da legislação. A ética privada diz respeito a cada membro, isto é, à felicidade e às ações de cada membro, de qualquer comunidade que seja; a legislação, por sua vez, tem a mesma meta. Até aqui, portanto, a ética privada e a arte da legislação andam de mãos dadas.

"Além disso, o fim que ambas têm em vista — ou deveriam ter — é da mesma natureza. As pessoas cuja felicidade devem ter em vista, bem como as pessoas cuja conduta devem dirigir, são exatamente as mesmas. Os próprios atos dos quais devem ocupar-se são, *em medida significativa*, os mesmos.

"Em que reside, então, a sua diferença? No fato de que os atos com os quais devem ocupar-se, embora sejam convergentes em grande parte, não são *perfeita e inteiramente* os mesmos. Não existe caso algum em que uma pessoa privada não deva dirigir a sua conduta à promoção da sua própria felicidade e da dos seus irmãos; todavia, existem casos em que o legislador — pelo menos de maneira direta, e por meio de castigo aplicado imediatamente a atos particulares *individuais* — não deve tentar dirigir a conduta dos vários outros membros da coletividade. Todo ato que promete ser benéfico, em seu conjunto, para a coletividade (incluindo a própria pessoa), todo indivíduo deve praticá-lo por si mesmo; todavia, o legislador não tem o direito de impor à pessoa individual a prática de cada um desses atos. Analogamente, todo ato que promete ser prejudicial, em seu conjunto, à coletividade (incluindo a própria pessoa), todo indivíduo deve abster-se dele por si mesmo; entretanto, daqui não segue que o legislador tenha o direito de proibir à pessoa individual a prática de cada um desses atos. (...)" (Bentham, *Uma introdução aos princípios da moral e da legislação*, 1979, Cap. 17, VIII, p. 65).

Se as dificuldades estão alinhadas, o que se pode dizer, ao menos, é que o que é de foro íntimo, ou seja, o que concerne à ética privada, o que concerne a cada indivíduo, não pode ser diretamente objeto dos cuidados do legislador. Seria ele, por acaso, mais cauteloso e prudente que o próprio indivíduo na condução de si? Saberia melhor o legislador a dosagem de bens e de males a ser escolhida de acordo com o talante de cada indivíduo? Deter-se-ia o legislador sobre esses detalhes concernentes à felicidade de cada qual, ou deveria avançar no sentido de propiciar o bem-estar geral da sociedade? Assim, agora, se consegue inscrever a diferença entre duas artes, a ética privada e a jurisprudência, assim chamadas por Bentham, que portam as seguintes diferenças do individual para o coletivo, com uma mera dissonância quantitativa:

> "A ética privada ensina como um homem pode dispor-se para empreender o caminho mais eficaz que o conduz à sua própria felicidade, e isto através dos meios que se oferecem por si mesmos. A arte da legislação — a qual pode ser considerada como um setor da ciência da jurisprudência — ensina como uma coletividade de pessoas, que integram uma comunidade, pode dispor-se a empreender o caminho que, no seu conjunto, conduz com maior eficácia à felicidade da comunidade inteira, e isto através de motivos a serem aplicados pelo legislador (...)" (Bentham, *Uma introdução aos princípios da moral e da legislação*, 1979, Cap. 17, XX, p. 68).

As preocupações do legislador, percebe-se, partem de preocupações comuns dos homens, mas reveste-se, ao final, de outra finalidade que não a de realizar a felicidade de cada qual, mas sim a de realizar um estado social de bem-estar, que faculte o desenvolvimento da felicidade utilitária social[690]. Então, as medidas práticas do legislador, no desempenho de suas atividades, deverão ser no sentido de favorecer esta finalidade: a utilidade geral que for capaz de realizar a felicidade da maioria.

Assim, de acordo com o princípio da utilidade, punir-se-ão condutas e estimular-se-ão condutas, na medida em que concorram ou não para a felicidade da coletividade. A própria sanção aos comportamentos negativos para a sociedade, porque dissonantes da finalidade de alcance da felicidade coletiva, sendo um mal (porque causa dor, causa flagelo, causa suplício, causa privação...), deverá ser aceita como um mal menor (perturbar a felicidade individual do infrator) com relação a um mal maior (perturbar a felicidade geral da coletividade)[691].

---

690. "De que modo a invocação do bem-estar social nos ajuda a superar a incomensurabilidade qualitativa das necessidades? Como escolher entre fomentar as artes e as ciências ou a construção de moradias? Como somar liberdade, alimentação, moradia e boa música? Mas sem esta soma preliminar não é possível decidir o que é que na maior extensão possível promove o bem-estar social" (Ross, *Direito e justiça*, 2000, p. 340).

691. "O objetivo geral que caracteriza todas as leis — ou que deveria caracterizá-las — consiste em aumentar a felicidade global da coletividade; portanto, visam elas em primeiro lugar a excluir, na medida do possível, tudo o que tende a diminuir tal felicidade, ou seja, tudo o que é pernicioso.

"Acontece, porém, que toda punição constitui um ato pernicioso; toda punição constitui, em si mesma, um mal. Por conseguinte, com base no princípio da utilidade — se tal princípio tiver que ser admitido —, uma punição só pode ser admitida na medida em que abre chances no sentido de evitar um mal maior.

"É evidente, portanto, que não se deve infligir punição nos casos a seguir enumerados:

Para satisfazer às exigências dessa sua tarefa, o legislador terá de avaliar os comportamentos para saber quais são dignos de sancionamento e quais são dignos de mérito. E, para que isso se realize, é mister que tenha presente: o ato, a circunstância, a intenção e a consciência[692]. As punições deverão se graduar relevando esses elementos, pois se podem formular grandes regras ou normas de acordo com as quais se aquilatam o grau de perniciosidade da conduta e dos efeitos destacados da referida conduta danosa socialmente[693]. Prejudicando o bem-estar geral da sociedade, a conduta deverá receber o adequado sancionamento, para que os objetivos gerais da sociedade não se vejam comprometidos por intervenções indevidas de alguns indivíduos.

Nesse sentido, alguns conselhos são úteis ao legislador: que nenhum crime seja punido com sanção mais grave que os próprios efeitos da conduta[694]; que a pena se

---

"(1) Quando *não houver motivo* para a punição, ou seja, quando não houver nenhum prejuízo a evitar, pelo fato de o ato em seu conjunto não ser pernicioso.

"(2) Quando a punição só pode ser *ineficaz*, ou seja, quando a mesma não pode agir de maneira a evitar o prejuízo.

"(3) Quando a punição for *inútil* ou excessivamente *dispendiosa*; isto aconteceria em caso de o prejuízo produzido por ela ser maior do que o prejuízo que se quer evitar.

"(4) Quando a punição for *supérflua*, o que acontece quando o prejuízo pode ser evitado — ou pode cessar por si mesmo — sem a punição, ou seja, por um preço menor. (...)" (Bentham, *Uma introdução aos princípios da moral e da legislação*, 1979, Cap. 13, II-III, p. 59).

692. "Em cada ação, portanto, que examinarmos com vistas à punição, há quatro elementos a serem levados em consideração:

"(1) o próprio ato que é praticado;

"(2) as *circunstâncias* nas quais o ato é praticado;

"(3) a *intenção* que pode ter acompanhado o ato;

"(4) a *consciência*, inconsciência ou falsa consciência, que pode ter acompanhado o ato.

"O presente capítulo tratará do ato e das circunstâncias, ao passo que os dois subsequentes abordarão a intenção e a consciência" (Bentham, *Uma introdução aos princípios da moral e da legislação*, 1979, Cap. 7, VI, p. 20).

693. "Primeira norma: *Uma vez conhecida a força da tentação, a maldade da disposição manifestada pelo ato está em função da aparente perniciosidade do ato* (...)

"Segunda norma: *Conhecendo-se a aparente perniciosidade de um ato, a disposição de uma pessoa é tanto mais depravada, quanto mais fraca for a tentação à qual sucumbiu* (...)

"Terceira norma: *Uma vez conhecida a perniciosidade do ato, a evidência que a mesma proporciona em prova da pravidade da disposição de uma pessoa é tanto menos convincente, quanto mais forte for a tentação à qual a pessoa sucumbiu* (...)

"Quarta norma: Quando o motivo for do tipo dissocial, uma vez conhecidas a aparente perniciosidade do ato e a força da tentação, a pravidade da disposição é proporcional ao grau de deliberação que o acompanha (...)" (Bentham, *Uma introdução aos princípios da moral e da legislação*, 1979, Cap. 11, p. 56-57).

694. "O valor ou gravidade da punição não deve ser em nenhum caso inferior ao que for suficiente para superar o valor do benefício da ofensa ou crime" (Bentham, *Uma introdução aos princípios da moral e da legislação*, 1979, Cap. 14, p. 60).

gradue conforme a gravidade da lesão causada[695]; que em caso de crimes concorrentes se estimule ao cometimento do menos grave[696]; que em cada etapa de um crime se estimule o criminoso ao arrependimento[697]; que as punições respeitem as circunstâncias que afetam a sensibilidade de cada qual em caso de cometimento de delitos[698]. Estas, pois, as linhas mestras da contribuição benthamista à arte que chama de jurisprudência.

25.9.4. Conclusões

A filosofia utilitarista lançou suas conclusões sobre o campo da ética, trazendo, pelo pensamento de seu propugnador, Jeremy Bentham, os fundamentos do bem-estar como princípio geral de organização da sociedade. Isso quer dizer que o ser humano está jungido a movimentar-se de acordo com a apreciação da dor e do prazer, que são a base de todo agir ético humano. Nesse sentido, ser feliz é estar participando abundantemente do que é causa de prazer e estar distante do que é causa de dor.

Do cálculo e da somatória das relações entre dor e prazer, na avaliação de alguma coisa, é que se pode extrair o conceito de que é boa ou má; sua utilidade se mede dessa forma. Se o cálculo suplantar em malefícios, haverá de ser julgada imprópria para a sociedade; se o cálculo suplantar em benefícios, haverá de ser julgada útil e adequada para a sociedade. Nesse sentido é que o legislador se incumbirá dessa tarefa de triagem do que é útil, com relação ao que é inútil, para poder aconselhar ou desaconselhar socialmente condutas. Eis aí, no pensamento benthamista, o princípio de toda moral e de toda legislação.

25.10. Kant: a ética racionalista e deontológica

25.10.1. O racionalismo kantiano

O criticismo filosófico kantiano é uma reação ao dogmatismo (Wolff) e ao ceticismo (Hume)[699]. De fato, entre esses extremos procura se posicionar a filosofia

---

695. "Quanto maior for o prejuízo derivante do crime, tanto maior será o preço que pode valer a pena a pagar no caminho da punição" (Bentham, *Uma introdução aos princípios da moral e da legislação*, 1979, Cap. 14, p. 61).

696. "Quando houver dois crimes em concorrência, a punição estabelecida para o crime maior deve ser suficiente para induzir uma pessoa a preferir o menor" (Bentham, *Uma introdução aos princípios da moral e da legislação*, 1979, Cap. 14, p. 62).

697. "A punição deve ser regulada de tal forma que para cada crime particular, para cada nova parte ou etapa do prejuízo possa haver um motivo que dissuada o criminoso de produzi-la" (Bentham, *Uma introdução aos princípios da moral e da legislação*, 1979, Cap. 14, p. 62).

698. "Para que a quantidade de punição realmente infligida a cada criminoso possa corresponder à quantidade tencionada para criminosos semelhantes em geral, é necessário sempre levar em consideração as várias circunstâncias que influenciam a sensibilidade de cada um" (Bentham, *Uma introdução aos princípios da moral e da legislação*, 1979, Cap. 14, p. 62).

699. Este mesmo estudo encontra-se em Bittar/Almeida, *Curso de filosofia do direito*, Atlas, 2001, p. 258-271. A filosofia kantiana funda o criticismo, algo entre o dogmatismo e o ceticismo: "Daqui o

kantiana, conciliando inclusive empirismo e idealismo, redundando num racionalismo que acaba por *re-orientar* os rumos das filosofias moderna e contemporânea[700]. Dados biográficos confirmam na prática o que foi seu pensamento em teoria: rigor, perseverança e imanência racional[701].

Toda a contribuição de maturidade de Emmanuel Kant (1724/1804) representou um esforço de superação de suas próprias concepções anteriores e de outros paradigmas filosóficos[702], com vistas à formação de um sistema que explicasse as regras da razão prática e da razão teórica. Suas principais obras giram em torno desse tema e são: *A crítica da razão pura* (*Kritik der reinen Vernunft*, 1ª edição de 1781 e 2ª edição de 1787); *A crítica da razão prática* (*Kriik der praktischen Vernunft*); *Crítica do juízo* (*Kritik der Urteilskraft*, 1790); *Fundamentação da metafísica dos costumes* (*Grundlegung zur Metaphysik der Sitten*, 1785); *A metafísica dos costumes* (*Die Metaphysik der Sitten*, 1797); *Sobre a paz perpétua* (*Zum ewigen Frieden*), entre outras.

Com isso se quer afirmar que grande parte de sua tarefa filosófica foi uma empreitada em torno do conhecimento. Analisou e dissecou o conhecimento humano, mas não só, pois seus estudos o levaram a discernir vontade de conhecimento e de sentimento, e perceber os limites existentes entre eles.

O conhecimento só é possível para Kant na medida em que interagem condições materiais de conhecimento advindas da experiência (o que os sentidos percebem) com condições formais de conhecimento (o que a razão faz com o que os sentidos

---

cepticismo de Hume, que sacudiu Kant (como ele próprio o confessou) do seu sono dogmático e o estimulou a fazer investigações e a elaborar um sistema, cujo objetivo era a superação crítica do dogmatismo tradicional e do empirismo céptico" (Del Vecchio, *Lições de filosofia do direito*, 1979, p. 129).

700. "Toda a filosofia alemã dos séculos XIX e XX será uma interpretação e um desenvolvimento do kantismo. Os grandes pós-kantianos trarão um aprofundamento e um enriquecimento do que Kant iniciara. O contraste entre Fichte, de um lado, Schelling e Hegel, de outro, reproduz a oposição entre a filosofia prática e a filosofia teórica no próprio Kant. O neokantismo assumirá uma posição francamente antimetafísica e pretenderá reduzir o kantismo à crítica do conhecimento" (Jerphagnon, *História das grandes filosofias*, 1992, p. 223).

701. Em primeiro lugar: "Levará uma vida de sábio e funcionário escrupuloso; toda a sua existência é uma magnífica lição de disciplina" (Jerphagnon, *História das grandes filosofias*, 1992, p. 213). Em segundo lugar: "En varios e importantes sentidos fue Kant un pensador ético excepcional. Buscó apasionadamente, como pocos, los fundamentos y razones de la vida moral, y lo hizo además con un estilo único y propio, víctima de sus prejuicios y fiel a sus sueños ilustrados, transitando esforzadamente por una zona de penumbra por la que, no obstante, de cuando en cuando asoma la belleza deslumbrante del cielo estrellado y la ley moral" (Guisán, *Introducción a la ética*, 1995, p. 188-189). Em terceiro lugar: "Kant conservou por toda a vida o vestígio da educação materna, profundamente imbuída de religiosidade pietista" (Serra, *História da filosofia do direito e do estado*, 1990, p. 360).

702. "Em Manuel (Immanuel) Kant (1724-1804) convergiram todas as grandes correntes da filosofia moderna, e muito especialmente as do século das luzes: o racionalismo de Leibniz, popularizado por Wolff; o empirismo de Locke e Hume; a filosofia do sentimento, de Rousseau. No meio de influências tão opostas, o seu pensamento foi sendo elaborado com características originais, em longos anos de meditação solitária" (Serra, *História da filosofia do direito e do estado*, 1990, p. 359).

percebem)[703]. A experiência é o início do conhecimento, mas sozinho é incapaz de produzir conhecimento:

"Se, porém, todo o conhecimento se inicia com a experiência, isso não prova que todo ele derive da experiência" (Kant, *Crítica da razão pura,* trad., 1994, B1, I, p. 36).

Isso quer dizer que os sentidos absorvem da experiência dados, informações... que a razão elabora e organiza; é dessa união do que a experiência fornece com o que a razão operacionaliza, porque nela já estão as condições formais para tanto, que é possível o conhecimento. Com isso formula sua célebre doutrina acerca da razão prática e da razão teórica[704], bem como acerca dos juízos sintéticos e analíticos[705]. Inclusive o homem, na doutrina kantiana, governa-se a partir de leis inteligíveis (puramente racionais) e naturais (empíricas e sensíveis), correspondendo estas a duas categorias diferentes entre si, de acordo com a própria proposta geral das reflexões do sistema filosófico criticista[706]. A teoria kantiana do conhecimento informa que os objetos são contaminados pela razão humana[707].

É esse o racionalismo kantiano, que, posteriormente, irá redundar no idealismo hegeliano, e o real será dito racional e o racional será dito real. Quanto ao kantismo, é essa a sua revolucionária concepção da teoria do conhecimento, que deposita profunda importância no *sujeito-do-conhecimento* e não no *objeto-do-conhecimento,*

---

703. "A matéria do conhecimento é dada pelas sensações, produto da experiência. Mas estas sensações não têm conexão entre si; são um caos variegado. Neste caso, o nosso pensamento introduz uma ordem, enlaçando uns com os outros os conteúdos das sensações, mediante elementos *a priori*; por um lado, mediante as formas da intuição sensível, que são o espaço e o tempo (os quais tornam possível a experiência, pois não podemos pensar objeto algum sem o situarmos no espaço e no tempo); por outro lado, mediante as formas do intelecto, as categorias (que são em número de doze, e a mais importante delas é a de causalidade)" (Serra, *História da filosofia do direito e do estado*, 1990, p. 361).

704. Acerca da razão prática, ouça-se Kant se pronunciando: "Ainda bem; eu sustento que a todo ser racional que possui uma vontade devemos atribuir necessariamente também a ideia da liberdade, debaixo da qual age. Em tal ser intuímos uma razão que é prática, digamos, que tem causalidade em relação aos seus objetos" (Kant, *Fundamentos da metafísica dos costumes*, p. 103).

705. "Em todos os juízos, nos quais se pensa a relação entre um sujeito e um predicado (apenas considero os juízos afirmativos, porque é fácil depois a aplicação aos negativos), esta relação é possível de dois modos. Ou o predicado B pertence ao sujeito A como algo que lhe está contido (implicitamente) nesse conceito A, ou B está totalmente fora do conceito A, embora em ligação com ele. No primeiro caso chamo analítico ao juízo, no segundo, sintético" (Kant, *Crítica da razão pura*, 1994, B10, IV, p. 43).

706. "Em razão disso, um ser racional deve considerar a si mesmo como *inteligência* (isto é, não pela parte de suas potências inferiores) e como pertencente, não ao mundo sensível, mas ao inteligível; portanto, tem dois pontos de vista sob os quais pode considerar-se a si próprio e conhecer leis do uso de suas forças e, por conseguinte, de todas as suas ações: o *primeiro*, enquanto pertence ao mundo sensível, debaixo de leis naturais (heteronomia), e o *segundo*, como pertencente ao mundo inteligível, sob o domínio de leis que, independentes da natureza, não são empíricas, mas se fundamentam somente na razão" (Kant, *Fundamentos da metafísica dos costumes*, p. 108-109).

707. Em suma, a conclusão é a de que: "O mundo em que vivemos é um mundo construído por nós" (Serra, *História da filosofia do direito e do estado*, 1990, p. 361).

que ficou conhecida e celebrizada pelas próprias palavras de Kant como a revolução copernicana (*kopernikanische Wende*) com relação ao que se vinha entendendo sobre a matéria desde Descartes[708].

A explicação dessa postura será, sem dúvida, de grande importância para a compreensão da discussão ética proposta por Emmanuel Kant.

25.10.2. A ética kantiana

A ética kantiana é revolucionária[709], no sentido de que inaugura um conjunto de preocupações muito peculiares, que não se confundem com as preocupações teleológicas ou utilitaristas ou hedonistas; sua contribuição é, portanto, marcante[710]. Reflexões a esse respeito se descolam sobretudo da obra *Fundamentação da metafísica dos costumes* (*Grundlegung zur Metaphysik der Sitten*, 1785)[711], no entanto, são importantes as referências filosóficas contidas em *A crítica da razão pura* (*Kritik der reinen Vernunft*, 1787) e em *A crítica da razão prática* (*Kritik der praktischen Vernunft*).

A preocupação kantiana está em dizer que a razão humana é insuficiente para alcançar o modelo ideal de realização da felicidade humana; uma de suas obras, *A crítica da razão pura*, é um grande esforço exatamente nesse sentido[712]. O criticismo

---

708. De fato, é o que afirma Kant ao criticar a temática da crença exacerbada do homem em seu potencial racional para provar a existência de Deus: "Por conseguinte, em vão se dispendeu esforço e canseira com a célebre prova ontológica (cartesiana) da existência de um ser supremo a partir de conceitos, e assim como um mercador não aumenta a sua fortuna se acrescentar uns zeros ao seu livro de caixa para aumentar o seu pecúlio, assim também ninguém pode enriquecer os seus conhecimentos mediante simples ideias" (Kant, *Crítica da razão pura*, 1994, A 602 B 630, p. 507).

709. "A revolução kantiana, partindo do campo científico e filosófico, envolve também o espaço ético. Kant é verdadeiramente um marco central na história da ética: por um lado, representa o ponto de chegada de um movimento que remonta ao fim da Idade Média, segundo o qual a ética consiste num equilíbrio entre lei e liberdade; por outro, ele é o lugar de referência da reflexão ética posterior" (Pegoraro, *Ética é justiça*, 1997, p. 54).

710. "O sistema ético de Kant, tal como é exposto em sua *Metafísica da moral* (1785), possui considerável importância histórica. Este livro contém o imperativo categórico, que, ao menos como frase, é familiar fora do círculo dos filósofos profissionais. Como era de esperar Kant nada tem a fazer com o utilitarismo ou com qualquer outra doutrina que dê à moral uma finalidade exterior a ela mesma" (Russel, *História da filosofia ocidental*, 1969, Liv. IV, p. 259).

711. A metafísica dos costumes será, para Kant, o conjunto de todas as regras acerca do que deve ser e não do que efetivamente é: "Mas para descobrir tal conjugação carece, ainda que alguém oponha resistência a isso, dar mais um passo e entrar na metafísica, embora numa esfera da metafísica que se distingue da filosofia especulativa, a saber: a metafísica dos costumes. Numa filosofia prática, onde não se trata para nós de admitir fundamentos do que *sucede*, mas leis do que deve *suceder*, ainda quando tal não sucede nunca, isto é, leis objetivas práticas" (Kant, *Fundamentos da metafísica dos costumes*, p. 76).

712. "Demonstrarei que a razão nada consegue nem por uma das vias (a via empírica) nem pela outra (a via transcendental) e que em vão abre as asas para se elevar acima do mundo sensível pela simples força da especulação" (Kant, *Crítica da razão pura*, 1994, A 591 B 619, p. 499).

detecta na razão um instrumento incapaz de fornecer todas as explicações e de produzir todas as deduções necessárias para explicar as razões últimas do existir, do querer, do escolher eticamente[713].

O que inquieta Kant, em suas discussões, de um lado, é relatar a insuficiência do sistema racional para a resolução do conflito ético humano, bem como, de outro lado, relatar que não é na experiência sensível que se encontrará o elemento que garanta a felicidade e a realização ética humanas. Está, portanto, consciente de que a especulação, a ciência e a elevada consciência racional não conduzem à felicidade:

> "Eis aqui, pois, o limite supremo de toda investigação moral. Determiná-lo, entretanto, é de grande importância para que a razão, por uma parte, não vá buscar no mundo sensível, de um modo prejudicial aos costumes, o motor supremo e um interesse concebível, sim, mas empírico, e, por outra parte, para que não articule infrutuosamente as suas asas no espaço, para ela vazio, dos conceitos transcendentais, sob a denominação de mundo inteligível, sem adiantar-se sequer em um passo e perdendo-se entre fantasmas" (Kant, *Fundamentos da metafísica dos costumes*, p. 121).

Se preocupa, portanto, em fundamentar a prática moral não na pura experiência, mas sim em uma lei aprioristicamente inerente à racionalidade universal humana; quer-se garantir absoluta igualdade aos seres racionais ante a lei moral universal, que se expressa por meio de uma máxima, o chamado imperativo categórico, que se resume a uma única sentença, conforme segue:

> "O imperativo categórico é, pois, único, e é como segue: *age só, segundo uma máxima tal, que possas querer ao mesmo tempo que se torne lei universal.*
>
> "A universalidade da lei pela qual sucedem efeitos constitui o que se chama natureza no seu sentido mais amplo (segundo a forma); isto é, a existência das coisas, enquanto for determinada por leis universais. Resulta daqui que o imperativo universal do dever pode formular-se assim: *age como se a máxima de tua ação deverá tornar-se, por tua vontade, lei universal da natureza*" (Kant, *Fundamentos da metafísica dos costumes*, p. 70-71).

Se se trata de um imperativo *a priori*, significa que se trata de algo que não deriva da experiência, mas que deriva da pura razão[714]. Em outras palavras, o *a priori* é tudo aquilo que é válido independentemente de qualquer condição ou imposição derivada da experiência. Trata-se de um imperativo categórico, e não de um impera-

---

713. A própria discussão acerca da noção de mundo denota esta tendência geral do criticismo: "Esse mundo não significa outra coisa a não ser um algo que restou quando exclui dos fundamentos que determinam minha vontade em tudo o que pertence ao mundo sensível, só para reincluir o princípio das causas motoras no campo da sensibilidade, limitando-o e mostrando que não o compreende *in totum*, mas sim que fora dele existe algo mais; este algo mais, contudo, desconheço-o" (Kant, *Fundamentos da metafísica dos costumes*, p. 120).

714. "Portanto, se um juízo é pensado com rigorosa universalidade, quer dizer, de tal modo que, nenhuma exceção se admite como possível, não é derivado da experiência, mas é absolutamente válido *a priori*" (Kant, *Crítica da razão pura*, 1994, B 4, II, p. 38).

tivo hipotético, pois, efetivamente, o que há é que o primeiro não tem em vista senão a realização da máxima que prescreve[715]. De fato, é claro o texto a respeito[716]:

> "Pois bem; todos os *imperativos* mandam, já *hipotética*, já *categoricamente*. Aqueles representam a necessidade prática de uma ação possível, como meio de conseguir outra coisa que se quer (o que é possível que se queira). O imperativo categórico seria o que representasse uma ação por si mesma, sem referência a nenhum outro fim, como objetivamente necessária.
>
> "Ainda bem; se a ação é boa só como meio para *alguma outra coisa*, então é o imperativo *hipotético*; mas se a ação é representada como boa *em si*, isto é, como necessária numa vontade conforme em si mesma com a razão, como um princípio de tal vontade, então é o imperativo *categórico*" (Kant, *Fundamentos da metafísica dos costumes*, p. 64).

O imperativo categórico é único, é absoluto, e não deriva da experiência. Não tem em vista a felicidade, mas de sua observância decorre a felicidade. O imperativo hipotético guiaria, nas sendas práticas, o homem no sentido de alcançar objetivos práticos, como o da felicidade. Mas não o imperativo categórico, que subsiste por si e em si, independentemente de qualquer vontade ou finalidade[717]:

> "O imperativo categórico, que, sem referência a qualquer propósito, isto é, sem nenhum outro fim, declara a ação objetivamente necessária em si, tem o valor de um princípio *apodítico*-prático" (p. 64).
>
> "Dessa forma, pois, o imperativo que se refere à escolha dos meios para a própria felicidade, isto é, o preceito da sagacidade, é hipotético; a ação não é enviada em absoluto, mas sim como simples meio para outro propósito".
>
> "Por último, há um imperativo que, sem pôr como condição nenhum propósito a obter por meio de certa conduta, determina essa conduta imediatamente. Tal impera-

---

715. "Há duas classes de imperativos: o imperativo hipotético, que diz: 'Deves agir assim e assim, se quiseres conseguir tais e tais fins', e o imperativo categórico, que diz que certa classe de ação é objetivamente necessária, sem levar em consideração qualquer fim. O imperativo categórico é sintético *a priori*. Seu caráter é deduzido por Kant do conceito de lei" (Russel, *História da filosofia ocidental*, 1969, Liv. IV, p. 260).

716. E ainda a *Crítica da razão pura* disserta da mesma forma a respeito do assunto: "Admito que há, realmente, leis morais puras que determinam completamente *a priori* o fazer e o não fazer (sem ter em conta os móbiles empíricos, isto é, a felicidade), ou seja, o uso da liberdade de um ser racional em geral e que estas leis comandam de uma maneira absoluta (não meramente hipotética, com o pressuposto de outros fins empíricos) e portanto, são, a todos os títulos, absolutas" (Kant, *Crítica da razão pura*, 1994, A 807 B 835 p. 641).

717. "Desse modo, pois, a pergunta de como um imperativo categórico seja possível pode, sem dúvida, ser respondida no sentido de que pode indicar-se a única suposição debaixo da qual ele é possível, a saber: a ideia da liberdade, e ao mesmo tempo no sentido de que pode conhecer-se a necessidade dessa suposição, todo o qual é suficiente para o *uso prático* da razão, é dizer-se, para convencer do *valor de tal imperativo* e, por conseguinte, também, da lei moral; mas como seja possível essa suposição, é coisa que nenhuma razão humana pode conhecer" (Kant, *Fundamentos da metafísica dos costumes*, p. 119).

tivo é *categórico*. Não se refere à matéria da ação e ao que desta possa resultar, mas à forma e ao princípio onde ela resulta, consistindo o essencialmente bom da ação no ânimo que se nutre por ela, seja qual for o êxito. Esse imperativo pode denominar-se: o da *moralidade*" (Kant, *Fundamentos da metafísica dos costumes*, p. 65).

A ética, por consequência, é um compromisso de seguir o próprio preceito ético fundamental, e pelo só fato de segui-lo em si e por si. Estar conforme ao dever não é o mesmo que segui-lo pelo só fato de se tratar do dever[718].

"Precisamente nele se estriba o valor do caráter, moral, o caráter que, sem comparação, é o supremo: em fazer o bem, não por inclinação, mas sim por dever" (Kant, *Fundamentos da metafísica dos costumes*, p. 43).

O homem que age moralmente deverá fazê-lo não porque visa à realização de qualquer outro algo (alcançar o prazer, realizar-se na felicidade, auxiliar a outrem...)[719], mas pelo simples fato de colocar-se de acordo com a máxima do imperativo categórico. O agir livre é o agir moral; o agir moral é o agir de acordo com o dever; o agir de acordo com o dever é fazer de sua lei subjetiva um princípio de legislação universal, a ser inscrita em toda a natureza. Daí decorre que o sumo bem só pode ser algo que independa completamente de qualquer desejo exterior a si, de modo que consistirá no máximo cumprimento do dever pelo dever, do qual decorre a suma beatitude e a suma felicidade, como simples mérito de estar conforme ao dever e pelo dever[720]. Assim, de fato, agir de acordo com o imperativo é a suma ética kantiana:

"A boa vontade não é boa pelo que efetivamente realize, não é boa pela sua adequação para alcançar determinado fim a que nos propusemos; é boa somente pelo querer; digamos, é boa em si mesma. Considerada em si própria, é, sem comparação, muito mais valiosa do que tudo o que por meio dela pudéssemos verificar em proveito ou referência de alguma inclinação e, se quisermos, da suma de todas as inclinações" (Kant, *Fundamentos da metafísica dos costumes*, p. 38).

Se a felicidade existe, trata-se de algo que decorre de uma lei pragmática, segundo a qual é buscada a realização de determinadas atitudes e o alcance de determi-

---

718. Para ilustrar com exemplos a diferenciação é que Kant expõe: "Por exemplo: é imediatamente conforme ao dever que o mercador não cobre mais caro de um freguês inexperiente" (Kant, *Fundamentos da metafísica dos costumes*, p. 42). Isto é conservar-se de acordo com o dever. Mais que isso, é necessário ter consciência do dever e governar-se livremente segundo ele. Mas o que na prática as pessoas fazem é: "Conservam sua vida conforme o dever, sim, mas não por dever" (Kant, *Fundamentos da metafísica dos costumes*, p. 42).

719. A felicidade é decorrência da observância do dever de estar conforme ao dever e pelo dever: "... a de procurar cada um a sua própria felicidade, não por inclinação, mas por dever, e só então a sua conduta tem um verdadeiro valor moral" (Kant, *Fundamentos da metafísica dos costumes*, p. 44-45).

720. "Designo por ideal do sumo bem a ideia de semelhante inteligência, na qual a vontade moralmente mais perfeita, ligada à suprema beatitude, é a causa de toda a felicidade no mundo, na medida em que esta felicidade está em exata relação com a moralidade (como mérito de ser feliz)" (Kant, *Crítica da razão pura*, 1994, A 810 B 838, p. 643).

nados objetos, com o que se encontra a felicidade. Mas a felicidade em si não é fundamento nem a finalidade da moral. O dever ético deve ser alcançado e cumprido exatamente porque se trata de um dever, e simplesmente pelo fato de ser um dever[721]. A lei moral tem o dever como preceito fundamental:

> "A felicidade é a satisfação de todas as nossas inclinações tanto *extensive*, quanto à sua multiplicidade, como *intensive*, quanto ao grau, e também *protensive*, quanto à duração. Designo por lei pragmática (regra de prudência) a lei prática que tem por motivo a felicidade; e por moral (ou lei dos costumes), se existe alguma, a lei que não tem outro móbil que não seja indicar-nos *como podemos tornar-nos dignos da felicidade*" (Kant, *Crítica da razão pura*, 1994, A806 B834, p. 640).

A liberdade está indistintamente ligada à noção de autonomia[722]. A autonomia da vontade[723] no agir de acordo com a máxima de vida gerada pelo imperativo categórico são pontos fortes e altos do sistema ético kantiano. Em consonância com esses pontos de apoio do sistema kantiano, o homem figura como ser racional, fim em si mesmo[724], e a humanidade, na mesma dimensão, deverá figurar, em suas relações, sempre como fim e nunca como mediação.

Todo homem é um fim em si mesmo, um sistema particular capaz de governar-se a si próprio de acordo com a orientação da máxima decorrente do imperativo categórico[725]. O homem, como ser por natureza racional, é o ser que tem em si o princípio do domínio de si; é o que sugere Kant através de sua reflexão[726]. Fazer uso de outrem é torná-lo meio, ou seja, é tratá-lo em completa afronta com o dever moral:

---

721. "Vamos considerar o conceito do *dever*, que contém o de uma boa vontade, se bem debaixo de certas restrições e obstáculos subjetivos, os quais, contudo, longe de ocultá-lo e de fazê-lo incognoscível, talvez por contraste, fazem-no ressaltar e aparecer com maior clareza" (Kant, *Fundamentos da metafísica dos costumes*, p. 41).

722. "Com a ideia da liberdade se acha, contudo, inseparavelmente unido o conceito de *autonomia*, e com este o princípio universal da moralidade, que serve de fundamento à ideia de todas as ações de seres *racionais*, do mesmo modo que a lei natural serve de fundamento a todos os fenômenos" (Kant, *Fundamentos da metafísica dos costumes*, p. 109).

723. "Concebe-se a vontade como uma faculdade que alguém possui de determinar-se a si mesmo, agindo de acordo com *a representação de certas leis*" (Kant, *Fundamentos da metafísica dos costumes*, p. 76-77).

724. "Kant rompe exatamente esses fundamentos e erige a autonomia da vontade (liberdade) como base inabalável da moralidade. A vontade livre e autolegislativa confere a si mesma a norma do agir moral" (Pegoraro, *Ética é justiça*, 1997, p. 54).

725. "Kant afirma, embora seu princípio não pareça acarretar esta consequência, que deveríamos agir como se considerássemos cada homem como um fim em si mesmo. Isto poderá ser considerado como uma forma abstrata da doutrina dos direitos do homem, e está sujeito às mesmas objeções" (Russel, *História da filosofia ocidental*, 1969, p. 261).

726. "O fundamento deste princípio é este: a natureza racional existe como fim em si mesma" (Kant, *Fundamentos da metafísica dos costumes*, p. 79).

"Agora eu afirmo: o homem, e em geral todo ser racional, *existe* como *fim em si mesmo, não só como meio para qualquer uso desta ou daquela vontade*" (Kant, *Fundamentos da metafísica dos costumes*, p. 78).

O próprio imperativo prático escrever-se-ia nesse sentido para significar o mesmo que o imperativo categórico, só que direcionado para este tipo de preocupação:

"O imperativo prático será, pois, como segue: *age de tal modo que possas usar a humanidade, tanto em tua pessoa como na pessoa de qualquer outro, sempre como um fim ao mesmo tempo e nunca somente como um meio*" (Kant, *Fundamentos da metafísica dos costumes*, p. 79).

Na filosofia moral kantiana, a vontade aparece como absolutamente autônoma, liberta de qualquer heteronomia que só poderia conspurcar a pureza primitiva em que se concebe constituída a vontade[727]. E a suprema liberdade da vontade residirá, no contexto da filosofia kantiana, exatamente em estar vinculado ao dever, ao imperativo categórico. É ele condição de liberdade e não de opressão do espírito:

"Esta fórmula é justamente a do imperativo categórico e o princípio da moralidade; assim, pois, vontade livre e vontade submetida a leis morais são a mesma coisa" (Kant, *Fundamentos da metafísica dos costumes*, p. 102).

Se a vontade consiste em uma certa causalidade, é de se dizer que uma certa qualidade dessa causalidade é a liberdade. Estar ou não aferrado, sob grilhões, desta ou daquela forma, é condicionar a causalidade voluntária. Isso, sobretudo, porque liberdade tem um conceito bem preciso na teoria kantiana, a saber, a ausência de obstáculos internos e externos, positivos ou negativos, de modo que se determina a relação da liberdade com o imperativo categórico muito facilmente:

"Vontade é uma espécie de causalidade dos seres vivos, enquanto racionais, e *liberdade* seria a propriedade desta causalidade, pela qual pode ser eficiente, independentemente das causas estranhas que a *determinem*" (Kant, *Fundamentos da metafísica dos costumes*, p. 101).

Abnegar-se por essa causa é abnegar-se pela causa da própria libertação de si. É com base nessa liberdade que se causa a adequação do homem ao imperativo, e dessa adequação resulta a felicidade. Dessa cadeia de implicações se extrai que o ser kantianamente ético significa agir conforme ao dever, inclusive em detrimento dos próprios desejos, tendências e inclinações:

"Uma ação realizada por dever, entretanto, tem que excluir por completo um influxo da inclinação, e com esta todo objeto da vontade; a não ser, objetivamente, a *lei* e, subjetivamente, o *respeito puro* em relação a essa lei prática, e, portanto, a máxima de obedecer sempre a essa lei, ainda que com prejuízo de todas as minhas inclinações" (Kant, *Fundamentos da metafísica dos costumes*, p. 45).

---

727. A vontade legisladora é o princípio de toda moral: "...a ideia da vontade de todo ser racional como uma vontade universalmente legisladora" (Kant, *Fundamentos da metafísica dos costumes*, p. 81).

Nesse caso estar-se-á diante de uma vontade que se quer a si mesma, na intenção de ser somente o dever e de constituir-se autonomamente e independentemente de qualquer carência interna (felicidade, afetuosidade, realização...)[728] ou externa (dinheiro, reconhecimento, poder, prazer...)[729]. Essa vontade, dentro desse esquematismo, é senhora de si e não quer nada mais que si mesma, no afã de ser integralmente o que o imperativo diz ser necessário e imperioso.

Desse modo se forja e se concebe o conceito de moralidade; tudo o que faculta a manutenção dessa liberdade, dessa autonomia[730]. A imoralidade residirá em tudo o que contrarie esse princípio basilar segundo o qual se organizam as estruturas ético-humanas:

> "A *moralidade* é, pois, a relação das ações com autonomia da vontade, isto é, com a possível legislação universal, por meio das máximas da mesma. A ação que possa coadunar-se com a autonomia da vontade é *permitida*; a que não concorde com ela é *proibida*" (Kant, *Fundamentos da metafísica dos costumes*, p. 91).

Poder-se-ia mesmo pressupor a existência de um mundo moral, um mundo onde absolutamente e formalmente, livre de condições e imposições empíricas, subsistissem somente leis e regras conforme o preceito fundamental de todo dever, a saber, o mundo moral, cujas notas e características principais são dadas por Kant:

> "Chamo mundo moral, o mundo na medida em que está conforme a todas as leis morais (tal como pode sê-lo, segundo a liberdade dos seres racionais e tal como deve sê-lo, segundo as leis necessárias da moralidade). O mundo é assim pensado apenas como mundo inteligível, pois nele se faz abstração de todas as condições (ou fins) da moralidade e mesmo de todos os obstáculos que esta pode encontrar (fraqueza ou corrupção da natureza humana)" (Kant, *Crítica da razão pura*, 1994, A808 B836, p. 641).

Mas, de qualquer forma, na prática, é a vontade que governa o apetite humano, e é isso que, de fato e em parte, destina o homem à fortuna ou à desgraça. É a vontade que governa, na prática, por leis *a priori* o homem[731]. Compreende-se daí que o homem esteja sob o influxo de um princípio formal universal, cujas propriedades defluem da própria natureza racional humana, de acordo com o qual todos os homens devem governar-se conforme uma só e mesma regra[732], e isso porque:

---

728. "A felicidade, por consiguiente, no es una meta ni un fin moral, sino, acaso, el premio a nuestras acciones virtuosas, que no se experimentan, sin embargo, al obrar bien en esta vida, sino en un mundo ultraterreno en el que las dos partes del Supremo Bien, la felicidad y la virtud, se reconcilian" (Guisán, *Introducción a la ética*, 1995, p. 177).

729. "Princípio fundamental da ética kantiana é o da autonomia da razão prática" (Serra, *História da filosofia do direito e do estado*, 1990, p. 362).

730. "Só aquele que age por puro dever age moralmente" (Serra, *História da filosofia do direito e do estado*, 1990, p. 362).

731. "Kant entende por metafísica dos costumes o conjunto de leis *a priori* segundo as quais se determina a vontade" (Serra, *História da filosofia do direito e do estado*, 1990, p. 363).

732. "A moral kantista está toda centrada no conceito de imperativo. Segundo Kant, o homem não deve agir desta ou daquela maneira; por ser livre, mas é livre porque deve fazer algo que lhe dita

"Todas as máximas têm efetivamente:

"1º) — Uma *forma*, que consiste na universalidade, e neste sentido se expressa a fórmula do imperativo moral, dizendo: que as máximas têm que ser escolhidas de tal modo como se devessem ter o valor de leis universais e naturais.

"2º) — Uma *matéria*, isto é, um fim, e então expressa a fórmula: que o ser racional deve servir como fim por sua natureza e, portanto, como fim em si mesmo; que toda máxima deve servir de condição limitativa de todos os fins meramente relativos e caprichosos.

"3º) — Uma *determinação integral* de todas as máximas por meio daquela fórmula, a saber: que todas as máximas, por legislação própria, devem concordar em um reino possível dos fins, como um reino da natureza" (Kant, *Fundamentos da metafísica dos costumes*, p. 87).

De acordo com Kant, todos os homens estão imanentemente dotados, pelo só fato de serem racionais, do princípio segundo o qual deverão conduzir suas condutas, e isso é realidade palpável para intelectuais e não intelectuais, para pobres e ricos, para afortunados ou não, para homens de ínfimas e irrisórias condições sociais e profissionais... Há praticamente uma iluminação da vida prática pelo imperativo categórico quando agimos[733].

Não será nenhum teórico que haverá de descobrir o elixir da felicidade humana. À crítica de que seu sistema e seu imperativo seriam tamanhamente abstratos que não corresponderiam à realidade das coisas, tal qual ocorre na prática quotidiana, sobretudo, para a maior parte das pessoas, Kant já responde que:

"Inexperto no que se refere ao curso do mundo; incapaz de estar preparado para os sucessos em geral que nele ocorrem, bastava-me perguntar: — podes crer que tua máxima se converta em lei universal? Se não, é uma máxima reprovável, e não por algum prejuízo que possa ocasionar-te ou a qualquer outro, mas sim porque não pode convir, no princípio, em uma legislação universal possível; a razão, todavia, impõe-me respeito imediato por esta legislação universal, da qual não conheço certamente ainda o fundamento — que o filósofo haverá de indagar.

"Assim, pois, somos chegados ao princípio de conhecimento moral da razão vulgar do homem. A razão vulgar não necessita deste princípio tão abstrato e em uma forma

---

a consciência de modo irrefragável. A ideia de liberdade não é alcançada, segundo ele, através de uma análise indutiva dos fatos humanos" (Reale, *Filosofia do direito*, 1999, p. 656).

733. Não é demais seguir as lições de Del Vecchio a respeito: "Vejamos agora a parte prática, a Ética em geral, no sistema de Kant. Os homens não possuem apenas a faculdade cognoscitiva, mas também a ativa. Ao passo que é impossível o conhecimento teorético do absoluto, em contrapartida, no campo da prática, o ser subjetivo já se encontra em melhores condições e tem aí uma certeza absoluta que o conhecimento teórico não lhe poderia dar. No mundo prático somos como que iluminados; temos a consciência de um dado *a priori*,que, para nós, possui valor inconcusso: um princípio que é uma revelação mais que um conhecimento, e que não cabe dentro do conhecimento propriamente científico; é quase um vislumbre de uma verdade transcendente que nos ensina imperiosamente o que devemos e o que não devemos fazer" (Del Vecchio, *Lições de filosofia do direito*, 1979, p. 132-133).

universal; mas, apesar de tudo, tem-no continuamente diante dos olhos usando-o com critério em seus raciocínios" (Kant, *Fundamentos da metafísica dos costumes*, p. 48).

E as críticas que se fazem ao sistema kantiano residem exatamente nesse ponto, e se desdobram em inúmeras discussões que concluem pela: abstração excessiva do sistema kantiano; frieza universal dos preceitos kantianos; falta de um conteúdo do imperativo categórico; carência de cores e de paixão na moral kantiana, entre outras[734]. O patológico, o irracional, o passional, o carnal... aqui não ganham tamanho relevo, exatamente por estarem ofuscados pela racionalidade e pelo idealismo perfeccionista, absoluto e categórico, do sistema kantiano[735].

25.10.3. Direito e moral

Direito e moral distinguem-se no sistema kantiano como duas partes de um mesmo todo unitário, a saber, duas partes que se relacionam à exterioridade e à interioridade, uma vez ligadas à liberdade interior e à liberdade exterior[736]. A doutrina do direito inicia-se, na reflexão kantiana, com essa nota. E isso é consequência do que se viu anteriormente, como segue nesta discussão.

De fato, o agir ético tem um único móvel, a saber: o cumprimento do dever pelo dever. Somente a ação que é, além de conforme ao dever (exteriormente conforme ao dever), inclusive, cumprida porque se trata do dever (interiormente deontológica), pode ser qualificada de ação moral[737].

---

734. "El desprecio de Kant por lo deseado, su falta de sensibilidad respeto a las exigencias de la naturaleza humana es sin lugar a dudas producto de su fe pietista, que se incrusta en las capas más profundas de su filosofía moral" (Guisán, *Introducción a la ética*, 1995, p. 174). Mais adiante, ainda: "Dado que según tales presupuestos la naturaleza humana ha caído, la carne, el cuerpo y los deseos se vuelven patológicos. La vida se convierte para Kant en una lucha por la salvación y por alcanzar la aprobación divina, de suerte que nos hacemos dignos ante Dios al renunciar a nuestros sentimientos y pasiones" (Guisán, *Introducción a la ética*, 1995, p. 175).

735. "De acuerdo con su teoría, como veremos, las pasiones propias, que son lo genuino y personal según algún autor, desaparecen totalmente para dar paso a una razón fría universal que no representa a los seres humanos individuales sino, si acaso, a una abstracta humanidad. Desprecio que se poen especialmente de relieve en su desconsideración de nuestra corporeidad, nuestros anhelos y nuestras necesidades. Al valorar lo racional ignorando lo empírico, no está Kant sino reproduciendo, al decir de algunos, con un lenguaje aparentemente filosófico, la tradicional discusión entre lo espiritual y lo terrenal" (Guisán, *Introducción a la ética*, 1995, p. 172).

736. "A divisão em doutrina do Direito e doutrina da virtude (Ética) é devida a que a liberdade, cujas leis *a priori* são objeto de investigação, se desdobra em: liberdade externa (isto é, independência em face de força exterior) e liberdade interna (independência em face das impressões sensíveis). Por outro lado, o *a priori*, para Kant, é, por natureza, formal, sem o que não seria universal, e, por isso, é preciso, ao formulá-lo, prescindir de qualquer conteúdo, por si mesmo contingente" (Serra, *História da filosofia do direito e do estado*, 1990, p. 363).

737. "Kant distingue uma dupla legislação: a legislação interna, ética (*ethisch*), que faz do dever o próprio móbil da ação ('age de acordo com o dever por dever'; *handle pflichtgemäss aus Pflicht*), e a

O agir jurídico pressupõe outros fins, outras metas, outras necessidades interiores e exteriores para que se realize; não se realiza uma ação conforme à lei positiva somente porque se trata de uma lei positiva. Podem-se encontrar ações conforme à lei positiva que tenham inúmeros móveis: temor da sanção; desejo de manter-se afastado de repreensões; evitar desgastes inúteis; furtar-se à penalização das autoridades públicas; medo de escândalo etc.

Aí vai a grande diferença entre moralidade e juridicidade de uma ação. Ademais, a moralidade pressupõe autonomia, liberdade, dever e autoconvencimento[738]; a juridicidade pressupõe coercitividade[739]. A doutrina da coercitividade começa a ganhar alento com a filosofia kantiana, na sequência dos estudos de Thomasius[740], o que marcará profundamente o cenário da filosofia jurídica posterior. Criticável[741], ou não, essa postura é marcante para o pensamento jurídico, e definiu os parâmetros para o raciocínio e a discussão acerca da relação entre direito e moral.

O direito ainda pode ser dividido conforme esteja simplesmente prescrito pelo legislador, ou conforme esteja decorrendo da preceptística *a priori* da natureza racional humana, em seu viés ético-universal[742]. Não é à toa que Emmanuel Kant é o divisor de águas do jusnaturalismo, pois converte essa doutrina num conjunto mais próximo de um racionalismo. A noção de natureza, em Kant, assume a acepção de razão[743].

---

legislação externa, jurídica (*juridisch*), que não inclui na lei o móbil, mas admite outros móbeis além do dever" (Serra, *História da filosofia do direito e do estado*, 1990, p. 364).

738. Ainda aqui não é excessivo dizer que: "O homem é livre porque deve; não deve porque seja livre. Eis, pois, como o imperativo categórico é o fundamento da moral kantiana. Quando um imperativo vale por si só, objetivamente, sem precisar de qualquer fim exterior, dizemos que é um imperativo autônomo. A moral é autônoma" (Reale, *Filosofia do direito*, 1999, p. 660).

739. "Como Tomásio, Kant considera a coercibilidade nota essencial do direito, mas num sentido mais radical, pois se refere, não a um dado extrínseco, como seja a necessidade de conservar a paz externa, mas ao próprio conceito de Direito" (Serra, *História da filosofia do direito e do estado*, 1990, p. 365).

740. "A doutrina da coercitividade, ou seja, a doutrina que sustenta não haver efetivamente Direito sem coação, recebe de Espinosa e Kant o prestígio de sua autoridade. Kant, do ponto de vista da filosofia jurídica, é um continuador de Thomasius. Alguns autores, como por exemplo Del Vecchio, chegam mesmo a sustentar que o filósofo do criticismo transcendental teria inovado muito pouco nos domínios tradicionais do jusnaturalismo da época. A nosso ver, porém, não é de todo aceitável esta apreciação da doutrina do Direito de Kant" (Reale, *Filosofia do direito*, 1999, p. 656).

741. "Não resta dúvida que o Direito é formado de regras que não exigem sempre a adesão plena da vontade individual, bastando às vezes a conformidade extrínseca, mas nem por isso há entre Direito e Moral uma contradição inevitável" (Reale, *Filosofia do direito*, 1999, p. 661).

742. "O direito natural ou racional é, para Kant, o conjunto de leis jurídicas cuja obrigatoriedade pode ser estabelecida *a priori*; o Direito positivo ou estatuído, pelo contrário, é o que dimana da vontade de um legislador" (Serra, *História da filosofia do direito e do estado*, 1990, p. 367).

743. "É costume designar estas correções metodológicas dizendo: com Kant, acaba a Escola do Direito natural (*naturrecht*) e começa a Escola do Direito racional (*Vernunftrecht*). O Direito natural passa a direito da razão. Desnecessário é recordar, porém, que Kant mais não fez do que ultimar um

E aqui, todo o tempo, a noção de liberdade é importantíssima[744]. Isso porque as pretensões jurídicas são menores que as pretensões morais. Aquelas deitam-se sobre a regulamentação da conduta para que faculte a *co-existência* pacífica entre as vontades e as liberdades humanas (conformidade da conduta à lei positiva)[745], estas visam à moralização do homem no conceito de dever segundo o imperativo (conformidade da conduta ao imperativo e intenção do agir de acordo com o imperativo)[746]. A pacificidade do convívio é a meta das normas jurídicas.

O Estado será, nesse contexto, o instrumento para a realização dos direitos; trata-se de um Estado somente de direitos, que regulamenta o convívio das liberdades. Sua meta é a de garantir as liberdades, de modo a permitir que todos convivam, de que todos subsistam, de que todos possam governar-se a si próprios, segundo a lei moral, mas sem obstruir a que os outros também vivam de acordo com seus fins pessoais e próprios[747].

25.10.4. Conclusões

O kantismo inaugura uma nova fase das especulações éticas. Kant faz da ética o lugar da liberdade, na medida em que instrui seus preceitos de forte conotação de-

---

processo de correção metodológica, iniciada há muito e quase concluído já na obra de Rousseau" (Del Vecchio, *Lições de filosofia do direito,* 1979, p. 127).

744. "Não é preciso insistir no papel central da liberdade na filosofia do Direito de Kant. A liberdade é entendida por Kant, não só negativamente, como ausência de impedimentos (internos ou externos), mas também positivamente, como autonomia, autodeterminação e afirmação do valor absoluto da pessoa. A liberdade é o que eleva o homem acima do mundo dos fenômenos" (Serra, *História da filosofia do direito e do estado,* 1990, p. 366).

745. "O Direito, pois, segundo Kant, reduz-se a disciplinar as ações externas dos homens e a tornar possível a sua coexistência. Define-o assim: *O Direito é o conjunto das condições segundo as quais o arbítrio de cada um pode coexistir com o arbítrio dos restantes, de harmonia com uma lei universal de liberdade*" (Del Vecchio, *Lições de filosofia do direito,* 1979, p. 137).

746. O kantismo (racionalismo) surge como reação ao jusnaturalismo (naturalismo). Esse racionalismo se resume, em grosseiras linhas, a dizer que o espírito, dotado de formas *a priori,* governa-se pelo imperativo ("Atua de tal modo que a máxima de teus atos possa valer como princípio de uma legislação universal"). Nesses termos, a moral kantiana ensina que a ação visa ao bem, de modo a ser não hedonista e não utilitarista. As críticas que se dirigem ao seu sistema costumam afirmar que: se trata de uma moral congelada; logicizada; formalizada; sua moral não indica qual é o conteúdo da ação; moral tornada princípio universal, absoluto, perene, capaz de atingir a todos os casos em todas as épocas — racionalismo exacerbado. Nesses termos, para o direito: liberdade é o máximo valor, direito é interpretado como sinônimo de coexistência pacífica. O direito visa à ação exterior; a moral visa à ação interior (cf. Nader, *Filosofia do direito,* 1999, p. 142-146).

747. "Fim do Estado, segundo Kant, é tão só a tutela do direito. O estado deverá assegurar aos cidadãos o gozo dos seus direitos, mas não deve ingerir-se nas atividades nem cuidar dos interesses individuais. A sua função acha-se cumprida quando a todos assegurou a liberdade; nesse sentido, deverá ser Estado de Direito (fórmula esta que mais tarde assumiu significado muito diverso do kantiano)" (Del Vecchio, *Lições de filosofia do direito,* 1979, p. 139).

ontológica (dever-ser), e faz a liberdade residir na observância e na conformidade do agir com a máxima do imperativo categórico. No lugar de mencionar na felicidade a finalidade do agir humano, faz residir no dever, e num dever que se insculpe como regra apriorística, racional e universal, a preocupação ética.

O domínio do dever é o domínio da liberdade do espírito. Isso porque, sendo a razão teórica incapaz de iluminar os caminhos da felicidade, incumbe à razão prática fazê-lo, guiada que está pela influência direta do imperativo categórico. A liberdade, assim, se confunde com o cumprimento do próprio dever.

Mas moralidade se inscreve como algo diverso de juridicidade, na medida em que aquela lida com a liberdade, com a autonomia, com a interioridade e com a noção de dever pelo dever. A juridicidade, por sua vez, lida com os conceitos de coercitividade, exterioridade e pluralidade de fins da ação, que não os fins próprios de uma deontologia categórica e *a priori*.

25.11. Nietzsche: niilismo e genealogia da moral

25.11.1. Traços e linhas nietzschianos

Friedrich Wilhelm Nietzsche (1844/1900), filósofo de origem alemã, é identificado como teórico do voluntarismo e do niilismo filosóficos. Seu pensamento se debruça sobre temas das mais diversas latitudes, mas destacam-se suas preocupações sobre a religião e a moral como pontos-chave de seus textos. De fato, suas elocubrações possuem incursões sobre muitas temáticas (história, música, filologia, religião...) e, inclusive, sobre a temática moral. Ao deitar-se sobre os valores e ao discutir sobre crenças é que causa profundos abalos na consciência coletiva ocidental, com as propostas que caracterizam sua filosofia niilista. Antes de se tornar autor de reconhecida nomeada em sua época, chegou a se destacar em filologia, tornando-se professor dessa ciência na Universidade de Basileia.

Marcos fortes de sua personalidade e de sua biografia são suas influências trazidas do ceticismo de Schopenhauer[748] e da musicalidade de Richard Wagner. A abrupta ruptura de relações com este último foi de capital importância para sua vida e para sua filosofia, algo que só ocorreu com a publicação de *Humano, demasiadamente humano* (1878), quando Nietzsche fere os principais valores tradicionais e religiosos de Wagner com seus pensamentos. A partir de então, não somente sua filosofia passa a ganhar maior alento, inclusive em número de obras, como seu degringolar vai paulatinamente se desencadeando, até a veemente loucura, sob a vigília da irmã, e morte, em 1900.

---

748. Leia-se, em *A genealogia da moral*, esta declaração de Nietzsche sobre seu encantamento com as ideias de Schopenhauer: "Do que eu tratava era do valor da moral acerca desse ponto eu não tinha que explicar-me senão para o meu ilustre Schopenhauer, a quem se dirigia este livro com toda sua paixão e a sua secreta oposição (porque 'Humano, demasiadamente humano', era com esta, uma obra de polêmica)" (Nietzsche, *A genealogia da moral*, 1991, p. XIII).

Destacam-se, do amplo rol de textos de sua autoria, as principais obras de Nietzsche, aí compreendidas aquelas da fase de sua amizade com Wagner (até 1878) e também as da fase de quebra da amizade (após 1878): 1872 — *O nascimento da tragédia*; 1873 — *A filosofia na idade clássica dos gregos* (publicado postumamente: *Verdade e mentira no sentido extramoral*); 1878 — *Humano, demasiadamente humano*; 1882 — *A gaia ciência*; 1883-1885 — *Assim falava Zaratustra*; 1886 — *Para além do bem e do mal*; 1887 — *A genealogia da moral*; 1888 — *Ecce homo: como me tornei eu mesmo*.

Mas o que faz com que se busquem em sua obra os traços de suas ideias morais, e de sua influência sobre a ética contemporânea, apesar de a sua obra não revelar nenhuma ética normativa, é a frase enigmática por ele lançada em sua autobiografia, que aqui se reproduz:

> "A questão da origem dos valores morais é, portanto, para mim de primeira ordem porque dela depende o futuro da humanidade" (Nietzsche, *Ecce homo: como cheguei a ser o que sou,* p. 131).

25.11.2. Alguns postulados da filosofia nietzschiana: niilismo e voluntarismo

Estes são os pontos de maior destaque da filosofia de Nietzsche: o voluntarismo e o niilismo. Tendo em vista esses marcos, é de grande importância que sejam bem definidos nessa parte, antes que se inicie propriamente a reflexão sobre sua filosofia moral.

Quanto ao seu niilismo, há que se dizer que é ponto marcante e de distinção na obra de Nietzsche, sobretudo em sua obra tardia, a partir de 1881[749]. A princípio, pode-se tratar de mera coincidência, mas há uma certa proximidade entre a palavra alemã para significar a ideia do "nada" e o nome de nosso filósofo niilista (*Nietzsche*). Até nisso se identificam e se comunicam, nome do autor e obra. A própria ideia de moral será investigada dentro dessa concepção do niilismo, e será metodologicamente devassada como fruto do niilismo ocidental. Ou, ainda, a própria ideia de moral em Nietzsche é que funda o niilismo[750].

---

749. Cf. Araldi, Para uma caracterização do niilismo na obra tardia de Nietzsche, *Cadernos Nietzsche*, São Paulo, 1998, v. 5, p. 75. Destaca-se nesse artigo que as obras *Para a genealogia da moral, O crepúsculo dos ídolos* e *O anticristo* são as que mais caracteristicamente possuem traços niilistas.

750. "Desse modo, constata-se que o niilismo assume importância e significação na obra tardia de Nietzsche a partir da investigação da *história da moral*" (Araldi, Para uma caracterização do niilismo na obra tardia de Nietzsche, *Cadernos Nietzsche*, São Paulo, 1998, v. 5, p. 76).

Veja-se o sentido de niilismo na obra de Nietzsche:

"Niilismo. Nietzsche é o único a não utilizar esse termo com intuitos polêmicos, empregando-o para qualificar sua oposição radical aos valores morais tradicionais e às tradicionais crenças metafísicas: 'O niilismo não é somente um conjunto de considerações sobre o tema *Tudo é em vão*, não é somente a crença de que tudo merece morrer, mas consiste em colocar a mão na massa, em destruir; (...) É o estado dos espíritos fortes e das vontades fortes do qual não é possível atribuir um juízo

Com outras palavras, pode-se dizer que:

> "Com o termo *niilismo* (*der Niilismus*), ele procurava abarcar as diversas manifestações da doença ou crise inscritas na história do homem ocidental, de modo a atingir a razão comum dessa doença, qual seja, a instauração da interpretação moral da existência dá origem ao niilismo ocidental" (Araldi, Para uma caracterização do niilismo na obra tardia de Nietzsche, *Cadernos Nietzsche*, São Paulo, 1998, v. 5, p. 76).

Então é que Nietzsche desenvolve sua filosofia como um profundo trabalho de escavação dos valores, no sentido de superá-los como negação da vida. Ora, o niilismo é a raiz de toda a cultura ocidental, que desenvolveu uma forma de pensar em que o autoaniquilamento é visto como virtude, em que a dor é exaltada como um bem, em que o tédio da vida é parte do viver mundano. A história do Ocidente está recheada de exemplos disso, como demonstra Nietzsche[751]. A origem de tudo isto seria a própria religião, que exalta o transcendente em detrimento do presente, a espiritualidade, em detrimento da materialidade, menosprezando os valores humanos, bem como a rica e extensa condição humana.

Ora, o empenho de Nietzsche seria o de superar esse *modus* com o qual se constituíram os valores no Ocidente, bem como o de embrenhar-se na tarefa de destruição dos arquétipos que a eles deram origem. A superação disso daria vazão à possibilidade de inserção de novos valores para os homens, valores humanos, voltados para a satisfação humana, sem a altivez e a uniformidade da "ciência da moral", tal como altiva e tradicionalmente concebida[752]:

> "Até o próprio título 'ciência da moral' é relativamente àquilo que quer significar muito pretensioso e contrário ao *bom* gosto, que prefere expressões mais modestas" (Nietzsche, *Além do bem e do mal*, 2001, p. 119).

É assim que se inscrevem, finalmente, as tendências niilistas no pensamento de Nietzsche, em graus e diferenças de sentido:

---

negativo: a negação ativa corresponde mais à sua natureza profunda (*Wille zur Macht,* ed. Kröner, XV, parágrafo 24)'" (Abbagnano, *Dicionário de filosofia,* 2000, p. 712-713).

751. "Através de considerações históricas, o filósofo mostra a ação das epidemias da saciedade de viver, dentre as quais ele cita a dança macabra de 1348, o pessimismo parisiense de 1850, o alcoolismo na Idade Média, a depressão na Alemanha depois da guerra dos trinta anos (GM/GM III, 13). Ocorrendo em vários momentos da história, essa vontade que se volta contra a vida mostra sua origem a partir do instinto de espiritualidade que quer negar a natureza e tem como consequência o *toedium vitae,* a saciedade de viver, o niilismo" (Araldi, Para uma caracterização do niilismo na obra tardia de Nietzsche, *Cadernos Nietzsche*, São Paulo, 1998, v. 5, p. 83).

752. "Através da investigação da *História natural da moral,* o niilismo é compreendido como doença, como transcurso doentio típico, adquirindo desse modo estatuto de questão fundamental, a partir da qual seria possível criticar-destruir a moral existente e possibilitar a criação de novos valores" (Araldi, Para uma caracterização do niilismo na obra tardia de Nietzsche, *Cadernos Nietzsche*, São Paulo, 1998, v. 5, p. 84).

1) Niilismo incompleto (*unvollständig Nihilismus*) e niilismo completo (*vollkommener Nihilismus*): a morte do Deus cristão, no niilismo incompleto, é decorrência do espírito da modernidade, vazio que é preenchido por outras ideias (progresso, ciência...); a morte do Deus cristão, no niilismo completo, é sabida, sentida e refletida, sendo que em sua substituição nada se tenta trazer[753]. A Europa vive um niilismo incompleto, na busca de substituição da ausência do Deus cristão por outras ideologias, algo que deve ser superado pelo niilismo completo, na proposta de Nietzsche.

2) Niilismo completo, ativo e do êxtase (*ekstatischer Nihilismus*): na proposta de Nietzsche, não basta contemplar a morte do Deus cristão, muito menos a ausência do que fazer para substituí-lo na fuga do medo do vazio. O niilismo completo assume a ausência do Deus cristão e funda uma cultura de superação dessa ausência pela vivência de novos valores laicizados e independentes da opressão desse jugo. Enfim, proceder dessa forma é transvalorar os valores, alcançando um êxtase humano, profundamente humano[754].

Assim se confirma em sua postura teórica uma profunda pregação contra a religião e a moral tradicionais, bem como contra toda e qualquer filosofia metafísica[755],

---

753. "É nesse sentido que Nietzsche distingue entre niilismo incompleto e niilismo completo. No niilismo incompleto (*unvollständig Nihilismus*) há a tentativa de preencher o vazio decorrente da morte do Deus cristão, tido como a fonte da verdade (XII, 10, 42). Através de ideais laicizados (o progresso na história, a razão moral, a ciência, a democracia), os homens ainda mantêm o lugar outrora ocupado por Deus, o suprassensível, pois buscam algo que ordene categoricamente, ao qual possam se entregar absolutamente. Em suma, no niilismo incompleto há a tentativa de superar o niilismo sem transvalorar os valores (XII, 10, 42). No niilismo completo (*vollkommener Nihilismus*) há uma autoconsciência do homem sobre si próprio e sobre a sua nova situação após a morte de Deus (XII, 10, 42). Esta forma de niilismo é uma consequência necessária dos valores estimados até então como superiores. Nesse momento, contudo, não ocorre ainda a criação de valores afirmativos: o niilista completo não consegue mais mascarar, através de ideais e ficções, a vontade de nada. Não é apenas o suprassensível que é abolido, mas também a oposição entre ambos (GD/CI. *Como o mundo verdadeiro tornou-se fábula*). Com um olhar pálido, desfigurado, o niilista completo contempla e idealiza a partir da fraqueza. A completude do niilismo não ocorre somente nessa dissolução passiva, no tipo do decadente que frui passivamente de seu esgotamento. É nesse sentido que o filósofo distingue entre niilismo ativo e niilismo passivo" (Araldi, Para uma caracterização do niilismo na obra tardia de Nietzsche, *Cadernos Nietzsche*, São Paulo, 1998, v. 5, p. 86).

754. "Nietzsche pretende passar do niilismo incompleto, que é ainda a condição da modernidade, para o niilismo completo e, posteriormente, para o momento derradeiro: o niilismo do êxtase (*ekstatischer Nihilismus*). O tipo de homem afirmativo não se detém na negação (tudo é em vão) e suas consequências: a derrocada de todo sentido e a decadência fisiológica. Desse modo, no niilismo do êxtase há a necessidade de destruir ativamente, visto que a destruição é uma condição para a criação de novos valores. Enquanto 'a mais divina de todas as formas de pensar', o niilismo funciona como um martelo na mão do criador. Com isto chega-se ao niilismo do êxtase, que é condição para se chegar à suprema afirmação da existência" (Araldi, Para uma caracterização do niilismo na obra tardia de Nietzsche, *Cadernos Nietzsche*, São Paulo, 1998, v. 5, p. 88).

755. "O compromisso de Nietzsche não é com a defesa do universal ou da racionalidade, mas com a efetividade. Por isso, denuncia todas as formas que viabilizam a sua depreciação. A sua crítica

pois identifica nesses filósofos verdadeiros sacerdotes disfarçados e nos moralistas verdadeiros raquíticos da investigação moral. Em suas concepções, devem ser desfeitas todas as amarras possíveis à vontade de potência. E é isso que abre campo para que se explique melhor as ideias de voluntarismo e vontade de poder em seu pensamento.

Assim, quanto ao seu voluntarismo, é de se dizer: o motor da ação não está no fim (finalismo), no teleologismo (*télos*: fim, greg.), mas na vontade de potência (*macht*) que move todo ser existente, desde o vegetal até o ser humano. Toda a pulsão de vida é guiada pela vontade de expansão, que, em última análise, cria o conflito permanente entre todas as coisas. Ora, voluntarismo é, nesse sentido, a submissão de tudo à ideia de vontade, à noção de que o apetite é que movimenta as mudanças e as operações na condição mundana (cf. Marton, *Nietzsche*, 1996, p. 62-63). Em poucas palavras:

> "O mundo visto por dentro, definido e determinado por seu 'caráter inteligível' seria — precisamente — 'vontade de potência' e nada mais" (Nietzsche, *Além do bem e do mal*, 2001, p. 61).

A vontade é a flecha chamejante que propulsiona todo existente para adiante, nas palavras de Zaratustra[756]:

> "Entretanto, Zaratustra olhava a multidão com assombro. E falou assim:
> Amo o que ama a sua virtude; porque a virtude é desejo de perecer e flecha do infinito desejo" (Nietzsche, *Assim falava Zaratustra,* 1973, p. 15).

Nisso não existe nem transcendência metafísica nem inércia cética, mas sim uma postura profundamente visceral a tudo o que é mundano: a vontade, o princípio de tudo[757].

As coisas não possuem sentido por si mesmas, pois é a vontade que lhes determina o sentido[758]. É essa vontade o governo de tudo, pois se trata de algo profundamente próprio ao ser humano, que deve ter vontade de superação, de se tornar mais do que tradicionalmente é, mais do que efetivamente se permite ser. Isso tudo porque a vontade

---

à moral, à religião, à filosofia e à ciência tem por base o resgate da supremacia da imanência e, nesse sentido, visa a excluir a transposição do valor ao plano transcendente" (Azeredo, *Nietzsche e a dissolução da moral*, 2000, p. 177).

756. A posição de Nietzsche é muito bem definida nestas palavras, quando diz que toda energia poderia ser chamada vontade potência: "Suponho, finalmente, que se chegasse a explicar toda nossa vida instintiva como o desenvolvimento da vontade — da vontade de potência, é minha tese — teria adquirido o desejo de chamar a toda energia, seja qual for, *vontade de potência*" (Nietzsche, *Além do bem e do mal*, 2001, p. 61).

757. "A concepção de realidade como uma explosão exuberante de vida incontrolável induz Nietzsche a interpretar a história segundo o princípio grego do eterno retorno: tudo nasce, morre e volta a nascer de novo, sem fim" (Masip, *História da filosofia ocidental*, 2001, p. 269). Nisso, a vontade é o motor de tudo, mas, especificamente, a vontade de poder.

758. "O homem, em Nietzsche, é definido como aquele que avalia, que confere sentido às coisas. O homem é vontade de potência" (Azeredo, *Nietzsche e a dissolução da moral*, 2000, p. 73).

de potência tem sido reprimida, intensa e sucessivamente, pelos costumes e pela moral tradicionais[759]. Camuflar essa vontade é a pior das estratégias possíveis, isso porque:

> "O ser vivo necessita e quer, antes de mais nada e acima de todas as coisas, dar liberdade de ação à sua força, ao seu potencial. A própria vida é vontade de potência" (Nietzsche, *Além do bem e do mal*, 2001, p. 33).

Em Nietzsche, somente a vontade pode romper o ciclo de acalentamento do homem da noção de que sua condição é miserável, e de que deve aguardar outra condição transcendente que seja melhor que essa. Não, definitivamente, não! Para Nietzsche a vontade pode, na medida em que está visceralmente ligada a uma capacidade humana, a algo que é humano, demasiadamente humano. Cumpram-se assim as palavras de Zaratustra:

> "Restituí, como eu restituí à terra, a virtude extraviada, restituí-a ao corpo e à vida, para que dê à terra o seu verdadeiro sentido, um sentido humano" (Nietzsche, *Assim falava Zaratustra,* 1973, p. 85).

25.11.3. A filosofia moral nietzschiana

A moral não é nem rejeitada nem recusada por Nietzsche, muito menos aceita do jeito que tradicionalmente é concebida, especialmente a moral cristã. Mas, de qualquer forma, o que se pode, preliminarmente, dizer sobre o tema é que a realidade moral em si mesma não existe, mas sim uma interpretação moral dos fenômenos:

> "Não existem fenômenos morais, mas uma interpretação moral dos fenômenos" (Nietzsche, *Além do bem e do mal*, 2001, p. 102).

Ao afirmar isso, Nietzsche quer exatamente fundar um pensamento que traga o homem às origens de si, à investigação sincera e objetiva (entenda-se não mascarada), arqueológica e fundamental, genealógica (*génesis,* greg., gênese, origem) dos valores e das crenças humanos. Nietzsche quer destacar o quanto o homem é demasiadamente humano, e, nesse sentido, não poderia negar a existência da moral ou mesmo a sua importância. Mas haverá de conferir a ela um outro sentido, bastante peculiar, através de suas pesquisas.

O que Nietzsche haverá de fazer será *re-fundar* a moral, a partir de uma certa metódica arqueológica que escava a história, valorando-a de outra forma, compreendendo-a de outra forma, a ponto de transformar o significado das ações, dos feitos, e o simbolismo de determinadas crenças. Para isso é necessário analisar a procedência dos valores e verificar, historicamente e logicamente, como se formaram e se deformaram[760]:

---

759. "Esse é o papel fundamental da moralidade do costume e da tradição: inscrever no homem o social, conter-lhe os instintos" (Azeredo, *Nietzsche e a dissolução da moral*, 2000, p. 95).

760. "Analisar a procedência de um valor remete necessariamente às suas condições de criação, por isso a pergunta 'quem?', fundamental em Nietzsche, por introduzir como procedimento nortea-

"Necessitamos uma crítica dos valores morais, e antes de tudo deve discutir-se o 'valor destes valores', e por isso é de toda a necessidade conhecer as condições e os meios ambientes em que nasceram, em que se desenvolveram e deformaram (a moral como consequência, máscara, hipocrisia, enfermidade ou equívoco, e também a moral causa, remédio, estimulante, freio ou veneno) conhecimento tal que nunca teve outro semelhante nem é possível que tenha" (Nietzsche, *A genealogia da moral*, 1991, p. XIV).

Nietzsche tem uma recomendação nesse sentido, a de que seja superada definitivamente a moral tradicional (a moral dos escravos), entendendo-se aí residir a moral cristã e a metafísica platônica. Eis o alerta: alijai-vos da opressão do passado moral, pois a moral corresponde à cristalização dos valores do passado, e tornar-se um fiel guardião deles não é exercer a liberdade ética, mas submeter-se a padrões morais arraigados ao passado! Com essa preocupação é que Nietzsche se lança na empreitada de discutir a questão ética.

As descobertas de que o homem ocidental é niilista e de que encontra-se à deriva da concepção de Deus ("Deus está morto!"), substituído por subterfúgios outros da razão, e, sobretudo, de que o homem ocidental despreza profundamente a si mesmo (porque busca a vida do além e não a vida real e concreta de que dispõe), são determinantes para a obra do filósofo alemão. É por isso que em sua autobiografia (*Ecce homo*) afirma que "Com *Aurora* comecei a luta contra a moral da renúncia a si mesmo"[761]. Com esse desprezo, acaba por esquecer-se de valorar o que é humano, para valorar o que é transcendente. Tudo isso é detectado pelo procedimento teórico adotado por Nietzsche para investigar a moral: a genealogia[762]. Percebam-se as palavras de Nietzsche:

"Se abstraímos do ideal ascético, vemos que o homem não teve até agora finalidade. A sua existência sobre a Terra carece de objetivo. 'Por que o homem?' Eis uma pergunta sem resposta; o homem e a terra não tinham liberdade; em cada passo do destino humano ressonava este grito. 'Em vão!' Eis a finalidade de todo o ideal ascético; queria dizer que em volta do homem havia uma imensa 'lacuna'; não sabia justificar-se a si mesmo, interpretar-se, afirmar-se; sofria ante o problema da vida. E sofria de muitas maneiras; era antes de tudo um animal 'doente', o seu problema, porém, não era a dor. 'O homem, o animal mais valoroso e enfermiço, não repele dor, antes a procura, contando que lhe digam o porquê'" (Nietzsche, *A genealogia da moral*, 1991, p. 113).

Assim, desloca-se o eixo de preocupações morais do valor para o valor do valor (que valor se atribui a cada valor como bom e mau?), na postura de transvaloração

---

dor, que permite desvendar as perspectivas implicadas nas avaliações e, portanto, estabelecer o valor dos próprios valores" (Azeredo, *Nietzsche e a dissolução da moral*, 2000, p. 35).

761. Nietzsche, *Ecce homo*: como cheguei a ser o que sou, p. 133.

762. "É a partir da história da moral que o filósofo procurará caracterizar e validar metodologicamente as diversas formas de niilismo. Ou seja, o niilismo foi cunhado na obra de Nietzsche a partir da investigação da moral, da qual resulta a elaboração de um novo método de análise da moral: o procedimento genealógico" (Araldi, Para uma caracterização do niilismo na obra tardia de Nietzsche, *Cadernos Nietzsche*, São Paulo, 1998, v. 5, p. 78).

dos valores[763]. E, após a constatação dos erros da moral do passado, não basta simplesmente aceitar ou conhecer esse fato, pois se torna imperativo desmistificar diversos dos ídolos construídos como norteadores da conduta moral, ou, ainda, carece desconstruir o passado, para revesti-lo de novo simbolismo que propulsione os indivíduos para o futuro. Eis a necessidade do martelo[764] nietzschiano para efetivar esse projeto[765]. Esse martelo funciona, sobretudo, contra a inocência do moralista, quando se trata de inscrever o método genealógico como o único instrumento de *re--avaliação* da história da moral:

> "O sentimento moral na Europa é atualmente tão fino, tardio, múltiplo, irritável, refinado, quanto a 'ciência moral' é ainda jovem, principiante, entorpecida e grosseira; um contraste atraente, que por vezes se manifesta na própria pessoa do moralista" (Nietzsche, *Além do bem e do mal*, 2001, p. 119).

É com o grande martelo que se procura demolir a tradição judaico-cristã e platônico-metafísica, bem como insculpir-se a filosofia nietzschiana da suspeita, da dúvida, da transvaloração, da *re-construção* do saber ético ocidental, o que se faz com o conhecimento e a consciência de que as heranças do passado determinaram o presente, o que só se faz por meio da genealogia[766]. Sem hipocrisias e falsos moralismos, a ética nietzschiana é fruto de uma ruptura com a tradição, algo condizente com o espírito livre de seu autor[767]. Esse legado de suspeita e essa tentativa de liber-

---

763. "É como herdeiro da mais longa e corajosa autossuperação que a Europa moralizada realizou sobre si mesma que Nietzsche compreende a si mesmo e a sua tarefa filosófica; é como imoralista que se apropria da tradição milenar, para assim instaurar o projeto de transvaloração dos valores" (Araldi, Para uma caracterização do niilismo na obra tardia de Nietzsche, *Cadernos Nietzsche*, São Paulo, 1998, v. 5, p. 84).

764. O martelo de Nietzsche se dirige contra a filosofia antecedente, contra os costumes cristalizados, contra a religião judaico-cristã, contra os cânones metafísico-platônicos, e contra todo obstáculo que se anteponha à superação da moral tradicional. Eis um exemplo da ação de seu martelo: "A hipocrisia inflexível e virtuosa com que o velho Kant nos conduz por todas as veredas de sua dialética para nos induzir a aceitar o seu pensamento categórico é um espetáculo que nos faz sentir o imenso prazer de descobrir as pequenas e maliciosas sutilezas dos velhos moralistas e dos pregadores. Somemos a tudo isso o malabarismo, pretensamente matemático, com que Spinoza termina por escudar e mascarar sua filosofia, tratando de intimidar, assim, desde o princípio a audácia do assaltante que pousa os olhos numa virgem invencível: Palas Atenas. Como se pode entrever, por meio de tão pequeno broquel e inútil máscara, a timidez e a vulnerabilidade de um ser doente e solitário!" (Nietzsche, *Além do bem e do mal*, 2001, p. 23-24).

765. "Daí a posição indiferente que se efetivaria na manutenção do dado ser objeto de crítica e, porque não dizer, ideal a ser destruído pelo 'martelo', já que a crítica, enquanto referida ao valor dos valores, configura a 'filosofia a marteladas', destruidora de ideias e ideais" (Azeredo, *Nietzsche e a dissolução da moral*, 2000, p. 26).

766. "É claro que o genealogista da moral há uma cor cem vezes preferível ao azul, a cor parda, isto é, tudo o que se funda em documentos, tudo o que consta que existiu, todo o longo texto hieroglífico, laborioso, quase indecifrável do passado da moral humana" (Nietzsche, *A genealogia da moral*, 1991, p. XV).

767. "Somente uma inversão radical (*Umkehrung*) de todos os valores, que não pode ser obra da razão mas deve ser levada a cabo pelo instinto ou pela vida em sua força nativa, será capaz de

tação do passado medieval é que haverão de movimentar boa parte das correntes de pensamento do século XX.

25.11.3.1. A genealogia da moral: moral dos senhores e moral dos escravos

O passado subjuga o presente e determina o futuro. Empenhado em romper com esse ciclo é que Nietzsche se lança na empreitada de investigar como se organizaram os valores no passado, para que se pudessem desvendar as tipologias da moral ocidental e o *modus* de entendimento da moral pelo homem ocidental. É assim que o filósofo alemão chega a identificar a moral dos senhores e a moral dos escravos[768].

Percebe-se, no correr da história, que as palavras "bom" e "mau" estão carregadas de significado. Ora, como entendedor da filologia, o procedimento de Nietzsche é o de analisar que sentidos a história se incumbiu de mascarar por detrás dessas palavras, desvelando-lhes o significado. Eis a declaração de Nietzsche acerca de sua pesquisa:

> "Alguma educação histórica e filosófica e certo tato inato, delicado para as questões psicológicas, depressa transformaram o meu problema neste outro: o bem e o mal? E que valor têm em si mesmos? Foram ou não favoráveis ao desenvolvimento da humanidade? São um sintoma funesto de empobrecimento vital, de degeneração?" (Nietzsche, *A genealogia da moral*, 1991, p. XI).

E a constatação de Nietzsche, no que pertine às principais palavras da moral, "bom" e "mau", é arrasadora, pois as diversas línguas revelam traços semânticos comuns[769], indicando em "bom" uma noção de "nobreza" e, em "mau", de "servilismo"[770].

---

abrir o caminho para uma nova Moral da afirmação da vida — uma moral do super-homem — que substituirá a Moral dominante da negação da vida, representada pelo moralismo platônico-cristão. Tal o núcleo do discurso desconstrutivista de Nietzsche com relação a toda a tradição moral codificada na Ética, que o faz incluir entre os mestres da suspeita e explica, mais sem dúvida do que o fascinante brilho literário, a enorme influência da sua obra na cultura do nosso século" (Vaz, *Escritos de filosofia IV*: introdução à ética filosófica, 1999, p. 413).

768. "No procedimento genealógico há a tentativa de construir uma *Tipologia da moral*. A partir da *História natural da moral* o genealogista constata a cristalização de dois tipos: a moral dos senhores (*Herren-Moral*) e a moral dos escravos (*Sklaven-Moral*)" (Araldi, Para uma caracterização do niilismo na obra tardia de Nietzsche, *Cadernos Nietzsche*, São Paulo, 1998, v. 5, p. 78).

769. Também neste trecho: "Em minha peregrinação através das morais mais refinadas e mais grosseiras que reinaram e ainda reinam, constatei a repetição e a conexão de certos traços característicos, de modo que estou prestes a descobrir dois tipos fundamentais e uma diferença também fundamental. Existe a moral dos *senhores* e a dos *escravos*; se concluirá prontamente que nas culturas mais elevadas e cruzadas se encontram tentativas de conciliação entre as duas morais, mas frequentemente ainda uma confusão das mesmas, fruto de mal-entendidos recíprocos e talvez da coexistência de uma ao lado da outra — isso, também pode ser encontrado em indivíduos, numa só alma" (Nietzsche, *Além do bem e do mal*, 2001, p. 230).

770. Essa ideia é reforçada em *Além do bem e do mal*: "A moral dos escravos é, basicamente, uma moral utilitária. Eis aqui o centro de onde se originou a famosa oposição 'bem' e 'mal', ao mal se atribui instintivamente uma certa potência, uma periculosidade, um certo terror, um refinamento, uma força, não desprezíveis. Segundo a moral dos escravos, o mal incute também 'terror', segundo

"A indicação do verdadeiro método foi-me dada por esta pergunta: qual é, segundo a etimologia, o sentido da palavra 'bom' nas diversas línguas? Então descobri que esta palavra em todas as línguas deriva de uma mesma transformação de ideias; descobri que, em toda a parte, a ideia de 'distinção', de 'nobreza', no sentido de ordem social é a ideia-mãe donde nasce e se desenvolve necessariamente a ideia de 'nobre' no sentido de 'privilegiado quanto à alma'. E este desenvolvimento é sempre paralelo à transformação das noções 'vulgar', 'plebeu', 'baixo' na noção de 'mau'. O exemplo mais evidente desta última metamorfose é a palavra alemã *schlecht* (mau), que é idêntica à palavra *schlicht* (simples); compare-se *schlichtsweg* (simplesmente) e *schlechterdings* (absolutamente), e que sua origem designa o homem simples, o homem plebeu" (Nietzsche, *A genealogia da moral*, 1991, p. X).

É dos arcanos da história que provêm essas noções, seja da etimologia grega da palavra ética (*éthos — esthlos*)[771], seja da análise das práticas sociais mais comuns da Antiguidade, seja das relações entre devedor e credor[772], seja dos sacrifícios religiosos da mais longínqua data[773], seja da verificação de quanto a moral sacerdotal e os cultos antigos continuam presentes no espírito das pessoas. As ideias de "puros" e "impuros", decorrentes dos processos de purificação sacerdotal, estão aí para indicar isso:

"Deste modo a oposição 'puro' e 'impuro' serviu primeiramente para distinguir as castas e ali se desenvolveu mais tarde uma diferença entre 'bom' e 'mau' no sentido já não limitado à casta. Evitemos atribuir à ideia de 'puro' e 'impuro' um sentido demasiado rigoroso, demasiado lato, e menos ainda um sentido simbólico. A palavra 'puro' designa simplesmente 'um homem que se lava', que se abstém de certos alimentos insa-

---

a moral dos senhores, é precisamente o 'bom' que inspira terror porque quer inspirá-lo, enquanto o homem 'mau' é tido como um ser desprezível" (Nietzsche, *Além do bem e do mal*, 2001, p. 233). "O juízo ruim era estabelecido por esses mesmos homens para designar o homem baixo, vulgar, e seu respectivo fazer" (Azeredo, *Nietzsche e a dissolução da moral*, 2000, p. 50).

771. "A palavra *esthlos* significa 'alguém que é', alguém que é real, que é verdadeiro; depois, por uma modificação subjetiva, o verdadeiro vem a ser verídico: nesta fase de transformação da ideia vemos que a palavra que a expressa vem a ser a contrassenha da nobreza, é tomado em absoluto o sentido de 'nobre', por oposição a homem 'embusteiro' da plebe, segundo o concebe e descreve Theognis; até que, por fim, quanto à nobreza da alma, é ao mesmo tempo o que quer que seja maduro e adocicado" (Nietzsche, *A genealogia da moral*, 1991, p. 6).

772. "Retomemos a nossa investigação onde a deixamos. O sentimento de dever, da obrigação pessoal, tem origem, segundo vimos, nas mais antigas e mais primitivas relações entre os indivíduos, as relações entre o credor e o devedor; aqui, pela primeira vez, a pessoa opôs-se à pessoa e mede-se com ela" (Nietzsche, *A genealogia da moral*, 1991, p. 39).

773. "Os deuses, como afeiçoados aos espetáculos cruéis: como ressalta ainda esta noção primitiva em meio da nossa civilização europeia! Leiam-se Calvino e Lutero. Os gregos condimentavam a felicidade dos seus deuses com os prazeres da crueldade. Como olhavam os deuses de Homero o destino dos homens? Que ideia tinham da guerra de Troia e de outros horrores trágicos? Neste ponto não há dúvida: eram brinquedos que alegravam os deuses, e como o poeta é de uma espécie mais 'divina' que o resto da humanidade, também para ele eram brinquedos..." (Nietzsche, *A genealogia da moral*, 1991, p. 38).

lubres, que não coabita com as mulheres sujas da plebe e que tem horror ao sangue e nada mais. Por outro lado, a conduta característica de toda a aristocracia sacerdotal indica como esta oposição de valores pode espiritualizar-se e acentuar-se" (Nietzsche, *A genealogia da moral*, 1991, p. 7).

Da escravidão antiga, do servilismo, da opressão, da aristocracia sacerdotal são oriundos os principais arquétipos da moralidade e os principais conceitos que *pré--julgam* as coisas dicotomicamente (mau como desprezível, como ínfimo, como repugnante, como sujo, como pobre, como plebeu...)[774]. Esse cadenciamento de raciocínios é que levou à universalização de certos valores e à cristalização de categorias socioeconômicas como morais e religiosas.

Os escravos e plebeus, identificados com a inferior condição na qual se encontravam, em oposição, passam a erigir seus contravalores aos da nobreza e da aristocracia. À *ação* (*ao valor*) da aristocracia (valor fundado na superioridade) advém uma *re-ação* (um *contravalor*) dos plebeus (*contravalor* fundado no ódio)[775]:

> "Enquanto toda a moral aristocrata nasce de uma triunfante afirmação de si mesma, a moral dos escravos opõe um 'não' a tudo o que não é seu; este 'não' é o seu ato criador. Esta mudança total do ponto de vista é própria do ódio: a moral dos escravos necessitou sempre de estimulantes externos para entrar em ação; a sua ação é uma reação" (Nietzsche, *A genealogia da moral*, 1991, p. 11).

A luta dos escravos (dos *contravalores*), em face dos nobres (dos *valores*), e, portanto, do "bem" contra o "mal", surge a partir dos esforços do povo judeu, como historia Nietzsche:

> "Os judeus — 'povo nascido da escravidão' como disse Tácito em uníssono com toda a Antiguidade, 'povo eleito entre todos os povos', como eles mesmos dizem e creem — levaram a cabo essa milagrosa inversão de valores que deu à vida durante milênios um novo e perigoso atrativo. Os profetas judeus fundiram numa só definição o 'rico', o 'ímpio', o 'violento', o 'sensual' e, pela primeira vez, colocaram a pecha da infâmia à palavra 'mundo'. Nesta inversão de valores (que fez também da palavra 'pobre' sinônimo de 'santo' e de 'amigo') é que se fundamenta a importância do povo judeu, com ele, em moral, começa a *insurreição dos escravos*" (Nietzsche, *Além do bem e do mal*, 2001, p. 131).

E, deve-se acrescentar que, segundo Nietzsche, essa insurreição que é fruto do ódio levou o próprio Jesus Cristo à crucifixão:

---

774. "O medo funda a moral de escravos, uma vez que ele teme aqueles que são potentes e diferentes dele" (Azeredo, *Nietzsche e a dissolução da moral,* 2000, p. 64).

775. Assim, bom e mau são conceitos arraigados a noções de bom e mau oriundas de conflitos de classe: "E tão-pouco é único o conceito 'bom'. Perguntai aos escravos qual é o 'mau', e apontarão a personagem que para a moral aristocrática é 'bom', isto é, o poderoso, o dominador. Simplesmente os escravos olham para ele de viés, com o olhar venenoso de rancor" (Nietzsche, *A genealogia da moral*, 1991, p. 14).

"Compreendeis por que é que esta coisa necessitou de dois mil anos para triunfar?... Não é estranho: de longe é sempre difícil ver. Sobre o tronco da árvore da vingança e do ódio — e é isto o que se deu — do ódio judaico, do ódio mais profundo e mais sublime que o mundo jamais conhecera, do ódio criador do ideal, do ódio transmutador dos valores, do ódio sem semelhante na Terra, do tronco deste ódio saiu uma coisa incomparável, um 'amor novo', mais profunda e a mais sublime forma do amor. Mas não se creia que o amor se desenvolveu sobre este troco (único em que podia desenvolver-se) como antítese desta vingança e deste ódio. Ao contrário, o amor saiu deste ódio como uma coroa triunfante, mas que, no novo domínio da pureza, da luz e do sublime persegue os mesmos fins que o ódio: a vitória, a conquista, a sedução. Este Jesus de Nazaré, este evangelho encarnado do amor, este 'Salvador', que trazia aos pobres, aos enfermos e aos pecadores a bem-aventurança e a vitória, não era ele precisamente a sedução na sua forma mais irresistível, a sedução que, por um rodeio, havia de conduzir os homens a adaptar os valores judaicos? O povo de Israel, ao ferir o Salvador, seu aparente adversário, não feriu o verdadeiro objeto do seu ódio sublime?" (Nietzsche, *A genealogia da moral*, 1991, p. 10).

Dessa luta entre escravos e senhores surge um fruto: a moral europeia, mediocrizada, massificada, degenerada e medrosa, tacanha e enfadonha, que haverá de ser o objeto das mais profundas críticas do martelo de Nietzsche:

"O que agora nos inspira medo é a multiplicação assombrosa do homem, do gusano mesquinho e débil, que pretende ser o 'homem superior'; em meio da enorme neurastenia, cansaço e senilidade da Europa, ainda se considera o homem como um ser robusto e cheio de vida" (Nietzsche, *A genealogia da moral*, 1991, p. 16).

Disso tudo decorre uma forte onda de tendências ascéticas, purificadoras, moralizantes e empedernidas de controle do comportamento social e manutenção da tradição aristocrática. A moral dos escravos ressai como a moral do medo e da opressão, da fuga e da responsabilidade, e, sacramentada pela história, transporta-se para os dias atuais para determinar como devem ou não agir as pessoas.

Tenha-se presente que nada do que aparenta ser, realmente, em moral, efetivamente o é:

"Seja qual for o ponto de vista no qual nos coloquemos, deve ser reconhecido que a *falsidade* do mundo em que acreditamos viver é a coisa mais verdadeira e firme que nossa visão pode apreender" (Nietzsche, *Além do bem e do mal*, 2001, p. 58).

Tudo o que possui uma aparência de "bom" e de "belo", de fato, se originou das entranhas mais horrendas da história, sendo insculpidas e contornadas na consciência coletiva aos poucos, ao preço de muita dor, de muito sacrifício, de muito sangue e de muita injustiça:

"Recordem-se os antigos castigos na Alemanha, entre os outros a lapidação (já a lenda fazia cair a pedra do moinho sobre a cabeça do criminoso), a roda (invenção germânica), o suplício da força, o esmagamento sob os pés dos cavalos, o emprego do azeite ou do vinho para cozer o condenado (isto ainda no século XIV e no século XV), o arrancar os peitos, o expor o malfeitor untado de mel sob um sol ardente às picadas das moscas. Em virtude de semelhantes espetáculos, de semelhantes tragédias, conseguiu-se fixar na memória cinco ou seis 'não quero', cinco ou seis promessas, a fim de gozar as vantagens de uma sociedade pacífica e com estas ajudas da memória, 'entrou na razão!'. Ah! A razão, a gravidade, o domínio das paixões, toda esta maquinação infernal que se chama reflexão, todos os privilégios pomposos do homem, quão caro custaram! Quanto sangue e quanta desonra se encontra no fundo de todas estas 'coisas boas'!" (Nietzsche, *A genealogia da moral*, 1991, p. 32).

Mais que isso, Nietzsche ainda diz que os principais conceitos das relações humanas se organizaram e se estabeleceram a partir das relações entre credor e devedor e das práticas de fazer sofrer pelo primeiro em detrimento do segundo:

"É nesta esfera que têm origens os conceitos morais 'falta' 'consciência', 'dever', 'santidade do dever'. Estas ideias, como tudo o que é grande sobre a terra, foram regadas com sangue. E não poderíamos dizer que este mundo nunca perdeu de todo certo cheiro a sangue e a tormentos? (ainda o imperativo categórico do velho Kant se ressente de crueldade...) Este encanamento das ideias 'falsas' e 'dor' começou assim a formar-se. Mas como pode a dor compensar as dívidas? Muito simplesmente: o 'fazer' sofrer causa um prazer imenso à parte ofendida: fazer sofrer! Isto era uma verdadeira 'festa'. Tanto mais grata, repito quanto maior era o constante entre a posição social do credor e a do devedor" (Nietzsche, *A genealogia da moral*, 1991, p. 35).

Em Nietzsche, portanto, não há essa moral universal e racional que pretendem dizer inata alguns filósofos (ao estilo kantiano). Na narrativa de Nietzsche, a razão não é criadora, e sim simples vítima do processo de universalização de certos valores. Há, sim, historicidade e vontade de poder em exercício, assim como fuga da condição humana. A moral passa a significar paralisação no tempo e no espaço, autocondicionamento de um povo sobre si mesmo, luta encarnecida de si consigo mesmo, castigo da alma contra o corpo, do espírito contra a vida, da *psiché* contra o instinto. Eis as contundentes palavras de Nietzsche que denunciam o desapego do homem de si, em nome de um certo procedimento de tortura psíquica:

Perceba-se que a moral tradicional, em verdade, é fruto do conflito, do ódio de uns contra os outros, é embate, é confronto, é dor, é suplício, é autocondenação, é castigo[776]. Isso tudo burilado e introjetado ao longo dos séculos deu origem à hipocrisia moral europeia do século XIX, afirma Nietzsche, *des-construindo* a realidade dos valores negativos na tentativa de *re-construí-los* positivamente.

25.11.3.2. A transvaloração: superação da moral tradicional

É possível superar a moral tradicional, afirma Nietzsche, deixando-se o homem viver como homem, podendo exercitar a criatividade como artífice de outras éticas,

---

776. "Ver sofrer, alegra; fazer sofrer, alegra mais ainda: há nisto uma antiga verdade 'humana, demasiado humana', à qual talvez subscrevessem os macacos, porque, de fato, diz-se com a invenção de certas crueldades anunciavam já o homem e precediam a sua vinda. Sem crueldade não há gozo, eis o que nos ensina a mais antiga e remota história do homem; o castigo é uma festa" (Nietzsche, *A genealogia da moral*, 1991, p. 36).

que não aquelas que se identificam com as dicotomias, com as divisões, com o negativo, com o sanguinário, com o guerreiro, com o passado, com a revanche social... Aliás, o papel de toda filosofia do futuro é exatamente esse! Nada mais se deseja senão que o homem seja inteiramente homem, e que alcance a plenipotência de sua condição humana[777].

A crítica genealógica da moral, que identificou a moral dos senhores em oposição à moral dos escravos como causa fundante dos principais conceitos éticos do Ocidente, é o instrumento necessário para superar o passado e construir o futuro, para *des-construir* o passado e *re-fundar* o futuro em novas bases[778]. Isso importa em romper as barreiras solidificadas com o tempo e erigir novos moldes, para que o futuro se abra em novas dimensões, que não aquelas que vêm se desenrolando há séculos. Eis o prelúdio de uma filosofia do futuro[779]!

Haverá de surgir no futuro uma nova condição humana, como reflexo desse processo de *re-abertura* do passado (*re-lido* e *re-interpretado* nietzschianamente), de libertação, de liberdade, de consciência plena, de plenipotência ética. Eis o fruto dessa escavação genealógica, entrevê Nietzsche:

> "O indivíduo soberano prescinde da justiça, assim como da lei, pois ele é 'fruto maduro' que, mediante a moralidade do costume e a própria justiça, ambos situados na pré-história da humanidade, tornou-se primeiramente responsável para depois tornar--se leve, livre, irresponsável" (Azeredo, *Nietzsche e a dissolução da moral,* 2000, p. 115).

Ora, então, a história haverá de mostrar que o homem do futuro é aquele que não mais é responsável, não mais carece da justiça (que nunca existiu), não deve nada a ninguém, mas que é tamanhamente autônomo que se torna capaz de superar a infância da humanidade, escrava que era do dever, da moral tradicional e da responsabilidade moral, da crença metafísica e da autoflagelação. Eis a pós-história da humanidade[780].

---

777. "Nada obstante o indivíduo ser o marco terminal do processo de adestramento do homem, interpôs-se entre a fase inicial e a final dessa formação o homem domesticado" (Azeredo, *Nietzsche e a dissolução da moral,* 2000, p. 102).

778. Eis o papel esperado do filósofo por Nietzsche: "O filósofo do futuro deve ser um criador de valores, mas é preciso, primeiro, destruir as antigas tábuas de valor" (Azeredo, *Nietzsche e a dissolução da moral,* 2000, p. 179).

779. A antevisão de Nietzsche é real sobre o surgimento dos filósofos da dúvida: "Esse terá que aguardar a chegada de uma nova espécie de filósofos, diferentes em gostos e inclinações a seus predecessores: filósofos do perigoso 'talvez', em todos os sentidos da palavra. Falo com toda a sinceridade, pois vejo a vinda desses novos filósofos..." (Nietzsche, *Além do bem e do mal,* 2001, p. 21).

"Ora, o fim do processo de formação do homem requer a sua plena realização, que é atingida somente mediante a repressão da própria moral" (Azeredo, *Nietzsche e a dissolução da moral,* 2000, p. 100).

780. "A supressão da justiça é uma decorrência da própria supressão da ação da espécie sobre o indivíduo e, com isso, da passagem da pré-história à pós-história" (Azeredo, *Nietzsche e a dissolução da moral,* 2000, p. 115).

Para desvendá-la não seriam suficientes os olhos míopes e canhestros dos filósofos tradicionais, de inspiração metafísica e moralista, que sempre se detiveram a generalizar suas experiências pessoais como sendo experiências universais e universalizáveis:

"Os filósofos sem exceção olham-se sempre com uma seriedade ridícula, algo de muito elevado, de muito solene, não apenas deviam ocupar-se da moral, como ciência, mas desejavam estabelecer os *fundamentos* da moral, e todos acreditaram firmemente tê-lo conseguido, mas a moral era encarada por eles como coisa 'dada'. Quão distante de seu orgulho canhestro se encontrava a tarefa, aparentemente irrelevante e inconcludente, de uma simples descrição, já que uma tal incumbência requer mãos e sentidos inefavelmente delicados. Esta é a razão, sem dúvida, de os moralistas conhecerem tão grosseiramente os *facta* da moralidade, por intermédio de compêndios arbitrários ou ainda por meio de uma abreviação casual, por exemplo, aquela moral de seu ambiente, de sua própria classe, da sua igreja, do espírito do tempo em que vivem, do seu clima, de seu país e justamente por isso estavam mal informados acerca das nações, das épocas, da história dos tempos passados; jamais estiveram face a face com os verdadeiros problemas da moral que se apresentam apenas quando se verifica o confronto de muitas morais. Na assim chamada 'ciência da moral' *faltava* precisamente, por mais que isso pareça estranho, o próprio problema da moral e não havia mesmo a suspeita da existência de algum problema" (Nietzsche, *Além do bem e do mal*, 2001, p. 119-120).

Eis o anúncio do surgimento do super-homem nietzschiano, nesse contexto, como forma de libertação do homem pelo homem, pela boca de Zaratustra:

"E Zaratustra dirigiu-se ao povo nestes termos:
— Eu vos anuncio o Super-homem. O homem só existe para ser superado. Que fizestes para o superar?"

"Que é o macaco para o homem? Uma irrisão ou uma dolorosa vergonha. Tal será o homem para o Super-homem: uma irrisão ou uma dolorosa vergonha" (Nietzsche, *Assim falava Zaratustra,* 1973, p. 12).

25.11.4. Justiça, sociedade e direito

A sociedade, da forma como se esquematiza, e do modo como se organiza, dentro da lógica das explicações anteriores, nada mais é do que uma estrutura mantida dentro da dicotomia credor-devedor. Leia-se:

"Nos antigos tempos, e quase também nos modernos, as relações da comunidade com os seus membros são as de um credor com os seus devedores. Viver em sociedade quer dizer estar protegido na vida e fazenda, gozar a paz e da confiança de estar livre de certos danos e perigos aos quais continua exposto o que vive fora — um alemão sabe o que *Elend* significava primitivamente — desde de que se viva em paz com a comunidade. Em caso contrário, o que sucederá? A comunidade, o credor far-se-ão pagar a sua dívida. Aqui se trata só de um prejuízo: o culpado é também violador do compromisso e falta à sua palavra para com a comunidade que lhe assegurava tantas regalias e prazeres. O culpado é um devedor que não só paga as dívidas, senão que também ataca o credor: desde esse momento não só se priva de todos estes bens e regalias, senão que se recorda de toda a importância que tinha a sua pessoa. A cólera dos credores ofendidos constitui-o outra vez no estado selvagem, põe-no fora da lei, recusa-lhe proteção e contra ele pode já cometer-se qualquer ato de hostilidade. O 'castigo' é simplesmente a imagem, a 'mímica' da conduta normal a respeito do inimigo detestado, desarmado e abatido, que perdeu todo o direito não só à proteção mas também à piedade; é o grito de guerra, o triunfo do *vae victis* em toda a sua inexorável crueldade. Isto explica como a própria guerra e os sacrifícios guerreiros revestiram todas as formas sob as quais aparece o castigo na história" (Nietzsche, *A genealogia da moral*, 1991, p. 40).

Ora, em Nietzsche é a sociedade a origem das tradições e das formas de organização e controle da conduta. A reflexão nietzschiana, num rápido apanhado da questão, em verdade, alcança com a força do martelo a origem dos *pré-conceitos* morais, uma vez que as castas, as organizações hierárquicas, os cultos coletivos, as crenças compartilhadas é que dão força e sustentação para a moral tradicional, que acaba se alimentando das fraquezas dessa própria sociedade que lhe serve de cômodo e aconchegante berço. As noções de dever, de responsabilidade, de ônus moral, de peso ético, de dívida social, de má consciência, entre outras, têm uma só origem, a sociedade:

> "Chegando a este ponto, vou dar à minha hipótese acerca da origem da 'má consciência' uma expressão provisória, a qual, para ser compreendida, necessita ser meditada e ruminada. A má consciência é para mim o estado mórbido em que devia ter caído o homem quando sofreu a transformação mais radical que nunca houve, a que nele se produz quando se viu acorrentado à argola da sociedade e da paz" (Nietzsche, *A genealogia da moral*, 1991, p. 50).

Com isso quer-se dizer que a moral do grupo impera sobre a moral particular, disso advindo as tradicionais pressões do maior número sobre o menor número, apagando-se as chamas das fogueiras individuais, para que sobreviva somente a fogueira central dos valores morais preponderantes herdados desde longa data e repetidos inconscientemente ao longo dos séculos. Mais uma vez, a vontade de potência (*wülle zu macht*, no sentido nietzscheano) que desabrocha na individualidade é reprimida pela opressão da moral coletiva, e, nesse sentido, fica clara a oposição entre Ética e Moral.

Não se pense muito menos que o Estado tem suas origens contratuais, correspondendo às necessidades de ordem e paz da sociedade. Ele surge, na prospecção genealógica, como todo fato social e moral surge, ou seja, das entranhas da prática do passado histórico, que não tem a relatar ideias romanceadas e racionais, mas sim fatos sórdidos e violentos, injustiças e práticas de opressão, dor, desespero e dominação. Não se haveria de estranhar que a origem do próprio Estado adviesse de um embate, e não de um contrato racional, com amplo e pleno acordo dos pactuantes, com vistas à implantação da justiça e da harmonia sociais.

Bem entendida, a lição é a de que o Estado passou a reinar como ideia central de organização da sociedade quando a primeira horda de aristocratas, pela força, derrotou, ao preço de lágrimas, suor e sangue, qualquer grupo primitivo, e impôs a sua paz, assim como seus valores, suas crenças e suas ideologias. Segundo Nietzsche, eis a origem do Estado, crua e nua, simples e sem retoques:

"Em segundo lugar que a submissão a uma norma fixa, de uma população que até então careceria de norma e de freio, tendo começado por um ato de violência, não podia ser levada a cabo senão por atos de violência; e que, por conseguinte, o 'Estado' primitivo teve de entrar em cena com todo caráter de uma espantosa tirania, de uma máquina sangrenta e desapiedada, e assim continuou, até que, por fim, uma tal matéria brutal de animalidade foi abrandada e tornada manejável, ainda que não 'modelada'. Emprego a palavra 'Estado', mas é fácil compreender que me refiro a uma horda qualquer de aves de rapina, uma raça de conquistadores e de senhores, que com a sua organização guerreira deixaram cair sem escrúpulos as sua formidáveis garras sobre uma população talvez infinitamente superior em número, mas ainda inorgânica e errante. Tal é a origem do 'Estado'; creio que já foi bastante refugada aquela opinião que fazia remontar a sua origem a um 'contrato'. Ao que nasceu para mandar, ao que se sente poderoso no seu andaime e na sua obra, que lhe importam os contratos? Não se pode contar com tais elementos: chega, com o destino, sem causa, sem razão, sem objetivo, sem pretexto, com a rapidez do raio, por demasiado terríveis, rápidos, e contundentes para que possam ser objeto de ódio" (Nietzsche, *A genealogia da moral*, 1991, p. 53).

Esse mesmo Estado que se forma passa a criar e a ditar suas próprias regras, surgindo daí a legislação e as normas jurídicas. Nessa perspectiva, o que é o direito senão esse expediente de dominantes para subjugar dominados[781], algo do que, em tempos pós-históricos, se haverá de dispensar por completo, pois o super-homem não precisa de regras externas, e sim apenas internas, uma vez que haverá de ter superado a condição raquítica e dependente na qual se encontra enquanto atrelado ao jugo do presente determinado pela moral tradicional.

25.11.5. Conclusões

A obra de Nietzsche representa uma forte ruptura com a moral tradicional, abalando, em pleno século XIX, crenças fortemente arraigadas ao homem de sua época. É exatamente essa a nota peculiar de sua atitude diante do mundo. Apesar das fortes reações dos círculos mais tradicionais às suas posturas filosóficas, a filosofia moral nietzschiana repercute a ponto de determinar forte influxo de ideias para o século XX. É assim que se pode dizer que fornece horizontes interessantes de discussão, na medida em que dela se destacam os seguintes aspectos:

a) necessidade de proceder à genealogia e à avaliação dos valores construídos historicamente pela moral;

b) necessidade de transvaloração dos valores, em direção à mudança e à superação dos modelos arraigados pelo passado na estruturação dos deveres éticos;

c) projeção da máxima liberdade como correspondente necessário e eficaz da superação da metafísica e da opressão da tradição moral da humanidade;

---

781. Assim, deve-se ler: "Para o filósofo alemão, em todos os tempos, o direito sempre esteve ligado aos fortes e poderosos como impositores da lei e, a partir disso, do que é justo e injusto. Não existe justo em si, mas tão somente em relação a uma lei estabelecida" (Azeredo, *Nietzsche e a dissolução da moral*, 2000, p. 116).

d) ruptura com as estruturas da moral dos escravos em face da moral dos senhores, em direção à pluralidade ética, à autorresponsabilidade, à idade adulta do ser humano, consciente de si e livre para dar vazão à sua vontade de potência.

Junto com essas reflexões fica a antevisão feita pelo filósofo, no final do século XIX, acerca das marcas que haveriam de irromper na Europa futura:

> "Um pensador que fosse responsável pelo futuro da Europa, em todos os seus projetos, deveria incluir os judeus e os russos, fatores seguros e prováveis na liça, no grande confronto de forças" (Nietzsche, *Além do bem e do mal*, 2001, p. 213).

25.12. Moore: a ética analítica e intuicionista

25.12.1. Moore e a filosofia analítica

O pensamento do inglês George Eward Moore (1873-1958) deve ser estudado como importante referência do século XX na temática ética, uma vez que sua marcante obra, *Principia ethica,* teve sua publicação no mês de outubro de 1903, e se celebrizou por encaminhar a ética para as mesmas preocupações filosóficas que já avassalavam seus contemporâneos, e que se tornaria a principal ocupação dos pensadores do século: o problema analítico da linguagem.

Seus principais textos são: *The nature of moral judgement,* publicado em 1899 (Mind, VIII (1899), p. 176-193); The refutation of idealism (*Mind, XII* (1903), p. 433-453); *External and internal relations* (Proceedings of the Aristotelian society, 1919-1920); *Philosophical studies,* obra publicada em 1922 (Kegan & Paul); *A defense of common sense* (Muirhead, J. H. Contemporary British, George Allen and Unwin Ltd., 1924, p. 193-223); *An autobiography* (Schilpp, PA. — The philosophy of G. E. Moore, The Open Court Publishing Co., Loa Salle, Illinois, 1942, p. 3-39); *Some main problems in Philosophy* (George Allen & Unwin Ltd., 1953). Nestes podem-se encontrar preocupações que precederam e que deram continuidade ao pensamento metaético de Moore, mas a sua obra que continua a se destacar como ponto-chave de discussão de suas reflexões éticas se intitula *Principia ethica*.

Moore conviveu e participou da forte escola que se formou ao seu redor, a intitulada escola da filosofia analítica, que se prostrou diante do problema da linguagem, tendo sido contemporâneo de Bertrand Russell e de Ludwig Wittgenstein. A filosofia analítica divide-se em dois grandes grupos: um primeiro, de tendência para o empirismo lógico (Frege; Russell); e um segundo, de tendência para a filosofia da linguagem ordinária (Sidgwick; Moore)[782]. Desse esquematismo escapa Ludwig Wittgenstein,

---

782. "George Moore (1873-1958) apresenta-se como o filósofo do senso comum. Assim como Diógenes pretendia provar o movimento caminhando, Moore é conhecido por ter provado a realidade do mundo exterior mostrando suas mãos, quando de uma memorável sessão da British Academy. De fato, suas análises da linguagem cotidiana são muito meticulosas" (Jerphagnon, *História das grandes filosofias,* 1992, p. 336).

pois, em seu primeiro momento, se destaca como um ardoroso defensor do empirismo lógico (*Tractatus logico-philosophicus,* 1921), para, num segundo momento, após sua viragem[783], tornar-se um filósofo da linguagem ordinária (*Investigações filosóficas,* 1953).

Em grande parte, a marcante contribuição da escola analítica como um todo gerou fortes contendas nos meios acadêmicos e intelectuais, de modo a grafar indelevelmente sua passagem no âmbito das preocupações especulativas contemporâneas. Isso permite dizer que as mais destacadas correntes éticas posteriores foram um prolongamento desse enfoque criado e desenvolvido em grossas linhas por Moore, a saber: A. Ayer[784]; C. L. Stevenson[785]; R. W. Hare; P. H. Nowell-Smith; G. J. Warnock[786]. Mais que isso, pode-se ainda dizer que Moore contribuiu para forjar a autonomia científica da ética, desvinculada de toda ciência humana ou exata ou biológica[787].

Ademais, sua obra discute o tema ético, e não deixa de se referir expressamente aos seus grandes expoentes, a saber, Stuart Mill, Jeremy Bentham, Emmanuel Kant, Bergson, Spinoza, Hegel, Henry Sidgwick, entre outros. Mas sua obra não perseguirá quaisquer objetivos anteriormente ventilados na história do pensamento, de modo direto: a ética e a virtude; a ética e a transcendência; a ética e a natureza humana... Suas preocupações estarão direcionadas para: a linguagem ordinária, a analítica do discurso moral, a metodologia, a conceitologia, o hermetismo da verdade e da linguagem, a expressão da filosofia e seu papel — os grandes temas de suas discussões.

Em poucas palavras, a intervenção de Moore em solo ético é, fundamentalmente, no sentido de reflexões metaéticas, ao modo de uma epistemologia para as ciências, ou seja, versará acerca das possibilidades de ensino e conhecimento das regras

---

783. "Wittgenstein, depois de ter abandonado a filosofia por coerência com o *Tractatus*, passou por uma lenta e dolorosa transformação espiritual desde mais ou menos 1930 até o fim de sua vida, e as *investigações filosóficas* são, propriamente, a expressão desse itinerário de seu pensamento" (Oliveira, *Reviravolta linguístico-pragmática na filosofia contemporânea*, 1996, p. 117).

784. Ayer notabilizou-se por sua doutrina emotivista: "Los términos éticos, constatará Ayer, expresan y provocan sentimientos, y su función, por consiguiente, es puramente emotiva. De ahí que Ayer haya sido considerado como el iniciador de la corriente emotivista, aun cuando algunas veces haya sido diferenciado como perteneciente al enfoque imperativista" (Guisán, *Introducción a la ética*, 1995, p. 219).

785. "Junto con la aportación de los *Principia ethica* de Moore a la filosofía moral contemporánea, hay que situar el impacto que las corrientes neopositivistas tuvieron en concepciones novedosas de la ética, dando lugar al imperativismo de Ayer, prolongado en el emotivismo de Stevenson y, de alguna manera, perenne en grandes corrientes actuales dentro de lo que podríamos denominar un *value-free approach*" (Guisán, *Introducción a la ética*, 1995, p. 214).

786. A respeito das correntes emotivistas, neopositivistas... consulte-se p. 199-249 de Guisán, *Introducción a la ética*, 1995.

787. "Con mucho, la aportación más importante de Moore a la filosofía contemporánea ha sido su concepción del carácter específico de la ética, no reducible a ninguna otra disciplina, ya se trate de ciencias sociales, como sociología y la psicología, ya sean ciencias biológicas, etcétera" (Guisán, *Introducción a la ética*, 1995, p. 204).

éticas e das proposições éticas. A palavra bom pode ser definida, é passível de ser identificado para esse significante um único e absoluto significado?

Quando se trata de discutir ética, os limites desse saber devem ser declarados, e isso porque: Moore não aceita a posição essencialista em solo ético, segundo a qual haveria substâncias éticas; mesmo que estas existissem, seriam, segundo Moore, impassíveis de ser definidas, pois os objetos éticos são simples e não poderiam se tornar extrínsecos por definições racionais; Moore desloca a ética para o campo da especulação pura acerca do porquê de perguntar e do como responder, ou seja, para a preocupação metodológica e analítica; tendo em vista esses argumentos, a prática ética é livre, na medida em que aquilo que é impassível de ser definido (bom, mal, justo, injusto...) não pode ser julgado com olhos severos ou, muito menos, sob um único parâmetro ético.

25.12.2. A ética intuicionista e a falácia naturalista

Não são nas coisas que reside a essência ética: este é o primeiro pressuposto para a compreensão das posturas teóricas de Moore. Não há na natureza humana, na natureza das coisas[788], ou mesmo na natureza supraterrena, segundo Moore, qualquer indício de uma ontologia; ao menos essa teoria se detém em dizer isso, o que não significa que tenha sido vitoriosa em demonstrar a absoluta desvinculação das raízes humanas com relação ao que cerca o homem. Pode-se utilizar do termo natureza para se relacionar com a temática ética somente no sentido de que o natural se distingue do sobrenatural[789]. As verdades metafísicas, no entanto, não são o guia exato para a cunhagem dos preceitos éticos, como fazem alguns autores:

> "Neste capítulo, proponho lidar com um tipo de teoria ética que é exemplificada pelo ponto de vista ético dos estoicos, de Spinoza, de Kant e especialmente de muitos escritores modernos, cujos pontos de vista a este respeito são, na maioria, influenciados poderosamente por Hegel. Estas teorias éticas têm isto em comum: usam alguma preposição *metafísica* como suporte para interferirem em alguma proposição fundamental da Ética. Todas sugerem, e muitas sustentam expressamente, que a verdade ética segue logicamente as verdades metafísicas — que a Ética deveria ser baseada na *Metafísica*. E o resultado é que todos eles descrevem o Bem Supremo em termos *metafísicos*" (Moore, *Principia ethica,* Cap. 4, par. 66, 1998, p. 199).

O que Moore chama de falácia naturalista é exatamente um tipo de postura teórica que faz residir em algum ponto, natural ou sobrenatural (platonismo, aristote-

---

788. "Es mérito importante de Moore, a pesar de todo lo dicho, su defensa del carácter no reductivista de la ética, así como de la especificidad del vocabulario moral. Su error estriba en tratar de desvincular de lo natural lo ámbito de la ética, cuando la misión de la ética es desarrollarlo y mejorarlo, no ignorarlo" (Guisán, *Introducción a la ética,* 1995, p. 205).

789. "Para Moore, en efecto, lo bueno constituye simplemente una curiosa cualidad no natural, peculiar, distinta, única, no reducible a ninguna otra cosa, que se opone de igual a lo empíricamente determinado como a lo sobrenatural" (Guisán, *Introducción a la ética,* 1995, p. 204).

lismo, estoicismo, agostinianismo, tomismo...), a essência das coisas, e, por consequência, faz derivar desse ponto uma série de deduções que seriam o guia ético do homem. Na preocupação desses autores estão as noções de finalidade, de ideal e de essência natural[790]. Para Moore, todo raciocínio que parte para esse tipo de conclusão se encontra moldado inadequadamente, contrariando princípios básicos do pensar e do raciocinar. Mais que isso, esse tipo de postura faz confusão entre a qualidade da coisa e a essência da coisa. Outros filósofos simplesmente confundiram a coisa boa com a noção de bondade que a reveste:

> "Mas demasiados filósofos pensaram que quando eles nomearam aquelas outras propriedades eles estavam definindo bom; que aquelas outras propriedades, de fato, não eram simplesmente 'outro', mas absoluta e inteiramente o mesmo que bondade. Esta visão é proposta por mim, para chamar a 'falácia naturalista' (...)" (Moore, *Principia ethica,* Cap. 1, par. 10, 1998, p. 108).

A falácia naturalista que critica consiste em depositar a crença de que a definição ética se encontra em qualquer parte, seja do mundo natural, seja do mundo supra-físico. Então, o homem governa seu comportamento a partir de intuições[791]. Eis aí o intuicionismo mooriano.

As proposições éticas são de duas classes ou ordens: proposições acerca da natureza das coisas (decorrentes de maior intuicionismo); proposições acerca das ações que se devem realizar (suscetíveis de ser apreciadas e comprovadas — *proof*; *disproof*). As primeiras proposições não são passíveis de definição ontológica, de uma compreensão rígida e absoluta, mas sim de intuição no sentido de discernir o que é bom do que é mal. As segundas proposições sustentam-se em maior grau de empiricidade, e se tornam, portanto, mais palpáveis, na medida em que se pode testar o que uma ação possui de útil e bom. Se evitar uma ação causar maior benefício, então deverá ser evitada, se praticá-la causar maior benefício, deverá ser praticada; aí reside a noção, nitidamente utilitarista, de dever:

> "Nosso 'dever', portanto, só pode ser definido como aquela ação que fará mais bem existir no Universo que qualquer outra alternativa possível. E o que é 'certo' ou 'moralmente permissível' somente difere disso, como o que *não* causará *menos* bem do que qualquer outra alternativa possível. Assim, quando a Ética presume afirmar que certos modos de ação são 'deveres', ela presume afirmar que agir desses modos produzirá sempre a maior soma possível de bem. Se nos dizem que 'não matar' é um dever, dizem-

---

790. "Em outras palavras, todas elas são teorias do fim ou do ideal, cuja adoção tem sido causada, principalmente, em decorrência do que tenho chamado de falácia naturalista: todos confundem a primeira e a segunda, das três questões possíveis que a Ética pode fazer" (Moore, *Principia ethica*, Cap. 2, par. 24, 1998, p. 133).

791. Quanto ao intuicionismo: "Moore (1873-1958), con su celebérrima obra *Principia ethica*, escrita em 1903, es el más destacado representante de esta corriente de pensamiento" (Guisán, *Introducción a la ética*, 1995, p. 199).

-nos que a ação, não importa qual seja, chamada de assassinato, em nenhuma circunstância causará tanto bem para existir no seu Universo quanto seu evitar" (Moore, *Principia ethica,* Cap. 4, par. 89, 1998, p. 234).

De acordo com essa explicação, há, no homem, a intuição primordial de que deve agir buscando sempre o melhor para a humanidade; deve-se agir eticamente visando-se à realização do bem para a sociedade, e não o contrário. Mas essa intuição de bem para a humanidade é tão facilmente apreciável?[792] O nazismo de Hitler e o autoritarismo de Mussolini não queriam o melhor para a humanidade?[793]

Moore, então, irá procurar precisar um pouco mais a averiguação da bondade ou da maldade dos atos, de acordo com o critério da prova utilitária (*proof; disproof*). Para Moore, não existe entidade boa ou má por natureza. São os efeitos da ação que possibilitam julgá-la de boa ou má, de modo que aí reside também um certo utilitarismo[794]. A utilidade de cada ação se mede mesmo pelos usos e costumes de uma sociedade, pois, de fato, estes representam a suma das experiências humanas acerca do que deve e do que não deve, do que pode e do que não pode ser feito:

> "Pode-se, portanto, recomendar confiantemente *sempre* ao indivíduo que se conforme a regras que geralmente são úteis e geralmente praticadas. No caso de regras cuja observância geral seria *útil* mas que não existem, ou regras que são praticadas geralmente, mas que não são úteis, nenhuma recomendação universal pode ser feita. Em vários casos, as sanções impostas podem ser decisivas a favor da conformidade de um costume existente. Mas parece valer a pena salientar que, mesmo à parte daquelas, a utilidade geral de uma ação depende, mais comumente, do fato de que é geralmente praticada; em uma sociedade onde certas espécies de furto são regra comum, a utilidade de abstinência de tais furtos da parte de um indivíduo torna excessivamente duvidosa apesar de a regra comum ser ruim. Há, portanto, uma forte probabilidade a favor da adesão a um costume existente, mesmo sendo este ruim" (Moore, *Principia ethica,* Cap. 4, par. 99, 1998, p. 249).

É o efeito útil de algo que permite discutir se esse algo é bom ou não, se é justo ou não; a prova *a posteriori* é, então, o que há de melhor para a apreciação da moralidade utilitária do ato, da conduta, do comportamento. Assim, se os efeitos forem

---

792. As críticas que recaem sobre o utilitarismo idealista de Moore quando destaca que se deve sempre buscar melhorar o mundo são as que seguem: "El utilitarismo idealista mooreano es, sin embargo, vacío, ambiguo y confuso. Se trata de un truismo o de una verdad de perogrullo que debemos buscar el bien y evitar el mal; e igualmente lo es afirmar que siempre se debe intentar mejorar el mundo en lugar de empeorarlo" (Guisán, *Introducción a la ética,* 1995, p. 201).

793. "Nadie duda de que Hitler o Mussolini estaban intentando, a su manera, edificar el mejor de los mundos, de acuerdo, por supuesto, con su concepción de mejor y su concepción de mundo" (Guisán, *Introducción a la ética,* 1995, p. 201).

794. "Es decir, la corrección a *rightness* de un acto es medible, justificable, y ello en atención a sus consecuencias, mientras que, por el contrario, lo bueno en sí no puede ser justificado, sino que se trata de un tipo de verdad o entidad autoevidente" (Guisán, *Introducción a la ética,* 1995, p. 200).

nocivos, inúteis ou impróprios, a ação será definida de forma a categorizar-se um mal moral; se os efeitos forem positivos, úteis e próprios, a ação será definida de forma a categorizar-se um bem moral. Com isso tenta-se evitar a falácia naturalista da moral[795]. Com isso procura-se medir, na ética prática, pela soma dos benefícios (benthamista), a melhor das condutas, ou a melhor das opções de conduta a ser seguida:

"O máximo, portanto, que a Ética Prática pode esperar descobrir é qual, entre umas poucas alternativas possíveis sob certas circunstâncias, produzirá, no total, o melhor resultado. Pode nos dizer qual é a melhor, nesse sentido, de certas alternativas a respeito das quais iremos provavelmente deliberar; e desde que podemos, também, saber que, mesmo que não escolhamos uma delas, o que faremos, nesse caso, é improvável que seja tão bom como uma delas, pode nos dizer qual das alternativas entre as quais *podemos* escolher, é a melhor para ser escolhida. Se isso pudesse ser feito, seria suficiente para uma orientação prática" (Moore, *Principia ethica,* Cap. 4, par. 91, 1998, p. 237-238).

25.12.3. Ética: a ciência do bom

A ética não é a teoria da conduta humana[796]. Com essa polêmica assertiva pode-se vislumbrar a fissura que produz o pensamento de Moore no terreno ético. Para esse pensador, a ética versa sobre o bom e também sobre o adjetivo que lhe é contrário, o mau[797]. A palavra ética, no sentido que Moore quer a empregar, de modo mais apropriado, significa a indagação geral acerca do que é bom, para a qual não existe similar ou substituta:

---

795. "Por otra parte, desde un punto de vista epistemológico, existe, asimismo una notable ambiguedad en la concepción mooreana de la ética. Por una parte, el fin de la conducta humana sería promover la producción de objetos bellos, pero, por otra parte, bello, dentro del concepto de *Principia ethica,* posee una entidad objetiva; es un algo en sí distinto de la praxis humana, entidad ambiguamente definida, por lo demás, ya que según Moore se podría incurrir en la falacia naturalista no solamente en relación con lo bueno, sino también en relación con lo bello, que no ha de ser confundido con algo natural (por ejemplo, aquello que produce ciertos efectos sobre nuestros sentimientos)" (Guisán, *Introducción a la ética,* 1995, p. 203).

796. "Neste capítulo empenhei-me em dar forma às seguintes conclusões. (1) A peculiaridade da Ética não é que investigue assertivas a respeito da conduta humana, mas a de investigar assertiva a respeito da propriedade de coisas, que é denotada pelo termo 'bom', e a propriedade inversa denotada pelo termo 'mau'. Ela deve, a fim de estabelecer suas conclusões, investigar a verdade de *todas* essas assertivas *exceto* aquelas que afirmam a relação desta propriedade a somente uma existente (1-4). (2) Esta propriedade, em relação à qual o objeto da Ética deve ser definido, é simples e indefinível (5-14). E (3) todas as asserções a respeito de sua relação com outras coisas são de duas, e somente duas espécies: elas afirmam em que grau as próprias coisas possuem esta propriedade ou, então, afirmam relações causais entre outras coisas e aquelas que a possuem (15-17)" (Moore, *Principia ethica,* Cap. 1, par. 23, 1998, p. 131).

797. "Se tomarmos exemplos como os dados acima, não estaremos muito errados em dizer que todos eles estão preocupados com a questão da 'conduta' — com a questão sobre o que em sua conduta, seres humanos, é bom, mau, certo e errado" (Moore, *Principia ethica,* Cap. 1, par. 2, 1998, p. 99).

"Eu a estou usando para abranger uma indagação para a qual, em todos os casos, não existe outra palavra: a indagação geral a respeito do que é bom" (Moore, *Principia ethica*, Cap. 1, par. 2, 1998, p. 100).

Aqui já estão definidos os umbrais da discussão que Moore visa a empreender por meio de sua obra, pois deposita todo o peso do significado da palavra ética na noção de bom. Se se alcançar uma definição de bom, ter-se-á alcançado todo o porquê das reflexões éticas. Então, logo de partida, percebe-se a preocupação de Moore de chamar a atenção de seu leitor para o fato de que todos os esforços éticos giram em torno da conceituação do que seja bom:

"É uma investigação para a qual a atenção mais especial deve ser direcionada: uma vez que esta questão, de que modo 'bom' será definido, é a mais fundamental em toda Ética. Isso que é projetado por 'bom' é, na verdade, salvo seu contrário, 'mau', o *único* objeto simples do pensamento que é peculiar da Ética. Esta definição é, portanto, o ponto mais essencial na definição da Ética; e além disso um erro neste ponto acarreta um número maior de julgamentos éticos errôneos que qualquer outro" (Moore, *Principia ethica*, Cap. 1, par. 5, 1998, p. 103).

Mas Moore, ao adentrar o espectro dessa sua exortação de estudo do bom, não incorrerá naquilo que intitulou de falácia naturalista, ou seja, não procurará definir a palavra bom de alguma forma qualquer. Irá driblar qualquer tentativa ou ensaio de substantivar e definir bom, de modo a especular somente em torno do problema de sua definição, ao estilo metaético.

Assim, o bom é interpretado como uma noção simples e fundamentalmente empírica. Há, na noção de bom, a singela simplicidade da noção de amarelo: ou se conhece o amarelo como cor, ou não se pode explicar exatamente o que é o amarelo. Se o amarelo é impassível de explicação, é impassível de definição, de modo que bom também será impassível de ser definido:

"Vamos, então, considerar esta posição. Minha posição é que *bom* é uma noção simples, como 'amarelo' é uma noção simples; que, da mesma forma que você não pode, seja lá como for, explicar a alguém que ainda não saiba o que é o 'amarelo', da mesma forma você não pode explicar ainda o que o *bom* é" (Moore, *Principia ethica*, Cap. 1, par. 7, 1998, p. 104).

Dessa forma, esse adjetivo bom, quando regularmente aplicado a um mesmo objeto, faz desse objeto um objeto bom, ou seja, aquilo que é bom:

"Suponho que deve ser indiscutível que 'bom' é um adjetivo. Bem, o 'bom', 'aquilo que é bom', deve, consequentemente, ser o substantivo ao qual o adjetivo bom será aplicado; deve ser o todo ao que o adjetivo será aplicado, e o adjetivo deve *sempre* ser-lhe aplicado" (Moore, *Principia ethica*, Cap. 1, par. 10, 1998, p. 107).

Assim, resta dizer que a noção de bom pode ser tratada não como um substantivo, mas como um adjetivo qualificativo de coisas, comportamentos e realidades. Nada é bom até ter sido experimentado como sendo bom, de modo que bom é qualidade que se adiciona a determinados substantivos no sentido de qualificá-los:

"Portanto, não existe nenhuma dificuldade intrínseca na afirmativa que 'bom' denota uma qualidade simples e indefinível" (Moore, *Principia ethica*, Cap. 1, par. 10, 1998, p. 107).

"De fato, se não o caso de que 'bom' denota algo simples e indefinível, somente duas alternativas são possíveis: ou é um complexo, um todo conhecido, a respeito da análise correta da qual pode haver divergência; ou, então, não significa coisa alguma, e não existe uma matéria tal como a Ética" (Moore, *Principia ethica*, Cap. 1, par. 13, 1998, p. 112).

De toda essa dissertação pode-se retirar uma conclusão imediata, direta e de fácil compreensão, ou seja, bom, o objeto das especulações éticas, é indefinível. Foram poucos aqueles que se aventuraram na história da filosofia a afirmar que bom é indefinível, salvo Sidgwick, contemporâneo de Moore:

"'Bom', então, é indefinível; e, ainda assim, pelo que sei, só há um escritor ético, o prof. Henry Sidgwick, que reconheceu, claramente — e afirmou este fato. Veremos, na verdade, quão longe muitos dos mais reputados sistemas éticos deixaram de atingir, por pouco, em compor as conclusões que seguem tal reconhecimento" (Moore, *Principia ethica*, Cap. 1, par. 14, 1998, p. 114).

As demais teorias confundem qualidades e substâncias, adjetivos e substantivos, e fazem morar o bom na natureza das coisas. Mas o que é bom e o que é mau não é uma qualidade intrínseca da coisa, mas exatamente algo que a ela se adere a partir de um juízo humano. O erro desse raciocínio, na inversão entre adjetivo e substantivo, é o que constitui o cerne da falácia naturalista. A análise proposicional e de linguagem mesmo o demonstra:

"Essas teorias da Ética são, então, 'naturalistas', que declaram que o único bom consiste em alguma propriedade das coisas, que existem no tempo: e que são assim porque supõem que o próprio 'bom' pode ser definido por referência a tal propriedade" (Moore, *Principia ethica*, Cap. 2, par. 27, 1998, p. 137).

Ao contrário do que convencionalmente se admite em terreno ético, dentro da orientação mooriana, a ética é incapaz de construir uma lista dos deveres e de dispô-los de forma absoluta, universal, como um conjunto *numerus clausus* de hipóteses de conduta. Toda conduta comporta, para sua formação, uma margem de liberdade muito grande, e a escolha incumbe ao agente, na medida de sua intuição, de conformidade com a ética prática e as práticas sociais vigentes. De fato:

"Portanto, a Ética é totalmente incapaz de nos fornecer uma lista de deveres; mas ainda permanece uma tarefa mais humilde que pode ser possível à Ética Prática. Embora não possamos esperar descobrir qual, em uma dada situação, é a melhor de todas as ações alternativas possíveis, pode haver alguma possibilidade de mostrar qual, entre as alternativas *prováveis de ocorrerem a qualquer um*, que produzirá a maior soma de bem. Esta segunda tarefa é certamente tudo que a Ética coletou de material para provar, uma vez que ninguém jamais tentou exaurir as possíveis ações alternativas em qualquer caso particular" (Moore, *Principia ethica*, Cap. 4, par. 91, 1998, p. 236).

Disso decorre que a discussão ética jamais pode encerrar-se em terreno geométrico ou matemático; é impossível admitir a certeza e a verdade demonstráveis (ao estilo espinosano) em solo ético. A simetria é algo que não pertence ao campo ético, de modo que virtude e vício são desigualmente aferidos, da mesma forma como dor e prazer também possuem suas desproporções. Ao final da obra, Moore irá afirmar com a certeza de quem muito examinou em tema ético:

> "O estudo da ética, sem dúvida, seria muito mais simples, e seus resultados mais 'sistemáticos', se, por exemplo, a dor fosse um mal exatamente da mesma magnitude como o prazer é um bem; mas não temos razão alguma para assumir que o Universo é tal que as verdades éticas devam exibir esta espécie de simetria; nenhum argumento contra minha conclusão, que o prazer e a dor não correspondem, pode ter qualquer peso, sem um exame cuidadoso dos exemplos que me levaram a formá-lo" (Moore, *Principia ethica*, Cap. 6, par. 134, 1998, p. 302).

25.12.4. Conclusões

O pensador inglês G. E. Moore destaca-se por uma contribuição *sui generis* para o campo da ética com suas investigações ao estilo analítico. De fato, quando pensava e dizia que os sentimentos morais são impassíveis de definição, queria dizer que definir seria restringir um conceito dentro de uma grade definicional, e, nesse sentido, estaria aceitando que com a definição se alcançaria a essência ou substância da coisa definida.

A par seu intuicionismo utilitarista, sua proposta, então, passa a se resumir à crítica das posturas ético-filosóficas existentes, e esse seria o papel da ética, não outro. Trata-se mais da fundamentação de uma metaética do que uma proposta para o enfrentamento dos principais problemas éticos, que são, efetivamente, aqueles gerados no âmbito da ação. É exatamente esse âmbito que Moore deixa a descoberto, ao sabor de um decisionismo individualista e de uma aferição empírica dos resultados da ação, se danosos ou se benéficos, dentro de uma clara postura utilitarista.

Isso porque, de fato, o objeto da ética, para Moore, é especular acerca do que é passível de especulação: as proposições éticas; os modos metodológicos das escolas ético-filosóficas; a linguagem ética e seus modos de perguntar... Nisso se resume a maior parte de sua contribuição, de modo que o pensamento mooreano se detém numa reflexão que não chega a tocar os objetos problemáticos (o que é efetivamente o bem, o que é efetivamente o mal, o que é efetivamente ser feliz ou virtuoso...), exatamente por reconhecer a impossibilidade de definir, sem provas mais contundentes e objetivas, objetos simples (bem, mal, felicidade, virtude...) a respeito dos quais se teriam, sobretudo, intuições e não definições.

25.13. Rawls: ética, instituições, direitos e deveres

25.13.1. Ética no século XX

A ética filosófica no século XX segue uma profusão de tendências, conforme o nascimento e desenvolvimento de modos diversos de observar e interpretar a ética.

Assim, podem-se alistar as seguintes correntes de pensamento[798]: 1) ética naturalista, com inspiração no positivismo científico do século XIX (Henri Bergson), derivando da ideia de natureza seus principais conceitos e propostas; 2) ética historicista, com inspiração no culturalismo do século XIX, derivando-se em: 2.1) ética hermenêutica (Wilhelm Dilthey, Martin Heidegger, Hans-Georg Gadamer, Paul Ricoeur); 2.2) ética fenomenológica (Edmund Husserl, Max Scheler, Nicolai Hartmann); 2.3) ética existencialista (Karl Jaspers, Jean-Paul Sartre, Gabriel Marcel); 3) ética e linguagem, sobressaindo-se em importância no século XX pela sua primazia nas questões filosóficas, distinguindo-se algumas de suas tendências em: ética analítica (Bertrand Russell, Ludwig Wittgenstein); ética e discurso (Karl Otto-Apel, Jürgen Habermas); ética e política, com destaque para temas da justiça e da condição da humanidade pós-guerra (Hannah Arendt, John Rawls); 4. ética cristã (Maurice Blondel, Jacques Maritain)[799].

Esse pequeno esboço torna clara, portanto, a exata posição do pensamento de John Rawls e suas preocupações com a justiça das instituições, com a equidade e as condições de equilíbrio social, alcance e manutenção da igualdade na democracia, visto encontrar-se em meio a uma ampla dispersão de enfoques sobre a temática ética.

25.13.2. Uma teoria da justiça

De John Rawls (1921-2002), professor norte-americano da Harvard University, Massachusetts, podem-se extrair interessantes contribuições para o tema da ética, sobretudo tendo-se em vista uma ética voltada para a justiça das instituições, levando-se em conta as marcantes passagens de sua principal obra, *Uma teoria da justiça* (*A theory of justice*, Harvard University Press, 1971)[800]. Esse escrito, na verdade, representa a condensação de inúmeros artigos que movimentaram a opinião do pensador em seu sacerdócio intelectual dentro da teoria do direito.

Essa obra é o resultado de inúmeras pesquisas, publicadas como artigos autônomos e anteriores, desenvolvidas pelo autor, que foram reunidas num único livro que trata sistematicamente do tema da justiça[801]. Esse texto, portanto, engloba discussões contidas em *Justice as fairness* (1958), *Distributive justice* (1967), *Distributive justice:*

---

798. Cf. elucidação e classificação operada por Henrique C. de Lima Vaz, *Escritos de filosofia IV*: introdução à ética filosófica 1, 1999.

799. Cf. Vaz, *Escritos de filosofia IV*: introdução à ética filosófica 1, 1999, p. 422-470.

800. Estudos anteriores a respeito de Ralws podem ser encontrados em Bittar, *Teorias sobre a justiça*, São Paulo, Juarez de Oliveira, 2000, e Bittar/Almeida, *Curso de filosofia do direito*, 2001, p. 374-389.

801. Paul Ricoeur, retraçando aspectos de sua biografia, diz mesmo que é a partir de 1957 que se passa a constituir passo a passo a teoria da justiça de Rawls: "C'est en 1957 que paraît le premier texte de John Rawls expressément intitulé *Justice as Fairness*. C'est autour de ce noyau que se constitue, couche par couche, l'épais volume intitulé *A theory of justice*, publié à Harvard en 1971" (Ricoeur, *Le juste*, 1995, p. 99).

somme addenda (1968), *Constitutional liberty* (1963), *Civil obedience* (1966), *The sense of justice* (1963).

Seus propósitos nessa obra são claros, na medida em que se arma para criticar, com seus postulados, não um outro autor diretamente, mas o intuicionismo (Moore) e o utilitarismo (Bentham)[802]. Ao mesmo tempo que estabelece essa frente de combate, não adere a qualquer postulado perfeccionista, segundo o qual a sociedade dever-se-ia guiar pelo que é melhor para o homem[803]. E, ainda que haja fortes traços de economicidade em suas proposições teóricas, o que se há de dizer é que também qualquer sistema econômico está baseado em uma ideia de justiça[804]. Isso porque, deve-se dizer desde já, não há justiça sem moral, política ou economia, para Rawls[805].

---

802. Em suas palavras: "O meu objetivo é produzir uma teoria da justiça que represente uma alternativa ao pensamento utilitário em geral e, portanto, às suas diversas versões" (Rawls, *Uma teoria da justiça*, 1993, p. 40). Assim, engloba-se Sidgwick, Hume, Smith, Bentham. Sua teoria erige um método teórico, que não é nem o puro utilitarismo nem o intuicionismo irracional: "Na minha interpretação, o princípio da utilidade na sua forma clássica define o bem como a satisfação do desejo, ou, talvez melhor, como a satisfação do desejo racional. Isto está de acordo com os pontos essenciais da teoria e fornece dela, creio, uma interpretação correta" (Rawls, *Uma teoria da justiça*, 1993, p. 43). Este é o utilitarismo. "L'utilitarisme est en effet une doctrine téléologique dans la mesure où il définit la justice par la maximisation du bien pour le plus grand nombre" (Ricoeur, *Le juste*, 1995, p. 74). "Uma vez atingido um certo nível de generalidade, o intuicionismo defende que não há um critério construtivo de parâmetro superior para determinar a relevância adequada dos diversos princípios da justiça concorrentes" (Rawls, *Uma teoria da justiça*, 1993, p. 49). Este é o intuicionismo. Rawls tentará o balanço, nem recorrendo somente a um, nem a outro, mas aos dois: "Sem dúvida que qualquer concepção da justiça deve, em alguma medida, confiar na intuição. Apesar disso devemos fazer o possível para reduzir o apelo direto aos nossos juízos refletidos" (Rawls, *Uma teoria da justiça*, 1993, p. 54). Mas, advirta-se: "Como ya se ha indicado en el capítulo 7, las críticas al utilitarismo clásico por parte de las éticas de los derechos se basan generalmente en malos entendidos, en el desconocimiento, o en la desestimación del contexto en que tienen lugar las afirmaciones y propuestas de Bentham y Mill, así como del sentido que en dicho contexto adquieren las afirmaciones de los mencionados autores" (Guisán, *Introducción a la ética*, 1995, p. 264).

803. O princípio da perfeição não pode estar a guiar a formação da sociedade, pois se estaria a dizer que se deve atribuir maior valor a este ou àquele trabalho, quando na verdade se parte de um pacto geral, onde as partes contratantes são dotadas dos mesmos poderes e direitos: "Para a doutrina contratualista, assim, a igual liberdade dos cidadãos não pressupõe que os objetivos das diferentes pessoas têm o mesmo valor intrínseco nem que a liberdade e o bem-estar têm o mesmo valor" (Rawls, *Uma teoria da justiça*, 1993, p. 257).

804. "Uma doutrina da economia política tem de incluir uma concepção do bem público que seja baseada numa concepção da justiça" (Rawls, *Uma teoria da justiça*, 1993, p. 210).

805. "Dado que as estruturas econômicas têm estes efeitos e que, na verdade, os devem ter, a sua escolha implica uma visão do bem humano e da concepção das instituições que permitem realizá-lo. Esta escolha deve, pois, ser feita com fundamentos políticos e morais, bem como econômicos" (Rawls, *Uma teoria da justiça*, 1993, p. 210). É evidente também o comprometimento desse tipo de proposta teórica com os arcanos político-sociais: "Deste modo, uma concepção completa da justiça não só é capaz de apreciar leis e medidas políticas mas também de hierarquizar os processos políticos que selecionam qual a opinião política que é transformada em lei" (Rawls, *Uma teoria da justiça*, 1993, p. 163).

As ideias de Rawls, em torno do problema da justiça, se encontram em perene evolução desde o lançamento de sua obra: *Uma teoria da justiça*. O que se pode dizer é que a mudança de postura por parte de Rawls, no sentido da interpretação de seu próprio pensamento, reside na *re-avaliação* da abrangência da teoria da justiça como equidade.

Após severas críticas de seus contemporâneos, a teoria da justiça como equidade deixa de ter a ambição de ser uma teoria da justiça universal, para resumir-se a uma teoria da justiça democrática. Assim, as restrições que lhe trouxeram os críticos foi o que proporcionou a Rawls a mudança não tão substancial de seu sistema de ideias[806]. Se isso representou ou não um avanço para Rawls é o que se discute[807], mas o que se deve dizer é que a alteração veio de encontro a uma necessidade, seu espectro de enfoque: a democracia[808].

25.13.3. Uma ética das instituições

Desejando fundar uma ordem de raciocínio para designar realidades específicas de contemporaneidade, Rawls forjou uma proposta teórica neocontratualista[809] que se propagou pelos quatro continentes, e que conquistou a mentalidade dos principais governos hodiernos[810].

---

806. "O ponto agora atingido por Rawls na via da elaboração e defesa de sua teoria da justiça encontra-se a uma certa distância da sua concepção original, embora os seus princípios de justiça não tenham mudado substancialmente. Em vez disso, o que se alterou foi o equilíbrio das justificações e a sua compreensão no que respeita ao seu empenhamento na atividade da filosofia política" (Kuhatas & Pettit, *Rawls*: uma teoria da justiça e os seus críticos, 1995, p. 167).

807. "Pensamos que Rawls não foi feliz na sua evolução mais recente" (Kuhatas & Pettit, *Rawls*: uma teoria da justiça e os seus críticos, 1995, p. 175).

808. A sua teoria não se modificou substancialmente, mas apenas a sua aplicação a um tipo de sociedade (cf. Ricoeur, *Le juste*, 1995, p. 112). Sua própria concepção o traía desde o início, como se vê neste trecho, pois seu pensamento estava desde sempre voltado para a questão democrática: "A interpretação democrática, como o quadro atrás exposto sugere, é obtida pela combinação do princípio da igualdade equitativa de oportunidades com o princípio da diferença" (Rawls, *Uma teoria da justiça*, 1993, p. 78).

809. "El caso más llamativo de la segunda mitad del siglo que termina fue la obra de John Rawls *A theory of justice*, que pretendía ignorar los problemas metaéticos inherentes a toda teoría ético-política, al tiempo que se desmarcaba del utilitarismo, teoría ética tradicional dentro del ámbito angloamericano, con la pretensión de presentar una especie de neocontratualismo — inspirado a su vez en Rousseau, Locke y Kant — basado más en la forma del razonamiento que en los contenidos sustantivos, con lo cual se limitaba a las cuestiones procedimentales, soslayando la búsqueda de la buena vida, tema tradicional de la ética que ahora en su obra habría de limitarse al ámbito de lo correcto (*right*) y lo justo (*just*)" (Guisán, *Introducción a la ética*, 1995, p. 254).

810. "En muchos y importantes sentidos, la teoría ético-política de Rawls es la teoría ético-política de nuestro tiempo. Su influjo en los esquemas de razonamiento de Kohlberg fue importantísimo, y a través de dicho autor — psicólogo y filósofo de la moral —, que inspiró gran parte de las propuestas de Habermas, se hizo omnipresente no sólo en todo el ámbito anglosajón sino también en el germánico, así como en todos los países occidentales e incluso en gran parte de los orientales, influi-

Trata-se de uma ética deontológica, porém diferenciada por não se restringir a enfatizar somente os deveres, mas sobretudo os direitos[811]; ou melhor, trata-se de um estudo que enuncia e grifa a importância dos deveres das instituições como molas propulsoras dos direitos dos cidadãos. Isso tudo porque se parte da tese da necessidade do comum para a sobrevivência e o desenvolvimento do individual:

> "A natureza social da espécie humana é demonstrada da melhor forma quando a contrapomos com a concepção da sociedade privada. Com efeito, os seres humanos partilham os seus objetivos finais e consideram as suas instituições comuns e atividades como sendo um bem em si mesmas. Precisamos uns dos outros como associados que se empenham em formas de vida que possuem um valor próprio, e os sucessos e alegrias dos outros são necessários para o nosso próprio bem, sendo dele complementares. Estas ideias são assaz evidentes, mas exigem algum desenvolvimento" (Rawls, *Uma teoria da justiça,* 1993, p. 396).

Isso porque a ética importa enquanto problema francamente social, que se destaca na medida em que a organização contratual da sociedade requer determinados padrões de comportamento em sociedade; em outras palavras, ética não tem que ver somente com o indivíduo e a felicidade desse indivíduo, mas sim com a realização geral da sociedade em torno de seus ideais coletivos. De fato:

> "O objeto primário dos princípios da justiça social é a estrutura básica da sociedade, ou seja, a articulação das principais instituições sociais num sistema único de cooperação" (Rawls, *Uma teoria da justiça,* 1993, p. 63).

Seu modelo visa ao bem-estar social, à situação de maior felicidade da maioria, mas escapa, segundo sua própria proposta, aos cânones tradicionais do utilitarismo clássico[812]. Isso porque passa a valorizar a preeminência do valor liberdade por sobre todos os demais[813].

---

dos habitualmente por el pensamiento ético-político alemán y anglosajón" (Guisán, *Introducción a la ética*, 1995, p. 254).

811. "A partir de Rawls, podemos considerar que se inaugura una nueva variedad de ética deontológica atenta más ahora, a diferencia del pasado, a la noción de derechos que a la de deberes" (Guisán, *Introducción a la ética*, 1995, p. 254).

812. "La estrategia utilizada por Rawls, a fin de que su aportación presente rasgos relevantemente originales, consiste en contraponer como teoría rival alternativa un utilitarismo caricaturizado, vaciado de sus concepciones y valores claves: libertad, solidaridad, dignidad humana — tan evidente y clara en Mill —, cooperación, empatía y justicia. Una vez convertido el utilitarismo en una teoría burda, torpe y claramente inmoral, procede Rawls con relativa habilidad a ofrecer frente a ella una alternativa que claramente mejora el modelo por él caracterizado como utilitarismo clásico" (Guisán, *Introducción a la ética*, 1995, p. 258).

813. "Curiosamente, sin embargo, Rawls no se molesta en justificar sus preferencias por la libertad como principio básico de su ética, dando por hecho que es un valor aceptado por todo el mundo o, por lo menos, como puntualizará en sus obras posteriores, dentro de nuestras sociedades democráticas occidentales" (Guisán, *Introducción a la ética*, 1995, p. 260-261).

25.13.3.1. Pressupostos de leitura

Há que se advertir que a teoria da justiça de John Rawls é uma teoria da justiça como equidade, e o conceito de equidade aqui possui suas peculiaridades[814]. A equidade se dá quando do momento inicial em que se definem as premissas com as quais se construirão as estruturas institucionais da sociedade.

Para lastrear suas reflexões, John Rawls concebe sua teoria[815] com uma matriz bem determinada, a do contratualismo (Locke, Rousseau, Kant). Assim:

> "O meu objetivo é apresentar uma concepção da justiça que generaliza e eleva a um nível superior a conhecida teoria do contrato social, desenvolvida, entre outros, por Locke, Rousseau e Kant" (Rawls, *Uma teoria da justiça,* 1993, p. 33).

E, não sendo ele o único neocontratualista contemporâneo[816], é mister que fiquem nuançadas suas características teóricas mais marcantes por meio desta obra. É dela que se abeira para reformular seus cânones; é nela que busca inspiração para a grade dos conceitos que explora com desenvoltura e propriedade, em meio ao contratualismo contemporâneo[817].

25.13.3.2. Justiça e equidade, justiça como equidade

Pensar a justiça dentro da obra de Rawls (*Uma teoria da justiça*) é pensar em refletir acerca do justo e do injusto das instituições[818]. Qual seria a melhor forma de

---

814. Pouco se relaciona este estudo da equidade com aquela concepção de equidade dada pela teoria aristotélica, por exemplo, onde se encontra definida como sendo um corretivo da lei: "Como algo superior a um tipo de justiça, à justiça legal (*dikaíou nomimón*), e utilizada como corretivo da mesma (*epanpthoma nomímou dikaíou*)..." (Bittar, *A justiça em Aristóteles,* 1999, p. 130).

815. "É necessário salientar que pelo menos nas suas fases iniciais uma teoria da justiça é precisamente isso, ou seja, uma teoria" (...) "Uma teoria da justiça está sujeita às mesmas regras metodológicas que se aplicam a todas as outras. As definições e análises de significado não têm um lugar especial: a definição é apenas um instrumento utilizado na construção da estrutura geral da teoria" (Rawls, *Uma teoria da justiça,* 1993, p. 60).

816. "Entre os contratualistas definidores contemporâneos contar-se-á, provavelmente, David Gauthier, que define o que é justo em termos do que se espera que seja agradável para as partes racionais em certas circunstâncias hipotéticas, e Tim Scanlon, que define o que é justo como base para um acordo geral, não forçado, entre pessoas informadas. Por outro lado, autores como Jurgen Habermas não chegam a definir-se quanto à questão de saber se o contrato de que falam se relaciona de uma forma heurística ou definidora com a justiça" (Kuhatas & Pettit, *Rawls:* uma teoria da justiça e os seus críticos, 1995, p. 46).

817. "Comparando os meados do século com épocas anteriores, é realmente extraordinário notar que não havia personalidade, texto ou sequer disciplina que pudessem reivindicar a qualidade de continuadores dos grandes do passado. Havia muitos estudiosos de Maquiavel, Hobbes, Rousseau, Montesquieu, Mill e outros, mas poucos faziam o que esses pensadores fizeram, poucos aceitavam o desafio da teoria política. É provável que o último grande teórico político tenha sido Henry Sidgwick" (Kuhatas & Pettit, *Rawls:* uma teoria da justiça e os seus críticos, 1995, p. 17).

818. "Alors qu'avec Kant l'idée du juste s'applique d'abord aux relations de personne à personne, avec Rawls la justice s'applique d'abord aux institutions — elle est la vertu par excellence des insti-

se administrar a justiça de todos senão pelas instituições sociais? Não se quer tratar do fenômeno na esfera da ética de cada indivíduo, da ação humana individualmente tomada, das concepções plúrimas que se possam produzir sobre a justiça, o que não deixa de ser considerado relevante; quer-se, pelo contrário, disseminar a ideia de que a justiça das instituições é que beneficia/prejudica a comunidade que a elas se encontra vinculada.

Essa ética do social prevalece sobre uma ética do individual no conjunto de reflexões de Rawls. O que é de interesse de cada qual dos contratantes que aderem ao pacto social é menos relevante que o interesse comum a todas as partes:

> "Assim, é natural que se considere que o conceito de justiça é distinto das várias concepções da justiça, sendo definido pelo papel que estes diversos conjuntos de princípios, as diferentes concepções da justiça, desempenham em comum" (Rawls, *Uma teoria da justiça,* 1993, p. 29).

Isso porque uma sociedade organizada é definida exatamente em função da organização de suas instituições, sabendo-se que estas podem ou não realizar os anseios de justiça do povo ao qual se dirigem[819].

Nesse sentido, a justiça figura como sendo a virtude primeira de todas as instituições sociais, ou seja, aquilo que a verdade é para a ciência, deve a justiça ser para as instituições sociais. Isso significa dizer que uma sociedade bem organizada possui a máxima aderência de suas partes contratantes não por outro critério senão pela justiça que se encontra traduzida nas estruturas institucionais da sociedade. A ciência que se distancia da verdade passa a cavar seu próprio destino: o desaparecimento. As instituições sociais, da mesma forma, devem almejar, mas não só, devem realizar a justiça por meio de sua quadratura institucional. As instituições sociais são a maior realização concreta da sociedade por meio de suas regras:

> "Na teoria da justiça como equidade, a sociedade é interpretada como um empreendimento de natureza cooperativa, que visa obter vantagens mútuas para os participantes. A estrutura básica é um sistema público de regras que definem um sistema de atividades que leva os homens a agirem em conjunto de modo a produzir uma maior soma de benefícios e que atribui a cada um certos direitos, que são reconhecidos, a uma parte dos resultados respectivos" (Rawls, *Uma teoria da justiça,* 1993, p. 85).

As instituições são fundamentalmente o que internamente, em seu sistema estrutural, preveem como regras, que podem ser justas ou injustas[820]. Quando se dis-

---

tuttions — et seulement à titre secondaire aux individus et aux États-nations considérés comme des individus sur la scène de l'histoire" (Ricoeur, *Le juste,* 1995, p. 72).

819. "Pode considerar-se que uma concepção pública da justiça constitui a regra fundamental de qualquer associação humana bem ordenada" (Rawls, *Uma teoria da justiça,* 1993, p. 28).

820. "Uma instituição existe em um certo lugar e momento, quando as ações por ela executadas, de acordo com o entendimento público de que se deve obedecer ao sistema de regras que a define" (Rawls, *Uma teoria da justiça,* 1993, p. 64).

cute a questão da justiça das instituições se deve dizer que não é porque uma regra isolada ou um conjunto de regras isoladas sejam injustas que a instituição pode ser qualificada de injusta[821].

Tocar nesse aspecto é tocar na questão de como os direitos e os deveres são distribuídos em sociedade, pois as instituições têm por meta exatamente isso. Alguns possuem mais direitos e outros estão sobrecarregados de deveres? Alguns se favorecem das estruturas sociais para garantir seu bem-estar pessoal? Todos têm igual acesso a benefícios socialmente reconhecidos e coletivamente garantidos? Essas são, de fato, as questões com as quais pretende John Rawls lidar através de sua teoria. Em poucas palavras, trata-se de estudar como a justiça se faz nas estruturas básicas de uma sociedade, e propor um modelo que explique e que mostre como isso se realiza, ainda que de modo deontológico.

As questões da distribuição e da participação na distribuição encontram particular importância nesse contexto[822]. Tudo isso, portanto, conduz o leitor ao universo da justiça social e seus meandros[823]. Existe a necessidade de se dizer que é num sistema único de cooperação que se pode inserir a preocupação com a questão da justiça social. O que confirma isso é a seguinte afirmação:

> "O nosso tema, no entanto, é a justiça social. Para nós, o objeto primário da justiça é a estrutura básica da sociedade, ou, mais exatamente, a forma pela qual as instituições sociais mais importantes distribuem os direitos e deveres fundamentais e determinam a divisão dos benefícios da cooperação em sociedade" (Rawls, *Uma teoria da justiça,* 1993, p. 30).

É com atenção a esse espectro de pesquisa do tema que Rawls faz de seu neo-contratualismo uma proposta de *re-início* na avaliação do tema da justiça. Como definir a justiça nas estruturas socioinstitucionais ignorando o pacto inicial da sociedade? Fundamentalmente, seu conceito de justiça resgata a noção de contratualismo do século XVII. Assim, como hipótese de estudo, parte-se para a análise da posição original das partes no momento de realização do pacto social, para, a partir daí, traçarem-se as linhas com as quais se organizam a tecitura da justiça.

É a partir do acordo inicial que se pode discutir a situação das partes que aderem ao pacto. Encontram-se elas inteiramente absorvidas pelo Estado? Devem elas possuir

---

821. "A justificação desta distinção é que uma ou mais regras de uma organização podem ser injustas sem que a instituição em si mesma o seja" (Rawls, *Uma teoria da justiça,* 1993, p. 65).

822. O conceito de distribuição é de fulcral importância nesta concepção: "A justiça de um modelo de sociedade depende essencialmente da forma como são atribuídos os direitos e deveres fundamentais, bem como das oportunidades econômicas e condições sociais nos diferentes setores da sociedade" (Rawls, *Uma teoria da justiça,* 1993, p. 30).

823. "É necessário um conjunto de princípios que permitam optar pelas diversas formas de ordenação social que determinam esta divisão dos benefícios, bem como obter um acordo sobre a repartição adequada dos mesmos. Estes princípios são os da justiça social (...)" (Rawls, *Uma teoria da justiça,* 1993, p. 28).

direitos anteriores ao pacto? Esses direitos serão preservados? Assim, os princípios diretores do conceito de justiça na teoria de Rawls virão dados pela noção de que presidem a sociedade no momento de sua formação[824].

O que há é que a posição original é capaz de facultar a simulação das condições ideais de igualdade para que, nesse momento, se possam escolher os princípios diretores da sociedade. Desde o momento do pacto, definidas as premissas de operação da sociedade, bastaria que o maquinismo social entrasse em funcionamento e executasse as regras que foram pactuadas. Seria, então, *a priori*, da história formada a concepção de justiça que haveria de impregnar a construção e a atuação das instituições[825].

Mas, em que consiste esse acordo inicial ou pacto social? É ele, na teoria de Rawls, pura hipótese. Não se trata de um acordo histórico e sim hipotético. Assim:

> "Deve ser vista como uma situação puramente hipotética, caracterizada de forma a conduzir a uma certa concepção da justiça" (Rawls, *Uma teoria da justiça,* 1993, p. 33).

Esse acordo vem marcado pela ideia de uma igualdade original para optar por direitos e deveres; é essa igualdade o pilar de toda a teoria[826]. Mais que isso, a ideia de se recorrer ao contrato social, e de se estudar os sujeitos pactuantes na origem da sociedade numa posição original, não tem outro fito senão o de demonstrar a necessidade de se visualizarem as partes num momento de igualdade inicial. Eis aí a equidade (*fairness*) de sua teoria[827].

Assim, se tivessem que optar por instituições inclinadas a realizar isto ou aquilo, seria esse o momento, o *start* de todo o agir social. E acerca do que se deve decidir no momento de iniciação das atividades sociais? O que há que se escolher no momento do pacto inicial não é nada mais nada menos que a estrutura fundamental da sociedade, seus alicerces[828].

A natureza do pacto na teoria de Rawls guarda raízes com o kantismo e com o contratualismo rousseauniano, porém não se reveste de absoluto e imperativo apego

---

824. "A ideia condutora é antes a de que os princípios da justiça aplicáveis à estrutura básica formam o acordo inicial" (Rawls, *Uma teoria da justiça,* 1993, p. 33).

825. "O método contratualista descrito pretende identificar a estrutura alternativa mais desejável — pelo menos no que respeita a justiça, pois escolhe a estrutura que selecionaríamos num regime em que a imparcialidade estivesse assegurada. Contudo, também pretende identificar uma estrutura genuinamente exequível" (Kuhatas & Pettit, *Rawls:* uma teoria da justiça e os seus críticos, 1995, p. 34).

826. "Na teoria da justiça equidade, a posição da igualdade original corresponde ao estado natural na teoria tradicional do contrato social" (Rawls, *Uma teoria da justiça,* 1993, p. 33).

827. "La fairness caractérise le choix terminal parce qu'elle caracterise d'abord la situation initiale. Le choix des principes de justice sera *fair* si la situation originelle l'est elle-même" (Ricoeur, *Le juste,* 1995, p. 101).

828. Esta é a opinião daqueles que analisam a obra de Rawls: "O que há a escolher na posição original é nem mais nem menos do que a estrutura básica da sociedade" (Kuhatas & Pettit, *Rawls:* uma teoria da justiça e os seus críticos, 1995, p. 36).

a esses autores. Pelo contrário, a teoria da justiça de Rawls se apega única e exclusivamente a uma noção ritualizada do pacto social, a uma noção processual de pacto social, desvinculando-se seja do naturalismo rousseauniano, seja da metafísica kantiana[829]. A noção de contrato social é fluída, mas, ainda assim, e consciente das possíveis críticas ao conceito, Rawls opta por desenvolvê-la como aspecto inicial de sua discussão, como pressuposto de seu debate, como premissa metodológica de suas conclusões científicas[830].

É útil o conceito de contrato na medida em que a ideia de contrato pressupõe pluralidade de pessoas e publicidade de princípios de justiça; mais que isso, pressupõe que, fundada a sociedade, se mantém no estado civil o direito à liberdade. O que a crítica tem apontado é que no contrato, na concepção de John Rawls, se identificam muito mais pressupostos econômicos que políticos[831].

Visto isso, há que se dizer que se remete para o momento seguinte desta obra a investigação de qual seja a situação das partes contratantes após a realização do contrato social.

25.13.4. O pacto e o véu de ignorância

Mas, quando tudo se decide, na situação em que um véu de ignorância recobre e venda os olhos daqueles que decidem acerca do futuro da humanidade e das instituições públicas, o que há é uma situação em que aqueles que decidem simplesmente se encontram distanciados da dinâmica dos interesses sociais, econômicos, políticos... corriqueiros da vida humana em sociedade. Essa é uma situação em que há equidade.

> "Isto explica a propriedade da designação justiça como equidade: ela transmite a ideia de que o acordo sobre os princípios da justiça é alcançado numa situação inicial que é equitativa" (Rawls, *Uma teoria da justiça,* 1993, p. 34).

---

829. "O que distingue a teoria da justiça como equidade é a forma como caracteriza a situação inicial, o cenário em que surge a condição da unanimidade. Uma vez que se pode interpretar em termos kantianos a posição original, esta concepção da justiça tem efetivamente afinidades com o idealismo. Kant quis dar uma fundamentação filosófica às ideias de Rousseau sobre a vontade geral. A teoria da justiça, por sua vez, tenta fazer uma apresentação natural, de natureza processual, da concepção kantiana do reino dos objetivos, bem como das noções de autonomia e de imperativo categórico. Deste modo, a estrutura subjacente à doutrina de Kant é liberta do contexto metafísico, de forma a poder ser vista com maior clareza e apresentada relativamente livre de objeções" (Rawls, *Uma teoria da justiça,* 1993, p. 213).

830. Contrato não é expressão isenta de ambiguidades e flutuâncias semânticas; disto está consciente Rawls: "Pode objectar-se ao uso do termo contrato, ou de termos semelhantes, mas creio que ele é útil" (Rawls, *Uma teoria da justiça,* 1993, p. 36).

831. "O contrato possui natureza econômica: "A noção de contrato de Rawls é muito mais econômica do que política. Para ele, as partes, ao decidirem, fazem-no por referência ao modo como as estruturas propostas respondem aos seus interesses pessoais" (Kuhatas & Pettit, *Rawls*: uma teoria da justiça e os seus críticos, 1995, p. 48).

Essa hipótese favorece a Rawls pensar na neutralidade que se presume em uma situação de decisão com esse cunho, onde e quando se deve primar pela maior prevalência possível da equidistância para a boa realização da tarefa decisória[832].

Se se trata de *re-fundar* a sociedade com base na avaliação do momento decisório ou de aderência ao pacto, ainda que se trate de um momento hipotético, o que se pretende é identificar nessa posição original dos pactuantes um momento de igualdade. Essa situação de igualdade inicial define o futuro cumprimento isonômico das regras de justiça ora criadas. Na posição original os aderentes ao pacto possuem liberdade, voluntariedade e comungam de princípios da justiça:

> "Os sujeitos na posição original assumem que os princípios por eles reconhecidos, sejam quais forem, serão estritamente respeitados e seguidos por todos. Assim, os princípios de justiça que dela resultam são os que, em circunstâncias favoráveis, definem uma sociedade perfeitamente justa" (Rawls, *Uma teoria da justiça,* 1993, p. 273).

Esse momento de igualdade vem marcado pela noção de que existem consciência, equidade[833] e liberdade para se deliberar sobre direitos e deveres e selecionar dentre estes os melhores para comporem um quadro vasto de equipamentos institucionais a serviço de todos; estrutura-se esse pacto na base de dois princípios, os princípios basilares de seu sistema acerca da justiça, quais sejam: 1) princípio da igualdade; 2) princípio da diferença. De fato:

> "A primeira apresentação dos dois princípios é a seguinte: Primeiro. Cada pessoa deve ter um direito igual ao mais extenso sistema de liberdades básicas que seja compatível com um sistema de liberdades idêntico para as outras. Segundo. As desigualdades econômicas e sociais devem ser distribuídas por forma a que, simultaneamente: a) se possa razoavelmente esperar que elas sejam em benefício de todos; b) decorram de posições e funções às quais todos têm acesso" (Rawls, *Uma teoria da justiça,* 1993, p. 68).

São esses princípios os responsáveis pelo equacionamento e todo o sistema de organização das instituições justas[834]. O bom equilíbrio entre os dois princípios produz

---

832. Sobre o véu de ignorância: "Quienes conversan, dialogan y contratan tras ese velo, desconocen qué posición van a ocupar en la sociedad, si serán hombres o mujeres, pobres o ricos, empresarios o obreros, ejecutivos o mano de obras no cualificada. En atención a sus solos intereses, desde la ignorancia de cuál va a ser su situación real, parecen alcanzar acuerdos relativos a la conveniencia de que ninguno disfrute de mayores privilegios que los otros, o que disponga de mayores riquezas, con objeto de asegurarse, en el caso de que fueran a estar colocados en la peor situación imaginable, unas condiciones de vida lo menos desfavorables posible" (Guisán, *Introducción a la ética,* 1996, p. 269).

833. "L'équité caractérise en premier lieu la procédure de délibération qui devrait conduire au choix des principes de justice preconisés par Rawls, tandis que la justice désigne le contenu des principes choisis" (Ricoeur, *Le juste,* 1995, p. 75).

834. "Rawls está convencido de que os dois princípios da justiça como equidade são justos e proveitosos para os cidadãos e os que lhes são queridos; além disso, serão publicamente conhecidos como justos em qualquer sociedade onde sejam apresentados. Desta forma reforçarão o sentido de justiça, trazendo estabilidade" (Kuhatas S Pettit, *Rawls: uma teoria da justiça e os seus críticos,* 1995, p. 73).

289

o bom equilíbrio das instituições sociais. E esses dois princípios diretores das qualidades institucionais são eleitos equitativamente na posição original[835]. Trata-se, nada mais nada menos, da aplicação do que Rawls chama de justiça processual pura à teoria das instituições[836].

São esses princípios os reguladores de toda atividade que vise a distribuir direitos e deveres, benefícios e ônus[837]. O primeiro princípio define as liberdades, enquanto o segundo regula a aplicação do primeiro, corrigindo as desigualdades[838]. Sendo impossível erradicar a desigualdade entre as pessoas, o sistema institucional deve prever mecanismos suficientes para o equilíbrio das deficiências e desigualdades, de modo que estes se voltem em benefício da própria sociedade. E aqui está o resgate das ideias tradicionais de liberdade, igualdade e fraternidade, que se somam:

> "Uma vez aceito tal princípio, podemos associar as ideias tradicionais de liberdade, igualdade e fraternidade com a interpretação democrática dos princípios da justiça da forma seguinte: a liberdade corresponde ao primeiro princípio, a igualdade à ideia de igualdade contida no primeiro princípio, juntamente com a igualdade equitativa de oportunidades, e a fraternidade ao princípio da diferença" (Rawls, *Uma teoria da justiça*, 1993, p. 99).

Nessa posição original, as partes se encontram em situação de igualdade, e podem optar por direitos e deveres, ou seja, podem escrever sua própria história institucional futura. É certo que o véu da ignorância corresponde ao que não se conhece do ponto de vista da justiça (e é por isso que se fala de uma justiça *a priori*), até para que esta possa ser identificada e construída antes da história acontecer, antes do curso dos acontecimentos fluir. Mas, afirma Rawls, as partes estão conscientes do que pode e do que não pode interferir nas instituições, produzindo justiça ou injustiça, pois

---

835. "Isto explica a propriedade da designação justiça como equidade: ela transmite a ideia de que o acordo sobre os princípios da justiça é alcançado numa situação inicial que é equitativa" (Rawls, *Uma teoria da justiça*, 1993, p. 34).

836. "A justiça processual pura, por seu lado, aplica-se quando não há critério independente para o resultado justo: em vez disso, existe um processo correto ou equitativo que permite que o resultado, seja ele qual for, será igualmente correto ou equitativo desde que o processo tenha sido devidamente respeitado. Esta situação pode ser demonstrada por um jogo de azar" (Rawls, *Uma teoria da justiça*, 1993, p. 86). A aplicação da justiça processual pura na justiça como equidade: "Assim, para se aplicar a noção de justiça processual pura à distribuição, é necessário estabelecer-se um sistema justo de instituições e administrá-lo de forma imparcial" (Rawls, *Uma teoria da justiça*, 1993, p. 87).

837. "Considero, assim, que o conceito de justiça é definido pelo papel dos respectivos princípios na atribuição de direitos e deveres e na definição da divisão adequada das vantagens sociais. Uma concepção da justiça, por seu lado, é uma interpretação deste papel" (Rawls, *Uma teoria da justiça*, 1993, p. 32).

838. "Le premier principe assure donc les libertés égales de la citoyenneté (liberté d'expréssion, d'assemblé, de vote, d'éligibilité aux fonctions publiques). Le second principe s'applique à une condition d'inégalité et pose que certaines inégalités doivent être tenues pour préférables même à une répartition égalitaire" (Ricoeur, *Le juste*, 1995, p. 84).

disso estão avisadas pelas contribuições de alguns saberes e conhecimentos; a ignorância, quer afirmar Rawls, não é propriamente um empecilho[839].

As instituições passam a estar afetadas por aquilo que desde o princípio se pode definir como sendo justo ou injusto (equidade inicial). Tudo deverá se governar de conformidade com isso. É certo, porém, que os homens que optam por direitos e deveres não possuem o mesmo grau de liberdade em sociedade que possuiriam se estivessem em natureza.

É certo que a liberdade que as instituições constroem não corresponde à liberdade total e absoluta dos indivíduos, muito menos à satisfação plena dos indivíduos. Não é disso que se trata, mas sim de uma adequação das justiças dos indivíduos (conceitos subjetivos de justiça), tais quais desejada por cada qual, dentro de um sistema que as absorve e as reconhece institucionalmente.

Assim, o primeiro princípio tem que ver com a fixação das liberdades básicas de todo pactuante[840], que devem ser iguais para todos: liberdade política, liberdade de expressão, de reunião, de consciência, de pensamento, de não ser preso arbitrariamente.

> "É essencial observar que é possível estabelecer um elenco das liberdades básicas. Entre elas contam-se, como particularmente importantes, a liberdade política (direito de votar e de ocupar uma função pública) e a liberdade de expressão e de reunião; a liberdade de consciência e de pensamento; as liberdades das pessoas, que incluem a proibição da opressão psicológica e da agressão física (direito à integridade pessoal); o direito à propriedade privada e à proteção face à detenção e à prisão arbitrárias, de acordo com o princípio do domínio da lei. E, de acordo com o primeiro princípio, estas liberdades devem ser iguais para todos" (Rawls, *Uma teoria da justiça*, 1993, p. 68).

Porém, o que se deve notar é que se trata de, quando da aderência ao pacto social, abdicar de direitos fundamentais, mas não de todos. Para que haja essa abdicação de direitos é mister que aqueles que aderirem ao pacto recebam em troca benefícios ainda maiores que aqueles que teriam se se mantivessem em sua posição *ante pactum*[841].

---

839. "Mas, embora as partes estejam sob um véu de ignorância sobre factos específicos, é-lhes dado conhecimento de toda sorte de fatos gerais que afetam a escolha da estrutura básica, em particular aqueles que a psicologia e as ciências sociais põem à sua disposição. São estes dois aspectos importantes do véu de ignorância" (Kuhatas & Pettit, *Rawls*: uma teoria da justiça e os seus críticos, 1995, p. 39).

840. "Poderíamos referir, desde logo, que tal resposta se traduz em escolhermos ser governados por dois princípios de justiça: o primeiro garante liberdades individuais (de expressão, de associação e de culto, entre outras); o segundo assegura que as desigualdades sociais e econômicas são distribuídas de modo a proporcionarem o maior benefício possível aos menos favorecidos da sociedade, embora mantendo uma equitativa igualdade de oportunidades" (Kuhatas & Pettit, *Rawls*: uma teoria da justiça e os seus críticos, 1995, p. 51).

841. "Pelo menos teoricamente é possível admitir que, ao abdicarem de algumas de suas liberdades fundamentais, os sujeitos possam ser suficientemente compensados pelos ganhos econômicos

O segundo princípio, em sua locução "funções às quais todos têm acesso", deve ser interpretado de acordo com a igualdade democrática. Assim, se o primeiro princípio reza que todos devem possuir um determinado benefício social, o segundo cumprirá para que o acesso a esse benefício social se dê de modo concreto e real. Aqui está a chave para a diferenciação dos indivíduos, o que escapa a um igualitarismo excessivo:

> "O segundo princípio aplica-se, numa primeira abordagem, à distribuição da riqueza e do rendimento e à concepção das organizações que aplicam as diferenças de autoridade e responsabilidade" (Rawls, *Uma teoria da justiça*, 1993, p. 68).

Nem a liberdade natural, nem a igualdade liberal, nem a aristocracia natural são princípios aptos a explicar o que é devido de acordo com o segundo princípio da teoria de Rawls.

Deve-se lembrar ainda que toda a ordem de distribuição dos princípios entre si é feita de forma lexical, como a distribuição de nomes em dicionários[842].

Mas, o pacto não se faz de uma só vez; é ele um processo de etapas gradativas, do mais abstrato ao mais concreto. Deve-se ainda mais ter em conta que é sob o véu da ignorância que os pactuantes escolhem os dois princípios, numa primeira etapa do contrato. Numa segunda etapa, os pactuantes passam a deliberar concretamente acerca das diretrizes de sua própria sociedade, e isso por meio da votação de uma Constituição[843]. Vencida também essa etapa, as discussões passam a se deitar sobre as políticas de bem-estar da sociedade, pela economia e por outras fontes de justiça social[844].

Assim, dadas as premissas que regerão a sociedade, os dois princípios tornam-se os motores da caminhada social. Mas esses princípios não têm que ver exclusivamen-

---

e sociais daí resultantes. A concepção geral da justiça não impõe restrições quanto ao tipo de desigualdades que são admissíveis. Exige apenas que a posição de todos seja melhorada" (Rawls, *Uma teoria da justiça*, 1993, p. 69).

842. Sobre a ordem lexical: "A primeira regra de prioridade estabelece a prioridade da liberdade, que só admite restrições à liberdade para bem da liberdade" (Kuhatas & Pettit, *Rawls*: uma teoria da justiça e os seus críticos, 1995, p. 60). "A segunda regra de prioridade estabelece o primado da justiça sobre a eficácia e o bem-estar" (Kuhatas & Pettit, *Rawls*: uma teoria da justiça e os seus críticos, 1995, p. 60).

843. "Na primeira etapa, debaixo do véu da ignorância, escolheriam os dois princípios. Na segunda, ultrapassada a discussão dos princípios da justiça, as partes na assembleia constituinte adquirem conhecimento dos fatos gerais respeitantes à sociedade a que pertencem" (Kuhatas & Pettit, *Rawls*: uma teoria da justiça e os seus críticos, 1995, p. 65-66).

844. "Na terceira etapa, resolvidas as questões relativas à constituição política e com uma informação mais completa, escolheriam as políticas de bem-estar econômico e político que Rawls recomenda. Na última etapa perspectivamos a nossa situação particular em condições de total acesso aos fatos, pois o véu da ignorância foi sendo gradualmente removido na descida sequencial do mundo da Posição Original até ao nosso mundo, e somos capazes de estudar a aplicação das normas com integral compreensão da estrutura básica da nossa sociedade" (Kuhatas & Pettit, *Rawls*: uma teoria da justiça e os seus críticos, 1995, p. 66).

te com o momento inicial do pacto social; os dois princípios grifam sua importância na medida em que se mantêm atuantes no sentido de resguardar inclusive situações futuras de desigualdade entre os pactuantes.

O primeiro princípio faz das liberdades uma realidade de proteção; o segundo princípio garante que o primeiro não se manterá puramente como princípio formal, mas que se regulará de acordo com as necessidades, as mudanças sociais, as desigualdades surgidas. Assim, os dois princípios se incumbem de regular as desigualdades futuras:

> "... seguimos a ideia de que os dois princípios tentam limitar a arbitrariedade de certas contingências naturais do acaso social" (Rawls, *Uma teoria da justiça*, 1993, p. 92).

A aplicação de ambos os princípios confirma continuamente a realização da justiça, como equidade e igualdade[845]. E isso sobretudo porque se trata de uma teoria que identifica as desigualdades naturais e procura corrigi-las[846]. Deve-se mesmo, numa teoria que tenha esse perfil, buscar romper a desigualdade natural entre as pessoas, para que assim se faça justiça.

> "Assim, o princípio mantém que, para tratar igualmente todas as pessoas, para permitir uma genuína igualdade de oportunidades, a sociedade deve dar melhor atenção aos que nasceram em posições sociais menos favorecidas" (Rawls, *Uma teoria da justiça*, 1993, p. 95).

Não se trata de discutir se a distribuição natural é ou não justa, mas sim de se discutir se a justiça das instituições é capaz de suprir diferença que impede o exercício de iguais direitos; sexos diferentes[847], corpos diversos[848], situações econômicas distintas, posições sociais diversificadas não devem receber o mesmo tratamento[849].

---

845. "Vou concluir esta discussão sobre os dois princípios explicando em que sentido eles expressam uma concepção igualitária da justiça" (Rawls, *Uma teoria da justiça*, 1993, p. 94).

846. "As desigualdades sociais e econômicas devem ser distribuídas por forma a que, simultaneamente, a) proporcionem a maior expectativa de benefício aos menos favorecidos e b) estejam ligadas a funções e a posições abertas a todos em posição de igualdade equitativa de oportunidades" (Rawls, *Uma teoria da justiça*, 1993, p. 84).

847. Para sexos diversos: "Assim, se por exemplo o sexo masculino for favorecido na atribuição de direitos básicos, tal desigualdade só é justificada pelo princípio da diferença se tal resultar em benefício do sexo feminino e for aceitável do seu ponto de vista" (Rawls, *Uma teoria da justiça*, 1993, p. 94).

848. Para deficientes: "Parto da hipótese de que todos têm necessidades físicas e capacidades psicológicas normais, de modo que os problemas dos cuidados especiais de saúde e do tratamento dos deficientes mentais se não colocam" (Rawls, *Uma teoria da justiça*, 1993, p. 93).

849. "A distribuição natural não é nem justa nem injusta; tal como não é injusto que se nasça numa determinada posição social. A forma como as instituições lidam com esses fatos é que pode ser justa ou injusta" (Rawls, *Uma teoria da justiça*, 1993, p. 96).

Mais que isso, os dois princípios devem se incumbir de fazer com que todos participem da melhor forma possível das estruturas sociais[850], de forma a que a estrutura cooperativa da sociedade facilite a manutenção de uma sociedade organizada.

Nesse esquematismo há um profundo senso de operância: se a estrutura é justa ao princípio, e encontra meios para a manutenção dessa sua estrutura justa, então poder-se-á dizer que se trata de um sistema equilibrado. Num sistema institucional com esse perfil, as realizações pessoais são possíveis, desde que se melhore a condição do outro e se respeitem as condições impostas pelo pacto para a preservação de todos[851].

Então, deve-se grifar que após a realização do pacto original, com a escolha dos dois princípios, as partes contratantes se vinculam a ponto de escolher uma Constituição[852]. A Constituição institui um governo de legalidade, em que a ordem se estabelece na base da igualdade e da publicidade.

"Assim, a Constituição estabelece e protege um estatuto comum da igualdade entre os cidadãos e realiza a justiça na plano político" (Rawls, *Uma teoria da justiça,* 1993, p. 166).

É o dever natural de justiça que propulsiona, diz Rawls, o cidadão à obediência da Constituição e das leis[853]. É a lei a garantia de que situações iguais serão igualmente tratadas[854]. E lei aqui não é sinônimo de constrição, mas sim de liberdade[855]. Consciente das dificuldades que engendram a discussão do tema da justiça nessa base, e dos

---

850. "O primeiro consiste em a estrutura básica dever governar a sociedade com sentido de justiça; o segundo, em dever governá-la nas circunstâncias típicas da justiça" (Kuhatas & Pettit, *Rawls: uma teoria da justiça e os seus críticos,* 1995, p. 37).

851. "A todos é assegurada uma liberdade igual para prosseguir o plano de vida que entender, desde que não viole as exigências de justiça. A partilha dos bens primários entre os sujeitos é feita com base no princípio de que alguns podem obter uma maior quantidade se os adquirem por formas que melhorem a situação dos que têm menos. Uma vez o dispositivo instalado e em funcionamento, não há lugar a questões sobre a satisfação total ou a perfeição" (Rawls, *Uma teoria da justiça,* 1993, p. 91).

852. "Suponho, assim, que após a adoção dos princípios da justiça na posição original, as partes realizam uma convenção constituinte. Agora, têm de decidir sobre a justiça das diversas formas políticas e de escolher uma constituição: são, por assim dizer, delegados a esta convenção" (Rawls, *Uma teoria da justiça,* 1993, p. 164).

853. "A existência de obrigações pode ser justificada pelo dever natural de justiça, pois que, quando alguém utiliza um certo aparelho institucional, as suas regras passam a ser-lhe aplicáveis e o dever de justiça existe" (Rawls, *Uma teoria da justiça,* 1993, p. 268).

"Assim temos o dever natural de respeitar a constituição, por exemplo, ou as leis básicas que regulam a propriedade (se forem justas), mas temos a obrigação de desempenhar as tarefas do cargo que obtivemos, ou de seguir as regras de associações e atividades a que aderimos" (Rawls, *Uma teoria da justiça,* 1993, p. 268).

854. "O princípio do domínio da lei também implica o preceito de que as situações semelhantes devem ser tratadas de modo semelhante" (Rawls, *Uma teoria da justiça,* 1993, p. 193).

855. À justiça como regularidade: "O princípio do domínio da lei está, como é óbvio, intimamente relacionado com a liberdade" (Rawls, *Uma teoria da justiça,* 1993, p. 192).

comprometimentos de seus postulados teóricos, é que Rawls está preocupado em demonstrar materialmente a possibilidade de realização dos dois princípios (menciona a formação da Constituição, os processos legislativos, as formas de execução da lei...).

Tudo isso no sentido de dizer que nas instituições deve medrar o que se chama de justiça material, e não a justiça formal. A justiça formal não basta na aplicação das leis:

> "A justiça formal, no caso das instituições jurídicas, é simplesmente um aspecto do domínio da lei (*rule of law*) que apoia e tutela as expectativas legítimas" (Rawls, *Uma teoria da justiça*, 1993, p. 66). É mister a justiça substantiva: "O caráter inevitavelmente vago da lei e o vasto âmbito da respectiva interpretação encorajam uma arbitrariedade na decisão que só a fidelidade à justiça pode impedir. Assim, afirma-se, quando estão presentes a justiça formal, o princípio de domínio da lei (*rule of law*) e a tutela das legítimas expectativas, a justiça substantiva estará também, provavelmente, presente" (Rawls, *Uma teoria da justiça*, 1993, p. 67).

Tudo isso leva à ideia de estabilidade. A justiça, quando penetra desde o pacto original o espírito institucional, de fato, se torna algo estável na sociedade. A estabilidade é mais que pura consequência da justiça institucional, é mesmo o termômetro da atuação das instituições públicas:

Uma sociedade bem organizada caminha naturalmente e sem tropeços para a estabilidade de suas instituições. O conceito de estabilidade leva a refletir o quanto o pacto não ocorre somente num momento deliberativo inicial, mas se faz dia a dia no agir das instituições. De fato, nessas condições, se pode falar de estabilidade, de manutenção, de existência contínua[856].

A sociedade sem estabilidade é aquela que convive com o desvirtuamento de seus poderes institucionais[857]. Nisso se percebe que tudo se define a partir da noção de equilíbrio, que pode ser, para uma dada sociedade, estável ou instável, conforme, em sua concepção, esteja ou não lastreada nos dois princípios de justiça[858]. De fato, uma sociedade bem-ordenada é estável e uma sociedade estável é bem-ordenada[859].

---

856. Na opinião da crítica se reúne a mesma informação: "Rawls sustentava que os seus dois princípios representavam uma concepção pública de justiça da qual poderia esperar-se que, depois de instalada, se mantivesse. E representavam, além disso, um valor que não era utópico, mas susceptível de ser alcançado" (Kuhatas; Pettit, *Rawls*: uma teoria da justiça e os seus críticos, 1995, p. 22).

857. "Há conflito de interesses uma vez que os sujeitos não são indiferentes à forma como são distribuídos os benefícios acrescidos que resultam da sua colaboração, já que, para prosseguirem os seus objetivos, todos preferem receber uma parte maior dos mesmos" (Rawls, *Uma teoria da justiça*, 1993, p. 28).

858. "Em contrapartida, um equilíbrio é instável quando um movimento que dele se afasta provoca reações dentro do sistema que conduzem a mudanças ainda maiores. Os sistemas são mais ou menos estáveis em função da importância das forças internas disponíveis para os fazer voltar ao equilíbrio" (Rawls, *Uma teoria da justiça*, 1993, p. 349).

859. "No início da obra, caracterizei a sociedade bem-ordenada como sendo aquela que é concebida para promover o bem dos seus membros e que é regulada de forma efetiva por uma concepção

O que se discute, quando se fala em instabilidade das instituições, é a própria aderência dos espíritos pactuantes ao contrato social ou não. Isso quer dizer que todo pacto vive da aceitação reiterada que se dá ao funcionamento das instituições, que devem reger-se de acordo com os dois princípios de justiça. Mas nem porque as instituições sejam imperfeitas se deverá gerar desobediência civil; o dever de civismo insiste em reclamar do pactuante uma adesão a estruturas que observam no geral os princípios de justiça, e que, como tudo o que é humano, estão sujeitos a cometer erros[860].

Assim, a questão de se aceitar ou não as leis de um determinado Estado remonta à própria dúvida sobre o que as instituições representam em termos de justiça. Se se caracterizam pela realização de justiça, de acordo com o tônus que é dado ao conceito por Rawls, então a obediência civil é um dever da sociedade perante as instituições[861].

Não se está a discutir se se deve ou não obedecer uma instituição iníqua, violenta, arbitrária, despótica... mas sim se um governo democraticamente constituído está ou não sujeito à desobediência civil; uma teoria da justiça deve prever uma teoria da desobediência[862]. Assim:

> "Começarei por definir a desobediência civil como um ato público, não violento, decidido em consciência mas de natureza política, contrário à lei e usualmente praticado com o objetivo de provocar uma mudança nas leis ou na política seguida pelo governo" (Rawls, *Uma teoria da justiça,* 1993, p. 282).

A desobediência pode ser definida, então, como um ato de resistência não violenta, de caráter político, contrário à lei, no sentido da realização de uma mudança política. A submissão ou insubmissão se discute na medida em que as instituições desrespeitem os princípios de justiça[863]. Mas a resistência nada tem que ver com força, revolução, rebeldia, insurgência forçada[864].

---

pública da justiça. Assim, é uma sociedade na qual todos aceitam os mesmos princípios da justiça, sabendo que os outros também os aceitam, e as instituições sociais básicas satisfazem esses princípios, sendo tal fato conhecido" (Rawls, *Uma teoria da justiça,* 1993, p. 346).

860. "O dever de civismo impõe a aceitação das imperfeições das instituições e um certo comedimento na forma como dela nos aproveitamos" (Rawls, *Uma teoria da justiça,* 1993, p. 276).

861. "Assim, pelo menos num estado de quase justiça, há normalmente um dever (e para alguns também uma obrigação) de aceitar leis injustas, desde que estas não excedam certos limites de injustiça" (Rawls, *Uma teoria da justiça,* 1993, p. 276).

862. "Vou agora ilustrar o conteúdo dos princípios do dever natural e da obrigação, apresentando uma teoria da desobediência civil. Conforme já indiquei, esta teoria é concebida apenas para o caso especial de uma sociedade quase justa que, no essencial, seja bem ordenada, mas na qual, não obstante, ocorram sérias violações da justiça. Dado que parto do princípio de que um estado de quase justiça exige um regime democrático, a minha teoria diz respeito ao papel e à justificação da desobediência civil a uma autoridade democrática legitimamente estabelecida" (Rawls, *Uma teoria da justiça,* 1993, p. 281).

863. "A violação persistente e deliberada dos princípios desta concepção durante um período de tempo extenso, em especial a lesão das liberdades fundamentais, convida à submissão ou à resistência" (Rawls, *Uma teoria da justiça,* 1993, p. 283).

864. Isto revela inclusive um certo distanciamento das ideias revolucionárias, como, por exemplo, as de Marx.

"Nesta gama de possibilidades ela representa uma forma de dissidência situada nas fronteiras da fidelidade ao direito. A desobediência civil, entendida, desta forma, é claramente distinta da ação militante e das ações de obstrução; e está muito afastada da resistência organizada que recorre à força" (Rawls, *Uma teoria da justiça,* 1993, p. 284).

A ideia da desobediência caminha para a mobilização e para o abalo das estruturas de poder da sociedade, com vistas à alteração das leis que se façam em desacordo com os referidos princípios.

Exequibilidade e estabilidade[865], portanto, são notas distintivas dessa noção de justiça[866]. Quando se obedece uma legislação, ou um conjunto de instituições operantes, se obedece porque estas são justas, de acordo com os dois princípios de justiça acima elencados. Dizer que são justas é dizer que respeitam e devem ser respeitadas de acordo com o chamado dever natural de obediência[867]; representam o justo para a maioria e, portanto, o que há de melhor para a maioria; refletem e respeitam também o conceito de justo que cada indivíduo possa possuir.

"Para sermos mais precisos, consideremos qualquer pessoa numa sociedade bem-ordenada. Parto do princípio de que ela sabe que as instituições são justas e que os outros sujeitos têm (e continuarão a ter) um sentido da justiça semelhante ao seu, pelo que obedecem (e continuarão a obedecer) a essas disposições. Pretendemos demonstrar que, com base nestes pressupostos, é racional para alguém, definido nos termos da teoria estrita do bem, respeitar o seu sentido da justiça. O projeto de vida que traduz este respeito é a melhor resposta que pode dar aos projetos semelhantes dos seus associados; e se tal é racional para um indivíduo, sê-lo-á para todos" (Rawls, *Uma teoria da justiça,* 1993, p. 427-428).

Os sacrifícios pessoais só se justificam se forem trocadas as liberdades por maiores benefícios. Se isso ocorrer, há justiça, devendo, portanto, haver obediência. E aí se estará diante do sistema idealizado por Rawls. Enfim:

"Chegamos, assim, ao fim desta longa discussão sobre a estabilidade da teoria da justiça como equidade. Resta apenas notar que a congruência entre o justo e o bem permite-nos completar a sequência das aplicações da definição de bem. Podemos dizer, em primeiro lugar, que numa sociedade bem-ordenada, ao ser-se uma pessoa boa (em particular o fato de se possuir um sentido objetivo da justiça) é na verdade um bem para

---

865. "Além disso, deve ter-se em conta o problema da estabilidade. Um sistema justo deve gerar apoio para si próprio. Tal significa que ele deve ser concebido de forma a provocar nos seus membros o correspondente sentido da justiça, um desejo efetivo de, por razões de justiça, agir de acordo com as regras" (Rawls, *Uma teoria da justiça,* 1993, p. 210).

866. Exequibilidade e estabilidade das instituições justas do modo equitativo são suas preocupações (cf. Kuhatas; Pettit, *Rawls: uma teoria da justiça e os seus críticos,* 1995, p. 22).

867. "Sem dúvida que não há qualquer dificuldade em explicar porque é que devemos obedecer às leis justas, adotadas segundo os termos de uma constituição justa. Em tal caso, são os princípios do dever natural e o princípio de equidade que estabelecem os direitos e os deveres necessários" (Rawls, *Uma teoria da justiça,* 1993, p. 273).

essa pessoa; e em segundo lugar que esta forma de sociedade é uma sociedade boa. A primeira asserção decorre da harmonia entre o justo e o bem; a segunda é verdadeira dado que uma sociedade bem-ordenada tem as propriedades que é racional desejar em qualquer sociedade quando nos colocamos nos dois pontos de vista relevantes. Assim, uma sociedade bem-ordenada satisfaz os princípios de justiça que são coletivamente racionais quando vistos na perspectiva da posição original; e, do ponto de vista do indivíduo, o desejo de defender a concepção pública da justiça como regendo o nosso projeto de vida está de acordo com os princípios de escolha racional. Estas conclusões reforçam os valores da comunidade e, com elas, a minha análise da justiça como equidade está completa" (Rawls, *Uma teoria da justiça,* 1993, p. 434).

25.13.5. Conclusões

A proposta ética de John Rawls encontra relevância na medida em que se está a discutir a relevância da ética para a sociedade, sobretudo quando se pensa na contraposição dos direitos dos cidadãos em face dos deveres das instituições. A proposta desse pensador de língua inglesa avança no sentido de guardar especial papel para a justiça na formação dos conceitos básicos que haverão de estruturar a vivência das instituições, de modo que a liberdade apareça como conceito de grave importância para a discussão dos limites estatais.

Nesse contexto, a justiça é identificada como equidade (*fairness*), onde a equidade reside exatamente no igualitarismo da posição original, ou seja, num estado inicial do contrato social, momento hipotético, e não histórico, em que se pôde optar por direitos e deveres.

A teoria da justiça aqui se transforma numa concepção racional sobre um valor de justiça que não é pura subjetividade, que não se confunde com o bem de um indivíduo (sua virtude, sua felicidade...), mas que se realiza por meio das instituições sociais.

O fato de despreocupar-se da justiça como uma prática de virtude, ou de uma dissertação inteiramente voltada para o justo meio, ou para a discussão da ação voluntária, não significa necessariamente que Rawls seja um teórico avesso a qualquer tipo de investigação nesse sentido. Esse pensador da justiça admite que a formação social do pacto é uma construção humana que beneficia a todos, e que é por ela que se podem realizar os indivíduos socialmente.

A ética do indivíduo tem importante participação na formação da ética social, mas não é aquela que resulta nesta. Não é a somatória das virtudes pessoais dos cidadãos que redunda na formação de um governo bem equilibrado; em sua teoria, é mais provável a aceitação do contrário.

O que motiva a formação da teoria da justiça como equidade não é uma atenção especial pelo indivíduo e seu poder de ação voluntária e ética, fundada no hábito[868], mas

---

868. E há razões para isso: "Rawls se situe manifestement dans la descendance de Kant plutôt que d'Aristote" (Ricoeur, *Le juste,* 1995, p. 71).

uma preocupação com o coletivo, com o público, com o institucional; aqui estão os elementos para a compreensão da exata dimensão da abrangência da teoria de Rawls.

Por todo o exposto, vê-se que se trata de um modelo teórico organizado a partir de dois grandes princípios, que, se bem que abstratos, são modelares das instituições, e suficientemente significativos para o seu bom governo: o princípio da garantia de liberdade e o princípio da distribuição igual para todos. Onde ambos convivem em harmonia, está implantada a estabilidade necessária para a manutenção da sociedade.

25.14. Jürgen Habermas: ética do discurso e racionalidade dialógica

25.14.1. Ética e teoria crítica

A tradição da teoria crítica da sociedade remonta à formação do *Institut für Sozialforschung*, na Alemanha, anos antes do despertar do nacional-socialismo de Hitler. A *Kritische Theorie* de primeira geração desenvolve um programa de estudos interdisciplinares e materialistas, que terão seus principais representantes em Max Horkheimer, Theodor W. Adorno e Herbert Marcuse. O trabalho crítico de Jürgen Habermas (1929), professor emérito da Universidade de Frankfurt, como notável membro da 2ª geração da Escola de Frankfurt, nasce estritamente vinculado aos estudos de Adorno, para desgarrar-se, aos poucos, em direção à autonomia e à maturidade[869]. Nesse caminho, entre seus inúmeros escritos, destaca-se *Direito e democracia*, de 1992, em que a questão da justiça é desenvolvida de modo mais conexo aos temas do direito e da política democrática. Os comentadores e estudiosos da obra de Habermas costumam nela encontrar uma obra em duas principais fases, sabendo-se que a ética do discurso corresponde ao principal contributo de seu pensamento de maturidade. A ética do discurso será o divisor de águas[870]. A partir de então, a teoria do agir comunicativo, já formulada, conectar-se-á a temas da filosofia política e da filosofia do direito, dando abertura a uma terceira fase, aplicativa, de suas reflexões[871].

25.14.2. Ética do discurso como pensamento pós-metafísico

A questão da ética, para o pensamento habermasiano, desenvolve-se à luz da ideia de "ação comunicativa"[872]. A ação social é vista, basicamente, seja como ação estratégica, seja como ação comunicativa, suas duas grandes divisões. Por isso, a ética do discurso é uma forma de interação social que privilegia o entendimento e

---

869. A respeito, *vide* Pinzani, *Habermas*: introdução, 2009, p. 9-18.

870. Aragão, *Habermas:* filósofo e sociólogo do nosso tempo, 2002, p. 40.

871. "Não que tenha renegado as contribuições de Marx, Lukács, Freud, Weber e Adorno. Elas, porém, não parecem ser mais suficientes" (*Id.*, p. 47-48).

872. "Ética e comunicação implicam-se mutuamente" (Mílovic, *Filosofia da comunicação*, 2002, p. 231).

299

o envolvimento racional dos atores no processo de formação da vontade e de expressão de deliberações comuns. Por isso, a ética, numa concepção habermasiana, significa menos a capacidade de exprimir virtudes e mais a capacidade de interagir com outro, na medida de pressupostos discursivos de entendimento. A ética assume o significado de uma interação pelo discurso, o que implica mediação comunicativa dos agentes de linguagem[873].

A inserção do debate ético no contexto presente é de fundamental importância como consciência do nexo intersubjetivo, ademais de ser uma questão de fundamental importância para a *FrankfurtSchüle*[874]. Enfatiza-se a importância de se pensar, através da ética do discurso, as interações sociais a partir da chave do entendimento e da solidariedade comunicativa, e da responsabilidade na relação *ego-alter*. Trata-se, de fato, de pensar as questões relativas à consciência da interação e ao desenvolvimento moral humanos[875]; é pelo partilhamento intersubjetivo que a comunicação é vista como uma forma de coagulação da vida social, e, portanto, como *práxis* ativa de construção da vida em comum[876].

Nessa linha, Habermas mantém-se coerentemente afinado com a tradição cognitivista ocidental, conferindo a ela matizes que são muito peculiares à sua contribuição original. Pensa, com isto, fundamentalmente, ser possível "...demonstrar que as questões morais podem, de fato, ser decididas racionalmente"[877]. Por isso, a ética na concepção de Habermas possui duas dimensões fundamentais, quais sejam, uma primeira dimensão, que consiste na possibilidade de ser evitada toda forma de recurso à violência como mecanismo de resolução de conflitos, e, uma segunda dimensão, que reflete a imperiosa necessidade de recurso e apelo à via racional, ao uso do entendimento, como forma de predisposição à solução de conflitos intersubjetivos.

Assim, a posição habermasiana é aquela que *não haverá* de se vincular propriamente ao conteúdo de valores, mas haverá de se destacar pela discussão sobre os *procedimentos* para que se chegue ao consenso e ao entendimento, ao acordo e às formas de atuação mediadas pela razão comunicativa[878].

---

873. Cf. Freitag, A questão da moralidade: da razão prática de Kant à ética discursiva de Habermas. In: *Tempo Social: Revista de Sociologia da USP*, São Paulo, v. 1, n. 2, 1989, p. 36.

874. Nos comentários de José Guilherme Merquior, especialmente no que tange a Adorno, Benjamin e Marcuse, na relação entre ética, política e felicidade: "E em nome de que a valorização da luta revolucionária é adotada pelos críticos da cultura? Em nome da aspiração de felicidade" (Merquior, *Arte e sociedade em Marcuse, Adorno e Benjamin*, 1968, p. 149).

875. A respeito, *vide* Galuppo, As possibilidades da ética do discurso como ética da civilização ocidental, *A Filosofia, hoje, Anais do V Congresso Brasileiro de Filosofia*, v. 1, 1998, p. 522.

876. Cf. *Id.*, p. 524.

877. Habermas, *Comentários à ética do discurso*, 1991, p. 132.

878. Cf. Dutra, *Kant e Habermas*: a reformulação discursiva da moral kantiana, 2002, p. 152.

A perspectiva ético-procedural se preocupa mais do que prescrever conteúdos verdadeiros e corretos, justos e adequados, como o faz a tradição metafísica[879], permitir com que seja possível distinguir as diversas situações nas quais os juízos são feitos. Nessa medida, a ausência de um conteúdo para a ética do discurso é o que impõe seja feita a análise de cada situação concreta, de cada caso, e de que se identifique com precisão quais são os campos onde se delibera sobre algo. Isso torna possível o exercício maleável da ética do discurso, em seu deslocamento de acordo com condições concretas específicas, de modo que "...as constelações formadas pela razão e pela vontade modificam-se de acordo com os aspectos pragmáticos, éticos e morais da matéria a ser regulada"[880]. A atitude de despedida com a possibilidade de afirmar formas de vida mais válidas, ou melhores, do que as outras, torna esta forma de pensar uma filosofia pós-metafísica, de modo que, com relação à questão da felicidade, em sociedades complexas, a filosofia moral sofre restrições: "Se a filosofia pudesse, como dantes, ater-se à sua pretensão clássica de emitir afirmações de validade universal sobre o sentido de uma vida boa ou não malograda, então também teria de ser capaz de privilegiar um determinado modo de vida, por exemplo, o projecto clássico de uma vida consciente", afirma Habermas[881].

Se a ética clássica estava concentrada em questões da alçada do bem individual, da felicidade individual, da descrição do *modus* de vida que leva à virtude, a ética do discurso, como ética que deriva de uma inspiração moderna, haverá de se concentrar em temas não tão centrados no sujeito. Isso significa, para Habermas, que existe uma diferença clara entre a tarefa das éticas clássicas e a tarefa da ética do discurso, como revelação de uma ética pós-metafísica: "O ponto de vista moral implica que a razão prática se afaste de questões do tipo 'o que é bom *para mim/para nós*?' e se concentre em questões de justiça do tipo 'o que se deve fazer?'. Essa mudança de perspectiva transforma igualmente o sentido da orientação, outrora tida como canônica, da felicidade e do bem-estar. A questão da *eudaimonia* abrangia originariamente a esfera de todas as coisas boas possíveis incluindo a justiça, assim como todas as virtudes, incluindo o sentido de justiça. Porém, tomando em consideração o aspecto deontológico da questão do que todos poderiam desejar, só a justiça e a autonomia (portanto, a capa-

---

879. Nesse ponto, fica clara a equivalência do pensamento relativista de Hans Kelsen, que critica severamente as tradições metafísicas, com o proceduralismo crítico de Jürgen Habermas. Para uma específica reflexão a respeito, o texto a seguir é de todo significativo: "Quem considera inacessíveis ao conhecimento humano a verdade absoluta e os valores absolutos não deve considerar possível apenas a própria opinião, mas também a opinião alheia. Por isso, o relativismo é a concepção do mundo suposta pela ideia democrática. A democracia julga da mesma maneira a vontade política de cada um, assim como respeita igualmente cada credo político, cada opinião política cuja expressão, aliás, é a vontade política. Por isso a democracia dá a cada convicção política a mesma possibilidade de exprimir-se e de buscar conquistar o ânimo dos homens através da livre concorrência" (Kelsen, *A democracia*, 2000, p. 105).

880. Habermas, *Direito e democracia*, I, 2003, p. 205.

881. Habermas, *Comentários à ética do discurso*, 1991, p. 172.

cidade de atuar segundo leis autoestabelecidas) se apresentam como determinações de relevância moral"[882]. Em *Consciência moral e agir comunicativo*, lê-se: "As éticas cognitivas eliminam os problemas do bem-viver e concentram-se nos aspectos rigorosamente deônticos, generalizáveis, de tal modo que do bom resta apenas o justo"[883].

25.14.3. Ética, discurso e comunicação

A preocupação distintiva da ética do discurso está com a formação racional da vontade, e, portanto, com a capacidade de interação fundada na razão dialógica e comunicativa. O ponto de vista que combina com este tipo de preocupação acaba espelhando a possibilidade de abrigar normas e valores capazes de dar guarida ao que é igualmente bom para todos: "É suficiente o recurso a uma formação comum e discursiva da vontade que sujeita *todas* as normas ao mesmo critério da capacidade geral de anuência, assegurando o sentido deontológico da sua validade contra uma orientação ilimitada pelas consequências, na medida em que só admite normas que contem com o interesse comum de todos. Só este privilégio universalista do *igualmente bom para todos* sublinha o ponto de vista moral no momento da fundamentação de normas"[884]. O que se percebe aqui é que Kant é retomado por Habermas na condição de um princípio de universalização, como marca da moderna exigência de uma eticidade. A consciência ética é, nesse sentido, a tomada de decisão que tem por base a consciência de um coletivo imerso na reserva discursiva quanto aos efeitos de sua aplicação. *Alter* está escondido nesta exigência de universalidade. Nessa medida, o(s) indivíduo(s) toma(m) decisões de cunho ético, exatamente porque descentradas de si, revelando uma superação do que é puramente egóico. Segundo Habermas, mesmo a questão da justiça da *regra de ouro* é mediatizada pela ideia de um indivíduo que se torna regra para o outro, daí o equívoco desta formulação. A grande importância do pensamento de Kant, portanto, está no fato de ter criado, através do imperativo categórico, na modernidade, uma forma pela qual a eticidade do comportamento é medida pela universalidade, e não pela individualidade[885]. Assim, pode-se ler:

"A intersubjetividade de um grau mais alto (*die höherstufige Intersubjektivität*), que conjuga a perspectiva de cada um com a perspectiva de todos, pode constituir-se apenas sob os pressupostos comunicativos de um discurso ampliado universalmente,

---

882. Habermas, *Comentários à ética do discurso*, 1991, p. 82-83.

883. Habermas, *Consciência moral e agir comunicativo*, 1989, p. 32.

884. Habermas, *Comentários à ética do discurso*, 1991, p. 171.

885. O trecho, que se reproduz na íntegra, é o seguinte: "O imperativo categórico, segundo o qual uma máxima é justa apenas se *todos* podem querer que ela seja seguida por cada um em situações comparáveis, é o primeiro a romper com o egocentrismo da 'regra de ouro' ('Não faças a ninguém aquilo que não queres que te façam'. *Cada um* 'tem de' *(muss)* poder querer que a máxima de nossa ação se torne uma lei universal" (Habermas, Para o uso pragmático, ético e moral da razão prática. In: *Estudos avançados*, v. 3, n. 7, set./dez., 1989, p. 11).

no qual todos os possivelmente envolvidos possam participar e tomar posição com argumentos numa postura hipotética em vista das pretensões à validade (tornadas problemáticas a cada momento) de normas e modos de ação"[886].

Por isso, a ética tem a ver com linguagem, com condições de comunicação e com exercício prático do discurso na interação pragmática com o outro. A ética habermasiana é, nesse sentido, esvaziada da pretensão de oferecer um conteúdo, uma semântica, uma substância, detendo-se em aspectos procedimentais de todo fundamentais para a arquitetura da produção de normas e consensos morais e jurídicos, e, por isso, de todo relevante para o debate sobre a responsabilidade ética do discurso jurídico. Daí se segue o caráter normativo da discussão, que, nas palavras de Habermas, vai além da "...oposição estéril entre um universalismo abstrato e um relativismo autocontraditório", uma vez que se trata de procurar "...defender a primazia do Justo, entendido sob um ponto de vista deontológico, sobre o Bom"[887].

25.14.4. Ética, justiça e discurso

Se a ética contemporânea, na visão habermasiana, não pode cuidar dos temas da felicidade, ainda assim seu tema fundamental se desloca para o campo da justiça. A questão da justiça é uma exigência de fundamental importância para o discurso prático. De fato, toda tomada de decisão que pressupõe a criação de um regramento para as ações individuais deve recorrer necessariamente à criação de condições para que se possa afirmar a prática de um discurso propriamente capaz de gerar a lógica de funcionamento do processo argumentativo, bem como a previsão de que as consequências que haverão de afetar os interesses buscam legitimação em seu assentimento. Esta garantia é dada não pela semântica do discurso, mas por pressupostos inerentes à própria comunicação, donde se extrai "...a correcção (ou justiça) de todo o consenso normativo possível sob essas condições"[888]. Assim, não é pelo conteúdo do ato que se chega à justiça, mas pelo procedimento pelo qual se delibera para alcançar um resultado semântico.

A visão habermasiana da justiça conecta pressupostos discursivos de interação a elos de solidariedade social, enfatizando a capacidade de proteger pressupostos liberais e pressupostos sociais da vida em comum. Entre extremos (comunismo e liberalismo), a teoria habermasiana para a justiça aposta na radicalização da democracia e na efetivação de formas de interação solidárias, que tornem possível um direito socialmente dinâmico, e que seja reflexo concreto da cidadania de seus membros. Assim, justiça e solidariedade andam, em sociedades modernas, conjuntamente: "...a justiça diz respeito à liberdade subjetiva de indivíduos inalienáveis; em contrapartida,

---

886. Habermas, Para o uso pragmático, ético e moral da razão prática. In: *Estudos avançados*, v. 3, n. 7, set./dez., 1989, p. 15.

887. Habermas, *Comentários à ética do discurso*, 1991, p. 9.

888. *Id.*, p. 17.

a solidariedade prende-se com o bem-estar das partes irmanadas numa forma de vida partilhada intersubjectivamente"[889]. Por isso, a teoria do discurso procura conectar justiça e solidariedade, para evitar a corrosão da vida social. De alguma forma, portanto, estes elementos se soldam no espaço social definindo a possibilidade da condução de um modo de vida compartilhado no espaço comum da vida social.

Nesta visão, meio-termo entre polaridades opostas do mundo moderno, não é possível defender os direitos do indivíduo sem defender os direitos ao bem-estar da comunidade, na medida em que o individual e o coletivo se encontram plenamente imbricados. Habermas afirma: "Estas considerações destinam-se apenas a esclarecer a legitimidade das nossas expectativas quanto ao facto da ética do discurso, com o auxílio de um conceito de método, ser capaz de chegar a algo de substancial e até de destacar a estreita relação existente entre a justiça e o bem-estar geral, aspectos que, na ética do dever e do bem, sempre foram tratados isoladamente. Em virtude das suas qualidades improváveis e pragmáticas, o discurso prático pode precisamente garantir uma formação inteligente da vontade ao contemplar os interesses de cada indivíduo, sem que o elo social que o liga objectivamente a todos os outros seja quebrado"[890].

A questão da justiça está implicada no universo da ação, e deve ser tratada enquanto um problema da ação. Não há a menor possibilidade de dissociar a justiça da ação humana. A justiça sempre requer atos (comissivos ou omissivos) para ser realizada. A ação comunicativa é a forma que este modo social de agir assume. Mesmo que as "instituições sejam justas", não haverá justiça se não houver seres humanos concretos realizando "atos de justiça" baseados nestas instituições, e em suas "regras procedurais" para alcançar resultados politicamente significativos, ou, ainda, juridicamente significativos. Isto significa, acima de tudo, que há uma profunda responsabilidade política na ação, pois a ação implica uma atitude de responsabilização para com o outro. Em *Comentários à ética do discurso* fica claro que: "Em sociedades complexas, as pretensões a uma participação justa nos escassos recursos da sociedade, isto é, os direitos positivos ao bem-estar (à alimentação e à habitação, à saúde, educação e oportunidades de trabalho), só podem ser efetivamente satisfeitas através da mediação de organizações. Assim sendo, os direitos e os deveres individuais transformam-se em direitos e deveres institucionais: quem tem obrigações é a sociedade organizada como um todo – é perante ela que são defendidos os direitos positivos"[891].

A justiça é um agir social, eticamente engajado e comprometido com fins comuns. A ética do agir comunicativo não repete a ética kantiana, uma ética de princípios. Em *Estudos de moral moderna*, Karl-Otto Apel deixa clara esta desvinculação da teoria da ética do discurso da ética formal kantiana, ao afirmar: "A meu ver, é digno de nota que a ética do discurso prático, aqui esboçada, ultrapassa de longe a ética

---

889. Habermas, *Comentários à ética do discurso*, 1991, p. 19.

890. *Id.*, p. 21.

891. Habermas, *Comentários à ética do discurso*, 1991, p. 170.

formal do 'imperativo categórico' kantiano"[892]. A linha de análise que procura não mais enfatizar o papel da *consciência individual*, do *ego* racionante, mas enfatizar a troca simbólica entre sujeitos em processo de socialização, operou sua desvinculação da linha tradicional da filosofia da consciência, fazendo do giro pragmático-linguístico seu principal foco de percepção do modo pelo qual os atores sociais interagem para construir o sentido dos discursos. Em *Comentários à ética do discurso*, Habermas também grifa o seu distanciamento do pensar marcado pela filosofia da consciência: "A abordagem intersubjectivista da ética do discurso rompe com as premissas da filosofia da consciência; quando muito, conta com a intersubjectividade, de nível mais avançado, de esferas públicas em que as comunicações se condensam em processos de autocompreensão de toda a sociedade"[893].

A filosofia do sujeito (*Subjektphilosophisch*), dela ausentes temas de fulcral importância para a formação intersubjetiva da vontade, torna-se, por isso, um ponto de partida a ser superado, e com ela a visão kantiana que inspirou o papel do legislador, da razão moderna e do universalismo dedutivo. 'Re-Pensar' o direito moderno torna-se, pois, tarefa de cultivo do espaço público e da formação democrática da vontade. As operações da razão prática deslocam-se para o foro dos procedimentos e dos pressupostos a serem verificados na comunicação interativa com outros sujeitos, como condição para um encontro racional e de alto nível entre os atores do processo de troca comunicativa[894]. Nas palavras de Apel, em *Estudos de moral moderna*: "Poder-se-ia ser tentado a deduzir disto a seguinte fórmula simplificada, como princípio de uma ética da comunicação: 'Age de tal forma, como se tu fosses membro de uma comunidade ideal de comunicação![895]'".

A ética que exsurge do discurso não é uma ética da razão solitária, nem é normadora do sujeito, em exclusão do outro. Não decorre de um imperativo categórico, universal e racional, que orienta a filosofia do sujeito: "Age de tal modo que a máxima da tua vontade possa valer sempre ao mesmo tempo como princípio de uma legislação universal"[896]. Por sua vez, a ética do discurso é desencorajadora de qualquer tipo de universalização *normativa* (*e.g.*, "Todos devem respeitar este comportamento"), sem que tenham sido projetados nas ações interativas de fala os pressupostos discursos. Isso significa que não se chega ao universal normativo sem passar pela base da legitimação democrática, ou seja, pela participação dos afetados pelas normas e leis, na capacidade que indivíduos e grupos têm de aporem seu "sim" ou seu "não" a cada tomada de posição, ou a cada rodada de negociações. Os pressupostos não

---

892. Apel, *Estudos de moral moderna*, 1994, p. 189.

893. Habermas, *Comentários à ética do discurso*, 1991, p. 28.

894. Cf. Habermas, Para o uso pragmático, ético e moral da razão prática. In: *Estudos avançados*, v. 3, n. 7, set./dez., 1989, p. 19.

895. Apel, *Estudos de moral moderna*, 1994, p. 281.

896. Kant, *Crítica da razão prática*, 2001, p. 42.

coagidos para a interação comunicativa são mais importantes para a formação da vontade autônoma, dentro de uma esfera pública aberta, plural e participativa, do que a consciência. Trata-se de uma alternativa de caminho que enfatiza a necessidade de pensar numa radicalização da democracia, o que não se faz sem se pensar em formas de inclusão que passam pelos procedimentos democrático-participativos.

A formação da interação discursiva, no entanto, somente é garantida pelas exigentes "condições da interação pragmática". Por isso, a situação ideal de fala significa o aporte teórico da filosofia habermasiana que permite entrever as exigentes condições para a formação da interação discursiva – extraídas da experiência cotidiana de comunicação entre indivíduos – que garanta a possibilidade de afirmação e exercício de um discurso livre e responsável. É nesse sentido que os pressupostos da SIF são exigências formativas do agir comunicativo, que permitem entrever o quanto as situações concretas se encontram próximas ou distantes das condições ideais. Na teoria do discurso, as pretensões de validade (*Geltungsansprüche*) para o exercício do discurso podem ser indicadas, conforme a seguir: compreensibilidade (*Verständlichkeit*); retitude das normas de justiça (*Richtigkeit*); sinceridade subjetiva (*Wahrhaftigkeit*); verdade objetiva das proposições (*Warheit*). Como afirma Habermas, na *Teoria do agir comunicativo*: "Sólo la verdad de las proposiciones, la rectitud de las normas morales y la inteligibilidad o correcta formación de expresiones simbólicas son, por su propio sentido, pretensiones universales de validez que pueden someterse a examen en discursos"[897]. A ação comunicativa não pode se realizar nem ter continuidade se estes pressupostos estão colocados em questão[898].

As exigências formais da ética do discurso, como se percebe, não são exigências de conteúdo – deve-se enfatizar este aspecto –, mas exigências de procedimentos

---

897. Habermas, *Teoría de la acción comunicativa*: racionalidad de la acción y racionalización social, I, 1988, p. 69. No original alemão: "Allein die Warheit von Propositionen, die Richtigkeit von moralischen Handlungsnormen und die Verständlichkeit bz. Wohlgeformtheit von symbolischen Ausdrükken sind ihrem Sinne nach universale Geltungsansprüche, die in Diskursen geprüft werden können" (Habermas, *Theorie des kommunikativen Handelns,* Band I, 1981, p. 71). A tradução destes termos do vocabulário filosófico habermasiano é polêmica e não uniforme entre os diversos autores, por isso, o texto apresenta uma ou duas traduções para cada um dos termos, além do original em alemão. As divergências são claras entre a tradução de Manfredo de Araújo Oliveira (*Reviravolta linguístico-pragmática na filosofia contemporânea*, 1996, p. 310) e Delamar Volpato Dutra, cujo trecho a seguir apresenta sua versão: "A primeira condição reside no fato de que todo ato de fala se constitui num feixe de pretensões de validade (*Geltungsansprüche*), as quais podem ser descritas, ao menos, a partir de uma quádrupla perspectiva, a saber, pretensão de inteligibilidade (*Verständlichkeit*), de veracidade (*Wahrhaftigkeit*), de verdade (*Wahrheit*) e de retitude (*Richtigkeit*)" (Dutra, *Kant e Habermas*: a reformulação discursiva da moral kantiana, 2002, p. 148).

898. Cf. Habermas, *Teoría y praxis*: estudios de filosofía social, 2002, p. 28. Ainda: "Essas pretensões universais (ou seja, pretensões de compreensibilidade da expressão simbólica, de verdade do conteúdo proposicional, de veridicidade das manifestações externas intencionais e de justeza do ato linguístico em referência a normas e valores válidos) penetraram nas estruturas gerais da comunicação possível" (Habermas, *Para a reconstrução do materialismo histórico*, 1990, p. 13). *Vide*, também, Oliveira, *Reviravolta linguístico-pragmática na filosofia contemporânea*, 1996, p. 322.

pragmáticos, ou seja, centrados na situação comunicativa. Se um indivíduo força o outro a algo, não se está senão sob coação, e a coação é disruptiva da comunicação genuína; se um indivíduo mente para o outro, ou dissimula, entrevê-se desconfiança na interação, que impede que os resultados comunicativos sejam sinceros para ambos; se um indivíduo falseia, diante do outro, conteúdos semânticos, a manipulação de conteúdo leva à inveracidade das afirmações e proferimentos, levando a desfecho errôneo etc. A análise das situações concretas permite verificar uma infinidade de situações em que os pressupostos comunicativos são violados ou distorcidos, dando origem a irracionalidades comunicativas.

25.14.5. Conclusões

A ética do discurso eleva o teto da racionalidade como forma de entendimento entre os atores sociais. Por isso, se a liberdade de estar em comunicação com o outro é dada pelas condições de socialização entre atores sociais, a liberdade é vista fundamentalmente como partilha de linguagem e construção de universos de sentido em que *ego* e *alter* são parceiros do discurso.

O tema da liberdade converge para dentro do tema do diálogo, na medida em que a possibilidade de alcance de resultados concernentes à deliberação ética somente se torna viável se pensada a partir do pressuposto do exercício do compartilhamento. O entendimento torna-se uma peça de fundamental importância na composição da dinâmica da vida social, e, exatamente por isso, um canal fundamental para a articulação do convívio social e moral, de onde se extraem os parâmetros para a construção das ações orientadas de acordo com recíprocos compromissos comunicativos entre *ego* e *alter*.

Trata-se de enfatizar a relação de intimidade entre responsabilidade moral, convívio democrático e linguagem dialógica como formas de expressão do entendimento humano, na medida em que a esfera pública é o elemento que torna viável o entendimento político entre os atores sociais. Por isso, a ética do discurso minimiza na reflexão ética a discussão sobre os valores, para enfatizar as condições de exercício do entendimento[899]. Nessa perspectiva, sem enfatizar a substância moral de cada interação discursiva, a teoria do discurso empodera os atores sociais para que assumam a tarefa de realizar a liberdade, a verdade, a democracia, como responsabilidades de esfera pública e interação política dos parceiros do direito. Nessa medida, o potencial emancipatório pode ser medido pela capacidade de os atores sociais gerarem a solução democrática para seus próprios desafios práticos e políticos; por isso, uma vez apropriado pelos atores sociais, o discurso mobiliza-se para representar uma força de fundamental importância para produzir interatividade e formas de integração social fundadas no consenso, passos fundamentais para a disseminação de justiça na vida social.

---

899. "À concepção metafísico-absolutista está associada uma atitude autocrática, enquanto à concepção crítico-relativista do mundo associa-se uma atitude democrática" (Kelsen, *A democracia*, 2000, p. 103).

PARTE II
ÉTICA PROFISSIONAL GERAL

1. ÉTICA E PROFISSÃO

A ética profissional[900] corresponde a parte da ética aplicada (ética ecológica, ética familiar, ética profissional...), debruçando-se sobre um conjunto de atividades humanamente engajadas e socialmente produtivas[901]. A ética profissional fala da específica responsabilidade de cada uma das várias profissões ligadas a papéis socialmente diferenciados, que se relacionam ao equilíbrio e à segurança do funcionamento da vida social. No que tange às carreiras jurídicas, fica claro que a ética profissional fala de cada uma das várias profissões ligadas a papéis que se relacionam ao equilíbrio e bom funcionamento do sistema de justiça. A ética aplicada, sem dúvida, surge de uma derivação da ética geral, ao que se dedicou toda a primeira parte desta obra. Por sua vez, a ética profissional se destaca de dentro da ética aplicada como um ramo específico relacionado aos mandamentos basilares das relações laborais. É como especialização de conhecimentos aplicados que a ética profissional se vincula às ideias de utilidade, prestatividade, lucratividade, categoria laboral, engajamento em modos de produção ou prestação de serviços, exercício de atividades regularmente desenvolvidas de acordo com finalidades sociais...[902]. Então, o que define o estatuto ético de uma determinada profissão é a responsabilidade que dela decorre, pois, quanto maior a sua importância, maior a responsabilidade que dela provém em face dos outros[903].

---

900. Verbete: Ética Profissional. "Conjunto de regras morais de conduta que o indivíduo deve observar em sua atividade, no sentido de valorizar a profissão e bem servir aos que dela dependem" (Sidou, *Dicionário Jurídico*: Academia Brasileira de Letras Jurídicas, 1997, p. 335).

901. Isto, especialmente, se considerada a tarefa das profissões jurídicas: "Si el Derecho, como hemos visto en otros capítulos de este libro, es esencialmente una práctica social, el comportamiento de quienes pueden ser considerados como los protagonistas de esa práctica (o de esas prácticas) es del máximo relieve para comprender el Derecho y para poder actuar con sentido en ese medio; pero lo que aquí importa (lo que le importa a la ética) no es tanto (o no es solo) el comportamiento que de hecho tiene lugar, sino el que debiera tener lugar: cómo tendrían que comportarse los jueces, los fiscales, los abogados... para actuar conforme a los requerimientos de la ética, que es una disciplina inevitablemente crítica" (Atienza, *Filosofía del Derecho y Transformación Social*, 2017, p. 222).

902. Perceber-se-á, ao longo da exposição, que a primeira característica da profissão, para que seja definida como tal, é estar a serviço do social: "O que é natural, como ético, é que a profissão esteja a serviço do social, quer das células, quer do conjunto indiscriminadamente" (Lopes de Sá, *Ética profissional*, 1998, p. 130).

903. Cf. José Renato Nalini, A ética nas profissões jurídicas, in Elias Farah, *Ética do advogado*, 2000, p. 27.

311

Então, a primeira preocupação nesse momento deve ser a de conceituar o que seja profissão, para que, em seguida, se esteja habilitado a promover essa discussão na seara das profissões jurídicas. Dirigindo e orientando a reflexão nesse sentido é que se percebem as dificuldades preliminares no tratamento da temática; definir profissão já é por si só algo de grande complexidade. Profissão, então, deve ser entendida como uma prática social produtiva, que envolve troca econômica, da qual extrai o homem os meios para a sua subsistência, para sua qualificação e para seu aperfeiçoamento moral, técnico e intelectual, e da qual decorre, pelo simples fato do seu exercício, um benefício geral[904]. É, sem dúvida nenhuma, além de algo de relevo para o indivíduo, algo de relevo para a sociedade, na medida em que o homem que professa uma atividade (*professione, professio,* lat.) não vive sozinho, mas engajado numa teia de comprometimentos tal que uns dependem dos outros para que se perfaçam objetivos pessoais e coletivos. O tema ainda suscita maiores divergências, sobretudo quando se trata de distinguir profissão de ofício[905] e atividade[906].

Esse é o lado técnico da definição de profissão. Mas ela ainda pode ser conceituada a partir de uma valoração moral. Nesse caso, ter-se-á em vista, sobretudo, o fato de que, representando um engajamento social, a profissão deverá ser sempre exercida com vistas à proteção da dignidade humana[907]. A profissão deve permitir a realização das vocações das competências aplicadas e das humanas.

"Nesse sentido, é que se tem dado grande importância ao fator social do *trabalho,* para além do sentido etimológico que o termo possui"[908]. O trabalho é mais uma das

---

904. "À palavra *profissão* correspondem vários significados. Vejamos os mais comuns: 1º) *ação de declarar, de ensinar uma profissão, de exercer um ofício;* 2º) *ocupação* ou *ofício que requer estudos especiais;* 3º) quando deriva do particípio passado do verbo latino *profiteo,* como *professus,* contém a ideia de *declaração pública;* 4º) intuo uma certa evolução etimológica partindo da ideia contida no vocábulo grego *profaino,* usado nos clássicos gregos, que significa *expressar, mostrar, fazer aparecer, trazer à luz, revelar e predizer;* 5º) do latim temos ainda outras ideias interligadas, a saber: do verbo *proficiscor, fectus, sum, ere,* com o sentido de *pôr-se a caminho, dirigir-se para, começar por;* 6º) do verbo *profiteor, fessus, sum, ere,* que, entre outras, contém as ideias de *proclamar, prometer, descobrir, exercer uma profissão*" (Korte, *Iniciação à ética,* 1999, p. 151).

905. "Damos alguns exemplos de ofícios, que são identificados pela tradição, usos e costumes: *artesãos, construtores, pedreiros, sapateiros, ferreiros, vidreiros, alfaiates, costureiras, bordadeiras, marceneiros, carpinteiros, mecânicos, torneiros, tolueiros, pintores, cabeleireiros, barbeiros e outros*" (Korte, *Iniciação à ética,* 1999, p. 157).

906. "Por atividades entendem-se, dentre outros, os trabalhos desenvolvidos no comércio, na indústria e nas artes. *Comerciantes, industriais, agricultores, pecuaristas e artistas exercem atividades produtivas.* Têm por característica comum o fato de que seus ganhos não são prefixados" (Korte, *Iniciação à ética,* 1999, p. 158).

907. "Sob enfoque eminentemente moral, conceitua-se *profissão* como uma atividade pessoal, desenvolvida de maneira estável e honrada, ao serviço dos outros e a benefício próprio, de conformidade com a própria vocação e em relação à dignidade da pessoa humana" (Nalini, *Ética geral e profissional,* 1999, p. 169).

908. "*Tripalium* (*tres* "três" + *palu* "pau") também era utilizado como instrumento de tortura, por exemplo, para sujeitar os cavalos no ato de lhes aplicar a ferradura. Por fim, adquiriu o sentido de trabalho, labuta.

oportunidades de ação social, para o equilíbrio fino da relação entre virtude e vício. Impondo-se acima do aspecto meramente técnico, tem-se procurado incutir a ideia de que a profissão também pode representar uma atividade moral, na medida em que, por meio dela, se pode transformar o ambiente, a conduta e as condições de vida das pessoas que dela dependem. E isso porque vivemos da interação com a natureza, transformando-a para produzir as condições de nossa subsistência[909]. Isso justifica, por exemplo, a formulação de princípios éticos em diversos setores profissionais, inclusive por parte dos empresários que têm se esforçado em direcionar suas atividades para além do lucro, tornando-a um importante foco de dispersão de preceitos éticos.

Essa análise deixa muito clara a importância do trabalho para a realização do indivíduo, a partir das considerações de sua personalidade, de sua formação técnica e de suas necessidades vitais. Isso é tão extremamente importante para a realização da vida que: a) o dever da sociedade organizada é oferecer oportunidades de trabalho a todos, para que encontrem a perspectiva de sua valorização e contribuição para o grupo, por meio do que faz e do que sabe fazer (artistas, juristas, engenheiros, catadores de coco, artesãos, agricultores, escritores, educadores, motoristas, mecânicos, pesquisadores, atendentes, empresários, governantes etc.); b) pessoas inabilitadas ou impossibilitadas para o trabalho são atendidas pelo suporte do amparo social, que o direito previdenciário procura amparar como dever constitucional de solidariedade social; c) pessoas em desenvolvimento moral, psicológico, social e técnico devem ser equipadas dos conhecimentos e condições para sua inserção no mundo do trabalho, considerando especialmente as perspectivas e possibilidades de engajamento no mundo laboral, em diverso e amplo leque de vocações e alternativas; d) pessoas que não se engajam no mercado de trabalho, formal ou informal, por inúmeros motivos, ainda assim, procuram realizar atividades e atitudes produtivas, como forma de autorrealização e de direcionamento produtivo das energias transformadoras do corpo humano, direcionando a possibilidade de reconhecimento do outro pelo que faz, pelo que se mede sua capacidade de inserção social.

Assim, o paradigma do "trabalho",[910] como categoria socioeconômica, que já ocupou demais a centralidade da tradição do pensamento filosófico ocidental, não pode ser considerada apenas como questão material e de subsistência, devendo também ser considerada pela perspectiva que importa à análise da presente reflexão,

---

Em sentido amplo, pelo vocábulo trabalho entende-se todo esforço físico ou intelectual necessário à realização de qualquer tarefa, serviço ou empreendimento" (Flávia Soares Corrêa, *Educação e trabalho na dimensão humana*, São Paulo, LTr, 2011, p. 29-30).

909. "A ADCE — Associação dos Dirigentes Cristãos de Empresas do Brasil aperfeiçoou e aprovou o Decálogo dos Empresários Cristãos, que a ADCE-Rio tinha elaborado, com as valiosas contribuições do Padre Fernando Bastos de Ávila e do Professor Alfredo Lamy Filho, em nossa gestão na presidência daquela Associação. Perseguiu-se reunir os empresários em torno do ideal de uma empresa solidária e atuante, com base em 10 princípios fundamentais: (...)" (Theophilo Azevedo Santos, A ética na vida empresarial, in Martins (coord.), *Ética no direito e na economia*, 1999, p. 157-158).

910. "Le travail evoque à la fois la contrainte, la pein d'une activité qui n'est pas à elle-même sa propre fin, et la liberté, l'acte créateur, qu'en accomplissant, l'homme s'accomplit lui-même" (Supiot, *Critique du droit du travail*, 2. ed., 2007, p. 3).

ou seja, como perspectiva de autoafirmação da humanidade contida em nós, em que pessoas em convívio social dependem umas das outras para a continuidade do processo de garantia da vida e de níveis adequados de socialização. Assim, o trabalho sempre existiu como forma de transformação da natureza e da própria sociedade, e sempre existirá como forma de realização da nossa condição, oportunidade dada a cada um de nós para que possamos deixar nossa contribuição ao mundo, ao convívio e à perpetuação da vida. O que há de "eu" em cada uma das formas de ação socialmente produtiva não pode ser dividido e separado do que há de "nós" no resultado de todo o processo de construção da vida em comum, o que apenas confirma a importância do trabalho decente, ético e capaz de realizar a dignidade da pessoa humana[911].

2. PROFISSÃO E CÓDIGOS DE ÉTICA

Mas, a par do que se disse acerca da noção de profissão, ao se adentrar na temática da ética profissional não se pode, de forma alguma, escusar a análise de enfrentar um problema crucial nessa área, a saber, o problema da codificação das regras e dos princípios éticos a um conjunto de prescrições de caráter puramente formal e jurídico, a que se costuma chamar códigos de ética[912].

Isso porque, na atualidade, a ética tem-se reduzido e simplificado de modo extremado a uma tecnologia ética[913]. Talvez, na esperança de imediatizar o dever ético na consciência do profissional, talvez, dentro de uma onda positivista, tenha-se partido para uma tentativa de tornar concretos os princípios e deveres éticos, produzindo-se os códigos de ética ou códigos de dever, específicos para cada profissão. Ora, a consequência direta desse tipo de raciocínio é: a) a transformação das prescrições éticas em mandamentos legais; b) a reificação excessiva dos campos conceituais da ética; c) a compartimentação da ética em tantas partes quantas profissões existentes[914]; d) a juridicização dos mandamentos éticos.

---

911. "É por meio do trabalho que o ser humano se torna útil à sociedade, à sua família e a si mesmo. Exercendo atividade produtiva, o homem proporciona a si e à sua família a necessária subsistência, liberdade e dignidade" (Flávia Soares Corrêa, *Educação e trabalho na dimensão humana*, São Paulo, LTr, 2011, p. 38).

912. "As relações de valor que existem entre o ideal moral traçado e os diversos campos da conduta humana podem ser reunidas em um instrumento regulador.

"Tal conjunto racional, com o propósito de estabelecer linhas ideais éticas, já é uma aplicação desta ciência que se consubstancia em uma peça magna, como se uma lei fosse entre partes pertencentes a grupamentos sociais" (Lopes de Sá, *Ética profissional*, 1998, p. 108).

913. "Devido a essa realidade, neste século os Códigos de ética proliferaram. Todas as principais profissões têm seus Códigos de ética, principalmente no Brasil. Na realidade são todos códigos de conduta, na exata significação desta palavra. Em alguns casos são denominados códigos de deveres" (Carlos Brandão, A ética, apenas atributo pessoal?, in Martins (coord.), *Ética no direito e na economia*, 1999, p. 95).

914. "Traçar, pois, as linhas mestras de um código, é compor a filosofia que será seguida e que forma a base essencial do mesmo. *Sejam quais forem as linhas mestras de um código de ética elas serão sempre linhas de virtude a serem seguidas.*

Deve-se, no entanto, advertir que a ética profissional, na verdade, quando regulamentada, deixa de ter seu conteúdo de espontaneidade, que é o que caracteriza a ética. A ética profissional passa a ser, desde sua regulamentação, um conjunto de prescrições de conduta. Deixam, portanto, de ser normas puramente éticas, para ser normas jurídicas de direito administrativo, das quais, pelo descumprimento de seus mandamentos, decorrem sanções administrativas (advertência; suspensão; perda do cargo...)[915]. Nesse contexto, as infrações éticas acabam se equiparando, ou sendo tratadas igualmente, às demais infrações funcionais[916].

Sobretudo as influências da bioética e das regras científicas têm favorecido esse tipo de redução da ética à tecnologia codificada. Assim, são inúmeros os fatores que encaminham os mandamentos éticos para o mesmo sentido dos mandamentos jurídicos. Essa onda se torna cada vez mais perniciosa na medida em que, cada vez mais, se passa a reduzir o pensamento ético e a prática ética a um conjunto preceptístico de caráter formular e abstrato, sem liame com a *práxis* efetiva. Sob pena de uma profunda perversão de valores e de um esvaziamento de uma das principais raízes humanas, a ética, deve-se inverter essa tendência que afasta o homem da reflexão

---

"As peculiaridades em um código de conduta profissional dependem de diversos fatores, todos ligados à forma como a profissão se desempenha, ao nível de conhecimentos que exige, ao ambiente em que é executada etc.

"Isto significa que não pode existir um padrão universal que seja aplicável com eficácia a todos os casos, embora as linhas mestras sejam comuns, pois comuns são as principais virtudes de todas as profissões exigíveis.

"Logo, existem códigos de ética, e não apenas um código de ética, quando se tem em mira objetivar o exercício profissional ou de conduta de um grupo" (Lopes de Sá, *Ética profissional,* 1998, p. 110).

915. Aqui está um exemplo concreto de sanções e medidas aplicáveis ao infrator profissional: Decreto n. 44.045, de 19-7-1958 (*DOU*, 25-7-1958) (Aprova o Regulamento do Conselho Federal e Conselhos Regionais de Medicina a que se refere a Lei n. 3.268, de 30-9-1957). Regulamento: Capítulo III — Das Penalidades nos Processos Ético-Profissionais (arts. 10 a 23), "Art. 17. As penas disciplinares aplicáveis aos infratores da *ética profissional* são as seguintes: a) advertência confidencial, em aviso reservado; b) censura confidencial, em aviso reservado; c) censura pública em publicação oficial; d) suspensão do exercício *profissional,* até 30 (trinta) dias; e e) cassação do exercício *profissional*".

916. Veja-se este exemplo: Decreto n. 88.439, de 28-6-1983 (*DOU*, 29-6-1983) (Dispõe sobre a Regulamentação do Exercício da Profissão de Biomédico, de acordo com a Lei n. 6.684, de 3-9-1979, e de conformidade com alteração estabelecida pela Lei n. 7.017, de 30-8-1982): Capítulo VII — Das Infrações (art. 33), "Art. 33. Constitui infração disciplinar: I — transgredir preceito do Código de *Ética Profissional*; II — exercer a profissão, quando impedido de fazê-lo ou facilitar, por qualquer meio, o seu exercício aos não registrados ou aos leigos; III — violar sigilo *profissional*; IV— praticar, no exercício da atividade *profissional,* ato que a lei defina como crime ou contravenção; V — não cumprir, no prazo assinalado, determinação emanada de órgãos ou autoridade do Conselho Regional, em matéria de competência deste, após regularmente notificado; VI — deixar de pagar, pontualmente, ao Conselho Regional, as contribuições a que está obrigado; VII — faltar a qualquer dever *profissional* prescrito neste Regulamento; VIII — manter conduta incompatível com o exercício da profissão. Parágrafo único. As faltas serão apuradas levando-se em conta a natureza do ato e as circunstâncias de cada caso".

ética para fazê-lo um cumpridor de códigos de conduta internos de empresas, categorias profissionais ou órgãos públicos[917].

Principalmente quando se está diante da ética profissional, há que se assinalar que a tecnologização e a pragmatização da ética transformam os mandamentos éticos em cobranças institucionais (normas sancionatórias e normas premiais). Isso significa, em outras palavras, que as normas éticas são transformadas em normas jurídicas[918], deturpando-se as essenciais lições da ética que são: a livre-consciência e a autodeterminação[919].

2.1. Utilidade dos códigos de ética profissional

É certo que a vulgarização de códigos de ética encontra motivos substanciais para seu surgimento. A ética codificada vem a preencher uma necessidade de se transformar em algo claro e prescritivo, minucioso, claro e explicativo, para efeitos de controle corporativo, institucional e social, o que navega nas incertezas da ética filosófica; se o campo da moral é um campo em aberto para as diversas consciências, faz-se mister que, quando do exercício profissional, o indivíduo esteja preparado para assumir responsabilidades perante si, perante os companheiros de trabalho e perante a coletividade, que, em seu foro íntimo e individual, poderia não querer assumir. Não poderiam as profissões ficar ao alvedrio da livre-consciência dos profissionais agirem de acordo com suas regras éticas subjetivas. Quer-se dizer que a liberdade absoluta de escolher esta ou aquela ética, de acordo com a qual agir e orientar seus atos, não vale completamente para o âmbito profissional.

De fato, o profissional deve adaptar sua ética pessoal aos mandamentos mínimos que circundam o comportamento da categoria à qual adentra. Por isso os códigos são úteis. Quando se utiliza da expressão "mandamentos mínimos" quer-se dizer que a ética profissional é minimalista (em geral, só diz o que não deve ou que não pode ser feito, enunciando-se por discursos proibitivos), uma vez que se expressa no sentido de coibir condutas futuras e possíveis de determinada categoria profissional. Dessa forma, a liberdade ética do profissional vai até onde esbarra nas exigências da corporação ou instituição que controla seus atos. Mais ainda, a liberdade do profissional

---

917. "Puede decirse que la ética de principios, cuyo modelo canónico es la bioética, está en buena medida inspirada en el derecho o la ciencia jurídica" (Barrera, Reduccionismo en la ética: la influencia de la bioética en la moral contemporánea, in Hipnos, *A filosofia*: seu tempo, seus lugares, 1999, p. 73).

918. "Es una premisa errónea porque oscurece un hecho real, el de que vivimos juntos, o mejor dicho, convivimos, e imagina que es posible edificar una teoría ética a partir del individuo, el cual es una invención, o una abstracción" (Barrera, Reduccionismo en la ética: la influencia de la bioética en la moral contemporánea, in Hipnos, *A filosofia*: seu tempo, seus lugares, 1999, p. 83).

919. Passa-se a deixar de lado o que sempre foi o núcleo de atenções da ética: a felicidade e a formação do caráter. Cf. Barrera, Reduccionismo en la ética: la influencia de la bioética en la moral contemporánea, in Hipnos, *A filosofia*: seu tempo, seus lugares, 1999, p. 69.

vai até onde seu comportamento fere as exigências coletivas que giram em torno daquele exercício profissional; há, no exercício profissional, uma exigência de responsabilidade para com o coletivo imanente[920].

Tendo-se em vista, portanto, a utilidade dos códigos de ética profissional, vem-se confirmando, nos estudos contemporâneos, uma verdadeira disseminação de *códigos de ética*, e, num âmbito profissional bem ampliado (muito para além das profissões jurídicas), vêm se disseminando, em ambiente empresarial, a cultura da *compliance* e a busca institucional da integridade, acrescidos da força dada neste sentido pela Lei n. 12.846/2013, regulamentada pelo Decreto n. 8.420/2015, e, também, vieram se pluralizando novas fontes de determinação do comportamento dos profissionais, através dos chamados *códigos de conduta e boas práticas*[921]. Estes vêm servindo como instrumentos úteis, cada vez mais, exercendo um papel de objetivação de obrigações de padronização de condutas e procedimentos[922], de exigências de padrões de atuação e de redução dos riscos que decorrem da conduta profissional antiética, sempre tendo-se presente a flagrante necessidade de proteger o ambiente (interno e externo) das instituições, bem como a imagem das instituições, a marca e o bom nome da instituição. Os códigos de conduta são bom exemplo do quanto a questão do processo de *codificação de exigências éticas* progride, num mundo de incertezas, indecisões e descontrole moral, respondendo à necessidade de gerar segurança profissional, cultura de integridade e proteção da imagem das instituições, devendo-se ressaltar o seu caráter de autorregulação vinculante para os envolvidos[923]. Ainda assim, apesar

---

920. "A ausência de responsabilidade para com o coletivo gera, como consequência natural, a irresponsabilidade para com a qualidade do trabalho" (Lopes de Sá, *Ética profissional*, 1998, p. 131).

921. "Os códigos de conduta e boas práticas representam o fenômeno da autorregulação e, como já mencionado, são instrumentos que expressam parâmetros de comportamentos com certo reconhecimento social e capacidade de medir a diligência ou sua carência no trabalho, susceptíveis de desencadear a responsabilidade do sujeito" (Saddy, Códigos de conduta e boas práticas, in *Revista de Informação Legislativa*, n. 215, ano 54, jul.-set. 2017, p. 30).

922. "São, portanto, instrumentos: (I) que determinam parâmetros de diligência exigíveis na atuação de determinado empresário ou profissional de setores específicos do mercado; (II) não impostos por disposições legislativas, regulamentares ou administrativas; (III) que criam compromissos vinculantes para quem os subscreve ou a eles adere; (IV) que oferecem soluções para conflitos e problemas entre empresas ou profissionais e consumidores ou usuários, mais eficazes para os interesses destes últimos e menos agressivas com o mercado, em comparação com as sanções previstas em normativas específicas do setor; e, por fim, (V) que aumentam a tutela do consumidor ou usuário" (Saddy, Códigos de conduta e boas práticas, in *Revista de Informação Legislativa*, n. 215, ano 54, jul.-set. 2017, p. 31).

923. "Os códigos de conduta e boas práticas têm caráter vinculante, ou seja, devem ser de obrigatória observância por todos os que os elaboram, aprovam e subscrevem ou a eles aderem, pois, ao acordar com eles, as partes, sejam empresários (fabricantes, importadores, distribuidores, revendedores, comerciantes, entre outros), sejam profissionais, seus fornecedores diretos e indiretos e, até mesmo, trabalhadores ou empregados, renunciam ao grau de liberdade do qual dispunham com relação à sua vontade de atuar, à sua estratégia comercial ou a qualquer outra vontade disposta nos códigos.

de úteis e importantes para a cultura institucional, varia a forma que acabam adquirindo perante a ordem moral, social e jurídica, havendo casos e situações em que os *códigos de conduta* chegam a se oferecer como fontes do Direito[924].

É importante a existência dessas normas éticas, uma vez que garantem publicidade, oficialidade e igualdade. Além de ser a todos acessível, e de ser declarada como pauta de conduta dos membros da corporação, seu conteúdo, malgrado os problemas práticos de exegese e aplicação, oferece a possibilidade de pré-ciência do conjunto de prescrições existentes para os profissionais, de modo que, ao escolher e optar pela carreira, já se encontra ciente de quais são seus deveres éticos. Nesse sentido, os códigos servem como uma bússola, mas não são toda a luz.

Se essa é a importância dos códigos de ética, deve-se destacar que a ética não se reduz a esse tipo de preocupação. O uso dos códigos de ética como modo de incremento do controle sobre o comportamento dos trabalhadores desvirtua a ideia de que a ética lida sobretudo com estímulos e não somente com punições. Ademais, a ética filosófica está a indicar a abertura da vontade e da consciência humana para além de preceitos normativos e jurídicos constantes de códigos de comportamento de determinadas categorias profissionais.

2.2. Os deveres ético-profissionais

Ciência e consciência parecem ser as exigências gerais de todos os misteres ético-profissionais. De fato, se se for analisar em abstrato o conjunto das codificações profissionais, e se se for adentrar à análise de seus preceitos, verificar-se-á, em suma, que o que se prevê como exigência de regra de conduta pode ser categorizado à conta de dois grandes mandamentos ético-profissionais: ciência e consciência[925]. A primeira tem que ver com o preparo técnico e/ou intelectual do pro-

---

A eficácia dos códigos depende diretamente desse caráter vinculativo" (Saddy, Códigos de conduta e boas práticas, in *Revista de Informação Legislativa*, n. 215, ano 54, jul.-set. 2017, p. 32).

924. "Dessa forma, como fontes do Direito, esses instrumentos autorreguladores vinculam-se ao sujeito de cuja vontade emanou, mas de forma mediata e indireta. Tais códigos representam um 'compromisso' do agente econômico ante a generalidade de seus clientes ou fregueses — também os potenciais, sem necessidade de que concorra a celebração de um contrato —, com efeitos *erga omnes*. A força obrigatória dos códigos de conduta e boas práticas, portanto, não pode ter outro fundamento, a não ser o consentimento" (Saddy, Códigos de conduta e boas práticas, in *Revista de Informação Legislativa*, n. 215, ano 54, jul.-set. 2017, p. 48).

925. "*Ciência*, a significar o *conhecimento técnico* adequado, exigível a todo profissional. O primeiro *dever ético* do profissional é dominar as regras para um desempenho eficiente na atividade que exerce. Para isso, precisará ter sido um *aprendiz aplicado*, seja no processo educacional formal, seja mediante inserção direta no mercado de trabalho, onde a experiência é forma de aprendizado.

"Além da formação adequada, o profissional deverá manter um processo próprio de *educação continuada*. Os avanços e as novas descobertas influem decisivamente em seu trabalho. Profissões tradicionais deixam de existir e outras surgem para substituí-las. O ser humano precisa estar preparado para novas exigências do mercado. Estar intelectualmente inativo não representa apenas paralisação. É retrocesso que distancia o profissional das conquistas em seu ramo de atuação.

fissional; a segunda tem que ver com seu compromisso para com os efeitos de seu exercício profissional.

Nesse sentido, o dever ético poderá ser definido como dever ético de saber e dever ético de ser.

O dever ético de saber tem que ver com o exato cumprimento de todas as exigências mínimas que dizem respeito ao exercício de um determinado mister social. Assim, se essa profissão demanda capacitação e habilidades técnicas e intelectuais, serão essas duas pré-requisitos para a admissão ao exercício profissional e requisitos para a continuidade no exercício profissional. O dever ético, nesse caso, extrai das necessidades da própria profissão a característica para sua constituição como dever; trata-se de um dever de saber[926].

Existe também o dever de ser, como é o caso das profissões que pressupõem como exigências profissionais a isenção de ânimo, a higidez e a irreprovabilidade de comportamento, a elevada moralidade do profissional... Estas são, para o caso, por exemplo, da profissão exercida pelo magistrado, condições profissionais e não puramente pessoais. No caso do juiz, sua postura ético-política não poderá ser declarada e ativista; ao juiz é vedada a participação político-ideológica. É certo que, como cidadão, possui o direito de se posicionar, mas isso não pode influenciar em sua função judicial, nem a ela se associar. Não são estas exigências ou deveres relacionados ao saber do profissional (capacitação técnica, intelectual, manual...), mas ligadas ao ser profissional. Assim, não bastam a capacitação técnica ou intelectual, pois é mister a virtude do ser[927].

Por vezes, determinados exercícios profissionais ficam condicionados inclusive à prova de virtuosismo, ou, ao menos, à prova da falta de elementos que desabonem a conduta do profissional[928]. Por vezes, o profissional, qualquer que seja o mister que

---

"Mas além da *ciência*, ele deverá atuar com *consciência*. Existe uma *função social* a ser desenvolvida em sua profissão. Ele não pode estar dela descomprometido, mas reclama-se-lhe empenho em sua concretização" (Nalini, *Ética geral e profissional*, 1999, p. 174).

926. "Todas as capacidades necessárias ou exigíveis para o desempenho eficaz da profissão são deveres éticos.

"Sendo o propósito do exercício profissional a prestação de uma utilidade a terceiros, todas as qualidades pertinentes à satisfação da necessidade, de quem requer a tarefa, passam a ser uma obrigação perante o desempenho.

"Logo, um complexo de deveres envolve a vida profissional, sob os ângulos da conduta a ser seguida para a execução de um trabalho.

"Esses deveres impõem-se e passam a governar a ação do indivíduo perante seu cliente, seu grupo, seus colegas, a sociedade, o Estado e especialmente perante sua própria conformação mental e espiritual" (Lopes de Sá, *Ética profissional*, 1998, p. 136).

927. "Não bastam as competências científica, tecnológica e artística; é necessária também aquela relativa às virtudes do ser, aplicada ao relacionamento com pessoas, com a classe, com o Estado, com a sociedade, com a pátria" (Lopes de Sá, *Ética profissional*, 1998, p. 141).

928. "Exemplifique-se com o disposto no texto de lei que segue: Decreto n. 2.268, de 30-6-1997 (*DOU*, 1º-7-1997) (Regulamenta o disposto na Lei n. 9.434, de 4-2-1997, que dispõe sobre a Remoção

exerce, se distinguirá exatamente por atributos éticos diferenciados, de modo que isso passa a ser exigência mínima para o exercício desta ou daquela função dentro de uma determinada profissão[929].

Percebe-se, pois, que a noção de dever profissional se liga diretamente à noção de virtude. Isso porque a virtude (*areté,* gr.; *virtus,* lat.), etimologicamente, significa exatamente máximo aperfeiçoamento de uma capacidade ou qualidade. Ora, no exercício profissional, o que se demanda do ser humano é uma especial habilidade em lidar com misteres laborais e lucrativos que resultem em individuais, grupais, coletivos e/ou sociais. Por isso, a ética do profissional corresponderá a sua máxima prestatividade e excelência no exercício e desempenho desses misteres. São virtudes profissionais, a saber: 1. virtudes indispensáveis: virtude da competência; virtude do sigilo; virtude da honestidade; virtude do zelo; 2. virtudes complementares: virtude da orientação; virtude do coleguismo; virtude do classismo; virtude da remuneração[930].

2.3. Ética e meio ambiente do trabalho

Por meio do trabalho, o homem cria e realiza o esforço de transformar. Empenho, inteligência, capacidade, disciplina, organização, força, cooperação... todos esses elementos estão entranhados na atividade do trabalho, não importa sua natureza e específica forma. Mas, para que essas virtudes se exprimam, é de fundamental importância o ambiente em que a atividade é exercida. Se é fato que se passa mais tempo dentro do ambiente de trabalho do que em família, em função das específicas condições de trabalho, em sociedades modernas, é fato também que o zelo para com

---

de Órgãos, Tecidos e Partes do Corpo Humano para Fins de Transplante e Tratamento, e dá outras providências): Capítulo II —Da Autorização (arts. 8º a 13), Seção III — Das Equipes Especializadas (arts. 10 e 11), "Art. 11. Além da necessária habilitação *profissional,* os médicos deverão instruir o pedido de autorização com: I — certificado de pós-graduação, em nível, no mínimo, de residência médica ou título de especialista reconhecido no País; II — certidão negativa de infração *ética,* passada pelo órgão de classe em que forem inscritos. Parágrafo único. Eventuais condenações, anotadas no documento a que se refere o inciso II deste artigo, não são indutoras do indeferimento do pedido, salvo em casos de omissão ou de erro médico que tenha resultado em morte ou lesão corporal de natureza grave".

929. Veja-se este exemplo da Lei n. 6.932, de 7-7-1981 (*DOU,* 9-7-1981) (Dispõe sobre as Atividades do Médico Residente, e dá outras providências — arts. 1º a 11), "Art. 1º A Residência Médica constitui modalidade de ensino de pós-graduação, destinada a médicos, sob a forma de cursos de especialização, caracterizada por treinamento em serviço, funcionando sob a responsabilidade de instituições de saúde, universitárias ou não, sob a orientação de profissionais médicos de elevada qualificação *ética e profissional.* § 1º As instituições de saúde de que trata este artigo somente poderão oferecer programas de Residência Médica depois de credenciadas pela Comissão Nacional de Residência Médica. § 2º É vedado o uso da expressão residência médica para designar qualquer programa de treinamento médico que não tenha sido aprovado pela Comissão Nacional de Residência Médica".

930. O elenco segue a orientação dada na matéria por Antonio Lopes de Sá, em seu *Ética profissional,* 1998, p. 161-203, onde vêm detalhadas e explicitadas as referidas virtudes, que não se pretende que sejam exaustivas nem taxativas.

o ambiente de trabalho deve ser um empenho de todos os que compartilham o seu espaço comum. Um ambiente de intrigas, perseguições, desconfiança, medo, repressão, descontrole emocional, disputas injustificáveis, ganância excessiva, arrogância e verbalização violenta... somente pode favorecer o definhamento das capacidades técnicas, morais, intelectuais e sociais que se poderiam aprimorar pelo ambiente de trabalho. Isso, sabendo-se que o tempo de trabalho absorve grande parte do tempo de vida e atenta contra a sanidade de qualquer trabalhador que seja submetido a condições indignas em seu meio ambiente de trabalho. Afinal, a Constituição Federal de 1988 ergueu em seu Pórtico, no artigo de abertura (art. 1º, III), a dignidade da pessoa humana como fundamento da vida republicana.

É por essa razão que os contornos do convívio nesse ambiente são de tão preciosa importância para a saúde do indivíduo e do grupo envolvido em responsabilidades profissionais comuns. Os profissionais do Direito trabalham em escritórios de advocacia, empresas, corporações, instituições públicas, ambientes universitários, delegacias, em sedes de órgãos públicos, em instituições de comunicações etc. e comandam e são comandados. Por isso, o zelo com a produção de ambientes profissionais pacíficos, democráticos, inclusivos, profissionais e corretos parece ser uma responsabilidade adicional ao processo de convívio coletivo.

Se o meio ambiente é tão determinante para a vida em comum, o meio ambiente do trabalho, em específico, tem a ver com a condição objetiva e subjetiva para o desempenho da atividade laboral. Não por outro motivo, a Constituição Federal de 1988 trata do tema ao elencar entre os direitos do trabalhador urbano e rural (art. 7º, XXII): "redução dos riscos inerentes ao trabalho, por meio de normas de saúde, higiene e segurança". Relacionando o tema das condições objetivas e subjetivas da execução das atividades inerentes ao trabalho, outro dispositivo constitucional, igualmente, relaciona o tema do meio ambiente do trabalho à dimensão da saúde do trabalhador. Trata-se do art. 200, VIII, da CF 88: "colaborar na proteção do meio ambiente, nele compreendido o do trabalho".

Tem-se assistido com recorrente atualidade à intensificação da produção de danos morais, psíquicos e físicos aos trabalhadores em ambiente de trabalho. A jurisprudência reconhece o assédio moral na relação de trabalho, e lida com questões sutis em torno do tema do dano moral nas relações de trabalho, e isso porque as violações são de muitas naturezas no exercício das profissões. Por isso, a qualidade do meio ambiente do trabalho não tem a ver apenas com a periculosidade ou com a insalubridade, mas também com aspectos psicofísicos capazes de criar as condições adequadas para a vida *sustentável* em ambiente profissional[931].

---

931. Cf. Guilherme Guimarães Feliciano, *Meio ambiente do trabalho:* aspectos gerais e propedêuticos, Tribunal Superior do Trabalho — TST, Coordenadoria de Documentação, Meio ambiente do trabalho, in http://www3.tst.jus.br/Ssedoc/PaginadaBiblioteca/bibliografiaselecionadas/meio_ambiente_do_trabalho.pdf. Acesso em 13-8-2012.

As normas do trabalho regem o conjunto dos direitos e dos deveres atinentes às atividades profissionais mais variadas, mas se deve sopesar que, em meio à legislação, um misto de autoridade e liberdade deve prosperar nas condições de exercício profissional. A autoridade que conduz a metas, objetivos e disciplina o convívio diário; a liberdade que permite que os companheiros ou subordinados se sintam capazes de realizar seus objetivos de vida, ao mesmo tempo em que realizam obrigações profissionais e cuidam de realizar seus programas de atividades usuais. O ambiente permissivo se torna infenso ao profissionalismo, e o ambiente repressivo se torna anticriativo. Num ambiente permissivo, as faltas e os erros, os desvios e as atitudes antiéticas não são recriminadas, e num ambiente repressivo o poder da autonomia dos profissionais envolvidos não é expresso, pois o medo domina a atmosfera de trabalho, induzido por temor reverencial, por temor disciplinar, por temor econômico, ou por temor de desonra pessoal. Assim, o meio-termo parece indicar o caminho para a administração do convívio, conhecendo-se que as dificuldades do convívio humano são grandes e sérias, persistentes e difíceis de serem administradas. Mas, por isso, não apenas um é responsável, mas todos aqueles que do ambiente participam, podendo agregar algo de relevante para a solução de dinâmicas de interações humanas tendentes à competição, à rapinagem, à perversidade ou à luta fratricida.

2.4. Ética, contexto social e decisões profissionais

Os profissionais do direito, como os profissionais em geral, estão cada vez mais desafiados a reagir, com tomadas de decisão, em contextos de alta complexidade, de ritmo intenso, de alta celeridade, respondendo a premências que são muito conjunturais. É assim que a consciência do profissional de hoje está cercada pela turba, pelo tumulto, pela confusão, pelo excesso, pelo volume, pela quantidade. O ritmo das ações, o volume de decisões, o excesso de informação, a mudança da praxe forense pelos meios eletrônicos, a necessidade constante de adaptação à legislação em mudança, o permanente estado de estudos e atualizações, o número de *e-mails-dia* recebidos, pressões internas e externas ao serviço, a aceleração do cotidiano, imposições constantes de sistemas de informação, fluxos de trabalho repetitivos geram uma sobrecarga no exercício profissional que é importante ser considerada para efeitos de qualquer análise. Isso se destaca para que exatamente se passe a considerar o que é que está se tornando praxe inconsciente, repetitiva e desavisada.

É nesse contexto que os profissionais do direito estão exercendo responsabilidades profissionais de significativa importância social, tendo, ainda, o gravame de exercitarem decisões eticamente fundadas. O mais importante a considerar, neste momento, é a característica da profissão jurídica premida por um sem-número de imposições que geram sobrecargas que podem turbar o bom juízo na tomada de decisão profissional. Excesso de afazeres, condições precárias de exercício profissional, imposições volumétricas de serviço, intensa pressão por regras e exigências exteriores, trabalho exercido num ritmo fora dos limites humanos são certos passos para o descontrole, para o exercício profissional desmedido, levando a erros e desencontros que apenas prejudicam o desenvolvimento seja do profissional, seja da carreira à qual se liga. Assim, juízes, advogados, promotores, delegados, servidores, políticos, legisladores, gestores públicos, educadores premidos pela repetitividade, pelo excesso de informação, pelo volume excessivo de demandas, vão sendo submetidos a pressões enormes, especialmente no plano da quantidade.

As decisões profissionais tomadas sob contextos de intensa complexidade e alta exigência de quantidade, bem como em contextos de intensa pressão, podem levar a problemas de diversas naturezas, que vão desde os prejuízos psicofísicos dos profissionais, até a qualidade das deliberações que se exercem no plano da concretização dos direitos. O cuidado, portanto, com a capacidade de perceber, diferenciar, separar e lidar com os desafios do cotidiano é de fundamental importância para lidar com os desafios da vida contemporânea, aí considerada a rítmica do trabalho nos dias de hoje. Uma das medidas importantes a serem tomadas, diante do tumulto, da turba, da confusão, do sem-número, do descontrole, do desgoverno, é isolar os fatores que *stressam* o processo de tomada de decisão, para qualificar a forma de agir dos profissionais do direito, diante de condições modernas adversas, sabendo-se que delas não se pode fugir, mas sobre elas é necessário lançar medidas que retomam o equilíbrio necessário.

3. ÉTICA DOS AGENTES PÚBLICOS

Com a expressão agente público[932] quer-se dar a maior amplitude conceitual possível à grande diversidade das funções públicas. Assim, quer-se abranger aqueles que se encontram ligados ao Estado de alguma forma, como agentes políticos (Presidente, Governador, Prefeito, Ministros, Secretários, Senadores, Deputados, Juízes, Promotores...), como agentes administrativos (servidores concursados, servidores de cargo em comissão, servidores temporários), como agentes honoríficos (jurados, mesários, membro de comissão de estudo...) ou como agentes delegados (tradutores e intérpretes públicos, prestadores de serviços públicos, leiloeiros oficiais...)[933].

E, mesmo utilizando-se dessa expressão, não se pensa que seja possível, nesta investigação, exaurir e tratar de todas as possibilidades de carreiras públicas ofertadas para as áreas política e jurídica. Por isso, ter-se-ão presentes apenas algumas das possíveis carreiras jurídicas estatais, sobretudo aquelas às quais corresponde o exer-

---

932. "São todas as pessoas físicas incumbidas, definitiva ou transitoriamente, do exercício de alguma função estatal. Os agentes normalmente desempenham funções do órgão, distribuídas entre os cargos de que são titulares, mas excepcionalmente podem exercer função sem cargo" (Meirelles, *Direito administrativo brasileiro*, 1994, p. 71).

933. "Os agentes públicos, gênero que acima conceituamos, repartem-se inicialmente em quatro espécies ou categorias bem diferençadas, a saber: agentes políticos, agentes administrativos, agentes honoríficos e agentes delegados, que, por sua vez, se subdividem em subespécies ou subcategorias (...)" (Meirelles, *Direito administrativo brasileiro*, 1994, p. 71).

cício de atividades pelos agentes administrativos (servidores concursados; servidores exercentes de cargos em comissão; servidores temporários)[934].

Efetivamente, o que se pretende é conferir um tratamento ao candente problema da ética funcional dentro das carreiras funcionais públicas do Governo e da Administração Direta e Indireta, inclusive investigando-se quais as estratégias atuais do legislador para compelir ao efetivo cumprimento das medidas assumidas no plano constitucional[935]. Nesse sentido, deve-se empreender uma investigação que cuide de afirmar os cânones, os princípios e as normas que estão a reger o setor no sentido da garantia de uma melhor administração da justiça social.

Entende-se que a moralidade administrativa é a principal responsabilidade ética do agente público na atualidade. Dessa forma, o que se há de dizer é que o interesse público que contorna o exercício das atividades do funcionalismo público está acima de quaisquer outros tipos de interesse, sejam interesses imediatos do governante, sejam interesses imediatos de um cidadão, sejam interesses pessoais do funcionário. Tem-se exercido, ademais das pressões da população e da mídia, forte pressão normativa no sentido da formação[936] e da obediência de códigos de ética funcional. E a esse respeito não importa se se trata de cargo em comissão ou de cargo de provimento efetivo[937].

---

934. "São todos aqueles que se vinculam ao Estado ou às suas entidades autárquicas e fundacionais por relações profissionais, sujeitos à hierarquia funcional e ao regime jurídico único da entidade estatal a que servem" (Meirelles, *Direito administrativo brasileiro*, 1994, p. 71).

935. É de todo interessante pesquisar a esse respeito a importância que o legislador confere aos instrumentos de proteção, inclusive daqueles que estiverem incumbidos de deveres funcionais correicionais ou em Tribunais de Ética e Disciplina, a fim de garantir o destemor na atuação: Decreto n. 2.331, de 1º-10-1997 (*DOU*, 2-10-1997) (Dispõe sobre a Corregedoria-Geral da Secretaria da Receita Federal do Ministério da Fazenda, e dá outras providências — arts. 1º a 10), "Art. 5º O servidor da Carreira de Auditoria do Tesouro Nacional lotado e em exercício na Corregedoria-Geral e nos seus Escritórios, que exercer funções diretamente relacionadas com a *ética funcional* e a disciplina dos servidores, não será removido por um período de dois anos, assegurando-se-lhe, após três anos de efetivo exercício, sua lotação em qualquer unidade da Secretaria da Receita Federal".

936. Lei n. 10.180, de 6-2-2001 (*DOU*, 7-2-2001) (Organiza e disciplina os Sistemas de Planejamento e de Orçamento Federal, de Administração Financeira Federal, de Contabilidade Federal e de Controle Interno do Poder Executivo Federal, e dá outras providências): Título VI — Das Disposições Gerais e Transitórias (arts. 25 a 41), "Art. 26. Nenhum processo, documento ou informação poderá ser sonegado aos servidores dos Sistemas de Contabilidade Federal e de Controle Interno do Poder Executivo Federal, no exercício das atribuições inerentes às atividades de registros contábeis, de auditoria, fiscalização e avaliação de gestão. § 4º Os integrantes da carreira de Finanças e Controle observarão código de *ética profissional* específico aprovado pelo Presidente da República".

937. Veja-se o seguinte Decreto: Decreto n. 3.750, de 14-2-2001 (*DOU*, 14-2-2001) (Aprova a Estrutura Regimental e o Quadro Demonstrativo dos Cargos em Comissão e das Funções Gratificadas do Ministério do Planejamento, Orçamento e Gestão, e dá outras providências — Anexo I — Estrutura Regimental do Ministério do Planejamento, Orçamento e Gestão — arts. 1º a 36): Capítulo III — Da Competência dos Órgãos (arts. 3º a 31), Seção II — Dos Órgãos Específicos Singulares (arts. 10 a 28),

De fato, a força do princípio da moralidade, no plano normativo, é tão intensamente aclamada pelo texto constitucional que a própria cidadania passiva (direito de ser votado) fica condicionada à ausência de infrações ao referido princípio (art. 14, § 9º, da CF):

> "A soberania popular será exercida pelo sufrágio universal e pelo voto direto e secreto, com valor igual para todos, e, nos termos da lei, mediante:
>
> § 9º Lei complementar estabelecerá outros casos de inelegibilidade e os prazos de sua cessação, a fim de proteger a probidade administrativa, a moralidade para o exercício do mandato, considerada a vida pregressa do candidato, e a normalidade e legitimidade das eleições contra a influência do poder econômico ou o abuso do exercício de função, cargo ou emprego na administração direta ou indireta"[938].

De fato, a moralidade das atividades públicas é a força centrípeta dos princípios da Administração Pública, além de importante foco de dispersão de uma ética administrativa. Inclusive dela tem-se ocupado o legislador diuturnamente, sobretudo desde a Constituição de 1988, com vistas à recriminação de atentados à cidadania nacional e à criação de uma cultura ético-administrativa, em todas as esferas da União e sob quaisquer condições.

Vincula-se, por exemplo, no texto constitucional, um dos grandes instrumentos da cidadania, um remédio constitucional de peculiar importância, a ação popular como forma de anulação de atos públicos praticados, entre outras hipóteses, em detrimento da moralidade administrativa, como se lê a seguir (art. 5º, LXXIII, da CF):

> "qualquer cidadão é parte legítima para propor ação popular que vise a anular ato lesivo ao patrimônio público ou de entidade de que o Estado participe, à *moralidade administrativa*, ao meio ambiente e ao patrimônio histórico e cultural, ficando o autor, salvo comprovada má-fé, isento de custas judiciais e do ônus da sucumbência".

De fato, vê-se o princípio da moralidade esculpido como norma-mandamento no art. 37 da Constituição Federal de 1988, de onde se extraem aliás outras grandes armas do cidadão para a defesa da melhoria e da qualidade do serviço público, como segue:

> "A administração pública direta e indireta de qualquer dos Poderes da União, dos Estados, do Distrito Federal e dos Municípios obedecerá aos princípios de legalidade,

---

"Art. 22. À Secretaria de Gestão compete:

I — formular e propor políticas e diretrizes de reforma e modernização do Estado;

II — elaborar, propor, coordenar e apoiar a execução de programas e projetos de reforma e modernização do aparelho do Estado, voltados para; (...)

VI — propor políticas e diretrizes relativas ao recrutamento e seleção, à capacitação, ao desenvolvimento e à avaliação de desempenho dos servidores da Administração Federal direta, autárquica e fundacional, bem assim supervisionar a sua aplicação".

938. Lei Complementar n. 81, de 13-4-1994, que alterou Lei Complementar n. 64, de 18-5-1990, define as hipóteses de inelegibilidade por infração ao princípio da moralidade.

impessoalidade, *moralidade*, publicidade e eficiência e, também, ao seguinte[939]:

I — os cargos, empregos e funções públicas são acessíveis aos brasileiros que preencham os requisitos estabelecidos em lei, assim como aos estrangeiros, na forma da lei;

II — a investidura em cargo ou emprego público depende de aprovação prévia em concurso público de provas ou de provas e títulos, de acordo com a natureza e a complexidade do cargo ou emprego, na forma prevista em lei, ressalvadas as nomeações para cargo em comissão declarado em lei de livre nomeação e exoneração;

XVI — é vedada a acumulação remunerada de cargos públicos, exceto, quando houver compatibilidade de horários, observado em qualquer caso o disposto no inciso XI: a) a de dois cargos de professor; b) a de um cargo de professor com outro, técnico ou científico; c) a de dois cargos privativos de médico;

XVII — a proibição de acumular estende-se a empregos e funções e abrange autarquias, fundações, empresas públicas, sociedades de economia mista, suas subsidiárias, e sociedades controladas, direta e indiretamente, pelo poder público;

XXI — ressalvados os casos especificados na legislação, as obras, serviços, compras e alienações serão contratados mediante processo de licitação pública que assegure igualdade de condições a todos os concorrentes, com cláusulas que estabeleçam obrigações de pagamento, mantidas as condições efetivas da proposta, nos termos da lei, o qual somente permitirá as exigências de qualificação técnica e econômica indispensáveis à garantia do cumprimento das obrigações.

§ 4º Os atos de improbidade *administrativa* importarão a suspensão dos direitos políticos, a perda da função pública, a indisponibilidade dos bens e o ressarcimento ao erário, na forma e gradação previstas em lei, sem prejuízo da ação penal cabível".

3.1. Ética, ato, procedimento administrativo e políticas públicas

Este tópico possui sua relevância em meio a esta investigação na medida em que o ato administrativo, o procedimento administrativo e as políticas públicas constituem os principais instrumentos de atuação da Administração Pública e do Estado. De fato, o que há que se dizer é que o agente público exterioriza sua atuação por meio desses veículos formais, de modo a fazer com que o Estado, ali representado, e, portanto, todo o povo ali presente, se consubstancie numa só prática administrativa. Assim, tendo-se em foco o ato e o procedimento, poder-se-á dimensionar qual a sua importância na vida quotidiana do serviço público e qual a sua relevância da vinculação ao princípio da moralidade.

O ato administrativo[940] possui características formais importantes que garantem sua validade, sua eficácia e sua legalidade (competência, finalidade, forma, motivo,

---

939. Artigo, *caput*, com redação dada pela Emenda Constitucional n. 19, de 4-6-1998 (*DOU*, 5-6-1998, em vigor desde a publicação).

940. "Ato administrativo é toda manifestação unilateral de vontade da Administração Pública que, agindo nessa qualidade, tenha por fim imediato adquirir, resguardar, transferir, modificar, extinguir e declarar direitos, ou impor obrigações aos administrados ou a si própria" (Meirelles, *Direito administrativo brasileiro*, 1994, p. 133).

objeto). De fato, entendendo-se que ato administrativo significa ato de vontade da Administração Pública, deve-se ter presente que, na atual sistemática legal e constitucional, o ato administrativo (atos administrativos normativos; atos administrativos ordinatórios; atos administrativos negociais; atos administrativos enunciativos; atos administrativos punitivos)[941] requer seja apreciado também sob a ótica da pertinência ao princípio da moralidade.

Não se trata aqui tanto de analisar as condições formais pelas quais se implementa, as características, as espécies, os modos... mas sim as condições morais, do ponto de vista da moralidade administrativa, pelas quais se implementa. De fato, o que há é que o ato administrativo pode preencher inúmeros requisitos, mas, se conflitar com o princípio da moralidade, fica sujeito à anulação.

Está-se, portanto, às voltas com uma exigência que qualifica o ato por uma sua qualidade específica, qual seja, o respeito ao mandamento constitucional que garante higidez ético-social aos atos jurídicos, sobretudo àqueles que possuem vinculação direta e imediata com interesses públicos. Quando se está a falar de moralidade do ato administrativo, se está a falar de ética profissional, na medida em que se está apelando, nesse sentido, a uma qualidade do ato administrativo, ato que é manipulado, forjado e trazido à luz pelo agente público, e que pode ser distorcido por ele, em conluio ou não com o particular.

E esse tipo de comportamento, nitidamente lesivo aos interesses públicos envolvidos em toda prática administrativa, induz à aplicação do previsto no § 4º do art. 37 da Constituição Federal de 1988:

"Os atos de improbidade administrativa importarão a suspensão dos direitos políticos, a perda da função pública, a indisponibilidade dos bens e o ressarcimento ao erário, na forma e gradação previstas em lei, sem prejuízo da ação penal cabível"[942].

Além do que ficou dito, entende-se que o ato administrativo praticado em desconformidade com princípios fundamentais do direito, entre os quais, sem dúvida, se encontra o da moralidade dos atos públicos, pode ser taxado de ilegítimo, e, como tal, fica sujeito à anulação pela própria Administração ou pelo Poder Judiciário. Nessa medida, o que se está a dizer é que o ato ilegítimo é nulo, impassível de produzir efeitos passados, presentes e futuros, de modo a ser cassado em toda a sua possibilidade e potencialidade lesiva[943].

---

941. Cf. Meirelles, *Direito administrativo brasileiro*, 1994, p. 160-161.

942. A probidade administrativa significa: "A probidade, que há de caracterizar a conduta e os atos das autoridades e agentes públicos, aparecendo como dever, decorre do princípio da moralidade administrativa. Na linguagem comum, probidade equivale a honestidade, honradez, integridade de caráter, retidão. A improbidade administrativa tem um sentido forte de conduta que lese o erário público, que importe em enriquecimento ilícito ou proveito próprio ou de outrem no exercício de mandato, cargo, função, emprego público" (Medauar, *Direito administrativo moderno*, 1996, p. 143).

943. Cf. Meirelles, *Direito administrativo brasileiro*, 1994, p. 186-187.

Tendo-se em vista que já se tratou do ato administrativo, deve-se, nesse momento, mencionar qual o tratamento que se confere a um dos principais procedimentos administrativos, a saber, a licitação.

Uma das práticas administrativas de maior preocupação nesse sentido é o procedimento de licitação[944]. Às voltas com a necessidade de contratar a aquisição de material, ou a prestação de um serviço (obra, serviço, compra, alienação, concessão, permissão e locação)[945], o procedimento licitatório, afora as hipóteses de dispensa e inexigibilidade de licitação (arts. 17, 24 e 25 da Lei n. 8.666/93), previstas especificamente em lei, é o meio regular para o preenchimento dessa meta jurídico-administrativa. É de particular importância que o Estado, ao contratar, o faça de modo impessoal, igualitário, avaliando propostas, e não pessoas ou empresas. As várias modalidades licitatórias (concorrência, tomada de preços, convite, leilão, concurso) devem prever, como condição de validade, uma adequação, entre outros, ao princípio da moralidade[946] (art. 3º da Lei n. 8.666/93):

> "A licitação destina-se a garantir a observância do princípio constitucional da isonomia e a selecionar a proposta mais vantajosa para a Administração e será processada e julgada em estrita conformidade com os princípios básicos da legalidade, da impessoalidade, da *moralidade*, da igualdade, da publicidade, da *probidade administrativa*, da vinculação ao instrumento convocatório, do julgamento objetivo e dos que lhes são correlatos".

Assim, surge como dever de todo administrador o respeito à probidade administrativa na prática de ato administrativo. Além de outras condições formais e legais, o que se quer ressaltar é o fato de que a probidade administrativa foi incluída como uma condição de suma importância para a execução do ato administrativo[947].

Um aspecto relevante a ser considerado quando se discute a importância da licitação é o fato de que esta é um instrumento procedimental para que a Administração Pública e o Governo executem as políticas de intervenção na vida das pessoas,

---

944. "Licitação é o procedimento administrativo mediante o qual a Administração Pública seleciona a proposta mais vantajosa para o contrato de seu interesse. Como procedimento, desenvolve-se através de uma sucessão ordenada de atos vinculantes para a administração e para os licitantes, o que propicia igual oportunidade a todos os interessados e atua como fator de eficiência e moralidade nos negócios administrativos" (Meirelles, *Direito administrativo brasileiro*, 1994, p. 247).

945. Cf. Meirelles, *Direito administrativo brasileiro*, 1994, p. 251.

946. Perceba-se que esta é uma preocupação recente, inclusive aparece no livro de Meirelles como uma atualização de texto: "Os princípios que regem a licitação, qualquer que seja a sua modalidade, resumem-se nos seguintes preceitos: procedimento formal; publicidade de seus atos; igualdade entre os licitantes; sigilo na apresentação das propostas; vinculação ao edital ou convite; julgamento objetivo; adjudicação compulsória ao vencedor. *O Estatuto acrescentou, agora, dentre os princípios básicos da licitação, o da probidade administrativa (art. 3º)*" (grifo nosso) (Meirelles, *Direito administrativo brasileiro*, 1994, p. 248).

947. Cf. Meirelles, *Direito administrativo brasileiro*, 1994, p. 250.

no patrimônio público, nos espaços urbanos ou rurais, na circulação de veículos, no fornecimento de condições técnicas de saneamento... Então, o uso adequado da licitação transforma a sua mera utilidade prática para a Administração Pública em cânone do cumprimento dos compromissos constitucionais do Estado com a cidadania. Por isso, deve-se tratar o processo como forma de se revestir uma necessidade pública com a manta ética da atuação estatal (art. 2º da Lei n. 9.784/99):

> "A Administração Pública obedecerá, dentre outros, aos princípios da legalidade, finalidade, motivação, razoabilidade, proporcionalidade, *moralidade*, ampla defesa, contraditório, segurança jurídica, interesse público e eficiência.
>
> Parágrafo único. Nos processos administrativos serão observados, entre outros, os critérios de:
>
> I — atuação conforme a lei e o Direito;
>
> II — atendimento a fins de interesse geral, vedada a renúncia total ou parcial de poderes ou competências, salvo autorização em lei;
>
> III — objetividade no atendimento do interesse público, vedada a promoção pessoal de agentes ou autoridades;
>
> IV — atuação segundo padrões éticos de probidade, decoro e boa-fé;
>
> V — divulgação oficial dos atos administrativos, ressalvadas as hipóteses de sigilo previstas na Constituição;
>
> VI — adequação entre meios e fins, vedada a imposição de obrigações, restrições e sanções em medida superior àquelas estritamente necessárias ao atendimento do interesse público;
>
> VII — indicação dos pressupostos de fato e de direito que determinarem a decisão;
>
> VIII — observância das formalidades essenciais à garantia dos direitos dos administrados;
>
> IX — adoção de formas simples, suficientes para propiciar adequado grau de certeza, segurança e respeito aos direitos dos administrados;
>
> X — garantia dos direitos à comunicação, à apresentação de alegações finais, à produção de provas e à interposição de recursos, nos processos de que possam resultar sanções e nas situações de litígio;
>
> XI — proibição de cobrança de despesas processuais, ressalvadas as previstas em lei;
>
> XII — impulsão, de ofício, do processo administrativo, sem prejuízo da atuação dos interessados;
>
> XIII — interpretação da norma *administrativa* da forma que melhor garanta o atendimento do fim público a que se dirige, vedada aplicação retroativa de nova interpretação".

Desse modo, onde está a administração, onde está o governo... enfim, quando e onde for praticado um ato administrativo ou política pública, ali deve estar o compromisso com a coisa pública. A noção de público aqui está a nortear toda a reflexão, pois o que é público, por natureza, se define como algo que se defende, que se protege em si e por si, independentemente de qualquer causa ou razão especial, inclusive incondicionalmente.

A cultura contemporânea, no entanto, mais do que centrada na ideia de atos administrativos, caminha em direção à ideia de políticas públicas, o que passa a reclamar do servidor, além de respeito à legalidade, também, a busca de eficiência e atendimento das necessidades públicas em cooperação com a sociedade civil[948].

Na medida em que se está a praticar um ato que tem que ver com a administração concreta da justiça social, seja por meio do Legislativo, seja por meio do Executivo ou do Judiciário, tal ato deve possuir uma pertinência tal com os interesses socioinstitucionais que não se permita a interferência de qualquer outra preocupação, senão aquelas que ainda mais profundamente sejam capazes de aperfeiçoar as mesmas instituições. Enfim, o descrédito das instituições públicas se deve, em grande parte, ao mau uso do aparelhamento estatal, ao sucateamento de determinadas áreas de atuação essencial do Estado, ao desleixo na prática de atos administrativos, e, sobretudo, à transformação do exercício de função pública como se privada fosse.

Quer-se dizer que o desprestígio das instituições públicas tem como principal fato gerador o menosprezo da consciência social deferido à coisa pública. Aquilo que é público não se confunde com aquilo que é definido como coletivo, com o que é governamental, com o que é desta geração ou desta sociedade atual; a coisa pública tem de ser respeitada como condição para que se instrumentalizem os interesses individuais, coletivos e difusos por meio de mecanismos comuns a todos.

Assim, uma política de moralização dos setores públicos parece se constituir numa reivindicação de primeiro escalão, no atual contexto. Ao lado dessa, deve atuar o reclamo por valorização, formação e qualificação do servidor público, implementando-se ferramentas de aprimoramento da gestão pública avançada, qualificada e dinâmica. O clamor público é nesse sentido. Sabe-se da necessidade de leis para exigirem novas posturas administrativas, mas também se sabe que sua eficácia prática é ainda insuficiente para deter as avalanches de imoralidades administrativas. Deve-se, portanto, além de se trilhar a mesma linha do legislador, no sentido da criação única e exclusiva de preceitos legais sobre ética e moralidade administrativa, criar uma forte e consistente política de banimento e expurgo das imoralidades administrativas.

Os tacanhos avanços nessa área são de grande relevo, ainda que não sejam suficientes para debelar toda uma corrente de efeitos que ainda perduram como consequência de uma linha antiética que por longo tempo preponderou na administração da justiça social. Inclusive, a título exemplificativo, prevê-se toda uma sistemática para que haja controle de bens por parte de alguns agentes públicos, tudo com vistas à efetiva proteção do patrimônio público (art. 1º da Lei n. 8.730/93):

> "É obrigatória a apresentação de declaração de bens, com indicação das fontes de renda, no momento da posse ou, inexistindo esta, na entrada em exercício de cargo, emprego ou função, bem como no final de cada exercício financeiro, no término da gestão ou mandato e nas hipóteses de exoneração, renúncia ou afastamento definitivo, por parte das autoridades e servidores públicos adiante indicados:

---

948. A respeito, consulte-se: Maria Paula Dallari Bucci, *O governo como instituição jurídica*, Tese, USP, 2012.

I — Presidente da República;

II — Vice-Presidente da República;

III — Ministros de Estado;

IV — membros do Congresso Nacional;

V — membros da Magistratura Federal;

VI — membros do Ministério Público da União;

VII — todos quantos exerçam cargos eletivos e cargos, empregos ou funções de confiança, na administração direta, indireta e fundacional, de qualquer dos Poderes da União.

§ 1º A declaração de bens e rendas será transcrita em livro próprio de cada órgão e assinada pelo declarante.

§ 2º O declarante remeterá, *incontinenti*, uma cópia da declaração ao Tribunal de Contas da União, para o fim de este:

I — manter registro próprio dos bens e rendas do patrimônio privado de autoridades públicas;

II — exercer o controle da legalidade e legitimidade desses bens e rendas, com apoio nos sistemas de controle interno de cada Poder;

III — adotar as providências inerentes às suas atribuições e, se for o caso, representar ao Poder competente sobre irregularidades ou abusos apurados;

IV — publicar, periodicamente, no Diário Oficial da União, por extrato, dados e elementos constantes da declaração;

V — prestar a qualquer das Câmaras do Congresso Nacional, ou às respectivas Comissões, informações solicitadas por escrito;

VI — fornecer certidões e informações requeridas por qualquer cidadão, para propor ação popular que vise a anular ato lesivo ao patrimônio público ou à *moralidade administrativa*, na forma da lei".

3.2. Ética e valores republicanos na gestão pública democrática

A atividade de gestão pública está eivada de desafios: recursos públicos; burocracia; tempo da administração; efetividade de políticas; precariedade de serviços; fluxos indefinidos; má qualidade de gestão; travamentos administrativos; excesso de demandas; despreparo de equipes; demora nas licitações, entre outros. Por isso, o ambiente de gestão pública traz enormes desafios ao servidor, devendo a Administração Pública (Federal; Estadual; Municipal) preocupar-se em oferecer condições materiais, ambientais e técnicas para a execução dos serviços públicos.

À parte esses desafios, é inerente ao serviço público o desenvolvimento de uma missão pública, a de conferir aos interesses sociais comuns, às políticas públicas e ao serviço prestado à população o seu sentido republicano. Isso se faz com base numa ética de valores republicanos, ou seja, aquela que reflete o espírito de que a população e os interesses públicos devem governar a forma pela qual se exercitam as habilidades e competências profissionais no âmbito da gestão pública. Isso significa que a eficiência, a economicidade e a moralidade devem estar presentes no exercício

331

cotidiano do trabalho, mas também que os valores a serem impressos nas relações para fora (população) e para dentro (servidores públicos) devem refletir esse tipo de compromisso e comprometimento.

A desobstrução de fluxos administrativos, a criação de espírito solidário nas equipes de trabalho, a prevenção de conflitos passíveis de serem antecipados, o destravamento de bloqueios administrativos, o foco na dinâmica das prioridades assumidas, a formação e preparação técnicas das equipes, a reforma administrativa no nível das formas de atuação cotidiana do trabalho, a redução do tempo de tramitação de procedimentos, o estímulo à convivência harmônica no espaço de trabalho, o fomento à cultura do compartilhamento em substituição à cultura do autoritarismo do cargo, a mediação de conflitos no espaço de trabalho são indicadores de caminhos que podem colaborar para gestar iniciativas, projetos, formas de atuar, microrreformas que apenas podem beneficiar o serviço público. Nesse sentido, respeitada a legalidade e os princípios básicos da Administração Pública, o reforço à gestão democrática e eficiente, republicana e produtiva, somente pode colaborar para reforçar a importância do que é público e do que pertine ao público. A promoção de condições de trabalho adequadas afeta o desenvolvimento de um ambiente ético, público e socialmente responsável, condizente e apropriado para o desenvolvimento das missões, tarefas e metas da gestão pública aberta, eficiente, transparente, pluralista, democrática e participativa.

3.3. Código de Ética do servidor público civil federal

Os próprios degraus da carreira pública encontram-se vinculados a requisitos impostos pela ética profissional. Assim, o que há é que a ascensão por mérito em carreiras públicas é sempre avaliada pela suficiência funcional, pela tempestividade dos atos praticados, pela urbanidade do agente público, pelo compromisso com o público, pelo zelo profissional, pela produtividade... e, inclusive, pela ética profissional[949].

Quer-se, com isso, restringir, ainda que formalmente, a escalada na carreira pública aos infratores da ética profissional. E, para definir os parâmetros pelos quais serão apreciados os comportamentos dos agentes públicos, em específico, os servidores públicos federais, é que se apreciará o Código de Ética a seguir apresentado (Decreto n. 1.171/94), estruturado com vistas à repreensão dos atos desviantes dos interesses públicos contidos nas atividades públicas.

---

949. Lei n. 3.780, de 12-7-1960 (*DOU*, 12-7-1960; ret. 20-9-1960) (Dispõe sobre Classificação de Cargos do Serviço Civil do Poder Executivo, Estabelece os Vencimentos Correspondentes, e dá outras providências): Capítulo VII — Da Promoção (arts. 29 a 33), "Art. 30. Merecimento é a demonstração positiva pelo funcionário, durante sua permanência na classe, de pontualidade e assiduidade, de capacidade e eficiência, espírito de colaboração, *ética profissional* e compreensão dos deveres e, bem assim, de qualificação para o desempenho das atribuições de classe superior. Parágrafo único. A promoção obedecerá sempre à ordem de classificação do funcionário na lista de merecimento".

Assim, lê-se no Decreto n. 1.171, de 22-6-1994, que aprova o Código de *Ética Profissional* do Servidor Público Civil do Poder Executivo Federal (arts. 1º a 3º), o seguinte:

"Art. 1º Fica aprovado o Código de *Ética Profissional* do Servidor Público Civil do Poder Executivo Federal, que com este baixa.

Art. 2º Os órgãos e entidades da Administração Pública Federal direta e indireta implementarão, em sessenta dias, as providências necessárias à plena vigência do Código de *Ética*, inclusive mediante a Constituição da respectiva Comissão de *Ética*, integrada por três servidores ou empregados titulares de cargo efetivo ou emprego permanente.

Parágrafo único. A constituição da Comissão de *Ética* será comunicada à Secretaria da Administração Federal da Presidência da República, com a indicação dos respectivos membros titulares e suplentes.

Art. 3º Este Decreto entra em vigor na data de sua publicação".

O texto do decreto é sucinto na indicação de suas características normativas, mas extremamente extensivo em seu texto Anexo, onde se preveem os comportamentos éticos segundo os quais se poderão avaliar o desempenho e o zelo dos profissionais públicos. Quando se está à volta com a análise do texto do decreto, percebe-se a latitude dos compromissos funcionais assumidos por aqueles que estarão a desempenhar atividades junto à Administração Pública. De fato, o texto do Decreto n. 1.171, de 22-6-1994, em seu Anexo ao Código de Ética Profissional do Servidor Público Civil do Poder Executivo Federal, em seu Capítulo I, nos arts. I a XV, na seção intitulada Das Regras Deontológicas, dispõe que:

• A dignidade, o decoro, o zelo, a eficácia e a consciência dos princípios morais são primados maiores que devem nortear o servidor público, seja no exercício do cargo ou função, ou fora dele, já que refletirá o exercício da vocação do próprio poder estatal. Seus atos, comportamentos e atitudes serão direcionados para a preservação da honra e da tradição dos serviços públicos (I).

• O servidor público não poderá jamais desprezar o elemento ético de sua conduta. Assim, não terá de decidir somente entre o legal e o ilegal; o justo e o injusto; o conveniente e o inconveniente; o oportuno e o inoportuno, mas principalmente entre o honesto e o desonesto, consoante as regras contidas no art. 37, *caput* e § 4º, da Constituição Federal (II).

• A moralidade da Administração Pública não se limita à distinção entre o bem e o mal, devendo ser acrescida da ideia de que o fim é sempre o bem comum. O equilíbrio entre a legalidade e a finalidade, na conduta do servidor público, é que poderá consolidar a moralidade do ato administrativo (III).

• A remuneração do servidor público é custeada pelos tributos pagos direta ou indiretamente por todos, até por ele próprio, e por isso se exige, como contrapartida, que a moralidade administrativa se integre no direito, como elemento indissociável de sua aplicação e de sua finalidade, erigindo-se, como consequência, em fator de legalidade (IV).

333

• O trabalho desenvolvido pelo servidor público perante a comunidade deve ser entendido como acréscimo ao seu próprio bem-estar, já que, como cidadão, integrante da sociedade, o êxito desse trabalho pode ser considerado como seu maior patrimônio (V).

• A função pública deve ser tida como exercício *profissional* e, portanto, se integra na vida particular de cada servidor público. Assim, os fatos e atos verificados na conduta do dia a dia em sua vida privada poderão acrescer ou diminuir o seu bom conceito na vida funcional (VI).

• Salvo os casos de segurança nacional, investigações policiais ou interesse superior do Estado e da Administração Pública, a serem preservados em processo previamente declarado sigiloso, nos termos da lei, a publicidade de qualquer ato administrativo constitui requisito de eficácia e moralidade, ensejando sua omissão comprometimento ético contra o bem comum, imputável a quem a negar (VII).

• Toda pessoa tem direito à verdade. O servidor não pode omiti-la ou falseá-la, ainda que contrária aos interesses da própria pessoa interessada ou da Administração Pública. Nenhum Estado pode crescer ou estabilizar-se sobre o poder corruptivo do hábito do erro, da opressão ou da mentira, que sempre aniquilam até mesmo a dignidade humana quanto mais a de uma Nação (VIII).

• A cortesia, a boa vontade, o cuidado e o tempo dedicados ao serviço público caracterizam o esforço pela disciplina. Tratar mal uma pessoa que paga seus tributos direta ou indiretamente significa causar-lhe dano moral. Da mesma forma, causar dano a qualquer bem pertencente ao patrimônio público, deteriorando-o, por descuido ou má vontade, não constitui apenas uma ofensa ao equipamento e às instalações ou ao Estado, mas a todos os homens de boa vontade que dedicaram sua inteligência, seu tempo, suas esperanças e seus esforços para construí-los (IX).

• Deixar o servidor público qualquer pessoa à espera de solução que compete ao setor em que exerça suas funções, permitindo a formação de longas filas, ou qualquer outra espécie de atraso na prestação do serviço, não caracteriza apenas atitude contra a *ética* ou ato de desumanidade, mas principalmente grave dano moral aos usuários dos serviços públicos (X).

• O servidor deve prestar toda a sua atenção às ordens legais de seus superiores, velando atentamente por seu cumprimento, e, assim, evitando a conduta negligente. Os repetidos erros, o descaso e o acúmulo de desvios tornam-se, às vezes, difíceis de corrigir e caracterizam até mesmo imprudência no desempenho da função pública (XI).

• Toda ausência injustificada do servidor de seu local de trabalho é fator de desmoralização do serviço público, o que quase sempre conduz à desordem nas relações humanas (XII).

• O servidor que trabalha em harmonia com a estrutura organizacional, respeitando seus colegas e cada concidadão, colabora e de todos pode receber colaboração, pois sua atividade pública é a grande oportunidade para o crescimento e o engrandecimento da Nação (XIII).

• São deveres fundamentais do servidor público: a) desempenhar, a tempo, as atribuições do cargo, função ou emprego público de que seja titular; b) exercer suas atribuições com rapidez, perfeição e rendimento, pondo fim ou procurando prioritariamente resolver situações procrastinatórias, principalmente diante de filas ou de qualquer outra espécie de atraso na prestação dos serviços pelo setor em que exerça suas atribuições, com o fim de evitar dano moral ao usuário; c) ser probo, reto, leal e justo, demonstrando toda a integridade do seu caráter, escolhendo sempre, quando estiver diante de duas opções, a melhor e a mais vantajosa para o bem comum; d) jamais retardar qualquer prestação de contas, condição essencial da gestão dos bens, direitos e serviços da coletividade a seu cargo; e) tratar cuidadosamente os usuários dos serviços, aperfeiçoando o processo de comunicação e contato com o público; f) ter consciência de que seu trabalho é regido por princípios éticos que se materializam na adequada prestação dos serviços públicos; g) ser cortês, ter urbanidade, disponibilidade e atenção, respeitando a capacidade e as limitações individuais de todos os usuários do serviço público, sem qualquer espécie de preconceito ou distinção de raça, sexo, nacionalidade, cor, idade, religião, cunho político e posição social, abstendo-se, dessa forma, de causar-lhes dano moral; h) ter respeito à hierarquia, porém sem nenhum temor de representar contra qualquer comprometimento indevido da estrutura em que se funda o Poder Estatal; i) resistir a todas as pressões de superiores hierárquicos, de contratantes, interessados e de outros que visem obter quaisquer favores, benesses ou vantagens indevidas em decorrência de ações imorais, ilegais ou aéticas e denunciá-las; j) zelar, no exercício do direito de greve, pelas exigências específicas da defesa da vida e da segurança coletiva; k) ser assíduo e frequente ao serviço, na certeza de que sua ausência provoca danos ao trabalho ordenado, refletindo negativamente em todo o sistema; l) comunicar imediatamente a seus superiores todo e qualquer ato ou fato contrário ao interesse público, exigindo as providências cabíveis; m) manter limpo e em perfeita ordem o local de trabalho, seguindo os métodos mais adequados à sua organização e distribuição; n) participar dos movimentos e estudos que se relacionem com a melhoria do exercício de suas funções, tendo por escopo a realização do bem comum; o) apresentar-se ao trabalho com vestimentas adequadas ao exercício da função; p) manter-se atualizado com as instruções, as normas de serviço e a legislação pertinentes ao órgão onde exerce suas funções; q) cumprir, de acordo com as normas do serviço e as instruções superiores, as tarefas de seu cargo ou função, tanto quanto possível, com critério, segurança e rapidez, mantendo tudo sempre em boa ordem; r) facilitar a fiscalização de todos os atos ou serviços por quem de direito; s) exercer com estrita moderação as prerrogativas funcionais que lhe sejam atribuídas, abstendo-se de fazê-lo contrariamente aos legítimos interesses dos usuários do serviço público e dos jurisdicionados administrativos; t) abster-se, de forma absoluta, de exercer sua função, poder ou autoridade com finalidade estranha ao interesse público, mesmo que observando as formalidades legais e não cometendo qualquer violação expressa à lei; u) divulgar e informar a todos os integrantes da sua classe sobre a existência deste Código de *Ética*, estimulando o seu integral cumprimento (XIV).

• É vedado ao servidor público: a) o uso do cargo ou função, facilidades, amizades, tempo, posição e influências, para obter qualquer favorecimento, para si ou para outrem; b) prejudicar deliberadamente a reputação de outros servidores ou de cidadãos que deles dependam; c) ser, em função de seu espírito de solidariedade, conivente com erro ou infração a esse Código de *Ética* ou ao Código de *Ética* de sua profissão; d) usar de artifícios para procrastinar ou dificultar o exercício regular de direito por qualquer pessoa, causando-lhe dano moral ou material; e) deixar de utilizar os avanços técnicos e científicos ao seu alcance ou do seu conhecimento para atendimento do seu mister; f) permitir que perseguições, simpatias, antipatias, caprichos, paixões ou interesses de ordem pessoal interfiram no trato com o público, com os jurisdicionados administrativos ou com os colegas hierarquicamente superiores ou inferiores; g) pleitear, solicitar, provocar, sugerir ou receber qualquer tipo de ajuda financeira, gratificação, prêmio, comissão, doação ou vantagem de qualquer espécie, para si, familiares ou qualquer pessoa, para o cumprimento da sua missão ou para influenciar outro servidor para o mesmo fim; h) alterar ou deturpar o teor de documentos que deva encaminhar para providências; i) iludir ou tentar iludir qualquer pessoa que necessite do atendimento em serviços públicos; j) desviar servidor público para atendimento a interesse particular; k) retirar da repartição pública, sem estar legalmente autorizado, qualquer documento, livro ou bem pertencente ao patrimônio público; l) fazer uso de informações privilegiadas obtidas no âmbito interno de seu serviço, em benefício próprio, de parentes, de amigos ou de terceiros; m) apresentar-se embriagado no serviço ou fora dele habitualmente; n) dar o seu concurso a qualquer instituição que atente contra a moral, a honestidade ou a dignidade da pessoa humana; o) exercer atividade *profissional* aética ou ligar o seu nome a empreendimentos de cunho duvidoso (XV).

• Em todos os órgãos e entidades da Administração Pública Federal direta, indireta, autárquica e fundacional, ou em qualquer órgão ou entidade que exerça atribuições delegadas pelo poder público, deverá ser criada uma Comissão de *Ética*, encarregada de orientar e aconselhar sobre a *ética profissional* do servidor, no tratamento com as pessoas e com o patrimônio público, competindo-lhe conhecer concretamente de imputação ou de procedimento susceptível de censura (XVI).

• Cada Comissão de *Ética*, integrada por três servidores públicos e respectivos suplentes, poderá instaurar, de ofício, processo sobre ato, fato ou conduta que considerar passível de infringência a princípio ou norma ético-*profissional*, podendo ainda conhecer de consultas, denúncias ou representações formuladas contra o servidor público, a repartição ou o setor em que haja ocorrido a falta, cuja análise e deliberação forem recomendáveis para atender ou resguardar o exercício do cargo ou função pública, desde que formuladas por autoridade, servidor, jurisdicionados administrativos, qualquer cidadão que se identifique ou quaisquer entidades associativas regularmente constituídas (XVII).

• À Comissão de *Ética* incumbe fornecer, aos organismos encarregados da execução do quadro de carreira dos servidores, os registros sobre sua conduta *ética*, para o efeito de instruir e fundamentar promoções e para todos os demais procedimentos próprios da carreira do servidor público (XVIII).

• Os procedimentos a serem adotados pela Comissão de *Ética*, para a apuração de fato ou ato que, em princípio, se apresente contrário à *ética*, em conformidade com este Código, terão o rito sumário, ouvidos apenas o queixoso e o servidor, ou apenas este, se a apuração decorrer de conhecimento de ofício, cabendo sempre recurso ao respectivo Ministro de Estado (XIX).

• Dada a eventual gravidade da conduta do servidor ou sua reincidência, poderá a Comissão de *Ética* encaminhar a sua decisão e respectivo expediente para a Comissão Permanente de Processo Disciplinar do respectivo órgão, se houver, e, cumulativamente, se for o caso, à entidade em que, por exercício *profissional*, o servidor público esteja inscrito, para as providências disciplinares cabíveis. O retardamento dos procedimentos aqui prescritos implicará comprometimento ético da própria Comissão, cabendo à Comissão de *Ética* do órgão hierarquicamente superior o seu conhecimento e providências (XX).

• As decisões da Comissão de *Ética*, na análise de qualquer fato ou ato submetido à sua apreciação ou por ela levantado, serão resumidas em ementa e, com a omissão dos nomes dos interessados, divulgadas no próprio órgão, bem como remetidas às demais Comissões de *Ética*, criadas com o fito de formação da consciência *ética* na prestação de serviços públicos. Uma cópia completa de todo o expediente deverá ser remetida à Secretaria da Administração Federal da Presidência da República (XXI).

• A pena aplicável ao servidor público pela Comissão de *Ética* é a de censura e sua fundamentação constará do respectivo parecer, assinado por todos os seus integrantes, com ciência do faltoso (XXII).

• A Comissão de *Ética* não poderá se eximir de fundamentar o julgamento da falta de *ética* do servidor público ou do prestador de serviços contratado, alegando a falta de previsão nesse Código, cabendo-lhe recorrer à analogia, aos costumes e aos princípios éticos e morais conhecidos em outras profissões (XXIII).

• Para fins de apuração do comprometimento ético, entende-se por servidor público todo aquele que, por força de lei, contrato ou de qualquer ato jurídico, preste serviços de natureza permanente, temporária ou excepcional, ainda que sem retribuição financeira, desde que ligado direta ou indiretamente a qualquer órgão do poder estatal, como as autarquias, as fundações públicas, as entidades paraestatais, as empresas públicas e as sociedades de economia mista, ou em qualquer setor onde prevaleça o interesse do Estado (XXIV).

• Em cada órgão do Poder Executivo Federal em que qualquer cidadão houver de tomar posse ou ser investido em função pública, deverá ser prestado, perante a respectiva Comissão de *Ética*, um compromisso solene de acatamento e observância das regras estabelecidas por esse Código de *Ética* e de todos os princípios éticos e morais estabelecidos pela tradição e pelos bons costumes (XXV).

Ademais, no plano dos deveres do servidor, alistam-se as seguintes exigências que garantem a higidez do serviço e a adequada prestação de atendimento às necessidades públicas e sociais (art. 16 da Lei n. 8.112/90):

> "São deveres do servidor:
>
> I — exercer com zelo e dedicação as atribuições do cargo;
>
> II — ser leal às instituições a que servir;
>
> III — observar as normas legais e regulamentares;
>
> IV — cumprir as ordens superiores, exceto quando manifestamente ilegais;
>
> V — atender com presteza: a) ao público em geral, prestando as informações requeridas, ressalvadas as protegidas por sigilo; b) à expedição de certidões requeridas para defesa de direito ou esclarecimento de situações de interesse pessoal; c) às requisições para a defesa da Fazenda Pública;
>
> VI — levar ao conhecimento da autoridade superior as irregularidades de que tiver ciência em razão do cargo;
>
> VII — zelar pela economia do material e a conservação do patrimônio público;
>
> VIII — guardar sigilo sobre assunto da repartição;
>
> IX — manter conduta compatível com a *moralidade administrativa*;
>
> X — ser assíduo e pontual ao serviço;
>
> XI — tratar com urbanidade as pessoas;
>
> XII — representar contra ilegalidade, omissão ou abuso de poder".

Percebe-se, pois, que os deveres do servidor público não se restringem a ser simplesmente deveres negativos, aos moldes da mera omissão de ilegalidades, mas avançam no sentido de exigir do servidor uma atitude comissiva, atuante, e, inclusive, de contribuir para o combate da ilegalidade e do abuso de poder. São deveres na medida em que este é o conteúdo mínimo de conduta profissional para que o servidor seja considerado um agente público, e, portanto, tenha condições técnicas de contribuir para o exercício das atividades estatais. Não cumpridos esses deveres, fica o servidor sujeito às sanções disciplinares legais[950].

3.4. O Sistema Único de Segurança Pública

Tendo diante de si um cenário de estatísticas aterradoras de violências, é que se institui o *Sistema Único de Segurança Pública* (SUSP), cujo órgão central é o Ministério Extraordinário da Segurança Pública (art. 9º, *caput*) visando-se integrar a atuação dos órgãos de segurança pública (Polícia Federal; Polícia Rodoviária Federal; Polícias Militares; Polícias Civis; Guardas Civis Municipais; Guardas Portuárias; Corpos de Bombeiros; Órgãos do Sistema Penitenciário; Institutos de Criminalística, Medicina

---

950. "Pena disciplinar é a sanção imposta ao funcionário público faltoso, tendo por fim a correção sua, além da prevenção que sua aplicação enseja" (Lazzarini, *Estudos de direito administrativo*, 1995, p. 402).

338

Legal e identificação; Secretarias de Segurança Pública, de acordo com o disposto no art. 9º, parágrafo 2º) construir um sistema de inteligência no combate às violências, padronizar dados e estatísticas, criar um sistema de atuação conjunta, instituir um monitoramento do andamento das políticas públicas de segurança pública e construir experiências exitosas de segurança pública cidadã. A finalidade do SUSP é a de preservação da ordem pública, da incolumidade das pessoas e do patrimônio, por atuação conjunta, coordenada, sistêmica e integrada dos órgãos de segurança pública e defesa social, de acordo com o disposto no art. 1º da Lei n. 13.675/2018, através de uma estrutura de Conselhos de Segurança Pública e Defesa Social (arts. 19, 20 e 21).

O Sistema Único de Segurança Pública irá implantar a *Política Nacional de Segurança Pública e Defesa Social* (PNSPDS), através da atuação do Ministério Extraordinário da Segurança Pública, considerando o papel central que nesta política terá o *Plano Nacional de Segurança Pública e Defesa Social*, conforme estabelecido pelo art. 22 da referida Lei[951]. Desde a edição da Lei, a Política Nacional estará dirigida por *princípios*, por *diretrizes* e por *objetivos*. Os *princípios* são as máximas que devem governar, orientar e fornecer os fundamentos da atuação da política de segurança pública. Estes estão definidos pelo art. 4º da Lei, devendo-se destacar a importância que as ações de prevenção, a cultura de paz e o respeito aos direitos humanos encontram em seu interior[952]. As *diretrizes* fornecem o modo mais concreto por meio do qual se realizarão os princípios de fundo, oferecendo guias-diretas para a atuação da área. Estas estão definidas pelo art. 5º da Lei[953]. Os *objetivos* são as metas que se

---

951. O art. 22 dispõe que: "A União instituirá Plano Nacional de Segurança Pública e Defesa Social, destinado a articular as ações do poder público, com a finalidade de: I — promover a melhora da qualidade da gestão das políticas sobre segurança pública e defesa social; II — contribuir para a organização dos Conselhos de Segurança Pública e Defesa Social; III — assegurar a produção de conhecimento no tema, a definição de metas e a avaliação dos resultados das políticas de segurança pública e defesa social; IV — priorizar ações preventivas e fiscalizatórias de segurança interna nas divisas, fronteiras, portos e aeroportos.

952. A Lei estabelece, em seu art. 4º que: "São princípios da PNSPDS: I — respeito ao ordenamento jurídico e aos direitos e garantias individuais e coletivos; II — proteção, valorização e reconhecimento dos profissionais de segurança pública; III — proteção dos direitos humanos, respeito aos direitos fundamentais e promoção da cidadania e da dignidade da pessoa humana; IV — eficiência na prevenção e no controle das infrações penais; V — eficiência na repressão e na apuração das infrações penais; VI — eficiência na prevenção e na redução de riscos em situações de emergência e desastres que afetam a vida, o patrimônio e o meio ambiente; VII — participação e controle social; VIII — resolução pacífica de conflitos; IX — uso comedido e proporcional da força; X — proteção da vida, do patrimônio e do meio ambiente; XI — publicidade das informações não sigilosas; XII — promoção da produção de conhecimento sobre segurança pública; XIII — otimização dos recursos materiais, humanos e financeiros das instituições; XIV — simplicidade, informalidade, economia procedimental e celeridade no serviço prestado à sociedade; XV — relação harmônica e colaborativa entre os Poderes; XVI — transparência, responsabilização e prestação de contas.

953. A Lei estabelece, em seu art. 5º, um extenso rol de incisos, dando-se destaque aqui apenas para alguns que se consideram de suma importância que: "São diretrizes da PNSPDS: (...) II — plane-

querem alcançar, considerando-se o intervalo de tempo entre a criação da Lei, a criação do Ministério, a implementação das ações e a execução da Política Nacional. Os *objetivos* estão dados pelo art. 6º da Lei, dentre os quais se pode destacar o disposto no inciso XXIII ("priorizar políticas de redução da letalidade violenta").

A Lei n. 13.675/2018 traz inúmeros avanços e remedia a área da segurança pública, apontando rumos desde há muito tempo almejados para o setor. Isso desde o âmbito da integração e coordenação de atuação conjunta dos órgãos (art. 10), a aferição anual de metas por critérios estatísticos (art. 12; art. 25), apontando rumos no sentido da superação da cultura da violência, no sentido da mudança de cultura no relacionamento entre os órgãos de segurança pública (enfatizando-se o funcionamento harmônico, título da Seção IV da Lei), no sentido da valorização da profissão, da qualificação de seus profissionais, da promoção da educação continuada e permanente dos profissionais da segurança pública (arts. 38 a 41), da melhoria das formas de correição e acompanhamento das atividades, por meio de ouvidorias, na interação com a população civil (art. 34, parágrafo único).

Por isso, com esta nova estruturação, há de se esperar inúmeras mudanças no que tange à atuação da Guarda Civil Municipal, das Polícias Civil e Militar, dos Delegados de Polícia, conforme se estudarão nos itens a seguir.

3.5. Guarda Civil Municipal: ética, cidadania e promoção de direitos

As Guardas Civis Municipais — Guardas Civis, Guardas Metropolitanas, Guardas Civis Metropolitanas — exercem papel constitucionalmente definido no sentido de promoverem a segurança urbana nos Municípios, considerando-se o disposto no art. 144, § 8º, da Constituição Federal de 1988, onde se lê: "Os Municípios poderão constituir guardas municipais destinadas à proteção de seus bens, serviços e instalações, conforme dispuser a lei". A recente edição da Lei n. 13.022/2014 veio a dar efetivo

---

jamento estratégico e sistêmico; III — fortalecimento das ações de prevenção e resolução pacífica de conflitos, priorizando políticas de redução da letalidade violenta, com ênfase para os grupos vulneráveis; (...) V — coordenação, cooperação e colaboração dos órgãos e instituições de segurança pública nas fases de planejamento, execução, monitoramento e avaliação das ações, respeitando-se as respectivas atribuições legais e promovendo-se a racionalização de meios com base nas melhores práticas; VI — formação e capacitação continuada e qualificada dos profissionais de segurança pública, em consonância com a matriz curricular nacional; (...) VIII — sistematização e compartilhamento das informações de segurança pública, prisionais e sobre drogas, em âmbito nacional; (...) X — atendimento prioritário, qualificado e humanizado às pessoas em situação de vulnerabilidade; XIV — participação social nas questões de segurança pública; XV — integração entre os Poderes Legislativo, Executivo e Judiciário no aprimoramento e na aplicação da legislação penal; (...) XIX — incentivo ao desenvolvimento de programas e projetos com foco na promoção da cultura de paz, na segurança comunitária e na integração das políticas de segurança com as políticas sociais existentes em outros órgãos e entidades não pertencentes ao sistema de segurança pública; (...) XXI — deontologia policial e de bombeiro militar comuns, respeitados os regimes jurídicos e as peculiaridades de cada instituição; (...) XXIII — uso de sistema integrado de informações e dados eletrônicos; (...)".

provimento à necessidade de uma uniformização nacional à disciplina da atuação, com traços gerais, ao papel das Guardas Civis Municipais, na medida em que dispõe sobre o Estatuto Geral das Guardas Civis Municipais, sabendo-se que os Municípios poderão editar leis e códigos de conduta que regulamentam e disciplinam mais especificamente a matéria. O importante a destacar é que, em seu art. 2º, a Lei define o caráter das guardas, enquanto instituições civis, e não enquanto instituições militares, atribuindo-lhes o porte de arma de fogo[954], devendo atuar na função de "proteção municipal preventiva".

Em todos os Municípios do país, deve-se ressaltar que as Guardas Civis devem observar, em sua atuação, princípios constitucionais, mas isso não deixa de lado a importância de se definirem "princípios-norte" do regramento das corporações civis, fomentando-se a sua atuação pautada por "princípios mínimos", que servem de orientação legal, descrita no art. 3º da Lei n. 13.022/2014, quais sejam: "proteção dos direitos humanos fundamentais, do exercício da cidadania e das liberdades públicas" (inciso I do art. 3º); "preservação da vida, redução do sofrimento e diminuição das perdas" (inciso II do art. 3º); "patrulhamento preventivo" (inciso III do art. 3º); "compromisso com a evolução social da comunidade; e" (inciso IV do art. 3º); "uso progressivo da força" (inciso V do art. 3º).

Suas funções clássicas são definidas por competência geral (art. 4º) — que envolvem a proteção de bens, serviços, logradouros públicos municipais e instalações do Município — e por competência específica (art. 5º, I a XVIII)[955]. Mas, para além de

---

954. É o que dispõe o art. 16 da Lei n. 13.022/2014: "Aos guardas municipais é autorizado o porte de arma de fogo, conforme previsto em lei. Parágrafo único. Suspende-se o direito ao porte de arma de fogo em razão de restrição médica, decisão judicial ou justificativa da adoção da medida pelo respectivo dirigente".

955. "Art. 5º São competências específicas das guardas municipais, respeitadas as competências dos órgãos federais e estaduais:

I — zelar pelos bens, equipamentos e prédios públicos do Município; II — prevenir e inibir, pela presença e vigilância, bem como coibir, infrações penais ou administrativas e atos infracionais que atentem contra os bens, serviços e instalações municipais; III — atuar, preventiva e permanentemente, no território do Município, para a proteção sistêmica da população que utiliza os bens, serviços e instalações municipais; IV — colaborar, de forma integrada com os órgãos de segurança pública, em ações conjuntas que contribuam com a paz social; V — colaborar com a pacificação de conflitos que seus integrantes presenciarem, atentando para o respeito aos direitos fundamentais das pessoas; VI — exercer as competências de trânsito que lhes forem conferidas, nas vias e logradouros municipais, nos termos da Lei n. 9.503, de 23 de setembro de 1997 (Código de Trânsito Brasileiro), ou de forma concorrente, mediante convênio celebrado com órgão de trânsito estadual ou municipal; VII — proteger o patrimônio ecológico, histórico, cultural, arquitetônico e ambiental do Município, inclusive adotando medidas educativas e preventivas; VIII — cooperar com os demais órgãos de defesa civil em suas atividades; IX — interagir com a sociedade civil para discussão de soluções de problemas e projetos locais voltados à melhoria das condições de segurança das comunidades; X — estabelecer parcerias com os órgãos estaduais e da União, ou de Municípios vizinhos, por meio da celebração de convênios ou consórcios, com vistas ao desenvolvimento de ações preventivas integradas; XI — arti-

suas funções clássicas, há que se perceber que as Guardas Civis Municipais, por meio de seus efetivos compostos por homens e mulheres, estão baseadas nos Municípios, próximas de realidades territoriais as mais diversas, exercendo funções muito concretamente próximas da realidade dos cidadãos, geralmente se engajando em frentes de trabalho que respondem a atividades de amparo a parcelas da sociedade mais vulnerável, em momentos históricos e circunstanciais de grandes mobilizações para o atendimento de grandes eventos ou cerimoniais específicos.

Atuam, também, em programas prioritários dos Municípios (Proteção Escolar, Proteção Ambiental, Proteção ao Patrimônio Público, Proteção aos Agentes Públicos, Proteção à População em Situação de Rua, Proteção à Pessoa em Situação de Risco, Proteção às Pessoas com Deficiência, Controle do Espaço Público e Formação Permanente do Efetivo)[956], e em operações citadinas especiais, fazendo o enfrentamento de desafios temáticos, muitas vezes capitaneados pela prioridade de governo do Chefe do Poder Executivo Municipal (preservação do meio ambiente; violência doméstica; mediação de conflitos; mobilidade de pessoas com deficiência; tráfico de drogas; abuso sexual de menores; operações de mercadorias ilegais; exploração do trabalho escravo de migrantes; preservação de parques urbanos), especialmente nos grandes centros urbanos, que tem muito a ver com o exercício de vários outros direitos, para além do direito à segurança, como os direitos ao esporte, ao lazer, ao meio ambiente, à vida, à liberdade de ir e vir, ao patrimônio público, de modo que, não é sem motivo, a atuação das Guardas Civis Municipais condiz com a proteção e a pro-

---

cular-se com os órgãos municipais de políticas sociais, visando à adoção de ações interdisciplinares de segurança no Município; XII — integrar-se com os demais órgãos de poder de polícia administrativa, visando a contribuir para a normatização e a fiscalização das posturas e ordenamento urbano municipal; XIII — garantir o atendimento de ocorrências emergenciais, ou prestá-lo direta e imediatamente quando deparar-se com elas; XIV — encaminhar ao delegado de polícia, diante de flagrante delito, o autor da infração, preservando o local do crime, quando possível e sempre que necessário; XV — contribuir no estudo de impacto na segurança local, conforme plano diretor municipal, por ocasião da construção de empreendimentos de grande porte; XVI — desenvolver ações de prevenção primária à violência, isoladamente ou em conjunto com os demais órgãos da própria municipalidade, de outros Municípios ou das esferas estadual e federal; XVII — auxiliar na segurança de grandes eventos e na proteção de autoridades e dignatários; e XVIII — atuar mediante ações preventivas na segurança escolar, zelando pelo entorno e participando de ações educativas com o corpo discente e docente das unidades de ensino municipal, de forma a colaborar com a implantação da cultura de paz na comunidade local.

Parágrafo único. No exercício de suas competências, a guarda municipal poderá colaborar ou atuar conjuntamente com órgãos de segurança pública da União, dos Estados e do Distrito Federal ou de congêneres de Municípios vizinhos e, nas hipóteses previstas nos incisos XIII e XIV deste artigo, diante do comparecimento de órgão descrito nos incisos do *caput do art. 144 da Constituição Federal, deverá a guarda municipal prestar todo o apoio à continuidade do atendimento.*"

956. A exemplo da Guarda Civil Municipal do Município de São Paulo. A respeito, para consulta, *vide* http://www.prefeitura.sp.gov.br/cidade/secretarias/seguranca_urbana/guarda_civil/. Acesso em 1º-5-2015.

moção de direitos dos cidadãos. É certo que violações de direitos também ocorrem, mas essas situações devem ser tratadas como questões de desvios de conduta, devidamente apenas pelo papel das Corregedorias.

Assim, para que as Guardas Civis Municipais cumpram seus diversos papéis institucionais, não basta a manutenção de efetivo de Guardas Civis Municipais proporcional ao número de habitantes do Município, mas também o desenvolvimento de atividades de formação específicas, com o espírito de que a Guarda serve à população e resguarda direitos no espaço público de forma preventiva e comunitária. Por isso, é decisiva a implementação de *Centros de Formação* que sigam os parâmetros curriculares da SENASP-MJ, conforme determina o parágrafo único do art. 11 da Lei n. 13.022/2014 ("O exercício das atribuições dos cargos da guarda municipal requer capacitação específica, com matriz curricular compatível com suas atividades. Parágrafo único. Para fins do disposto no *caput*, poderá ser adaptada a matriz curricular nacional para formação em segurança pública, elaborada pela Secretaria Nacional de Segurança Pública (Senasp) do Ministério da Justiça"), mas também que os *Centros de Formação* sejam capazes de implementar uma cultura de promoção e defesa de direitos, alinhada com os grandes princípios da Constituição Federal de 1988, oferecendo-se mais do que formação técnica especializada, mas formação em direitos humanos e cidadania, fortalecendo a atuação das Guardas Civis Municipais em espírito de identidade institucional própria, preventiva e comunitária, de acordo com os desafios locais de cada Município e necessidades mais prementes dos Munícipes. Essa ideia reforça a contramarcha necessária, do ponto de vista da cultura institucional interna das corporações, de que deveriam seguir apenas princípios de hierarquia absoluta e regulamentos de natureza militar, pois a militarização das Guardas Civis Municipais vai contra o espírito de proximidade e amparo que a atuação civil deve ter junto à população ("As guardas civis municipais não podem ficar sujeitas a regulamentos disciplinares de natureza disciplinar", parágrafo único do art. 14 da Lei n. 13.022/2014).

Assim considerada, a natureza, a atuação e o espírito de trabalho das equipes que compõem as Guardas Civis Municipais traduzem vocação ética específica, que também deve ser cobrada nos concursos públicos de ingresso para as carreiras municipais, visando-se incentivar uma ética da solidariedade, da proteção e promoção de direitos, mais do que o papel tradicional de proteção patrimonial municipal. Nisso, as corporações são únicas no país, e devem acentuar uma cultura vocacional focada nos desafios municipais mais prementes. Nesse sentido, a atuação das Guardas exerce simbolicamente junto às populações locais mais do que o papel de Estado-repressor, exercendo o papel de Estado-amparo/orientação/proteção, criando-se elos de respeito e integridade, que devem distinguir e marcar a tarefa territorial do desempenho das corporações como um todo. A exemplo da proposta de uma atuação preventiva e comunitária, segue-se daí o esforço institucional para que o papel do efetivo seja cumpridor dos desafios do convívio em sociedade com a promoção de uma segurança urbana cidadã.

3.6. Polícias civil e militar: ética e segurança pública

É a partir da atribuição constitucional que se pode diferenciar o significado das entidades que atuam no desempenho de atividades de segurança pública. Pode-se localizar no art. 144 um conjunto de preceitos que destinam recursos e competências para entidades que devem concorrentemente exercer a segurança pública, ou seja, um dever do Estado (art. 144 da CF/88):

> "A segurança pública, dever do Estado, direito e responsabilidade de todos, é exercida para a preservação da ordem pública e da incolumidade das pessoas e do patrimônio, através dos seguintes órgãos:
>
> I — polícia federal;
>
> II — polícia rodoviária federal;
>
> III — polícia ferroviária federal;
>
> IV — polícias civis;
>
> V — polícias militares e corpos de bombeiros militares.
>
> §1º A polícia federal, instituída por lei como órgão permanente, organizado e mantido pela União e estruturado em carreira, destina-se a[957]:
>
> I — apurar infrações penais contra a ordem política e social ou em detrimento de bens, serviços e interesses da União ou de suas entidades autárquicas e empresas públicas, assim como outras infrações cuja prática tenha repercussão interestadual ou internacional e exija repressão uniforme, segundo se dispuser em lei;
>
> II — prevenir e reprimir o tráfico ilícito de entorpecentes e drogas afins, o contrabando e o descaminho, sem prejuízo da ação fazendária e de outros órgãos públicos nas respectivas áreas de competência;
>
> III — exercer as funções de polícia marítima, aeroportuária e de fronteira[958];
>
> IV — exercer, com exclusividade, as funções de polícia judiciária da União.
>
> § 2º A polícia rodoviária federal, órgão permanente, organizado e mantido pela União e estruturado em carreira, destina-se, na forma da lei, ao patrulhamento ostensivo das rodovias federais.
>
> § 3º A polícia ferroviária federal, órgão permanente, organizado e mantido pela União e estruturado em carreira, destina-se, na forma da lei, ao patrulhamento ostensivo das ferrovias federais.
>
> § 4º Às polícias civis, dirigidas por delegados de polícia de carreira, incumbem, ressalvada a competência da União, as funções de polícia judiciária e a apuração de infrações penais, exceto as militares.
>
> § 5º Às polícias militares cabem a polícia ostensiva e a preservação da ordem pública; aos corpos de bombeiros militares, além das atribuições definidas em lei, incumbe a execução de atividades de defesa civil.

---

957. § 1º com redação dada pela Emenda Constitucional n. 19, de 4-6-1998 (*DOU*, 5-6-1998, em vigor desde a publicação).

958. Inciso III com redação dada pela Emenda Constitucional n. 19, de 4-6-1998 (*DOU*, 5-6-1998, em vigor desde a publicação).

§ 6º As polícias militares e corpos de bombeiros militares, forças auxiliares e reserva do Exército, subordinam-se, juntamente com as polícias civis, aos Governadores dos Estados, do Distrito Federal e dos Territórios.

§ 7º A lei disciplinará a organização e o funcionamento dos órgãos responsáveis pela segurança pública, de maneira a garantir a eficiência de suas atividades.

§ 8º Os Municípios poderão constituir guardas municipais destinadas à proteção de seus bens, serviços e instalações, conforme dispuser a lei".

Então, está-se diante de situações típicas, inteiramente controladas normativamente pela Constituição, no sentido de se garantir a eficiência na organização dessas instituições importantes para a guarda da lei no corpo social. Não se pode confundir, portanto, as atividades da polícia civil com aquelas que são próprias da polícia militar: a polícia civil incumbe-se da polícia judiciária e da apuração de infrações penais; a polícia militar se incumbe da polícia ostensiva e da salvaguarda da ordem pública. Ambas são atribuições do Governador do Estado, do Território ou do Distrito Federal, restando ao Prefeito do Município organizar o policiamento dos monumentos públicos, serviços e instalações por meio da guarda metropolitana[959].

De qualquer forma, há em comum com essas atividades de segurança a natureza de serviço a favor da comunidade, e é esse conceito que se está diluindo dentro de uma cultura do desmando e da corrupção dos poderes[960]. Ruindo esse conceito, surgem as arbitrariedades e os ilegalismos aos quais nem mesmo o Estado é capaz

---

959. "Essa divisão constitucional, na verdade, poderia ser reduzida a uma tríplice categoria: *polícia federal, polícia civil* e *polícia militar*.

"A *polícia federal* tem por funções: 1. apurar infrações penais contra a ordem política e social ou em detrimento de bens, serviços e interesses da União ou de suas entidades autárquicas e empresas públicas, assim como outras infrações cuja prática tenha repercussão interestadual ou internacional e exija repressão uniforme; 2. prevenir e reprimir o tráfico ilícito de entorpecentes e drogas afins, o contrabando e o descaminho, sem prejuízo da ação fazendária e de outros órgãos públicos nas respectivas áreas de competência; 3. exercer as funções de polícia marítima, aérea e de fronteiras; 4. exercer as funções de polícia judiciária da União; 5. patrulhar ostensivamente as rodovias federais (polícia rodoviária federal); 6. patrulhar ostensivamente as ferrovias federais (polícia ferroviária federal).

"A *polícia civil* exerce as funções de polícia judiciária e apuração das infrações penais, com exceção das militares. A Constituição prevê sejam elas dirigidas por *delegados de polícia* de carreira.

"A *polícia militar* se encarrega do policiamento ostensivo e da preservação da ordem pública. Um de seus organismos, destacado pelo constituinte, é o *corpo de bombeiros militares*, a quem, além das atribuições definidas em lei, incumbe a execução de atividades de defesa civil. Ambos são considerados *forças auxiliares e reserva do Exército*, mas se subordinam, assim como a polícia civil, aos governadores.

"É reservado ao município, hoje entidade federativa, constituir *guardas municipais* com o único objetivo de proteger seus *bens, serviços e instalações*" (Nalini, *Ética geral e profissional*, 1999, p. 283-284).

960. "A comunidade recebe todos os dias carga considerável de queixas e críticas contra a polícia. São policiais arbitrários, que atiram antes de saber quem são suas vítimas, fazem surgir drogas nas revistas a que procedem, exigem propina e participação no produto do crime, utilizam-se de tortura e não respeitam, em síntese, qualquer direito humano" (Nalini, *Ética geral e profissional*, 1999, p. 285).

de enfrentar, tendo-se em vista que seus próprios agentes estão envolvidos na corruptela dos sagrados valores sociojurídicos. Quando corrupção, truculência, discriminação e violência tomam conta da cultura da segurança pública é o próprio Estado de Direito que está ameaçado em sua legitimidade social. Quando o tema é o das manifestações públicas, também se deve ter presente o dever de abstenção política de agentes policiais (civis e militares) de força pública, enquanto exigência própria da ética profissional e dos valores das corporações na área de segurança pública. A função não é outra senão prevenir a distorção e o mau uso do monopólio da força por parte do Estado, em favor de visões políticas específicas. Além disso, a função não é outra senão de fazer das instituições de segurança pública órgãos dotados de neutralidade, em face das diferenças políticas e ideológicas que são naturais de existirem na vida social; a função das instituições de segurança pública é a de proteger e realizar os direitos da população. Tendo-se isto presente, percebe-se que diante de manifestações políticas dos cidadãos em espaços públicos, em face dos governos (qualquer partido ou qualquer ideologia), as forças de segurança devem se manter neutras diante das tentativas de cooptação e arregimentação de servidores(as).

A este tema se deve dar atenção, especialmente quando se está em situações de polarização política, quando o papel institucional e fardado não é outro senão a execução estrita das atribuições legais e constitucionais. Neste tocante, deve-se ter presente o que a este respeito dispõe, por exemplo, o *Código de Ética da Polícia Federal* (Resolução n. 004-CSP/DPF, de 26-3-2015), no tocante às vedações do agente público (art. 7º, inciso XXVII). Ademais, o *Regulamento Disciplinar da Polícia Militar do Estado de São Paulo*, no tocante aos deveres éticos emanados dos valores policiais-militares (Lei Complementar Estadual n. 893/2001, art. 8º, incisos IV, VIII, XXI, *a*, e § 3º) e, mais especificamente, a Diretriz PM3 006/02/21, de 27 de dezembro de 2021, que regula o uso das mídias sociais e aplicativos por policiais militares do Estado de São Paulo, do qual se destaca a regra seguinte: "6.3.1.1. militares do Estado devem estar cientes de que seus comportamentos no ambiente digital, principalmente nas redes sociais, podem afetar a credibilidade de seus trabalhos, da Instituição e do Estado".

O grande desafio de promover segurança com cidadania, sendo estes valores complementares e não opostos, é o desenvolvimento de uma cultura de educação e direitos humanos no interior das corporações. Mas, em grande parte, se continuam a assistir, no cenário contemporâneo, inúmeros episódios de desnecessária e desmedida aplicação da força, por exemplo, para lidar com manifestações públicas. Eis o grande ponto de desafio: a melhoria da atuação da Polícia Militar ante a manifestações — desde a explosão das manifestações em 2013 — tem sido fator que expõe a fragilidade dos protocolos de atuação, o excesso de repressão a manifestações civis, o desgaste das táticas repressivas de atuação da Polícia Militar, bem como o déficit de formação em Educação e Direitos Humanos na cultura das instituições policiais. Nesse ponto, ética, profissionalismo e cidadania devem caminhar em conjunto, e o esforço de desrepressão do papel das polícias apenas deveria se intensificar. Ademais,

346

o policiamento comunitário e as diversas formas de aprimoramento da polícia e sua atividade socialmente relevante de defesa da pessoa humana devem estar em discussão para que a polícia não se vulgarize em valores e se equipare à própria atividade violenta que procura combater.

O agente de segurança, em sua investidura pública, deve ser: aquele que é fiel cumpridor de seus deveres e atribuições; aquele que é servidor da comunidade à qual se liga; aquele que é protetor incondicional das pessoas; aquele que é profissional responsável no exercício de suas atividades. Eis aí uma deontologia dos agentes públicos de segurança[961].

Mas toda essa deontologia se torna mero código fraco de obrigações éticas quando se está diante de um grave problema social e político: a falta de valorização da segurança pública. A erosão das instituições, o aumento insuportável das taxas de criminalidade, a desvalorização do conceito dos agentes públicos, a corrupção dos agentes públicos, a criação de uma consciência generalizada da impunidade, a falta de investimento no setor...[962], entre outros fatores, geraram o sucateamento das instituições, de reconhecida necessidade social, que se incumbem da segurança pública[963]. Premidos por necessidades imediatas, por vezes seus agentes se encontram diante de situações que facilitam o descumprimento dos deveres profissionais inerentes ao exercício da função pública. No entanto, deve o profissional que adentra à função capacitar-se para o exercício do mister independente de qualquer condicionamento exterior, primando pela ética profissional em favor dos interesses públicos decorrentes da própria natureza da atividade.

Nesse contexto é que não se pode cogitar da existência de diferenças e melindres entre os exercentes das atividades de segurança pública e, mais especificamente, entre policiais civis e militares[964], todos estão investidos de poderes, que

---

961. Essa deontologia se extrai das lições de Nalini: "O policial é o servidor encarregado de fazer cumprir a lei. Nessa condição, submete-se a quatro coordenadas, devendo ser *fiel cumpridor* dos deveres legais, *servidor* de sua comunidade, *protetor* de todas as pessoas e *profissional responsável*" (Nalini, *Ética geral e profissional*, 1999, p. 288).

962. "O relatório dos juristas reunidos no Fórum Criminalidade e Violência, em 1980, já apontava como fatores sociais geradores de insegurança os seguintes: a) crescimento populacional acelerado; b) a má distribuição demográfica; c) a distribuição inadequada de renda; d) a falta de planejamento familiar; e) as favelas e conglomerados; f) o problema do menor" (Lazzarini, *Estudos de direito administrativo*, 1995, p. 78).

963. "A sadia convivência entre as polícias, igualmente voltadas à consecução do bem comum, está condicionada ao desenvolvimento da *consciência ética* de seus integrantes. E as receitas são as já conhecidas de todos: adoção de mecanismos adequados de seleção e de capacitação dos quadros, recuperação salarial, adoção de critérios objetivos de aferição do desempenho, reforço dos padrões qualitativos, dentre os quais avulta a observância estrita às normas éticas" (Nalini, *Ética geral e profissional*, 1999, p. 303).

964. Uma falsa noção de conflito de atribuições é, invariavelmente, a causa desses melindres: "Os órgãos de comunicação social, não raras vezes, noticiam conflitos entre órgãos policiais, que

347

não se confundem, tendo-se em vista a diferenciação de competências, mas que se direcionam para a realização de ideais conjuntos do Estado: a construção de um Estado democrático, com todas as letras, o que significa, nos dizeres constitucionais (art. 3º da CF/88):

> "Constituem objetivos fundamentais da República Federativa do Brasil:
>
> I — construir uma sociedade livre, justa e solidária;
>
> II — garantir o desenvolvimento nacional;
>
> III — erradicar a pobreza e a marginalização e reduzir as desigualdades sociais e regionais;
>
> IV — promover o bem de todos, sem preconceitos de origem, raça, sexo, cor, idade e quaisquer outras formas de discriminação".

Em todos os sentidos, portanto, a ética se constitui um pilar a favor da construção, ou *re-construção*, das forças públicas. É nesse sentido que se pode dizer que a ética funciona como instrumento social de alto valor, uma vez que seria capaz de reabilitar a integridade desses órgãos socioinstitucionais, com vistas ao aumento da eficácia de sua atuação, de sua própria produtividade, e ao cumprimento das finalidades que deram origem ao seu surgimento corporativo.

Além do mister ético, como forma de renovação das mentalidades profissional e social em torno da questão da segurança pública, encontra-se, inclusive, previsão de estímulo ao profissional que valoriza a atuação ética:

Decreto n. 59.310, de 27-9-1966 (*DOU*, 5-10-1966; ret. 1973) (Dispõe sobre o Regime Jurídico dos Funcionários Policiais Civis do Departamento Federal de Segurança Pública e da Polícia do Distrito Federal, na Forma Prevista no art. 72 da Lei n. 4.878, de 3 de dezembro de 1965): Título II — Do Provimento e da Vacância (arts. 5º a 192), Capítulo VI — Da Promoção (arts. 30 a 102), Seção II — Da Promoção por Merecimento (arts. 43 a 74), "Art. 43. Merecimento é a demonstração positiva pelo funcionário, durante sua permanência na classe, de pontualidade e assiduidade, de capacidade e eficiência, espírito de colaboração, *ética profissional* e compreensão dos deveres e, bem assim, de qualificação para o desempenho das atribuições de classe superior.

Art. 55. *Ética profissional* é a capacidade de discrição demonstrada pelo funcionário no exercício de sua atividade, ou em razão dela, assim como de agir com cortesia e polidez no trato com os colegas e as partes".

Ademais, são exigências do próprio Código de Ética Profissional zelar pelo conceito social da instituição à qual pertence o atuante do órgão de segurança, entre outras exigências pessoais, psicológicas, morais, profissionais e técnicas, com vistas

---

denominam de atritos entre as polícias. Eles ocorrem, com certeza, da superposição de meios, dispersão de esforços, busca de notoriedade por policiais. Nas raízes da divergência, podemos encontrar objetivamente uma mistura de desconhecimento da lei, sentimentos corporativistas e até classistas, busca de publicidade pessoal e num ano eleitoral, inevitavelmente, fatos políticos" (Lazzarini, *Estudos de direito administrativo*, 1995, p. 62).

à realização máxima do profissional em serviço e à máxima serventia das instituições ou da organização para a sociedade, no exercício de suas funções (art. 29 da Lei n. 7.479, de 2-6-1986:

"O sentimento do dever, o brio do bombeiro militar e o decoro da classe impõe a cada um dos integrantes do Corpo de Bombeiros, conduta moral e *profissional* irrepreensíveis com a observância dos seguintes preceitos da *ética* do bombeiro militar:

I — amar a verdade e a responsabilidade como fundamentos da dignidade pessoal;

II — exercer, com autoridade, eficiência e probidade, as funções que lhe couberem em decorrência do cargo;

III — respeitar a dignidade da pessoa humana;

IV — cumprir e fazer cumprir as leis, os regulamentos, as instruções e as ordens das autoridades competentes;

V — ser justo e imparcial nos julgamentos dos atos e na apreciação do mérito dos subordinados;

VI — zelar pelo preparo próprio, moral, intelectual, físico e, também, pelo dos subordinados, tendo em vista o cumprimento da missão comum;

VII — praticar a camaradagem e desenvolver, permanentemente, o espírito de cooperação;

VIII — empregar todas as suas energias em benefício do serviço;

IX — ser discreto em suas atitudes e maneiras e em sua linguagem escrita e falada;

X — abster-se de tratar, fora do âmbito apropriado, de matéria sigilosa de qualquer natureza;

XI — acatar as autoridades civis;

XII — cumprir seus deveres de cidadão;

XIII — proceder de maneira ilibada na vida pública e na particular;

XIV — garantir a assistência moral e material ao seu lar e conduzir-se como chefe de família modelar;

XV — conduzir-se, mesmo fora do serviço ou na inatividade, de modo que não sejam prejudicados os princípios da disciplina, do respeito e do decoro de bombeiro militar;

XVI — observar as normas de boa educação;

XVII — abster-se de fazer uso do posto ou graduação para obter facilidades pessoais de qualquer natureza ou para encaminhar negócios particulares ou de terceiros;

XVIII — abster-se, na situação de inatividade, do uso das designações hierárquicas quando:

a) em atividades político-partidárias;

b) em atividades comerciais;

c) em atividades industriais;

d) para discutir ou provocar discussões pela imprensa a respeito de assuntos políticos ou referentes à Corporação, excetuando-se os de natureza exclusivamente técnica, se devidamente autorizado; e

e) no exercício de cargo ou função de natureza civil, mesmo que seja da Administração Pública;

XIX — zelar pelo bom nome do Corpo de Bombeiros e de cada um de seus integrantes, obedecendo e fazendo obedecer aos preceitos da *ética* de bombeiro militar".

3.6.1. Delegado de polícia: ética e autoridade

As funções de polícia judiciária e de apuração de infrações penais incumbe, por delegação constitucional, à polícia civil. Por lidar diretamente com questões de violência e liberdade, esta profissão tem matiz muito delicado. Essas atividades, que não se confundem com as exercidas pela polícia militar (polícia ostensiva e preservação da ordem pública), serão dirigidas por delegados de polícia de carreira, que chefiam e coordenam as principais atribuições legais cominadas aos demais serventuários da polícia civil (cartorários, investigadores...). De fato, lê-se na Constituição, no art. 144:

> "A segurança pública, dever do Estado, direito e responsabilidade de todos, é exercida para a preservação da ordem pública e da incolumidade das pessoas e do patrimônio, através dos seguintes órgãos:
>
> IV — polícias civis (...).
>
> § 4º Às polícias civis, dirigidas por delegados de polícia de carreira, incumbem, ressalvada a competência da União, as funções de polícia judiciária e a apuração de infrações penais, exceto as militares.
>
> § 6º As polícias militares e corpos de bombeiros militares, forças auxiliares e reserva do Exército, subordinam-se, juntamente com as polícias civis, aos Governadores dos Estados, do Distrito Federal e dos Territórios".

O delegado de polícia é autoridade pública e, como tal, está investido de instrumentos para o exercício da lei penal e processual penal, no sentido da prevenção de delitos, assim como da repressão de delitos. Mas esse acúmulo de poder não significa abertura para a arbitrariedade. Se somente ao Estado é deferido o direito de exercer coercitivamente seus mandamentos, e se a coerção pode chegar ao limite do exercício fático do monopólio da força, esse exercício deve ser moderado e invocado somente quando da ocorrência de necessidades emergenciais e incontornáveis. Enfim, o cidadão não delega ao Estado um poder capaz de oprimi-lo por meio inclusive do uso da força, mas sim um poder capaz de libertá-lo e de favorecer ainda mais o progresso social.

A autoridade do delegado de polícia possui limites caracteristicamente constitucionais. Entre uso de autoridade e abuso de autoridade[965] existe grande vão, preenchido por todas as preocupações que se destacam dos direitos humanos. É evidente que, por isso, sua formação deve necessariamente estar muito bem cercada por preocupações vindas da educação em direitos humanos, conforme previsão do Plano

---

965. A Lei de Abuso de Autoridade foi instituída exatamente com o intuito de punir autoridades que se valem da condição de exercente de um poder do Estado para cometer desmandos. A respeito, a legislação específica na seara penal: Lei n. 4.898, de 9-12-1965 e Lei n. 5.249, de 9-2-1967.

Nacional de Educação em Direitos Humanos. Da redação do atual texto constitucional transparece esse tipo de preocupação, uma vez que se detecta uma fecunda abundância de artigos voltados para a proteção de direitos relativos ao procedimento penal, ao processo penal, à execução penal, à higidez física e moral do preso, às formas e pena, à culpa durante o processamento penal, entre outras (art. 5º da CF/88):

"Todos são iguais perante a lei, sem distinção de qualquer natureza, garantindo-se aos brasileiros e aos estrangeiros residentes no País a inviolabilidade do direito à vida, à liberdade, à igualdade, à segurança e à propriedade, nos termos seguintes:

I — homens e mulheres são iguais em direitos e obrigações, nos termos desta Constituição;

II — ninguém será obrigado a fazer ou deixar de fazer alguma coisa senão em virtude de lei;

III — ninguém será submetido a tortura nem a tratamento desumano ou degradante;

XLIII — a lei considerará crimes inafiançáveis e insuscetíveis de graça ou anistia a prática da tortura, o tráfico ilícito de entorpecentes e drogas afins, o terrorismo e os definidos como crimes hediondos, por eles respondendo os mandantes, os executores e os que, podendo evitá-los, se omitirem;

XLV — nenhuma pena passará da pessoa do condenado, podendo a obrigação de reparar o dano e a decretação do perdimento de bens ser, nos termos da lei, estendidas aos sucessores e contra eles executadas, até o limite do valor do patrimônio transferido;

XLVI — a lei regulará a individualização da pena e adotará, entre outras, as seguintes: a) privação ou restrição da liberdade; b) perda de bens; c) multa; d) prestação social alternativa; e) suspensão ou interdição de direitos;

XLVII — não haverá penas: a) de morte, salvo em caso de guerra declarada, nos termos do art. 84, XIX; b) de caráter perpétuo; c) de trabalhos forçados; d) de banimento; e) cruéis;

XLVIII — a pena será cumprida em estabelecimentos distintos, de acordo com a natureza do delito, a idade e o sexo do apenado;

XLIX — é assegurado aos presos o respeito à integridade física e moral;

L — às presidiárias serão asseguradas condições para que possam permanecer com seus filhos durante o período de amamentação;

LIII — ninguém será processado nem sentenciado senão pela autoridade competente;

LIV — ninguém será privado da liberdade ou de seus bens sem o devido processo legal;

LV — aos litigantes, em processo judicial ou administrativo, e aos acusados em geral são assegurados o contraditório e ampla defesa, com os meios e recursos a ela inerentes;

LVI — são inadmissíveis, no processo, as provas obtidas por meios ilícitos;

LVII — ninguém será considerado culpado até o trânsito em julgado de sentença penal condenatória;

LVIIII — o civilmente identificado não será submetido a identificação criminal, salvo nas hipóteses previstas em lei;

LXI — ninguém será preso senão em flagrante delito ou por ordem escrita e fundamentada de autoridade judiciária competente, salvo nos casos de transgressão militar ou crime propriamente militar, definidos em lei;

LXII — a prisão de qualquer pessoa e o local onde se encontre serão comunicados imediatamente ao juiz competente e à família do preso ou à pessoa por ele indicada;

LXIII — o preso será informado de seus direitos, entre os quais o de permanecer calado, sendo-lhe assegurada a assistência da família e de advogado;

LXIV — o preso tem direito à identificação dos responsáveis por sua prisão ou por seu interrogatório policial;

LXV — a prisão ilegal será imediatamente relaxada pela autoridade judiciária;

LXVI — ninguém será levado à prisão ou nela mantido, quando a lei admitir a liberdade provisória, com ou sem fiança;

LXVIII — conceder-se-á *habeas corpus* sempre que alguém sofrer ou se achar ameaçado de sofrer violência ou coação em sua liberdade de locomoção, por ilegalidade ou abuso de poder".

Não pode, portanto, o delegado agir, em primeiro lugar, em contrariedade com todo um fluxo de princípios e mandamentos constitucionais que se direcionam no sentido de dizer que toda pessoa humana, criminalizada ou não, possui direitos fundamentais que não podem ser atingidos, afetados ou violados por quaisquer pessoas, e muito menos ainda por agentes do Estado[966]. Em segundo lugar, não pode o delegado contrariar os interesses sociais em torno da lei penal e da defesa dos ditames que separam a legalidade da arbitrariedade. "Assim, prevê a lei que dispõe sobre os crimes de abuso de autoridade (Lei n. 13.869/2019), em seus artigos, o que segue:

"Art. 9º Decretar medida de privação da liberdade em manifesta desconformidade com as hipóteses legais: Pena – detenção, de 1 (um) a 4 (quatro) anos, e multa. Parágrafo único. Incorre na mesma pena a autoridade judiciária que, dentro de prazo razoável, deixar de: I – relaxar a prisão manifestamente ilegal; II – substituir a prisão preventiva por medida cautelar diversa ou de conceder liberdade provisória, quando manifestamente cabível; III – deferir liminar ou ordem de *habeas corpus*, quando manifestamente cabível. Art. 10. Decretar a condução coercitiva de testemunha ou investigado manifestamente descabida ou sem prévia intimação de comparecimento ao juízo: Pena – detenção, de 1 (um) a 4 (quatro) anos, e multa. Art. 11. (VETADO). Art. 12. Deixar injustificadamente de comunicar prisão em flagrante à autoridade judiciária no prazo legal: Pena – detenção, de 6 (seis) meses a 2 (dois) anos, e multa. Parágrafo único. Incorre na mesma pena quem: I – deixa de comunicar, imediatamente, a execução de prisão temporária ou preventiva à autoridade judiciária que a decretou; II – deixa de comunicar, imediatamente, a prisão de qualquer pessoa e o local onde se encontra à sua família ou à pessoa por ela indicada; III – deixa de entregar ao preso, no prazo de 24 (vinte e quatro) horas, a nota de culpa, assinada pela autoridade, com o motivo da prisão e os nomes do condutor e das testemunhas; IV – prolonga a execução de pena privativa de liberdade, de prisão temporária, de prisão preventiva, de medida de segurança ou de internação, deixando, sem motivo justo e excepcionalíssimo, de executar o alvará de soltura imediatamente após

---

966. "Em todo o mundo civilizado, a polícia vem sofrendo um processo de transformação. Ideais democráticos reclamam uma polícia *a serviço do povo* e não mantenedora da ordem a qualquer custo, mesmo seja ele equivalente ao preço da vida" (Nalini, *Ética geral e profissional*, 1999, p. 301).

recebido ou de promover a soltura do preso quando esgotado o prazo judicial ou legal. Art. 13. Constranger o preso ou o detento, mediante violência, grave ameaça ou redução de sua capacidade de resistência, a: I – exibir-se ou ter seu corpo ou parte dele exibido à curiosidade pública; II – submeter-se a situação vexatória ou a constrangimento não autorizado em lei; III – produzir prova contra si mesmo ou contra terceiro: Pena – detenção, de 1 (um) a 4 (quatro) anos, e multa, sem prejuízo da pena cominada à violência. Art. 14. (VETADO). Art. 15. Constranger a depor, sob ameaça de prisão, pessoa que, em razão de função, ministério, ofício ou profissão, deva guardar segredo ou resguardar sigilo: Pena – detenção, de 1 (um) a 4 (quatro) anos, e multa. Parágrafo único. Incorre na mesma pena quem prossegue com o interrogatório: I – de pessoa que tenha decidido exercer o direito ao silêncio; ou II – de pessoa que tenha optado por ser assistida por advogado ou defensor público, sem a presença de seu patrono. Art. 16. Deixar de identificar-se ou identificar-se falsamente ao preso por ocasião de sua captura ou quando deva fazê-lo durante sua detenção ou prisão: Pena – detenção, de 6 (seis) meses a 2 (dois) anos, e multa. Parágrafo único. Incorre na mesma pena quem, como responsável por interrogatório em sede de procedimento investigatório de infração penal, deixa de identificar-se ao preso ou atribui a si mesmo falsa identidade, cargo ou função".

Os arts. 18 a 38 da Lei de crimes de abuso de autoridade contêm uma série de mandamentos que devem ser respeitados, sob pena de se cometer infração passível de sanções de diversas gravidades, como sói ocorrer no texto da lei, *a contrario sensu*, quer dizer, que é dever da autoridade pública abster-se desses comportamentos.

Então, a ética do delegado deve ser, fundamentalmente, uma insistência sobre sua postura constitucional no exercício da função pública: investigatória de fatos; apuratória de provas no procedimento de sua alçada; preventiva da criminalidade; repressiva da criminalidade; executiva de ordens judiciais, sobretudo no sentido da manutenção e recuperação de vestígios criminais e da custódia de presos provisórios. Ademais, o cumprimento de seus deveres consiste na legal execução dos preceitos que a lei prevê como manifestações típicas da carreira e da profissão, abstendo-se de todo e qualquer tipo de infração que caracterize um excedente de poder. O encaminhamento ágil dos expedientes administrativos são parte desta preocupação por realizar justiça pela efetividade do procedimento.

Quanto à existência de um conjunto de princípios éticos da carreira, há que se utilizar, nesse espaço, daquele documento que representa a manifestação unitária das preocupações da entidade que representa a classe. Nesse sentido, José Renato Nalini se preocupa em apontar: "O delegado Manoel Ribeiro da Cruz elaborou um Código de Ética aprovado pela Diretoria da Associação dos Delegados de Polícia do Estado de São Paulo, cuja reprodução pode colaborar para a sempre necessária reflexão em torno ao tema:

Diz ele:

I. Lembra-te de Deus e da Pátria em todas as tuas ações;

II. Sê um sustentáculo de nossas leis, de nossas tradições, de nossas instituições. Antes, porém, de vigiar aos teus concidadãos, vigia-te a ti próprio;

III. Jamais coloques as conveniências de tua carreira acima da tua trajetória moral. Lembra-te de que teu mérito como delegado não residirá num posto honorífico, mas na tua integridade, da qual ninguém poderá remover-te, nem demitir-te, nem aposentar-te;

IV. Tua palavra deve ser considerada dos maiores bens que possas ter. Não a empenhes em vão. Proferindo-a, cumpre-a, ainda que isto te custe os mais pesados sacrifícios;

V. Reserva o teu rigor para as causas maiores. Não desembainhes tua espada sem motivo, não a embainhes sem honra;

VI. Aperfeiçoa constantemente tua formação intelectual. Procura conhecer a fundo a profissão que abraçaste, a fim de convertê-la em instrumento perfeito da tua cooperação na obra de reerguimento da Pátria;

VII. Nunca afirmes, em detrimento de teus colegas, senão aquilo que tiveres por certo e, ainda assim, quando isso for necessário para evitar mal maior. Em presença de estranhos à classe, em hipótese alguma deves manifestar-te;

VIII. Não te consideres chefe de teus subordinados apenas porque tens um título que assim o declara. Se és seu superior, deves manter sobre eles, custe o que custar, ascendência moral e intelectual;

IX. Sê firme e coerente em todas as tuas atitudes;

X. A autoridade policial não é um carrasco, mas sim um guia. Procura antes esclarecer do que reprimir; antes persuadir do que castigar"[967].

3.7. Polícia Federal: ética e segurança pública

Na estrutura do sistema de segurança nacional, a Polícia Federal tem previsão constitucional atribuída pelo § 1º do art. 144 da Constituição Federal de 1988 ("A polícia federal, instituída por lei como órgão permanente, estruturado em carreira, destina-se a: I – apurar infrações penais contra a ordem política e social ou em detrimento de bens, serviços e interesses da União ou de suas entidades autárquicas e empresas públicas, assim como outras infrações cuja prática tenha repercussão interestadual ou internacional e exija repressão uniforme, segundo se dispuser em lei; II – prevenir e reprimir o tráfico ilícito de entorpecentes e drogas afins, o contrabando e o descaminho, sem prejuízo da ação fazendária e de outros órgãos públicos nas respectivas áreas de competência; III – exercer as funções de polícia marítima, aérea e de fronteiras; IV – exercer, com exclusividade, as funções de polícia judiciária da União").

A partir do mandamento constitucional, percebe-se que as atribuições da instituição são estratégicas para o país, e, por isso, a Polícia Federal exerce tarefa de precípuo interesse público. Nos últimos anos, ao deflagrar diversas operações policiais (*Operação Zelotes, Operação Lava Jato, Operação Xepa, Operação Pulso*), dotadas de um sentido de efetividade da ação, planejamento das etapas e de inteligência articulada, a instituição tornou visível a importância de suas atividades. Não por outro

---

967. Nalini, *Ética geral e profissional*, 1999, p. 297-298.

motivo, com as reestruturações internas, com a qualificação profissional, a valorização da carreira e a melhoria das condições de trabalho, as equipes da Polícia Federal têm tido papel relevante em sua atuação em todo o país, valorizando o cumprimento de sua missão institucional. Ao atingir temas sensíveis da agenda pública e política do país (tráfico internacional de drogas, corrupção, tráfico de mulheres para fins de exploração sexual, violação de bens e patrimônio público, entre outras), a Polícia Federal acaba realizando funções e atribuições de grande importância para instaurar condições de realização de direitos e justiça. A imagem pública da instituição tem se tornado forte, em função da credibilidade de sua atuação, o que apenas faz crescer a responsabilidade de seus agentes no cumprimento dos deveres funcionais, o que reforça a importância do dever de cumprimento dos mandamentos de ética profissional.

O *Regimento Interno da Polícia Federal* (Portaria n. 155/2018 do Ministério da Segurança Pública) prevê que a Polícia Federal é "...órgão permanente de Estado, organizado e mantido pela União, fundado na hierarquia e disciplina, com execução orçamentária e gestões administrativa e financeira descentralizadas, integrante da estrutura básica do Ministério da Segurança Pública..." (art. 1º). Por sua vez, é importante mencionar que a Resolução n. 4-CSP/DPF, de 26 de março de 2015, institui o *Código de Ética da Polícia Federal* – que não é um documento único a reger a conduta dos agentes da Polícia Federal, tendo-se em vista o que dispõe o art. 1º da Resolução ("Art. 1º A conduta ética dos agentes públicos do Departamento de Polícia Federal reger-se-á pelo Código de Ética Profissional do Servidor Público Civil do Poder Executivo Federal, pelo Código de Conduta da Alta Administração Federal e por este código, sem prejuízo das normas disciplinares aplicáveis") –, no qual se poderão encontrar, propriamente, os princípios fundamentais (art. 5º), os deveres (art. 6º) e as vedações (art. 7º). Dentro da Polícia Federal, a Comissão de Ética e Disciplina – composta pelo Corregedor-Geral, pelo Diretor de Gestão de Pessoal e pelo Diretor de Inteligência Policial – é responsável por processar a apuração de denúncias contra os servidores e emitir instruções para a regulamentação e orientação dos agentes públicos (arts. 8º e 9º).

No que tange aos princípios fundamentais, previsto no art. 5º da Resolução, explicita-se que são "...princípios e valores éticos que devem nortear a conduta profissional do agente público do Departamento de Polícia Federal: I – a dignidade, o decoro, o zelo, a probidade, o respeito à hierarquia, a dedicação, a cortesia, a assiduidade, a presteza e a disciplina; e II – a legalidade, a impessoalidade, a moralidade, a publicidade, a eficiência e o interesse público" (art. 5º da Resolução n. 4/2015). Particularmente, no tocante aos deveres profissionais (art. 6º), há um largo elenco (previsto nos respectivos incisos) de deveres do agente público do Departamento de Polícia Federal, a saber:

> "I – conhecer e aplicar as normas de conduta ética;
> II – exercer suas atividades com imparcialidade e urbanidade no tratamento com testemunhas, pessoas investigadas, custodiadas ou presas, bem como com os demais agentes públicos e o público em geral;

III – ter conduta equilibrada e isenta, não participando de transações e atividades que possam comprometer a sua dignidade profissional ou desabonar a sua imagem pública, bem como a da instituição;

IV – apresentar-se ao trabalho com vestimentas adequadas ao exercício da função e à condição de agente da Administração;

V – ser honesto, reto, leal e justo, decidindo sempre pela opção mais vantajosa ao interesse público;

VI – zelar pela utilização adequada dos recursos de tecnologia da informação, nos termos da Política de Segurança da Informação e demais normas aplicáveis;

VII – manter sigilo quanto às informações sobre ato, fato ou decisão não divulgáveis ao público, ressalvados os casos cuja divulgação seja exigida em norma;

VIII – manter-se atualizado quanto às instruções, as normas de serviço e à legislação pertinente às suas atividades, zelando pelo seu fiel cumprimento;

IX – facilitar, por todos os meios disponíveis, a fiscalização e o acompanhamento de suas tarefas pelos superiores hierárquicos, bem como por todos aqueles que, por atribuição legal, devam fazê-lo;

X – compartilhar informações e documentos pertinentes às suas tarefas com os demais membros da unidade, observado o nível de sigilo;

XI – assumir a responsabilidade pela execução do seu trabalho;

XII – no cumprimento de diligências e outros atos de polícia judiciária e administrativa, zelar pela preservação da honra, da imagem e do patrimônio das pessoas envolvidas;

XIII – obter autorização prévia e expressa do titular da unidade administrativa ao qual esteja subordinado, para veicular estudos, pareceres, pesquisas e demais trabalhos de sua autoria, desenvolvidos no âmbito de suas atribuições, assegurando-se de que sua divulgação não envolverá conteúdo sigiloso, tampouco poderá comprometer a imagem do Departamento de Polícia Federal;

XIV – quando no exercício de cargo de chefia, reconhecer o mérito de cada agente público e propiciar igualdade de oportunidades para o desenvolvimento profissional, observadas as atribuições do cargo e a hierarquia institucional;

XV – exercer sua função, poder, autoridade ou prerrogativa exclusivamente para atender ao interesse público;

XVI – fazer uso adequado das algemas para preservar a integridade física e a segurança dos policiais, do público e do próprio conduzido, evitando causar danos à pessoa e a exposição indevida de sua imagem;

XVII – atuar e encorajar outros agentes públicos a atuar de forma ética e de modo a assegurar a credibilidade do Departamento de Polícia Federal;

XVIII – sempre que possível, fazer-se acompanhar de outro agente público do órgão, ao participar de encontros profissionais com pessoas ou instituições públicas ou privadas que tenham algum interesse junto ao Departamento de Polícia Federal, devendo registrar os assuntos tratados em ata ou em outro documento equivalente;

XIX – consultar a Comissão de Ética sempre que se deparar com situação prevista, ou não, neste código, que possa ensejar dúvidas quanto ao correto procedimento ou em situação que possa suscitar conflito de interesses; e

XX – comunicar, imediatamente, à Comissão de Ética quaisquer situações contrárias à ética, irregulares ou de regularidade duvidosa de que tenha conhecimento".

Adiante na análise, o item relativo às vedações também se destaca, na medida em que o art. 7º da Resolução n. 4/2015 prevê que é vedado ao agente público do Departamento de Polícia Federal:

"I – utilizar, para o atendimento de interesses particulares, recursos, serviços ou pessoal disponibilizados pelo Departamento de Polícia Federal;

II – envolver-se em atividades particulares que conflitem com o horário de trabalho estabelecido pelo órgão;

III – usar artifícios para prolongar a resolução de uma demanda ou dificultar o exercício regular de direito por qualquer pessoa;

IV – permitir que perseguições, simpatias, antipatias, caprichos ou interesses de ordem pessoal interfiram no trato com os administrados ou com colegas de qualquer hierarquia;

V – apresentar-se ao serviço sob efeito de substâncias entorpecentes ou embriagado;

VI – apresentar-se em seu local de trabalho trajando item de vestuário ou adereço que afronte a moralidade ou conflite com sua condição de agente da Administração;

VII – solicitar, sugerir, insinuar, intermediar, oferecer ou aceitar, em razão do cargo, função ou emprego que exerça, qualquer tipo de ajuda financeira, gratificação indevida, prêmio, comissão, doação, vantagem, viagem ou hospedagem, que implique conflito de interesses, para si ou para terceiros;

VIII – propor ou obter troca de favores que originem compromisso pessoal ou funcional, potencialmente conflitante com o interesse público;

IX – receber brinde de interessado em processo sob análise do órgão em que esteja lotado, ainda que de valor inferior ao estabelecido pela Comissão de Ética Pública da Presidência da República;

X – utilizar-se do cargo, de amizade ou de influência para receber benefícios ou tratamento diferenciado, para si ou para outrem, em órgão público ou em entidade particular;

XI – contratar cônjuge, parente ou amigo ou, ainda, utilizar-se de influência para sugerir ou para indicá-los à contratação ou à prestação de serviços ao Departamento de Polícia Federal;

XII – prestar assistência ou consultoria de qualquer espécie a empresas contratadas, fiscalizadas, fornecedoras, prestadoras de serviços ou que estejam participando de licitações;

XIII – indicar candidato a emprego ou a prestação de serviços, em empresa fiscalizada pelo Departamento de Polícia Federal, independentemente do vínculo ou da natureza do trabalho a ser realizado;

XIV – usar ou repassar a terceiros, através de quaisquer meios de comunicação, informações, tecnologias ou conhecimento de domínio e propriedade do Departamento de Polícia Federal, ou por ele desenvolvidos ou obtidos de fornecedores de tecnologia, sem o conhecimento prévio e a autorização expressa da chefia;

XV – alienar, comprar, alugar, investir ou praticar outros atos de gestão de bens próprios, ou de terceiros, com base em informação governamental da qual tenha conhecimento privilegiado;

XVI – utilizar-se de informações privilegiadas, de que tenha conhecimento em decorrência do cargo, função ou emprego que exerça, para influenciar decisões que possam vir a favorecer interesses próprios ou de terceiros;

XVII – comentar com terceiros assuntos internos que envolvam informações sigilosas ou que possam vir a antecipar decisão ou ação do Departamento de Polícia Federal ou, ainda, comportamento do mercado;

XVIII – divulgar ou propiciar a divulgação, sem autorização da autoridade responsável, de qualquer fato da Administração de que tenha conhecimento em razão do serviço, ressalvadas as informações de caráter público, assim definidas por determinação normativa;

XIX – utilizar-se, para fins econômicos, após o desligamento de suas atividades, de informações privilegiadas obtidas em razão do desempenho de suas funções no Departamento de Polícia Federal;

XX – expor, publicamente, opinião sobre a honorabilidade e o desempenho funcional de outro agente público;

XXI – utilizar-se da hierarquia para constranger agente público a praticar ato irregular ou distinto de suas atribuições legais ou regulamentares;

XXII – utilizar-se da hierarquia para praticar assédio moral ou outro ato que exceda a exigência ou a supervisão do cumprimento dos deveres legais e regulamentares;

XXIII – utilizar-se de sua função, poder, autoridade ou prerrogativa com finalidade estranha ao interesse público;

XXIV – oferecer ou receber vantagem de qualquer natureza com a finalidade de permutar a lotação;

XXV – envolver-se em situações que possam caracterizar conflito de interesses, em razão do desempenho de suas funções, independentemente da existência de lesão ao patrimônio público;

XXVI – conceder entrevista à imprensa, em desacordo com os normativos internos;

XXVII – divulgar manifestação política ou ideológica conflitante com o exercício das suas funções, expondo sua condição de agente público da Polícia Federal; e

XXVIII – ser conivente, ainda que por solidariedade, com infração a este código".

3.8. Forças Armadas: ética, soberania nacional e cidadania

A carreira militar também se estrutura, em seus moldes primordiais, a partir de ditames constitucionais. Assim, Marinha, Exército e Aeronáutica concentram atribuições militares diferenciadas entre si (Capítulo II, Título V) e distintas no que pertine à sua relação com os órgãos destinados à segurança pública (Capítulo III, Título V). Então, lê-se no art. 142:

"As Forças Armadas, constituídas pela Marinha, pelo Exército e pela Aeronáutica, são instituições nacionais permanentes e regulares, organizadas com base na hierarquia e na disciplina, sob a autoridade suprema do Presidente da República, e destinam-se à defesa da Pátria, à garantia dos poderes constitucionais e, por iniciativa de qualquer destes, da lei e da ordem.

I — as patentes, com prerrogativas, direitos e deveres a elas inerentes, são conferidas pelo Presidente da República e asseguradas em plenitude aos oficiais da ativa, da reserva ou reformados, sendo-lhes privativos os títulos e postos militares e, juntamente com os demais membros, o uso dos uniformes das Forças Armadas;

II — o militar em atividade que tomar posse em cargo ou emprego público civil permanente será transferido para a reserva, nos termos da lei;

III — o militar da ativa que, de acordo com a lei, tomar posse em cargo, emprego ou função pública civil temporária, não eletiva, ainda que da administração indireta, ficará agregado ao respectivo quadro e somente poderá, enquanto permanecer nessa situação, ser promovido por antiguidade, contando-se-lhe o tempo de serviço apenas para aquela promoção e transferência para a reserva, sendo depois de dois anos de afastamento, contínuos ou não, transferido para a reserva, nos termos da lei;

IV — ao militar são proibidas a sindicalização e a greve;

V — o militar, enquanto em serviço ativo, não pode estar filiado a partidos políticos;

VI — o oficial só perderá o posto e a patente se for julgado indigno do oficialato ou com ele incompatível, por decisão de tribunal militar de caráter permanente, em tempo de paz, ou de tribunal especial, em tempo de guerra;

VII — o oficial condenado na justiça comum ou militar a pena privativa de liberdade superior a 2 (dois) anos, por sentença transitada em julgado, será submetido ao julgamento previsto no inciso anterior;

VIII — aplica-se aos militares o disposto no art. 7º, VIII, XII, XVII, XVIII, XIX e XXV e no art. 37, XI, XIII, XIV e XV;

IX — aplica-se aos militares e a seus pensionistas o disposto no art. 40, §§ 7º e 8º;

X — a lei disporá sobre o ingresso nas Forças Armadas, os limites de idade, a estabilidade e outras condições de transferência do militar para a inatividade, os direitos, os deveres, a remuneração, as prerrogativas e outras situações especiais dos militares, consideradas as peculiaridades de suas atividades, inclusive aquelas cumpridas por força de compromissos internacionais e de guerra".

Assim, a carreira militar possui hierarquia e função próprias, além de previsão orçamentária e finalidades peculiares, e seu estágio inicial se constitui em atividade obrigatória a todos os cidadãos como preparação cívica e formação de contingentes de reserva para eventuais necessidades de mobilização e defesa da soberania nacional. Além do estágio inicial obrigatório, a carreira estrutura-se com vistas à formação de profissionais de alta qualificação e hierarquia militar, à composição dos órgãos de que integram a Justiça Militar etc. No entanto, existem hipóteses que permitem às Forças Armadas desempenharem atuação diversa da defesa nacional, através das chamadas atividades alternativas à execução de tarefas militares.

De fato, com permissão constitucional, insere-se em meio às atuais preocupações da instituição a prestação de serviço à comunidade (Portaria n. 2.681 — COSEMI de 28-7-1992: aprova o regulamento da lei de prestação do serviço alternativo ao serviço militar obrigatório)[968]. E mais, na Lei n. 8.239/91, em seus arts. 3º e 4º, lê-se:

---

968. Constituição da República Federativa do Brasil (*DOU*, 5-10-1988, art. 191-A): Título V — Da Defesa do Estado e das Instituições Democráticas (arts. 136 a 144), Capítulo II — Das Forças Armadas

"O Serviço Militar é obrigatório a todos os brasileiros, nos termos da lei.

§ 1º Ao Estado-Maior das Forças Armadas compete, na forma da lei e em coordenação com os Ministérios Militares, atribuir Serviço Alternativo aos que, em tempo de paz, após alistados, alegarem imperativo de consciência decorrente de crença religiosa ou de convicção filosófica ou política, para se eximirem de atividades de caráter essencialmente militar.

§ 2º Entende-se por Serviço Alternativo o exercício de atividades de caráter administrativo, assistencial, filantrópico ou mesmo produtivo, em substituição às atividades de caráter essencialmente militar.

§ 3º O Serviço Alternativo será prestado em organizações militares da ativa e em órgãos de formação de reservas das Forças Armadas ou em órgãos subordinados aos Ministérios Civis, mediante convênios entre estes e os Ministérios Militares, desde que haja interesse recíproco e, também, sejam atendidas as aptidões do convocado.

Art. 4º Ao final do período de atividades previsto na § 2º do art. 3º desta Lei, será conferido Certificado de Prestação Alternativa ao Serviço Militar Obrigatório, com os mesmos efeitos jurídicos do Certificado de Reservista.

§ 1º A recusa ou o cumprimento incompleto do Serviço Alternativo, sob qualquer pretexto, por motivo de responsabilidade pessoal do convocado, implicará o não fornecimento do Certificado correspondente, pelo prazo de dois anos após o vencimento do período estabelecido.

§ 2º Findo o prazo previsto no parágrafo anterior, o Certificado só será emitido após a decretação, pela autoridade competente, da suspensão dos direitos políticos do inadimplente, que poderá, a qualquer tempo, regularizar sua situação mediante cumprimento das obrigações devidas".

Com essas estruturas, essas exigências e essa previsão constitucional e legal é que se estima que as Forças Armadas se coloquem a serviço da coletividade. De fato, se a defesa da soberania nacional é incumbência sua, sobretudo quando da ocorrência de comoções públicas, de guerra civil ou guerra externa, também é cominada às Forças Armadas o dever cívico de educação e formação do jovem alistado. Sob sua custódia se encontra aquele que estará, ainda que temporariamente, servindo o Estado, em uma de suas instituições, e esse período deve resultar em um benefício ainda maior para a coletividade com a formação dos conceitos primordiais da cidadania, da ordem e da disciplina na defesa dos valores fundamentais da República.

De fato, essa convicção enriquece a tarefa delegada às forças armadas pela Constituição, tornando-a não somente órgão passivo na administração da paz, mas órgão

---

(arts. 142 e 143), "Art. 143. O serviço militar é obrigatório nos termos da lei. § 1º Às Forças Armadas compete, na forma da lei, atribuir serviço alternativo aos que, em tempo de paz, após alistados, alegarem imperativo de consciência, entendendo-se como tal o decorrente de crença religiosa e de convicção filosófica ou política, para se eximirem de atividades de caráter essencialmente militar. § 2º As mulheres e os eclesiásticos ficam isentos do serviço militar obrigatório em tempo de paz, sujeitos, porém, a outros encargos que a lei lhes atribuir" (Regulamentados os §§ 1º e 2º deste artigo pela Lei n. 8.239, de 4-10-1991).

360

ativo na garantia da cidadania nacional, podendo e devendo promover uma atuação de conformidade com os direitos humanos no país e no mundo.

O dever ético aí funciona como elemento catalisador das intenções do legislador constitucional, uma vez que é este o bastião da efetividade e da produtividade das funções do Estado. De fato, a preocupação com a ética na corporação deve existir como forma de lapidação dos conceitos-chave do convívio humano, expurgando-se qualquer possível tentativa de formação de autoridades de desmando, de atitudes grupais ou individuais caracterizadas pela violência e pela insurreição à ordem democrática instituída, de ideologias contrárias ao sentimento nacional ou mesmo ao sentimento de humanidade na defesa dos valores primordiais que nortearam a promulgação das Declarações Internacionais de Direitos e a própria promulgação da Constituição Federal de 1988, com especial atenção para a importância dos capítulos sobre Direitos Individuais, Coletivos e Sociais.

O Estatuto dos Militares acentua e reforça a necessidade da ética como fator determinante na formação e no cumprimento de deveres indelegáveis[969] daqueles que ingressam no Exército, na Aeronáutica ou na Marinha (art. 28 da Lei n. 6.880/80):

> "O sentimento do dever, o pundonor militar e o decoro da classe impõem, a cada um dos integrantes das Forças Armadas, conduta moral e *profissional* irrepreensíveis, com a observância dos seguintes preceitos de *ética* militar:
>
> I — amar a verdade e a responsabilidade como fundamento de dignidade pessoal;
>
> II — exercer, com autoridade, eficiência e probidade, as funções que lhe couberem em decorrência do cargo;
>
> III — respeitar a dignidade da pessoa humana;
>
> IV — cumprir e fazer cumprir as leis, os regulamentos, as instruções e as ordens das autoridades competentes;
>
> V — ser justo e imparcial no julgamento dos atos e na apreciação do mérito dos subordinados;
>
> VI — zelar pelo preparo próprio, moral, intelectual e físico e, também, pelo dos subordinados, tendo em vista o cumprimento da missão comum;

---

969. Existem proibições expressas e vedações que restringem as atividades do militar: Lei n. 6.880, de 9-12-1980 (*DOU*, 11-12-1980) (Dispõe sobre o Estatuto dos Militares): Título II — Das Obrigações e dos Deveres Militares (arts. 27 a 49), Capítulo I — Das Obrigações Militares (arts. 27 a 30), Seção II — Da *Ética* Militar (arts. 28 a 30), "Art. 29. Ao militar da ativa é vedado comerciar ou tomar parte na administração ou gerência de sociedade ou dela ser sócio ou participar, exceto como acionista ou quotista, em sociedade anônima ou por quotas de responsabilidade limitada. § 1º Os integrantes da reserva, quando convocados, ficam proibidos de tratar, nas organizações militares e nas repartições públicas civis, de interesse de organizações ou empresas privadas de qualquer natureza. § 2º Os militares da ativa podem exercer, diretamente, a gestão de seus bens, desde que não infrinjam o disposto no presente artigo. § 3º No intuito de desenvolver a prática *profissional*, é permitido aos oficiais titulares dos Quadros ou Serviços de Saúde e de Veterinária o exercício de atividade técnico-*profissional* no meio civil, desde que tal prática não prejudique o serviço e não infrinja o disposto neste artigo".

VII — empregar todas as suas energias em benefício do serviço;

VIII — praticar a camaradagem e desenvolver, permanentemente, o espírito de cooperação;

IX — ser discreto em suas atitudes, maneiras e em sua linguagem escrita e falada;

X — abster-se de tratar, fora do âmbito apropriado, de matéria sigilosa de qualquer natureza;

XI — acatar as autoridades civis;

XII — cumprir seus deveres de cidadão;

XIII — proceder de maneira ilibada na vida pública e na particular;

XIV — observar as normas da boa educação;

XV — garantir assistência moral e material ao seu lar e conduzir-se como chefe de família modelar;

XVI — conduzir-se, mesmo fora do serviço ou quando já na inatividade, de modo que não sejam prejudicados os princípios da disciplina, do respeito e do decoro militar;

XVII — abster-se de fazer uso do posto ou da graduação para obter facilidades pessoais de qualquer natureza ou para encaminhar negócios particulares ou de terceiros;

XVIII — abster-se, na inatividade, do uso das designações hierárquicas: a) em atividades político-partidárias; b) em atividades comerciais; c) em atividades industriais; d) para discutir ou provocar discussões pela imprensa a respeito de assuntos políticos ou militares, excetuando-se os de natureza exclusivamente técnica, se devidamente autorizado; e e) no exercício de cargo ou função de natureza civil, mesmo que seja da Administração Pública; e

XIX — zelar pelo bom nome das Forças Armadas e de cada um de seus integrantes, obedecendo e fazendo obedecer aos preceitos da *ética* militar".

4. ÉTICA E CARREIRA POLÍTICA

Ao se mencionar a palavra "político", ou ainda a expressão "carreira política", quer-se significar com isso toda função pública com investidura *eletiva* (eleição direta ou indireta) diante dos Poderes Públicos, seja em funções executivas, seja em funções legislativas (considerando-se ainda as altas funções judiciárias) em todos os planos, federal, estadual, distrital ou municipal (arts. 27, 28, 29, 44, 76 e s. da CF/88)[970].

---

970. "Investidura política: realiza-se, em regra, por eleição direta ou indireta, mediante sufrágio universal, ou restrito a determinados eleitores, na forma da Constituição da República (arts. 2º e 14), para mandatos nas Corporações Legislativas (Senado Federal, Câmara dos Deputados, Assembleias Legislativas e Câmaras Municipais) ou nas Chefias dos Executivos (Presidente da República, Governadores de Estados-Membros, Governadores do Distrito Federal e Prefeitos Municipais). O fundamento dessa investidura é a condição cívica do cidadão, razão pela qual não se exigem do candidato requisitos profissionais, mas apenas a plenitude de seus direitos políticos, nos termos da legislação eleitoral. Considera-se, também, investidura política a dos altos cargos do Governo, como os de Ministros e Secretários de Estados, Ministros de Tribunais Superiores, Procurador-Geral da República e Governadores de Territórios, com a diferença de que os eleitos exercem mandato por certo tempo, só cassável, em princípio, pelo Plenário da respectiva corporação, e os nomeados, cargo em comissão (de confiança), sendo, por isso mesmo, exoneráveis *ad nutum*, a qualquer tempo" (Meirelles, *Direito*

A estas estão equiparadas as funções de gestores públicos em exercício de livre provimento. Esse apontamento conceitual é fundamental para que se determine o estatuto ético dessa categoria, que está profundamente atrelada ao governo[971] e que define o perfil de atuação do Estado, bem como as políticas públicas a serem imprimidas na sociedade[972].

Aqueles que exercem cargos ou funções eletivas são agentes políticos do Estado[973], possuindo maior liberdade para agir e criar, tendo em vista a necessidade de lhes conferir amplos poderes de gestão, com vistas ao atendimento dos ideais públicos. É exatamente por isso que sua responsabilidade ética se torna maior, pois quanto maior a liberdade conferida a um agente político[974], para determinar os destinos e as metas da coisa pública — respeitados os parâmetros da Constituição e da lei —, maior a carga de responsabilidade decorrente da eleição destes e não daqueles fins, pois os efeitos de suas ações, de suas ideias, de seus empreendimentos, se fazem sentir e repercutir sobre a população em geral e sobre os negócios do Estado.

Gerir com responsabilidade é um dever jurídico-político, sem dúvida, mas, sobretudo, um dever ético, decorrente da própria confiabilidade depositada pelo eleitor sobre o eleito. São poucos a representarem concentradamente os muitos, o que somente aumenta a atribuição de responsabilidade e probidade. A quebra deste pacto, desta aliança, desta relação, em que um credita ao outro um conjunto de poderes para agir e gerir em seu lugar, abre a possibilidade de se autorizar o fim da gestão política e a punição dos culpados, de acordo com a legislação cabível.

Estar a serviço da cidadania de um país, de um Estado ou de uma nação, é o mesmo que estar a serviço dos interesses coletivos, e, nesse sentido, a defesa do interesse

---

administrativo brasileiro, 1994, p. 77).

971. Sobre o governo: "Em sentido formal, é o conjunto de Poderes e órgãos constitucionais; em sentido material, é o complexo de funções estatais básicas; em sentido operacional, é a condução política dos negócios públicos" (Meirelles, *Direito administrativo brasileiro*, 1994, p. 60).

972. O estudo a seguir aponta a necessidade de observância, por parte do ocupante de cargo político de legislador, a responsabilidade no ato de criar inovações legais no ordenamento jurídico, devendo-se evitar a concepção que afirma como ilimitado o poder de legislar: "Observando o fenômeno jurídico dessa forma, vê-se que o poder legislativo não é uma força solitária, trabalhando como uma fonte originária pura e simples, desprovida de contextos jurídicos ou sociais a eles subjacente" (Florence Haret, Limites ao poder de legislar: a atitude ética exigida pela Constituição às casas legislativas, in Fernando Rister Souza Lima; Ricardo Tinoco Goes; Willis Santiago Guerra Filho (coords.), *Compêndio de ética jurídica moderna*, Curitiba, Juruá, 2011, p. 382).

973. Cf. Meirelles, *Direito administrativo brasileiro*, 1994, p. 72, onde figura a definição de agente político, em face dos agentes públicos, dos agentes administrativos, dos agentes honoríficos, dos agentes delegados, dos agentes credenciados.

974. "A constante, porém, do Governo é a sua expressão política de comando, de iniciativa, de fixação de objetivo do Estado e de manutenção da ordem jurídica vigente. O governo atua mediante atos de soberania ou, pelo menos, de autonomia política na condução dos negócios públicos" (Meirelles, *Direito administrativo brasileiro*, 1994, p. 60).

público está acima de qualquer outro tipo de vantagem ou interesse pessoal (mensalinhos, mensalões ou outras formas de vantagens). Essa consciência ética deve ser o norte de todo estadista, que aliás se deve escrever com letra maiúscula: "Estadista". Estar à frente da condução da coisa pública importa em desprender-se de si, desprender-se de seus interesses pessoais, desprender-se dos interesses de uma categoria e fazer-se *longa manus* da população na busca da identificação de suas necessidades e do suprimento de seus ideais. Gerir a coisa pública é gerir o que pertence a todos, com muito diálogo, o que só se pode pensar em fazer de modo responsável e ético.

Quando a gestão se transforma em meio de adquirir vantagens pessoais, de aumentar posses financeiras, para acobertar desmandos e interesses de determinados grupos, para quotizar divisão de interesses entre partidos, para habilitar a corrupção e a ilegalidade, para preparar a sua manutenção sequencial no poder, para o exercício de seus caprichos pessoais em dissonância com os interesses públicos, entre outras hipóteses, de lamentável ocorrência quotidiana, está-se diante do governo da desrazão, está-se sem sentido ético na condução da coisa pública[975].

O que é de interesse de todos não pode estar à deriva, e muito menos ser conduzido ao sabor da vontade de um. Se a um ou a alguns é atribuído o mister de executar por muitos e em favor de muitos, significa que essa atribuição é um ato não de concessão de poderes, mas, sobretudo, de atribuição de deveres sociais. Assim é que se passa a discutir algo de elevado valor para a constituição de camadas eletivas com responsabilidade ética; a figura do eleitor é de crucial importância na definição e determinação da higiene política de um Estado.

De fato, a outra face da responsabilidade e da ética na política é a importância do eleitor-cidadão no exercício do direito de voto. Eleitos e eleitores estão de braços dados no sentido de conduzirem a coisa pública para o cumprimento de suas finalidades institucionais e conceituais[976]. Para isso, requer-se esfera pública participativa, transparência de informações, consciência, educação eleitoral, reflexão, responsabilidade individual e social, capacidade crítica, altruísmo, desejo de melhoria, bem como gestão pública participativa. Acima de meros interesses partidários está o interesse da coletividade; acima das promessas de benefícios e cargos, está o compromisso com a coletividade[977].

---

975. "Os contínuos escândalos, como o dos anões do orçamento, por exemplo, não deixam esquecidas as exigências éticas postas a quem foi eleito para defender o interesse coletivo" (Nalini, *Ética geral e profissional*, 2. ed., 1999, p. 148).

976. "Enfim, quando um agente público (o eleitor, mas sobretudo os eleitos) recebe esse impacto de corrupção do corruptor, esquece inteiramente os propósitos que tinha para administrar o setor, para administrar a prefeitura, para administrar o Estado, o país, e se torna apenas um elemento de captação de recursos pessoais para suas vaidades e fantasias próprias e de sua família, esquecendo inteiramente a função pública" (Modesto Carvalhosa, A ética na administração pública, *in* Farah, *Ética do advogado*, 2000, p. 141).

977. "A opção do eleitor deverá ser refletida. Interesses fisiológicos ou impulsos devem ser trocados por meditação serena. Eleitor ético só vota em político ético" (Nalini, *Ética geral e profissional*, 2. ed., 1999, p. 149).

364

De qualquer forma, deve estar claro que, em política[978]:

a) as restrições marcam limites entre as fronteiras do público e do privado, sobretudo para Deputados e Senadores, para quem vige uma série de restrições para o exercício de outras funções ou cargos, ou mesmo em função do acúmulo de atribuições ou participação em atividades cujo envolvimento com o Estado tornem desconfiável sua ligação com o Poder Público e o erário público (art. 54, I e II, da CF/88), o que pode conduzir às hipóteses de perda do cargo, que estão listadas no art. 55 da CF de 1988;

b) a responsabilidade política é o esteio da Constituição Federal de 1988, o que inclui a figura do Presidente da República, cuja responsabilidade vem definida pelos arts. 85 e 86 da CF de 1988, e de seus Ministros, dentro do âmbito de seus ministérios e competências (art. 87 da CF/88);

c) o dever de probidade gera a indiferença da legislação de improbidade administrativa às nuances entre as categorias de exercentes do Poder Público, para efeitos de responsabilização, diante da necessidade de punição efetiva dos causadores de danos ao erário ou ao patrimônio público, em face da legislação que dispõe sobre as sanções aplicáveis aos agentes públicos nos casos de enriquecimento ilícito no exercício de mandato, cargo, emprego ou função na Administração Pública direta, indireta ou fundacional (art. 1º da Lei n. 8.429, de 2-6-1992);

d) a amplitude da responsabilização dos agentes públicos, que não poderão se isentar sob alegações furtivas, assim definidos aqueles que exercem, ou se encontram no exercício de função pública, ainda que transitoriamente ou sem remuneração, por eleição, nomeação, designação, contratação ou qualquer outra forma de investidura ou vínculo, mandato, cargo, emprego ou função (art. 2º da Lei n. 8.429 de 2-6-1992);

e) a amplitude das hipóteses legais de previsão e definição dos modos de praticar a improbidade administrativa que causam enriquecimento ilícito em detrimento da coisa pública, de acordo com o disposto no art. 9º da Lei n. 8.429, de 2-6-1992 ("Constitui ato de improbidade administrativa importando enriquecimento ilícito auferir qualquer tipo de vantagem patrimonial indevida em razão do exercício de cargo, mandato, função, emprego ou atividade nas entidades mencionadas no art. 1º desta Lei, e notadamente: I — receber, para si ou para outrem, dinheiro, bem móvel ou imóvel, ou qualquer outra vantagem econômica, direta ou indireta, a título de comissão, percentagem, gratificação ou presente de quem tenha interesse, direto ou indireto, que possa ser atingido ou amparado por ação ou omissão decorrente das atribuições do agente público; II — perceber vantagem econômica, direta ou indireta, para facilitar a aquisição, permuta ou locação de bem móvel ou imóvel, ou a contratação de serviços pelas entidades referidas no art. 1º por preço superior ao valor de

---

978. Consulte-se Resolução n. 25/2001, Código de Ética e Decoro Parlamentar da Câmara dos Deputados.

mercado; III — perceber vantagem econômica, direta ou indireta, para facilitar a alienação, permuta ou locação de bem público ou o fornecimento de serviço por ente estatal por preço inferior ao valor de mercado; IV — utilizar, em obra ou serviço particular, veículos, máquinas, equipamentos ou material de qualquer natureza, de propriedade ou à disposição de qualquer das entidades mencionadas no art. 1º desta Lei, bem como o trabalho de servidores públicos, empregados ou terceiros contratados por essas entidades; V — receber vantagem econômica de qualquer natureza, direta ou indireta, para tolerar a exploração ou a prática de jogos de azar, de lenocínio, de narcotráfico, de contrabando, de usura ou de qualquer outra atividade ilícita, ou aceitar promessa de tal vantagem; VI — receber vantagem econômica de qualquer natureza, direta ou indireta, para fazer declaração falsa sobre medição ou avaliação em obras públicas ou qualquer outro serviço, ou sobre quantidade, peso, medida, qualidade ou característica de mercadorias ou bens fornecidos a qualquer das entidades mencionadas no art. 1º desta Lei; VII — adquirir, para si ou para outrem, no exercício de mandato, cargo, emprego ou função pública, bens de qualquer natureza cujo valor seja desproporcional à evolução do patrimônio ou à renda do agente público; VIII — aceitar emprego, comissão ou exercer atividade de consultoria ou assessoramento para pessoa física ou jurídica que tenha interesse suscetível de ser atingido, ou amparado por ação ou omissão decorrente das atribuições do agente público, durante a atividade; IX — perceber vantagem econômica para intermediar a liberação ou aplicação de verba pública de qualquer natureza; X — receber vantagem econômica de qualquer natureza, direta ou indiretamente, para omitir ato de ofício, providência ou declaração a que esteja obrigado; XI — incorporar, por qualquer forma, ao seu patrimônio bens, rendas, verbas ou valores integrantes do acervo patrimonial das entidades mencionadas no art. 1º desta Lei; XII — usar, em proveito próprio, bens, rendas, verbas ou valores integrantes do acervo patrimonial das entidades mencionadas no art. 1º desta Lei");

f) a amplitude das hipóteses legais de previsão e definição dos modos de praticar a improbidade administrativa que causam lesão ao erário em detrimento da coisa pública, de acordo com o disposto no art. 10 da Lei n. 8.429, de 2-6-1992 ("Constitui ato de improbidade administrativa que causa lesão ao erário, qualquer ação ou omissão, dolosa ou culposa, que enseje perda patrimonial, desvio, apropriação, malbaratamento ou dilapidação dos bens ou haveres das entidades referidas no art. 1º desta Lei, e notadamente: I — facilitar ou concorrer por qualquer forma para a incorporação ao patrimônio particular, de pessoa física ou jurídica, de bens, rendas, verbas ou valores integrantes do acervo patrimonial das entidades mencionadas no art. 1º desta Lei; II — permitir ou concorrer para que pessoa física ou jurídica privada utilize bens, rendas, verbas ou valores integrantes do acervo patrimonial das entidades mencionadas no art. 1º desta Lei, sem a observância das formalidades legais ou regulamentares aplicáveis à espécie; III — doar à pessoa física ou jurídica bem como ao ente despersonalizado, ainda que de fins educativos ou assistenciais, bens, rendas, verbas ou valores do patrimônio de qualquer das entidades mencionadas no art. 1º desta Lei, sem observância das formalidades legais e regulamentares aplicáveis à espécie; IV — permitir ou facilitar a alienação, permuta ou locação de bem integrante do patrimônio de qualquer das entidades referidas no art. 1º desta Lei, ou ainda a prestação de serviço por parte delas, por preço inferior ao de mercado; V — permitir ou facilitar a aquisição, permuta ou locação de bem ou serviço por preço superior ao de mercado; VI — realizar operação financeira sem observância das normas legais e regulamentares ou aceitar garantia insuficiente ou inidônea; VII — conceder benefício administrativo ou fiscal sem a observância das formalidades legais ou regulamentares aplicáveis à espécie; VIII — frustrar a licitude de processo licitatório ou dispensá-lo indevidamente; IX — ordenar ou permitir a realização de despesas não autorizadas em lei ou regulamento; X — agir negligentemente na arrecadação de tributo ou renda, bem como no que diz respeito à conservação do patrimônio público; XI — liberar verba pública sem a estrita observância das normas pertinentes ou influir de qualquer forma para a sua aplicação irregular; XII — permitir, facilitar ou concorrer para que terceiro se enriqueça ilicitamente; XIII — permitir que se utilize, em obra ou serviço particular, veículos, máquinas, equipamentos ou material de qualquer natureza, de propriedade ou à disposição de qualquer das entidades mencionadas no art. 1º desta Lei, bem como o trabalho de servidor público, empregados ou terceiros contratados por essas entidades");

g) a amplitude das hipóteses legais de previsão e definição dos modos de praticar a improbidade administrativa que causam lesão ao erário em detrimento da coisa pública, de acordo com o disposto no art. 11 da Lei n. 8.429, de 2-6-1992 ("Constitui ato de improbidade administrativa que atenta contra os princípios da administração pública qualquer ação ou omissão que viole os deveres de honestidade, imparcialidade, legalidade, e lealdade às instituições, e notadamente: I — praticar ato visando fim proibido em lei ou regulamento ou diverso daquele previsto, na regra de competência; II — retardar ou deixar de praticar, indevidamente, ato de ofício; III — revelar fato ou circunstância de que tem ciência em razão das atribuições e que deva permanecer em segredo; IV — negar publicidade aos atos oficiais; V — frustrar a licitude de concurso público; VI — deixar de prestar contas quando esteja obrigado a fazê-lo; VII — revelar ou permitir que chegue ao conhecimento de terceiro, antes da respectiva divulgação oficial, teor de medida política ou econômica capaz de afetar o preço de mercadoria, bem ou serviço").

4.1. Ética política, decoro parlamentar e Código de Ética: o caso do Senado Federal

O avanço da democracia, a construção de uma sociedade justa, livre e solidária, a conquista de direitos sociais efetivos, a redução drástica das desigualdades sociais, a criação de instituições sociais seguras, sólidas e confiáveis, o combate à corrupção e às diversas formas de desvios sociais, a redução das diversas formas de violências, a correção das disparidades regionais, o exercício de gestão pública com transparência e participação, as tarefas de criação de oportunidades, saúde, emprego e trabalho...

são apenas algumas das múltiplas tarefas que restam a serem enfrentadas pela atividade política. A modernização de um país de passado escravista, a construção da solidez de instituições públicas ainda muito jovens, a restauração da normalidade de uma série de serviços de Estado após os longos anos da ditadura militar, a efetivação da transição do governo autoritário ao governo democrático e civil impõe inúmeros desafios atuais e concretos às políticas públicas. Não por outro motivo, fica patente a tarefa de desenvolvimento de criteriosas formas de proceder no que tange à atuação prática na política, considerando-se que a ação política é o mais poderoso instrumento de transformação da sociedade. Por isso, a tarefa da ética na política é não somente imperiosa, como urgente e necessária, entre nós.

É importante frisar que a existência de um severo tratamento às questões éticas é medida urgente num contexto de derrocada dos valores políticos. Deve-se acentuar, sobretudo, o fato de que as instituições brasileiras perderam credibilidade e, aos poucos, estão perdendo até mesmo a legitimidade para falar em nome do povo, ou ainda a legitimidade para discutir todas as questões atinentes à decisão em nome do povo. Em face desta cultura instaurada, de crônicas de abusos, de tragédias financeiras estatais, de apadrinhamentos políticos, de desvio de verbas públicas, de desencontro burocrático entre as diversas instâncias do Poder, de desatino gerencial, de acomodamento do funcionalismo público, de exagerados benefícios em prol da categoria política e em desfavor do orçamento público, entre outros, a solução para os conflitos surgidos, para a moralização das instituições públicas, para a reconstrução do conceito de cidadania[979] partiria de uma política tenaz e contínua de averiguação e punição de atentados contra a consciência pública, o que só pode ser feito, administrativamente, pelas Comissões incumbidas desse tipo de procedimento, dentro da Casa à qual se vincula o exercente de cargo ou função pública, e, judicialmente, com a devida celeridade e seriedade[980].

As Comissões de Ética (permanentes ou temporárias), ligadas, sobretudo, às casas legislativas, são responsáveis não somente por uma função pontual e administrativa, de conduzir os procedimentos punitivos, mas de modificar os conceitos sociais que se formaram em torno da imagem do político e da indiscriminada situação de impunidade alastrada e impregnada na consciência coletiva. Sua atuação, como aliás prevê a legislação[981], não anula nem marginaliza os demais órgãos estatais de apura-

---

979. "A política é a arte que permitirá o resgate das carências da nacionalidade, carências acumuladas durante séculos de exclusão do povo dos sistemas de adoção das políticas governamentais. O cidadão eticamente consciente sabe que não pode continuar excluído. A participação e o exercício da solidariedade constituem a alternativa de redenção que o conduzirá à verdadeira dignidade" (Nalini, *Ética geral e profissional*, 2. ed., 1999, p. 151).

980. *Vide* José Eduardo Cardoso, consulta 001/2007, do Conselho de Ética e Decoro Parlamentar.

981. O art. 19 da Resolução 20/93 do Senado Federal dispõe: "As apurações de fatos e de responsabilidade previstos neste Código poderão, quando a sua natureza assim o exigir, ser solicitadas ao Ministério Público ou às autoridades policiais, por intermédio da Mesa do Senado, caso em que serão feitas as necessárias adaptações nos procedimentos e nos prazos estabelecidos neste Capítulo".

ção de delitos, mas somente acrescenta e agrega ética ao policiamento das atividades públicas e políticas. A ética desses órgãos é persecutória, responsabilizatória, avaliativa, punitiva, se necessário, mas também, e sobretudo, conscientizadora, formadora de opinião, preventiva, investigativa, sendo importante seu estado permanente de advertência e policiamento da conduta dos exercentes de cargos eletivos. Nessas Comissões, o que fala mais alto é o interesse político; então sua credibilidade social torna-se nula, pois sabe-se que estará ao sabor dos interesses partidários e promocionais pessoais. O zelo com a coisa pública deve envolver também um zelo com a imagem dos órgãos políticos, com a imagem do Estado, com a imagem e a consciência da política em seu estado atual.

Nesse sentido, a exemplo do que reza a Constituição Federal no § 1º do art. 55 ("É incompatível com o decoro parlamentar, além dos casos definidos no regimento interno, o abuso das prerrogativas asseguradas a membro do Congresso Nacional ou a percepção de vantagens indevidas"), para que seja possível fazer-se sentir essa política de recuperação dos valores públicos, deve-se estudar o modelo instituído pela Resolução n. 20/93, atualizada pelas Resoluções 25/2008, 42/2006, 01/2008 e 25/2008, do Senado Federal, que institui o Código de Ética e Decoro Parlamentar, para dar operacionalidade aos princípios dele destacáveis, segundo reza seu art. 22 ("Compete ao Conselho de Ética e Decoro Parlamentar zelar pela observância dos preceitos deste Código e do Regimento Interno, atuando no sentido da preservação da dignidade do mandato parlamentar no Senado Federal"). Esse órgão pode atuar *sponte própria,* ou ainda sob a provocação de qualquer membro da casa ou cidadão, desde que a denúncia não seja anônima[982], sabendo-se que até o momento, apenas 2 Senadores foram cassados na história do Senado Federal.

O Código tenta promover a integração dos diversos órgãos censórios da conduta do parlamentar, propugnando a união de forças no sentido do acompanhamento dos procedimentos e na apuração de eventuais infrações ético-disciplinares, como se faz notar pelo disposto no art. 25 ("O Corregedor do Senado participará das deliberações do Conselho de Ética e Decoro Parlamentar, com direito a voz e voto, competindo-lhe promover as diligências de sua alçada, necessárias aos esclarecimentos dos fatos investigados")[983]. Sua estrutura, sua organização, bem como sua composição são definidas pelo art. 23 ("O Conselho de Ética e Decoro Parlamentar será constituído por quinze membros titulares e igual número de suplentes, eleitos para mandato de dois anos, observado, quanto possível, o princípio da proporcionalidade partidária e

---

982. É o que dispõe o art. 17 da Resolução 20/93 do Senado Federal: "Perante o Conselho de Ética e Decoro Parlamentar, poderão ser diretamente oferecidas, por qualquer parlamentar, cidadão ou pessoa jurídica, denúncias relativas ao descumprimento, por Senador, de preceitos contidos no Regimento Interno e neste Código. § 4º Poderá o Conselho, independentemente de denúncia ou representação, promover a apuração, nos termos deste artigo, de ato ou omissão atribuída a Senador".

983. *Vide* www.senado.gov.br.

o rodízio entre Partidos Políticos ou Blocos Parlamentares não representados")[984], incumbindo ao Conselho zelar pela relatoria, provas, isenção dos julgamentos e aplicação do Registro Interno do Senado Federal.

O Código apresenta todas as características atinentes aos deveres fundamentais do senador, que, no exercício do mandato, de acordo com o art. 2º, deverá: "I — promover a defesa dos interesses populares e nacionais; II — zelar pelo aprimoramento da ordem constitucional e legal do País, particularmente das instituições democráticas e representativas, e pelas prerrogativas do Poder Legislativo; III — exercer o mandato com dignidade e respeito à coisa pública e à vontade popular; IV — apresentar-se ao Senado durante as sessões legislativas ordinárias e extraordinária e participar das sessões do plenário e das reuniões de Comissão de que seja membro, além das sessões conjuntas do Congresso Nacional". Ademais, o referido Código alinha as vedações, no exato cumprimento da lógica constitucional, que cerceiam a assunção de cargos e funções, ou a contração com os Poderes Públicos, através de seus arts. 3º e 4º.

O que é importante definir é que, nos termos da Resolução, os atos contrários à ética e ao decoro parlamentar são (art. 5º): I — o abuso das prerrogativas constitucionais asseguradas aos membros do Congresso Nacional (CF, art. 55, § 1º); II — a percepção de vantagens indevidas (CF, art. 55, § 1º), tais como doações, benefícios ou cortesias de empresas, grupos econômicos ou autoridades públicas, ressalvados brindes sem valor econômico; III — a prática de irregularidades graves no desempenho do mandato ou de encargos decorrentes[985].

Ademais, o art. 6º menciona, com cuidadosa atenção, a questão das declarações financeiras e patrimoniais, deixando a cargo do Conselho de Ética a tarefa de dar

---

984. Leia-se, ademais, nos respectivos parágrafos do art. 23: "§ 1º Os Líderes Partidários submeterão à Mesa os nomes dos Senadores que pretenderem indicar para integrar o Conselho, na medida das vagas que couberem ao respectivo Partido. § 2º As indicações referidas no parágrafo anterior serão acompanhadas pelas declarações atualizadas, de cada Senador indicado, onde constarão as informações referentes aos seus bens, fontes de renda, atividades econômicas e profissionais, nos termos dos incisos I, II e III do art. 6º, § 3º Acompanharão, ainda, cada indicação, uma declaração assinada pelo Presidente da Mesa, certificando a inexistência de quaisquer registros, nos arquivos e anais do Senado, referentes à prática de quaisquer atos ou irregularidades capitulados nos arts. 8º e 11, independentemente da legislatura ou sessão legislativa em que tenham ocorrido. § 4º Caberá à Mesa providenciar, durante os meses de fevereiro e março da primeira e da terceira sessões legislativas de cada legislatura, a eleição dos membros do Conselho".

985. Leiam-se as hipóteses de irregularidades graves previstas no Código de Ética: "Parágrafo único. Incluem-se entre as irregularidades graves, para fins deste artigo: I — a atribuição de dotação orçamentária, sob a forma de subvenções sociais, auxílios ou qualquer outra rubrica, a entidades ou instituições das quais participe o Senador, seu cônjuge, companheira ou parente, de um ou de outro, até o terceiro grau, bem como pessoa jurídica direta ou indiretamente por eles controlada, ou ainda, que aplique os recursos recebidos em atividades que não correspondam rigorosamente as suas finalidades estatutárias; II — a criação ou autorização de encargos em termos que, pelo seu valor ou pelas características da empresa ou entidade beneficiada ou contratada, possam resultar em aplicação indevida de recursos públicos".

ampla divulgação, dentro dos meios oficiais e autorizados, para tais declarações, sejam iniciais, sejam de encerramento de mandato[986].

E, para o tratamento das questões apuradas, procedimentalmente, no âmbito do Conselho de Ética, as medidas disciplinares previstas são definidas pelo art. 7º: a) advertência (ato de competência dos Presidentes do Senado, do Conselho de Ética e decoro Parlamentar ou de Comissão, segundo o art. 8º); b) censura (a censura será verbal ou escrita, segundo o art. 9º)[987]; c) perda temporária do exercício do mandato[988]; d) perda do mandato.

---

986. Leia-se a extensa digressão do Código a respeito: Art. 6º "O Senador apresentará ao Conselho de Ética e Decoro Parlamentar as seguintes declarações obrigatórias periódicas, para fins de ampla divulgação e publicidade: I — ao assumir o mandato, para efeito de posse, e noventa dias antes das eleições, no último ano da legislatura: Declaração de Bens e Fontes de Renda e Passivos, incluindo todos os passivos de sua própria responsabilidade, de seu cônjuge ou companheira ou de pessoas jurídicas por eles direta ou indiretamente controladas, de valor igual ou superior a sua remuneração mensal como Senador; II — até o trigésimo dia seguinte ao encerramento do prazo para entrega da Declaração do Imposto de Renda das pessoas físicas: cópia da Declaração de Imposto de Renda do Senador e do seu cônjuge ou companheira; III — ao assumir o mandato e ao ser indicado membro de Comissão Permanente ou Temporária da Casa: Declaração de Atividades Econômicas ou Profissionais, atuais ou anteriores, ainda que delas se encontre transitoriamente afastado, com a respectiva remuneração ou rendimento, inclusive quaisquer pagamentos que continuem a ser efetuados por antigo empregador; IV — durante o exercício do mandato, em Comissão ou em Plenário, ao iniciar-se a apreciação de matéria que envolva diretamente seus interesses patrimoniais: Declaração de Interesse, em que, a seu exclusivo critério, declare-se impedido de participar ou explicite as razões pelas quais, a seu juízo, entenda como legítima sua participação na discussão e votação. § 1º Caberá ao Conselho de Ética e Decoro Parlamentar diligenciar para a publicação e divulgação das declarações referidas neste artigo, pelo menos nos seguintes veículos: I — no órgão de publicação oficial — onde será feita sua publicação integral; II — em um jornal diário de grande circulação no Estado a que pertença o Parlamentar — em forma de aviso resumido da publicação feita no órgão oficial; III — no Programa 'Voz do Brasil/Senado Federal' — na forma do inciso anterior. § 2º Sem prejuízo do disposto no parágrafo anterior poderá qualquer cidadão solicitar diretamente, mediante requerimento à Mesa do Senado, quaisquer informações que se contenham nas declarações apresentadas pelos Senadores".

987. A competência vem definida da seguinte forma no texto da Resolução: Art. 9º, § 1º: "A censura verbal será aplicada pelos Presidentes do Senado, do Conselho de Ética e Decoro Parlamentar ou de Comissão, no âmbito desta, quando não couber penalidade mais grave, ao Senador que: I — deixar de observar, salvo motivo justificado, os deveres inerentes ao mandato ou os preceitos do Regimento Interno; II — praticar atos que infrinjam as regras da boa conduta nas dependências da Casa; III — perturbar a ordem das sessões ou das reuniões. § 2º A censura escrita será imposta pelo Conselho de Ética e Decoro Parlamentar e homologada pela Mesa, se outra cominação mais grave não couber, ao Senador que: I — usar, em discurso ou proposição, de expressões atentatórias ao decoro parlamentar; II — praticar ofensas físicas ou morais a qualquer pessoa, no edifício do Senado, ou desacatar, por atos ou palavras, outro parlamentar, a Mesa ou Comissão, ou os respectivos Presidentes".

988. Nos termos do art. 10 define-se a questão da seguinte forma: "Considera-se incurso na sanção de perda temporária do exercício do mandato, quando não for aplicável penalidade mais grave, o Senador que: I — reincidir nas hipóteses do artigo antecedente; II — praticar transgressão grave ou reiterada aos preceitos do Regimento Interno ou deste Código, especialmente quanto à observância do disposto no art. 6º; III — revelar conteúdo de debates ou deliberações que o Senado ou Comissão haja resolvido devam ficar secretos; IV — revelar informações e documentos oficiais de

Durante[989] todo o procedimento, que não será interrompido nem mesmo pela renúncia do Senador sob investigação, tendo em vista o princípio da verdade processual[990], durante o qual se apuram acusações, se investigam fatos, se colhem depoimentos, se dá oitiva às testemunhas, se apresentam provas de toda natureza, é deferido ao parlamentar o acompanhamento por advogado, de acordo com dicção do art. 16 ("É facultado ao Senador, em qualquer caso, constituir advogado para sua defesa, a este assegurado atuar em todas as fases do processo"), que deverá zelar pelo cumprimento da legislação, do regimento interno do procedimento, da Constituição e da ética parlamentar e, sobretudo, pela ampla defesa daquele que se encontra sob investigação administrativa. No que tange aos detalhes ligados ao procedimento disciplinar, devem-se rastrear os arts. 12 a 15 da Resolução, onde se podem encontrar detalhes a respeito dos órgãos responsáveis pela aplicação de determinadas penas e diligências.

5. ÉTICA, ECONOMIA E ADMINISTRAÇÃO

Os fins não justificam os meios no exercício econômico. Essa frase já denuncia uma íntima relação entre a ética e a economia, dispensando-se maiores justificativas para a tematização da questão. As escusas dos especialistas não raro são alegações de que aquela matéria técnica não comporta juízos de valor, e que, em função disso, haveria a isenção do economista de toda e qualquer decisão acerca de valores. Não se pode aceitar essa argumentação como plausível, na medida em que se sabe que toda decisão, sobretudo as maiores decisões sociais, envolve a escolha do que prover, em que sentido prover, para quem prover. Nesse sentido, já se definiu a estreita ligação existente entre a justiça social e as decisões econômicas, em função do código ético que as intermedia[991].

Se, com vistas ao progresso, à construção de riquezas, à materialização de conquistas, ao aperfeiçoamento tecnológico, tudo fosse lícito e ético, não haveria limites para o domínio econômico e muito menos para o exercício de atividades econômi-

---

caráter reservado, de que tenha tido conhecimento na forma regimental; V — faltar, sem motivo justificado, a dez sessões ordinárias consecutivas ou a quarenta e cinco intercaladas, dentro da sessão legislativa ordinária ou extraordinária".

989. Leia-se a dicção do art. 11: "Serão punidas com a perda do mandato: I — a infração de qualquer das proibições constitucionais referidas no art. 3º (Constituição Federal, art. 55); II — a prática de qualquer dos atos contrários à ética e ao decoro parlamentar capitulados nos arts. 4º e 5º (Constituição Federal, art. 55); III — a infração do disposto nos incisos III, IV, V e VI do art. 55 da Constituição".

990. Leia-se o art. 20: "O processo disciplinar regulamentado neste código não será interrompido pela renúncia do Senador ao seu mandato, nem serão pelas mesmas elididas as sanções eventualmente aplicáveis os seus efeitos".

991. "Mas é preciso para o fato de que as ideias econômicas, por mais técnicas que nos possam parecer, sempre deverão pautar-se pelo sentido da ética" (Celso Ribeiro Bastos, Ética no direito e na economia, in Martins (org.), *Ética no direito e na economia*, 1999, p. 234).

cas[992]. Quando a ética passa a servir e a justificar a economia, tem-se, aí, indícios sensíveis e razoáveis de crise social e decadência da consciência coletiva. A desrazão com que se conduzem as relações humanas, as relações internacionais, as relações profissionais faz pensar em quanto todo o domínio do convívio humano não está contaminado pela semente do economicismo. Deve-se ter presente que a economia é meio e a ética é fim, e não vice-versa[993].

Quando os valores humanos passam a se curvar ante a dominância econômica e a reificação ("coisificação")[994] das relações humanas, num contexto de capitalismo emergente, todos os fundamentos do agir social passam a se delinear de acordo com a ordem econômica. É assim que o império do capital, com seus imensos tentáculos, corrói, pouco a pouco, todo o edifício ético que procura se manter ereto na defesa dos interesses sociais que transcendem ao materialismo econômico. Aqui se percebe como o econômico sufoca, castra, manipula e se opõe ao ético.

Se pessoas se transformam em peças mercantis fungíveis, em imensas estruturas empresariais, se pessoas são mais ou menos valorizadas de acordo com seu *status* social ou com sua condição profissional e financeira, se pessoas são esquecidas das relações sociais e alijadas dos processos de produção social por fatores de discriminação, se pessoas estão investidas de poder de comando para capitalizarem a mais-valia por meio da exploração do trabalho alheio, se as funções de maior importância e notoriedade social são conferidas a pessoas habilitadas pelo dinheiro e não pela competência técnica..., então, está-se diante de um processo de reificação do valor e da dignidade da pessoa humana, tornada letra morta no âmbito do texto constitucional (art. 1º, III, da CF/88).

A economia não se faz e não se pratica alijada de toda ordem de valores. O homem não está para a economia, mas a economia está para o homem[995]. Em socieda-

---

992. Exemplo disto é dado por Celso Ribeiro Bastos: "Isto de fato ocorreu, especialmente na Revolução Industrial, onde para se garantir a eficiência dos trabalhadores, dentre estes havia muitas crianças, eles tinham de trabalhar ininterruptamente mais de quinze horas para receber, ao final do dia, quantias risíveis" (Celso Ribeiro Bastos, Ética no direito e na economia, in Martins (org.), *Ética no direito e na economia*, 1999, p. 228).

993. Em outras palavras: "E aqui, como nos demais casos, a ética é o retor corretivo dos desmandos" (Benedicto Ferri de Barros, A ética na política e na economia, in Martins (org.), *Ética no direito e na economia*, 1999, p. 190).

994. A expressão é de Hannah Arendt: "A fabricação, que é o trabalho do *homo faber,* consiste em reificação" (Arendt, *A condição humana,* 2000, p. 152). É na esfera pública que o *homo faber* exibe seus produtos: "A esfera pública do *homo faber* é o mercado de trocas, no qual ele pode exibir os produtos de suas mãos e receber a estima que merece" (p. 174).

995. "É claro que a ética pode ser transportada do indivíduo que a possui para o seio de uma organização empresarial. A formação do hábito é de suprema importância no desenvolvimento do comportamento ético, sendo relevante a prática reiterada de condutas éticas para que os padrões morais dentro de uma companhia possam, efetivamente, ser implementados. Afinal de contas, tal como ocorre com as pessoas, no início de suas vidas, são os pais e professores que imprimem em seu

des reificadas, no entanto, o homem serve ao dinheiro, por isso é possível ver esbanjamento convivendo com desigualdades e miséria. Existem limites a serem respeitados pela dimensão do econômico, assim como princípios, regras e fins a atingir. O próprio texto constitucional incorpora essa preocupação ao apresentar uma pauta de relações entre a economia (e a ideia de lucro) e diversos outros princípios, tais como: a soberania nacional; a propriedade privada; a função social da propriedade; a livre concorrência; a defesa do consumidor; a defesa do meio ambiente; a redução das desigualdades regionais e sociais; a busca do pleno emprego; o tratamento favorecido para as empresas de pequeno porte constituídas sob leis brasileiras e que tenham suas sede e administração no país (art. 170 e incisos da CF/88)[996].

Dentre outros, a carência de escrúpulos nas relações profissionais é um dos principais fatores de fortes injustiças pessoais e sociais. Onde está a ganância, o poder, a hegemonia de mercado, a sede de enriquecimento fácil e rápido não estão a solidariedade, a consciência cidadã, a ética da tolerância, a valorização do progresso social. Com isso não se quer ceder à tentação de dizer o absurdo de que a economia de nada vale para o empreendedorismo humano e nem acrescenta nada ao aperfeiçoamento da condição humana e à oferta de melhores condições de vida sobre o planeta. Se a economia é indispensável, deve-se admitir que sua prática não está dissociada de outras práticas (socioculturais, éticas, políticas, jurídicas, costumeiras...), e, nesse sentido, deve adequar-se para que convirja em fins com as demais que a circundam.

5.1. Ética, liderança e meio ambiente de trabalho

A Administração (Privada ou Pública) tem fundamental importância, na medida em que representa a forma pela qual, através de técnicas de gestão, se torna possível a administração de pessoas, bens e objetivos. Sem isto, instituições, corporações, empresas, entidades se tornam alvo fácil da derrisão e do desastre institucional. Assim, a competência técnica, a eficiência, o conhecimento e o profissionalismo são notas características da boa gestão pública ou privada. Daí, a importância da relação entre competência, ética e gestão. No campo da Administração de empresas, mais especificamente, é de fundamental importância o desenvolvimento da liderança. E isso na medida em que a liderança não significa autoritarismo, mas a capacidade de manter coesa uma equipe de profissionais, em torno de objetivos comuns[997].

---

caráter o comportamento ético. Mas os administradores das organizações poderão exercer, posteriormente, também esse importantíssimo papel, cultivando tais valores morais no âmbito da empresa" (De Lucca, *Da ética geral à ética empresarial*, 2009, p. 315).

996. Cf. Ives Gandra Martins (org.), *Ética no direito e na economia*, 1999, p. 18.

997. Segue-se de perto o conceito elaborado por Francisco Gomes Matos: "O gerente-líder é basicamente aquele capaz de integrar e manter coesa uma equipe em torno de objetivos comuns" (Matos, *Ética na gestão empresarial*, 3. ed., 2017, p. 141).

A liderança é capaz de passar à sua equipe valores, tais quais a confiança, a dignidade e a dedicação ao trabalho[998]. E, adiante do comando de uma equipe, é necessária a postura de liderança, de tal forma a imprimir ética na gestão[999]. Isso significa também que a mais tradicional cultura que opõe capital e trabalho deve ceder em direção a uma compreensão sobre os fatores sociais, humanos e éticos do meio ambiente do trabalho, afinal é por meio do trabalho que a pessoa humana garante o seu sustento, a sua inserção social e a sua realização pessoal e profissional. Ademais, a mais tradicional cultura da burocracia, herdada das estruturas inflexíveis do mundo moderno, deve ceder em direção a modelos mais condizentes com as exigências do mundo contemporâneo[1000]. Neste tocante, Francisco Gomes de Matos afirma:

> "Ser ético, como atitude de gestão, significa em essência:
> • Reconhecer necessidades pessoais;
> • Respeitar a dignidade humana;
> • Reconhecer o desempenho funcional;
> • Propiciar participações nos resultados;
> • Estimular o compromisso social;
> • Favorecer a educação continuada"[1001].

Nessas condições, é evidente que se passa a codeterminar as condições comuns de trabalho, na medida em que a influência recíproca dos comportamentos contamina o meio ambiente de trabalho. E isso pode se dar positivamente ou negativamente. Atualmente, a construção do meio ambiente de trabalho dinâmico, produtivo, respeitoso e saudável é possível, na medida da construção de uma cultura e clima orga-

---

998. "O gerente-líder se compromete: não foge à responsabilidade por suas decisões e ações. O líder é confiável, digno de respeito e merecedor da dedicação da equipe às causas propostas" (Matos, *Ética na gestão empresarial*, 3. ed., 2017, p. 143).

999. "Faz sentido acreditar, então, que estão lançadas as bases axiológicas do capitalismo competitivo, como o profissionalismo e a idoneidade nas transações, nervo das grandes corporações internacionais. Trata-se de um conjunto de traços como o senso de responsabilidade, o empenho em manter-se incessantemente atualizado, a competência técnica para agregar valor, a diligência no cumprimento das tarefas e na consecução das metas, o anseio por realização pessoal, a disposição para a autodisciplina, a persistência e a assertividade, a transparência e a impessoalidade, a isenção, a imparcialidade e a objetividade, as habilidades interpessoais ou a capacidade de trabalhar em grupo, o autocontrole diante dos impulsos" (Srour, *Ética empresarial*, 5. ed., 2018, p. 119).

1000. "A burocracia, como modelo, e a burocratização, como consequência, são seus fortes estimuladores. Por seu formalismo rígido e pela cultura fechada que inspira, a burocracia inibe a livre expressão, a criatividade e o espírito empreendedor. É instrumento do poder autoritário. Pela complexidade de processos e pelo emperramento de decisões, a burocratização é terreno fértil para o comércio de facilidades, golpes e transgressões de todo tipo" (Matos, *Ética na gestão empresarial*, 3. ed., 2017, p. 74- 75).

1001. Matos, *Ética na gestão empresarial*, 3. ed., 2017, p. 100.

nizacionais em que os relacionamentos e as interações estejam pautados por motivação, participação, integração, negociação, criatividade e cogestão[1002].

5.2. Ética, gestão democrática e cultura organizacional

Assim como a liderança determina a coesão da equipe, a forma da gestão determina a cultura organizacional. A forma da gestão pode estar baseada no autoritarismo, no paternalismo, no individualismo e no consumismo[1003], ademais de premer os profissionais para a competição, a ganância, o lucro e a impetuosidade. Mas, ao contrário disso, a forma de gestão pode estar pautada pela participação e integração de todos[1004], pelo diálogo como forma de solução de controvérsias, pela delegação, pelo planejamento coletivo[1005], pelo espírito de equipe e pela função social da empresa.

A nova empresa não comporta mais atitudes de desmando, de verticalismo, de medo institucional e de competição destrutiva. Mas reverter cultura organizacional

---

1002. "A valorização de fatores como cultura e clima organizacionais, relacionamento interpessoal e intergrupal, motivação, participação, integração, negociação, criatividade e delegação de autoridade darão às comunicações outra dimensão que não a quase exclusiva ênfase dispensada, até agora, a meios, canais e técnicas típicos da administração do passado" (Matos, *Ética na gestão empresarial*, 3. ed., 2017, p. 139).

1003. Tal como aponta Francisco Gomes de Matos: "Há traços culturais em nossa realidade organizacional que devem ser urgentemente revisados para preservar a ética e a imagem institucional:

• Autoritarismo — significa concentração de poder, dominação, tendência à fragmentação ("ilhas de poder" nas organizações);

• Paternalismo — reflete corrupção do poder, privilégios, assistencialismo opressor;

• Individualismo — compreende competição predatória, egoísmo, falta de visão social;

• Consumismo — expressão de possessividade, canibalismo social, ânsia obsessiva de possuir cada vez mais bens" (Matos, *Ética na gestão empresarial*, 3. ed., 2017, p. 14-15).

1004. "A gestão participativa dá expressão à administração ética ao valorizar o diálogo e o alinhamento na maneira de buscar o essencial, o bem comum" (Matos, *Ética na Gestão Empresarial*, 3ª ed., 2017, p. 129).

1005. A gestão participativa significa que a centralização e o autoritarismo cedem posição a estilos democráticos no trabalho. Do perfil individualista do tipo "missão impossível", a gestão caminha para o líder empreendedor com visão estratégica, orientado no sentido de formar e desenvolver equipes e ser ético.

• Diálogo permanente. A empresa é uma usina de ideias cuja explicitação exige a energização de todo o corpo funcional no desenvolvimento das habilidades interativas. A ênfase, antes dada ao falar, não correspondida ao ouvir, desequilibrando a comunicação. Hoje desperta-se para a importância do *feedback*, da criatividade e da iniciativa.

• Capacidade de negociar. O enfoque é a resolução de problemas e a busca do consenso. Não se admite mais a obediência cega às normas. Excelência implica negociação, criatividade e desburocratização.

• Planejamento a várias mãos. Substitui as velhas práticas tecnocráticas pelo hábito de pensar juntos (reflexão/ação)" (Matos, *Ética na gestão empresarial*, 3. ed., 2017, p. 61).

é um exercício extremamente difícil, quando as condutas se sedimentam, os nichos de poder se estabelecem e os canais de entendimento e comunicação se encerram. Assim, o cuidado com a cultura organizacional deve pedir dos gestores o compromisso para uma atitude de cuidado com a pessoa humana, de revisão constante da cultura organizacional e a construção de estratégias educativas que tornem as equipes constantemente motivadas para ideais comuns.

5.3. Ética, qualidade e imagem da empresa

A empresa contemporânea lida com vários fatores de complexificação de sua atividade: a demanda crescente de consumidores exigentes; as variações competitivas de mercado; a inovação constante das profissões, especialmente em ambientes virtuais e digitais. Um destes novos fatores é a importância que a *imagem da empresa,* entendida como uma forma de *ativo intangível*[1006], acabou adquirindo, no contexto das sociedades contemporâneas. Diante de públicos críticos e exigentes, o convívio com o trabalho assemelhado ao escravo, a busca excessiva por predação do mercado, a atitude mercenária[1007], a devastação ambiental, a esperteza danosa[1008], o dano a consumidores podem produzir danos sobre a imagem da empresa com características devastadoras ou até irreversíveis[1009]. Atualmente, as necessidades que derivam desta dimensão da vida empresarial apontam para uma nova especialidade, a saber, a de *gerenciamento de imagem*, que implica uma série de cuidados para o *patrimônio simbólico* das empresas, para a *sensibilidade* das empresas e para a *vulnerabilidade* das empresas[1010].

1006. "Gerir a reputação, não importa em qual âmbito — político, empresarial, profissional —, tornou-se uma preocupação significativa no mundo contemporâneo, haja vista o papel determinante que a opinião pública atualmente desempenha, instruída e municiada pela mídia. Falar de reputação e, obviamente, de boa reputação, é falar de um ativo intangível cuja fragilidade é proverbial, porque diz respeito à percepção que o imaginário popular tem quanto à relevância de uma empresa ou de um profissional" (Srour, *Ética empresarial*, 5. ed., 2018, p. 249).

1007. "...sob pena de sofrer retaliações por parte de seus públicos de interesse, as empresas inseridas num ambiente competitivo evitam agir como se fossem empreendimentos mercenários. Afinal, sua reputação influencia o volume das vendas e a qualidade delas, a compra de produtos e seus preços, a contratação de serviços, a obtenção de investimentos, os empregos que as pessoas procuram e os talentos a reter" (Srour, *Ética empresarial*, 5. ed., 2018, p. 263).

1008. "Os oportunistas apostam na permissividade e na impunidade. Lançam mão de argumentos repetidos *ad nauseam* para justificar seus ardis ao celebrar o egoísmo: 'só os espertalhões sobrevivem', 'quem não chora não mama', 'farinha pouca, primeiro o meu pirão', 'quem parte e reparte e não fica com a melhor parte ou é bobo ou não tem arte'" (Srour, *Ética empresarial*, 5. ed., 2018, p. 102).

1009. "A perda da reputação empresarial equivale à quebra da confiança coletiva, uma situação traumática que pode se assemelhar à trinca que um objeto de cristal sofre, ou à perda da inocência de uma criança ou, ainda, à tradição de uma longa amizade. São situações sem retorno, irreversíveis, pesadelos que qualquer um gostaria de espantar. Para os negócios, as consequências são também nefastas, porque vão do estigma ao boicote e até à falência" (Srour, *Ética empresarial*, 5. ed., 2018, p. 251).

1010. Um descritivo das atividades do gestor de imagem é dado por Robert Henry Srour: "Algumas empresas já criaram o cargo de gestor da reputação. O que ele faz? Zela para que as diretrizes

Nesse quadro de transformações, fica claro também que a *qualidade* não se conquista por meio da dissociação entre *ética* e *imagem*[1011]. Aliás, o risco à reputação conquistada por uma marca, por uma empresa, por uma identidade no mercado, tem a ver com a capacidade gerencial de manter uma determinada identidade viva e coerente no mercado[1012]. Essa dimensão tem a ver com a vida moral da empresa no mercado, de forma que o comprometimento dela pode implicar profundos traumas sobre a imagem institucional, quebra de confiança dos consumidores e abalos no impacto das vendas e do consumo, ou ainda, da aceitação dos serviços, da promoção de ações judiciais ou medidas administrativas contra a empresa. E a *imagem da empresa* pode ser abalada seja por atitudes dolosas, seja por atitudes culposas[1013].

5.4. Ética, Administração e responsabilidade social

Não por outro motivo, as empresas têm investido cada vez mais em preservação da *imagem*, cultivando as dimensões da ética, da cidadania e do respeito ao meio ambiente[1014]. As áreas de responsabilidade social da empresa, com o desenvolvimento de projetos culturais, de projetos sociais, de ações de cidadania, de realização de atividades de preservação ambiental têm sido cada vez mais impactantes, de alta visibilidade social, produzindo efeitos de aproximação entre o público consumidor e as marcas/empresas, gerando novas dinâmicas entre sociedade e compromisso em-

---

éticas sejam implementadas; cuida da comunicação do referencial ético nas vertentes internas e externas; rastreia os riscos potenciais e coordena as ações corretivas (intervenções organizacionais) e preventivas (mecanismos de controle); monitora o alinhamento e o *compliance* da empresa, além de checar as insuficiências" (Srour, *Ética empresarial*, 5. ed., 2018, p. 254).

1011. "Qualidade pressupõe estratégia de empresa, ou seja, valores de cultura de organização (as crenças) que são traduzidas por orientações precisas (as políticas), diretrizes para planejamento e para a ação (as estratégias). Em síntese: ética" (Matos, *Ética na gestão empresarial*, 3. ed., 2017, p. 85).

1012. "A imagem institucional é um bem que significa a aceitação pública da atuação da empresa e de suas propostas. São seus ativos intangíveis, a força que garante sua perpetuidade" (Matos, *Ética na gestão empresarial*, 3. ed., 2017, p. 102).

1013. "Muitos casos listados, todavia, apontam para uma gravíssima ameaça: trata-se do risco de reputação, que converte vulnerabilidades em verdadeiras bombas-relógio. Ou seja, por mais bem governada que seja uma empresa, há ovos de serpente ou esqueletos no armário que transformam a vida empresarial num campo minado. Traduzindo: basta cometer um abuso — deliberado, por imperícia, negligência, acidente ou ingenuidade —, para que uma crise de confiança venha a se instalar" (Srour, *Ética empresarial*, 5. ed., 2018, p. 246).

1014. "A empresa de qualidade total distingue-se hoje por um traço que a caracteriza como nunca antes: sua contribuição para melhores condições de vida. Voltar-se para o cliente é valorizar o social, é contribuir para o desabrochar da ética e da cidadania" (Matos, *Ética na gestão empresarial*, 3. ed., 2017, p. 87).

presarial[1015]. Isso aponta para o conceito de *empresas sustentáveis*[1016], tanto do ponto de vista ético, como do ponto de vista social, como do ponto de vista ambiental, o que não as descaracteriza como empresas capitalistas[1017], apenas passando a desempenhar outros papéis na vida mais ampla da comunidade, que não aqueles estritamente voltados para suas finalidades internas[1018].

Isso aponta para o fato de que a empresa capitalista, dentro de um ambiente de maiores exigências, não deixa de realizar o lucro. E isso porque o lucro é a garantia de autopreservação da empresa, ao mesmo tempo que é a garantia de retorno ao risco ao qual o capital foi exposto[1019], a partir do momento em que a empresa foi constituída para produzir produtos ou fornecer serviços que beneficiam toda uma comunidade de pessoas destinatárias, tais quais os consumidores[1020]. No entanto,

---

1015. "Em termos de consequências práticas, a adoção de uma estratégia geral de responsabilidade social corporativa: a) contribui decisivamente para a obtenção da 'licença social para operar' e para a perenidade das empresas, uma vez que diminui sua vulnerabilidade ao reduzir desvios de conduta, processos judiciários e possíveis retaliações por parte dos *stakeholders*; b) promove a marca das empresas, sobretudo junto aos clientes e às comunidades locais em que suas sedes estão implantadas, incrementando seu capital de reputação; c) concilia a eficácia com preocupações sociais; d) fortalece a coesão corporativa, conquistando e retendo talentos, além de cultivar um relacionamento duradouro com clientes e fornecedores; e) faz com que os projetos sociais sejam agregados como valor aos produtos ou serviços prestados; f) opera como fator inovador para alcançar o sucesso empresarial; g) fomenta novo pacto social entre empresas, sociedade civil e Estado" (Srour, *Ética empresarial*, 5. ed., 2018, ps. 234-235).

1016. "Caminham, pois, para se tornar 'empresas sustentáveis' sem contrafação, ao exercer práticas altruístas imparciais. Isso significa, em termos resumidos, quatro coisas: 1) observar leis e regulamentos no plano legal; 2) garantir a prosperidade e a perenidade do negócio no plano econômico; 3) gerenciar os riscos ambientais e corrigir os impactos negativos no plano ecológico; 4) investir 'ganhos sociais' e assegurar qualidade de vida aos *stakeholders* no plano social. Uma trajetória impecável e eticamente orientada" (Srour, *Ética empresarial*, 5. ed., 2018, p. 267).

1017. "Nessas precisas condições, a lógica da acumulação do capital continua pontificando — sem o que o sistema deixaria de ser capitalista —, mas a ela se agrega a extraordinária têmpera da responsabilidade social corporativa" (Srour, *Ética empresarial*, 5. ed., 2018, p. 226).

1018. "O que vêm a ser essas fórmulas irmãs que ganharam o mundo: 'responsabilidade social corporativa', 'economicamente correto', 'lucro com ética' e agora, eclipsando os demais conceitos, 'sustentabilidade empresarial'? É o compromisso que as empresas assumem com o bem-estar de seus públicos de interesses e, por extensão, com o bem-estar da sociedade em que estão inseridas. É a conversão de parte dos lucros em 'ganhos sociais', contribuindo para a qualidade de vida dos públicos de interesse e, por extensão, para as condições de habitabilidade do planeta" (Srour, *Ética empresarial*, 5. ed., 2018, p. 232).

1019. "De um ponto de vista racional, o empresário almeja obter o máximo de retorno possível para remunerar seu investimento e, simultaneamente, reduzir sua margem de exposição ao risco (quer minimizar eventuais perdas) — daí ser o lucro o dínamo do sistema e daí o estímulo para a sua maximização" (Srour, *Ética empresarial*, 5. ed., 2018, p. 31).

1020. "Assim, os empresários não se beneficiam à custa de seus clientes, ou os espoliam, como o supõe uma vã leitura que vê egoísmo em toda parte. E por que? Porque realizam operações

passa-se a refletir acerca do que seja a ética do lucro, nos termos em que é proposta por Francisco Gomes de Matos:

> "A ética do lucro importa que se contemplem quatro condições essenciais e simultâneas em um empreendimento:
> 1. empresa – é a parte do lucro direcionada aos reinvestimentos, que asseguram a sobrevivência e o desenvolvimento empresarial (renovação contínua);
> 2. capital – é a parte destinada à justa remuneração dos investidores, que bancaram o risco (retribuição societária);
> 3. trabalho – é a parte voltada para a remuneração, com justiça, aos agentes produtivos (salário justo);
> 4. comunidade – é a parte que visa a retribuição à sociedade, pelo sucesso do empreendimento (solidariedade social)"[1021].

Isso demonstra que Bem Comum e atividades empresariais não são coisas conflitantes, gerando-se uma outra consciência de mundo e de interações sócio-humanas, a partir dos ambientes empresariais[1022]. Em ambientes sustentadas com mentalidades éticas, pode-se contribuir para a geração de melhores condições de socialização, pela difusão de concepções de mundo não autoritárias, não machistas, não racistas, não destrutivas, criando-se condições para uma vida comunitária e para interações de trabalho mais saudáveis, produtivas, dinâmicas e capazes de gerar condições de satisfação individual e social.

5.5. Código de Ética do Profissional da Administração

A empresa moderna cumpre inúmeras funções sociais relevantes, na relação com a exploração da atividade econômica, na atividade de gestão racional eficiente e diligente, no atendimento e provimento de serviços ao consumidor, no uso responsável da energia e dos recursos ambientais, na relação com as novas tecnologias, na relação de integridade com o governo, a administração pública e os cidadãos. Desse tipo de compromisso, não há como o profissional contemporâneo do setor vir a se furtar[1023].

---

em que se complementam necessidades e se articulam interesses" (Srour, *Ética empresarial*, 5. ed., 2018, p. 31).

1021. Matos, *Ética na Gestão empresarial*, 3. ed., 2017, p. 17.

1022. "Empresa que pensa, sonha, tem alma e é feliz é o que propomos como modelo de organização ética. Trata-se de empresa bem administrada, com ênfase na valorização humana, na lucratividade sustentada e na renovação continua" (Matos, *Ética na Gestão empresarial*, 3. ed., 2017, ps. 57-58).

1023. Mas, deve-se ressaltar: "Enfim, uma análise realista e serena da situação das empresas existentes hoje, no Brasil, parece levar ao seguinte diagnóstico: há muitas que ainda se acham, infelizmente, na proto-história das idéias de responsabilidade social, de sustentabilidade e de uma conduta absolutamente ética diante do mercado; outras tomaram consciência impostergável dessa nova conduta e já a exercem regularmente, fazendo-o, porém, com o exclusivo propósito — explícito ou

Ademais, é importante frisar que a gestão contemporânea de empresas traz inúmeros desafios e variadas interfaces de trabalho ao profissional da administração de empresas. Aliás, são muitas as pressões que atravessam o cotidiano deste profissional, entre elas: i) a produção de resultados; ii) a relação com os consumidores; iii) o desempenho em meio à alta concorrência de mercado; iv) a relação com os subordinados, prestadores de serviços e/ou colaboradores; v) a manutenção da marca e da reputação da empresa; vi) a capacidade de gerar liderança; vii) a gestão de riscos; viii) a virtualização e a conectividade do ambiente empresarial; ix) a atualização permanente, em face de novos produtos; x) o gerenciamento de dimensões as mais variadas, a depender do porte e do tamanho do ambiente de gestão; xi) responsabilidade social; xii) equidade de gênero no espaço de trabalho; xiii) a pressão da mídia[1024].

Não por outro motivo, o *Conselho Federal de Administração* (CFA), ao lado dos 27 Conselhos Regionais de Administração, baixou o *Código de Ética do Profissional da Administração* (Resolução do CFA n. 393/2010), visando exatamente dimensionar as responsabilidades e o exercício ético da profissão de administrador, considerando a reputação e a dignidade da profissão.

Assim, o *Código de Ética* prevê, em seu art. 1º, o conjunto dos deveres do(a) administrador(a):

> "São deveres do Profissional de Administração: I – exercer a profissão com zelo, diligência e honestidade, defendendo os direitos, bens e interesse de clientes, instituições e sociedades sem abdicar de sua dignidade, prerrogativas e independência profissional, atuando como empregado, funcionário público ou profissional liberal; II – manter sigilo sobre tudo o que souber em função de sua atividade profissional; III – conservar independência na orientação técnica de serviços e em órgãos que lhe forem confiados; IV – comunicar ao cliente, sempre com antecedência e por escrito, sobre as circunstâncias de interesse para seus negócios, sugerindo, tanto quanto possível, as melhores soluções e apontando alternativas; V – informar e orientar o cliente a respeito da situação real da empresa a que serve; VI – renunciar, demitir-se ou ser dispensado do posto, cargo ou emprego, se, por qualquer forma, tomar conhecimento de que o cliente manifestou desconfiança para com o seu trabalho, hipótese em que deverá solicitar substituto; VII –

---

disfarçado, de obter maiores ganhos, guiados pela filosofia do *ethics is good business;* em terceiro lugar, e por último, há aquelas empresas que se encaixam naquela situação retrodescrita por Patrícia Ashley, na qual as ações voltadas aos trabalhos sociais vêm sendo regularmente praticadas, mas não são elas divulgadas para evitar, no dizer dessa autora, uma possível associação direta entre a ação e a busca de vantagens corporativas" (De Lucca, *Da ética geral à ética empresarial*, 2009, p. 360).

1024. "E quem são os agentes maiores das pressões? Os clientes, à medida que: a) a competição passa a reger as economias de mercado e atualiza seu direito fundamental — o de escolha; b) a mídia se diversifica e obtém a maior parte de suas receitas de assinantes, pequenos anunciantes, associações variadas ou organizações da sociedade civil; c) os regimes políticos se tornam liberais e conferem eficácia a um leque de agências de defesa dos consumidores; d) as redes sociais, ao alcance de boa parte da população, convertem-se em instrumentos eficazes de manifestações quer de apoio quer de repúdio" (Srour, *Ética empresarial*, 5. ed., 2018, p. 251).

evitar declarações públicas sobre os motivos de seu desligamento, desde que do silêncio não lhe resultem prejuízo, desprestígio ou interpretação errônea quanto à sua reputação; VIII – esclarecer o cliente sobre a função social da organização e a necessidade de preservação do meio ambiente; IX – manifestar, em tempo hábil e por escrito, a existência de seu impedimento ou incompatibilidade para o exercício da profissão, formulando, em caso de dúvida, consulta ao CRA no qual esteja registrado; X – aos profissionais envolvidos no processo de formação dos Profissionais de Administração, cumpre informar, orientar e esclarecer sobre os princípios e normas contidas neste Código. XI – cumprir fiel e integralmente as obrigações e compromissos assumidos, relativos ao exercício profissional; XI – manter elevados o prestígio e a dignidade da profissão".

Mais adiante, o teor do Código, após esboçar os direitos, e as relações do Administrador com inúmeras dimensões da Profissão, envolvendo os Colegas (art. 8º), a Classe (art. 9º), explicita propriamente as infrações disciplinares, que, inclusive, são apuradas e processadas nos termos do Regulamento do Código de Ética. Assim, é no art. 10 que estão descritas as infrações disciplinares, nos seguintes termos:

"Constituem infrações disciplinares sujeitas às penalidades previstas no Regulamento do Processo Ético do Sistema CFA/CRAs, aprovado por Resolução Normativa do Conselho Federal de Administração, além das elencadas abaixo, todo ato cometido pelo profissional que atente contra os princípios éticos, descumpra os deveres do ofício, pratique condutas expressamente vedadas ou lese direitos reconhecidos de outrem: I – praticar atos vedados pelo CEPA; II – exercer a profissão quando impedido de fazê-lo ou, por qualquer meio, facilitar o seu exercício aos não registrados ou impedidos; III – não cumprir, no prazo estabelecido, determinação de entidade dos Profissionais de Administração ou autoridade dos Conselhos, em matéria destes, depois de regularmente notificado; IV – participar de instituição que, tendo por objeto a Administração, não esteja inscrita no Conselho Regional; V – fazer ou apresentar declaração, documento falso ou adulterado, perante as entidades dos Profissionais de Administração; VI – tratar outros profissionais ou profissões com desrespeito e descortesia, provocando confrontos desnecessários ou comparações prejudiciais; VII – prejudicar deliberadamente o trabalho, obra ou imagem de outro Profissional de Administração, ressalvadas as comunicações de irregularidades aos órgãos competentes; VIII – descumprir voluntária e injustificadamente com os deveres do ofício; IX – usar de privilégio profissional ou faculdade decorrente de função de forma abusiva, para fins discriminatórios ou para auferir vantagens pessoais; X – prestar, de má-fé, orientação, proposta, prescrição técnica ou qualquer ato profissional que possa resultar em dano às pessoas, às organizações ou a seus bens patrimoniais".

5.6. Código de Ética Corporativa

À parte o *Código de Ética do Profissional da Administração*, toda empresa/ corporação pode elaborar o seu próprio *Código de Ética*. Este significa do documento--símbolo que cristaliza a moral institucional[1025]. É evidente que o *Código de Ética* deve

---

1025. Robert Henry Srour discorda da nomenclatura *Código de Ética* e fala de *Código Moral* da empresa: "Assim sendo, o que vem a ser um código de conduta moral? É a sistematização da moral

ser o retrato dos princípios, das orientações, dos valores e da missão específica desta empresa/ corporação. De nada adianta que uma empresa venha a se valer de cópia do *Código de Ética* de outra instituição, na medida em que passa a vestir a roupa que serve a outra instituição. Para que cumpra a sua tarefa, o *Código de Ética* não deve ser importado, não deve ser elaborado de cima para baixo, da Diretoria para o corpo de funcionários, não deve ser redigido e guardado para *marketing*[1026], e não deve ser considerado apenas algo do que se fala, mas que não se cumpre.

Isso indica caminhos no processo de redação e formulação de um *Código de Ética corporativa*. A missão da empresa deve estar claramente delineada no *Código,* mas isso demanda a autoconsciência da instituição sobre os seus fins e metas, como também demanda da instituição que seja capaz de expor assumir publicamente sua missão. Será efetivamente autêntico, quando for reflexo da cultura corporativa, da autorreflexão coletiva[1027] e for objeto de uma construção em que todos os membros da corporação puderem integrar o processo de sua cocriação[1028].

O objeto de um *Código de Ética* é, por vezes extenso, e toca em questões atinentes: aos critérios de seleção; aos critérios de promoção; ao nepotismo; ao respeito aos direitos humanos; ao respeito à diversidade e à inclusão; ao assédio moral e ao assédio sexual; à privacidade; à segurança do trabalho; à integridade física, moral e psíquica dos profissionais; ao uso de drogas; à confidencialidade; ao uso de bens da empresa; entre outros[1029]. Ademais, seu conteúdo deve ser de conhecimento generalizado, deve estar em constante processo de reavaliação, deve fazer parte da rotina diária das atividades de gestão e planejamento, ademais de as infrações serem efetivamente vigiadas e punidas[1030]. Caso contrário, seu conteúdo tende a se tornar algo de marginal impor-

---

organizacional, um conjunto de normas simbólicas que deveria pautar a conduta dos agentes e que, portanto, deveria operar como bússola ou norte a seguir" (Srour, *Ética empresarial*, 5. ed., 2018, p. 281).

1026. "Esse princípio, no entanto, não tem sido observado na prática das organizações. Valorizam-se exteriorizações, o *marketing* da ética, a aparência do ser. Daí os modismos dos códigos de ética e de suas inconsequências. São imprescindíveis a conscientização, a gestão e a estratégia, não o código" (Matos, *Ética na gestão empresarial*, 3. ed., 2017, p. 4).

1027. "O código de ética, como foi dito, consiste no compromisso coletivo de ser e representar a instituição, construído em sinergia com parte significativa da comunidade organizacional" (Matos, *Ética na gestão empresarial*, 3. ed., 2017, p. 179).

1028. "Ética codificada significa quadro referencial da cultura ética: conscientização de princípios e valores que marcam a identidade institucional e orientam a conduta honesta e cidadã nos relacionamentos. Consideramos o código de ética autêntico quando é reflexo da ética codificada que nasce de uma construção coletiva e é revigorado e validado por reflexões periódicas e permanentes" (Matos, *Ética na gestão empresarial*, 3. ed., 2017, p. 177).

1029. Cf. Srour, *Ética empresarial*, 5. ed., 2018, ps. 276-277. Nesta parte, o Autor desenvolve uma diferenciação entre regras atinentes às condutas internas da empresa e às condutas externas com terceiros, por parte da empresa.

1030. "Nessa altura, é preciso ressaltar três fatores: 1) código moral algum substitui os exemplos 'vindo de cima' (os subordinados costumam mirar-se nas condutas dos superiores); 2) diretrizes

tância nos objetivos da instituição, podendo gerar até mesmo a descrença por parte dos profissionais da instituição ou, ainda, cair no descrédito coletivo.

5.7. Ética, *compliance* e responsabilidade empresarial

Diante de desvios de conduta na área da Administração, é importante ressaltar, afinal, a edição de regras de Direito que traçam claras fronteiras em face das práticas empresariais fraudulentas, distorcidas, desonestas, destrutivas, predatórias e corruptas[1031]. Isso permite entrever e divisar, com clareza, que a atividade empresarial exige uma *Ética Profissional*[1032].

À parte a importância da *Ética Profissional,* deve-se destacar o impacto da mais recente legislação acerca da probidade das empresas (Lei n. 12.846/2013, que dispõe sobre a responsabilização administrativa e civil das pessoas jurídicas pela prática de atos contra a administração pública, nacional e estrangeira). A legislação traz importante contribuição ao setor da reflexão entre Direito e Economia, sobre por que rompe com a tradição de se incriminar apenas o gestor público pelos atos desviantes de comportamento, especialmente pelos tipos penais da corrupção ativa e passiva. Ademais, a legislação advém em contato histórico-político em que emergiram no país diversas evidências e escândalos[1033] demonstrando profunda promiscuidade entre práticas empresariais e formas irregulares de administração pública.

---

morais não se sustentam sem efetivos mecanismos de controle (não basta ter um código de conduta moral, é preciso auditar, reportar o desempenho e sancionar os desvios); 3) normas precisam ser fundamentadas, ou seja, é indispensável explicar aos colaboradores a razão de ser de cada norma, interpelando seu discernimento e convencendo-os dos riscos incorridos e das vantagens a serem auferidas" (Srour, *Ética empresarial*, 5. ed., 2018, p. 283).

1031. Uma lista de atitudes devastadoras no mercado e nas relações de trabalho são propriamente aquelas que se relacionam a: "São tipicamente questões morais as fraudes, os subornos e os conluios; as relações com os públicos de interesse; a observância das leis e das regulamentações; os conflitos de interesse entre o profissional, a empresa e as partes interessadas; a diversidade social; a convivência entre superiores, pares e subordinados; o assédio moral e o sexual; a confidencialidade das informações; o uso dos equipamentos da empresa; as ameaças à saúde e à segurança no trabalho; o posicionamento em relação aos negócios mantidos com entidades públicas; a problemática da espionagem econômica e da concorrência desleal, além de outros assuntos que provoquem respeito ou desrespeitos aos interesses alheios" (Srour, *Ética empresarial*, 5. ed., 2018, p. 280-281).

1032. Ao se pronunciar sobre a matéria, é com pioneirismo, erudição e lucidez ímpares, que se encontram as seguintes palavras do Professor Newton De Lucca: "Ela é, como foi visto, a atividade econômica organizada para a produção e circulação de bens e serviços. Trata-se, portanto, de uma profissão para a qual existe também um conjunto de normas éticas, tal como existem para os juízes, para os advogados, para os membros do Ministério Público, para os médicos e assim sucessivamente" (De Lucca, *Da ética geral à ética empresarial*, 2009, p. 341).

1033. "Os escândalos financeiros que envolveram empresas prestigiadas e bem conceituadas mundialmente comprovaram como a falta de ética e transparência nas gestões empresariais abre um buraco negro, do qual é impossível sair ileso" (Matos, *Ética na gestão empresarial*, 3. ed., 2017, p. 28).

Neste sentido, a legislação estabelece exigências para a criação de programas de integridade[1034], criando condições para uma cultura institucional de ética nas empresas, um novo patamar de *compliance* e transparência que tenderá a influenciar o processo de autocontrole e de responsabilização interna das empresas, quando se trata de relações entre o interesse privado e o interesse público.

Em particular, a edição da Lei n. 12.846/2013 (dispõe sobre a responsabilização administrativa e civil das pessoas jurídicas pela prática de atos contra a administração pública, nacional e estrangeira), seguida do Decreto n. 8.420/2015, que a regulamenta, vem traçar claras diretrizes para a matéria, tratando especialmente de diferenciar a responsabilidade objetiva das empresas e a responsabilidade subjetiva de seus dirigentes, administradores e coautores (arts. 2º e 3º da Lei 12.846/2013).

No bojo da Lei 12.848/2013, em seu art. 5º são apresentados os atos lesivos à administração pública:

"Constituem atos lesivos à administração pública, nacional ou estrangeira, para os fins desta Lei, todos aqueles praticados pelas pessoas jurídicas mencionadas no parágrafo único do art. 1º, que atentem contra o patrimônio público nacional ou estrangeiro, contra princípios da administração pública ou contra os compromissos internacionais assumidos pelo Brasil, assim definidos:

I – prometer, oferecer ou dar, direta ou indiretamente, vantagem indevida a agente público, ou a terceira pessoa a ele relacionada;

II – comprovadamente, financiar, custear, patrocinar ou de qualquer modo subvencionar a prática dos atos ilícitos previstos nesta Lei;

III – comprovadamente, utilizar-se de interposta pessoa física ou jurídica para ocultar ou dissimular seus reais interesses ou a identidade dos beneficiários dos atos praticados;

IV – no tocante a licitações e contratos:

a) frustrar ou fraudar, mediante ajuste, combinação ou qualquer outro expediente, o caráter competitivo de procedimento licitatório público;

b) impedir, perturbar ou fraudar a realização de qualquer ato de procedimento licitatório público;

c) afastar ou procurar afastar licitante, por meio de fraude ou oferecimento de vantagem de qualquer tipo;

1034. No Decreto n. 8.420/2015, o art. 41 trata de disciplinar a matéria: "Para fins do disposto neste Decreto, programa de integridade consiste, no âmbito de uma pessoa jurídica, no conjunto de mecanismos e procedimentos internos de integridade, auditoria e incentivo à denúncia de irregularidades e na aplicação efetiva de códigos de ética e de conduta, políticas e diretrizes com objetivo de detectar e sanar desvios, fraudes, irregularidades e atos ilícitos praticados contra a administração pública, nacional ou estrangeira.

Parágrafo único. O programa de integridade deve ser estruturado, aplicado e atualizado de acordo com as características e riscos atuais das atividades de cada pessoa jurídica, a qual por sua vez deve garantir o constante aprimoramento e adaptação do referido programa, visando garantir sua efetividade".

d) fraudar licitação pública ou contrato dela decorrente;

e) criar, de modo fraudulento ou irregular, pessoa jurídica para participar de licitação pública ou celebrar contrato administrativo;

f) obter vantagem ou benefício indevido, de modo fraudulento, de modificações ou prorrogações de contratos celebrados com a administração pública, sem autorização em lei, no ato convocatório da licitação pública ou nos respectivos instrumentos contratuais; ou

g) manipular ou fraudar o equilíbrio econômico-financeiro dos contratos celebrados com a administração pública;

V – dificultar atividade de investigação ou fiscalização de órgãos, entidades ou agentes públicos, ou intervir em sua atuação, inclusive no âmbito das agências reguladoras e dos órgãos de fiscalização do sistema financeiro nacional.

Especialmente no tocante à relação entre a empresa e os órgãos de Governo e da administração pública, todo cuidado é pouco. Assim, a competição, a busca pelo lucro, a disputa de novos mercados, a expansão empresarial, a ampliação das condições de estabilidade empresarial não devem atravessar o interesse público, e, muito menos, gerar prejuízos à administração pública e à cultura de respeito à moralidade comum. Se o jogo econômico tem suas próprias regras, aí incluídas a disputa permanente pela sobrevivência no mercado, a legislação agora passa a determinar limites éticos mais claros e objetivos a serem seguidos, quando o tema é o da relação entre Ética e Administração.

6. ÉTICA E CONTABILIDADE

As diversas profissões trazem os desafios que lhes são inerentes. No âmbito das Ciências Contábeis, fica claro que a lida profissional com os números tem enormes consequências, sendo proporcional à própria responsabilidade que daí decorre. Daí, a exigência de zelo, competência, diligência e capacidade técnica, obediência aos padrões normativos da área e honestidade. O bacharel em Ciências Contábeis, ainda, tem enorme compromisso com o sigilo, na medida em que tem acesso à vida financeira de pessoas físicas e de pessoas jurídicas.

Trata-se de uma profissão muito ligada às áreas de formação em conhecimentos matemáticos e financeiros, e, por isso, exige peculiares preocupações, considerados os desafios contidos na intensa exigência de *precisão técnica* das deliberações. Os pequenos erros podem trazer enormes consequências. Daí, a importância de atualização, conhecimento, cautela e prontidão na resolução de demandas.

6.1. Ética, Contabilidade e profissões contábeis

A se considerar uma história ampla da Contabilidade, trata-se de uma forma de conhecimento que remonta a longeva tradição, inscrita sobre a necessidade de cuidar da economia doméstica e da sobrevivência, e cuja memória histórica recorre a milênios antes de Cristo. No entanto, sua mais específica urdidura como conhecimento metódico, científico, justificado, será algo que se dará ao longo da história da modernidade,

386

especialmente a partir da Itália[1035], entre os séculos XVI e XIX. Somente no século XX, com o agigantamento da economia dos EUA, os conhecimentos técnicos da Contabilidade obedecerão aos padrões internacionalmente reconhecidos oriundos da Escola Norte-Americana[1036]. A se considerar a história da Contabilidade no Brasil, ela apenas irá ganhar seu caráter mais técnico e especializado, a partir das décadas de 1960-1970, ou seja, quase no final do século XX, de forma que se trata de um conhecimento relativamente recente, ainda em fase de desenvolvimento e aprimoramento no país[1037].

E, por mais curioso que possa parecer, não obstante o caráter técnico e matemático da área contábil, a Contabilidade não pode propriamente ser considerada uma Ciência Exata, mas sim uma Ciência Social Aplicada[1038], sabendo-se que se vale de métodos quantitativos e matemáticos, mas se projeta sobre as atividades humanas de geração de renda, lucro e produção de resultados calculáveis e aferíveis do ponto de vista contábil. Enquanto Ciência, fornece os instrumentos, as técnicas e as condições para o gerenciamento contábil da riqueza, permitindo a tomada de decisões que são imprescindíveis para pessoas físicas e para pessoas jurídicas, para empresas e corporações, para a sociedade civil e para entidades governamentais. A análise de patrimônio é o que está em foco, quando se procura o objeto da Contabilidade[1039], ademais de ser a continuidade/descontinuidade de uma entidade aquilo que se procura detectar por meio da atividade de análise da informação contábil[1040].

1035. "Na Idade Moderna, em torno dos séculos XIV a XVI, principalmente no Renascimento, diversos acontecimentos no mundo das artes, na economia, nas nações proporcionaram um impulso espetacular das Ciências Contáveis, sobretudo na Itália" (Iudícibus, Marion, Faria, *Introdução à teoria da contabilidade*: para graduação, 6. ed., 2017, p. 9).

1036. "De maneira geral, poderíamos dizer que o início do século XX presenciou a queda da chamada Escola Europeia (mais especificamente a Italiana) e a ascensão da chamada Escola Norte-americana no mundo contábil" (Iudícibus, Marion, Faria, *Introdução à teoria da contabilidade*: para graduação, 6. ed., 2017, p. 15).

1037. "O que toda história tem mostrado é que a Contabilidade torna-se importante à medida que há desenvolvimento econômico. Hoje, por exemplo, a profissão é muito valorizada nos países do primeiro mundo. No Brasil, até a década de 1960, esse profissional era chamado de 'guarda-livros', a nosso ver, título pejorativo e pouco indicador. Todavia, com o milagre econômico na década de 1970, essa expressão desapareceu e observou-se um excelente e valorizado mercado de trabalho para os contabilistas" (Iudícibus, Marion, Faria, *Introdução à teoria da contabilidade*: para graduação, 6. ed., 2017, p. 9).

1038. "A Contabilidade não é uma ciência exata. Ela é uma ciência social aplicada, pois é a ação humana que gera e modifica o fenômeno patrimonial. Todavia, a Contabilidade utiliza os métodos quantitativos (matemática e estatística) como sua principal ferramenta" (Iudícibus, Marion, Faria, *Introdução à teoria da contabilidade*: para graduação, 6. ed., 2017, p. 10).

1039. "O campo de atuação da Contabilidade, na verdade seu objeto, é o patrimônio de toda e qualquer entidade; ela acompanha a evolução qualitativa e quantitativa desse patrimônio" (Iudícibus, Marion, Faria, *Introdução à teoria da contabilidade*: para graduação, 6. ed., 2017, p. 38).

1040. "O conceito é considerado ambiental, pois se refere ao ambiente no qual as entidades atuam e às formas usuais de praticar comércio. Assim, continuidade, para a Contabilidade, é a premissa de que uma entidade, ao que tudo indica, irá operar por um período de tempo relativamente

Por isso, o campo de aplicação da Contabilidade é amplo, oferecendo diversas perspectivas de trabalho, considerando o amplo espectro do mercado de trabalho do setor[1041]. Os cargos administrativos de assessoria externa contábil, os quadros administrativos de empresas, as empresas de auditorias contábeis e de certificação, as atividades de perícia judicial e o exercício de cargos de assessoramento no serviço público costumam estruturar as perspectivas de trabalho na área, não sendo raro o pertencimento de contadores(as) a quadros de gerência e alta administração empresarial.

As diversas profissões trazem os desafios que lhe são inerentes. No âmbito das Ciências Contábeis, fica claro que a lida profissional com os números têm enormes consequências, sendo proporcional à própria responsabilidade que daí decorre. Por isso, a exigência de zelo, competência, diligência e capacidade técnica, obediência aos padrões normativos da área e honestidade. O bacharel em Ciências Contábeis, ainda, tem enorme compromisso com o sigilo, na medida em que tem acesso à vida financeira de pessoas físicas e de pessoas jurídicas.

Trata-se de uma profissão muito ligada às áreas de formação em conhecimentos matemáticos e financeiros, e, por isso, exige peculiares preocupações, considerados os desafios contidos na intensa exigência de *precisão técnica* das deliberações. Os pequenos erros podem trazer enormes consequências. Daí, a importância de atualização, conhecimento, cautela e prontidão na resolução de demandas e na produção de informação contábil. A responsabilidade das atividades contábeis é crucial para o desenvolvimento da atividade econômica, e é exatamente por isso que a profissão de contador(a) é chamada ao compromisso da ética contábil.

6.2. Ética, informação e Contabilidade

O objetivo da atividade contábil é o fornecimento de informação[1042]. A informação contábil e de natureza econômica é de essencial importância na tarefa de tomada de

---

longo no futuro e esta premissa somente é abandonada quando um histórico de prejuízos persistente e a perda de substância econômica e de competitividade de mercado e mesmo o fim jurídico da sociedade (principalmente nos casos de entidades com duração determinada) justifiquem o fato de a Contabilidade (e os contadores e auditores) sinalizarem (da forma que se verá mais adiante) para que aquela entidade esteja prestes a uma descontinuidade" (Iudícibus, Marion, Faria, *Introdução à teoria da contabilidade*: para graduação, 6. ed., 2017, p. 76-77).

1041. "Observamos, ainda, contadores que exercem cargos de assessoria, elevados postos de chefia, de gerência e, até mesmo, de diretoria, com relativo sucesso. O contador é um profissional gabaritado para tais cargos, pois, no exercício de sua atividade, entra em contato com todos os setores da empresa. É comum afirmar-se que o elemento que mais conhece a empresa é o contador" (Iudícibus, Marion, Faria, *Introdução à teoria da contabilidade*: para graduação, 6. ed., 2017, p. 27).

1042. "Diante de um leque diversificado de atividades, podemos dizer que a tarefa básica do contador é produzir e/ou gerenciar informações úteis aos usuários da Contabilidade para a tomada de decisões" (Iudícibus, Marion, Faria, *Introdução à teoria da contabilidade*: para graduação, 6. ed., 2017, p. 24).

decisões[1043]. As informações tecnicamente produzidas permitem a produção de indicadores a respeito da saúde financeira de uma instituição privada ou pública, o que leva o usuário da informação (gestor público; empresário; pessoa física; pequeno empreendedor) a processos de tomada de decisão que têm relevância econômica (entrar em situação de crise; encerramento das atividades econômicas; tomada de empréstimo no mercado; enxugamento de quadros administrativos; redução de custos operacionais; ampliar investimentos sociais).

As informações contábeis devem auxiliar as decisões que são tomadas em níveis de maior responsabilidade gerencial e empreendedora, fornecendo os subsídios para a estratégia de atuação do tomador da informação contábil. Especialmente em ambiente social e concorrencial complexos, a tomada de decisão se dá cada vez mais ao nível da qualidade da informação contábil[1044]. Assim, ela deve constar dos chamados *Relatórios Contábeis*[1045]. Os interessados nos *Relatórios Contábeis* são desde os destinatários mais diretos, internos a uma empresa, por exemplo, a até investidores e acionistas externos, que possuem interesses ligados ao desempenho de uma empresa[1046].

O *Relatório Contábil*, sempre referente a determinado período de análise, tem a tarefa de fornecer a informação contábil de forma estruturada, revelando-se um documento de valioso peso na vida contábil e patrimonial da pessoa física ou da pessoa jurídica[1047]. A clareza, a objetividade, a precisão são características centrais de um *Relatório Contábil*. Mas, isto não é só.

1043. "O objetivo da Contabilidade pode ser estabelecido como sendo o de fornecer informação estruturada de natureza econômica, financeira e, subsidiariamente, física, de produtividade e social, aos usuários internos e externos à entidade objeto da Contabilidade" (Iudícibus, Marion, Faria, *Introdução à teoria da contabilidade*: para graduação, 6. ed., 2017, p. 35).

1044. "A experiência e o *feeling* do administrador não são mais fatores decisivos no quadro atual; exige-se um elenco de informações reais, que norteiem tais decisões. E essas informações estão contidas nos relatórios elaborados pela Contabilidade" (Iudícibus, Marion, Faria, *Introdução à teoria da contabilidade*: para graduação, 6. ed., 2017, p. 23).

1045. "A Contabilidade é o grande instrumento que auxilia a Alta Administração a tomar decisões. Na verdade, ela coleta todos os dados econômicos, mensurando-os monetariamente, registrando-os e sumarizando-os em forma de relatórios, que contribuem sobremaneira para a tomada de decisões" (Iudícibus, Marion, Faria, *Introdução à teoria da contabilidade*: para graduação, 6. ed., 2017, p. 23).

1046. "Esses relatórios devem atender às necessidades:

1. dos usuários externos (bancos, eventuais investidores etc.); e

2. dos usuários internos à entidade (administradores, funcionários etc.)" (Iudícibus, Marion, Faria, *Introdução à teoria da contabilidade*: para graduação, 6. ed., 2017, p. 36).

1047. "Relatório contábil é a exposição resumida e ordenada de dados colhidos pela Contabilidade. Ele objetiva relatar às pessoas que utilizam os dados contábeis os principais fatos registrados por aquele setor em determinado período. Também conhecido como informe contábil, distingue-se em obrigatório e não obrigatório" (Iudícibus, Marion, Faria, *Introdução à teoria da contabilidade*: para graduação, 6. ed., 2017, p. 58).

O *Relatório Contábil* deve ser capaz de exprimir uma informação contábil estruturada, fidedigna, tempestiva e completa[1048]. E isso porque decisões importantes serão tomadas por setores inteiros de uma entidade, empresa, corporação, que poderão redefinir os rumos de todo um conjunto de fluxos de capital, de pessoas e de serviços/atividades.

Assim, no limite, o *Relatório Contábil* é o documento que, para sua produção, deve implicar enorme responsabilidade ética em sua produção, na medida em que seu impacto e suas consequências são vitais para os destinos de uma coletividade de pessoas envolvidas na atividade econômica comum. Daí, a literatura especializada da área costuma destacar quais são as qualidades da informação contábil[1049], quais sejam: compreensibilidade (clareza)[1050]; completa[1051]; relevância; confiabilidade (sem erros)[1052]; e comparabilidade. Aliás, a objetividade, a consistência e a isenção do *Relatório Contábil* são elementos decisivos para outras atividades, inclusive, decorrentes da atividade econômica em desenvolvimento[1053]. Muitas vezes, exatamente por isso, a confiabilidade somente pode ser garantida por uma atividade externa à própria instituição tomadora do serviço contábil, e isto por meio de Auditoria[1054].

Ainda, outra peça de fundamental importância na vida das corporações e empresas é o *Balanço Patrimonial*, registrando-se a relação entre Ativo e Passivo, a

---

1048. "Para ele, a informação contábil estruturada, fidedigna, tempestiva e completa pode ser a diferença entre o sucesso e o fracasso da organização" (Iudícibus, Marion, Faria, *Introdução à teoria da contabilidade*: para graduação, 6. ed., 2017, p. 38).

1049. "Uma das formas de avaliar a qualidade da informação contábil e, portanto, sua utilidade (benefício), quando comparada ao custo, é analisar algumas qualidades ou características que deve possuir, tais como: compreensibilidade, relevância, confiabilidade e comparabilidade" (Iudícibus, Marion, Faria, *Introdução à teoria da contabilidade*: para graduação, 6. ed., 2017, p. 48).

1050. "Classificar, caracterizar e apresentar a informação com clareza e concisão a tornam compreensível" (Iudícibus, Marion, Faria, *Introdução à teoria da contabilidade*: para graduação, 6. ed., 2017, p. 115).

1051. "Para ser confiável, a informação constante das demonstrações contábeis deve ser completa, dentro dos limites de materialidade e custo. Salienta-se que uma omissão pode tornar a informação falsa ou distorcida e, portanto, não confiável e deficiente em termos de sua relevância" (Iudícibus, Marion, Faria, *Introdução à teoria da contabilidade*: para graduação, 6. ed., 2017, p. 115).

1052. "Para ser útil, a informação deve ser confiável, ou seja, deve estar livre de erros, desvios substanciais ou vieses relevantes e representar adequadamente aquilo que se propõe a representar" (Iudícibus, Sérgio de, José Carlos Marion, Ana Cristina de Faria, *Introdução à teoria da contabilidade*: para graduação, 6. ed., 2017, p. 114).

1053. "A Contabilidade apresenta uma grande necessidade de objetividade e de consistência em seus procedimentos, pois os registros e demonstrações contábeis podem ter reflexos até em disputas judiciais" (Iudícibus, Marion, Faria, *Introdução à teoria da contabilidade*: para graduação, 6. ed., 2017, p. 91).

1054. "A Auditoria pode ser feita por pessoa física (contador credenciado) ou por empresa de Auditoria (escritório). A opinião dada por empresa de Auditoria, normalmente, é mais confiável, principalmente porque há a preocupação com o prestígio da firma, muitas vezes representada em diversos países" (Iudícibus, Marion, Faria, *Introdução à teoria da contabilidade*: para graduação, 6. ed., 2017, p. 63).

partir de um arco histórico de tempo, considerando-se a atividade econômica de Receita e Despesa em desenvolvimento por um determinado patrimônio[1055].

Por isso, a atitude do contador ao lidar com dados e valores duvidosos tem de estar pautada pelos princípios da prudência[1056] e da visão conservadora, nunca se devendo contar com excessivo otimismo, em função da necessidade de evitar surpresas e previsões que não estejam devidamente lastreadas[1057].

6.3. Ética, legislação contábil e CFC

As entidades de cujas atividades exsurgem as orientações, as resoluções e as melhores diretrizes de atuação dada estão, para todo o setor, pelo *Conselho Federal de Contabilidade* (CFC), ao lado do *Instituto Brasileiro de Contadores* (Ibracon), além evidentemente da *Comissão de Valores Mobiliários* (CVM) e do *Comitê de Pronunciamentos Contábeis* (CPC)[1058]. As orientações que se seguem no Brasil estão de acordo com as Normas Internacionais para o setor, e seguem, em grande medida, as orientações mundiais que decorrem do período da década de 1930, logo após a quebra da Bolsa de Nova York, fato histórico que trouxe a necessidade de maior clareza e objetividade nos lineamentos éticos e principiológicos da área contábil[1059].

Em particular, o *Conselho Federal de Contabilidade* (CFC) baixa as principais orientações, diretrizes e regulamentações ligadas ao exercício das profissões contábeis, e, atualmente, a Resolução n. 1.282/2010 do CFC é responsável por definir o corpo dos grandes *princípios contábeis*[1060], que dão coordenadas importantes para todo o setor.

1055. "O Balanço Patrimonial é a peça contábil que retrata a posição (saldo) das contas de uma entidade após todos os lançamentos das operações de um período terem sido feitos, após todos os provisionamentos (depreciações, devedores duvidosos etc.) e ajustes, bem como após o encerramento das contas de Receita e Despesa também ter sido executado" (Iudícibus, Marion, Faria, *Introdução à teoria da contabilidade*: para graduação, 6. ed., 2017, p. 173).

1056. "Os princípios da prudência (CFC) e do conservadorismo (ECBC) tratam da mesma ideia básica, não apresentando diferenças relevantes em seu conteúdo" (Iudícibus, Marion, Faria, *Introdução à teoria da contabilidade*: para graduação, 6. ed., 2017, p. 114).

1057. "A posição conservadora (precaução) do Contador será evidenciada no sentido de antecipar prejuízo e nunca antecipar lucro. Dessa forma, ele não estará influenciando os acionistas, por exemplo, a um otimismo que poderá ser ilusório" (Iudícibus, Marion, Faria, *Introdução à teoria da contabilidade*: para graduação, 6. ed., 2017, p. 114).

1058. Cf. Iudícibus, Marion, Faria, *Introdução à teoria da contabilidade*: para graduação, 6. ed., 2017, p. 17.

1059. "A emissão de pronunciamentos sobre Princípios de Contabilidade para orientação dos contadores no exercício da sua profissão teve início nos Estados Unidos, na década de 1930, após a quebra da Bolsa de Nova Iorque" (Iudícibus, Marion, Faria, *Introdução à teoria da contabilidade*: para graduação, 6. ed., 2017, p. 70).

1060. "Atualmente, no Brasil, conforme a resolução CFC n. 1.282/10, devem ser denominados apenas de Princípios de Contabilidade" (Iudícibus, Marion, Faria, *Introdução à teoria da contabilidade*: para graduação, 6. ed., 2017, p. 69).

Assim, nos termos da referida Resolução, que atualiza os conteúdos da Resolução n. 750/93, podem-se ressaltar os seguintes princípios:

"Art. 5º O Princípio da Continuidade pressupõe que a Entidade continuará em operação no futuro e, portanto, a mensuração e a apresentação dos componentes do patrimônio levam em conta esta circunstância.

Art. 6º O Princípio da Oportunidade refere-se ao processo de mensuração e apresentação dos componentes patrimoniais para produzir informações íntegras e tempestivas.

Parágrafo único. A falta de integridade e tempestividade na produção e na divulgação da informação contábil pode ocasionar a perda de sua relevância, por isso é necessário ponderar a relação entre a oportunidade e a confiabilidade da informação.

Art. 7º O Princípio do Registro pelo Valor Original determina que os componentes do patrimônio devem ser inicialmente registrados pelos valores originais das transações, expressos em moeda nacional.

(...)

Art. 9º O Princípio da Competência determina que os efeitos das transações e outros eventos sejam reconhecidos nos períodos a que se referem, independentemente do recebimento ou pagamento.

Parágrafo único. O Princípio da Competência pressupõe a simultaneidade da confrontação de receitas e de despesas correlatas.

Art. 10. (...)

Parágrafo único. O Princípio da Prudência pressupõe o emprego de certo grau de precaução no exercício dos julgamentos necessários às estimativas em certas condições de incerteza, no sentido de que ativos e receitas não sejam superestimados e que passivos e despesas não sejam subestimados, atribuindo maior confiabilidade ao processo de mensuração e apresentação dos componentes patrimoniais".

6.4. O Código de Ética Profissional do Contador

A princípio, o mais recente *Código de Ética da Contabilidade* é datado de 1996, tendo representado um importante avanço no regramento da área. O Código se chama *Código de Ética Profissional do Contador* (CEPC), baixado pela Resolução n. 803/96 (com alterações dadas pela Resolução CFC n. 1.307, de 9-12-2010) do Conselho Federal de Contabilidade. Neste documento, o Código prescreve, em seu art. 2º:

"São deveres do Profissional da Contabilidade:

I – exercer a profissão com zelo, diligência, honestidade e capacidade técnica, observada toda a legislação vigente, em especial aos Princípios de Contabilidade e as Normas Brasileiras de Contabilidade, e resguardados os interesses de seus clientes e/ou empregadores, sem prejuízo da dignidade e independência profissionais;

II – guardar sigilo sobre o que souber em razão do exercício profissional lícito, inclusive no âmbito do serviço público, ressalvados os casos previstos em lei ou quando solicitado por autoridades competentes, entre estas os Conselhos Regionais de Contabilidade;

III – zelar pela sua competência exclusiva na orientação técnica dos serviços a seu cargo;

IV – comunicar, desde logo, ao cliente ou empregador, em documento reservado, eventual circunstância adversa que possa influir na decisão daquele que lhe formular consulta ou lhe confiar trabalho, estendendo-se a obrigação a sócios e executores;

V – inteirar-se de todas as circunstâncias, antes de emitir opinião sobre qualquer caso;

VI – renunciar às funções que exerce, logo que se positive falta de confiança por parte do cliente ou empregador, a quem deverá notificar com trinta dias de antecedência, zelando, contudo, para que os interesses dos mesmos não sejam prejudicados, evitando declarações públicas sobre os motivos da renúncia;

VII – se substituído em suas funções, informar ao substituto sobre fatos que devam chegar ao conhecimento desse, a fim de habilitá-lo para o bom desempenho das funções a serem exercidas;

VIII – manifestar, a qualquer tempo, a existência de impedimento para o exercício da profissão;

IX – ser solidário com os movimentos de defesa da dignidade profissional, seja propugnando por remuneração condigna, seja zelando por condições de trabalho compatíveis com o exercício ético-profissional da Contabilidade e seu aprimoramento técnico;

X – cumprir os Programas Obrigatórios de Educação Continuada estabelecidos pelo CFC;

XI – comunicar, ao CRC, a mudança de seu domicílio ou endereço e da organização contábil de sua responsabilidade, bem como a ocorrência de outros fatos necessários ao controle e fiscalização profissional;

XII – auxiliar a fiscalização do exercício profissional".

Ademais dos deveres, o Código ainda prevê vedações, previstas no art. 3º, quais sejam:

"No desempenho de suas funções, é vedado ao Profissional da Contabilidade:

I – anunciar, em qualquer modalidade ou veículo de comunicação, conteúdo que resulte na diminuição do colega, da Organização Contábil ou da classe, em detrimento aos demais, sendo sempre admitida a indicação de títulos, especializações, serviços oferecidos, trabalhos realizados e relação de clientes;

II – assumir, direta ou indiretamente, serviços de qualquer natureza, com prejuízo moral ou desprestígio para a classe;

III – auferir qualquer provento em função do exercício profissional que não decorra exclusivamente de sua prática lícita;

IV – assinar documentos ou peças contábeis elaborados por outrem, alheio à sua orientação, supervisão e fiscalização;

V – exercer a profissão, quando impedido, ou facilitar, por qualquer meio, o seu exercício aos não habilitados ou impedidos;

VI – manter Organização Contábil sob forma não autorizada pela legislação pertinente;

VII – valer-se de agenciador de serviços, mediante participação desse nos honorários a receber;

VIII – concorrer para a realização de ato contrário à legislação ou destinado a fraudá-la ou praticar, no exercício da profissão, ato definido como crime ou contravenção;

IX – solicitar ou receber do cliente ou empregador qualquer vantagem que saiba para aplicação ilícita;

X – prejudicar, culposa ou dolosamente, interesse confiado a sua responsabilidade profissional;

XI – recusar-se a prestar contas de quantias que lhe forem, comprovadamente, confiadas;

XII – reter abusivamente livros, papéis ou documentos, comprovadamente confiados à sua guarda;

XIII – aconselhar o cliente ou o empregador contra disposições expressas em lei ou contra os Princípios de Contabilidade e as Normas Brasileiras de Contabilidade editadas pelo Conselho Federal de Contabilidade;

XIV – exercer atividade ou ligar o seu nome a empreendimentos com finalidades ilícitas;

XV – revelar negociação confidenciada pelo cliente ou empregador para acordo ou transação que, comprovadamente, tenha tido conhecimento;

XVI – emitir referência que identifique o cliente ou empregador, com quebra de sigilo profissional, em publicação em que haja menção a trabalho que tenha realizado ou orientado, salvo quando autorizado por eles;

XVII – iludir ou tentar iludir a boa-fé de cliente, empregador ou de terceiros, alterando ou deturpando o exato teor de documentos, bem como fornecendo falsas informações ou elaborando peças contábeis inidôneas;

XVIII – não cumprir, no prazo estabelecido, determinação dos Conselhos Regionais de Contabilidade, depois de regularmente notificado;

XIX – intitular-se com categoria profissional que não possua, na profissão contábil;

XX – executar trabalhos técnicos contábeis sem observância dos Princípios de Contabilidade e das Normas Brasileiras de Contabilidade editadas pelo Conselho Federal de Contabilidade;

XXI – renunciar à liberdade profissional, devendo evitar quaisquer restrições ou imposições que possam prejudicar a eficácia e correção de seu trabalho;

XXII – publicar ou distribuir, em seu nome, trabalho científico ou técnico do qual não tenha participado;

XXIII – Apropriar-se indevidamente de valores confiados a sua guarda;

XXIV – Exercer a profissão demonstrando comprovada incapacidade técnica;

XXV – Deixar de apresentar documentos e informações quando solicitado pela fiscalização dos Conselhos Regionais.

No entanto, considerando os desafios mais contemporâneos da profissão nas áreas contábeis, o *Conselho Federal de Contabilidade* (CFC), por meio da Portaria CFC n. 45/2017, resolve compor Comissão de especialistas, visando a construção de um novo referencial normativo para o campo da Ética Profissional do Contador. Pretendia-se que o documento, após passar por deliberações internas e por consulta pública, viesse a lume em 2018, sendo rebatizado de *Norma Brasileira de Contabilidade Profissional Geral* (NBC PG). A nova regulamentação parece atender à expectativa de adaptação da *Ética Profissional* em tempos de grande complexidade, celeridade e novas tecnologias, sabendo-se que as empresas contábeis têm inúmeras tarefas a desempenhar em situações econômicas adversas e em contextos de escândalos éticos no universo negocial-gerencial que tornam ainda mais importante o reforço do compromisso da profissão como um todo com a integridade.

394

7. ÉTICA E CARREIRA DIPLOMÁTICA

A carreira na área diplomática envolve papéis institucionais de escala ascendente, desde a função de Terceiro(a)-Secretário(a), Segundo(a)-Secretário(a), Primeiro(a)--Secretário(a), Conselheiro(a), Ministro(a) de Segunda Classe e Embaixador(a). Tradicionalmente, o acesso à carreira diplomática envolve o interesse de cursos diversos, tais quais o curso de Direito, o curso de Economia e o curso de Ciências Políticas, ademais dos mais recentes cursos de Relações Internacionais. Sabendo-se que o acesso às carreiras se faz através de concurso público para integrar órgão federal (Ministério das Relações Exteriores)[1061], a carreira exige conhecimentos interdisciplinares, formação humanista e visão global das enormes transformações que atravessam as interações entre os Estados, os povos e as nações. Após a aprovação em concurso público, para investidura no cargo, inicia-se uma carreira que é feita de atividades que lhe são inerentes, mas também de formação continuada, tendo em vista o papel que o *Instituto Rio Branco* possui na formação permanente das carreiras diplomáticas[1062].

A ter-se presente o que dispõe o art. 3º da Lei n. 11.440/2006, que trata das diversas instâncias de organização do serviço público exterior do Brasil, as carreiras diplomáticas apontam para as atividades de representação (1), negociação (2), informação (3) e proteção dos interesses brasileiros no exterior (4) (Art. 3º "Aos servidores da Carreira de Diplomata incumbem atividades de natureza diplomática e consular, em seus aspectos específicos de representação, negociação, informação e proteção de interesses brasileiros no campo internacional"). Portanto, aqui se têm presentes os quatro eixos fundamentais de organização das atividades diplomáticas e consulares. E isso, considerando-se a inserção do profissional das carreiras diplomáticas, em meio à complexidade, turbulência, diversidade cultural e interesses em disputa dos diferentes povos, nações e Estados, em ambiente internacional.

A tarefa é, pois, altamente exigente, em termos de qualificação profissional (1), capacitação técnica (2), habilidades de negociação (3), capacidade de diálogo (4), sen-

---

1061. No art. 35 da Lei n. 11.440/2006, lê-se: "O ingresso na Carreira de Diplomata far-se-á mediante concurso público de provas ou de provas e títulos, de âmbito nacional, organizado pelo Instituto Rio Branco. Parágrafo único. A aprovação no concurso habilitará o ingresso no cargo da classe inicial da Carreira de Diplomata, de acordo com a ordem de classificação obtida, bem como a matrícula no Curso de Formação do Instituto Rio Branco".

1062. A este respeito: "O treinamento durante a carreira é intenso e contínuo, pois o diplomata tem de ser capaz, entre outros, de bem representar o Brasil perante a comunidade de nações; colher as informações necessárias à formulação de nossa política externa; participar de reuniões internacionais e, nelas, negociar em nome do Brasil; assistir as missões no exterior de setores do governo e da sociedade; proteger os interesses de seus compatriotas; e promover a cultura e os valores de nosso povo. Você será preparado para tratar — tendo sempre como ponto de referência os interesses do país — de uma série de temas, que vão desde paz e segurança, normas de comércio e relações econômicas e financeiras até direitos humanos, meio ambiente, tráfico ilícito de drogas, fluxos migratórios, passando, naturalmente, por tudo que diga respeito ao fortalecimento dos laços de amizade e cooperação do Brasil com seus múltiplos parceiros externos" (Informações extraídas do *site* http://www.institutoriobranco.itamaraty.gov.br/a-carreira-de-diplomata. Acesso em 2-12-2019).

sibilidade diplomática (5) e responsabilidade político-institucional (6). Trata-se de uma carreira influente, sem dúvida nenhuma, mas de exigente exercício de mobilidade internacional, domínio de idiomas, ambientação cultural e atualidade de conhecimentos relevantes para as relações internacionais e o direito internacional, em ambientes de alta combustão e em permanente estado de transformação. Por isso, para o cumprimento de seus misteres, e considerados os específicos desafios do exercício de suas funções, algumas garantias são asseguradas aos profissionais das carreiras diplomáticas, nos termos do art. 16 da Lei n. 11.440/2006, a exemplo do passaporte diplomático[1063].

7.1. Ética, relações internacionais e cidadania cosmopolita

A ética das relações internacionais não se resume à ética profissional das carreiras diplomáticas. Pelo contrário, estas estão subsumidas no interior daquela. As relações internacionais apontam para um cenário de integração crescente dos povos. Assim, para um mundo em processo de integração deve seguir uma agenda reflexiva e política de construção de uma *vida em comum*, que não agrida as diferenças, as tradições e as culturas, mas que proporcione o *solo comum*. Assim, com as relações internacionais, considerando-se o tráfego do ir e vir dos interesses do capitalismo da era global, da interconexão das comunicações e da codependência em termos de matéria-prima e trabalho transnacional, o mundo entra numa etapa sem retorno de consolidação de bases de uma vida comum planetária[1064]. As relações internacionais, na agenda contemporânea, interessam aos Estados-nação, aos povos, às comunidades tradicionais, aos sujeitos de direito internacional, às empresas, aos defensores de direitos humanos, às organizações não governamentais e aos ativistas em diversos temas, que vão do meio-ambiente à defesa do patrimônio mundial[1065]. Isso define muito do que é a atividade no campo das relações internacionais, enquanto processo de codependência e integração globais. O contexto, a conjuntura e o estado das relações internacionais apontam para a impossibilidade do isolamento do Estado--nação dentro da grande orquestra do convívio global.

1063. Nos termos do art. 16 da Lei 11.440/2006: "Além das garantias decorrentes do exercício de seus cargos e funções, ficam asseguradas aos servidores do Serviço Exterior Brasileiro as seguintes prerrogativas: I — uso dos títulos decorrentes do exercício do cargo ou função; II — concessão de passaporte diplomático ou de serviço, na forma da legislação pertinente; e III — citação em processo civil ou penal, quando em serviço no exterior, por intermédio do Ministério das Relações Exteriores. Parágrafo único. Estendem-se aos inativos das Carreiras do Serviço Exterior Brasileiro as prerrogativas estabelecidas nos incisos I e II do *caput* deste artigo".

1064. "Um dos signos principais dessa história, da globalização do capitalismo, é o desenvolvimento do capital em geral, transcendendo mercados e fronteiras, regimes políticos e projetos nacionais, regionalismos e geopolíticas, culturas e civilizações. Desde o fim da Segunda Guerra Mundial, e em escala ainda mais ampla desde o término da Guerra Fria, o capital adquiriu proporções propriamente universais" (Ianni, *A era do globalismo*, 2004, p. 17).

1065. "O que é certo, em todo caso, é que a reflexão sobre a ética das relações internacionais deve articular-se em torno destas quatro dimensões: os sujeitos coletivos, os fins, os meios e a estrutura do meio" (Hassner, Pierre, *verbete* Relações Internacionais, *in Dicionário de Ética e Filosofia Moral* (CANTO-SPERBER, Monique, org.), 2003, v. 2, p. 480).

Mas isso também torna necessária a construção de uma agenda de vida comum, nos termos de uma *ética global*. Nestes termos, uma *ética global* somente pode emergir como revelação da ética da *cidadania cosmopolita*. De inspiração claramente kantiana – a despeito das demais correntes hobbesiana e grociana que costumam orientar as relações internacionais – [1066], ainda que revisitada, a concepção tem a ver com a constituição de todo um arsenal de instituições governamentais e não governamentais, em torno da ONU[1067], no sentido da construção das condições para uma paz permanente entre os povos, um claro resultado dos esforços que se sucederam ao pós-2ª Guerra Mundial[1068]. Assim, a concepção de uma *cidadania cosmopolita* (e, por consequência, o *direito cosmopolita*) é uma exigência do século XXI, no sentido do aprofundamento do convívio pacífico entre os povos, na medida da realização de um compromisso de solidariedade e cidadania, e é vista pelo filósofo alemão Jürgen Habermas como o resultado da extensão da ideia do Estado de Direito[1069]. Isso implica uma larga agenda de compromissos políticos, atividades diplomáticas e de cooperação internacional, que passam pela universalização dos direitos humanos, pela superação das mazelas dos povos (como a guerra, a violência e a fome), pela criação de ambientes internacionais de diálogo, tolerância, liberdade, prosperidade e integração. Não por outro motivo, a demanda por profissionais qualificados para a atuação em ambiente internacional não requer apenas um compromisso com um código de ética válido localmente, mas, sobretudo, um compromisso planetário com a formação da *cidadania cosmopolita*.

1066. Cf. Hassner, Pierre, *verbete* Relações Internacionais, *in Dicionário de Ética e Filosofia Moral* (CANTO-SPERBER, Monique, org.), 2003, v. 2, p. 481. Ademais, leia-se: "A distinção estabelecida para o itinerário dos estados modernos trata (1) da tradição realista, de cunho hobbesiano, que considera a política internacional como a arte da guerra; (2) da tradição internacionalista, de inspiração grociana, que enfatiza a cooperação e a concorrência regulada entre estados soberanos; e (3) da tradição universalista, fundamentada no pensamento kantiano, que busca ver na política internacional a atuação (e a realização) da comunidade potencial da humanidade e a efetivação da regra da solidariedade. É voz corrente, na literatura pertinente, que as duas primeiras fórmulas, em grau mais ou menos forte, predominaram até meados do século 20. A terceira fórmula, precedida por diversos intentos até a instalação da ONU, vem fazendo seu caminho ao longo da segunda metade do século 20" (Martins, Ética e relações internacionais: elementos de uma agenda político-cultural, *in Revista Brasileira de Política Internacional*, v. 44, n. 2, Brasília, jul.-dez. 2001. Disponível em www.scielo.com. Acesso em 2-12-2019).

1067. "Depois do fim da Segunda Guerra Mundial, a ideia da paz perpétua ganhou uma forma palpável nas instituições, declarações e políticas das Nações Unidas (bem como em outras organizações supranacionais)" (Habermas, *A inclusão do outro*: estudos de teoria política, 2002, p. 199-200).

1068. Cf. Habermas, *A inclusão do outro*: estudos de teoria política, 2002, p. 198 e 199.

1069. "O direito cosmopolita é uma consequência da ideia do Estado de direito. Só com ele é que se constrói uma simetria entre a ordenação jurídica do trânsito social e político, para além e para aquém das fronteiras do Estado" (Habermas, *A inclusão do outro*: estudos de teoria política, 2002, p. 224).

7.2. Ética e principiologia das relações internacionais

Ademais do processo de globalização, no que tange à inserção do país nas relações internacionais, é importante a valorização do *regionalismo* na inserção latino-americana do país, à parte a consideração das relações de *bilateralidade* e de *multilateralidade* na qual se inserem os Estados-nação, especialmente consideradas as experiências mais avançadas de integração, tal qual a da União Europeia[1070]. E, nisto, a Constituição Federal de 1988 confere o tracejado inicial ao tema, quando define o conjunto de princípios jurídicos que deverão orientar a atuação do país nas relações internacionais, inspirada nas grandes diretrizes que orientam o *Direito Internacional* e a comunidade internacional[1071]. E isso porque os princípios jurídicos de matiz constitucional têm força diretiva, para as relações internacionais, na medida em que o art 4º da CF/88 dispõe que:

> "A República Federativa do Brasil rege-se nas suas relações internacionais pelos seguintes princípios: I – independência nacional; II – prevalência dos direitos humanos; III – autodeterminação dos povos; IV – não intervenção; V – igualdade entre os Estados; VI – defesa da paz; VII – solução pacífica dos conflitos; VIII – repúdio ao terrorismo e ao racismo; IX – cooperação entre os povos para o progresso da humanidade; X – concessão de asilo político. Parágrafo único. A República Federativa do Brasil buscará a integração econômica, política, social e cultural dos povos da América Latina, visando à formação de uma comunidade latino-americana de nações".

Mas, deve-se ter presente que o art. 4º não é um artigo a mais na conformação da Constituição Federal de 1988. Em verdade, o art. 4º é um importante passo à frente, no sentido da inserção do Brasil diplomaticamente no cenário internacional, bem como a orientação por princípios diretivos – que funcionam como guias e balizas axiológicas, a nortearem a atuação do país – no processo de processo de reabertura política que sucedeu ao período da ditadura civil-militar do período de 1964-1985[1072]. Nesta identificação da inserção do país no cenário internacional, e diante de diversos aspectos da agenda global, há de se verificar que a conjuntura coloca o Brasil no

---

1070. "O art. 4º da Constituição de 1988 é representativo da abertura ao mundo, inerente a um regime democrático" (Lafer, *A internacionalização dos direitos humanos:* Constituição, racismo e relações internacionais, 2005, p. 13).

1071. "O art. 4º da Constituição de 1988 é indicativo desta abertura, pois os princípios nele positivados estão próximos dos que basicamente regem, de acordo com o Direito Internacional Público, *ex vi* do art. 2º da Carta da ONU, a comunidade internacional" (Lafer, *A internacionalização dos direitos humanos:* Constituição, racismo e relações internacionais, 2005, p. 13).

1072. "No art. 4º, a clara nota identificadora da passagem do regime autoritário para o Estado democrático de direito é o princípio que assevera a prevalência dos direitos humanos (art. 4º, II). Este princípio afirma uma visão de mundo — que permeia a Constituição de 1988 — na qual o exercício do poder não pode se limitar à perspectiva dos governantes, mas deve incorporar a perspectiva da cidadania" (Lafer, *A internacionalização dos direitos humanos:* Constituição, racismo e relações internacionais, 2005, p. 13).

398

centro de inúmeras preocupações, tais quais a defesa universal dos direitos humanos, a tradição de busca de soluções pacíficas nas relações internacionais e a luta pela proteção do meio ambiente saudável e íntegro[1073].

7.3. Ética, diplomacia e regime disciplinar das carreiras diplomáticas

No que tange ao Regime Disciplinar das carreiras diplomáticas, é muito clara a aplicação da legislação cabível aos servidores do serviço exterior brasileiro, a saber, o *Regime Único dos Servidores Públicos da União* (Lei n. 8.112/90) e os dispositivos da Lei n. 11.440/2006, ademais de outros documentos de caráter administrativo e institucional.

Assim, em termos genéricos, cabe verificar que o *Regime Único dos Servidores Públicos da União* (Lei n. 8.112/90) prescreve que são deveres do servidor público (art. 116):

"I – exercer com zelo e dedicação as atribuições do cargo; II – ser leal às instituições a que servir; III – observar as normas legais e regulamentares; IV – cumprir as ordens superiores, exceto quando manifestamente ilegais; V – atender com presteza: a) ao público em geral, prestando as informações requeridas, ressalvadas as protegidas por sigilo; b) à expedição de certidões requeridas para defesa de direito ou esclarecimento de situações de interesse pessoal; c) às requisições para a defesa da Fazenda Pública; VI – levar as irregularidades de que tiver ciência em razão do cargo ao conhecimento da autoridade superior ou, quando houver suspeita de envolvimento desta, ao conhecimento de outra autoridade competente para apuração; VII – zelar pela economia do material e a conservação do patrimônio público; VIII – guardar sigilo sobre assunto da repartição; IX – manter conduta compatível com a moralidade administrativa; X – ser assíduo e pontual ao serviço; XI – tratar com urbanidade as pessoas; XII – representar contra ilegalidade, omissão ou abuso de poder. Parágrafo único. A representação de que trata o inciso XII será encaminhada pela via hierárquica e apreciada pela autoridade superior àquela contra a qual é formulada, assegurando-se ao representando ampla defesa".

Ademais, ainda no campo das disposições genéricas, é possível identificar o campo das proibições, quando se lê, no art. 117, o que segue:

"I – ausentar-se do serviço durante o expediente, sem prévia autorização do chefe imediato; II – retirar, sem prévia anuência da autoridade competente, qualquer documento ou objeto da repartição; III – recusar fé a documentos públicos; IV – opor resistência injustificada ao andamento de documento e processo ou execução de serviço; V – promover manifestação de apreço ou desapreço no recinto da repartição; VI – cometer a pessoa estranha à repartição, fora dos casos previstos em lei, o desempenho de atribuição que seja de sua responsabilidade ou de seu subordinado; VII – coagir ou aliciar

---

1073. "Existe, de certo modo, convergência no consenso sobre a paz, os direitos humanos e o meio ambiente, o fundamentalismo islâmico figurando como exceção e como neoinimigo público número um eventual" (Hassner, Pierre, *verbete* Relações Internacionais, *in Dicionário de Ética e Filosofia Moral* (CANTO-SPERBER, Monique, org.), 2003, v. 2, p. 485).

subordinados no sentido de filiarem-se a associação profissional ou sindical, ou a partido político; VIII – manter sob sua chefia imediata, em cargo ou função de confiança, cônjuge, companheiro ou parente até o segundo grau civil; IX – valer-se do cargo para lograr proveito pessoal ou de outrem, em detrimento da dignidade da função pública; X – participar de gerência ou administração de sociedade privada, personificada ou não personificada, exercer o comércio, exceto na qualidade de acionista, cotista ou comanditário; XI – atuar, como procurador ou intermediário, junto a repartições públicas, salvo quando se tratar de benefícios previdenciários ou assistenciais de parentes até o segundo grau, e de cônjuge ou companheiro; XII – receber propina, comissão, presente ou vantagem de qualquer espécie, em razão de suas atribuições; XIII – aceitar comissão, emprego ou pensão de estado estrangeiro; XIV – praticar usura sob qualquer de suas formas; XV – proceder de forma desidiosa; XVI – utilizar pessoal ou recursos materiais da repartição em serviços ou atividades particulares; XVII – cometer a outro servidor atribuições estranhas ao cargo que ocupa, exceto em situações de emergência e transitórias; XVIII – exercer quaisquer atividades que sejam incompatíveis com o exercício do cargo ou função e com o horário de trabalho; XIX – recusar-se a atualizar seus dados cadastrais quando solicitado".

Estas disposições são genéricas, pois valem a toda qualidade de servidor público federal. Mas, na condição de servidores públicos no exterior, as carreiras diplomáticas exigem uma disciplina mais específica, e um tratamento mais afunilado (cuja correição é exercida pela Corregedoria do Serviço Exterior)[1074], no que tange ao compromisso com as relações internacionais e o perfil da carreira, o que vem disciplinado na Lei n. 11.440/2006, que, ao tratar dos deveres dos servidores, explicita:

"Art. 27. Além dos deveres previstos no Regime Jurídico Único dos Servidores Públicos Civis da União, constituem deveres específicos do servidor do Serviço Exterior Brasileiro:

I – atender pronta e solicitamente ao público em geral, em especial quando no desempenho de funções de natureza consular e de assistência a brasileiros no exterior;

II – respeitar as leis, os usos e os costumes dos países onde servir, observadas as práticas internacionais;

III – manter comportamento correto e decoroso na vida pública e privada;

IV – dar conhecimento à autoridade superior de qualquer fato relativo à sua vida pessoal, que possa afetar interesse de serviço ou da repartição em que estiver servindo; e

---

1074. A respeito do Processo Disciplinar, deve-se atentar para os seguintes dispositivos da Lei n. 11.440/2006: "Art. 30. A Corregedoria do Serviço Exterior, em caso de dúvida razoável quanto à veracidade ou exatidão de informação ou denúncia sobre qualquer irregularidade no âmbito do Serviço Exterior Brasileiro, determinará a realização de sindicância prévia, com o objetivo de coligir dados para eventual instauração de processo administrativo disciplinar. Art. 31. O processo administrativo disciplinar será instaurado pela Corregedoria do Serviço Exterior, que designará, para realizá-lo, Comissão constituída por 3 (três) membros efetivos. § 1º A Comissão contará entre seus membros com, pelo menos, 2 (dois) servidores de classe igual ou superior à do indiciado e, sempre que possível, de maior antiguidade do que este. § 2º Ao designar a Comissão, a Corregedoria do Serviço Exterior indicará, dentre seus membros, o respectivo presidente, ao qual incumbirá a designação do secretário. Art. 32. Durante o processo administrativo disciplinar, a Corregedoria do Serviço Exterior poderá determinar o afastamento do indiciado do exercício do cargo ou função, sem prejuízo de seus vencimentos e vantagens, ou a sua reassunção a qualquer tempo".

V – solicitar, previamente, anuência da autoridade competente, na forma regulamentar, para manifestar-se publicamente sobre matéria relacionada com a formulação e execução da política exterior do Brasil.

Art. 28. São deveres do servidor do Serviço Exterior Brasileiro no exercício de função de chefia, no Brasil e no exterior:

I – defender os interesses legítimos de seus subordinados, orientá-los no desempenho de suas tarefas, estimular-lhes espírito de iniciativa, disciplina e respeito ao patrimônio público;

II – exigir de seus subordinados ordem, atendimento pronto e cortês ao público em geral e exação no cumprimento de seus deveres, bem como, dentro de sua competência, responsabilizar e punir os que o mereçam, comunicando as infrações à autoridade competente; e

III – dar conta à autoridade competente do procedimento público dos subordinados, quando incompatível com a disciplina e a dignidade de seus cargos ou funções.

Art. 29. Além das proibições capituladas no Regime Jurídico Único dos Servidores Públicos Civis da União, ao servidor do Serviço Exterior Brasileiro é proibido:

I – divulgar, sem anuência da autoridade competente, informação relevante para a política exterior do Brasil, a que tenha tido acesso em razão de desempenho de cargo no Serviço Exterior Brasileiro;

II – aceitar comissão, emprego ou pensão de governo estrangeiro sem licença expressa do Presidente da República;

III – renunciar às imunidades de que goze em serviço no exterior sem expressa autorização da Secretaria de Estado;

IV – valer-se abusivamente de imunidades ou privilégios de que goze em país estrangeiro; e

V – utilizar, para fim ilícito, meio de comunicação de qualquer natureza do Ministério das Relações Exteriores".

7.4. Ética e compromissos diplomáticos

Neste compasso, no exercício das carreiras diplomáticas, é importante ressaltar que não existe uma diferença muito grande entre a vida privada e a vida pública; os compromissos diplomáticos exigem rigorosa postura de vida social para as carreiras diplomáticas, quanto para as carreiras da judicatura. A conexão estabelecida entre a vida privada e a vida pública pode colocar em risco o exercício das atividades profissionais, daí sua previsão explícita (mais do que implícita), nos termos do que dispõe o art. 25 da Lei n. 11.440/2006 ("Ao servidor do Serviço Exterior Brasileiro, submetido aos princípios de hierarquia e disciplina, incumbe observar o conjunto de deveres, atribuições e responsabilidades previstas nesta Lei e em disposições regulamentares, tanto no exercício de suas funções, quanto em sua conduta pessoal na vida privada").

Assim, as exigências das carreiras diplomáticas passam um pouco além da simples codificação da conduta profissional, exigindo um vínculo que, no limite, é, de um lado, um vínculo com o serviço público, de outro lado, um vínculo com a nação e os seus valores, mas ainda, e, por último, um vínculo com o mundo e os desafios da humanidade. Assim, é grave o peso da *agenda internacional* sobre os profissionais de carreiras diplomáticas: representação, negociação, informação, proteção dos interesses brasileiros. Não bastasse isso, os compromissos diplomáticos reclamam dos profissionais atuantes na área, respeito à hierarquia, dever de sigilo, uma atitude de quem zela permanentemente pela paz, pelo equilíbrio geopolítico global, pelo diálogo intercultural, e, com isso, evita (impede; supera; arbitra): atritos, ruptura de relações internacionais e até mesmo guerras; gerar situações de traição aos interesses nacionais; a violação de protocolos de segurança nacional; a violação a sigilo de dados e conteúdos digitais de interesse nacional; a violação da paridade de tratados internacionais; a violação de regras de direitos humanos; perdas substanciais nas negociações comerciais internacionais; a violação de códigos culturais de respeito a povos e tradições diversos; a desestabilização de relações internacionalmente reconhecidas e estabelecidas. De toda forma, o profissional que atua nas carreiras diplomáticas cresce em importância, no contexto da mundialização da política, da integração global e dos desafios climáticos e planetários comuns.

PARTE III
ÉTICA JURÍDICA

1. ÉTICA E PROFISSÃO JURÍDICA

Assim como toda profissão, a profissão jurídica encontra seus mandamentos basilares estruturados em princípios gerais de atuação, de acordo com as especificidades dessa atividade social e de acordo com os efeitos dessa atividade em meio às demais[1075]. Ao conjunto de regras e princípios que regem as atividades profissionais do direito se chama deontologia forense[1076].

O que há de peculiar nesse *métier* é que as profissões jurídicas são, se não em sua totalidade, ao menos em sua quase totalidade, profissões regulamentadas, legalizadas, regidas por normas e princípios jurídicos e éticos, de modo que seu exercício, por envolver questões de alto grau de interesse coletivo, não são profissões de livre exercício, mas sim de exercício vinculado a deveres, obrigações e comportamentos regrados. Esses comportamentos regrados vêm expressos em legislação que regulamenta a profissão, ou em códigos éticos, ou em regimentos internos, ou em portarias, regulamentos e circulares, ou até mesmo em texto constitucional. O que se encontra implícito nos princípios deontológicos é explicitado por meio de comandos prescritivos da conduta profissional jurídica.

Se se pode dizer que existem mandamentos éticos comuns a todas as profissões jurídicas[1077], isso se deve ao fato de todas desempenharem importante função social.

1075. O próprio direito do trabalho encontra-se atrelado a esse compromisso ético na atualidade, conforme se vê aqui descrito: "Ética e Direito são dimensões recíprocas da vida humana, referenciais para as relações na sociedade. De pronto envolvem a nobreza com que conduzimos nossas ações e o respeito com que tratamos o semelhante. É precisamente no contexto atual que Ética e Direito contabilizam a busca de marcos de referência, de propostas éticas no Direito que cuidam dos anseios e realizações sociais. A preocupação é hoje na direção de uma sociedade eticamente bem regulada contra as discriminações, as violações dos direitos humanos, a corrupção, as enormes diferenças, a exploração e a impunidade no atual contexto. A ética cristã caminhou pela história, estreitamente ligada ao Direito do Trabalho" (Cássio Mesquita Barros Júnior, *A ética no direito do trabalho*, in Martins (coord.), *Ética no direito e na economia*, 1999, p. 55).

1076. "Deontologia é a teoria dos deveres. Deontologia profissional se chama o complexo de princípios e regras que disciplinam particulares comportamentos do integrante de uma determinada profissão. *Deontologia Forense* designa o conjunto das normas éticas e comportamentais a serem observadas pelo profissional jurídico" (Nalini, *Ética geral e profissional*, 1999, p. 173).

1077. Apesar de, por vezes, a própria lei se utilizar da expressão "ética profissional" como um gênero universal a todos comum. Veja-se neste exemplo: Lei n. 7.210, de 11-7-1984 (*DOU*, 13-7-1984)

É de interesse da coletividade o efetivo controle dos atos dos operadores do direito. Porém, não existe uma regra que domine e resolva de modo formular todos os problemas éticos dos profissionais das diversas carreiras jurídicas (públicas e privadas). Cada qual possui suas peculiaridades, e respeitá-las significa adentrar nas minúcias que delineiam sua identidade[1078].

Existem, pois, regramentos específicos que impedem que se fale numa ética comum a todas as carreiras jurídicas, mas, mesmo assim, podem-se enunciar alguns princípios gerais e comuns a todas as carreiras jurídicas, a saber, entre outros: o princípio da cidadania, segundo o qual se deve conferir a maior proteção possível aos mandamentos constitucionais que cercam e protegem o cidadão brasileiro; o princípio da efetividade, segundo o qual se deve conferir a maior eficácia possível aos atos profissionais praticados, no sentido de que surtam os efeitos desejados; o princípio da probidade, segundo o qual se deve orientar o profissional pelo zeloso comportamento na administração do que é seu e do que é comum; o princípio da liberdade, que faz do profissional ser altaneiro e independente em suas convicções pessoais e em seu modo de pensar e refletir os conceitos jurídicos; o princípio da defesa das prerrogativas profissionais, com base no qual o profissional deve proteger as qualidades profissionais de sua categoria com base nas quais se estabelecem as suas características intrínsecas; os princípios da informação e da solidariedade, para que haja clareza, publicidade e cordialidade nas relações entre profissionais do direito e, inclusive, outros profissionais[1079].

(Institui a Lei de Execução Penal): Título II — Do Condenado e do Internado (arts. 5º a 60), Capítulo I — Da Classificação (arts. 5º a 9º), "Art. 9º A Comissão, no exame para a obtenção de dados reveladores da personalidade, observando a *ética profissional* e tendo sempre presentes peças ou informações do processo, poderá: I — entrevistar pessoas; II — requisitar, de repartições ou estabelecimentos privados, dados e informações a respeito do condenado; III — realizar outras diligências e exames necessários".

1078. Veja-se, a título exemplificativo, o que dispõe o seguinte decreto acerca da especificidade do Código de Ética Profissional: Decreto n. 2.134, de 24-1-1997 (*DOU*, 27-1-1997) (Regulamenta o art. 23 da Lei n. 8.159, de 8-1-1991, que dispõe sobre a Categoria dos Documentos Públicos Sigilosos e o Acesso a Eles, e dá outras providências): Capítulo VI — Das Disposições Finais (arts. 32 a 35), "Art. 32. Os agentes públicos responsáveis pela custódia de documentos sigilosos estão sujeitos às regras referentes ao sigilo *profissional* e ao seu código específico de *ética*".

1079. "A enunciação de *princípios éticos gerais*, aplicáveis às profissões forenses, é sempre algo de discricionário. Poder-se-ia multiplicar a relação dos *princípios*, incluindo-se inúmeros outros, alguns lembrados por autores que também se dedicaram ao estudo da ética.

"Dentre eles, mencione-se os princípios da *informação*, da *solidariedade*, da *cidadania*, da *residência*, da *localização*, da *efetividade* e da *continuidade* da profissão forense, o princípio da *probidade profissional*, que pode confundir-se com o princípio da *correção*, o princípio da *liberdade profissional*, da *função social* da profissão, a *severidade para consigo mesmo*, a *defesa das prerrogativas profissionais*, o princípio da *clareza, pureza* e *persuasão na linguagem*, o princípio da *moderação* e o da *tolerância*.

"Todos eles se prestam ao serviço de atilar a postura prudencial dos operadores jurídicos, favorecendo-os a um exame de consciência para constatar como pode ser aferido eticamente o próprio comportamento. Na maior parte das vezes, esse profissional é o único árbitro de sua conduta. Além

Uma vez vistos os diversos princípios que, com suas grandes marcas, definem o *modus* de atuação das profissões jurídicas, deve-se indicar o quanto as profissões jurídicas no mundo contemporâneo estão desafiadas por outras pressões, advindas das próprias condições histórico-sociais. Três grandes eixos de preocupações podem ser apresentados:

I) a questão da eficiência da justiça:

As manifestações de rua de junho de 2013 constituem um marco histórico contemporâneo que registra a insatisfação da população com relação a um inumerável caudal de questões, todas muito ligadas ao Estado brasileiro. A qualidade do serviço público, o elevado custo de vida, a violência repressora da polícia, a corrupção na política, a impunidade e a persistência de graves índices de abusos institucionais, a inércia na reforma política etc. Muitas são as causas do recente levante popular, que ocupou as ruas de centenas de cidades pelo país afora. Isso deve preocupar o exercício das profissões jurídicas, uma vez que todas têm algo a ver com as relações de produção das condições para o alcance e o exercício da justiça, como equilíbrio das relações sociais. Assim, a insatisfação generalizada aponta uma insatisfação que pode ser absorvida como demanda por mais justiça social. Os profissionais do direito podem e devem contribuir decisivamente para a produção de insumos que tragam diferenças, criativas e necessárias, para o implemento do processo de transformação social que possa atrair resultados no plano da definição de quadros socialmente mais justos e equilibrados.

II) a questão da probidade das profissões jurídicas:

As profissões jurídicas desempenham papel socialmente relevante e, geralmente, influem de modo maximizado na produção de resultados no campo da interação humana em sociedade. Assim, as profissões jurídicas devem estar ligadas a formas de atuação que muito oneram a perspectiva de atuação não só de cada profissional em particular, mas de todo o sistema de justiça, perante a imaginação pública, pela opinião pública e como garantia de uma sociedade mais justa. Portanto, a probidade, a correção, a lisura, a discrição, a eficiência, a ponderação devem acompanhar como parceiras os exercentes das profissões que mais diretamente têm a ver com a busca e realização do equilíbrio nas interações humanas.

III) a questão da complexidade do agir:

As profissões jurídicas estão cercadas por altíssimo grau de complexidade, quando se trata de enxergar o ambiente de resolução de conflitos. E isso, em função de uma série, não finita, de questões que perpassam o ambiente social contemporâneo: a) elevados níveis de violência; b) fatores combinados impactam numa única demanda por justiça; c) soluções unilaterais são incapazes de traduzir resultados; d) apara-

---

de se tornar, com isso, mais escrupuloso, deve ter em mente que os cânones dos códigos éticos, a recomendação da doutrina e a produção pretoriana dos respectivos *tribunais éticos* não excluem deveres que resultam de sua consciência e do ideal de virtude, inspiração maior do profissional do direito" (Nalini, *Ética geral e profissional*, 1999, p. 193-194).

tos burocráticos e legais, muitas vezes, estão inadaptados a servirem de instrumentos para a concretização de justiça; e) déficits de investimentos muitas vezes dificultam, por meio de quadro de pessoal técnico treinado e capacitado, alcançar a realização de tantas demandas simultâneas; f) o escasso número de bons profissionais, somado às poucas vagas para o exercício de profissões definidas no quadro das instituições, torna a dimensão do quadro de pessoal uma equação de difícil proporção, na administração e gestão do processo de preparação para as profissões, na qualidade do ensino jurídico nacional e no enfrentamento dos problemas práticos inerentes a cada profissão jurídica; g) uma sociedade de democracia recente, e pouco consolidada, dá a impressão de uma urgência resolutiva somada a uma insegurança de instituições, que acaba por resultar em dificuldades operacionais na afirmação de soluções adequadas às demandas por justiça; h) uma sociedade em transformação, para a qual os paradigmas estão em processo de reflexão, revisão e remontagem, gera ainda maiores dificuldades de identificação de quais sejam os rumos, os valores e as prioridades a serem enfrentadas.

Respeitando-se e obedecendo-se às nuances que caracterizam e diferenciam as carreiras jurídicas entre si é que se dedicará espaço somente para a discussão do estatuto ético de cada uma das principais carreiras do direito. Assim, prevê-se uma discussão específica sobre os principais mandamentos e as prescrições fundamentais que estão a reger o comportamento dos seguintes profissionais jurídicos: agentes e funcionários públicos; advogados, defensores públicos e procuradores do Estado; juízes, ministros e desembargadores; promotores e procuradores de justiça; professores, cientistas do direito e juristas.

2. O CONTROLE DA CONDUTA DOS PROFISSIONAIS DO DIREITO

Os profissionais do direito, além de possuírem um regramento específico de suas atividades profissionais, pela importância e pelo caráter social de que se revestem suas profissões, têm também um controle do efetivo cumprimento das normas que regem seus misteres profissionais. Isso quer dizer que existem órgãos censórios revestidos de poder decisório bastante inclusive para a cassação da habilitação profissional, do cargo, da função ou da atividade exercida pelo profissional do direito[1080].

1080. O mesmo é válido para outras demais profissões regulamentadas, como a engenharia: Lei n. 5.194, de 24-12-1966 (*DOU*, 27-12-1966) (Regula o Exercício das Profissões de Engenheiro, Arquiteto e Engenheiro Agrônomo, e dá outras providências): Título II — Da Fiscalização do Exercício das Profissões, Capítulo IV—Das Câmaras Especializadas, Seção I — Da Instituição das Câmaras e suas Atribuições, "Art. 46. São atribuições das Câmaras Especializadas: a) julgar os casos de infração da presente lei, no âmbito de sua competência *profissional* específica; b) julgar as infrações do Código de *Ética*; c) aplicar as penalidades e multas previstas; d) apreciar e julgar os pedidos de registro de profissionais, das firmas, das entidades de direito público, das entidades de classe e das escolas ou faculdades na Região; e) elaborar as normas para a fiscalização das respectivas especializações profissionais; f) opinar sobre os assuntos de interesse comum de duas ou mais especializações profissionais, encaminhando-os ao Conselho Regional".

Esses órgãos se constituem normalmente em turmas ou grupos colegiados de juízes de ética e disciplina, investidos na função de patrocinarem o zelo e o cumprimento dos deveres profissionais. As decisões exaradas desses órgãos, normalmente corporativos, ponderam os elementos em jogo (acusação, reincidência, gravidade do ato...) e emanam sentenças, das quais invariavelmente cabe recurso a órgãos superiores[1081], capazes de impedir definitivamente o exercente da função ou cargo ou atividade de continuar no gozo de seus deveres e atribuições profissionais. "Esses órgãos são as corregedorias (Tribunais, Ministério Público, Procuradoria, Polícia Civil e Militar), as Comissões de ética e disciplina (Advocacia, Instituições de Ensino), as Controladorias (Servidores Municipais), que se incumbem da punição pelo comportamento desviante do funcionário, servidor ou profissional. Não obstante o controle da conduta dos profissionais do direito ser incontornável, deve-se atentar para as *distorções* no uso do aparelho de controle que se tem em mãos[1082], não sendo raras as queixas de "ameaças e prejuízos profissionais", seja por diferenças ideológicas e políticas entre os profissionais, seja por desavenças anteriores e vinganças entre grupos profissionais antagônicos, seja por inimizade profissional, seja por perseguição profissional, seja por outros motivos escusos, o que nos coloca diante do *abuso an-*

1081. O mesmo ocorre em outras profissões, para as quais existe um órgão superior (Conselho Federal) que funciona como instância revisora das decisões dos órgãos inferiores (Conselhos Estaduais): Lei n. 8.662, de 7-6-1993 (*DOU*, 8-6-1993) (Dispõe sobre a profissão de Assistente Social e dá outras providências), "Art. 8º Compete ao Conselho Federal de Serviço Social — CFESS, na qualidade de órgão normativo de grau superior, o exercício das seguintes atribuições: I — orientar, disciplinar, normatizar, fiscalizar e defender o exercício da profissão de Assistente Social, em conjunto com o CRESS; II — assessorar os CRESS sempre que se fizer necessário; III — aprovar os Regimentos Internos dos CRESS no fórum máximo de deliberação do conjunto CFESS/CRESS; IV — aprovar o Código de *Ética Profissional* das Assistentes Sociais juntamente com os CRESS, no fórum de deliberação do conjunto CFESS/CRESS; V— funcionar como Tribunal Superior de *Ética Profissional*; VI — julgar, em última instância, os recursos contra as sanções impostas pelos CRESS; VII — restabelecer os sistemas de registro dos profissionais habilitados; VIII — prestar assessoria técnico-consultiva aos organismos públicos ou privados, em matéria de Serviço Social; IX — (Vetado)". Ainda: "Art. 10. Compete aos CRESS, em suas respectivas áreas de jurisdição, na qualidade de órgão executivo e de primeira instância, o exercício das seguintes atribuições: I — organizar e manter o registro *profissional* dos Assistentes Sociais e o cadastro das instituições e obras sociais públicas e privadas, ou de fins filantrópicos; II — fiscalizar e disciplinar o exercício da profissão de Assistente Social na respectiva região; III — expedir carteiras profissionais de Assistentes Sociais, fixando a respectiva taxa; IV — zelar pela observância do Código de *Ética Profissional*, funcionando como Tribunais Regionais de *Ética Profissional*; V — aplicar as sanções previstas no Código de *Ética Profissional*; VI — fixar, em assembleia da categoria, as anuidades que devem ser pagas pelos Assistentes Sociais; VII — elaborar o respectivo Regimento Interno e submetê-lo a exame e aprovação do fórum máximo de deliberação do conjunto CFESS/CRESS".

1082. "De um lado tem-se o controle social informal, que passa pela instância da sociedade civil: família, escola, profissão, opinião pública, grupos de pressão, clubes de serviço etc. Outra instância é a do controle social formal, identificada com a atuação do aparelho político do Estado. São controles realizados por intermédio da Polícia, da Justiça, do Exército, do Ministério Público, da Administração Penitenciária e de todos os consectários de tais agências, como controle legal, penal etc." (Shecaira, *Criminologia*, 6. ed., 2014, p. 56).

tiético dos instrumentos da ética profissional, empregados como instrumentos de *poder* de controle abusivo e distorcido da conduta do profissional, levando-nos ao labirinto da atuação *antiética de órgãos de ética*. Esses casos são, evidentemente, alvo de todo tipo de prevenção, por parte dos órgãos de controle, e devem ser denunciados os abusos e desvios eventualmente existentes, sobretudo, prevenindo-se o funcionamento do sistema através de relatorias neutras e desimpedidas, ou seja, capazes de declararem sua parcialidade e o conflito ético a cada caso."

É certo que os órgãos censórios possuem amplos poderes na averiguação de atos incompatíveis com o exercício profissional, mas esses amplos poderes de investigação são limitados: 1. pela legislação que dispõe a respeito das infrações éticas e funcionais e sobre as modalidades de sanções aplicáveis para cada caso; 2. pelo princípio constitucional da ampla defesa, segundo o qual todos os litigantes em processos administrativos ou judiciais terão acesso às alegações da parte contrária e oportunidade para refutar tais alegações (art. 5º, LV, da CF de 1988); 3. pela inafastabilidade do Poder Judiciário, que, em havendo ilegalidade ou abuso de poder, poderá ser invocado, com base no art. 5º, XXXV, da Constituição Federal de 1988, na defesa dos interesses (reintegração no cargo, refazimento do julgamento, reparação civil por danos morais...) do profissional prejudicado pela sanção que lhe foi imposta.

3. CONSCIÊNCIA ÉTICA DO JURISTA

O jurista, na acepção mais larga que o termo possa comportar, ou seja, o operador do direito, em sua consciência ético-profissional, deve se orientar para que sua atuação esteja de conformidade com a realidade social na qual se insere. Seja o juiz, seja o promotor, seja o advogado, seja o pesquisador, seja o professor de direito... devem estar preocupados não somente com o caráter formular das normas jurídicas, com o seu aspecto formal e estrutural, mas sobretudo com os desdobramentos práticos de suas prescrições (efeitos sociais, culturais, políticos, econômicos, ambientais...). E isto decorre da própria natureza destas profissões, bem como da própria condição da ciência do direito, imersa em meio às ciências sociais.

Sobretudo, o que se cobra do jurista na atualidade é esse tipo de visão que faculta maior penetração dentro das ambições da sociedade à qual se dirigem as normas jurídicas. Assim, ao interpretá-las, e/ou aplicá-las, demanda-se do jurista consciência na realização de fins do Direito, consagrados pela ideia de norma jurídica, juntamente com fins valorativos, consagrados pela ideia de justiça. Mais que ter no direito o fim de toda atividade jurídica, postula-se que se tenha na justiça o fim de toda atividade jurídica; no lugar do que é legal, o que é justo, o que é atual e necessário, o que é socioculturalmente adequado, o que é principiologicamente engajado com mandamentos éticos.

Isso porque a atuação do jurista possui mais que simplesmente efeitos e consequências jurídicas, e o próprio ato jurídico em si possui mais que efeitos puramente jurídicos. Todo operador do direito pratica atos que se projetam por sobre outras áreas (social, financeira, econômica, política, familiar, ambiental, sanitária, cultural...), de modo que se exige do jurista uma atuação prática e teórica com vistas aos desdobramentos possíveis da assunção de determinada posição.

O jurista tem de estar consciente de que o instrumental que manipula é aquele capaz de cercear a liberdade, de alterar fatores econômicos e prejudicar populações inteiras, de causar a desunião de uma sociedade e a corrosão de um grande foco de empregos e serviços, de desestruturar uma família e a saúde psíquica dos filhos dela oriundos, de intervir sobre a felicidade e o bem-estar das pessoas... A consciência ética e social do jurista é um mister na medida em que o instrumental jurídico também pode ser dito um instrumental ético e social, na medida em que interfere na conduta e no comportamento das pessoas e em sua forma de se organizar e distribuir socialmente.

3.1. Consciência ética do jurista teórico

Se assim se fala a respeito do jurista em geral, do operador do direito, então, o que se deve dizer do jurista propriamente dito, ou seja, do doutrinador do direito[1083]? A consciência ética deve ser ainda mais estimulada neste, uma vez que o jurista teórico lapida a ciência do direito, forma a consciência do operador, os conceitos fundamentais, as estruturas de significado do ordenamento jurídico.

Durante largos anos, dentro de uma certa tradição filosófico-teórica, o positivismo e o normativismo se mostraram como teorias suficientes e bastantes para a explicação metodológica do direito. O positivismo jurídico[1084], como movimento antagônico à aceitação de qualquer fundamento naturalista, metafísico, sociológico, histórico, antropológico... para a explicação racional do direito, adentrou de tal forma nos meandros jurídicos que suas concepções se tornaram estudo indispensável e obrigatório para a melhor compreensão lógico-sistemática do fenômeno jurídico. Sua contribuição é notória no sentido de que fornece uma dimensão integrada e científica do direito, porém, a metodologia do positivismo jurídico identifica que o que não pode ser provado racionalmente não pode ser conhecido; sem dúvida nenhuma, retira os fundamentos e as finalidades, contentando-se com o que satisfaz às exigências da observação e da experimentação, daí sua restrição ao que está posto (*positum — ius positivum*)[1085].

1083. "O jurista é, por excelência, o doutrinador de Direito. É o produtor da Ciência que permite orientar a conformação jurídica dos povos" (Ives Gandra da Silva Martins, A cultura do jurista, in Nalini (coord.), *Formação jurídica*, 1994, p. 114).

1084. "A pureza metodológica perseguida por Kelsen baseia-se na ausência de juízos de valor, de que acabamos de falar, e na unidade sistemática da ciência: volta-se, portanto, para uma nova noção de ciência fundada em pressupostos filosóficos da escola neokantiana" (Mario Losano, na Introdução em *O problema da justiça*, p. XIII).

1085. "A sua teoria pura do direito constitui a mais grandiosa tentativa de fundamentação da ciência do Direito como ciência — mantendo-se embora sob império do conceito positivista desta

Assim, com a escora desse tipo de doutrina, sobretudo com base em Hans Kelsen, fez-se da teoria do direito uma teoria pura do direito, o que significa dizer que dela se fez apenas um conglomerado de preocupações formais e estruturais a respeito das normas. O jurista passou a ter limites em sua atuação, e esses limites passaram a ser os horizontes do jurista; limitado ao que é normativo, consequentemente, o jurista, em sua miopia intelectual, passou a ser a primeira vítima das alterações legislativas.

Contestada por muitas correntes de pensamento (a tópica, a retórica, a semiótica, a discussão sobre a justiça, o culturalismo, a fenomenologia...), a metodologia do direito desapegou-se do modelo positivista com forma de explicação de sua cientificidade, e, nesse sentido, vem-se aproximando cada vez mais das preocupações com o social, deixando de ser uma mera especulação superficial sobre formas normativas. Percebeu-se que ciências humanas e ciências matemáticas jamais poderão se encontrar em suas metodologias; a métrica e a exatidão, a verificabilidade dos resultados e a previsão de efeitos não são características do fenômeno jurídico, que é, sim, social e humano, por excelência[1086].

Estar consciente dessa deficiência da estreiteza positivista é estar cônscio do papel hermenêutico das ciências jurídicas (zetéticas ou dogmáticas), o que significa dizer estar cônscio de que o discurso da ciência do direito, ao produzir sentido, é o mais potente elemento para influenciar, por meio do saber, a formação de decisões, a escolha de valores, a formulação de interpretações jurídicas, a extração de argumentos que apontem para a correção, emenda, aperfeiçoamento ou modificação de normas jurídicas vigentes...

Assim, o que se tem presente é que, pela só faculdade que possui de influenciar a formação de novos sentidos, e, por conseguinte, de novos textos jurídicos, é um discurso que demanda uma grande consciência ética. Isso requer do jurista uma formação toda especial nas humanidades[1087], para que seu verbo seja a exteriorização consciente dos efeitos sociais, políticos, econômicos... que possivelmente possam se extrair de um simples ato jurídico por ele praticado, ou, ainda, que possam se extrair de lições doutrinárias por ele apregoadas. Nesse sentido, o que se destaca é a capa-

---

última e sofrendo das respectivas limitações — que o nosso século veio até hoje a conhecer" (Larenz, *Metodologia da ciência do direito*, trad. José Lamego, Lisboa: Calouste Gulbenkian, 1989, p. 82).

1086. A respeito dessa reflexão, com todas as correntes metodológicas, consulte-se Larenz, *Metodologia da ciência do direito*, 1989, p. 10-220.

1087. "Por essa razão, o jurista é necessariamente um profissional voltado para a Ciência. Deve buscar conhecê-la, ganhando dimensão universal. Não pode ficar adstrito a um conhecimento limitado à própria técnica produtora da norma, mas necessariamente deve ter uma visão mais abrangente da ciência na qual se especializou. É o instrumentalizador de todas as ciências sociais no plano da Ciência Jurídica. Deve, pois, ter uma cultura humanística que lhe permita ver, no Direito presente, o Direito Universal e Intertemporal. Deve ser, pois, historiador, filósofo, economista, sociólogo, futurólogo, psicólogo, sobre não desconhecer rudimentos das Ciências exatas" (Ives Gandra da Silva Martins, A cultura do jurista, in Nalini (coord.), *Formação jurídica*, 1994, p. 115).

cidade que esse discurso possui de gerar influência sobre os demais operadores do direito, e, especialmente, sobre o legislador e a autoridade decisória.

3.1.1. Vocação ética das ciências jurídicas

É curioso pensar que, como decorrência dessa consciência ética do jurista em geral, e sobretudo do jurista teórico, surge a responsabilidade no operar discursos jurídicos. Por vezes se veem páginas e páginas doutrinárias lançadas em vão para a contestação de pressupostos teóricos alheios, discriminação de escritos alheios, desabilitação epistemológica deste ou daquele teórico e de sua doutrina... Ora, a ciência jurídica é um saber que se volta para a compreensão do fenômeno jurídico, que possui imbricação direta com causas sociais. Desse modo, a ciência jurídica também possui este compromisso social de estar a serviço do aperfeiçoamento dos saberes constituídos em torno do rico objeto de estudo que é o direito.

A partir do momento em que a doutrina jurídica passa a ser uma manifestação de afetos pessoais, para se converter na arma do descrédito alheio, perde sua finalidade e perverte-se em delongas morais e profissionais pessoais daquele que dela se vale para qualquer outro tipo de finalidade. Desnaturada a atividade, deve-se considerar que não se pode mais nomear jurista aquele que dessa forma conduz o saber jurídico.

O saber jurídico, dogmático ou zetético, está na base do aperfeiçoamento da cultura jurídica nacional. Sua mais recente forma de redução de significação tem sido o rebaixamento do valor cultural e formativo das publicações pseudocientíficas. E, nesse sentido, ciência dogmática e zetética precisam se unir no sentido da realização deste objetivo comum. Deve-se, portanto, estar consciente de que a zetética não se constitui puramente em saber de contestação do saber dogmático, e muito menos que o saber dogmático se constitui em um saber obtuso da realidade jurídica. Dogmática e zetética são ferramentas metodológicas de conhecimento, uma com vistas na decisão (ênfase na resposta e no resultado prático), outra com vistas na especulação (ênfase na pergunta e no questionamento), que se aliam no sentido da investigação dos complexos desdobramentos do fenômeno jurídico[1088].

O que se quer dizer é que são complementares e indispensáveis para a caracterização científica dos diversos enfoques possíveis do fenômeno jurídico. Sua complementaridade faz com que possam ser qualificadas como sendo: indispensáveis para o adequado conhecimento das diversas facetas do mesmo fenômeno; meios para a realização de fins maiores; dependentes uma com relação à outra, na medida em que da somatória de suas atuações metodológicas deve resultar um proveito maior; conviventes necessárias, uma vez que a pura dogmática afasta o jurista de outras preocupações, e a pura zetética é incapaz de produzir conhecimentos capazes de articular soluções práticas com vistas à decidibilidade.

1088. *Vide* a respeito das palavras dogmática e zetética, a obra de Ferraz Júnior, *Introdução ao estudo do direito*, 1999, p. 39-43, por meio da qual se conferiu amplo uso a elas, na proposta de divulgação do trabalho de Theodor Vieweg.

Brandir para que essa cultura seja cada vez mais politizada, cada vez mais engajada, cada vez mais aproximada das preocupações da nação para a redução de desigualdades sociais, cada vez mais sólida para que se desfaça o colonialismo cultural[1089] do país... estas são as preocupações frontais da ciência jurídica e das práticas de discurso científico-jurídico. O cientista do direito possui as fórmulas para a construção de uma herança intelectual que deve ser perpetuada como atividade em prol do social, e não a favor de si ou, muito menos ainda, contra outrem.

Há que se pensar, portanto, que as criações intelectuais são especialmente objetos sociais[1090]. As obras são dotadas de uma peculiar capacidade de penetração social, dom especial de produção de efeitos sobre a realidade com a qual interagem. Quanto maior seu grau de penetração, maior sua repercussão, maior sua importância para uma determinada sociedade. Nesse sentido, é a obra um instrumento incisivo que recorta a realidade condicionando-a a sua entrada no seio da realidade.

É nesse espaço do social que se releva o papel da ciência do direito[1091]. Os fins sociais e prospectivos da ciência jurídica prevalecem com relação aos fins individuais, pessoais e egoístas que eventualmente a ela se queira dar. A ciência jurídica é mais que um discurso de juristas para juristas; dessa forma, deve ser encarada como algo mais que seu discurso interno. Faz-se como prática social e deve estar voltada para o alcance de fins sociais. Esta é a sua finalidade, esta é a sua natureza, esta é a sua vocação; aqui reside a ética da ciência do direito.

3.2. Ética docente: o professor de direito e os desafios ético-profissionais

A ética docente é a ética da troca intelectual e da aprendizagem. A relação entre educando e educador é uma oportunidade valiosa e criativa de partilha do conhecimento. Essa relação está fundada em princípios de respeito, diálogo e reciprocidade escolar-acadêmica. A ética docente deve permitir e favorecer o crescimento intelectual e a ampliação do conhecimento. Aquele que se dispõe ao exercício da docência, para além do exercício de uma profissão usual, assume a atitude de quem toma na reprodução e na produção do conhecimento, na formação humana e no cultivo das virtudes intelectuais, a postura de quem adota o verbo *share* em seu dicionário de atitudes profissionais.

As atividades do professorado são de formação e, como tais, de alta capacidade de influência e determinação cultural. Isso ocorre mais com alguns e com outros menos, mas, de qualquer forma, o *magister* é sempre considerado uma referência

---

1089. Essa é a preocupação fulcral do pensamento de Franco Montoro. A respeito, consulte-se a seguinte obra: Montoro, *Estudos de filosofia do direito*, 1999.

1090. Principalmente pelo fato de que "(...) de regra as obras intelectuais são criadas exatamente para comunicação ao público (...)" (Bittar, *Direito de autor*, 1994, p. 49).

1091. A respeito do tema enfocado, estude-se a obra de Ferraz Júnior, *Função social da dogmática jurídica*.

importante para o estudante. Por vezes, é até mesmo um espelho no qual o estudante quer se ver refletir no futuro profissional que o aguarda. Dentro do espírito do academicismo, ele deve mesmo representar o mestre da iniciação, não só científica, mas cultural e opinitiva do estudante. Diante dessa posição, a altivez e o espírito de colaboração pedagógica devem sempre informar o mister do professor de direito.

Em outro momento já se pôde dizer sobre o atrelamento existente entre o professor e o aluno, alegando-se que o primeiro tem sobre o segundo um alto poder de influenciação. Assim é que cria, queira ou não, uma marca indelével (positiva ou negativa) sobre o espírito do estudante, como se pode ler a seguir:

> "A questão ética (valor, comportamento, intenção, consciência, ação humana e inter-relação social...) e a questão educacional (formação, aquisição de instrução, burilamento, preparo social...) parecem caminhar imbricadas. É este o mote de uma discussão secular, que parece sempre pertinente trazer à tona, tendo em vista as implicações e os resultados do processo pedagógico de formação de um indivíduo. Se o processo educativo soma algo e lapida o indivíduo, então se deve aceitar que sua própria ética vem condicionada por valores inscritos no processo de ensino/aprendizagem.
>
> É impossível dissociar, ao final do processo de formação de um indivíduo (de um grupo de indivíduos ou mesmo de toda a sociedade), a questão educacional do conjunto de atributos éticos que reúne(m). Isto não significa retomar a espinhosa controvérsia de se saber se a ética é inata ou pode ser ensinada, mas significa verificar o quanto, a partir da liberdade de escolha, se pode oferecer ao indivíduo e à sociedade através da educação"[1092].

O que se requer não é propriamente o heroísmo do professor. Sem dúvida, são grandes as dificuldades de trabalho no ensino contemporâneo do direito (excessivo número de alunos por sala, deficiências do ensino médio, impossibilidade de flexibilização do modelo de aula, rigidez dos currículos acadêmicos, más condições de trabalho...), porém o trabalho que vem sendo exercido pelas comissões de ensino do MEC (Comissão de Especialistas do Ensino do Direito), do INEP (Comissão de Avaliadores das Condições de Ensino), bem como dos Conselhos Estadual e Federal da OAB (Comissões de Ensino Jurídico) vem contribuindo para a modificação desse quadro[1093].

Mas a consciência desses problemas não pode obstaculizar o efetivo cumprimento da tarefa magistral delegada ao professor de direito: educar para a cidadania, capacitar para o exercício ético da profissão, preparar para os desafios profissionais, incutir a chama da busca do justo no espírito do estudante de direito[1094]. Ser capaz

---

1092. Eduardo C. B. Bittar, Ética, educação e cidadania, *Revista do Curso de Direito da Universidade São Marcos*, São Paulo, v. 2, n. 2, p. 82.

1093. Existe ampla literatura sobre a questão, que se pode encontrar na bibliografia de livro anteriormente publicado, intitulado *Direito e ensino jurídico*, São Paulo, Atlas, 2001.

1094. "Assim, para que o projeto pedagógico de um curso de direito esteja adequado ao que prevê as supramencionadas diretrizes curriculares, deverá abordar o conteúdo de Ética. Por outro lado, as diretrizes não mencionam a expressão Ética Profissional, o que faz com que muitas instituições de ensino superior jurídico se limitem à inclusão, em suas grades, de conteúdos de ética geral, quase

415

de estimular a busca, pela pesquisa, do novo, do diverso, é ser sobretudo capaz de tornar o ambiente educacional fértil à renovação social. Essas tarefas são os efetivos pontos de apoio do professor, que, a partir de sua formação e de sua liberdade de ideias, pode criar métodos pedagógicos diferenciados para educar, bem como tecer considerações críticas ao ordenamento jurídico vigente, com a inteira liberdade de consciência que possui, aliás garantida por fundamento constitucional (CF, art. 5º, IV e IX).

Pode-se ainda dizer que os compromissos do professor estendem-se para além da sala de aula. Eles fazem com que esteja atrelado não somente aos alunos, mas também aos demais colegas de profissão que compartilham de suas atividades (com os quais deve procurar manter ambiente de respeito, solidariedade, parceria, democracia, orientação, participação, cooperação, colaboração, intercâmbio didático-pedagógico, cumplicidade acadêmica...), à instituição de ensino à qual se vincula (com a qual deve procurar cumprir as funções administrativas e participativas, no sentido de contribuir para o esforço coletivo empregado na delimitação da linha pedagógica construída e na formação da estrutura de ensino condizente com suas ambições e suas normas internas), e ao Ministério da Educação, a quem deve prestar contas em última instância.

O que se disse não resume a tarefa de ensinar do professor de direito ao mero cumprimento da burocracia institucional que lhe é imposta. Acima de tudo, o seu compromisso primordial é com os estudantes, sabendo-se que suas principais atividades antecedem o momento da elocução de sua aula, que deve ser preparada e projetada com vistas a oferecer matéria atualizada e completa sobre o tema em foco. Entende-se que a dimensão ético-profissional do professor de direito faz com que se reporte sobretudo ao fim de sua atividade, ou seja, ao ensino, numa relação com seu alunado.

E é exatamente das dificuldades desse relacionamento que decorrem desafios éticos de grande monta. Ter ética significa, por vezes, *re-pensar* suas posturas teóricas e ideológicas, rever suas formas de pensar e discutir o direito e, também, não ceder aos incessantes convites para a deturpação dos critérios de avaliação, aos pedidos de melhoria das notas e médias de exames e provas, assim como saber posicionar o aluno perante as suas deficiências de formação e as suas dificuldades de aprendizado que o impedem de obter melhores resultados na matéria ensinada.

Com essas advertências preliminares é possível elencar um exíguo, e apenas demonstrativo, rol de compromissos de atuação do professor de direito:

a) aplicar-se no autoaprimoramento e na transmissão de conhecimentos, bem como encaminhar para a autonomia da pesquisa o estudante de direito;

b) honrar seus compromissos acadêmicos com assiduidade, pontualidade e dedicação;

---

sempre dentro da disciplina de Filosofia Geral e Jurídica" (SILVA, Cinthya Nunes Vieira da; FELCA, Narcelo Adelqui. "A importância do ensino da ética profissional aos estudantes de direito", in Renata Soltanovitch e Norberto Oya (orgs.), *Aspectos disciplinares de ética no exercício da advocacia*, São Paulo, 2014, p. 40).

c) respeitar os direitos de seus alunos, institucionais e legais;

d) estabelecer julgamentos e aferições de notas com padrões justos e equitativos;

e) aprimorar-se em seus conhecimentos com vistas a trazer sempre maior carga de informações e ideias;

f) aperfeiçoar suas técnicas didáticas e pedagógicas para o alcance de melhores resultados na transmissão de conhecimentos;

g) tratar com urbanidade os alunos e demais colegas de trabalho;

h) despertar o interesse pela matéria e pela pesquisa dos temas de aprendizagem ligados à sua disciplina ou aos seus conhecimentos;

i) respeitar as diferenças de ideias eventualmente existentes, bem como os credos e ideologias de seus alunos[1095];

j) permitir o acesso, o diálogo e a interação, inclusive para a satisfação de dúvidas dos alunos;

k) participar e/ou criar projetos de aprimoramento acadêmico, com vistas à melhoria das condições de ensino em sua instituição;

l) respeitar a diversidade de opiniões dos autores que ensina, não deturpando ideias alheias e muito menos ferindo direitos autorais de citação;

m) não destratar e nem desacreditar colegas de profissão;

n) não perseguir alunos, e acreditar nos conselhos disciplinares escolares;

o) fornecer auxílio pedagógico, ou encaminhamento adequado, quando necessário, aos alunos que maiores dificuldades tiverem em seu desempenho acadêmico;

p) agir com justiça acadêmica, em processos de avaliação, exames e atividades de apuração de resultados de relatórios de produção acadêmica.

Nesse sentido, torna-se também enriquecedor aferir no Código de Ética da Universidade de São Paulo, que se aplica a docentes e não docentes, alguns apontamentos normativos relativos à matéria, coincidentes ou não com aqueles acima elencados, mas que, de qualquer forma, serve de importante e válida referência sobre o compromisso ético-docente. Assim, lê-se no Código de Ética da Universidade de São Paulo (Aprovado pela Resolução n. 4.871, de 22-10-2001), Título III, Dos Servidores Docentes:

"Art. 15. Cabe ao docente:

I — exercer sua função com autonomia;

II — contribuir para melhorar as condições do ensino e os padrões dos serviços educacionais, assumindo sua parcela de responsabilidade quanto à educação e à legislação aplicável;

1095. Art. 3º do *Código de Ética da Universidade de São Paulo* (Aprovado pela Resolução n. 4.871, de 22-10-2001), Título I, Dos Princípios Comuns: "A ação da Universidade, respeitadas as opções individuais de seus membros, pautar-se-á pelos seguintes princípios: I — não adoção de preferências ideológicas, religiosas, políticas, e raciais, bem como quanto ao sexo e à origem; II — não adoção de posições de natureza partidária; III — não submissão a pressões de ordem ideológica, política ou econômica que possam desviar a Universidade de seus objetivos científicos, culturais e sociais". Ademais, consultar Ofícios Circulares CoPGR 45 e 46/2011, da Faculdade de Direito da USP.

III — zelar pelo desempenho ético e o bom conceito da profissão, preservando a liberdade profissional e evitando condições que possam prejudicar a eficácia e correção de seu trabalho;

IV — empenhar-se na defesa da dignidade da profissão docente e de condições de trabalho e remuneração compatíveis com o exercício e aprimoramento da profissão;

V — apontar aos órgãos competentes da instituição em que trabalha, sugerindo formas de aperfeiçoamento, os itens ou falhas em regulamentos e normas que, em seu entender, sejam inadequados ao exercício da docência;

VI — atuar com isenção e sem ultrapassar os limites de sua competência quando servir como perito ou auditor, consultor ou assessor".

"Deve, ainda, o docente:

I — cumprir pessoalmente sua carga horária;

II — adequar sua forma de ensino às condições do aluno e aos objetivos do curso, de forma a atingir o nível desejado de qualidade;

III — apontar, a quem de direito, itens de regulamento ou normas que possam ser prejudiciais à formação acadêmica e ao desenvolvimento pessoal do aluno;

IV — exercer o ensino e a avaliação do aluno sem interferência de divergências pessoais ou ideológicas;

V — denunciar o uso de meios e artifícios que possam fraudar a avaliação do desempenho discente;

VI — respeitar as atividades associativas dos alunos".

E, *a contrario sensu,* reza o art. 17 do Código de Ética da Universidade de São Paulo, Título III, Dos Servidores Docentes, sobre aquilo de que deve se abster o docente:

"Deve o docente abster-se de:

I — exercer a profissão docente em instituições nas quais as condições de trabalho não sejam dignas ou que possam ser prejudiciais à educação em geral e ao ensino público;

II — fornecer documentos em forma não consentânea com a lei e assinar folhas ou laudos em branco;

III — fornecer documentos que divirjam de suas convicções ou que discordem do que admite como sendo a verdade".

E, ainda, como preleciona o insigne educador Paulo Freire:

"Gostaria, por outro lado, de sublinhar a nós mesmos, professores e professoras, a nossa responsabilidade ética no exercício de nossa tarefa docente. Sublinhar esta responsabilidade igualmente àquelas e àqueles que se acham em formação para exercê-la. Este pequeno livro se encontra cortado ou permeado em sua totalidade pelo sentido da necessária eticidade que conota expressivamente a natureza da prática educativa enquanto prática formadora. Educadores e educandos não podemos, na verdade, escapar à rigorosidade ética. Mas é preciso deixar claro que a ética de que falo não é a ética menor, restrita, do mercado, que se curva obediente aos interesses do lucro. Em nível internacional começa a aparecer uma tendência em acertar os reflexos cruciais da 'nova ordem mundial', como naturais e inevitáveis. Num encontro internacional de ONGs, um dos expositores afirmou estar ouvindo com certa frequência em países do Primeiro Mundo a ideia de que crianças do Terceiro Mundo, acometidas por doenças como diarreia aguda, não deveriam ser salvas, pois tal recurso só prolongaria uma vida já destinada à miséria e ao sofrimento. Não falo, obviamente, desta ética. Falo, pelo contrário, da ética universal do ser humano. Da ética que condena o cinismo do discurso citado acima, que condena a exploração da força de trabalho do ser humano, que condena acusar por ouvir dizer, afirmar que alguém falou A sabendo que foi dito B, falsear a verdade, iludir o incauto, golpear o fraco e indefeso, soterrar o sonho e a utopia, prometer sabendo que não cumprirá a promessa, testemunhar mentirosamente, falar mal dos outros pelo gosto de falar mal. A ética de que falo é a que se sabe traída e negada nos comportamentos grosseiramente imorais como na perversão hipócrita da *pureza* em *puritanismo*. A ética de que falo é a que se sabe afrontada na manifestação discriminatória de raça, de gênero, de classe. É por esta ética inseparável da prática educativa, não importa se trabalhamos com crianças, jovens ou com adultos, que devemos lutar. E a melhor maneira de por ela lutar é vivê-la em nossa prática, é testemunhá-la, vivaz, aos educandos em nossas relações com eles. Na maneira como lidamos com os conteúdos que ensinamos, no modo como citamos autores de cuja obra discordamos ou com cuja obra concordamos. Não podemos basear nossa crítica a um autor na leitura feita por cima de uma ou outra de suas obras. Pior ainda, tendo lido apenas a crítica de quem só leu a contracapa de um de seus livros.

Posso não aceitar a concepção pedagógica deste ou daquela autora e devo expor aos alunos as razões por que me oponho a ela mas, o que não posso, na minha crítica, é mentir. É dizer inverdades em torno deles. O preparo científico do professor ou da professora deve coincidir com sua retidão ética. É uma lástima qualquer descompasso entre aquela e esta. Formação científica, correção ética, respeito aos outros, coerência, capacidade de viver e de aprender com o diferente, não permitir que o nosso mal-estar pessoal ou a nossa antipatia com relação ao outro nos façam acusá-lo do que não fez são obrigações a cujo cumprimento devemos humilde mas perseverantemente nos dedicar" (Freire, *Pedagogia da autonomia*: saberes necessários à prática educativa, 1996, p. 16, 17 e 18).

3.2.1. Da diversidade das atividades docentes no ambiente acadêmico

As diversas projeções do docente dentro do ambiente universitário causam uma grande diversificação em suas atividades e tarefas administrativas. Mas a multiplicação de suas funções acadêmico-administrativas não afasta de si os impositivos éticos elencados, adaptando-se sim a cada situação, conforme o aumento do grau de responsabilidade que sobre si se depositam. Ao rol básico de seus compromissos, assim, passam a se somar outros tantos, compatíveis e específicos da ética decorrente de sua função ocupada ou exercida (no dispêndio financeiro da Universidade, na administração dos interesses discentes e docentes, na urbanidade no trato...), seja em coordenação e departamento, em chefia de área, em coordenação de curso, em cargo de parecerista ou consultor, em cargo de gestão financeira ou acadêmica, em função examinadora, em função avaliadora do ensino e outros[1096].

1096. Para esses casos, cabem as regras gerais dos códigos de ética universitários, a exemplo do art. 6º do Código de Ética da Universidade de São Paulo, Título I, Dos Princípios Comuns: "Consti-

3.2.1.1. Dos docentes no exercício da pesquisa

São diversas as atividades em que se projeta o(a) Professor(a) de Direito, enquanto profissional responsável por determinadas posturas, ações e resultados. As atividades podem variar nos campos do ensino, da pesquisa, da extensão e da gestão. Evidentemente, para cada uma destas dimensões da vida acadêmica, há recomendações específicas, formadoras de *códigos de conduta* e *prescrições ético-profissionais* específicas, a exemplo daquelas que já se encontram mais bem estabelecidas dentro do ambiente da pesquisa científica[1097].

No campo da pesquisa científica, após a expansão e massificação da pesquisa numa diversidade de ambientes acadêmicos, multiplicaram-se as práticas distorcidas e antiéticas, muitas das quais vieram a causar prejuízos em políticas de fomentos, de auxílios e incentivos à pesquisa científica. Em se tratando de uso de recursos (privados ou públicos), voltados para o apoio à pesquisa científica, a situação é ainda mais grave, pois os recursos devem ser utilizados para potencializar o desenvolvimento científico do país, o desenvolvimento dos saberes e a disseminação de conhecimentos na sociedade, além dos benefícios evidenciados para o desempenho do(a) cientista, da comunidade acadêmica e da instituição promotora (IES; Universidade; Centro de Pesquisa; Laboratório).

As agências de fomento, neste sentido, despertaram para a gravidade das situações de violação de condutas eticamente adequadas em ambiente de produção científica, e, por isso, vêm-se disseminando as chamadas *Diretrizes* de *boas práticas* científicas, construídas e referidas pelo Conselho Nacional de Pesquisa Científica (CNPq), que apontam, entre diversas de suas recomendações, as seguintes[1098]:

> "1. O autor deve sempre dar crédito a todas as fontes que fundamentam diretamente seu trabalho;
> 2. Toda citação *in verbis* de outro autor deve ser colocada entre aspas.
> (...)

---

tui dever funcional e acadêmico dos membros da Universidade: I — agir de forma compatível com a moralidade e a integridade acadêmica; II — aprimorar continuamente os seus conhecimentos; III — prevenir e corrigir atos e procedimentos incompatíveis com as normas deste código e demais princípios éticos da instituição, comunicando-os à Comissão de Ética; IV — corrigir erros, omissões, desvios ou abusos na prestação das atividades voltadas às finalidades da Universidade; V — promover a melhoria das atividades desenvolvidas pela Universidade, garantindo sua qualidade; VI — promover o desenvolvimento e velar pela realização dos fins da Universidade; VII — promover e preservar a privacidade e o acesso adequado aos recursos computacionais compartilhados; VIII — preservar o patrimônio material e imaterial da Universidade e garantir o reconhecimento da autoria de qualquer produto intelectual gerado no âmbito de suas Unidades e órgãos".

1097. A respeito da ética da integridade científica, consulte-se a Resolução Normativa n. 006/2012 do CNPq.

1098. A respeito das Diretrizes de Boas Práticas Científicas, consulte-se a relação completa em: http://www.cnpq.br/web/guest/diretrizes. Acesso em 22-12-2017.

5. Quando se submete um manuscrito para publicação contendo informações, conclusões ou dados que já foram disseminados de forma significativa (p. ex. apresentado em conferência, divulgado na internet), o autor deve indicar claramente aos editores e leitores a existência da divulgação prévia da informação.

(...)

17. Somente as pessoas que emprestaram contribuição significativa ao trabalho merecem autoria em um manuscrito. Por contribuição significativa entende-se realização de experimentos, participação na elaboração do planejamento experimental, análise de resultados ou elaboração do corpo do manuscrito. Empréstimo de equipamentos, obtenção de financiamento ou supervisão geral, por si só não justificam a inclusão de novos autores, que devem ser objeto de agradecimento.

(...)

18. A colaboração entre docentes e estudantes deve seguir os mesmos critérios. Os supervisores devem cuidar para que não se incluam na autoria estudantes com pequena ou nenhuma contribuição nem excluir aqueles que efetivamente participaram do trabalho. Autoria fantasma em Ciência é eticamente inaceitável.

(...)

21. Todo trabalho de pesquisa deve ser conduzido dentro de padrões éticos na sua execução, seja com animais ou com seres humanos".

3.2.1.2. Dos docentes em atividades de extensão universitária

As atividades de extensão são responsáveis pela aproximação entre instituição de ensino e comunidade. Nesse sentido, normalmente, políticas de extensão são gerenciadas visando tornar indissociável o vínculo entre ensino, pesquisa e extensão, de forma a favorecer uma interatividade criativa, integrativa e que coloque o conjunto dos saberes adquiridos em ambiente acadêmico com o conjunto de saberes e necessidades da comunidade do entorno da instituição de ensino. Como se trata de um vínculo entre ambiente interno e ambiente externo à instituição de ensino, ele deve ser cuidadosamente pensado, trabalhado e articulado, para que a extensão não somente atinja os seus objetivos, como também seja feita com ética acadêmica.

O respeito para com as comunidades atingidas e/ou envolvidas pelas ações extensionistas, a qualidade dos serviços prestados e a não descontinuidade das ações desenvolvidas, o cuidado com o uso de materiais extraídos das comunidades (fotos; depoimentos; dados), a integridade no processo de aproximação de docentes e membros das comunidades, a participação das comunidades nos resultados dos trabalhos e a devolutiva em forma de eventuais benefícios, os protocolos institucionais e procedimentos de condução e averiguação de resultados, os métodos de avaliação e a qualidade de ações sistemáticas de extensão devem conduzir as atividades neste âmbito.

Neste particular, são poucas as instituições que chegaram a formular paradigmas de atuação ética na condução de atividades de extensão, mas o mote deve ser o da cidadania, o do compromisso com a comunidade, a da não instrumentalização da

421

comunidade e o da responsabilidade social. Aqui, fica o registro da contribuição dada pelo *Código de Ética* da UNESP[1099]:

> "11.1 — As atividades de extensão na UNESP devem se configurar muito mais do que mera prestação pontual de serviços, devendo ser compreendidas como autêntica extensão da UNESP com seus princípios básicos de ensino e pesquisa voltados para a sociedade. Assim sendo, devem: a) voltar-se às demandas sociais de alta relevância; b) integrar-se ao ensino e à pesquisa e ter os recursos obtidos para o seu financiamento utilizados exclusivamente em atividades extensionistas".

3.2.1.3. Dos docentes em bancas examinadoras

Uma das diversas funções exercidas pelos docentes é a de examinador em concursos públicos e bancas de graduação ou pós-graduação. Nessas ocasiões ficaram celebrizadas, nas memórias acadêmicas, manifestações as mais diversas de certos docentes que: execraram publicamente o candidato em concurso público; manipularam a formação previamente desfavorável da banca do candidato; trouxeram à baila fatos vexatórios da vida pessoal de candidato a mestrado; por proferirem ideologia diversa da do candidato, disseram impropérios contra ele e seu trabalho acadêmico; jogaram a tese do candidato ao solo e sobre ela pisaram, proferindo expressões de descontentamento e desafio, entre outras situações-limite.

Essas cenas, que não foram raras no passado, parecem ser altamente difamatórias no presente, e convidam à reflexão... o que se faz, mais uma vez, com base no Código de Ética da Universidade de São Paulo, Título III, Dos Servidores Docentes, que reza, em seu art. 19, sobre o assunto:

> "Nas relações dos membros das comissões examinadoras de concursos docentes com os candidatos devem ser observados os seguintes preceitos:
> II — no uso de suas atribuições, os examinadores não poderão suscitar questões atinentes à vida privada, convicção filosófica ou política, crença religiosa, intimidade, honra ou imagem do candidato, ou que de algum modo se liguem a seus direitos fundamentais, ressalvadas aquelas que tiverem relação direta com o exercício do cargo ou função pretendida".

3.2.1.4. Dos docentes avaliadores de cursos jurídicos (MEC/INEP)

Outra atividade de relevo, criada não tão remotamente (década de 90), consiste na avaliação das condições de ensino jurídico, dentro das políticas ministeriais acerca do ensino superior do direito no país. Ora, a finalidade da atividade, não consistindo puramente em procedimento fiscalizatório e/ou punitivo, deve nortear o avaliador

---

1099. A respeito do Código de Ética da UNESP, consulte-se a relação completa de indicadores acadêmicos de integridade em http://www.unesp.br/aci/codigo_etica-UNESP.pdf. Acesso em 22-12-2017.

para a propulsão da qualidade de ensino no país, sendo que sua atuação e seu parecer devem contribuir para isso.

Em recente deliberação acerca dos compromissos éticos dos avaliadores de cursos de direito, o INEP (Ministério da Educação — Instituto Nacional de Estudos e Pesquisas Educacionais — Diretoria de Estatísticas e Avaliação da Educação Superior — Princípios éticos e orientações de conduta) deliberou:

"Com o objetivo de atender aos princípios preconizados e buscar harmonia nos procedimentos e conduta compatível na verificação *in loco,* cada avaliador deverá:

1) Cumprir rigorosamente o cronograma de verificação *in loco,* não aceitando redução dos dias programados;

2) Estar atento para que as reuniões, conversas informais, visitas e leitura de documentos não sejam superdimensionadas em detrimento de outras atividades previstas no cronograma da avaliação;

3) Evitar ênfase em algum aspecto de interesse específico ou da especialidade do avaliador;

4) Evitar que conversas particulares com o corpo docente, discente e técnico-administrativo comprometam o andamento da avaliação;

5) Dimensionar o tempo das atividades de modo a não prejudiciar o andamento do trabalho;

6) Evitar entrevistas ou exposição à mídia;

7) Na reunião final, com a coordenação do curso, ater-se somente a discutir aspectos relacionados à avaliação, sem entregar documentos nem manifestar opinião que antecipe o resultado final;

8) Não aceitar oferta de transporte em aviões particulares, ou seja, nos deslocamentos somente utilizar passagens aéreas do INEP;

9) Não ter vínculo com a IES avaliada, seja administrativo ou técnico;

10) Não indicar nem se comprometer a realizar serviços de assessoria ou de consultoria para o curso e a IES visitados;

11) Estar atento para não confundir sua tarefa na IES com a eventual coincidência de ser também dirigente de IES, de Conselho Profissional ou de Associação;

12) Estar atento para não emitir opiniões e orientações sobre as atividades desenvolvidas ou sobre a IES como um todo;

13) Não externar opiniões sobre outras IES;

14) Não solicitar serviços da IES para qualquer trabalho de caráter pessoal;

15) Não aceitar ofertas, hospedagem e presentes;

16) Evitar envolver-se em discussões que possam comprometer a credibilidade da avaliação;

17) Não aceitar solicitação de intercessão, de apoio ou de informações com relação a outras áreas do MEC, orientando, quando for o caso, para que a IES procure diretamente o setor responsável;

18) Evitar a participação em recepções e em ambientes festivos, que comprometam os princípios da avaliação;

19) Não realizar e nem agendar atividades de caráter pessoal, como palestras, cursos, promoção de livros, etc., até a homologação oficial dos resultados da avaliação;

20) Não aceitar convites da IES para passeios turísticos;

21) Não aceitar qualquer tipo de complementação de diárias por parte da IES;

22) As informações coletadas só devem ser utilizadas para a finalidade de avaliação do curso".

3.2.2. O ambiente acadêmico contemporâneo

O ambiente acadêmico contemporâneo vem se desviando de suas finalidades precípuas, e é preocupante o estado de desenvolvimento das condições de convívio e socialização no meio ambiente de trabalho acadêmico. Neste ponto, Faculdades de Direito deveriam, idealmente, favorecer *posturas institucionais* que pudessem formar uma referência socialmente relevante da busca por direitos, da luta por justiça, da exigência de cidadania, do respeito ético e da realização de transformação social. Mas o que se assiste é exatamente o reverso, e Faculdades de Direito, muitas vezes, e, infelizmente, estão se tornando instituições simplesmente reprodutoras de condições sociais perversas (injustas, desiguais, violentas) do entorno social, e, por isso, locais insuportavelmente contaminados pelas *patologias sociais* do mundo contemporâneo.

Assim, quando o rumo da atividade acadêmica deveria apontar num sentido, vê-se o seu contrário no quotidiano dos espaços acadêmicos. A massificação do ensino, a precarização do trabalho docente, a supressão de atividades docentes presenciais por atividades de EAD, o crescimento das exigências concernentes ao desempenho docente, os métodos de avaliação que recaem como meras exigências numéricas de produção acadêmica, o clima social de intolerância política, a generalização da violência são alguns fatores que estão nos bastidores desse processo. Assim, vem-se assistindo, em *ambientes institucionais* de Faculdades de Direito: o predomínio de jogos políticos institucionais, na disputa pelo poder na gestão acadêmica, na base de formação de grupos de indivíduos majoritários e minoritários cuja atuação é contrária ao espírito acadêmico, e que faz com que o ambiente acadêmico se estilhace diante de interesses pontuais e disputas por poder institucional; o predomínio do concorrencialismo e do individualismo docente, em detrimento da cooperação e do respeito profissional, em face das ultraexigências de produção de resultados, que fazem com que o ambiente acadêmico se torne cada vez mais esvaziado de sentido e de integração; o estabelecimento de feudos e territórios de saberes, para os quais se erguem barreiras e impedimentos de entrada para o desenvolvimento da livre pesquisa e da investigação científica progressiva; a formação de cartéis acadêmicos, responsáveis pelo controle acadêmico, seja pela via das dimensões políticas, seja pela via das dimensões econômicas; o controle da liberdade de pensamento acadêmico, na medida da redução dos métodos de ensino a métodos cada vez mais institucionalizados e padronizados de ensino-aprendizagem, que geram um engessamento administrativo do conhecimento; a sobrecarga de exigências que recaem sobre estudantes de pós-graduação, o que vem levando a situações de abandono, evasão estudantil ou até de morte, dentro das obsessões acadêmicas produzidas e disseminadas indevidamente pelos corredores das instituições; a pluralização de atitudes de perseguição política, acadêmica e estudantil, em flagrante desrespeito à dinâmica do

424

convívio fundado no respeito acadêmico e na urbanidade no trato entre profissionais e colegas de profissão; a pluralização de formas de preconceitos, machismos e expressões de *bullying*, muitas vezes disseminados inclusive pelas redes sociais. Desta forma, e mantido este rumo, não é raro que Faculdades de Direito, que pretendem promover *a justiça em sociedade,* contenham *ambientes institucionais injustos.*

Os ambientes acadêmicos de Faculdades de Direito deveriam se pautar por serem *ambientes plurais e abertos, diversos, inclusivos, cidadãos, democráticos e justos.* Mas o que se assiste é o seu reverso, *ambientes controlados, seletivos, excludentes, opressores, autoritários e injustos.* As Faculdades de Direito deveriam estimular, através de programas que envolvem as áreas de ensino, de pesquisa, de extensão e de gestão, a formação de *ambientes acadêmicos éticos, justos e cidadãos.* Aliás, a reflexão sobre o conceito de *Escola Justa*[1100] poderia ser uma importante referência nesse processo de autorreflexão das instituições de ensino, *incentivando* pela cultura institucional certas atitudes e *desincentivando* outras atitudes. Para isso, *a promoção de uma educação em valores democráticos* poderia ser tomada como central, visando-se tornar-se presente *interna corporis*, sendo capaz de se tornar indutora da transformação de mentalidades e atitudes, contribuindo-se, em certa medida, com mais elevados níveis de socialização e de compromisso, das atitudes de convívio e das formas de interação, em ambientes acadêmicos.

Nesta perspectiva, detectadas as distorções do meio ambiente de trabalho acadêmico, as instituições de ensino poderiam elaborar formas, técnicas e incentivos voltados para os temas do diálogo, da integridade acadêmica, com as formas pacíficas de mediação e de resolução de conflitos institucionais, do convívio com as diferenças, com a cultura democrática pluralista e inclusiva, com as atitudes cotidianas de cidadania, no espaço interno e no espaço externo ao convívio acadêmico[1101]. Ainda, o tema dos direitos humanos deveria atravessar a forma como a *cultura institucional* se compromissa com a valorização do Estado Democrático de Direito[1102]. Se o ambiente é responsável pela formação de uma *cultura institucional,* seria de todo importante que Faculdades de Direito começassem a *refletir* e *agir,* no sentido de trabalhar a mudança da cultura institucional que define as *condições cotidianas* de trabalho, ademais das *condições cotidianas de convívio* e *interação* entre os seus membros (docentes, estudantes, gestores, servidores). E isso porque, muito além da sala de aula, como lugar de aprendizagem e reprodução de conhecimentos intelectivos, o *ambiente acadêmico* por si mesmo já deveria ser ostensivamente um *ambiente de aprendizagem* de respeito, de justiça, de direitos e de cidadania.

1100. A respeito, consulte-se Schilling, *Educação e Direitos Humanos*: percepções sobre a escola justa. São Paulo: Cortez, 2014.

1101. A este respeito, no tocante às finalidades do ensino do Direito, vale destacar Silveira; Bentes, *A arte de ensinar a estudar o Direito*: mediar, sensibilizar, humanizar. Rio de Janeiro: Letra Capital, FAPERJ, 2012.

1102. Souza Jr. (org., et al.). *Educando para os direitos humanos*: pautas pedagógicas para a cidadania na Universidade. Porto Alegre: Síntese, 2004.

425

3.2.3. O Docente e as redes sociais

As novas tecnologias vêm permitindo usos de comunicação que favorecem rápida e ágil interatividade digital. Na era digital, isso vem significando uma enorme mudança em processos de trocas sociais, comunicação e divulgação de conteúdos. A depender do uso, essa mudança poderá ser favorável à difusão de ideias e, por isso, poderá servir de novo(s) mecanismo(s) ao trabalho docente e ao exercício das atividades dos juristas teóricos.

No entanto, o uso imoderado das redes sociais poderá provocar situações que sejam prejudiciais ao próprio trabalho de produção e divulgação de conteúdos. A superexposição, a emissão de opiniões infundadas e a confusão entre a vida profissional e a vida pessoal podem ser fatores desqualificadores da legitimidade de quem divulga conhecimento. Aqui, como em muitas profissões, o desgaste da imagem pessoal poderá implicar uma desqualificação profissional e, nisto, uma diminuição do valor daquilo que pode aportar em termos de contribuição científica e docente. Assim, do ponto de vista da ética profissional, a preservação de uma conduta de compromisso com a lealdade das ideias, com o código ética da profissão, com os limites institucionais dentro dos quais atua, com as regras da instituição à qual pertence, sempre haverão de representar fronteiras que não podem ser rompidas, sem prejuízos à imagem do profissional.

Visto isto, deve-se considerar que o uso das redes sociais deve estar voltado, prioritariamente, para fins de difusão de textos, obras, pareceres, estudos e artigos. Aqui, se vê que as redes sociais (Facebook, Instagram e outros) podem ter enorme função de difusão educativa de conteúdos, especialmente de conteúdos em formatos inovadores e informais, que podem atingir até mesmo um público não especializado. Então, o uso das redes sociais que seja qualificado como moderado, raciocinado, não sensacionalista e, sobretudo, não violador de direitos, pode fornecer um campo de manifestação de conteúdos, diversificando a atuação profissional do Docente e do jurista teórico.

3.3. Ética do advogado

Ao se deter esta parte da obra na discussão da ética do advogado, estar-se-á a alcançar, no tratamento da matéria, não somente o advogado que exerce suas atividades como profissional liberal ou empregado de sociedades de advogados, mas também o advogado público[1103], ou seja, aquele que exerce função, cargo ou empre-

---

1103. A este respeito, consulte-se o Provimento n. 114/2006 do Conselho Federal da OAB, do qual se destacam os arts. 1º, 2º e 3º: "Art. 1º A advocacia pública é exercida por advogado inscrito na OAB, que ocupe cargo ou emprego público ou de direção de órgão jurídico público, em atividade de representação judicial, de consultoria ou de orientação judicial e defesa dos necessitados"; "Art. 2º Exercem atividades de advocacia pública, sujeitos ao presente provimento e ao regime legal a que estejam submetidos: I — os membros da Advocacia-Geral da União, da Procuradoria-Geral da Fazenda Nacional, da Procuradoria-Geral Federal, da Consultoria-Geral da União e da Procuradoria-Geral do Banco Central do Brasil; II — os membros das Defensorias Públicas da União, dos Estados e do Distrito Federal; III — os membros das Procuradorias e Consultorias Jurídicas dos Estados, do Distrito Federal e dos Municípios, e das respectivas entidades autárquicas e fundacionais; IV — os membros das Procuradorias e Consultorias Jurídicas junto aos órgãos legislativos federais, estaduais, distrital

go junto à Administração Pública Direta ou Indireta (Procuradores do Estado, Procuradores do Município, Procuradores da União, Procuradores de Fundações Públicas...). Com isso, visa-se a unificar o tratamento do problema ético-advocatício atinente às atividades similares exercidas por todos os profissionais militantes e inscritos como advogados na Ordem dos Advogados do Brasil, e confere-se o devido valor a essa classe que muito tem contribuído para o tema[1104]. Sabendo-se que a OAB foi criada pelo art. 17 do Decreto n. 19.408, de 18-11-1930, e registra história de luta pela institucionalização da categoria, pela afirmação dos direitos e pela consagração da democracia, os estatutos da categoria somente ganharam vida três décadas depois pela Lei n. 4.125/63.

Nuanças mínimas quanto às funções exercidas por esses diversos profissionais serão fornecidas como condição para a discussão ética que virá em segundo momento. Assim, admite-se que diferenças grandes existem entre esses profissionais, e essas diferenças serão objeto de atenção especial, sobretudo quanto ao exercício profissional, às garantias, ao estatuto, à legislação aplicável, à carreira, às funções, aos direitos e deveres. Porém, entende-se que a ética desses profissionais deve ser tratada de modo unificado, tendo-se em vista a estável condição de advogados que mantêm, bem como o conjunto de deveres-base comuns: lealdade, probidade, moderação e dignidade[1105].

3.3.1. Advocacia: função social e profissão

O termo advogado é de origem latina, *advocatus*[1106] — e parece relevante que se atente para o fato de a função social que exerce encontrar-se plenamente descrita no símbolo que a representa, uma vez que é da união entre *ad* e *vocare* (falar por) que se originou o termo —, sendo, no entanto, palavra de surgimento tardio no vocabulário romano. Dessa forma, não foi o único vocábulo utilizado para nomear a

---

e municipais; V — aqueles que sejam estáveis em cargo de advogado, por força do art. 19 do ADCT"; "Art. 3º O advogado público deve ter inscrição principal perante o Conselho Seccional da OAB em cujo território tenha lotação. Parágrafo único. O advogado público, em caso de transferência funcional ou remoção para território de outra Seccional, fica dispensado do pagamento da inscrição nesta, no ano em curso, desde que já tenha recolhido anuidade na Seccional em que esteja anteriormente inscrito".

1104. "Coube ao Brasil, mais concretamente ao Instituto dos Advogados de São Paulo, baixar o primeiro Código de Ética Profissional do continente. Data ele de 1921, fruto da pena preclara de Francisco Morato, então Presidente daquela augusta entidade" (Sérgio Ferraz, Regras deontológicas, in Machado Ferraz (org.), *Ética na advocacia:* estudos diversos, 2000, p. 8).

1105. Cf. José Renato Nalini, A ética nas profissões jurídicas, in Elias Farah, *Ética do advogado*, 2000, p. 30-32.

1106. "Em Roma, a *advocatio*, ligada ao verbo *advocare*, que significa convocar, chamar a si, chamar em auxílio, era exercida pelo *advocatus*. No período do sistema das ações, o *advocatus* atuava em alguns casos, apenas, quando houvesse interesse público a defender (*pro populo*); quando a liberdade fosse o objeto da defesa (*pro libertate*) ou nas hipóteses de interesse de tutelados (*pro tutela*). Deve ser citada, ainda, a presença do advogado em favor de um ausente que tivesse sido furtado (*ex lege Hostilia*)" (Antonio Claudio Mariz de Oliveira, A formação do advogado, in Nalini (coord.), *Formação jurídica*, 1994, p. 18).

atividade; fontes históricas indicam a seguinte evolução dos termos para a definição da atividade: *patronus, orator, cognitores, procuratores, togatus* e, enfim, *advocatus.* A introdução, no Baixo Império, deste último termo, não obstante, consagrou-o de modo a ganhar acento definitivo inclusive no vocabulário moderno[1107]. Se essa é a história do termo, há de se dizer que uma ordem organizada para a classe dos advogados possui raízes muito menos remotas, pois o primeiro órgão de representação somente surgiu na Idade Média[1108].

Apesar do desprestígio na imagem atual do profissional, socialmente, ao advogado, no exercício de sua função profissional, incumbe o mister de ser o atuante sujeito de postulação dos interesses individuais e/ou coletivos consagrados pelos diplomas normativos do país[1109]. É certo que todo advogado atua como um agente parcial, mas não se deve desconsiderar o fato de que, quando exercente de uma pretensão legítima, é também um garante da efetividade do sistema jurídico e de seus mandamentos nucleares[1110]. Por isso, no Exame de Ordem (OAB), questões de ética profissional têm sido recorrentes[1111].

Quer-se dizer, com isso, que o advogado é mensageiro e representante jurídico da vontade dos cidadãos. Não de outra maneira, quando se violam as prerrogativas profissionais dos advogados, violam-se também as possibilidades de exercício do direito de defesa, atingindo-se com isso o cerne da proteção dos direitos. Em atividade judicial, representa, funciona como intermediário de uma pretensão diante das instituições às quais se dirige ou perante as quais postula; em atividade extrajudicial, aconselha e assessora, previne[1112].

1107. Cf. Ferreira, *Comentários à Constituição brasileira*, 1992, p. 168.

1108. "No entanto, foi na França que a Ordem dos Advogados recebeu uma regulamentação legal, sistematizada, definindo-lhe a natureza e atribuições. Isso ocorreu em 1334, com a Ordenação de São Luiz. Em Portugal há notícias da existência da profissão desde o século XIII. Alguns documentos nos informam sobre a atuação dos chamados *vozeiros* ou *arrazoadores*. As Ordenações Afonsinas e as Ordenações Filipinas regulamentaram a advocacia, sendo que as últimas trataram dos seus aspectos disciplinares" (Oliveira, A formação do advogado, in Nalini (coord.), *Formação jurídica*, 1994, p. 19).

1109. Com isso, acaba por conviver com os mais agudos dramas sociais e engajando-se em demandas sociais e políticas: "O advogado está, mais que todos os profissionais, habilitado para penetrar na problemática do desenvolvimento social. Não apenas por ser integrante da sociedade. Muito mais que isto. Em razão de sua profissão mesma, ele se sintoniza com o mais agudo senso de percepção para os dramas da vida social. Na sua banca vão desaguar, qual um estuário vivo, os sofrimentos humanos" (Pereira, Advocacia e desenvolvimento social, *Revista da Ordem dos Advogados do Brasil*, n. 20, ano VII, v. VII, set./dez. 1976, p. 4).

1110. "(...) o advogado, na defesa judicial dos interesses do cliente, age com legítima *parcialidade institucional.* O encontro de parcialidades institucionais opostas constitui fator de equilíbrio e instrumento da imparcialidade do juiz" (Grinover; Cintra; Dinamarco, *Teoria geral do processo*, 11. ed., p. 217).

1111. A respeito, Gladston Mamede, *Mais de 500 questões de ética profissional para passar no Exame de Ordem*, São Paulo: Atlas, 2013. Comsulte-se, também, Araujo Junior, *Gabaritando ètica*, 2. ed., São Paulo, Saraiva, 2019.

1112. "O cunho social da profissão se manifesta, ainda, pelo exercício da cidadania por profissionais responsáveis pela colocação perante um dos poderes do Estado, dos anseios e aspirações da

De fato, o advogado presta serviços particulares — estimulando-se a advocacia para carentes e a atuação *pro bono*, tal como o art. 30 do Novo Código de Ética prevê —, engaja-se na causa à qual se vinculou, porém age sob o cone de luz da legislação, velando pelo cumprimento da legalidade e fazendo-se desta fiel servidor. Mas o advogado não é um ardoroso defensor da letra da lei, pois, quando esta divide, confunde, prejudica, ele busca na justiça a escora para sua atuação profissional.

É esse o ponto que se procura grifar nesta reflexão, por entender-se ser essa a razão pela qual o legislador constitucional estatuiu normas magnas para a consagração da função advocatícia entre aquelas essenciais à prestação jurisdicional. A inserção da advocacia no contexto constitucional, antes de mera casualidade, é medida proposital e intencional do legislador, dentro do tônus principiológico e democrático que procurou dar à regulamentação das instituições jurídicas. Enquanto função essencial à justiça, o advogado deve exercer sua profissão com responsabilidade e independência, sabendo-se que é inviolável por seus atos profissionais, desde que não incorra em excessos, e seus direitos como profissional estão tratados no art. 7º, incisos I a XX, do Estatuto da OAB.

Alçar à esfera constitucional a advocacia, e defini-la como atividade essencial à justiça, é conferir a máxima autoridade normativa a essa atividade jurídico-postulatória. Diante da indefinição dos textos constitucionais anteriores, omissos quanto ao papel do advogado na ministração da justiça, a Constituição Federal de 1988 consagrou-lhe, ao lado da Defensoria Pública, a Seção III do Capítulo IV do Título IV, comungando, portanto, do justo entendimento de que a justiça material não se constrói sem uma plena identidade entre operadores do direito.

Isso se dá porque, mesmo enquanto profissional autônomo, ao advogado incumbe o *munus* público de conferir à população acesso aos seus próprios direitos; se a defesa técnica é imprescindível para a participação no processo, o *ius postulandi*, como pressuposto processual subjetivo relativo à parte, toca muito próximo o problema do próprio acesso à justiça[1113]. Nesse entendimento, a atividade do advogado se constitui num bastião para o aperfeiçoamento da própria cidadania nacional, da forma como se inscreve no plano constitucional. Na mesma linha do art. 133, a função do advogado é definida como "indispensável à administração da justiça" pelo Estatuto da Ordem dos Advogados quando preleciona:

> "No seu ministério privado, o advogado presta serviço público e exerce função social" (Lei n. 8.906/94, art. 2º, § 1º).

Percebe-se que a gradação entre as diversas carreiras jurídicas inexiste, sendo proibida toda espécie de prevenção que venha a conferir-lhes poderes exorbitantes

---

sociedade. Em verdade, somos os arautos das necessidades coletivas, e, de certa forma, agentes transmissores da própria dinâmica social e responsáveis pelas transformações exigidas pela realidade" (Oliveira, A formação do advogado, in Nalini (coord.), *Formação jurídica*, 1994, p. 28).

1113. São palavras de Carlos Alberto Carmona, em palestra proferida no I Congresso de Iniciação Científica da Faculdade de Direito da Universidade de São Paulo (6-5-1996 — 10-5-1996), que o problema do acesso à justiça é fundamentalmente o problema do advogado.

ou que firam a paridade do relacionamento entre esses mesmos profissionais. Assim, de alçada constitucional é o tratamento do advogado e de suma importância para a justiça, da mesma forma como a competência e o exercício da jurisdição têm seus princípios inscritos no texto constitucional.

Assim, pretende-se que entre os operadores do direito[1114], não obstante posicionarem-se em suas atuações como exercentes de funções processuais juridicamente opostas ou disjuntivas, mas complementares e essenciais, haja igualdade. De fato, o Estatuto da Ordem dos Advogados do Brasil dedica ao tema disposição específica assegurando que:

> "Não há hierarquia nem subordinação entre advogados, magistrados e membros do Ministério Público, devendo todos tratar-se com consideração e respeito recíproco" (EOAB, art. 6º).

A orientação sugere que, acima dos interesses pessoais, existe o interesse geral da sociedade em torno da causa da justiça, bem como o interesse específico das partes envolvidas num determinado envolvimento ou debate jurídico.

Mais ainda, em tempos em que o controle externo está em pauta, há que se dizer que não existe maior controle e, sublinhe-se, mais eficaz que qualquer outro, senão aquele exercido diuturnamente pelas partes postulantes no exercício de suas funções processuais. Por se tratar de partes interessadas nos resultados sociais e jurídicos do processo, maior é o interesse em que o julgamento se desenvolva sob os cânones da imparcialidade, da legalidade e da regularidade formal. Ainda aqui se pode nobilitar a função advocatícia na proteção dos interesses de seus clientes, bem como na administração da justiça em sua totalidade; a essa categoria profissional cumpre prover necessidades de uma justiça material na produção resultante do exercício do poder jurisdicional.

Ainda que se argumente pela excessiva parcialidade que move muitos dos litigantes envolvidos no debate processual, há que se ressaltar que é da própria dialética jurídica que exsurge o provimento judicial. É do temperamento de vontades e interesses contrapostos que surge a possibilidade de que se adotem respostas jurisdicionais mais balanceadas na dosimetria dos direitos de cada qual. Aí a importância, no âmbito judicial, do *ad vocatus*, daquele que "fala por", ou seja, daquele que se dispõe no sentido de pleitear o que de direito não só por si, mas também e sobretudo em face de outra pretensão por vezes igualmente legítima e justa[1115].

1114. Mister, portanto, diante dessa orientação proveniente da Carta Magna, ressalvar que "(...) o nobilitante mister não pode ser minimizado. Ao contrário, deve ser colocado em pé de igualdade com os demais órgãos a serviço da Justiça: o Juiz e o Ministério Público" (Sanches, O advogado e o Poder Judiciário, *RT*, 648/249).

1115. "Uma característica marcante do nosso mister é a completa ausência de maniqueísmo. Como lidamos com o homem, com suas misérias e grandezas, conhecedores da frágil condição humana, jamais adotamos diante de um conflito de interesses uma postura de detentores da verdade. Aliás, sabemos que a verdade não é única, pode vir com a inicial, após com a contestação, posteriormente modificada pela instrução, provisoriamente posta na sentença e fixada quando do seu trânsito em julgado. Mercê, pois, do próprio exercício profissional nossa visão do ser humano e da vida é

Seu papel é misto entre uma *atividade pública* de postulação e uma *atividade privada* de representação. Dito isso, não há que se admitir ser, conceitualmente, o advogado apenas um mandatário[1116].

Apesar do que se disse, deve-se reter que a atuação do advogado pode ser judicial e extrajudicial. Para atuação no foro requer-se devida habilitação processual do advogado por meio de procuração *ad judicia*, nos termos do art. 103 ("A parte será representada em juízo por advogado regularmente inscrito na Ordem dos Advogados do Brasil") do Novo Código de Processo Civil (Lei n. 13.105/ 2015)[1117]. Para atuação em negócios extrajudiciais, requer-se a procuração *ad negotia*, com ou sem cláusula de poderes especiais. E, em sua atuação, o advogado possui determinadas proteções legais, sempre limitadas[1118], como a imunidade judicial[1119], que lhe conferem maior liberdade de atuação na defesa de legítimos interesses[1120]. Na esteira do que diz a

---

flexível, condescendente e complacente" (Oliveira, A formação do advogado, in Nalini (coord.), *Formação jurídica*, 1994, p. 21).

1116. Porém, não se deve dizer que "(...) se o advogado atua no processo no interesse da parte (...)", necessariamente sua função é aquela descrita como a do mandatário, que tem sua responsabilidade delimitada pelo instrumento que lhe autoriza a falar ou a exercer algo em nome de alguém. Se assim é, no entanto, "(...) nem por isso pode ele ser confundido com a figura do mandatário de direito privado, mas aparece antes como autêntico representante necessário, que age em nome da parte, mas no interesse público da realização da justiça" (Comparato, A função do advogado na administração da justiça, *RT*, 694/46).

1117. Ademais, deve-se observar o que consta dos arts. 105, *caput* ("A procuração geral para o foro, outorgada por instrumento público ou particular assinado pela parte, habilita o advogado a praticar todos os atos do processo, exceto receber citação, confessar, reconhecer a procedência do pedido, transigir, desistir, renunciar ao direito sobre o qual se funda a ação, receber, dar quitação, firmar compromisso e assinar declaração de hipossuficiência econômica, que devem constar de cláusula específica"), e 107, *caput* e incisos, da mesma Lei ("O advogado tem direito a: I — examinar, em cartório de fórum e secretaria de tribunal, mesmo sem procuração, autos de qualquer processo, independentemente da fase de tramitação, assegurados a obtenção de cópias e o registro de anotações, salvo na hipótese de segredo de justiça, nas quais apenas o advogado constituído terá acesso aos autos; II — requerer, como procurador, vista dos autos de qualquer processo, pelo prazo de 5 (cinco) dias; III — retirar os autos do cartório ou da secretaria, pelo prazo legal, sempre que neles lhe couber falar por determinação do juiz, nos casos previstos em lei").

1118. Ressalve-se, no entanto, que o *desacato* é objeto de discussões, entendendo-se verdadeiramente como limitada a extensão de sua faculdade de manifestação no exercício da litigância judicial, ao ponto em que se afeta a própria dignidade da justiça. É este o entendimento jurisprudencial acerca da matéria: "Não existe a imunidade prevista no art. 142, I, do CP, no caso de ofensas irrogadas pelo Advogado ao Juiz, porque a imunidade judiciária só prevalece entre as partes litigantes, não alcançando a ofensa feita a Magistrado, que é a autoridade judiciária e representa a própria administração pública. Admitir ofensas à autoridade judiciária seria implantar o desprestígio da própria justiça" (TACRIMSP, rel. Hélio de Freitas, *RJD*, 12/89).

1119. O entendimento predominante é o de que as ofensas irrogadas à parte e pela parte, ou seja, aquelas surgidas no calor dos debates judiciais, não constituem crime. Nesse conceito não se inclui, portanto, o magistrado.

1120. "A imunidade judiciária estabelecida no art. 142, inc. I, do Código Penal, relativamente aos crimes de injúria e difamação — e, veja-se, não se exime se o crime cometido for o de calúnia —, re-

Constituição, em seu art. 133, a respeito ("sendo inviolável por seus atos e manifestações no exercício da profissão, nos limites da lei"), pode-se acompanhar o que dispõe o Estatuto[1121], com a nova redação (suprimido o termo "desacato") que deriva do julgamento da *Ação Direta de Inconstitucionalidade* n. 1127-8 do STF:

> "O advogado tem imunidade profissional, não constituindo injúria, difamação puníveis qualquer manifestação de sua parte, no exercício de sua atividade, em juízo ou fora dele, sem prejuízo das sanções disciplinares perante a OAB, pelos excessos que cometer" (EOAB, art. 7º, § 2º).

Ainda, deve-se perceber que a defesa do exercício e da autonomia desta profissão é a defesa da própria possibilidade da democracia e do Estado Democrático de Direito. Ações da polícia, provocando invasões em escritórios de advocacia, ao longo do ano de 2005, motivaram à reação da OAB que, em defesa dos advogados, conseguiu garantir "a inviolabilidade de seu escritório ou local de trabalho, bem como de seus instrumentos de trabalho, de sua correspondência escrita, eletrônica, telefônica e telemática, desde que relativas ao exercício da advocacia", com a edição da Lei n. 11.767, de 7 de agosto de 2008, que, em seu art. 1º, prevê alteração do inciso II do art. 7º da Lei n. 8.906, de 4 de julho de 1994. Essa vitória da advocacia torna ainda mais claros os limites de ação da *persecutio criminis*, uma vez que nem tudo é lícito quando se trata de realizar a investigação e punição de delitos.

Em termos de organização federativa, mais que órgão de representação de classe ou que instância institucional para a resolução de questões *interna corporis*, a Ordem dos Advogados do Brasil[1122], cujas finalidades e organização estão previstas nos arts. 44 até 137-C do *Regulamento Geral do Estatuto da Advocacia e da OAB* do *Conselho Federal da Ordem dos Advogados do Brasil* (*DOU*, 16-11-1994), é órgão

---

cobre a atuação do advogado de especial proteção, porém, não representa a criação de um privilégio pessoal, mas a consagração de uma prerrogativa funcional, indispensável à boa e completa realização da justiça" (Comparato, A função do advogado na administração da justiça, *RT*, 694/47).

1121. Os excessos que violam a honra, a integridade e a moral da outra parte adversa são passíveis de gerar responsabilidade civil por dano moral, como vem entendendo a doutrina: "Pelo exposto, de se concluir pela responsabilidade do mandante e mandatário pelas ofensas irrogadas em juízo contra terceiros, desde que não tenham relação com a causa e, na análise do caso concreto, não se afigurem imprescindíveis para a defesa dos interesses que estejam em jogo, cabendo ao cliente, caso não tenha assinado a peça em questão, ação de regresso contra o advogado" (Lucas Rister Souza Lima; Natalia Vidigal Ferreira Cazerta, Responsabilidade civil do advogado e de seu cliente pelas ofensas irrogadas em juízo, in Fernando Rister Souza Lima; Ricardo Tinoco Goes; Willis Santiago Guerra Filho (coords.), *Compêndio de ética jurídica moderna*, Curitiba, Juruá, 2011, p. 174).

1122. "O instituto da Ordem dos Advogados do Brasil foi fundado em 1843, por inspiração de Francisco Gê Acaiaba de Montezuma, tendo os seus Estatutos sido aprovados pelo Imperador Pedro II. Teve como um de seus objetivos a criação da Ordem dos Advogados, conforme determinava o art. 2º de seus Estatutos. No entanto, nossa corporação só foi criada quase um século após, pelo art. 17 do Decreto n. 19.408, de 18 de novembro de 1930" (Antonio Claudio Mariz de Oliveira, A formação do advogado, in Nalini (coord.), *Formação jurídica*, 1994, p. 20).

público de garantia de uma sociedade democrática, possuindo um compromisso com a cidadania e com a efetivação dos direitos individuais, coletivos e difusos previstos pela Constituição[1123]. Suas missões estatutárias, regimentais e constitucionais denunciam essa sua tarefa social de grande dimensão[1124].

Do exposto percebe-se que o engajamento político-institucional e social é um mister não somente para o advogado, por exercer um *munus publico*, mas também para o órgão de representação da categoria. De fato, em diversos serviços relativos à justiça, é conferida efetiva e direta participação aos advogados, examinando: candidatos à Magistratura (CF de 1988, art. 93, I; Lei Complementar n. 35/79, art. 78); candidatos à Defensoria Pública (LC n. 80/94, art. 24); candidatos ao Ministério Público (CF de 1988, art. 129, § 3º). Mais que examinando, também é outorgado ao advogado acesso direto na composição dos Tribunais Superiores da Justiça federal e da Justiça estadual, através do chamado quinto constitucional, segundo o qual pode-se franquear, mediante o cumprimento de algumas condicionantes (notório saber jurídico, ilibada reputação, exercício efetivo comprovado da profissão durante dez anos), introdução na carreira em segunda instância[1125]. Aliás, para integrar lista sêxtupla de advogados, e concorrer à indicação para o Tribunal que comporá, deve o advogado ter defendido a moralidade institucional e administrativa, assim como comprovar a inexistência de infração ética[1126].

1123. Assim: "criada pelo art. 17 do Decreto n. 19.408, de 18 de novembro de 1930, é hoje serviço público, dotado de personalidade jurídica e forma federativa, tendo por finalidade: a) defender a Constituição, a ordem jurídica do Estado Democrático de Direito, os direitos humanos, a justiça social e pugnar pela boa aplicação das leis, pela rápida administração da justiça e pelo aperfeiçoamento da cultura e das instituições jurídicas; b) promover, com exclusividade, a defesa, a seleção e a disciplina dos advogados em toda a República Federativa do Brasil" (Grinover; Cintra; Dinamarco, *Teoria geral do processo*, 11. ed., p. 223).

1124. Diante das incumbências institucionais, é de competência da Ordem dos Advogados do Brasil a legitimidade, nos termos do art. 103, VII, da CF de 1988, para propor a ação direta de inconstitucionalidade *in terminis*: "Podem propor a ação de inconstitucionalidade: (...) VII — O Conselho Federal da Ordem dos Advogados do Brasil". Esse artigo da Constituição veio a ampliar o restrito polo subjetivo responsável pela propositura da ADIn, rompendo com os limites subjetivos anteriormente vigentes no contexto da Lei n. 4.337/64, que restringiam a participação democrática no controle da constitucionalidade das leis ao representante maior do Ministério Público, o Procurador-Geral da República.

1125. Visa-se sobretudo mesclar as experiências da advocacia, do Ministério Público e da judicatura, integrando-lhes no ecletismo da formação e da experiência jurídica dos membros de outras categorias (art. 94 da CF de 1988).

1126. Provimento CFOAB 80, de 10-3-1996 (*DJU*, 3-4-1996; ret. 16-7-1996) (Dispõe sobre a indicação, em Lista Sêxtupla, de Advogados que devam integrar os Tribunais Judiciários), "Art. 5º O pedido de inscrição será instruído com a comprovação de mais de dez anos de efetiva atividade profissional de advocacia (art. 94 da Constituição; art. 1º da Lei n. 8.906/94; art. 5º do Regulamento Geral) e bem assim de: a) 'curriculum vitae', cujos dados deverão ser comprovados, mediante cópias, se assim exigir a Diretoria que analisar o pedido; b) termo de compromisso de defesa da *moralidade administrativa*, inclusive de prevenção ao nepotismo; c) certidão negativa de sanção disciplinar, expedida pelo Conselho Seccional da inscrição principal".

Apesar de se tratar de uma atividade "indispensável à administração da justiça" (CF de 1988, art. 133), tem-se preocupação em dizer que não se trata de uma atividade que condicione o acesso à justiça[1127].

3.3.2. Advocacia-Geral da União e Procuradoria do Estado: função constitucional e exercício público

Se a advocacia é imprescindível para o exercício da jurisdição e para a ministração e efetivação da justiça, o mesmo há que se dizer quanto às carreiras públicas da advocacia. É nesse ponto que cabe seja ressaltada a atuação de órgãos públicos que, por sua essencialidade no que tange à prestação jurisdicional e ao equilíbrio entre os Poderes do Estado, devem conviver harmônica e conjuntamente para a efetivação do escopo jurídico-democrático.

Então, aqui se destaca a Advocacia-Geral da União, ao lado da Advocacia, da Defensoria Pública e do Ministério Público, todos previstos no Capítulo IV do Título IV da Constituição Federal de 1988[1128]. Mais que um aparato burocrático a serviço de afazeres administrativos ou formais, cada qual dessas instituições socorre interesses que constituem verdadeiro *munus* público, em favor da legalidade e do controle dos atos administrativos no âmbito estatal. Trata-se, nesse sentido, de se investigar a importância dos órgãos de advocacia pública no âmbito da Federação e no âmbito estadual.

O Poder Executivo, para o adequado exercício de suas atividades, no sentido do cumprimento dos ditames legais e constitucionais, requer uma assessoria jurídica permanente, contenciosa ou não[1129]. A Advocacia-Geral da União tem como atribuição

---

1127. Nesse sentido, a polêmica se acendeu com o advento da Lei n. 8.906/94, Estatuto da Ordem dos Advogados do Brasil, que, em seu art. 1º, lecionava como privativas da advocacia: "*I — a postulação a qualquer órgão do Poder Judiciário e aos juizados especiais*". Procurou-se minimizar a rigidez do preceito, limitando-se sua extensão normativa. Assim, no que tange aos juizados especiais, "(...) o STF suspendeu liminarmente a eficácia do *caput* do art. 1º, *in fine*, do Estatuto, de modo que fica mantida, por ora, a possibilidade de postulação direta do pequeno litigante" (Grinover; Dinamarco; Cintra, *Teoria geral do processo*, 11. ed., p. 219). Por juizados especiais se deve entender Justiça do Trabalho, Justiça de Paz e Juizados de Pequenas Causas (ADIn, 1.127-8-DF-Medida Liminar, rel. Min. Brossard, *DJU*, 14-10-1994, Seç. 1, p. 27596). Também devem-se aqui ter presentes as disposições da Lei n. 9.099/95, que disciplinou a matéria, revogando os antigos Juizados de Pequenas Causas e traçando normas acerca da postulação com ou sem advogado. Igualmente, no atual cenário, a Lei n. 13.140/2015 traz a mesma discussão à baila, na medida em que a conciliação e a mediação são feitas sem o apoio de advogado(a).

1128. O Capítulo V do Título II da Constituição do Estado de São Paulo, analogamente ao disposto na Constituição Federal, dispôs a respeito da matéria, elencando também como essenciais o Ministério Público (arts. 91/97), a Procuradoria-Geral do Estado (arts. 98/102), a Defensoria Pública do Estado (art. 103), a Advocacia (arts. 104/109), acrescentando, ainda, como órgão suplementar e exclusivo, o Conselho Estadual de Defesa dos Direitos da Pessoa Humana (art. 110), o que vem a acentuar com maior profundidade o caráter protetivo das normas constitucionais estaduais derivadas da teleologia da Carta Federal.

1129. "E assim deve ser porque, além de não deter cargo de provimento fiduciário, ao Procurador do Estado é imputada função essencial à Justiça e ao regime da defesa do interesse público e do controle da legalidade dos atos da Administração Pública estadual, cujo exercício somente é compatível com a

434

representar judicial e extrajudicialmente a União, no âmbito, portanto, dos assuntos federais, e essa mesma função é exercida pela Procuradoria-Geral do Estado, existente em cada unidade da Federação, no âmbito dos assuntos estaduais e do Distrito Federal[1130]. Essas carreiras estão estruturadas como forma de manutenção de um grupo de profissionais que venha a defender os interesses do Estado-Administração em juízo ou fora dele[1131].

Assim, fica claro que suas funções mais elementares se desdobram dentro da seguinte rotina institucional: "A Advocacia-Geral da União, especificamente, é a instituição que representa judicialmente e extrajudicialmente a União, prestando as atividades de consultoria e assessoramento jurídico ao Poder Executivo Federal, bem como de defesa em juízo do Poder Executivo, Legislativo e Judiciário"[1132].

O Poder Executivo, federal e estadual, tem esses órgãos por *longa manus* de suas atividades, prevalecendo sempre o entendimento de que, por atribuição funcional, se deve seguir uma postura profissional que garanta o melhor resultado técnico favorável ao Estado. O exercente desse tipo de atividade, devidamente concursado, ou provisoriamente investido de cargo em comissão, presta "consultoria e assessoramento jurídico" (CF de 1988, art. 131)[1133], de modo a fazer prevalecer não seus entendimentos pessoais, mas a produzir o melhor resultado útil à entidade à qual se vincula[1134].

Se ao Poder Executivo incumbe o cumprimento da lei pelo governo da sociedade, mister, portanto, a existência de instrumentos jurídicos protetivos para a cobertura das estruturas de atuação desse Poder, o que se faz, no âmbito federal, por meio da

---

plena garantia institucional da autonomia funcional" (Pereira e Silva, As prerrogativas constitucionais dos Procuradores do Estado, *Revista de Informação Legislativa*, ano 52, n. 206, abr./jun. 2015, p. 73).

1130. "Sistema que não difere em nada do anterior, apenas ganhou foros de Constituição Federal" (Ferreira Filho, *Curso de direito constitucional*, 1992, p. 236).

1131. "É impositivo ainda, na estrutura administrativa unitária da Procuradoria-Geral do Estado, assegurar aos Procuradores a possibilidade de optarem pelo exercício da advocacia consultiva ou da postulatória, cada qual organizada em um corpo técnico que não seja provisório, e cujo ingresso deve dar-se de acordo com regras que assegurem a todos iguais oportunidades. Qualquer outra decisão contraria a Constituição Federal de 1988 porque ofende as prerrogativas da carreira de Procurador, cuja indisponibilidade, como acima ressaltado, são de há muito proclamadas pela jurisprudência da Suprema Corte" (Pereira e Silva, As prerrogativas constitucionais dos Procuradores do Estado, *Revista de Informação Legislativa*, ano 52, n. 206, abr./jun. 2015, p. 71).

1132. Nunes, Allan Titonelli. A AGU como função essencial à justiça. *Fórum Administrativo*, Belo Horizonte, ano 12, n. 133, p. 21-30, mar. 2012, p. 25.

1133. "Dito isto, é fácil identificar na Constituição Federal de 1988, que duas são as prerrogativas constitucionais da carreira de Procurador do Estado: a representação institucional do Estado-membro em juízo e a consultoria jurídica" (Pereira e Silva, As prerrogativas constitucionais dos Procuradores do Estado, *Revista de Informação Legislativa*, ano 52, n. 206, abr./jun. 2015, p. 68).

1134. Mas essa vinculação não dispensa senso crítico e conhecimentos amplos: "Valores como o da Justiça, da liberdade, da igualdade e da lealdade, devem ser a utopia de vida do Procurador do Estado. A visão crítica do direito como fonte de vida é indispensável, assim como saber conjugar com desenvoltura suas fontes. Há de ter, para isso, a perspectiva histórica do Direito e das leis que regem o nosso dia-a-dia" (Kyriakos, Procuradores do Estado: função essencial à justiça, in Nalini (coord.), *Formação jurídica*, 1994, p. 158).

Advocacia-Geral da União, instituição que tem por diploma essencial de sua estrutura a Lei Complementar n. 73/93, a par o Decreto n. 767/93 e a Lei n. 9.028/95, e, no âmbito estadual, por meio da Procuradoria do Estado.

Da mesma forma, no âmbito municipal, a missão institucional das Procuradorias de Municípios. A exemplo da Procuradoria-Geral do Município de São Paulo[1135], que participa da formulação e viabilização de políticas públicas municipais em conformidade com os princípios da legalidade, transparência, moralidade, proatividade, independência técnica e eficiência, a tarefa institucional é a de representação judicial e extrajudicial do Município, a produção de Serviço de Informação Jurídica ao cidadão, a representação da Fazenda Municipal perante o Tribunal de Contas do Município, guardando subdivisões de frentes de trabalho internas, que recebem logística própria na forma de Departamento (Desapropriações; Procedimentos Disciplinares; Fiscal; Judicial; Proteção ao Meio Ambiente e Patrimônio).

Em meio às atribuições fundamentais, como a de representação do Executivo[1136], encontra-se a de assistência judiciária aos necessitados. Deve-se verificar que diploma estadual (Lei Orgânica da Procuradoria-Geral do Estado de São Paulo) prevê como uma de suas principais atividades a assistência judiciária, como se lê a seguir:

"I. prestar assistência judiciária aos legalmente necessitados nas áreas civil e trabalhista; II. exercer as funções curador especial, salvo quando a lei a atribuir especificamente a outrem; III. promover as medidas judiciais necessárias para a defesa do consumidor; IV. atuar junto ao Juizado de Pequenas Causas; V. prestar assistência a pessoas necessitadas, vítimas de crime, objetivando a reparação de danos e a solução de problemas jurídicos surgidos ou agravados com o delito; VI. prestar orientação aos legalmente necessitados no âmbito extrajudicial" (LC n. 478/86, art. 28).

As mais recentes concepções sobre o papel da Advocacia-Geral da União, no entanto, vêm apontando para um aumento de responsabilidades profissionais e de compromisso com a afirmação da democracia. Mais do que o exercício de função intraburocrática ligada ao Poder Executivo, apontam para um alargamento do espectro institucional de atuação dentro dos princípios democráticos de afirmação da cidadania e de cuidados com o trato do interesse público. Isso significa que não somente a questão do atendimento por assistência judiciária deve ocupar o órgão — que é função essencial à justiça —, mas também as tarefas ligadas aos preceitos da Lei de

---

1135. No *site* http://www.prefeitura.sp.gov.br/cidade/secretarias/negocios_juridicos/procuradoria_geral/index.php?=334. Acesso em 21-8-2015.

1136. "Essencial à Administração Pública Estadual, a advocacia pública exercida pela Procuradoria-Geral do Estado tem como funções institucionais, além do procuratório judicial e extrajudicial do Estado, a consultoria e assessoria jurídica do Poder Executivo e da Administração, a orientação e defesa dos necessitados, em todos os graus, a representação perante o Tribunal de Contas, a consultoria e a fiscalização da Junta Comercial, o assessoramento técnico-legislativo ao Governador, a inscrição, controle e cobrança da dívida ativa estadual, a propositura de ação civil pública, a assistência jurídica aos municípios, procedimentos disciplinares; entre outras próprias da advocacia do Estado e da defesa dos necessitados, a ela vinculando os órgãos jurídicos das autarquias" (Kyriakos, Procuradores do Estado: função essencial à justiça, in Nalini (coord.), *Formação jurídica*, 1994, p. 156).

Ação Civil Pública, da Lei de Improbidade, da Lei de Ação Popular, da Lei de Mandado de Segurança, incluindo a preocupação com os juízos sobre constitucionalidade/inconstitucionalidade, que abrem campo para o atendimento de interesses mais gerais da nação, do povo e do fortalecimento da democracia[1137].

3.3.3. Defensoria Pública: função constitucional

A Defensoria Pública da União ou dos Estados é instituição essencial à justiça, à atividade de prestação jurisdicional, incumbindo-lhe as tarefas judicial e extrajudicial de assessoria jurídica[1138]. Por isso, as mais recentes conquistas do país envolvem nova legislação, ampliação dos concursos públicos e do campo de alcance de suas ações[1139]. Seja atuando preventivamente na conciliação das partes contendentes, oferecendo informações, distribuindo orientação jurídica, seja atuando contenciosamente, litigando em nome dos interessados, seja representando interesses sem titulares determinados, a Defensoria Pública implementa o rol de medidas públicas destinadas à construção do Estado Democrático de Direito. Na topografia do texto constitucional, a disciplina do órgão fundamental vem dada pela Seção III do Capítulo IV do Título IV da Constituição Federal de 1988 que, em seu art. 134, reza:

> "A Defensoria Pública é instituição essencial à função jurisdicional do Estado, incumbindo-lhe a orientação jurídica e a defesa, em todos os graus, dos necessitados, na forma do art. 5º, LXXIV".

A matéria relativa à assistência jurídica e defensoria pública ficou para ser implementada em momento posterior à promulgação do texto constitucional, de modo que, por fim, a Lei Complementar n. 80/94 acabou por disciplinar, no plano federal, a Defensoria Pública da União, dos Territórios e do Distrito Federal. Essa lei de fato traçou normas gerais para a estruturação, ou para a reestruturação — esclareça-se que alguns Estados já haviam implantado a Defensoria mesmo antes do advento da Lei Complementar, ocorrendo que deverão retraçar seus parâmetros de atuação (LC n. 80/94, art. 142) nos moldes do supracitado texto normativo —, das Defensorias Estaduais[1140]. É esse o texto que rege a constituição genérica das Defensorias do país atualmente. Cumpre, no entanto, no plano estadual, que as Defensorias se adaptem a peculiaridades regionais[1141].

1137. A este respeito, consulte-se o trecho da p. 27, constante dos estudos sobre função essencial à justiça Allan Titonelli Nunes, em A AGU como função essencial à justiça, cit., p. 21-30, mar. 2012, p. 27.

1138. A respeito, visite-se www.dpv.org.br.

1139. Em tema atual, o jornal *Folha de S. Paulo*, em seu editorial, lançou recente matéria a respeito do diagnóstico da situação da Defensoria Pública em todo o Brasil, ressaltando-se: "É desoladora a situação da Defensoria Pública no país"; mais adiante: "em números totais, o Brasil tem cerca de 770 mil advogados, mas apenas 5.500 defensores. Na comparação proporcional, são 311 advogados para cada 100 mil habitantes, contra somente 3,9 defensores públicos no mesmo universo" (*Folha de S. Paulo*, Editorial, Opinião, domingo, 22 de dezembro de 2013, A2).

1140. Essas normas gerais são decorrência do art. 97 da Lei Complementar n. 80/94.

1141. A respeito, no Estado de São Paulo, Leis Complementares n. 988/2006 e n. 1.098/2009.

A Defensoria Pública ocupa-se da assistência jurídica, que pode ser prestada de diversas maneiras, correspondendo não só àquilo que se entende por direito de demandar em juízo (assistência judiciária), mas também pelo direito de encontrar orientação extrajudicial e encaminhamento jurídico-informativo correto (assistência não judiciária), atendendo à população economicamente carente. No Novo Código de Processo Civil, o art. 185 prevê com clareza seu papel e sua missão institucionais. Assim é que a tarefa de assistência jurídica — expressão que encontra um sentido lato — se distende em dois outros princípios, o da assistência judiciária e o da assistência não judiciária[1142]. Aqui, portanto, o primeiro papel de assistência jurídica, exercido pela instituição da Defensoria em sua atividade própria de defesa dos interesses dos necessitados, sejam estes pessoas físicas ou jurídicas[1143].

Mas não acaba aí o conjunto de atribuições constitucionais e legais da Defensoria, pois esta ainda encontra função social ao exercer atividade imprópria[1144]. E isso porque os hipossuficientes são protegidos, além de outros[1145].

A atividade típica da Defensoria é decorrência do dever jurídico assumido pelo Estado, que, de acordo com a Constituição, "(...) prestará assistência jurídica integral e gratuita aos que comprovarem insuficiência de recursos" (CF de 1988, art. 5º, LXXIV). O que se vê é que o campo de atuação institucional da Defensoria é amplo, participando como órgão ativo na dirimição de conflitos e na preparação jurídica da comunidade para a qual destina os resultados de sua operosidade social, assim, desde a prestação de serviços de informação, instrução e orientação, até a participação na composição dos conflitos de interesses por meio de conciliação extrajudicial, ou mesmo pela participação no contraditório administrativo ou judicial, nas esferas cível, criminal.

Mais ainda, enquanto atribuições institucionais, incumbe-lhe a tutela dos interesses coletivos e difusos, isso por força do art. 4º, V e XI, da Lei Complementar n.

1142. Como decorrência da ampla defesa, e a partir da norma de ordem pública constante do art. 261 do CPP, que consagra a defesa indisponível em matéria criminal e preceitua que "nenhum acusado, ainda que ausente ou foragido, será processado ou julgado sem defensor", decorre a necessidade de defesa no processo penal. Mister, portanto, a defesa, aqui entendida como defesa técnica, o *ius postulandi* deve ser exercido pelo órgão da Defensoria competente para atuar no caso concreto em previsão.

1143. É fato que, não obstante ser o direito de defesa garantia constitucional, pode ser este direito "(...) frustrado por falta de recursos necessários ao seu exercício" (Ferreira Filho, *Curso de direito constitucional*, 1992, p. 237).

1144. A distinção é feita por Moraes, *Princípios institucionais da Defensoria Pública*: Lei Complementar 80, de 12-1-1994, anotada, 1995, p. 24, quando reflete sobre o tema, propondo a conceituação nos seguintes termos: "Podemos distinguir as funções da Instituição em típicas e atípicas. Típicas seriam aquelas funções exercidas pela Defensoria Pública na defesa de direitos e interesses de hipossuficientes. E atípicas seriam aquelas outras exercidas pela Defensoria Pública, independentemente da situação econômica daquele ou daqueles beneficiados da Instituição".

1145. (...) não está condicionada, necessariamente, à miserabilidade do acusado, uma vez que a garantia constitucional da ampla defesa, no processo-crime, assegura a sua intervenção, ainda que o acusado tenha boa condição financeira, bastando, para tal, que seja revel ou, simplesmente, não se interesse em indicar advogado, seja no início da ação ou no decorrer da mesma em razão da renúncia do advogado inicialmente constituído" (Moraes, *Princípios institucionais da Defensoria Pública*: Lei Complementar 80, de 12-1-1994, anotada, 1995, p. 27).

80/94, de acordo com o qual poderes de representação lhe são conferidos para a propositura da ação civil pública, em defesa dos interesses relativos aos direitos do consumidor, à proteção do meio ambiente etc.[1146].

Por um lado, aos membros da carreira são dadas as mesmas prerrogativas e garantias ofertadas aos membros das demais carreiras públicas, a saber:

> "I — a independência funcional no desempenho de suas atribuições; II — a inamovibilidade; III — a irredutibilidade de vencimentos; IV — a estabilidade" (LC n. 80/94, art. 43)[1147].

Da mesma forma como ocorre com as demais profissões jurídico-advocatícias, esta, por se tratar de atividade pública, envolve uma série de deveres, proibições e impedimentos, a exemplo do disposto na Lei Complementar do Estado de São Paulo n. 988/2006[1148], e do disposto no art. 187 do Novo Código de Processo Civil (Lei n. 13.105/2015), que responsabiliza o Defensor civil e regressivamente quando agir com dolo ou fraude no exercício de suas funções.

Eis aí uma função essencial à justiça, dada a dimensão social e democrática com a qual se inscreve a matéria nos planos constitucional e infraconstitucional.

3.3.4. Deontologia ética e advocacia

3.3.4.1. Advocacia e princípios fundamentais

Os desafios das últimas duas décadas vieram modificando substancialmente os fazeres da advocacia, o ramo de atuação do profissional, bem como o conjunto das exigências éticas que incidem sobre essa função essencial à justiça. Por isso, apesar de sua importância histórica, o Código de Ética e Disciplina da OAB, de 1995 (66 artigos), veio perdendo sua força e carecendo não somente de atualização, mas sobretudo de modificação de alguns de seus capítulos e compromissos. Naquilo que de mais marcante adveio com o Novo Código, a saber, a Resolução n. 2/2015 do Conselho Federal da Ordem dos Advogados do Brasil, publicada em 4-11-2015, destacam-se: alterações pontuais em inúmeros artigos e capítulos; introdução do Capítulo IV (Das Relações com os Colegas, Agentes Políticos, Autoridades, Servidores Públicos e Terceiros); introdução do Capítulo VI (Do Exercício de Cargos e Funções na OAB e na

---

1146. Narra Silvio Roberto Mello de Moraes (*Princípios institucionais da Defensoria Pública:* Lei Complementar 80, de 12-1-1994, anotada, 1995, p. 26) que, por haver expressa atribuição de competência ao MP para a propositura da ação civil pública, surgiu desentendimento entre este e a Defensoria, o que foi objeto de ação direta de constitucionalidade ao STF, tendo sido a questão dirimida a partir da consideração do relator Min. Sepúlveda Pertence, que à instituição da Defensoria reconheceu a legitimidade para atuar na defesa dos interesses difusos e coletivos (*RTJ*, 146/435).

1147. A respeito, art. 160 da Lei Complementar n. 988/2006 do Estado de São Paulo.

1148. A respeito dos Deveres e das Proibições, consultem-se os arts. 164, 165 e 166.

Representação da Classe); alteração do Capítulo VII (Do Sigilo Profissional), em sua substância; atualização do Capítulo relativo à Publicidade Profissional; introdução de Capítulo específico (Capítulo I do Título II) para o tratamento do processo disciplinar (arts. 55 a 69). Eis o novel diploma para a ética profissional do advogado que se dá por meio da proposta feita pelo Conselho Federal da OAB de modo participativo, democrático e aberto (consultas virtuais perduraram de 1º de março a 31 de maio de 2014), para a construção de um novo marco normativo para a área, agora com 80 artigos, o Novo Código de Ética e Disciplina da OAB (Anexo Único à Resolução n. 2/2015 do Conselho Federal da OAB).

A classe dos advogados, exatamente pela importância de sua atividade, apesar de assolada por famigerado conceito social, deve representar a classe que faculta a instrumentalização da justiça e por isso deve cuidar de seu prestígio junto à sociedade. A importância da advocacia para a postulação e representação de interesses dos clientes e representados(as), em juízo ou fora dele, é atividade de enorme significação social, e, exatamente daí decorre o conjunto dos *deveres profissionais*. Quando se está em juízo, então, a responsabilidade do(a) advogado(a) perante a justiça, perante as partes, perante o cliente é de ser motivo de grande atenção[1149]. Para que isso ocorra é mister que se insculpa na consciência popular e dos próprios integrantes da classe as normas éticas que estão a cercar este *munus publico*[1150]. O próprio Novo Código de Ética e Disciplina prevê que:

Resolução n. 2/2015 — Anexo Único: Código de Ética e Disciplina da OAB:

"Art. 1º O exercício da advocacia exige conduta compatível com os preceitos deste Código, do Estatuto, do Regulamento Geral, dos Provimentos e com os princípios da moral individual, social e profissional".

Não há lugar para individualismos, sobretudo na atualidade, pois o raciocínio do advogado deve se medir pelas necessidades sociais e pelas condições do exercício da cidadania no país[1151]. Esse é o primeiro compromisso ético do profissional que se dedica à advocacia, que é, a um só tempo, um compromisso para com a classe, para com os demais profissionais, para com o cliente e para com a sociedade. Por isso, não

---

1149. "Uma ocorrência muito comum e esquecida entre os advogados, é que ele é responsável pelo conteúdo de seus escritos e acaba induzindo o juízo ao erro ou até mesmo ocasionando ofensas desnecessárias no deslinde do feito" (Soltanovich, A responsabilidade processual dos advogados, *in Aspectos disciplinares de ética no exercício da advocacia* (SOLTANOVICH, Renata; OYA, Norberto, orgs.), 2018, p. 257).

1150. Verbete: Ética do advogado. Adv. "Preceitos codificados que regem, em caráter moral, a conduta do advogado no exercício da profissão, em prestígio da classe, da dignidade da magistratura e do aprimoramento da ordem jurídica" (Sidou, *Dicionário Jurídico,* Academia Brasileira de Letras Jurídicas, 1997, p. 335).

1151. "Os advogados, por sua vez, nos dias atuais, devem, mais do que nunca, assumir a dimensão social da profissão. O seu ranço elitista, extremamente individualista, deve ser definitivamente afastado, pois outros são os tempos, outras são as necessidades, outro é o país, outra, pois, deve ser a postura, voltada para o contexto social em que se encontram inseridos" (Antonio Claudio Mariz de Oliveira, A formação do advogado, in Nalini (coord.), *Formação jurídica*, 1994, p. 30).

é deferida a confusão entre advocacia e atividades outras[1152]. Assim, a exclusividade da dedicação à advocacia é um traço marcante da ética profissional na área, não devendo a advocacia estar associada ou ser publicizada, ou de forma incorreta, ou de forma a se confundir com outras atividades[1153]. De fato, é dessa forma que dispõe o Estatuto[1154] sobre o compromisso ético do advogado (Estatuto da Advocacia, Lei n. 8.906, de 4-7-1994, art. 33):

> "O Advogado obriga-se a cumprir rigorosamente os deveres consignados no Código de *Ética* e Disciplina. Parágrafo único. O Código de *Ética* e Disciplina regula os deveres do advogado para com a comunidade, o cliente, o outro *profissional* e, ainda, a publicidade, a recusa do patrocínio, o dever de assistência jurídica, o dever geral de urbanidade e os respectivos procedimentos disciplinares".

Nesse sentido, há que se verificar que a ética profissional do advogado, da sociedade unipessoal de advocacia[1155] ou da sociedade de advogados[1156], é um modo também de garantia de comportamento por parte do advogado perante o cliente. No tocante a este tema, vale a menção à Súmula 2/2011 do Conselho Federal da OAB, Conselho Pleno:

1152. "Não raro, deparamo-nos com imobiliárias, escritórios de contabilidade e consultorias empresariais oferecendo em seus *sites*, fôlderes e malas diretas, além das atividades que lhes são próprias, assessoria jurídica aos seus clientes. Esse tipo de prática é proibida tanto às referidas firmas como aos advogados a elas vinculados, sejam sócios, associados, empregados ou meros parceiros" (Leite, Manter sociedade profissional fora das normas e dos preceitos estabelecidos no Estatuto da OAB, in Renata Soltanovitch e Norberto Oya (orgs.), *Aspectos disciplinares de ética no exercício da advocacia*, 2014, p. 82).

1153. "Não é admitida a divulgação nem a associação da advocacia com qualquer profissão ou atividade, seja mercantil, de natureza beneficente, lucrativa ou não lucrativa. Dessa forma, o advogado deve anunciar os seus serviços profissionais, individual ou coletivamente, desde que observe a discrição e a moderação, somente para finalidade exclusivamente informativa, sendo vedada a divulgação em conjunto com outra atividade." (Araujo Junior, *Gabaritando ética*, 2. ed., 2019, p. 30).

1154. "Após termos elaborado o primeiro esboço do anteprojeto do novo Código de Ética e Disciplina da OAB, relatado pelo Prof. Modesto Carvalhosa, discutimos como relator adjunto e ao mesmo tempo secretário da comissão revisora a mudança de valores éticos que deveriam ou poderiam ser cobrados dos profissionais da advocacia quase no limiar de um novo século. Concluímos que as regras de conduta ética não são sucessivas, mas cumulativas, e que deveriam prevalecer tanto aquelas constantes do novo documento, como também as do Código de Ética, concebido na década de 30 pelo Prof. Francisco Morato. O Prof. Carvalhosa entende que a regra ética tem como fontes os princípios de conduta que se sedimentam ao longo do tempo e não desaparecem dentro de uma mesma cultura, mas se aperfeiçoam" (Baroni, O nosso Código de ética e disciplina, in Machado Ferraz (coord.), *Ética na advocacia: estudos diversos*, 2000, p. 194).

1155. A respeito da sociedade unipessoal de advocacia, leia-se Silveira, Fábio Guedes Garcia da, A lei n. 13.247/2016: criação da sociedade unipessoal de advocacia, in *Aspectos disciplinares de ética no exercício da advocacia* (SOLTANOVICH, Renata; OYA, Norberto, orgs.), São Paulo: Letras Jurídicas, 2018, p. 69-88.

1156. A respeito da sociedade de advogados, deve-se consultar o disposto nos arts. 15, 16 e 17 do Estatuto da Advocacia, Lei n. 8.906, de 4 de julho de 1994, consideradas as alterações dadas pela Lei n. 13.247, de 12 de janeiro de 2016, a saber: art. 15, *caput* e §§ 1º, 2º, 4º, 5º e 7º, art. 16, *caput* e § 4º, bem como art. 17, *caput*. Além disso, consultar o Provimento n. 112/2006 CFOAB.

"ADVOCACIA. CONCORRÊNCIA. CONSUMIDOR. 1) A Lei da advocacia é especial e exauriente, afastando a aplicação, às relações entre clientes e advogados, do sistema normativo da defesa da concorrência. 2) O cliente de serviços de advocacia não se identifica com o consumidor do Código de Defesa do Consumidor – CDC. Os pressupostos filosóficos do CDC e do EAOAB são antípodas e a Lei 8.906/94 esgota toda a matéria, descabendo a aplicação subsidiária do CDC" (Súmula 2/2011/COP).

Trata-se do segundo compromisso do profissional que se dedica à advocacia, o dever de fidelidade aos interesses que patrocina. Assim, se a ética pessoal do advogado e a ética profissional do advogado conflitarem, deverá preponderar a segunda, pois específica da profissão e atinente aos interesses de outras pessoas utentes dos serviços advocatícios. Porém, se a consciência do advogado conflitar de modo insustentável com os interesses envolvidos na causa (consciência religiosa, crença pessoal, desconfiança, temor, moralidade...), a ponto de comprometer-se a ética profissional, então o advogado deverá não aceitar o patrocínio da causa ou renunciar a ele, se já em andamento. Isso para que não haja maiores prejuízos ao representado. Mas há que se observar o que dispõe o art. 16 do Código de Ética e Disciplina da OAB:

"Art. 16. A renúncia ao patrocínio deve ser feita sem menção do motivo que a determinou, fazendo cessar a responsabilidade profissional pelo acompanhamento da causa, uma vez decorrido o prazo previsto em lei (EAOAB, art. 5º, § 3º)".

O que não se pode admitir é que, dando continuidade ao patrocínio da causa, descrente de sua atuação, venha o profissional a prejudicar seu cliente[1157]. O vínculo que os une deve ser mais forte que qualquer imperativo externo ou interno, pois nisso há grande força o princípio da confiança, expressada pela manifestação da vontade de ambos (*pacta sunt servanda*)[1158]. O Novo Código de Ética e Disciplina inovou na redação conferida à matéria, ao dispor, em seu art. 10: "As relações entre advogado e cliente baseiam-se na confiança recíproca. Sentindo o advogado que essa confiança lhe falta, é recomendável que externe ao cliente sua impressão e, não se dissipando as dúvidas existentes, promova, em seguida, o substabelecimento do mandato ou a ele renuncie". Sobre essa questão já se manifestou o Tribunal de Ética e Disciplina:

E-1.255 — "Ementa — Mandato — Dever ético de renúncia — No caso de desentendimento entre o cliente e seu advogado, com clara quebra da indispensável relação mútua de confiança, deve o profissional declinar do mandato recebido na forma exarada no Código de Processo Civil e como preceituado no Código de Ética e Disciplina"

1157. Deve-se salientar, na relação com o cliente, a importância: do dever de informar; do dever de prestar contas; do cumprimento do mandato; do dever de lealdade; do dever de diligência; do dever de sigilo (Cortes, Relações com o cliente, in Machado Ferraz (coord.), *Ética na advocacia:* estudos diversos, 2000, p. 35-63).

1158. "Nesse sentido, a responsabilidade civil do advogado pode ser classificada como contratual, direta e subjetiva, constituída mediante obrigação de meio, na maioria dos casos" (Ricardo Maurício Freire Soares, Claiz Maria Pereira Gunça dos Santos, A responsabilidade civil do advogado pela lide temerária à luz da deontologia jurídica, in Fernando Rister Souza Lima; Ricardo Tinoco Goes; Willis Santiago Guerra Filho (coords.), *Compêndio de ética jurídica moderna*, Curitiba, Juruá, 2011, p. 51).

(V. U. — Rel. Dr. Paulo Afonso Lucas — Rev. Dr. Daniel Schwenck — Presidente Dr. Robison Baroni — 27-7-1995)[1159].

3.3.4.2. Advocacia: direitos e prerrogativas

A advocacia é uma profissão que atua em prol dos direitos e dos deveres, da legalidade e do *Estado Democrático de Direito,* e, exatamente por isso, para poder ser bem exercida, está atrelado ao seu exercício prático um conjunto de *direitos,* os direitos da profissão de advogado(a), e um conjunto de *prerrogativas*. Inclusive, é atividade própria da profissão de advogado "...contribuir com o processo legislativo e com a elaboração de normas jurídicas, no âmbito dos Poderes da República", nos termos do art. 2º-A da Lei n. 14.365/2022, que altera o *Estatuto da Advocacia*.

Assim, os direitos conferidos aos advogados servem para escudar o exercício da profissão, assim como as prerrogativas – cujas *Comissões de Prerrogativas das Seccionais* da OAB procuram zelar pelo efetivo cumprimento, inclusive e, se necessário, movendo as devidas medidas cabíveis em caso de *desagravo público* do profissional atingido por ofensa que decorre do exercício profissional[1160] – protegem o indivíduo--exercente, na condição de profissional. Tanto os direitos quanto as prerrogativas estão diretamente atreladas ao *papel profissional* exercido pelos advogados, em face dos demais poderes, carecendo de ter *abertas portas* e *canais de comunicação* na busca dos direitos, o que viabiliza a *efetividade* da profissão, que, uma vez fragilizada (por óbices administrativos, procedimentais ou regulamentares), poderia implicar prejuízos à defesa de direitos e deveres dos representados em processos administrativos e/ou judiciais.

1159. Consulte-se a respeito: Baroni (org.), *Julgados do Tribunal de Ética Profissional:* ementas e pareceres 1995 e parte 1996, v. IV, 1997.

1160. A este respeito, observe-se o disposto no art.18 do *Regulamento Geral do Estatuto da Advocacia e da OAB*, que se destaca a seguir: "Art. 18. O inscrito na OAB, quando ofendido comprovadamente em razão do exercício profissional ou de cargo ou função da OAB, tem direito ao desagravo público promovido pelo Conselho competente, de ofício, a seu pedido ou de qualquer pessoa. §1º Compete ao relator, convencendo-se da existência de prova ou indício de ofensa relacionada ao exercício da profissão ou de cargo da OAB, propor ao Presidente que solicite informações da pessoa ou autoridade ofensora, no prazo de quinze dias, salvo em caso de urgência e notoriedade do fato. §2º O relator pode propor o arquivamento do pedido se a ofensa for pessoal, se não estiver relacionada com o exercício profissional ou com as prerrogativas gerais do advogado ou se configurar crítica de caráter doutrinário, político ou religioso. §3º Recebidas ou não as informações e convencendo-se da procedência da ofensa, o relator emite parecer que é submetido ao Conselho. §4º Em caso de acolhimento do parecer, é designada a sessão de desagravo, amplamente divulgada. § 5º Na sessão de desagravo o Presidente lê a nota a ser publicada na imprensa, encaminhada ao ofensor e às autoridades e registrada nos assentamentos do inscrito. § 6º Ocorrendo a ofensa no território da Subseção a que se vincule o inscrito, a sessão de desagravo pode ser promovida pela diretoria ou conselho da Subseção, com representação do Conselho Seccional. § 7º O desagravo público, como instrumento de defesa dos direitos e prerrogativas da advocacia, não depende de concordância do ofendido, que não pode dispensá-lo, devendo ser promovido a critério do Conselho".

Nesse sentido, a mais importante conquista da advocacia brasileira vem promovida pela edição da Lei n. 13.869/2019 (Lei de Abuso de Autoridade), que efetuou a conversão em crime das atitudes danosas à advocacia – não sem muitas idas e vindas, além de intensas disputas entre o Legislativo e o Executivo – da violação de direito ou prerrogativa de advogado (previstos nos incisos II, III, IV e V do *caput* do art. 7º da Lei n. 8.906/94)[1161], nos termos do art. 43, como se transcreve abaixo:

> "Art. 43. A Lei n. 8.906, de 4 de julho de 1994, passa a vigorar acrescida do seguinte art. 7º-B:
> 'Art. 7º-B Constitui crime violar direito ou prerrogativa de advogado previstos nos incisos II, III, IV e V do *caput* do art. 7º desta Lei:
> Pena – detenção, de 3 (três) meses a 1 (um) ano, e multa'".

Daí, a importância de compreender que não se está diante de privilégios, mas de garantias que são mobilizadas para fortalecer a profissão, o que apenas justifica o seu exercício com lhaneza e urbanidade, e de forma correta e regular, e nunca o desvio de conduta, o excesso e/ou o abuso.

Assim, nos termos do art. 7º do *Estatuto da Advocacia* (Lei n. 8.906/94):

> "Art. 7º São direitos do advogado:
> I – exercer, com liberdade, a profissão em todo o território nacional;
> II – a inviolabilidade de seu escritório ou local de trabalho, bem como de seus instrumentos de trabalho, de sua correspondência escrita, eletrônica, telefônica e telemática, desde que relativas ao exercício da advocacia;
> III – comunicar-se com seus clientes, pessoal e reservadamente, mesmo sem procuração, quando estes se acharem presos, detidos ou recolhidos em estabelecimentos civis ou militares, ainda que considerados incomunicáveis;
> IV – ter a presença de representante da OAB, quando preso em flagrante, por motivo ligado ao exercício da advocacia, para lavratura do auto respectivo, sob pena de nulidade e, nos demais casos, a comunicação expressa à seccional da OAB;
> V – não ser recolhido preso, antes de sentença transitada em julgado, senão em sala de Estado Maior, com instalações e comodidades condignas, e, na sua falta, em prisão domiciliar (de acordo com o teor do julgamento da ADIN 1127-8, retirada a expressão 'assim reconhecidas pela OAB');

1161. O art. 7º da Lei n. 8.906/94, em seus incisos II, III, IV e V, prevê: "Art. 7º São direitos do advogado: (...) II — a inviolabilidade de seu escritório ou local de trabalho, bem como de seus instrumentos de trabalho, de sua correspondência escrita, eletrônica, telefônica e telemática, desde que relativas ao exercício da advocacia; III — comunicar-se com seus clientes, pessoal e reservadamente, mesmo sem procuração, quando estes se acharem presos, detidos ou recolhidos em estabelecimentos civis ou militares, ainda que considerados incomunicáveis; IV — ter a presença de representante da OAB, quando preso em flagrante, por motivo ligado ao exercício da advocacia, para lavratura do auto respectivo, sob pena de nulidade e, nos demais casos, a comunicação expressa à seccional da OAB; V — não ser recolhido preso, antes de sentença transitada em julgado, senão em sala de Estado Maior, com instalações e comodidades condignas, e, na sua falta, em prisão domiciliar; (...)".

VI – ingressar livremente:

a) nas salas de sessões dos tribunais, mesmo além dos cancelos que separam a parte reservada aos magistrados;

b) nas salas e dependências de audiências, secretarias, cartórios, ofícios de justiça, serviços notariais e de registro, e, no caso de delegacias e prisões, mesmo fora da hora de expediente e independentemente da presença de seus titulares;

c) em qualquer edifício ou recinto em que funcione repartição judicial ou outro serviço público onde o advogado deva praticar ato ou colher prova ou informação útil ao exercício da atividade profissional, dentro do expediente ou fora dele, e ser atendido, desde que se ache presente qualquer servidor ou empregado;

d) em qualquer assembléia ou reunião de que participe ou possa participar o seu cliente, ou perante a qual este deva comparecer, desde que munido de poderes especiais;

VII – permanecer sentado ou em pé e retirar-se de quaisquer locais indicados no inciso anterior, independentemente de licença;

VIII – dirigir-se diretamente aos magistrados nas salas e gabinetes de trabalho, independentemente de horário previamente marcado ou outra condição, observando-se a ordem de chegada;

IX (suprimido pela ADIN 1.127-8);

X – usar da palavra, pela ordem, em qualquer juízo ou tribunal, mediante intervenção sumária, para esclarecer equívoco ou dúvida surgida em relação a fatos, documentos ou afirmações que influam no julgamento, bem como para replicar acusação ou censura que lhe forem feitas;

XI – reclamar, verbalmente ou por escrito, perante qualquer juízo, tribunal ou autoridade, contra a inobservância de preceito de lei, regulamento ou regimento;

XII – falar, sentado ou em pé, em juízo, tribunal ou órgão de deliberação coletiva da Administração Pública ou do Poder Legislativo;

XIII – examinar, em qualquer órgão dos Poderes Judiciário e Legislativo, ou da Administração Pública em geral, autos de processos findos ou em andamento, mesmo sem procuração, quando não estiverem sujeitos a sigilo ou segredo de justiça, assegurada a obtenção de cópias, com possibilidade de tomar apontamentos;

XIV – examinar, em qualquer instituição responsável por conduzir investigação, mesmo sem procuração, autos de flagrante e de investigações de qualquer natureza, findos ou em andamento, ainda que conclusos à autoridade, podendo copiar peças e tomar apontamentos, em meio físico ou digital;

XV – ter vista dos processos judiciais ou administrativos de qualquer natureza, em cartório ou na repartição competente, ou retirá-los pelos prazos legais;

XVI – retirar autos de processos findos, mesmo sem procuração, pelo prazo de dez dias;

XVII – ser publicamente desagravado, quando ofendido no exercício da profissão ou em razão dela;

XVIII – usar os símbolos privativos da profissão de advogado;

XIX – recusar-se a depor como testemunha em processo no qual funcionou ou deva funcionar, ou sobre fato relacionado com pessoa de quem seja ou foi advogado, mesmo quando autorizado ou solicitado pelo constituinte, bem como sobre fato que constitua sigilo profissional;

XX – retirar-se do recinto onde se encontre aguardando pregão para ato judicial, após trinta minutos do horário designado e ao qual ainda não tenha comparecido a autoridade que deva presidir a ele, mediante comunicação protocolizada em juízo.

XXI – assistir a seus clientes investigados durante a apuração de infrações, sob pena de nulidade absoluta do respectivo interrogatório ou depoimento e, subsequentemente, de todos os elementos investigatórios e probatórios dele decorrentes ou derivados, direta ou indiretamente, podendo, inclusive, no curso da respectiva apuração:

a) apresentar razões e quesitos;

§ 1º Não se aplica o disposto nos incisos XV e XVI:

1) aos processos sob regime de segredo de justiça;

2) quando existirem nos autos documentos originais de difícil restauração ou ocorrer circunstância relevante que justifique a permanência dos autos no cartório, secretaria ou repartição, reconhecida pela autoridade em despacho motivado, proferido de ofício, mediante representação ou a requerimento da parte interessada;

3) até o encerramento do processo, ao advogado que houver deixado de devolver os respectivos autos no prazo legal, e só o fizer depois de intimado.

§ 2º O advogado tem imunidade profissional, não constituindo injúria ou difamação puníveis qualquer manifestação de sua parte, no exercício de sua atividade, em juízo ou fora dele, sem prejuízo das sanções disciplinares perante a OAB, pelos excessos que cometer. (A expressão 'ou desacato' foi retirada como efeito do julgamento da ADIN 1.127-8)

§ 3º O advogado somente poderá ser preso em flagrante, por motivo de exercício da profissão, em caso de crime inafiançável, observado o disposto no inciso IV deste artigo.

§ 4º O Poder Judiciário e o Poder Executivo devem instalar, em todos os juizados, fóruns, tribunais, delegacias de polícia e presídios, salas especiais permanentes para os advogados, com uso assegurados à OAB. (A expressão 'e controle' foi retirada como efeito do julgamento da ADIN 1.127-8)

§ 5º No caso de ofensa a inscrito na OAB, no exercício da profissão ou de cargo ou função de órgão da OAB, o conselho competente deve promover o desagravo público do ofendido, sem prejuízo da responsabilidade criminal em que incorrer o infrator.

§ 6º Presentes indícios de autoria e materialidade da prática de crime por parte de advogado, a autoridade judiciária competente poderá decretar a quebra da inviolabilidade de que trata o inciso II do *caput* deste artigo, em decisão motivada, expedindo mandado de busca e apreensão, específico e pormenorizado, a ser cumprido na presença de representante da OAB, sendo, em qualquer hipótese, vedada a utilização dos documentos, das mídias e dos objetos pertencentes a clientes do advogado averiguado, bem como dos demais instrumentos de trabalho que contenham informações sobre clientes.

§ 7º A ressalva constante do § 6º deste artigo não se estende a clientes do advogado averiguado que estejam sendo formalmente investigados como seus partícipes ou coautores pela prática do mesmo crime que deu causa à quebra da inviolabilidade.

§ 10. Nos autos sujeitos a sigilo, deve o advogado apresentar procuração para o exercício dos direitos de que trata o inciso XIV.

§ 11. No caso previsto no inciso XIV, a autoridade competente poderá delimitar o acesso do advogado aos elementos de prova relacionados a diligências em andamento e ainda não documentados nos autos, quando houver risco de comprometimento da eficiência, da eficácia ou da finalidade das diligências.

§ 12. A inobservância aos direitos estabelecidos no inciso XIV, o fornecimento incompleto de autos ou o fornecimento de autos em que houve a retirada de peças já incluídas no caderno investigativo implicará responsabilização criminal e funcional por abuso de autoridade do responsável que impedir o acesso do advogado com o intuito de prejudicar o exercício da defesa, sem prejuízo do direito subjetivo do advogado de requerer acesso aos autos ao juiz competente.

§ 13. O disposto nos incisos XIII e XIV do *caput* deste artigo aplica-se integralmente a processos e a procedimentos eletrônicos, ressalvado o disposto nos §§ 10 e 11 deste artigo".

Estes direitos são gerais e cabíveis a todos os advogados e advogadas. No entanto, no que tange especificamente à mulher advogada, também é decisivo para a advocacia feminina um conjunto de direitos que foram incluídos à redação original do *Estatuto da Advocacia* pela Lei n. 13.363/2016[1162], que estão atrelados à necessidade de garantia das condições para o exercício profissional. Assim, dispõe o art. 7º do *Estatuto da Advocacia* que são direitos da advogada:

"Art. 7º-A. São direitos da advogada:

I – gestante:

a) entrada em tribunais sem ser submetida a detectores de metais e aparelhos de raios X;

b) reserva de vaga em garagens dos fóruns dos tribunais;

II – lactante, adotante ou que der à luz, acesso a creche, onde houver, ou a local adequado ao atendimento das necessidades do bebê;

III – gestante, lactante, adotante ou que der à luz, preferência na ordem das sustentações orais e das audiências a serem realizadas a cada dia, mediante comprovação de sua condição;

1162. Atente-se, também, para o teor do Provimento n. 164/2015 do *Conselho Federal da Ordem dos Advogados do Brasil,* do qual se destacam os arts. 1º e 2º: "Art. 1º Fica criado o Plano Nacional de Valorização da Mulher Advogada, a ser regulamentado pela Diretoria do Conselho Federal da Ordem dos Advogados do Brasil"; "Art. 2º O Plano Nacional de que trata este Provimento, no fortalecimento dos direitos humanos da mulher, terá como diretrizes: I — a educação jurídica; II — a defesa das prerrogativas das mulheres advogadas; III — a elaboração de propostas que apoiem a mulher no exercício da advocacia; IV — a implementação de condições diferenciadas nos serviços prestados pela Caixa de Assistência dos Advogados, que atendam a necessidades específicas da mulher advogada; V — a promoção de diálogo com as instituições, visando humanizar as estruturas judiciárias voltadas às advogadas; VI — a construção de uma pauta de apoio à mulher na sociedade, tendo como focos principais: a) a igualdade de gêneros e a participação das mulheres nos espaços de poder; b) o combate à violência doméstica, incluindo assistência às vítimas; c) o apoio a projetos de combate ao feminicídio e a outras violências contra a mulher; d) a defesa humanitária das mulheres encarceradas; e) a defesa e a valorização das mulheres trabalhadoras rurais e urbanas; f) a defesa e a valorização das mulheres indígenas; g) o combate ao racismo e à violência contra as mulheres negras; h) o enfrentamento ao tráfico de mulheres; i) a mobilização contra a banalização da imagem da mulher na mídia publicitária; (...)".

IV – adotante ou que der à luz, suspensão de prazos processuais quando for a única patrona da causa, desde que haja notificação por escrito ao cliente.

§ 1º Os direitos previstos à advogada gestante ou lactante aplicam-se enquanto perdurar, respectivamente, o estado gravídico ou o período de amamentação.

§ 2º Os direitos assegurados nos incisos II e III deste artigo à advogada adotante ou que der à luz serão concedidos pelo prazo previsto no art. 392 do Decreto-Lei n. 5.452, de 1º de maio de 1943 (Consolidação das Leis do Trabalho).

§ 3º O direito assegurado no inciso IV deste artigo à advogada adotante ou que der à luz será concedido pelo prazo previsto no § 6º do art. 313 da Lei n. 13.105, de 16 de março de 2015 (Código de Processo Civil).

3.3.4.3. Advocacia: deveres ético-profissionais

Assim cobrado, pela legislação, pela classe e pela sociedade, o profissional não poderá alegar em seu favor o desconhecimento de seus deveres éticos, e isso inclusive por força do princípio geral de direito que reza *ignorantia legis neminem escusat*. Até mesmo o estagiário de direito deve estar consciente de seus deveres enquanto exercente em treinamento da atividade advocatícia, como prevê a legislação a respeito[1163].

Se existem deveres profissionais, estes têm de ser cumpridos, inclusive sob pena de o profissional se sujeitar a sanções de cunho administrativo. No que tange ao cumprimento de seus deveres, os advogados estão submetidos ao EOAB, e as sanções disciplinares por conduta profissional indevida são: censura; suspensão; exclusão; multa e advertência. Esses deveres são atinentes ao seu desempenho como técnico do direito, como agente social e como defensor da moralidade da atividade que exerce, uma vez que ser advogado não é somente exercer uma profissão, mas representar a classe onde quer que esteja, judicial ou extrajudicialmente. Mas leiam-se os deveres éticos que seguem, distintos que são dos deveres previstos no Estatuto e que constituem infração disciplinar[1164]. Assim, no art. 2º do

---

1163. Lei n. 8.906, de 4-7-1994 (*DOU*, 5-7-1994) — Estatuto da Advocacia e a Ordem dos Advogados do Brasil — OAB (Dispõe sobre o Estatuto da Advocacia e a Ordem dos Advogados do Brasil — OAB): Título I — Da Advocacia (arts. 1º a 43), Capítulo III — Da Inscrição (arts. 8º a 14), "Art. 9º Para inscrição como estagiário é necessário: I — preencher os requisitos mencionados nos incisos I, III, V, VI e VII do art. 8º; II — ter sido admitido em estágio *profissional* de advocacia. § 1º O estágio *profissional* de advocacia, com duração de dois anos, realizado nos últimos anos do curso jurídico, pode ser mantido pelas respectivas instituições de ensino superior, pelos Conselhos da OAB, ou por setores, órgãos jurídicos e escritório de advocacia credenciados pela OAB, sendo obrigatório o estudo deste Estatuto e do Código de *Ética* e Disciplina. § 2º A inscrição do estagiário é feita no Conselho Seccional em cujo território se localize seu curso jurídico. § 3º O aluno de curso jurídico que exerça atividade incompatível com a advocacia pode frequentar o estágio ministrado pela respectiva instituição de ensino superior, para fins de aprendizagem, vedada a inscrição na OAB. § 4º O estágio *profissional* poderá ser cumprido por bacharel em Direito que queira se inscrever na Ordem".

1164. Lei n. 8.906, de 4-7-1994 (*DOU*, 5-7-1994) — *Estatuto* da Advocacia e a Ordem dos Advogados do Brasil — OAB (Dispõe sobre o *Estatuto* da Advocacia e a Ordem dos Advogados do Brasil

— OAB), "Art. 34. Constitui infração disciplinar:

I — exercer a profissão, quando impedido de fazê-lo, ou facilitar, por qualquer meio, o seu exercício aos não inscritos, proibidos ou impedidos;

II — manter sociedade profissional fora das normas e preceitos estabelecidos nesta Lei;

III — valer-se de agenciador de causas, mediante participação nos honorários a receber;

IV — angariar ou captar causas, com ou sem a intervenção de terceiros;

V — assinar qualquer escrito destinado a processo judicial ou para fim extrajudicial que não tenha feito, ou em que não tenha colaborado;

VI — advogar contra literal disposição de lei, presumindo-se a boa-fé quando fundamentado na inconstitucionalidade, na injustiça da lei ou em pronunciamento judicial anterior;

VII — violar, sem justa causa, sigilo profissional;

VIII — estabelecer entendimento com a parte adversa sem autorização do cliente ou ciência do advogado contrário;

IX — prejudicar, por culpa grave, interesse confiado ao seu patrocínio;

X — acarretar, conscientemente, por ato próprio, a anulação ou a nulidade do processo em que funcione;

XI — abandonar a causa sem justo motivo ou antes de decorridos dez dias da comunicação da renúncia;

XII — recusar-se a prestar, sem justo motivo, assistência jurídica, quando nomeado em virtude de impossibilidade da Defensoria Pública;

XIII — fazer publicar na imprensa, desnecessária e habitualmente, alegações forenses ou relativas a causas pendentes;

XIV — deturpar o teor de dispositivo de lei, de citação doutrinária ou de julgado, bem como de depoimentos, documentos e alegações da parte contrária, para confundir o adversário ou iludir o juiz da causa;

XV — fazer, em nome do constituinte, sem autorização escrita deste, imputação a terceiro de fato definido como crime;

XVI — deixar de cumprir, no prazo estabelecido, determinação emanada do órgão ou autoridade da Ordem, em matéria da competência desta, depois de regularmente notificado;

XVII — prestar concurso a clientes ou a terceiros para realização de ato contrário à lei ou destinado a fraudá-la;

XVIII — solicitar ou receber de constituinte qualquer importância para aplicação ilícita ou desonesta;

XIX — receber valores, da parte contrária ou de terceiro, relacionados com o objeto do mandato, sem expressa autorização do constituinte;

XX — locupletar-se, por qualquer forma, à custa do cliente ou da parte adversa, por si ou interposta pessoa;

XXI — recusar-se, injustificadamente, a prestar contas ao cliente de quantias recebidas dele ou de terceiros por conta dele;

XXII — reter, abusivamente, ou extraviar autos recebidos com vista ou em confiança;

XXIII — deixar de pagar as contribuições, multas e preços de serviços devidos à OAB, depois de regularmente notificado a fazê-lo;

XXIV — incidir em erros reiterados que evidenciem inépcia profissional;

Código de Ética e Disciplina (Anexo Único — Resolução n. 2/2015 do CFOAB), lê-se:

"Art. 2º O advogado, indispensável à administração da Justiça, é defensor do Estado Democrático de Direito, dos direitos humanos e garantias fundamentais, da cidadania, da moralidade, da Justiça e da paz social, cumprindo-lhe exercer o seu ministério em consonância com a sua elevada função pública e com os valores que lhe são inerentes.

Parágrafo único. São deveres do advogado:

I – preservar, em sua conduta, a honra, a nobreza e a dignidade da profissão, zelando pelo caráter de essencialidade e indispensabilidade da advocacia;

II – atuar com destemor, independência, honestidade, decoro, veracidade, lealdade, dignidade e boa-fé;

III – velar por sua reputação pessoal e profissional;

IV – empenhar-se, permanentemente, no aperfeiçoamento pessoal e profissional;

V – contribuir para o aprimoramento das instituições, do Direito e das leis;

VI – estimular, a qualquer tempo, a conciliação entre os litigantes, prevenindo, sempre que possível, a instauração de litígios;

VII – desaconselhar lides temerárias, a partir de um juízo preliminar de viabilidade jurídica;

VIII – abster-se de:

a) utilizar de influência indevida, em seu benefício ou do cliente;

b) vincular seu nome a empreendimentos sabidamente escusos;

c) emprestar concurso aos que atentem contra a ética, a moral, a honestidade e a dignidade da pessoa humana;

d) entender-se diretamente com a parte adversa que tenha patrono constituído, sem o assentimento deste;

e) ingressar ou atuar em pleitos administrativos ou judiciais perante autoridades com as quais tenha vínculos negociais ou familiares;

f) contratar honorários advocatícios em valores aviltantes.

IX – pugnar pela solução dos problemas da cidadania e pela efetivação dos direitos individuais, coletivos e difusos;

X – adotar conduta consentânea com o papel de elemento indispensável à administração da Justiça;

XXV — manter conduta incompatível com a advocacia;

XXVI — fazer falsa prova de qualquer dos requisitos para inscrição na OAB;

XXVII — tornar-se moralmente inidôneo para o exercício da advocacia;

XXVIII — praticar crime infamante;

XXIX — praticar, o estagiário, ato excedente de sua habilitação.

Parágrafo único. Inclui-se na conduta incompatível:

a) prática reiterada de jogo de azar, não autorizado por lei;

b) incontinência pública e escandalosa;

c) embriaguez ou toxicomania habituais".

450

XI – cumprir os encargos assumidos no âmbito da Ordem dos Advogados do Brasil ou na representação da classe;

XII – zelar pelos valores institucionais da OAB e da advocacia;

XIII – ater-se, quando no exercício da função de defensor público, à defesa dos necessitados".

Essa listagem apresenta o grau de compromisso do advogado que, acima de tudo, está enredado numa malha de relações que o faz um agente social, e é exatamente por isso que sua prática não deve acobertar ilícitos, mas deve estar protegida contra as invasivas tentativas de quebra de sua autonomia, indispensável para a construção de um *Estado Democrático de Direito*. Seus deveres são atinentes à classe, aos demais profissionais, à sociedade, ao cliente... e isso porque se entende que a ética do advogado deve alcançar todos os quadrantes pelos quais se manifesta a atividade[1165]. Então:

1) deve zelar pela imagem da classe, pela manutenção da ordem jurídica;

2) pela honestidade nas relações, ainda que litigiosas;

3) pela diminuição da conflituosidade social através do estímulo à conciliação das partes[1166];

4) não obstante as dificuldades econômicas, os momentos sociais de crise financeira, a mercantilização das relações humanas... o advogado deve manter a dignidade da profissão, não se submetendo a todo e qualquer tipo de procedimento mercantilista de venda e divulgação de produto[1167];

5) a incitação à altivez do advogado tem que ver com a necessidade de o direito-dever postulatório se realizar sem obstáculos e barreiras quaisquer; se o advogado deve possuir urbanidade, isso não significa que tenha de se submeter aos desmandos

---

1165. Com base no Estatuto e no Código de Ética, entre regras deontológicas explícitas e implícitas, devem-se citar as seguintes: respeitar e fazer ser respeitada a carreira da advocacia; conferir prestígio à carreira; agir com independência; ter responsabilidade na condução de seu mister; prestar assistência jurídica aos necessitados; tratar com urbanidade os demais operadores do direito e partes envolvidas em processos ou pendências jurídicas (cf. Ferraz, Regras deontológicas, in Machado Ferraz (coord.), *Ética na advocacia*: estudos diversos, 2000, p. 11-36).

1166. Deve o advogado, sobretudo, evitar patrocinar lides que saiba conscientemente tratar-se de temerárias, ou seja, voltadas exclusivamente para o prejuízo da parte contrária, pois passa a se responsabilizar solidariamente com o cliente pelos danos provocados: Lei n. 8.906, de 4-7-1994 (*DOU*, 5-7-1994) — Estatuto da Advocacia e a Ordem dos Advogados do Brasil — OAB (Dispõe sobre o Estatuto da Advocacia e a Ordem dos Advogados do Brasil — OAB): Título I — Da Advocacia (arts. 1º a 43); Capítulo VIII — Da *Ética* do Advogado (arts. 31 a 33), "Art. 32. O advogado é responsável pelos atos que, no exercício *profissional*, praticar com dolo ou culpa. Parágrafo único. Em caso de lide temerária, o advogado será solidariamente responsável com seu cliente, desde que coligado com este para lesar a parte contrária, o que será apurado em ação própria".

1167. Código de *Ética* e Disciplina da OAB (*DJU*, 1º-3-1995): Título I — Da *Ética* do Advogado (arts. 1º a 48), Capítulo IV — Da Publicidade (arts. 28 a 34), "Art. 30. O anúncio sob a forma de placas, na sede *profissional* ou na residência do advogado, deve observar discrição quanto ao conteúdo, forma e dimensões, sem qualquer aspecto mercantilista, vedada a utilização de 'outdoor' ou equivalente".

das autoridades públicas, aos caprichos das decisões arbitrárias e demais atos que importem em desvirtuamento da legislação nacional;

6) tendo-se em vista a constante modificação das leis, deve o advogado manter-se sempre em sintonia com o crescimento e a evolução dos conhecimentos jurídicos; não se pode conceber advogado que se afaste da leitura e do acompanhamento das modificações legislativas do país;

7) mas este é um imperativo que não serve exclusivamente a fins científicos ou de deleite intelectual, e sim de necessidade de saber para a atuação técnica devida nos casos em que atua; para patrocinar uma causa, é mister estar aparatado tecnicamente para solucioná-la, e isso é condição para que possa, de sua atuação, extrair resultados úteis palpáveis e condizentes com as necessidades do patrocinado.

Assim, em meio aos grandes mandamentos que regem a profissão, ainda se destaca o dever de não patrocinar interesses opostos ao mesmo tempo, seja por um único advogado, seja por parte dos integrantes de uma mesma sociedade de advogados (art. 19 do Código de Ética e Disciplina da OAB):

> "Art. 19. Os advogados integrantes da mesma sociedade profissional, ou reunidos em caráter permanente para cooperação recíproca, não podem representar, em juízo ou fora dele, clientes com interesses opostos".

3.3.4.4. Advocacia e sigilo profissional

O sigilo profissional é um direito e um dever do advogado, de natureza pública (e que não depende da solicitação do cliente quanto à necessidade de reserva no lidar com o caso apresentado ao profissional)[1168], passível de ser exceptuado em situações de justa causa, quais sejam: i) casos de grave ameaça ao direito à vida, e, inclusive, ii) casos que envolvam defesa própria, seguindo-se aqui de perto a leitura do art. 37 do *Código de Ética e Disciplina da OAB*. Também se destaca o sigilo profissional como mandamento de significação no exercício da advocacia. O advogado frequentemente se vê às voltas com informações de toda natureza (sobre delitos, sobre escândalos, sobre atos imorais, sobre acontecimentos ocultos, sobre corrupções...), que lhe são confiadas exclusivamente como profissional e para fins do patrocínio da causa do interessado. Colocar a público, ou mesmo manipular essas informações, constitui infração que importa em grave traição à confiança do interessado e de outras pessoas que possam eventualmente se encontrar envolvidas. É questão de interesse público, e não só privado, o sigilo profissional. Isso porque a segurança das relações jurídicas se vê comprometida pela veiculação desgovernada de informações que só se externam quando, em caso de necessidade, são reveladas ao profissional[1169].

1168. *Cf.* Araujo Junior, *Gabaritando ética*, 2. ed., 2019, p. 21.

1169. Em especial, essas considerações sobre o sigilo profissional são importantes diante da sociedade do controle e do caráter espetaculoso da mídia contemporânea: "No espaço da moderni-

O sigilo profissional e a relação profissional de confiança estabelecida entre cliente e advogado não podem ser alvo de retaliações, relativizações ou mesmo de retrocessos. A cultura atual instalada no país vem permitindo a invasão de escritórios de advocacia (para a obtenção irregular de provas), a violação do sigilo telefônico entre advogados e clientes (para a obtenção irregular de provas) e a vulgarização das violações das prerrogativas profissionais do advogado[1170]. Ora, o sigilo profissional, nem mesmo sob ordem judicial, pode ser quebrado; só pode encontrar justificativa para que seja quebrado se houver iminente risco de vida ou à honra, ou ainda se tiver de se utilizar de informação mantida em segredo para fins de defesa própria perante acusação do cliente. Exceto essas ocasiões, o sigilo profissional deve ser respeitado, sob pena de fortes prejuízos ao profissionalismo da atividade, à classe, bem como à própria sociedade. Por isso, o Código de Ética prevê os seguintes dispositivos sobre a matéria (art. 20):

> "Art. 20. Sobrevindo conflitos de interesse entre seus constituintes e não conseguindo o advogado harmonizá-los, caber-lhe-á optar, com prudência e discrição, por um dos mandatos, renunciando aos demais, resguardado sempre o sigilo profissional".

E, ainda:

> "Art. 21. O advogado, ao postular em nome de terceiros, contra ex-cliente ou ex-empregador, judicial e extrajudicialmente, deve resguardar o sigilo profissional".

Sabendo-se que o tema do "sigilo profissional" passou a ser tratado na redação do Novo Código de Ética e Disciplina (Anexo Único à Resolução n. 2/2015 do Conselho Federal da OAB) como matéria de tratamento específico, por meio de quatro artigos, constantes do Capítulo VII, a ideia do dever de guardar sigilo é fortemente traçada na nova composição do tema, a ver-se pelo art. 35:

> "Art. 35. O advogado tem o dever de guardar sigilo dos fatos de que tome conhecimento no exercício da profissão.
> Parágrafo único. O sigilo profissional abrange os fatos de que o advogado tenha tido conhecimento em virtude de funções desempenhadas na Ordem dos Advogados do Brasil".

E mesmo, mais adiante, reforça esta ideia que o profissional tem este resguardo, mesmo sob pressão judicial:

---

dade em extinção, rumo à sociedade de controle, ainda assim, espera-se que haja um certo direito à intimidade, a um espaço preservado do conhecimento alheio, à própria vivência" (Márcio Pugliesi, Sigilo profissional e ética, in Fernando Rister Souza Lima; Ricardo Tinoco Goes; Willis Santiago Guerra Filho (coords.), *Compêndio de ética jurídica moderna*, Curitiba, Juruá, 2011, p. 191).

1170. "Obviamente não poderá o advogado se valer da garantia da inviolabilidade para praticar crime ou se associar, direta ou indiretamente, a criminosos.

A utilização irregular ou indevida da inviolabilidade poderá permitir a sua quebra, que só ocorrerá se cumpridos os quatro requisitos cumulativos constantes dos parágrafos 6º e 7º do art. 7º do EAOAB (...)" (Araujo Junior, *Gabaritando ética*, 2. ed., 2019, p. 59).

"Art. 38. O advogado não é obrigado a depor, em processo ou procedimento judicial, administrativo ou arbitral, sobre fatos a cujo respeito deva guardar sigilo profissional".

Deve-se dizer, no entanto, que se as informações sigilosas forem parcialmente necessárias para fins de execução da própria defesa do cliente, desde que autorizadas por ele, poderão ser utilizadas por escrito ou oralmente, em juízo ou fora dele, para que se patrocinem os interesses envolvidos. Mas no conceito de confidência e sigilo se encontram todas as formas de comunicação, incluindo-se as geradas pelas novas tecnologias, inclusive as comunicações epistolares em posse do advogado, de modo que a proteção que se confere a papéis, documentos, relatos e testemunhos do cliente é ampla na disciplina do Código (art. 36):

"Art. 36. O sigilo profissional é de ordem pública, independendo de solicitação de reserva que lhe seja feita pelo cliente.

§ 1º Presumem-se confidenciais as comunicações de qualquer natureza entre advogado e cliente.

§ 2º O advogado, quando no exercício das funções de mediador, conciliador e árbitro, se submete às regras de sigilo profissional".

E, diante de situações tais, como a intimação judicial para oferecimento de informações sobre o cliente, não está o advogado obrigado, em hipótese alguma, a prestar informações que considere sigilosas, por prejudiciais ao seu cliente:

E-1.278 — "Ementa — Sigilo profissional — Intimação de autoridade ao advogado — Informações do cliente — Não infringe normas éticas o advogado que, intimado a revelar o endereço de seu cliente, não o faz. Com essa atitude não se afasta da verdade. É facultado ao advogado ocultar a revelação deste ou de qualquer outro fato, ainda que verdadeiro, quando sente que a verdade possa oferecer prejuízo real ou potencial a seu cliente. O que se lhe proíbe é faltar com a verdade" (V. M. — Rel. Dr. Daniel Schwenck — Rev. Dr. Rubens Cury — Presidente Dr. Robison Baroni — 19-10-1995)[1171].

3.3.4.5. Advocacia e publicidade

A moderação e a discrição da atuação do advogado não devem ser atinentes somente ao seu proceder profissional, mantendo sigilo de informações, ou ao seu proceder comportamental, na manutenção da dignidade e do decoro profissionais da categoria à qual se liga, mas sobretudo no que pertine à divulgação de seu trabalho.

O advogado não pode ser visto como um exercente de qualquer outra profissão, comerciando seus títulos, suas qualidades, entre outras coisas. Inclusive a publicidade do trabalho do advogado deve ser moderada, sob pena de se converter a profissão, perante as necessidades de mercado, em um procedimento mercantilista como qualquer outro. A publicidade informativa (art. 2º do Provimento n. 94/2000 do Conselho Fede-

---

1171. Consulte-se a respeito: Baroni (org.), *Julgados do Tribunal de Ética Profissional:* ementas e pareceres 1995 e parte 1996, v. IV, 1997.

ral da OAB) da atividade advocatícia deve ser sóbria, moderada e discreta, sendo lícitos para tal: cartões de visita; placa identificativa; anúncio em lista de telefone e análogas; comunicação de mudança de endereço; menção da condição de advogado em anuários profissionais e divulgação com modicidade nos meios de comunicação escrita e eletrônica (art. 3º do Provimento n. 94/2000 do Conselho Federal da OAB).

De acordo com o art. 5º do Provimento n. 94/2000 do Conselho Federal da OAB, os veículos permitidos para informação publicitária advocatícia são: internet; fax; correio eletrônico; revistas; folhetos; jornais; boletins; placa e papéis de petições (papéis de recados, cartas, envelopes e pastas). Nesse sentido, considerando as limitações de meios para divulgação de seu trabalho, são explicitamente vedados o rádio, a televisão, os painéis de propaganda, os anúncios luminosos ou publicidade em vias públicas, cartas circulares, panfletos distribuídos ao público, oferta de serviços mediante intermediários (art. 6º do Provimento n. 94/2000 do Conselho Federal da OAB). Acima de tudo, o objeto de trabalho do advogado é a justiça, e lidar com a justiça demanda a necessária sobriedade e seriedade para o exercício das questões que envolve. Esta é a preocupação do Código (art. 39):

> "Art. 39. A publicidade profissional do advogado tem caráter meramente informativo e deve primar pela discrição e sobriedade, não podendo configurar captação de clientela ou mercantilização da profissão".

E, inclusive, na prática, o Tribunal de Ética tem dado efetividade a esse preceito, sobretudo tendo-se em vista as exigências do mercado atual, proibindo, por exemplo, a instalação de escritórios de advocacia em *shopping centers*[1172]. Deve-se consultar a respeito da matéria o brilhante acórdão do Tribunal, que segue abaixo:

> E-1.237 — "Ementa — Publicidade do advogado — Crítica de advogado publicada em jornal de grande circulação — Análise — As normas éticas disciplinares sobre publicidade têm aplicação igualitária a advogado integrante ou não de sociedade de advogados. A diversificação na amplitude, quantitativa ou qualitativa das atuações, das ocupações, das especialidades adotadas ou dos serviços individuais ou coletivamente prestados, não implicam diferenciação de tratamento ético na publicidade. Sociedade de advogados não se assemelha ou se equipara a empresa mercantil, liberada que está para a publicização de produtos ou bens de consumo, na busca somente de notoriedade e da aferição de lucros. O advogado ou a sociedade de advogados não devem se utilizar da propaganda ou publicidade mercantilizada, para anúncio público dos seus méritos ou habilidades, em clima de competição ou concorrência. Limitar-se-ão, com discrição e moderação, no espaço e no tempo, à informação da sua disponibilidade profissional, sem inspiração ou conotação mercadológica, ou intenção de captar clientes ou causas. A atual corrida desenvolvimentista e a internacionalização da advocacia não

---

1172. Sobre a questão da mídia, da publicidade e da divulgação das atividades advocatícias, consulte-se Thays Leite Toschi, Publicidade imoderada e o Código de Ética, in Renata Soltanovitch e Norberto Oya (orgs.), *Aspectos disciplinares de ética no exercício da advocacia*, São Paulo, Letras Jurídicas, 2014, p. 123-145.

influem no comprometimento dela com os direitos da cidadania, insuscetível de figurar nas urdiduras publicitárias. A abusividade e capciosidade na propaganda, aludidas no código de defesa do consumidor, não possuem pertinência com os propósitos da ética advocatícia. Prevalência da Resolução n. 02/92 deste Tribunal e dos arts. 5º, 7º e 28 a 34 do Código de Ética e Disciplina, combinado com o art. 15, par. 2º, do Estatuto da Advocacia. A imagem pública da dignidade e confiabilidade da advocacia é das virtudes primordiais ao êxito da sua notável missão social" (V. U. — Rel. Elias Farah — Rev. Dr. José Urbano Prates — Presidente Dr. Robison Baroni — 22-6-1995)[1173].

A preocupação com as sofisticações da informática, da telemática, da comunicação e da interatividade virtual[1174] tem gerado ainda maiores problemas no campo da publicidade e do profissionalismo do advogado[1175]. É recente, portanto, o entendimento de que o advogado, desde que moderada, sóbria e observadora dos ditames da área, possa manter a divulgação da atividade profissional através de página do *Facebook*[1176]. E tem-se entendido, pela prática do Tribunal, que esses comportamentos, por afrontarem valores da classe, devem ser coibidos:

> E-1.346 — "Ementa — Consulta por telefone — Linha 900 — Infração ética — Sistema telefônico pré-tarifado, conhecido popularmente como 'linha 900', cobrado na conta telefônica do aparelho utilizado pelo consulente, medido por tempo, com crédito posterior em favor do advogado consultado, constitui prática condenável quando se refere à advocacia — Utilização que, dentre outros meios de comunicação, dá margem ao anonimato, inconcebível na relação cliente/advogado, suposição de nomes e situações, supressão da necessária confiança que se há de ter no profissional e descompromisso com a responsabilidade na orientação, contribuindo, outrossim, a fraudes, desprestígio da classe e eventual captação de clientes e causas — Implantação contrária aos princípios

---

1173. Consulte-se a respeito: Baroni (org.), *Julgados do Tribunal de Ética Profissional*: ementas e pareceres 1995 e parte 1996, v. IV, 1997.

1174. Consulte-se o Provimento n. 94/2000 da OAB. A respeito da publicidade na *internet*: "Não existe qualquer impedimento quanto à criação de sítios eletrônicos, utilização de redes sociais ou mesmo correio eletrônico, desde que pautados pela moderação e discrição que são próprias da atividade da advocacia, e que seu caráter seja informativo, zelando sempre pela segurança das informações e da privacidade da relação advogado/cliente" (Francisco Ilidio Ferreira Rocha, Advocacia e publicidade, in Fernando Rister Souza Lima; Ricardo Tinoco Goes; Willis Santiago Guerra Filho (coords.), *Compêndio de ética jurídica moderna*, Curitiba, Juruá, 2011, p. 101).

1175. Sobre a questão da publicidade na atividade advocatícia, seja de empresa de advogados, seja de profissional liberal, seja em meios eletrônicos ou fora deles, consulte-se o estudo de João Paulo Nery dos Passos Martins, A publicidade e a ética profissional do advogado, in Machado Ferraz (coord.), *Ética na advocacia*: estudos diversos, 2000, p. 87-107.

1176. "Nesse sentido, foi aprovada Ementa da 1ª Turma de Ética Profissional do Tribunal de Ética e Disciplina da OAB SP em sua 597ª Sessão de Julgamento, realizada em 22 de setembro de 2016, com o entendimento de que não há impedimento ético para a criação de páginas com oferecimento de serviços jurídicos na rede social, contanto que o profissional esteja devidamente identificado" (Toschi, Thays Leite, Publicidade imoderada, in *Aspectos disciplinares de ética no exercício da advocacia* (Soltanovich, Renata; Oya, Norberto, orgs.), São Paulo: Letras Jurídicas, 2018, p. 291).

éticos e transmissora da ideia de mercantilização. Infringência ao Código de Ética e Disciplina, em seus artigos 2º, par. único, incisos I e VIII, letra *c*, 5º, 7º e 31, par. 1º, e ao Estatuto, artigos 31 e 33, e seu parágrafo único — Precedentes processo E-1202, deste Tribunal, e Ementa n. 053/95/SC, do Egrégio Conselho Federal da OAB" (V. U. — Rel. Dr. Benedito Édison Trama — Rev. Dr. Elias Farah — Presidente Dr. Robison Baroni — 13-6-1996)[1177].

Mesmo quando o advogado alcança projeção pública, ou se insere em atividades tais que a mídia e os grandes meios de comunicação solicitem sua imagem, seu discurso não poderá conter elementos de divulgação direta de seu trabalho. A respeito da matéria, o Provimento 94/2000 do Conselho Federal da OAB tem regulado a temática da publicidade, e deve ser considerada a norma interna da OAB para dirimir e parametrizar a conduta ética no tocante ao exercício profissional e à publicidade informativa e não consumerista[1178].

Inclusive a dignidade da profissão e a imagem da classe podem ser atingidas pelo simples fato de se fixarem com habitualidade honorários inadequados, entendidos assim os honorários fixados abaixo dos parâmetros ditados pela tabela de honorários divulgada pela Ordem dos Advogados do Brasil, por meio de suas secções, ou acima dela, desde que desproporcionalmente ao merecimento profissional do advogado. Para averiguar a propriedade da estimativa dos honorários existem alguns parâmetros oferecidos pela lei. Assim, lê-se nos arts. 48 e 49 do Novo Código:

> "Art. 48. A prestação de serviços profissionais por advogado, individualmente ou integrado em sociedades, será contratada, preferentemente, por escrito.
>
> § 1º O contrato de prestação de serviços de advocacia não exige forma especial, devendo estabelecer, porém, com clareza e precisão, o seu objeto, os honorários ajustados, a forma de pagamento, a extensão do patrocínio, esclarecendo se este abrangerá todos os atos do processo ou limitar-se-á a determinado grau de jurisdição, além de dispor sobre a hipótese de a causa encerrar-se mediante transação ou acordo.

1177. Consulte-se a respeito: Baroni (org.), *Julgados do Tribunal de Ética Profissional*: ementas e pareceres 1995 e parte 1996, v. IV, 1997.

1178. Referindo-se ao Provimento 94/2000, comenta Thays Leite Toschi: "No bojo de seu art. 4º. Elenca o que não é permitido ao advogado em qualquer publicidade relativa à advocacia, quais sejam: (i) menção a clientes ou a assuntos profissionais e a demandas sob seu patrocínio; (ii) referência, direta ou indireta, a qualquer cargo, função pública ou relação de emprego e patrocínio que tenha exercido; (iii) emprego de orações ou expressões persuasivas, de autoengrandimento ou de comparação; (iv) divulgação de valores dos serviços, sua gratuidade ou forma de pagamento; (v) oferta de serviços em relação a casos concretos e qualquer convocação para postulação de interesses nas vias judiciais ou administrativas; (vi) veiculação do exercício da advocacia em conjunto com outra atividade; (vii) informações sobre as dimensões, qualidades ou estrutura do escritório; (viii) informações errôneas ou enganosas; (ix) promessa de resultados ou indução do resultado com dispensa de pagamento de honorários; (x) menção a título acadêmico não reconhecido; (xi) emprego de fotografias e ilustrações, marcas ou símbolos incompatíveis com a sobriedade da advocacia; e (xii) utilização de meios promocionais típicos de atividade mercantil" (Toschi, Thays Leite, Publicidade imoderada, in *Aspectos disciplinares de ética no exercício da advocacia* (Soltanovich, Renata; Oya, Norberto, orgs.), São Paulo: Letras Jurídicas, 2018, p. 287).

§ 2º A compensação de créditos, pelo advogado, de importâncias devidas ao cliente, somente será admissível quando o contrato de prestação de serviços a autorizar ou quando houver autorização especial do cliente para esse fim, por este firmada.

§ 3º O contrato de prestação de serviços poderá dispor sobre a forma de contratação de profissionais para serviços auxiliares, bem como sobre o pagamento de custas e emolumentos, os quais, na ausência de disposição em contrário, presumem-se devam ser atendidos pelo cliente. Caso o contrato preveja que o advogado antecipe tais despesas, ser-lhe-á lícito reter o respectivo valor atualizado, no ato de prestação de contas, mediante comprovação documental.

§ 4º As disposições deste capítulo aplicam-se à mediação, à conciliação, à arbitragem ou a qualquer outro método adequado de solução dos conflitos.

§ 5º É vedada, em qualquer hipótese, a diminuição dos honorários contratados em decorrência da solução do litígio por qualquer mecanismo adequado de solução extrajudicial.

§ 6º Deverá o advogado observar o valor mínimo da Tabela de Honorários instituída pelo respectivo Conselho Seccional onde for realizado o serviço, inclusive aquele referente às diligências, sob pena de caracterizar-se aviltamento de honorários.

§ 7º O advogado promoverá, preferentemente, de forma destacada a execução dos honorários contratuais ou sucumbenciais".

"Art. 49. Os honorários profissionais devem ser fixados com moderação, atendidos os elementos seguintes:

I – a relevância, o vulto, a complexidade e a dificuldade das questões versadas;

II – o trabalho e o tempo a ser empregados;

III – a possibilidade de ficar o advogado impedido de intervir em outros casos, ou de se desavir com outros clientes ou terceiros;

IV – o valor da causa, a condição econômica do cliente e o proveito para este resultante do serviço profissional;

V – o caráter da intervenção, conforme se trate de serviço a cliente eventual, frequente ou constante;

VI – o lugar da prestação dos serviços, conforme se trate do domicílio do advogado ou de outro;

VII – a competência do profissional;

VIII – a praxe do foro sobre trabalhos análogos".

É interessante notar que a profissão tem sido revolucionada pelos novos rumos das tecnologias, das redes sociais e da interatividade digital. Isto demandou da OAB uma postura a respeito das novas formas de *marketing*, divulgação, aparição e publicidade. A partir das preocupações instaladas nesta dimensão, adveio o Provimento n. 205/2021 (Provimento de 15 de julho de 2021, n. 205, do Conselho Federal da OAB), que dispõe sobre a publicidade e a informação da advocacia. Por meio dele, o *marketing* jurídico é autorizado (art. 1º), desde que seja exercido de forma compatível com os preceitos éticos (informações verdadeiras e objetivas), além de serem respeitadas as limitações impostas pelos demais disposições institucionais (Estatuto da Advocacia, Regulamento Geral, Código de Ética e Disciplina).

O Provimento cria o Comitê Regulador do Marketing Jurídico (art. 9º), além de dispor sobre o *marketing* jurídico, distinguindo varias modalidades: i) *maketing* jurídico ("Especialização do *marketing* destinada aos profissionais da área jurídica, consistente na utilização de estratégias planejadas para alcançar objetivos do exercício da advocacia", art. 2º, inciso I); ii) *marketing* de conteúdos jurídicos ("estratégia de *marketing* que se utiliza da criação e da divulgação de conteúdos jurídicos, disponibilizados por meio de ferramentas de comunicação, voltada para informar o público e para a consolidação profissional do(a) advogado(a) ou escritório de advocacia", art 2º, inciso II); iii) publicidade ("meio pelo qual se tornam públicas as informações a respeito de pessoas, ideias, serviços ou produtos, utilizando os meios de comunicação disponíveis, desde que não vedados pelo Código de Ética e Disciplina da Advocacia", art. 2º, inciso III); iv) publicidade profissional ("meio utilizado para tornar públicas as informações atinentes ao exercício profissional, bem como os dados do perfil da pessoa física ou jurídica inscrita na Ordem dos Advogados do Brasil, utilizando os meios de comunicação disponíveis, desde que não vedados pelo Código de Ética e Disciplina da Advocacia", art. 2º, inciso IV); v) publicidade de conteúdos jurídicos ("divulgação destinada a levar ao conhecimento do público conteúdos jurídicos", art. 2º, inciso V); vi) publicidade ativa ("divulgação capaz de atingir número indeterminado de pessoas, mesmo que elas não tenham buscado informações acerca do anunciante ou dos temas anunciados", art. 2º, inciso VI); vii) publicidade passiva ("divulgação capaz de atingir somente público certo que tenha buscado informações acerca do anunciante ou dos temas anunciados, bem como por aqueles que concordem previamente com o recebimento do anúncio", art. 2º, inciso VII); viii) captação de clientela ("é a utilização de mecanismos de *marketing* que, de forma ativa, independentemente do resultado obtido, se destinam a angariar clientes pela indução à contratação dos serviços ou estímulo do litígio, sem prejuízo do estabelecido no Código de Ética e Disciplina e regramentos próprios", art. 2º, inciso VIII).

No art. 3º do Provimento, as vedações são explicitadas, de forma a que a publicidade profissional esteja voltada à informação de qualidade, sendo caracterizada pela discrição e sobriedade (divulgação sem ostentação que torna público o perfil profissional e as informações atinentes ao exercício profissional, nos termos do § 1º do art. 3º), sendo vedado todo tipo de ostentação de bens de consumo ("Fica vedada em qualquer publicidade a ostentação de bens relativos ao exercício ou não da profissão, como uso de veículos, viagens, hospedagens e bens de consumo, bem como a menção à promessa de resultados ou a utilização de casos concretos para oferta de atuação profissional", art. 6º, parágrafo único) e não configure captação de clientela ou mercantilização da profissão: i) "referência, direta ou indireta, a valores de honorários, forma de pagamento, gratuidade ou descontos e reduções de preços como forma de captação de clientes" (art. 3º, inciso I); ii) "divulgação de informações que possam induzir a erro ou causar dano a clientes, a outros(as) advogados(as) ou à sociedade" (art. 3º, inciso II); iii) "anúncio de especialidades para as quais não possua título certificado ou notória especialização, nos termos do parágrafo único do art. 3º-A do Estatuto da Advocacia" (art. 3º, inciso III); iv) "utilização de orações ou expressões persuasivas, de autoengrandecimento ou de comparação" (art. 3º, inciso IV); v) "distribuição de brindes, cartões de visita, material impresso e digital, apresentações dos serviços ou afins de maneira indiscriminada em locais públicos, presenciais ou virtuais, salvo em eventos de interesse jurídico" (art. 3º, inciso V).

A reputação e a preservação do prestígio da advocacia são preocupações do Provimento, explicitadas no art. 7º, e no *marketing* de conteúdos jurídicos (art. 4º), a publicidade ativa ou passiva poderão ser utilizadas, sendo admitida a utilização de anúncios nos meios de comunicação (art. 5º), exceto nos meios vedados pelo art. 40 do Código de Ética e Disciplina, sendo inclusive vedado todo tipo de impulsionamento (art. 4º, § 5º).

3.3.4.6. Advocacia e relação de emprego

Diante do cenário atual das profissões jurídicas, com a ampla expansão do ensino superior, e, em especial, do ensino jurídico, fica claro que a profissão na área do direito, especialmente a advocacia, veio sendo pressionada por novos fatores. Entre eles, houve mudança clara no perfil do profissional e nas exigências que sobre ele recaem, mas também houve aumento de competição, o que vem significando, de um lado, a proletarização da advocacia, e, de outro lado, o monetarismo financista na administração dos interesses em jogo, das causas em jogo, das relações em jogo, a cada conformação de negócios e interesses privados[1179]. Os cuidados com o profissionalismo, diante desse cenário, devem ser ainda maiores[1180].

No que tange a esta matéria, o Capítulo V (*Do Advogado Empregado*) do Título I (*Da Advocacia*) do *Estatuto da Advocacia e da Ordem dos Advogados do Brasil* (Lei n. 8.906/94) trata da situação do advogado engajado em relações de trabalho, na condição de empregado. O termo "empregado" é um termo técnico, que deriva das *relações de trabalho*, e, portanto, remete às disposições da CLT a respeito da modalidade de *trabalho intelectual* exercido pelo advogado, nos termos do art. 3º da CLT ("Considera-se empregado toda pessoa física que prestar serviços de natureza não eventual a empregador, sob a dependência deste e mediante salário. Parágrafo único. Não haverá distinções relativas à espécie de emprego e à condição de trabalhador, nem entre o trabalho intelectual, técnico e manual"). Para ser considerado "empre-

---

1179. A respeito da crise global do trabalho, no universo da especulação monetária, e como isso impacta as sociedades simples de serviços advocatícios, leia-se Alonso, Félix Ruiz, "Sociedades de advogados: a crise global e o trabalho", in Elis Farah (coord.), *Revista do Instituto dos Advogados de São Paulo — RIASP*, ano 15, jul.-dez., São Paulo, IASP/ RT, p. 447-459.

1180. No Estatuto da OAB (Lei n. 8.906/94), visando-se contemplar a condição de empregado do advogado, os arts. 18 a 21 preveem regras específicas, ressalvadas as quais aplica-se à sua situação a legislação trabalhista.

gado", o trabalho não pode ser eventual, mas sim habitual[1181]. Apesar de não haver distinção entre o trabalho técnico, o intelectual e o manual, para efeitos trabalhistas, a advocacia é exercida nestas condições, considerando-se o que a este respeito dispõe o EAOAB, a saber:

"Art. 18. A relação de emprego, na qualidade de advogado, não retira a isenção técnica nem reduz a independência profissional inerentes à advocacia.

Parágrafo único. O advogado empregado não está obrigado à prestação de serviços profissionais de interesse pessoal dos empregadores, fora da relação de emprego.

Art. 19. O salário mínimo profissional do advogado será fixado em sentença normativa, salvo se ajustado em acordo ou convenção coletiva de trabalho.

Art. 20. A jornada de trabalho do advogado empregado, no exercício da profissão, não poderá exceder a duração diária de quatro horas contínuas e a de vinte horas semanais, salvo acordo ou convenção coletiva ou em caso de dedicação exclusiva.

§ 1º Para efeitos deste artigo, considera-se como período de trabalho o tempo em que o advogado estiver à disposição do empregador, aguardando ou executando ordens, no seu escritório ou em atividades externas, sendo-lhe reembolsadas as despesas feitas com transporte, hospedagem e alimentação.

§ 2º As horas trabalhadas que excederem a jornada normal são remuneradas por um adicional não inferior a cem por cento sobre o valor da hora normal, mesmo havendo contrato escrito.

§ 3º As horas trabalhadas no período das vinte horas de um dia até as cinco horas do dia seguinte são remuneradas como noturnas, acrescidas do adicional de vinte e cinco por cento.

Art. 21. Nas causas em que for parte o empregador, ou pessoa por este representada, os honorários de sucumbência são devidos aos advogados empregados.

Parágrafo único. Os honorários de sucumbência, percebidos por advogado empregado de sociedade de advogados são partilhados entre ele e a empregadora, na forma estabelecida em acordo".

Ademais destas disposições, ainda, o *Regulamento Geral do Estatuto da Advocacia e da OAB* prevê a regulamentação da matéria, disciplinando-a nos seguintes termos:

"Art. 11. Compete a sindicato de advogados e, na sua falta, a federação ou confederação de advogados, a representação destes nas convenções coletivas celebradas com as entidades sindicais representativas dos empregadores, nos acordos coletivos celebrados com a empresa empregadora e nos dissídios coletivos perante a Justiça do Trabalho, aplicáveis às relações de trabalho.

Art. 12. Para os fins do art. 20 da Lei n. 8.906/94, considera-se de dedicação exclusiva o regime de trabalho que for expressamente previsto em contrato individual de trabalho.

1181. "Advogado empregado é aquele que preenche os requisitos do art. 3º da CLT, atuando junto ao seu empregador com habitualidade, pessoalidade, subordinação e onerosidade, na prestação de um serviço intelectual" (Araujo Junior, *Gabaritando ética*, 2. ed., 2019, p. 103).

Parágrafo único. Em caso de dedicação exclusiva, serão remuneradas como extra-ordinárias as horas trabalhadas que excederem a jornada normal de oito horas diárias.

Art. 13. (REVOGADO)

Art. 14. Os honorários de sucumbência, por decorrerem precipuamente do exercício da advocacia e só acidentalmente da relação de emprego, não integram o salário ou a remuneração, não podendo, assim, ser considerados para efeitos trabalhistas ou previdenciários. Parágrafo único. Os honorários de sucumbência dos advogados empregados constituem fundo comum, cuja destinação é decidida pelos profissionais integrantes do serviço jurídico da empresa ou por seus representantes".

Atualmente, ainda, deve-se destacar que, em função do crescente número de bacharéis em Direito formados, mas ainda não aprovados em Exame Nacional da OAB, existe em tramitação no Congresso Nacional o Projeto de Lei n. 5749/2013 que visa dar tratamento à situação do "profissional paralegal".

3.3.4.7. Escritórios de advocacia, inteligência artificial e ética profissional

Duas tendências se fazem fortemente presentes na atividade prática da advocacia. A primeira delas, enquanto tendência irreversível, é a concentração de escritórios de advocacia administrados como se fossem grandes empresas, que contratam sob específicas condições inúmeros advogados e especialistas para atuarem em seus quadros profissionais.

A segunda delas, enquanto tendência irreversível, é o processo de acentuação da presença das *legaltech*[1182] e das ferramentas de inteligência artificial na gestão e administração de escritórios de advocacia, e na pesquisa de dados e difusão de conhecimento jurídico[1183]. Junto com o crescimento das *legaltech*, o universo digital vem pluralizando iniciativas voltadas para a disseminação do conhecimento jurídico através de plataformas digitais, gerando o fenômeno que começa a ser conhecido como o da *uberização* da advocacia.

Essas duas tendências se somam uma à outra, para configurar um cenário onde a *era digital* passa a trazer profundos impactos no que tange ao exercício da profissão no âmbito da advocacia privada. Em parte, o fazer artesanal da advocacia se despede de uma forma muito curiosa do universo do exercício da profissão, e, cada vez mais, diante das duas citadas tendências, uma forma empresarial e capitalista[1184], uma ló-

---

1182. A respeito, consultar o *site* da entidade *Associação Brasileira de Lawtechs & Legaltechs* (https://www.ab2l.org.br/).

1183. Melo, Inteligência artificial bate 20 advogados em teste de revisão de contratos, *in Consultor Jurídico*, 21 de novembro de 2018, disponível em https://www.conjur.com.br/, Acesso em 5-6-2019.

1184. "La logique capitalistique entrepreneuriale tend à supplanter la logique artisanale de la justice" (Garapon, Les enjeux de la justice prédictive, *in Filosofia do Direito*: diálogos globais, temas polémicos e desafíos da justiça (BITTAR, Eduardo C. B., coord.), 2019, p.18).

gica de produção massificada, e um atendimento automatizado de demandas – além da tendência a falar por previsibilidade e por probabilidades decisórias[1185] – passam a configurar aspectos significativos da advocacia.

É fato que grande parte do que se faz na área da advocacia tem a ver com processos cognitivos, com o encontro de soluções, com tarefas de pesquisa de informações e com operações de gestão de processos, além do atendimento ao cliente. Nestes aspectos, a tecnologia terá um papel *disruptivo*, e será responsável por uma forma de exercício da profissão cada vez mais *interconectada, robotizada* e cercada por *dispositivos digitais*.

A advocacia digital terá uma série de vantagens a seu favor, considerando as dificuldades de deslocamentos, os imensos processos judiciais em formato de papel, o arquivamento de documentos, o acompanhamento de prazos processuais e agendamentos de audiências/reuniões. Aqui, as vantagens se somam: i) automatização de processos e rotinas operacionais; ii) aumento de eficiência; iii) maximização de resultados; iv) controle de prazos com exatidão analítica; v) substituição de tarefas repetitivas; vi) assistência em pesquisa de fontes do Direito. A exemplo da OAB JURIS[1186], ou ainda, a exemplo da aplicação da plataforma da *IBM Watson* e da criação de ferramentas e soluções digitais, já em andamento em alguns escritórios de advocacia, a ideia do convívio entre tecnologia e advocacia deixou de ser algo de expectativa para um futuro distante, e se faz presente na rotina mais comum de alguns profissionais.

É certo que tarefas de gestão e de pesquisa recebem um implemento valioso, com a aplicação da tecnologia na advocacia. A exemplo dos *big data*[1187], o acúmulo de dados da memória humana é sempre restrito, caso se considerem os limites próprios da natureza humana. Mas o uso da memória digital torna os estoques de dados infinitamente potencializados para o uso profissional. Neste exemplo, como em outros, o uso da tecnologia pode ter grande efeito na melhoria da prestação de serviços advocatívios.

Mas não se pode perder de vista – daí a importância da análise crítica e reflexiva –, que as ferramentas *técnicas* não convertem o Direito numa *ciência técnica*. O risco de contaminação do raciocínio *técnico-tecnológico* de engenheiros digitais, com re-

---

1185. "Les *legaltech* n´ambitionnent pas en effet de supplanter le droit mais de le rendre plus previsible, ils ne souhaitent pas mettre au chômage les avocats mais leur permettre d´être meilleurs et ne veulent pas affaiblir la confiance dans la justice mais l´augmenter" (Garapon, Les enjeux de la justice prédictive, *in Filosofia do Direito*: diálogos globais, temas polémicos e desafíos da justiça (BITTAR, Eduardo C. B., coord.), 2019, p.23).

1186. O Acesso ao OAB JURIS é feito por meio do *link*: https://jurisprudencia.oab.org.br/. Acesso em 13-6-2019.

1187. "Les *big data* le peuvent en proposant une connaissance littéralement surhumaine" (Garapon, Les enjeux de la justice prédictive, *in Filosofia do Direito*: diálogos globais, temas polémicos e desafíos da justiça (BITTAR, Eduardo C. B., coord.), 2019, p. 20).

lação ao raciocínio jurídico, pode ter efeitos limitadores. A *atrofia* de certas qualidades que distinguem o profissional do Direito são-lhe, especialmente, prejudiciais, como aponta o estudo do sociólogo francês Antoine Garapon[1188]. Aqui, pode-se acentuar a preocupação com a substituição do rigor *humanista* na formação do profissional do Direito, pelo *rigor tecnológico*, que não constrói equivalente na preparação de uma advocacia capaz de exercer criticamente o seu mister, com responsabilidade social e com liame ético entre o profissional e o cliente. Então, os riscos da experiência podem ser: i) a perda da capacidade de formular teses e pensar criticamente; ii) a perda da capacidade de analisar os contextos sócio-históricos das decisões; iii) a desumanização da profissão; iv) a alienação profissional; v) a hiperdependência, ou até mesmo, a hiperdelegação, com relação à tecnologia; vi) a perda da capacidade de exercer o juízo e a avaliação sobre a pertinência das soluções a cada caso concreto, diante de suas especificidades; vii) a perda da capacidade de transcender à predição da *justiça algorítima*, e, com isso, de formular soluções que não estejam no escrutínio do presente[1189].

Assim, diante dos avanços da *era digital*, deve-se considerar que, enquanto suporte, apoio e instrumental, as *legaltech* possuem seu valor e sua importância. Porém, se forem convertidas em apanágio para todos os males, aí seu valor estará equivocado – ao prometer o futuro, acabando por nos devolver ao passado teórico, numa forma de *positivismo tecnológico* que apenas reforça a *força do presente*, na medida em que se torna refém das formas como as decisões estão configuradas no presente[1190] –, pois é a máquina que deve servir ao homem, e aos fins da atividade advocatícia, e não o contrário.

3.3.4.8. Advocacia e Comissões Institucionais da OAB

A atuação do advogado na representação dos interesses de seus clientes é um flanco majoritário da prática profissional. No entanto, sua atuação é também decisiva em prol da própria classe, e, nesse sentido, se destaca o papel do(a) advogado(a) em sua atuação interna na OAB, estando assim à frente da representação da catego-

---

1188. "Les connaissances professionnelles de l'avocat moderne ou de l'huisser connecté ne sont plus exclusivement juridiques mais aussi informatiques. Ces dernières ont tendance à atrophier les premières (...)" (Garapon, Les enjeux de la justice prédictive, *in Filosofia do Direito*: diálogos globais, temas polémicos e desafíos da justiça (BITTAR, Eduardo C. B., coord.), 2019, p.24).

1189. "Les *big data*, en prédisant ce que d'autres de ses collègues auraient décidé, mettent le juge sous pression ou le dédouanent de toute responsabilité" (Garapon, Les enjeux de la justice prédictive, *in Filosofia do Direito*: diálogos globais, temas polémicos e desafíos da justiça (BITTAR, Eduardo C. B., coord.), 2019, p. 25).

1190. "Les *legaltech* qui doivent permettre d'intégrer le futur dans le présent vont finir paradoxalement par conférer un poids plus grand au présent au détriment du futur" (Garapon, Les enjeux de la justice prédictive, *in Filosofia do Direito*: diálogos globais, temas polémicos e desafíos da justiça (BITTAR, Eduardo C. B., coord.), 2019, p. 27).

ria, exercendo funções e cargos, perante a Diretoria e as Comissões Institucionais da OAB (Conselho Federal ou Conselhos Seccionais)[1191].

A essas posições institucionais os advogados podem se alçar, na medida em que integrem chapas que, democraticamente, participam de processos eleitorais, que conduzem ao exercício dos cargos de Presidente, Vice-Presidente, Secretário, Secretário Adjunto e Tesoureiro, ademais de Membro de Comissão Permanente do Conselho Federal ou da Seccional. A este respeito, a estrutura de composição dos cargos de representação maior dentro da carreira são dados pelo art. 49 do *Regulamento Geral do Estatuto da Advocacia e da OAB*, a saber:

> "Art. 49. Os cargos da Diretoria do Conselho Seccional têm as mesmas denominações atribuídas aos da Diretoria do Conselho Federal.
> Parágrafo único. Os cargos da Diretoria da Subseção e da Caixa de Assistência dos Advogados têm as seguintes denominações: Presidente, Vice-Presidente, Secretário, Secretário Adjunto e Tesoureiro".

E o compromisso do advogado exercente de cargo de representação institucional não é outro[1192], senão, o de zelar pela valorização da advocacia, nos termos do próprio compromisso previsto no art. 53 do *Regulamento Geral do Estatuto da Advocacia e da OAB*, a saber:

> "Art. 53. Os conselheiros e dirigentes dos órgãos da OAB tomam posse firmando, juntamente com o Presidente, o termo específico, após prestar o seguinte compromisso: "Prometo manter, defender e cumprir os princípios e finalidades da OAB, exercer com dedicação e ética as atribuições que me são delegadas e pugnar pela dignidade, independência, prerrogativas e valorização da advocacia".

1191. O Provimento n. 115/2007 do Conselho Federal da OAB disciplina o número e o nome de inúmeras Comissões Permanentes, de acordo com o disposto em seu art. 1º: "Art. 1º As Comissões Permanentes do Conselho Federal da Ordem dos Advogados do Brasil, cujos membros serão de livre designação e dispensa pelo Presidente, deverão ser presididas por Conselheiros Federais, efetivos ou suplentes, Membros Honorários Vitalícios do Conselho Federal e agraciados com a Medalha Rui Barbosa, são assim definidas: I — Comissão Nacional de Acesso à Justiça; II — Comissão Nacional de Advocacia Pública; III — Comissão Nacional da Advocacia Jovem; IV — Comissão Nacional de Defesa da República e da Democracia; V — Comissão Nacional de Defesa das Prerrogativas e Valorização da Advocacia; VI — Comissão Nacional de Direito Ambiental; VII — Comissão Nacional de Direitos Difusos e Coletivos; VIII — Comissão Nacional de Direitos Humanos; IX — Comissão Nacional de Direitos Sociais; X — Comissão Nacional de Educação Jurídica; XI — Comissão Nacional de Estudos Constitucionais; XII — Comissão Nacional de Exame de Ordem; XIII — Comissão Nacional de Legislação; XIV — Comissão Nacional de Promoção da Igualdade; XV — Comissão Nacional de Relações Institucionais; XVI — Comissão Nacional de Relações Internacionais; XVII — Comissão Nacional de Sociedades de Advogados; XVIII — Comissão Nacional da Verdade da Escravidão Negra no Brasil; XIX — Comissão Nacional da Mulher Advogada; XX — Comissão Nacional dos Direitos da Pessoa com Deficiência; XXI — Comissão Nacional dos Direitos da Pessoa Idosa".

1192. "O cargo de conselheiro ou de membro de diretoria de órgão da OAB é de exercício gratuito e obrigatório, considerado serviço público relevante, inclusive para fins de disponibilidade e aposentadoria" (Araujo Junior, *Gabaritando ética*, 2. ed., 2019, p. 165).

Ademais, é importante grifar que o exercício de suas atribuições institucionais não pode estar em dissonância dos interesses da classe e da preservação da ética profissional, sendo vedada, nos termos do Provimento n. 138/2009 do Conselho Federal da OAB, a chamada "influência indevida", assim definida:

> "Art. 1º Constitui utilização de influência indevida, vedada pelo Código de Ética e Disciplina (art. 2º, VIII, *a*), a atuação de Diretores, Membros Honorários Vitalícios ou Conselheiros da Ordem dos Advogados do Brasil, bem como de dirigentes de Caixas de Assistência e Membros de Tribunais de Ética e Disciplina, perante qualquer órgão da OAB, na defesa de partes interessadas nos processos de sua competência ou no oferecimento de pareceres em seu favor.
>
> Parágrafo único. Não se acha compreendida na hipótese de que trata este artigo a atuação em causa própria.
>
> Art. 2º A vedação de que trata este Provimento não se aplica às situações ocorridas antes de sua edição.
>
> Art. 3º Este Provimento entra em vigor na data de sua publicação, revogadas as disposições em contrário".

3.3.5. Coercitividade ética: o processo e as sanções

O conjunto de deveres do advogado é um mister para o exercício profissional, sobretudo dentro da principiologia da Lei n. 8.906/94[1193]. O rompimento com esses deveres cria para o advogado implicações com o órgão censório de suas atividades: o Tribunal de Ética e Disciplina[1194]. Desempenhando função de especial importância

---

1193. "Não percamos de vista que o novo regramento ético surgiu em decorrência das enormes mudanças introduzidas pela Lei n. 8.906/94, aprovada em 4 de julho, alterando de forma corajosa e bastante moderna o campo de exercício da advocacia, certamente como resposta e em atendimento ao preceito constitucional que consagrou a profissão de advogado como essencial à aplicação da justiça. Se a sociedade, de forma arrojada, entendeu como necessário e definiu como de enorme valia o estabelecimento do tripé de sustentação da justiça, formado pelo Poder Jurisdicional, Ministério Público e Ministério Privado, também estabeleceu uma espécie de avenida de mão dupla, ou seja, outorgou prerrogativas, mas confia no atendimento das exigências éticas, com regramentos estabelecidos e cobrados pela própria classe" (Robison Baroni, O nosso Código de ética e disciplina, in Machado Ferraz (coord.), *Ética na advocacia*: estudos diversos, 2000, p. 197).

1194. "As características do novo sistema podem ser assim esquematizadas:

a) há infrações éticas e infrações disciplinares;

b) ambas constituem violação a dever legal, já que, segundo antes referido, a deontologia (i.e., a ciência dos deveres profissional foi, globalmente, alvo de tratamento legal — em sentido estrito);

c) quando o comando ético tiver capitulado diretamente como infração disciplinar (art. 34 do Estatuto), o dispositivo sancionatório é variado e escalonado, na forma dos artigos 35 e seguintes do Estatuto;

d) nas poucas hipóteses em que o desvio de conduta tenha inserção unicamente no Código de Ética e Disciplina, a sanção-tipo, única, independente de se tratar, ou não, de situação de reincidência

para a classe, por zelar pelo bom nome dos exercentes da advocacia, esse órgão coloca-se à disposição da sociedade para a repressão da conduta desviante dos preceitos éticos constantes de lei, contribuindo para o prestígio da carreira e para a manutenção dos nobres valores nela depositados[1195]. Se o advogado possui prerrogativas e direitos, nem por isso pode acobertar práticas ilícitas ou mafiosas sob o manto da legalidade. Trata-se de um órgão de ética e também de disciplina, que atua consultiva e repressivamente para dirimir conflitos de comportamento decorrentes do exercício da profissão[1196].

Há que se dizer que as atribuições do Tribunal de Ética e Disciplina são as de aconselhamento em consulta ética e também as de aplicação de sanções disciplinares, observado o devido procedimento para tanto (art. 71 do Código de Ética e Disciplina da OAB):

> "Art. 71. Compete aos Tribunais de Ética e Disciplina:
>
> I – julgar, em primeiro grau, os processos ético-disciplinares;
>
> II – responder a consultas formuladas, em tese, sobre matéria ético-disciplinar;
>
> III – exercer as competências que lhe sejam conferidas pelo Regimento Interno da Seccional ou por este Código para a instauração e julgamento de processos ético-disciplinares;
>
> IV – suspender, preventivamente, o acusado, em caso de conduta suscetível de acarretar repercussão prejudicial à advocacia, nos termos do Estatuto da Advocacia e da Ordem dos Advogados do Brasil;
>
> V – organizar, promover e ministrar cursos, palestras, seminários e outros eventos da mesma natureza acerca da ética profissional do advogado ou estabelecer parcerias com as Escolas de Advocacia, com o mesmo objetivo;
>
> VI – atuar como órgão mediador ou conciliador nas questões que envolvam:
>
> a) dúvidas e pendências entre advogados;
>
> b) partilha de honorários contratados em conjunto ou decorrentes de substabelecimento, bem como os que resultem de sucumbência, nas mesmas hipóteses;
>
> c) controvérsias surgidas quando da dissolução de sociedade de advogados".

Toda e qualquer questão ética que não encontre previsão explícita no Código de Ética, mas que seja de grande importância para o exercício da advocacia, será dirimi-

---

ou de primariedade, é a censura (conversível em advertência reservada), *ex vi* do artigo 36, inciso II e parágrafo único, do Estatuto" (Ferraz, Regras deontológicas, in Machado Ferraz (coord.), *Ética na advocacia*: estudos diversos, 2000, p. 10).

1195. "Assim, são considerados nulos os atos praticados por Comissão de Ética da Subsecção, onde não existe Conselho, ou seja, Tribunal de Ética regularmente instalado, tendo em vista que nestes casos não é respeitado o devido processo legal" (Mariano, "A defesa no tribunal de ética da OAB", in Renata Soltanovitch e Norberto Oya (orgs.), *Aspectos disciplinares de ética no exercício da advocacia*, São Paulo, Letras Jurídicas, 2014, p. 31).

1196. Cf. Roberto Rosas, Tribunais de ética: valorização da advocacia, in Elias Farah, *Ética do advogado*, 2000, p. 42 e 43.

da pelo Tribunal de Ética, que, de fato, atua como consultor também em questões ético-profissionais.

No entanto, deve-se grifar que quanto ao comportamento de terceiros não advogados ou quanto ao comportamento de juízes em manifestações processuais quaisquer, não há previsão explícita nem possibilidade de manifestação do Tribunal de Ética e Disciplina. A esse respeito:

> E-1.262 — "Ementa — Reclamação contra juiz — Comissão de prerrogativas — Reclamação contra juiz, quanto a exigências processuais contrárias ao CPC (art. 128), ao CC (arts. 1.288 e 1.301) e ao Estatuto da Advocacia (arts. 6º, 7º, II, e 31, par. 1º), ferindo eventuais prerrogativas profissionais dos advogados. Inexistência de condutas ofensivas ao Estatuto ou ao Código de Ética Profissional. Não conhecimento do pedido, nos termos da Resolução n. 06/94, deste Tribunal, não obstante possam os consulentes interpor recursos processuais, correições administrativas ou socorrerem-se da Subseção da OAB local. Encaminhamento à Comissão de Direitos e Prerrogativas" (V. U. — Rel. Dr. Carlos Aurélio Mota de Souza — Presidente Dr. Robison Baroni — 27-7-1995).

Ademais, são os próprios membros da classe que se incumbem de dar andamento a denúncias, formar os processos, instruir as queixas, tentar a conciliação das partes, quando possível, apreciar as provas e julgar, aplicando as sanções legais em caso de seu cabimento, respeitado o devido processo legal e o contraditório[1197].

> Regulamento Geral do Estatuto da Advocacia e da OAB (*DJU*, 16-11-1994): Dispõe sobre o Regulamento Geral Previsto na Lei n. 8.906, de 4 de julho de 1994, Título II — Da Ordem dos Advogados do Brasil (OAB) (arts. 44 a 150), Capítulo IV — Do Conselho Seccional (arts. 105 a 114), "Art. 114. Os Conselhos Seccionais definem nos seus Regimentos Internos a composição, o modo de eleição e o funcionamento dos Tribunais de *Ética* e Disciplina, observados os procedimentos do Código de *Ética* e Disciplina. § 1º Os membros dos Tribunais de *Ética* e Disciplina, inclusive seus Presidentes, são eleitos na primeira sessão ordinária após a posse dos Conselhos Seccionais, dentre os seus integrantes ou advogados de notável reputação ético-*profissional*, observados os mesmos requisitos para a eleição do Conselho Seccional. § 2º O mandato dos membros dos Tribunais de *Ética* e Disciplina tem a duração de 3 (três) anos. § 3º Ocorrendo qualquer das hipóteses do art. 66 do Estatuto, o membro do Tribunal de *Ética* e Disciplina perde o mandato antes do seu término, cabendo ao Conselho Seccional eleger o substituto".

O processo administrativo de infração ética inicia-se com a denúncia do cometimento de algum ato capitulado como infração ética na lei respectiva, seja por profissional da área, seja por cliente do advogado, seja por terceiro interessado, de ofício,

---

1197. "Caso a representação seja convertida em processo disciplinar, serão as partes e seus defensores notificados da instrução processual, onde serão produzidas as provas, observado o contraditório e devido processo legal, garantia emanada do art. 5º, LV, da Carta Política e art. 73, parágrafo 1º, do Estatuto da Advocacia — Lei n. 8.906/94" (Carlos Alberto Mariano, A defesa no tribunal de ética da OAB, in Renata Soltanovitch e Norberto Oya (orgs.), *Aspectos disciplinares de ética no exercício da advocacia*, São Paulo, Letras Jurídicas, 2014, p. 27).

468

não podendo ser anônima. Se a denúncia parte de advogado contra advogado, deve-se ter em conta o seguinte procedimento:

Provimento CFOAB 83, de 17-6-1996 (*DOU*, 16-7-1996) (Dispõe sobre Processos Éticos de Representação por Advogado contra Advogado), "Art. 1º Os processos de representação, de advogado contra advogado, envolvendo questões de *ética profissional*, serão encaminhados pelo Conselho Seccional diretamente ao Tribunal de *Ética* e Disciplina, que: I — notificará o representado para apresentar defesa prévia; II — buscará conciliar os litigantes; III — acaso não requerida a produção de provas, ou se fundamentadamente considerada esta desnecessária pelo Tribunal, procederá ao julgamento uma vez não atingida a conciliação".

De qualquer forma, aplicar-se-á um rito administrativo compatível com a segurança e o decoro do profissional, respeitada a importância dos ditames de ordem pública que estão a cercar a matéria. Assim, dispõe o EOAB a respeito do procedimento (art. 70):

"O poder de punir disciplinarmente os inscritos na OAB compete exclusivamente ao Conselho Seccional em cuja base territorial tenha ocorrido a infração, salvo se a falta for cometida perante o Conselho Federal.

§ 1º Cabe ao Tribunal de Ética e Disciplina, do Conselho Seccional competente, julgar os processos disciplinares, instruídos pelas Subseções ou por relatores do próprio Conselho.

(...)"

A previsão legal de um rito administrativo é de suma importância para que o Tribunal não se converta em instrumento de manipulação política dos profissionais entre si. Assim, deve preponderar a ampla defesa, a oportunidade de produção de provas, a intimação dos atos, o sigilo procedimental... com vistas à máxima isenção do julgamento e da confiabilidade dos seus resultados. Do modo que segue (art. 60 do Novo Código de Ética e Disciplina da OAB):

"Art. 60. O Presidente do Tribunal de Ética e Disciplina, após o recebimento do processo, devidamente instruído, designa, por sorteio, relator para proferir voto".

As infrações disciplinares estão previstas no art. 34 do *Estatuto da Advocacia e da OAB*, e são:

"Art. 34. Constitui infração disciplinar:

I – exercer a profissão, quando impedido de fazê-lo, ou facilitar, por qualquer meio, o seu exercício aos não inscritos, proibidos ou impedidos;

II – manter sociedade profissional fora das normas e preceitos estabelecidos nesta lei;

III – valer-se de agenciador de causas, mediante participação nos honorários a receber;

IV – angariar ou captar causas, com ou sem a intervenção de terceiros;

V – assinar qualquer escrito destinado a processo judicial ou para fim extrajudicial que não tenha feito, ou em que não tenha colaborado;

VI – advogar contra literal disposição de lei, presumindo-se a boa-fé quando fundamentado na inconstitucionalidade, na injustiça da lei ou em pronunciamento judicial anterior;

VII – violar, sem justa causa, sigilo profissional;

VIII – estabelecer entendimento com a parte adversa sem autorização do cliente ou ciência do advogado contrário;

IX – prejudicar, por culpa grave, interesse confiado ao seu patrocínio;

X – acarretar, conscientemente, por ato próprio, a anulação ou a nulidade do processo em que funcione;

XI – abandonar a causa sem justo motivo ou antes de decorridos dez dias da comunicação da renúncia;

XII – recusar-se a prestar, sem justo motivo, assistência jurídica, quando nomeado em virtude de impossibilidade da Defensoria Pública;

XIII – fazer publicar na imprensa, desnecessária e habitualmente, alegações forenses ou relativas a causas pendentes;

XIV – deturpar o teor de dispositivo de lei, de citação doutrinária ou de julgado, bem como de depoimentos, documentos e alegações da parte contrária, para confundir o adversário ou iludir o juiz da causa;

XV – fazer, em nome do constituinte, sem autorização escrita deste, imputação a terceiro de fato definido como crime;

XVI – deixar de cumprir, no prazo estabelecido, determinação emanada do órgão ou de autoridade da Ordem, em matéria da competência desta, depois de regularmente notificado;

XVII – prestar concurso a clientes ou a terceiros para realização de ato contrário à lei ou destinado a fraudá-la;

XVIII – solicitar ou receber de constituinte qualquer importância para aplicação ilícita ou desonesta;

XIX – receber valores, da parte contrária ou de terceiro, relacionados com o objeto do mandato, sem expressa autorização do constituinte;

XX – locupletar-se, por qualquer forma, à custa do cliente ou da parte adversa, por si ou interposta pessoa;

XXI – recusar-se, injustificadamente, a prestar contas ao cliente de quantias recebidas dele ou de terceiros por conta dele;

XXII – reter, abusivamente, ou extraviar autos recebidos com vista ou em confiança;

XXIII – deixar de pagar as contribuições, multas e preços de serviços devidos à OAB, depois de regularmente notificado a fazê-lo;

XXIV – incidir em erros reiterados que evidenciem inépcia profissional;

XXV – manter conduta incompatível com a advocacia;

XXVI – fazer falsa prova de qualquer dos requisitos para inscrição na OAB;

XXVII – tornar-se moralmente inidôneo para o exercício da advocacia;

XXVIII – praticar crime infamante;

XXIX – praticar, o estagiário, ato excedente de sua habilitação.

Parágrafo único. Inclui-se na conduta incompatível:

a) prática reiterada de jogo de azar, não autorizado por lei;

b) incontinência pública e escandalosa;

c) embriaguez ou toxicomania habituais".

As sanções, e aplicadas com graduação de gravidade, previstas no Estatuto da Ordem dos Advogados do Brasil, que se aplicam subsidiariamente ao Código de Ética e Disciplina, são as seguintes (art. 35 da Lei n. 8.906/94):

> "As sanções disciplinares consistem em: I — censura; II — suspensão; III — exclusão; IV — multa.
>
> Parágrafo único. As sanções devem constar dos assentamentos do inscrito, após o trânsito em julgado da decisão, não podendo ser objeto de publicidade a de censura".

Incumbe, pois, ao Tribunal de Ética e Disciplina, dentro do rito previsto, julgar a conduta e averiguar sua incompatibilidade com a legislação a respeito. Porém, a sanção é aplicada propriamente pelo Conselho Seccional da Ordem dos Advogados do Brasil.

Quando se tratar das demais carreiras públicas da advocacia, que possuem estatutos próprios para reger a conduta do praticante da advocacia pública, tendo em vista que o liame com a profissão de advogado é permanente, aplica-se, da mesma forma, o disposto no Novo Código de Ética e Disciplina (Anexo Único à Resolução n. 2/2015 do Conselho Federal da OAB). Mas há que se dizer que existem situações que se constituem ao mesmo tempo em infração funcional, normalmente regulada por normas internas ou regimentais da instituição (Procuradoria do Estado, Defensoria Pública...), e em infração ética. Nesses casos, o cúmulo de infrações gera dois tipos de procedimentos independentes, um de natureza ética, junto ao Tribunal de Ética e Disciplina da OAB, e um de natureza funcional, junto ao órgão responsável pelo controle censório do comportamento do advogado público (Corregedorias). O resultado útil de um não influencia necessariamente o resultado do outro, mas nada impede que os elementos colhidos em um possam ser utilizados a favor ou contra o profissional como prova (documental, testemunhal...).

Em qualquer caso, o cometimento de crime fica sujeito a apreciação da autoridade judiciária competente, para a qual devem ser enviadas cópias dos documentos que comprovam o ilícito. Ademais, em momento algum se afasta o inconformismo do lesado por uma decisão administrativa de recorrer a instâncias superiores (Conselho Federal da OAB), ou mesmo ao Poder Judiciário para defesa de seus interesses (art. 5º, XXXV)[1198].

1198. "Em que pese a responsabilidade do advogado decorrer de uma obrigação de meio, quando analisamos a questão oriunda do patrocínio de feito judicial, o advogado é responsável quando (i) esquece de ir a uma audiência; (ii) deixa de apresentar as impugnações necessárias; (iii) comete erros graves, capazes de gerar nulidade do processo; (iv) excede o teor do mandato; (v) retém valores de clientes; (vi) viola sigilo profissional; (vii) cobra além ou aquém da tabela dos honorários advocatícios" (Renata Soltanovitch, A responsabilidade civil dos advogados, in Renata Soltanovitch e Norberto Oya (orgs.), *Aspectos disciplinares de ética no exercício da advocacia*, São Paulo, Letras Jurídicas, 2014, p. 103).

3.4. Ética do Promotor

A respeito da topografia do Ministério Público, órgão que desempenha atividade essencial à justiça, na definição constitucional, cuja estrutura fundamental da carreira se encontra bem delineada[1199], em meio aos Poderes do Estado, muito já se debateu. O que se pode afirmar, com todo respaldo constitucional e legal, é que se trata, dentro do sistema jurídico nacional, de uma instituição independente, mas vinculada à justiça, atrelada a um compromisso profundo com a lei e com a justiça, e não com algum dos Poderes do Estado. Quer-se dizer que o Ministério Público é uma instituição neutra por excelência[1200], desprovida de qualquer vínculo com as demais autoridades[1201].

1199. Quando se trata de discutir sobre ética e profissão, no caso a de promotor de justiça, há que se levar em conta que, na promoção dentro da carreira, a aferição do exercício técnico, profissional-jurídico e ético são relevantes, pois na expressão merecimento se encontram atributos morais muito claros para a avaliação de um profissional: Lei n. 8.625, de 12-2-1993 (*DOU*, 15-2-1993) (Institui a Lei Orgânica Nacional do Ministério Público, dispõe sobre Normas Gerais para a Organização do Ministério Público dos Estados, e dá outras providências): Capítulo IX — Da Carreira (arts. 59 a 68), "Art. 61. A Lei Orgânica regulamentará o regime de remoção e promoção dos membros do Ministério Público, observados os seguintes princípios: I — promoção voluntária, por antiguidade e merecimento, alternadamente, de uma para outra entrância ou categoria e da entrância ou categoria mais elevada para o cargo de Procurador de Justiça, aplicando-se, por assemelhação, o disposto no art. 93, incisos III e VI, da Constituição Federal; II — apurar-se-á a antiguidade na entrância e o merecimento pela atuação do membro do Ministério Público em toda a carreira, com prevalência de critérios de ordem objetiva, levando-se inclusive em conta sua conduta, operosidade e dedicação no exercício do cargo, presteza e segurança nas suas manifestações processuais, o número de vezes que já tenha participado de listas, bem como a frequência e o aproveitamento em cursos oficiais, ou reconhecidos, de aperfeiçoamento; III — obrigatoriedade de promoção do *Promotor* de Justiça que figure por três vezes consecutivas ou cinco alternadas em lista de merecimento; IV — a promoção por merecimento pressupõe dois anos de exercício na respectiva entrância ou categoria e integrar o *Promotor* de Justiça a primeira quinta parte da lista de antiguidade, salvo se não houver com tais requisitos quem aceite o lugar vago, ou quando o número limitado de membros do Ministério Público inviabilizar a formação de lista tríplice; V — a lista de merecimento resultará dos três nomes mais votados, desde que obtida maioria de votos, procedendo-se para alcançá-la, a tantas votações quantas necessárias, examinados em primeiro lugar os nomes dos remanescentes de lista anterior; VI — não sendo caso de promoção obrigatória, a escolha recairá no membro do Ministério Público mais votado, observada a ordem dos escrutínios, prevalecendo, em caso de empate, a antiguidade na entrância ou categoria, salvo se preferir o Conselho Superior delegar a competência ao Procurador-Geral de Justiça".

1200. De fato e, em síntese, pode-se dizer que essa instituição "(...) tem natureza neutra e não se vincula a qualquer órgão, pois a sua função é promover a justiça sem nenhuma submissão, senão à lei" (Caldas, *Nova Constituição brasileira anotada*, 1991, p. 210).

1201. "É preciso romper de vez com o sistema advindo de tempos autoritários, em que o Ministério Público se notabilizou por servir ao governo e aos governantes, situação esta incomparável com sua atual destinação constitucional (*v. Manual...*, cit., p. 20). Justamente para que o Ministério Público possa servir a sociedade e não aos governantes, precisa ser dotado de garantias substanciais que assegurem a independência administrativa e funcional — garantias concretas e não palavras retumbantes na Lei Maior, mas vazias de maior conteúdo prático.

O Ministério Público exerce múltiplas tarefas simultâneas, atuando de modo coadjuvante à justiça, sem se confundir com ela, e nem se tornar acessória dela. Seus papéis são preventivos e repressivos, na mesma medida em que inventivos. Por isso, sua importante tarefa social não é exercida apenas dentro dos processos, mas sobretudo na construção de uma sociedade democrática, justa e equilibrada, o que passa por tarefas contidas no exercício anterior à jurisdição, considerando esta apenas o último recurso de atuação do Ministério Público. Nesse sentido, a atuação do Ministério Público Democrático (MDP), cuja atuação vem apontando para o cultivo dessa visão aberta, pluralista e democrática da forma de exercício profissional do promotor público. Em artigo publicado na *Folha de S. Paulo*, Roberto Livianu, Vice-Presidente do MPD, afirma: "... cremos que não basta o trabalho cotidiano no gabinete para concretizarmos nossa missão constitucional de defender a ordem jurídica e a democracia, protegendo os interesses difusos e coletivos, além do exercício da ação penal pública"[1202].

Se há que se invocar o tema da ética dessa carreira, o primeiro aspecto a tratar talvez seja esse, uma vez que, quando se diz que um promotor público desempenha suas funções, está-se querendo dizer que está dando continuidade a um compromisso institucional com a lei, com a ordem jurídica, com as instituições democráticas e com a justiça, acima de tudo. Para que se compreenda a latitude desse compromisso, dever-se-á deter a análise ora encetada na investigação das atribuições do Ministério Público, de sua situação e seu tratamento no texto constitucional, de sua estrutura de carreira, para, então, abordarem-se as garantias e prerrogativas, e, por fim, o código de deveres do promotor público.

3.4.1. Ministério Público: órgão essencial à administração da justiça

O Ministério Público pode ser definido como "instituição essencial à função jurisdicional", acompanhando-se os dizeres do art. 127 da Constituição Federal de 1988, que lhe traçou os matizes com os quais se encontra esculpido atualmente. Trata-se de um órgão autônomo, em meio à estrutura e à distribuição dos poderes dentro da Federação, dotado de estrutura funcional própria, dotação orçamentária independente, poderes correicionais internos e hierarquia administrativa escalonada de acordo com os degraus da carreira pública[1203].

"Enfim, as verdadeiras garantias do Ministério Público e de seus agentes são, antes de tudo, garantias da coletividade" (Hugo Nigro Mazzilli, Visão crítica da formação profissional e das funções do promotor de justiça, in Nalini (coord.), *Formação jurídica*, 1994, p. 74).

1202. Roberto Livianu, Ministério Público e luta contra a corrupção. In: *Tendências e Debates*, *Folha de S. Paulo*, A2, São Paulo, 20 de junho de 2012.

1203. Para que se defina carreira, deve-se buscar o sempre perene ensinamento de Hely Lopes Meirelles: "É o agrupamento de classes da mesma profissão ou atividade, escalonadas segundo a hierarquia do serviço, para acesso privativo dos titulares dos cargos que a integram" (*Direito administrativo brasileiro*, 1994, p. 361).

Sua estrutura como órgão é a seguinte, de acordo com a previsão constitucional (art. 128 da CF/88):

> "O Ministério Público abrange:
>
> I — o Ministério Público da União, que compreende:
>
> a) o Ministério Público Federal;
>
> b) o Ministério Público do Trabalho;
>
> c) o Ministério Público Militar;
>
> d) o Ministério Público do Distrito Federal e Territórios;
>
> II — os Ministérios Públicos dos Estados.
>
> (...)
>
> § 5º Leis complementares da União e dos Estados, cuja iniciativa é facultada aos respectivos Procuradores-Gerais, estabelecerão a organização, as atribuições e o estatuto de cada Ministério Público, observadas, relativamente a seus membros:
>
> (...)
>
> II — as seguintes vedações:
>
> a) receber, a qualquer título e sob qualquer pretexto, honorários, percentagens ou custas processuais;
>
> b) exercer a advocacia;
>
> c) participar de sociedade comercial, na forma da lei;
>
> d) exercer, ainda que em disponibilidade, qualquer outra função pública, salvo uma de magistério;
>
> e) exercer atividade político-partidária, salvo exceções previstas na lei".

Com essa estrutura é que ao Ministério Público, como instituição, cumpre o exercício de função mais do que essencial, não somente para a jurisdição, mas para a realização da justiça[1204]. Deve-se mesmo qualificá-la de primordial para a escorreita atualização do ideário democrático consagrado pelos legisladores constitucional e infraconstitucional. E é assim que, diante deste elenco de atribuições institucionais, deve-se ressaltar, a partir do Novo Código de Processo Civil (Lei n. 13.105/2015), que as funções do Ministério Público tocam de perto preocupações estruturantes para a

---

1204. Constituição da República Federativa do Brasil (*DOU*, 5-10-1988, 191-A): Título IV — Da Organização dos Poderes (arts. 44 a 135), Capítulo IV — Das Funções Essenciais à Justiça (arts. 127 a 135), Seção I — Do Ministério Público (arts. 127 a 130), "Art. 127. O Ministério Público é instituição permanente, essencial à função jurisdicional do Estado, incumbindo-lhe a defesa da ordem jurídica, do regime democrático e dos interesses sociais e individuais indisponíveis. § 1º São princípios institucionais do Ministério Público a unidade, a indivisibilidade e a independência funcional. § 2º Ao Ministério Público é assegurada autonomia funcional e administrativa, podendo, observado o disposto no art. 169, propor ao Poder Legislativo a criação e extinção de seus cargos e serviços auxiliares, provendo-os por concurso público de provas ou de provas e títulos, a política remuneratória e os planos de carreira; a lei disporá sobre sua organização e funcionamento (§ 2º com redação dada pela EC n. 19, de 4-6-1998 — (*DOU*, 5-6-1998, em vigor desde a publicação). § 3º O Ministério Público elaborará sua proposta orçamentária dentro dos limites estabelecidos na lei de diretrizes orçamentárias".

ordem jurídica e para a ordem democrática, tendo-se em vista o que a respeito tece o art. 176 do CPC ("O Ministério Público atuará na defesa da ordem jurídica, do regime democrático e dos interesses e direitos sociais e individuais indisponíveis"). No cotidiano da jurisdição, nas diversas ações judiciais, o papel do Ministério Público dar-se-á como parte (art. 177) ou como *custos legis* (art. 178), neste último caso, consideradas as situações de interesse público ou social, interesse de incapaz, litígios coletivos pela posse de terra rural ou urbana.

A organização do Ministério Público decorre diretamente da Constituição Federal (CF de 1988, arts. 127 a 130), como já se viu. No plano infraconstitucional, há que se destacar a Lei Orgânica Nacional do Ministério Público (Lei n. 8.625/93)[1205], assim como a Lei Complementar que estabelece o Estatuto do Ministério Público da União (LC n. 75/93).

Como decorrência da orientação fixada pela Constituição, há que se ressaltar que estão a orientar a atuação prática dos membros do Ministério Público os seguintes princípios: 1) princípio da *unidade*; 2) princípio da *indivisibilidade*; 3) princípio da *independência funcional*; 4) princípio da *indisponibilidade*; 5) princípio da *irrecusabilidade*; 6) princípio da *independência*; 7) princípio da *irresponsabilidade*; 8) princípio da *devolução*; 9) princípio da *substituição*[1206].

Esses princípios acabam por se materializar no rol de competências de atuação constitucional previsto para o Ministério Público, o que acaba por formar um imenso número de atribuições de fundamental importância para a nação (art. 129 da CF/88):

"São funções institucionais do Ministério Público:

I — promover, privativamente, a ação penal pública, na forma da lei;

II — zelar pelo efetivo respeito dos Poderes Públicos e dos serviços de relevância pública aos direitos assegurados nesta Constituição, promovendo as medidas necessárias a sua garantia;

III — promover o inquérito civil e a ação civil pública, para a proteção do patrimônio público e social, do meio ambiente e de outros interesses difusos e coletivos;

IV — promover a ação de inconstitucionalidade ou representação para fins de intervenção da União e dos Estados, nos casos previstos nesta Constituição;

V — defender judicialmente os direitos e interesses das populações indígenas;

VI — expedir notificações nos procedimentos administrativos de sua competência, requisitando informações e documentos para instruí-los, na forma da lei complementar respectiva;

1205. A própria previsão da lei a respeito de sua aplicabilidade a toda a Federação e, inclusive, aos Estados-Membros, é elucidativa: Lei n. 8.625, de 12-2-1993 (*DOU*, 15-2-1993) (Institui a Lei Orgânica Nacional do *Ministério Público*, dispõe sobre Normas Gerais para a Organização do *Ministério Público* dos Estados e dá outras providências): Capítulo X — Das Disposições Finais e Transitórias (arts. 69 a 84), "Art. 80. Aplicam-se aos Ministérios Públicos dos Estados, subsidiariamente, as normas da Lei Orgânica do *Ministério Público* da União".

1206. A enumeração, bem como as definições de cada qual dos princípios, é feita por Júlio Fabbrini Mirabete (*Processo penal*, 1995, p. 327).

VII — exercer o controle externo da atividade policial, na forma da lei complementar mencionada no artigo anterior;

VIII — requisitar diligências investigatórias e a instauração de inquérito policial, indicados os fundamentos jurídicos de suas manifestações processuais;

IX — exercer outras funções que lhe forem conferidas, desde que compatíveis com sua finalidade, sendo-lhe vedada a representação judicial e a consultoria jurídica de entidades públicas".

Não se deve deixar de dizer que, no plano infraconstitucional, a regência da matéria é dada pela Lei n. 8.625/93, que, a respeito, dispõe (art. 25):

"Além das funções previstas nas Constituições Federal e Estadual, na Lei Orgânica e em outras leis, incumbe, ainda, ao Ministério Público:

I — propor ação de inconstitucionalidade de leis ou atos normativos estaduais ou municipais, face à Constituição Estadual;

II — promover a representação de inconstitucionalidade para efeito de intervenção do Estado nos Municípios;

III — promover, privativamente, a ação penal pública, na forma da lei;

IV — promover o inquérito civil e a ação civil pública, na forma da lei:

a) para a proteção, prevenção e reparação dos danos causados ao meio ambiente, ao consumidor, aos bens e direitos de valor artístico, estético, histórico, turístico e paisagístico, e a outros interesses difusos, coletivos e individuais indisponíveis e homogêneos;

b) para a anulação ou declaração de nulidade de atos lesivos ao patrimônio público ou à *moralidade administrativa* do Estado ou de Município, de suas administrações indiretas ou fundacionais ou de entidades privadas de que participem.

V — manifestar-se nos processos em que sua presença seja obrigatória por lei e, ainda, sempre que cabível a intervenção, para assegurar o exercício de suas funções institucionais, não importando a fase ou grau de jurisdição em que se encontrem os processos;

VI — exercer a fiscalização dos estabelecimentos prisionais e dos que abriguem idosos, menores, incapazes ou pessoas portadoras de deficiência;

VII — deliberar sobre a participação em organismos estatais de defesa do meio ambiente, neste compreendido o do trabalho, do consumidor, de política penal e penitenciária e outros afetos à sua área de atuação;

VIII — ingressar em juízo, de ofício, para responsabilizar os gestores do dinheiro público condenados por tribunais e conselhos de contas;

IX — interpor recursos ao Supremo Tribunal Federal e ao Superior Tribunal de Justiça".

Tendo-se visto a enormidade da competência institucional do Ministério Público, deve-se dizer que esse órgão público conta com dotação orçamentária própria, prevista no art. 127, § 3º, da CF de 1988, o que por si só constitui garantia de independência financeira, administrativa e funcional de toda a estrutura da instituição, tanto na esfera da União (Federal, do Trabalho, Militar, do Distrito Federal e dos Territórios) como na dos Estados.

Mais ainda, deve-se dizer que os membros do Ministério Público estão acobertados, em seu exercício profissional, pelas garantias remissivas do art. 128, § 5º, I, *a*, *b* e *c*, ou seja, as mesmas cabíveis e destinadas aos magistrados (CF de 1988, art. 95, I, II e III), reforçando-se, com isso, a importância da instituição e a autonomia de seus membros que não ficam vinculados a forças e decisões externas para o exercício de suas atividades[1207].

Mas, se as garantias são as mesmas ofertadas aos magistrados, as vedações acompanham esse grau de responsabilidade que se quer ver depositar nessas funções públicas. Então, as vedações do inciso II do § 5º do art. 128 da Constituição Federal de 1988 também são comuns às dos magistrados (CF de 1988, art. 95, parágrafo único), com maiores especificações e detalhes, quais sejam:

a) de recebimento de custas processuais;

b) de exercício da advocacia;

c) de participação em sociedade comercial;

d) de exercício de outra função pública;

e) de exercício de atividade político-partidária[1208].

Cuida-se, pois, de se cercar de cautelas o exercício de tão essencial função pública[1209], como forma de se salvaguardar a probidade administrativa e de se zelar pelo cumprimento integral e imparcial das tarefas públicas[1210].

1207. "Afora, pois, as garantias à instituição, propriamente ditas, que por certo repercutem em seus membros (destinação constitucional; iniciativa de lei; autonomia funcional, administrativa e financeira; funções privativas v. g.), outras há que, por sua vez, se prendem mais diretamente aos seus agentes, beneficiando a instituição de modo reflexo (independência funcional, vitaliciedade, inamovibilidade e irredutibilidade de vencimentos)" (Hugo Nigro Mazzilli, Visão crítica da formação profissional e das funções do promotor de justiça, in Nalini (coord.), *Formação jurídica*, 1994, p. 73).

1208. Com relação à vedação de engajamento político-partidário, deve-se grafar neste texto a opinião de Hugo Nigro Mazzilli: "A Lei n. 8.625/93, que fixa normas gerais para o Ministério Público nacional, vedou o exercício da atividade político-partidária, mas estipulou: 'ressalvada a filiação e as exceções previstas em lei' (art. 44, parágrafo único). Ora, a lei infraconstitucional não poderá permitir, entre as futuras exceções, que nenhum membro do Ministério Público, ingressado depois da promulgação da Constituição de 1988, exerça qualquer cargo público eletivo, pois, nessa matéria, o impedimento não se encontra apenas no exercício da atividade político-partidária, mas sim na vedação constitucional para que exerça, ainda que em disponibilidade, qualquer outra *função pública*, salvo uma de magistério (art. 128, § 5º, II, *d*)".

1209. De outro lado, a atual vedação ao exercício de outra função pública, salvo uma de magistério (art. 128, § 5º, II, *d*, da CF), inclui a proibição de exercer cargos administrativos de qualquer natureza, com ou sem afastamento — e para essa vedação não existe exceção alguma (exceto a norma transitória do art. 29, § 3º, do ADCT). Está alcançado por essa vedação o exercício de cargos de ministérios federais ou secretarias de Estado, bem como assessorias estranhas à instituição, vedação essa que é absoluta para aqueles que ingressaram no Ministério Público depois da promulgação da Constituição de 1988 (não comporta exceção alguma)" (Hugo Nigro Mazzilli, Visão crítica da formação profissional e das funções do promotor de justiça, in Nalini (coord.), *Formação jurídica*, 1994, p. 80).

1210. Ainda assim, leia-se o que dispõe a CF de 1988 em seu art. 129 sobre compromissos do promotor público em seu mister constitucional: "§ 1º A legitimação do Ministério Público para as ações civis previstas neste artigo não impede a de terceiros, nas mesmas hipóteses, segundo o dis-

A Lei Orgânica Nacional do Ministério Público (Lei n. 8.625/93) traça as diretrizes da carreira, delineia os escalões administrativos e descreve a competência institucional de maneira minuciosa, assim como a Lei Complementar n. 75/93, para o Ministério Público da União, veio a colorir definitivamente o painel estrutural da instituição.

3.4.1.1. Atribuições do Ministério Público

Ao Ministério Público incumbe a promoção privativa da ação penal pública (CF de 1988, art. 129, I)[1211], como decorrência do princípio da indisponibilidade, atuando o promotor como *dominus litis* do processo criminal, em face da política de proteção pública dos bens jurídicos tutelados pelo ordenamento ordinário e em especial de normas de caráter penal[1212].

Na seara criminal, na promoção da ação penal pública, ao órgão do Ministério Público não se defere a possibilidade de dispor da ação, sendo-lhe, no entanto, atualmente facultada a transação penal, em ato de disponibilidade legal e regrada, introduzido pela Lei dos Juizados Especiais Cíveis e Criminais (Lei n. 9.099/95).

Mas, de maneira mais genérica, incumbe ainda ao Ministério Público:

a) "zelar pelo efetivo respeito dos Poderes Públicos" (inc. II), bem como promover a ação civil pública, nos termos do art. 5º da Lei de Ação Civil Pública (Lei n.

---

posto nesta Constituição e na lei. § 2º As funções de Ministério Público só podem ser exercidas por integrantes da carreira, que deverão residir na comarca da respectiva lotação. § 3º O ingresso na carreira far-se-á mediante concurso público de provas e títulos, assegurada participação da Ordem dos Advogados do Brasil em sua realização, e observada, nas nomeações, a ordem de classificação. § 4º Aplica-se ao Ministério Público, no que couber, o disposto no art. 93, II e VI".

1211. Veja-se como isto é importante, por exemplo, no domínio dos crimes eleitorais: Lei n. 4.737, de 15-7-1965 (*DOU*, 19-7-1965) (Institui o Código Eleitoral: Parte Quinta — Disposições Várias (arts. 234 a 383): Título IV — Disposições Penais (arts. 283 a 364), Capítulo III — Do Processo das Infrações (arts. 355 a 364), "Art. 357. Verificada a infração penal, o Ministério Público oferecerá a denúncia dentro do prazo de 10 (dez) dias. § 1º Se o órgão do Ministério Público, ao invés de apresentar a denúncia, requerer o arquivamento da comunicação, o juiz, no caso de considerar improcedentes as razões invocadas, fará remessa da comunicação ao Procurador Regional, e este oferecerá a denúncia, designará outro *Promotor* para oferecê-la, ou insistirá no pedido de arquivamento, ao qual só então estará o juiz obrigado a atender. § 2º A denúncia conterá a exposição do fato criminoso com todas as suas circunstâncias, a qualificação do acusado ou esclarecimentos pelos quais se possa identificá-lo, a classificação do crime e, quando necessário, o rol das testemunhas. § 3º Se o órgão do Ministério Público não oferecer a denúncia no prazo legal, representará contra ele a autoridade judiciária, sem prejuízo da apuração da responsabilidade penal. § 4º Ocorrendo a hipótese prevista no parágrafo anterior o juiz solicitará ao Procurador Regional a designação de outro *Promotor*, que, no mesmo prazo, oferecerá a denúncia. § 5º Qualquer eleitor poderá provocar a representação contra o órgão do Ministério Público se o juiz, no prazo de 10 (dez) dias, não agir de ofício".

1212. Súmula 524 do Supremo Tribunal Federal — Arquivado o inquérito policial por despacho do juiz, a requerimento do *promotor* de Justiça, não pode a ação penal ser iniciada sem novas provas.

7.347/85), para a proteção do patrimônio público e social dos interesses difusos e coletivos (inc. III)[1213];

b) controlar a inconstitucionalidade das leis pela condução da ação direta de inconstitucionalidade, por meio do Procurador-Geral da República (Lei n. 4.337/64), perante o STF, e também propor a intervenção da União e dos Estados nos casos previstos na lei (inc. IV)[1214];

c) dar efetiva proteção aos direitos das populações indígenas, representando-as judicialmente (inc. V);

d) acessar as informações constantes de órgãos públicos, bem como controlar as atividades policiais e o poder de investigação por meio de diligências em inquéritos, além de outras funções compatíveis com a teleologia que lhe foi traçada pelo texto constitucional (incs.VI a IX);

e) exercitar a "fiscalização dos estabelecimentos prisionais e dos que abriguem idosos, menores, incapazes, ou portadores de deficiências, sem prejuízo da correição judicial", assim como "deliberar sobre sua participação em organismos estatais de defesa do meio ambiente, do consumidor, de política penal e penitenciária e outros afetos a sua área de atuação" (art. 97, I e II, da Constituição do Estado de São Paulo), tornando-o mais próximo de sua vocação social.

Dentre as universais e extensas tarefas instituídas como inerentes à carreira dos membros do Ministério Público podem-se alistar aquelas que seriam as precípuas, utilizando-se de critérios que delimitam o campo temático cercado por cada uma das funções por ele exercidas na defesa da cidadania[1215].

E assim é que, diante deste elenco de atribuições institucionais, deve-se ressaltar que "Quando a lei considerar obrigatória a intervenção do Ministério Público, a parte promover-lhe-á a intimação sob pena de nulidade do processo" (art. 84 do CPC).

1213. A Lei da Ação Civil Pública (Lei n. 7.347/85) é expressa no sentido de atribuir-lhe legitimidade para a propositura de medidas tendentes à salvaguarda dos valores por ela consagrados em seu art. 5º: "A ação principal e a cautelar poderão ser propostas pelo Ministério Público, pela União, pelos Estados e Municípios (...)".

1214. *Vide* Lei n. 5.778/72 acerca da implementação do disposto na alínea *d* do § 3º do art. 15 da CF de 1988.

1215. Neste ponto seguimos a lição de Pinto Ferreira que discrimina (*Comentários à Constituição brasileira*, 1992, p. 99-101): "A atribuição típica do seu mister é a de oficiar em juízo em favor da correta observação da lei e na defesa do interesse público" (p. 99); "A segunda função importante é a defesa dos interesses privados indisponíveis, defendendo consequentemente a ordem penal" (p. 100); "A terceira missão importante do MP é a de velar e fazer velar a observância e o cumprimento da lei" (p. 101); "(...) a sua atuação em favor do princípio da supremacia da Constituição assumindo a defesa dos postulados constitucionais" (p. 101); "A quinta função relevante do MP é a de ser titular, embora não exclusivo, da ação civil pública (...)" (p. 101); "Enfim, a sexta função de importância do MP relaciona-se com o exercício da atividade *ad judicia*, referente à representação federal, na área do MP federal" (p. 101).

Mister, portanto, a intervenção do Ministério nas ações em que atuar como parte ou como *custos legis*, rubricando-se que essa nulidade submeter-se-á às regras gerais da teoria das nulidades, sendo declarada quando, não sendo de estrita necessidade sua atuação processual, houver prejuízo à parte (*pas de nullité sans grief*).

Em síntese, pode-se dizer que, em termos de instituição — e quando se procura operar semanticamente o conceito de instituição, recorre-se necessariamente às ideias de durabilidade, de consagração cultural e de reiteração temporal —, enquanto unitária e homogeneamente atuante nas esferas da União, dos Estados, dos Territórios e do Distrito Federal[1216], menos fragmentária e mais participante se torna a sua intervenção na edificação do princípio democrático. Mais que um órgão a serviço das cláusulas constitucionais democráticas, o Ministério Público representa a própria democracia em atuação.

3.4.2. Prerrogativas e garantias do membro do Ministério Público

Para o escorreito desempenho de suas funções, o membro do Ministério Público possui uma série de garantias e prerrogativas que salvaguardam a higidez da função constitucional e conferem dignidade e independência ao exercício profissional dos promotores de justiça. Ora, de nada serviriam as preocupações do constituinte de 1988 se o promotor, em sua atuação prática, se encontrasse atravancado por empecilhos de cunho funcional. São as garantias e prerrogativas do cargo que possibilitam a efetivação dos ditames maiores com que se descrevem os princípios da carreira. Inúmeros desafios se colocam diante do promotor no sentido de obstaculizar sua atuação; para debelá-los é que se instituíram determinadas garantias e prerrogativas que reforçam a liberdade profissional do promotor público no exercício de seu mister.

São essas garantias que distinguem o promotor do advogado, e que o fazem aproximar-se do juiz, dada a merecida proteção que requer a carreira[1217]. De qualquer

---

1216. No âmbito do Distrito Federal e dos Territórios: Decreto-Lei n. 2.267, de 13-3-1985 (*DOU*, 14-3-1985) (Transforma e Cria Cargos na Carreira do Ministério Público do Distrito Federal e dos Territórios, Fixa Vencimentos, e dá outras Providências — arts. 1º a 7º), "Art. 1º A carreira do Ministério Público do Distrito Federal é integrada, em segundo grau de jurisdição, pela classe de Procuradores de Justiça e no primeiro grau de jurisdição, pelas classes de *Promotor* de Justiça e de *Promotor* de Justiça Substituto, com os direitos e deveres previstos na Lei Complementar n. 40, de 14 de dezembro de 1981. § 1º A transformação dos cargos far-se-á do seguinte modo: a) os atuais cargos de Subprocurador-Geral, em cargos de Procurador de Justiça; b) os atuais cargos de Curador, *Promotor* Público e *Promotor* Substituto, em cargos de *Promotor* de Justiça; c) os atuais cargos de Defensor Público, em cargos de *Promotor* de Justiça Substituto. § 2º A Procuradoria-Geral da Justiça do Distrito Federal e dos Territórios promoverá o apostilamento nos assentamentos funcionais dos titulares dos cargos transformados. § 3º A antiguidade dos cargos obedecerá à antiguidade na classe transformada e nas classes entre si. § 4º Até que seja criado o Serviço de Assistência Judiciária, o Procurador-Geral da Justiça designará *Promotor* de Justiça Substituto para o seu exercício. § 5º O vencimento e respectiva representação mensal dos cargos transformados, bem como os dos membros do Ministério Público junto à Justiça Militar, à Justiça do Trabalho e ao Tribunal de Contas da União, são os constantes do Anexo a este Decreto-Lei".

1217. "No fundo, tirantes as garantias e procedimentos que aproximam o promotor da Magistratura, sob o aspecto do ofício desempenhado, a função da qual o Ministério Público mais se apro-

forma, oferecer garantias ao exercício da imensa latitude de responsabilidades que pendem sobre as costas dos promotores públicos é permitir que esse órgão esteja realmente habilitado a intervir em assuntos de natureza pública e de interesse da coletividade; o que se oferece à Promotoria de Justiça se devolve, de um modo ou de outro, à sociedade.

De acordo com a Lei n. 8.625, de 12-2-1993, que institui a Lei Orgânica Nacional do *Ministério Público*, dispõe sobre Normas Gerais para a Organização do *Ministério Público* dos Estados, e dá outras providências, em seu art. 38 lê-se::

> "Os membros do *Ministério Público* sujeitam-se a regime jurídico especial e têm as seguintes garantias:
>
> I — vitaliciedade, após dois anos de exercício, não podendo perder o cargo senão por sentença judicial transitada em julgado;
>
> II — inamovibilidade, salvo por motivo de interesse *público*;
>
> III — irredutibilidade de vencimentos, observado, quanto à remuneração, o disposto na Constituição Federal".

O cargo vitalício, inamovível e insuscetível de sofrer redução salarial, no entanto, fica sujeito a condições que, em continuidade ao disposto acima, a própria lei prevê. De fato, não se pode deixar ao talante do promotor tantas garantias que o permitam revestir-se da condição de autoridade pública intocável para o cometimento de violações à própria lei que deve defender. Por isso, a previsão:

> "§ 1º O membro vitalício do *Ministério Público* somente perderá o cargo por sentença judicial transitada em julgado, proferida em ação civil própria, nos seguintes casos:
>
> I — prática de crime incompatível com o exercício do cargo, após decisão judicial transitada em julgado;
>
> II — exercício da advocacia;
>
> III — abandono do cargo por prazo superior a trinta dias corridos.
>
> § 2º A ação civil para a decretação da perda do cargo será proposta pelo Procurador--Geral de Justiça perante o Tribunal de Justiça local, após autorização do Colégio de Procuradores, na forma da Lei Orgânica".

Ademais, conforme preceitua o Novo Código de Processo Civil, em seu art. 181, "o membro do Ministério Público será civil e regressivamente responsável quando agir com dolo ou fraude no exercício de suas funções".

Com relação às prerrogativas, há que se dizer, acompanhando a disciplina e a textura da lei, que:

---

xima, certamente é a do advogado. Ambas as funções constituem *munus* público de igual nobreza. A natureza das funções, a forma dos trabalhos, a maneira de deduzir as pretensões em juízo — tudo isto lhes é similar. O Ministério Público nada mais é do que advocacia de partido — o partido dos interesses sociais e individuais indisponíveis. O entendimento entre esses profissionais deve ser alto e sereno" (Hugo Nigro Mazzilli, Visão crítica da formação profissional e das funções do promotor de justiça, in Nalini (coord.), *Formação jurídica*, 1994, p. 72).

"Art. 40. Constituem prerrogativas dos membros do *Ministério Público*, além de outras previstas na Lei Orgânica:

I — ser ouvido, como testemunha ou ofendido, em qualquer processo ou inquérito, em dia, hora e local previamente ajustados com o Juiz ou a autoridade competente;

II — estar sujeito a intimação ou convocação para comparecimento, somente se expedida pela autoridade judiciária ou por órgão da Administração Superior do *Ministério Público* competente, ressalvadas as hipóteses constitucionais;

III — ser preso somente por ordem judicial, escrita, salvo em flagrante de crime inafiançável, caso em que a autoridade fará, no prazo máximo de vinte e quatro horas, a comunicação e a apresentação do membro do *Ministério Público* ao Procurador-Geral de Justiça;

IV — ser processado e julgado originariamente pelo Tribunal de Justiça de seu Estado, nos crimes comuns e de responsabilidade, ressalvada exceção de ordem constitucional;

V — ser custodiado ou recolhido à prisão domiciliar ou à sala especial de Estado Maior, por ordem e à disposição do Tribunal competente, quando sujeito a prisão antes do julgamento final;

VI — ter assegurado o direito de acesso, retificação e complementação dos dados e informações relativos à sua pessoa, existentes nos órgãos da instituição, na forma da Lei Orgânica".

E, ainda, se lê:

"Art. 41. Constituem prerrogativas dos membros do *Ministério Público*, no exercício de sua função, além de outras previstas na Lei Orgânica:

I — receber o mesmo tratamento jurídico e protocolar dispensado aos membros do Poder Judiciário junto aos quais oficiem;

II — não ser indiciado em inquérito policial, observado o disposto no parágrafo único deste artigo;

III — ter vista dos autos após distribuição às Turmas ou Câmaras e intervir nas sessões de julgamento, para sustentação oral ou esclarecimento de matéria de fato;

IV — receber intimação pessoal em qualquer processo e grau de jurisdição, através da entrega dos autos com vista;

V — gozar de inviolabilidade pelas opiniões que externar ou pelo teor de suas manifestações processuais ou procedimentos, nos limites de sua independência funcional;

VI — ingressar e transitar livremente:

a) nas salas de sessões de Tribunais, mesmo além dos limites que separam a parte reservada aos Magistrados;

b) nas salas e dependências de audiências, secretarias, cartórios, tabelionatos, ofícios da justiça, inclusive dos registros públicos, delegacias de polícia e estabelecimento de internação coletiva;

c) em qualquer recinto *público* ou privado, ressalvada a garantia constitucional de inviolabilidade de domicílio.

VII — examinar, em qualquer Juízo ou Tribunal, autos de processos findos ou em andamento, ainda que conclusos à autoridade, podendo copiar peças e tomar apontamentos;

VIII — examinar, em qualquer repartição policial, autos de flagrante ou inquérito, findos ou em andamento, ainda que conclusos à autoridade, podendo copiar peças e tomar apontamentos;

IX — ter acesso ao indiciado preso, a qualquer momento, mesmo quando decretada a sua incomunicabilidade;

X — usar as vestes talares e as insígnias privativas do *Ministério Público*;

XI — tomar assento à direita dos Juízes de primeira instância ou do Presidente do Tribunal, Câmara ou Turma.

Parágrafo único. Quando no curso de investigação, houver indício da prática de infração penal por parte do membro do Ministério Público, a autoridade policial, civil ou militar, remeterá, imediatamente, sob pena de responsabilidade, os respectivos autos ao Procurador-Geral de Justiça, a quem competirá dar prosseguimento à apuração".

3.4.3. Os deveres do Promotor de Justiça

O Promotor de Justiça possui um compromisso com o público inafastável, e deve cumprir sua tarefa com moralidade, legalidade, publicidade, eficiência, tendendo à supremacia do interesse público, conforme se pode ler na Resolução do Conselho Nacional do Ministério Público (2005). Seu cargo é público, sua função é constitucional, seus vencimentos são pagos pela instituição com base em verbas públicas, suas garantias e prerrogativas fundamentais são constitucionais, suas principais atribuições legais e constitucionais têm que ver com necessidades públicas... Não há como negar que o primordial dever ético do membro do Ministério Público é manter-se em sintonia com as necessidades sociais e públicas em torno da justiça, dentro de suas atribuições e de seu alcance funcional. Aqui ou ali, o profissional que se dedica à causa da justiça por meio da Promotoria está sempre às voltas com o interesse público[1218].

Daí decorre que deverá auxiliar na presteza do andamento judicial, na efetiva prevenção de litígios, na prestação de assistência à população carente, na defesa do consumidor e do meio ambiente, na garantia da probidade administrativa, na repressão ao abuso de poder por parte das autoridades públicas, na prevenção e repressão ao desfalque do erário público, na recriminação dos delitos e crimes que assolam a

---

1218. "Como vimos, o interesse público, no sentido lato, pelo qual deve zelar o órgão do Ministério Público, geralmente está ligado à defesa de:

"a) *pessoas determinadas* (incapazes, portadores de deficiência, acidentados do trabalho);

"b) *toda a coletividade* (nas ações penais; na ação popular; na defesa do meio ambiente);

"c) *grupos de pessoas determinadas ou determináveis* (populações indígenas, consumidores), desde que haja abrangência suficiente do interesse a ser zelado, ou alguma outra razão jurídica ou fática relevante (questões atinentes à saúde, acesso à educação, zelo de um sistema econômico ou social como na defesa dos investidores lesados no mercado de valores mobiliários etc.)" (Hugo Nigro Mazzilli, Visão crítica da formação profissional e das funções do promotor de justiça, in Nalini (coord.), *Formação jurídica*, 1994, p. 87).

sociedade...[1219] e, dessa forma, promover a efetivação dos direitos fundamentais, a manutenção da ordem democrática e a sincronia de funcionamento dos institutos jurídicos positivados pelo legislador. Negligenciar no cumprimento desse compromisso social e público, além de representar uma quebra da ética institucional, pode acarretar, quando grave, a aplicação, recomendada pelo Colégio de Procuradores de Justiça, e realizada pelo Corregedor-Geral de Justiça, de severas penalidades, inclusive com a possibilidade de suspensão de exercício e perda do cargo[1220].

1219. "Têm os membros do Ministério Público o dever de atender os necessitados: defender a vítima de crimes, o consumidor, a criança e o adolescente, os acidentados do trabalho, não só nos processos, como também fora deles, com o atendimento aos populares que procuram o promotor de justiça. Deve ainda dedicar-se com justa prioridade ao combate da criminalidade, à defesa do meio ambiente e ao zelo da probidade administrativa" (Hugo Nigro Mazzilli, Visão crítica da formação profissional e das funções do promotor de justiça, in Nalini (coord.), *Formação jurídica*, 1994, p. 113).

1220. Lei n. 8.625, de 12-2-1993 (*DOU*, 15-2-1993) (Institui a Lei Orgânica Nacional do Ministério Público, dispõe sobre Normas Gerais para a Organização do Ministério Público dos Estados, e dá outras providências): Capítulo III — Dos Órgãos de Administração (arts. 9º a 24), Seção II — Do Colégio de Procuradores de Justiça (arts. 12 e 13), "Art. 12. O Colégio de Procuradores de Justiça é composto por todos os Procuradores de Justiça, competindo-lhe:

I — opinar, por solicitação do Procurador-Geral de Justiça ou de um quarto de seus integrantes, sobre matéria relativa à autonomia do Ministério Público, bem como sobre outras de interesse institucional;

II — propor ao Procurador-Geral de Justiça a criação de cargos e serviços auxiliares, modificações na Lei Orgânica e providências relacionadas ao desempenho das funções institucionais;

III — aprovar a proposta orçamentária anual do Ministério Público, elaborada pela Procuradoria-Geral de Justiça, bem como os projetos de criação de cargos e serviços auxiliares;

IV — propor ao Poder Legislativo a destituição do Procurador-Geral de Justiça, pelo voto de dois terços de seus membros e por iniciativa da maioria absoluta de seus integrantes em caso de abuso de poder, conduta incompatível ou grave omissão nos *deveres* do cargo, assegurada ampla defesa;

V — eleger o Corregedor-Geral do Ministério Público;

VI — destituir o Corregedor-Geral do Ministério Público, pelo voto de dois terços de seus membros, em caso de abuso de poder, conduta incompatível ou grave omissão nos *deveres* do cargo, por representação do Procurador-Geral de Justiça ou da maioria de seus integrantes, assegurada ampla defesa;

VII — recomendar ao Corregedor-Geral do Ministério Público a instauração de *procedimento administrativo disciplinar* contra membro do Ministério Público;

VIII — julgar recurso contra decisão:

a) de vitaliciamento, ou não, de membro do Ministério Público;

b) condenatória em procedimento administrativo disciplinar;

c) proferida em reclamação sobre o quadro geral de antiguidade;

d) de disponibilidade e remoção de membro do Ministério Público, por motivo de interesse público;

e) de recusa prevista no § 3º do art. 15 desta Lei.

IX — decidir sobre pedido de revisão de procedimento administrativo disciplinar;

X — deliberar por iniciativa de um quarto de seus integrantes ou do Procurador-Geral de Justiça, que este ajuíze ação cível de decretação de perda do cargo de membro vitalício do Ministério Público nos casos previstos nesta Lei;

A imperativa necessidade social de existência e atuação do Ministério Púbico não faculta ao promotor a interrupção do cumprimento de seus deveres por quaisquer outros motivos; nem mesmo o temor de autoridades, a esperança de promoções ou os anseios de tornar-se uma figura pública podem desnortear os horizontes daquele que abraça essa carreira pública. A sociedade carece de uma instituição ilesa e forte na defesa dos ideais constitucionais, conforme delineados pelo constituinte de 1988.

Ademais desse compromisso social, de prestar justiça e contribuir para uma justiça nacional cada vez mais aperfeiçoada e próxima dos anseios populares, o promotor de justiça está adstrito a observar os seguintes ditames de seu estatuto institucional primordial, que constituem seus deveres (art. 43 da Lei n. 8.625/93):

"São deveres dos membros do *Ministério Público*, além de outros previstos em lei:

I — manter ilibada conduta pública e particular;

II — zelar pelo prestígio da Justiça, por suas prerrogativas e pela dignidade de suas funções;

III — indicar os fundamentos jurídicos de seus pronunciamentos processuais, elaborando relatório em sua manifestação final ou recursal;

IV — obedecer aos prazos processuais;

V — assistir aos atos judiciais, quando obrigatória ou conveniente a sua presença;

VI — desempenhar, com zelo e presteza, as suas funções;

VII — declarar-se suspeito ou impedido, nos termos da lei;

VIII — adotar, nos limites de suas atribuições, as providências cabíveis face à irregularidade de que tenha conhecimento ou que ocorra nos serviços a seu cargo;

IX — tratar com urbanidade as partes, testemunhas, funcionários e auxiliares da Justiça;

X — residir, se titular, na respectiva Comarca;

XI — prestar informações solicitadas pelos órgãos da instituição;

XII — identificar-se em suas manifestações funcionais;

XIII — atender aos interessados, a qualquer momento, nos casos urgentes;

XIV — acatar no plano administrativo as decisões dos órgãos da Administração Superior do *Ministério Público*".

No entanto, com vistas ao integral cumprimento do que preceitua a respeito a Constituição Federal, há que se advertir que o zeloso cumprimento da profissão de promotor colidiria com outras incumbências que porventura pudesse acumular, se

---

XI — rever, mediante requerimento de legítimo interessado, nos termos da Lei Orgânica, decisão de arquivamento de inquérito policial ou peças de informação determinada pelo Procurador-Geral de Justiça, nos casos de sua atribuição originária;

XII — elaborar seu regimento interno;

XIII — desempenhar outras atribuições que lhe forem conferidas por lei.

Parágrafo único. As decisões do Colégio de Procuradores de Justiça serão motivadas e publicadas, por extrato, salvo nas hipóteses legais de sigilo ou por deliberação da maioria de seus integrantes".

485

não houvesse previsão expressa do legislador sobre o assunto, vedando-se determinadas práticas. É em regime de dedicação integral que deseja o legislador ver o promotor exercendo suas atividades institucionais, podendo, no entanto, dedicar-se a atividades de ensino. Suas incumbências para com a sociedade são demasiadamente grandes para que se pudesse justificar certas espécies de favoritismos aos membros do Ministério Público dentro dos demais Poderes do Estado.

Assim é que, em matéria de exercício de atividade pública, considera-se que toda precaução é pouca, o legislador cuidou de transformar princípios elementares de deontologia do exercente de cargo público em mandamentos institucionais típicos e legais, que se revestem da condição de impedimentos, vedações e/ou restrições[1221] (art. 44 da LOMP), conforme se lê a seguir:

> "Aos membros do *Ministério Público* se aplicam as seguintes vedações:
> I — receber, a qualquer título e sob qualquer pretexto, honorários, percentagens ou custas processuais;
> II — exercer advocacia;
> III — exercer o comércio ou participar de sociedade comercial, exceto como cotista ou acionista;
> IV — exercer, ainda que em disponibilidade, qualquer outra função pública, salvo uma de Magistério;
> V — exercer atividade político-partidária, ressalvada a filiação e as exceções previstas em lei.
> Parágrafo único. Não constituem acumulação, para os efeitos do inciso IV deste artigo, as atividades exercidas em organismos estatais afetos à área de atuação do *Ministério Público*, em Centro de Estudo e Aperfeiçoamento de *Ministério Público*, em entidades de representação de classe e o exercício de cargos de confiança na sua administração e nos órgãos auxiliares".

3.4.4. O Código de Ética e Conduta do Ministério Público da União

Tendo-se em vista o que se disse a respeito do Ministério Público, de forma geral, nos itens anteriores, é importante destacar a recente publicação da Portaria n. 98/2017, que institui o Código de Ética e de Conduta do Ministério Público da União e da Escola Superior do Ministério Público da União, itens que constam como Anexo ao texto principal da referida Portaria. Ainda que o Ministério Público seja Federal e Estadual, aqui tratar-se exclusivamente, mas, também, paradigmaticamente, do teor do referido Código, considerando-se a importância desta *inovatio legis*.

1221. "Além dessas vedações, outras há (recebimento de custas, honorários, advocacia, participação em sociedade comercial exceto como cotista ou acionista; art. 128, § 5º, II, da CF; art. 44 da Lei n. 8.625/83), além do impedimento de que o membro do Ministério Público exerça a representação judicial ou a consultoria jurídica de entidades públicas (art. 129, IX, da CF)" (Hugo Nigro Mazzilli, Visão crítica da formação profissional e das funções do promotor de justiça, in Nalini (coord.), *Formação jurídica*, 1994, p. 81).

Após traçar os objetivos do Código, o art. 3º apresenta os princípios e valores fundamentais que devem reger a atuação do MPU e da ESMPU, quais sejam:

"Os princípios e valores fundamentais deste código são:

I — Legalidade: garantia de que toda atuação da Administração se dará em conformidade com a lei;

II — Impessoalidade: obriga a Administração, em sua atuação, a não praticar atos visando aos interesses pessoais ou se subordinando à conveniência de qualquer indivíduo, devendo ser direcionada a atender aos ditames legais e ao interesse público;

III — Moralidade: todos devem respeitar os princípios éticos de razoabilidade e justiça, devendo atender aos ditames da conduta ética e honesta, do decoro, da boa-fé e das regras que assegurem a boa administração;

IV — Lisura: valor que vai além do cumprimento da estrita legalidade dos atos, na medida em que abarca valores éticos e morais;

V — Transparência: objetiva corroborar a divulgação de informações, tanto entre suas unidades quanto para a sociedade, visando à promoção do desenvolvimento de cultura interna de intercâmbio de informações para fortalecimento da atuação institucional e do controle social, ressalvados os casos de sigilo legalmente previstos;

VI — Urbanidade: trata-se da polidez, educação, cortesia, gentileza e civilidade no comportamento das pessoas ao atender demandas internas e externas".

As atribuições do Ministério Público estão estreitamente atreladas ao interesse público. Isso já se pôde estudar nos itens anteriores. No entanto, esta característica de atuação do MP, por força dos arts. 127 a 130 da CF 88, exige da conduta do MP alguns "compromissos de conduta ética" que sejam capazes de espelhar no quotidiano e no exercício da função as qualidades que devem orientar o *modus* de exercício da profissão. Por isso, o Capítulo IV (Das Condutas), particularmente no art. 4º, o Código irá afirmar o que segue:

"São compromissos de conduta ética:

I — atender demandas com postura ética e de modo imparcial, probo e efetivo, sendo vedada qualquer atitude procrastinatória, discriminatória ou que favoreça indevidamente alguma parte;

II — não utilizar indevidamente informações obtidas em decorrência do trabalho para benefício próprio ou de outrem, sendo imperioso o sigilo quando ainda não divulgadas ou até o prazo que a lei determinar;

III — atuar com imparcialidade no desempenho das atribuições funcionais, não permitindo que convicções de ordem político-partidária, religiosa ou ideológica afetem sua isenção;

IV — repudiar atitudes discriminatórias ou preconceituosas de qualquer natureza relativamente à etnia, sexo, religião, estado civil, orientação sexual, faixa etária ou condição física especial, ou quaisquer outras formas de discriminação;

V — declarar-se impedido ou suspeito em situações que sua independência ou imparcialidade possam estar prejudicadas para o desempenho de suas funções, observando-se as hipóteses legais;

VI — contribuir com o clima institucional, fortalecendo as relações de trabalho por meio da confiança mútua, assertividade e transparência, predispondo-se à solução pacífica de conflitos internos ou controvérsias na instituição nas quais esteja envolvido;

VII — valorizar e promover ambiente de trabalho harmonioso, primando por atitudes positivas de respeito pelas pessoas, a fim de evitar práticas que possam configurar qualquer tipo de assédio ou discriminação, comunicando a ocorrência de eventuais situações às autoridades competentes;

VIII — não aceitar ajuda financeira, presentes, privilégios, empréstimos, doações ou outra vantagem indevida para si e seus familiares, quando oriundos de possíveis interessados nos serviços institucionais prestados, não se considerando presentes os brindes sem valor comercial ou aqueles distribuídos por entidades de qualquer natureza, a título de cortesia, propaganda ou divulgação, por ocasião de eventos especiais ou datas comemorativas;

IX — zelar pelo uso correto e eficiente do patrimônio institucional, adotando práticas de economicidade e sustentabilidade;

X — desempenhar suas atividades com responsabilidade social, privilegiando a adoção de práticas que favoreçam a inclusão social e com responsabilidade ambiental, combatendo o desperdício de recursos materiais;

XI — utilizar dos recursos e ferramentas de Tecnologia da Informação e Comunicação, observando as normas internas, sendo vedada a utilização desses recursos para a prática de atos ilegais ou para propagação e divulgação de conteúdo que atentem contra a moralidade administrativa;

XII — zelar pela imagem institucional, agindo com cautela em suas manifestações públicas, ressalvado o exercício da livre manifestação do pensamento;

XIII — tratar todas as pessoas com urbanidade e respeito, considerando as características individuais de cada um, sobretudo as possíveis limitações pessoais;

XIV — zelar pela eficiência no serviço público, notadamente pelo cumprimento de prazos estabelecidos para prestação de informações ao setor ou à unidade demandante ou justificar a necessidade de sua prorrogação;

XV — empenhar-se em seu desenvolvimento profissional, buscando capacitações adequadas e regulares, bem como disseminar o conhecimento obtido em treinamentos profissionais;

XVI — assegurar aos interessados o acesso às suas próprias informações pessoais ou a agentes públicos legalmente autorizados;

XVII — manter o sigilo de informações de natureza confidencial obtidas em função do desempenho das atividades laborativas, inclusive no que digam respeito a questões afetas à saúde;

XVIII — realizar adequadamente as avaliações de desempenho dos servidores, os quais deverão ser ouvidos, inserindo informações relevantes para o histórico funcional do servidor;

XIX — cientificar, previamente, sobre as situações que envolvam a designação e a exoneração de cargos em comissão ou dispensa de funções de confiança;

XX — exercer suas atribuições administrativas, jurídicas e técnicas com rigor técnico e moral, obedecendo também as normas deontológicas e específicas das respectivas profissões".

Ademais, o Código de Ética vem a reforçar o conjunto das vedações já estabelecidas pela Constituição Federal de 1988, em seu art. 128, parágrafo 5º, inciso II. E isso, particularmente, ao dispor e tratar, no art. 15 do Código de Ética, que:

"Aos servidores do MPU e da ESMPU é vedado:

I — ser conivente com erro ou infração a este Código ou ao Código de Ética de sua categoria profissional;

II — divulgar estudos, pareceres e pesquisas, ainda não tornados públicos, sem prévia autorização;

III — fazer uso, divulgar ou facilitar a divulgação de informações sigilosas ou estratégicas, de que tenha tomado conhecimento em razão das atividades exercidas no cargo ou função, mesmo após ter deixado o cargo;

IV — apresentar como de sua autoria ideias, projetos ou trabalhos de outrem;

V — adotar postura hostil, ofensiva, praticar qualquer tipo de assédio, desqualificar os demais profissionais ou ainda utilizar palavras ou gestos que atinjam a autoestima, a imagem ou o profissionalismo de alguém;

VI — atribuir aos servidores ou colaboradores a execução de atividades de natureza particular ou abusivas que possam gerar comprometimento de ordem física, mental ou emocional;

VII — utilizar bens do patrimônio institucional para atendimento de atividades de interesse particular;

VIII — apresentar-se no serviço embriagado ou sob efeito de substâncias psicoativas, bem como fazer uso ou portar qualquer tipo de substância entorpecente;

IX — manifestar-se em nome da Instituição quando não autorizado pela autoridade competente, nos termos da política interna de comunicação social".

Afinal, para atender à necessidade de processar os casos, as situações e as consultas, o Código cuida de criar as chamadas Comissões Permanentes de Ética do Ministério Público da União, devendo-se regulamentar os procedimentos internos para que se torne possível a operacionalização do conjunto de atividades administrativos que apoiam a apuração e a avaliação de irregularidades incompatíveis com as exigências éticas e de conduta explicitadas em seu interior. Para tanto, o art. 6º, parágrafo 1º, institui que a "Comissão Permanente de Ética será composta por, no mínimo três servidores titulares e respectivos suplentes que gozem de idoneidade e não tenham sofrido penalidade disciplinar, sendo um deles designado para a função de presidente". A composição dependerá de designação (sem prejuízo das atividades regulares) do Procurador-Geral (ou do Diretor Geral), a cada caso, com mandato de 1 ano (parágrafos 2º e 3º, art. 6º).

Em termos de atribuição e competência, a Comissão Permanente de Ética deverá atuar de forma a (art. 8º):

"À Comissão Permanente de Ética compete:

I — orientar os servidores e colaboradores acerca das normas de ética e de conduta deste Código;

II — atuar como instância consultiva em matéria de ética pública no âmbito do MPU e da ESMPU;

III — fomentar, acompanhar e avaliar, no âmbito do respectivo ramo e da ESMPU, o desenvolvimento de ações objetivando a disseminação, capacitação e treinamento sobre as normas de ética e disciplina;

IV — articular ações com vistas a estabelecer procedimentos de incentivo ao desempenho institucional na gestão da ética pública;

V — receber sugestões para o aprimoramento e modernização deste Código;

VI — propor a elaboração de normas complementares e orientadoras ou a adequação de normativos internos aos preceitos instituídos neste Código;

VII — conhecer denúncias ou representações formuladas contra servidor ou colaborador pela prática de atos contrários às normas estabelecidas neste Código;

VIII — apresentar relatório de suas atividades aos órgãos da Administração Superior, cujos critérios deverão ser definidos por cada ramo do MPU e pela ESMPU.

3.5. Ética do juiz de direito: a justiça animada

O juiz pode ser identificado como a justiça animada. Isso quer dizer que se a justiça pode se consubstanciar em carne e osso, aquele que é capaz de recebê-la e exercê-la a contento é chamado de juiz. E isso, de fato, porque o juiz é o responsável pela aplicação da justiça corretiva[1222]. Não por outro motivo, o juiz deve estar imbuído da ética da prudência, como bem afirma Manuel Atienza[1223]. Se as partes se desigualam, cumpre ao juiz restabelecer a igualdade; um crime desiguala as partes — cidadãos —, ou um contrato descumprido gera o dever de restabelecer a situação ao ponto original do acordo. Por isso, a simbologia fundamental da magistratura reside na figura de Justiça (*Diké; Iustitia*), portando a balança com o reto (*rectum*) em posição ereta. Ao juiz se deve recorrer, na expectativa de que, sob o crivo da lei e do bom-senso judiciário, se restabeleça a situação de igualdade rompida pelas partes[1224].

O juiz representa a imparcial e equidistante personificação da justiça (grego, *díkaion émpsychon*)[1225]. É mediador, pois representa uma mediedade, um termo medianeiro entre dois interesses opostos. O humanismo[1226] que se requer em sua for-

---

1222. Aristóteles, *Ethica Nicomachea*, 1132 a, 6/7.

1223. "Por lo demás, si se reflexiona sobre la anterior lista de virtudes judiciales (que no hay por qué considerar como un elenco cerrado) creo que es fácil llegar a la conclusión de que una de ellas ocupa un lugar de especial importancia y, en cierto modo, viene a ser una especie de síntesis de todas las otras. Se trata de la virtud de la prudencia, pero entendida no tanto — o no solo — en el sentido que hoy atribuimos a esta expresión, sino en el de la *frónesis* aristotélica" (Atienza, *Filosofía del Derecho y Transformación Social*, 2017, p. 230).

1224. "Nadie parece dudar de que la independencia y la imparcialidad constituyen algo así como las señas de identidad de la ética judicial" (Atienza, *Filosofía del Derecho y Transformación Social*, 2017, p. 227).

1225. Aristóteles, *Ethica Nicomachea*, 1132 a, 20.

1226. "O traçado de um paradigma se faz com doses altas de subjetivismo. Talvez nem seja concretizável erigir-se um modelo pronto de juiz, para a ele conformarem-se os candidatos. A ma-

mação não é algo que se exige desmotivadamente, pois a lógica da atividade julgadora é uma lógica humanista e do razoável, com apelo para a prudência e para a capacidade de adequação de plúrimos fatores, sempre partindo da lei, mas não sempre se bastando com o juízo legal; o juiz preparado mnemonicamente para aplicar leis não é, certamente, o melhor perfil de profissional para o exercício dessa lógica[1227].

Não por outro motivo, a Resolução n. 75/2009 do CNJ incluiu exigências de formação e preparação, que estendem os efeitos da Portaria n. 1.886/94 do campo do ensino do direito para o campo das exigências de concursos públicos. Assim, não basta preparar o futuro magistrado na base da repetição dos conhecimentos dogmáticos, e nem a partir da leitura sistemática da "lei seca", mas, sobretudo, considerando outras habilidades, formas de pensar, raciocínios e modos de analisar, inclusive metodologicamente, que somente se podem desenvolver a partir dos estudos derivados de outras áreas do conhecimento, tradicionalmente menos prestigiadas, como a Psicologia Judiciária, Teoria Geral do Estado e da Política, Filosofia do Direito, Sociologia do Direito, Ética e Estatuto da Magistratura. Mas a atitude com que se aborda estas matérias não pode repetir o modelo do ensino da dogmática, devendo-se insistir que formação humanista é formação para a compreensão mais geral dos múltiplos fatores que determinam a vida social (não somente a lei), e para a capacidade de gerar a condução de uma visão onicompreensiva, pluralista, aberta e democrática, que servirão de base para o atendimento das necessidades dos cidadãos que deságuam com suas pletoras nas portas do Judiciário. A visão legalista de mundo acaba sendo uma visão reducionista da realidade.

O raciocínio judiciário exige do magistrado a capacidade de exercer a lógica do razoável, pois nesse terreno não se pode pleitear juízos de certeza e evidência absolutas, o que demanda ainda maior prudência por parte da autoridade julgadora. Assim, essa lógica do razoável:

1. está condicionada ao social e ao histórico;
2. está impregnada de valores;

---

gistratura é instituição aberta, suscetível de abrigar plúrimos perfis, nutrindo mesmo a crença de que o confronto de ideias e o cotejo de opiniões venham a incrementar o patrimônio intelectual sobre que se assenta. Longe e indesejável a pretensão de homogeneidade de pensamentos, imprópria de um estamento de consciências preparadas.

"Alinháveis se mostram, entretanto, caracteres que devem identificar o bom juiz. E eles podem ser agrupados em pelo menos quatro vertentes: a técnica, a ético-institucional, a cívico-política e a humanista" (Nalini, A formação do juiz, in Nalini (coord.), *Formação jurídica*, 1994, p. 123).

1227. "Na verdade, o concurso de provas pode privilegiar o candidato dotado de boa memória, negando a aprovação, às vezes, a pessoas vocacionadas e preparadas para a função, mas não afeitas às memorizações técnicas. Por outro lado, além do conhecimento específico, impõe-se que o futuro juiz apresente outros atributos pessoais, não aferidos através deste tipo de certame. Algumas lacunas psicológicas de juízes manifestam-se através do abuso da autoridade, tantas vezes criticado pela sociedade" (Camolez, A escolha, formação e aperfeiçoamento do juiz, *Cidadania e Justiça, Revista da AMB*, ano 3, n. 7, 2º semestre de 1999, p. 72).

3. estes valores se dão em situações específicas, ou seja, em meio a conflitos sociais interindividuais, coletivos, difusos;

4. estes valores se hierarquizam para a realização de fins comunitários, sociais e grupais;

5. deve estar consciente de que a sociedade e suas limitações concretamente estabelecem os valores, suas limitações, hierarquias...;

6. demanda adequação dos fins e dos meios, dos valores demandados às demais carências sociais, dos valores aos fins;

7. lastreia-se na experiência da vida humana, e requer apelo profundo à prudência decisória[1228].

Percebe-se que a tarefa de julgar é complexa e demanda muitos cuidados. Recorrendo à lei encontrará o parâmetro democrático do seguro julgamento; recorrendo ao caso encontrará o fermento de um litígio perpetuável e abundantes elementos em meio aos quais encontrará a semente para a decisão; recorrendo à equidade encontrará uma forma de adaptar as agruras e as estreitezas da lei às necessidades das partes que reclamam justiça; recorrendo à doutrina, encontrará a sabedoria das lições que ilustram e aclaram as necessidades textuais mais complexas de serem compreendidas; recorrendo à jurisprudência, encontrará fartas atuações de magistrados no esforço de conferir prudência aos mais diversificados litígios; recorrendo à sua consciência, à sua educação, aos seus paradigmas, à sua capacidade de raciocínio e ponderação virtuosa, haverá de recolher dados preciosos na determinação de respostas prudentes e na inovação do direito positivado. Esforçando-se nesse sentido, de fato, encontrar-se-á o magistrado na fileira dos que realmente desejam personificar a justiça.

Ademais, o que se há de dizer é que o *iudex* possui o papel de dizer o direito (*iuris-dictio*), podendo com isso, por sentenças, ou acórdãos, criar, modificar, extinguir, preservar, alterar, efetivar, declarar, executar, além de fazer cumprir direitos. A dinâmica renovação e a criatividade do direito passam por sua responsabilidade profissional. Nesse sentido, todas as mais candentes questões jurídicas desaguam no Judiciário, de modo que o preparo exigido do juiz deve ser especialmente guiado para atender sua importante função para o direito e para a sociedade. O poder de determinar, em última instância, onde reside o direito, qual a solução acertada, quem restará com a guarda da criança, qual o *quantum debeatur*, qual a medida a ser tomada para a remoção de perigo iminente, entre outras coisas, faz do juiz uma figura social de grande importância. Concentrando tamanha importância, deve o juiz encontrar sobre si responsabilidade ética proporcional aos anseios sociais depositados sobre sua função e sua pessoa, uma vez que é esta que faz com que aquela se torne um exercício real e efetivo[1229].

1228. Siches, *Nueva filosofía de la interpretación del Derecho*, 2. ed., 1973, p. 281-291.

1229. Sobretudo quando se trata de uma profissão que existe desde todos os tempos, e que, portanto, demanda uma ética compatível com a maturidade da função: "A ética do Judiciário está substan-

3.5.1. Ética e poder jurisdicional

O juiz detém, como decorrência de suas atribuições legais, grande poder de decisão. Esse poder é o poder de criar norma para o caso concreto. Sobretudo tendo--se em vista a liberdade e a livre convicção, que deve ser racional e argumentada, os juízes preservam grande espaço de desempenho para a produção de decisões judiciais. Isso porque visa-se a máxima proteção do cidadão contra qualquer lesão a direito (CF de 1988, art. 5º, XXXV). A independência da magistratura, portanto, parece ser uma primeira necessidade democrática, com vistas à efetiva proteção das garantias a todos deferidas. Mas essa ampla liberdade, que se consubstancia em ausência de imposições externas e em ampla faculdade de julgar e persuadir-se nas leis e nas provas produzidas em juízo, independentemente do sujeito que a tiver movido[1230], encontra barreiras naturais (decorrentes da divisão de competência, lei, assunção dos deveres da carreira, ética judicial...) que devem ser respeitadas.

Se é possível exigir do magistrado, do aplicador da lei e da justiça, um comportamento ético, esse comportamento deverá possuir um conjunto de contornos próprios, a saber[1231]: representar uma ética da *prudentia*[1232]; encarnar uma ética da equidistância; ilustrar uma ética da probidade[1233]; priorizar uma ética da imparciali-

---

cialmente contida no arcabouço de uma função que existe desde os primórdios da civilização. Parte dela mereceu positivação e reside nos textos constitucionais e nos estatutos da carreira. Pouco alcance obter-se-á, porém, com a recitação mecânica dos deveres. Não é melhor juiz aquele que sabe enunciar suas obrigações legais, do que aquele que as intui. Aquele que encontra dentro de sua consciência o juiz atento de suas responsabilidades e da conduta direcionada a cumpri-las. Nem ostenta mais merecimento o juiz que cumpre os seus deveres, mas neles desacredita, ante aquele que reflete sobre a sua razão última e que, profissional de qualquer área, sempre seria considerado eticamente irrepreensível.

"No campo da moral, a formação especializada mais servirá a detectar o material humano provido de atributos credenciadores, que a incutir noções quase sempre inatas em candidatos à carreira. A formação pode contribuir, sim, para apontar comportamentos que possam vulnerar a imagem ideal da Justiça. A do juiz arrogante, distanciado dos jurisdicionados, prepotente em sua inadequada concepção do papel que o sistema lhe reservou. Ou o desalento da acomodação, da desídia ou do pouco interesse, quando tanto espera da Justiça a comunidade" (Nalini, A formação do juiz, in Nalini (coord.), *Formação jurídica*, 1994, p. 127).

1230. O art. 371 do Novo Código de Processo Civil dispõe: "O juiz apreciará a prova constante dos autos, independentemente do sujeito que a tiver promovido, e indicará na decisão as razões da formação de seu convencimento".

1231. "Definitivamente, a ética do juiz não se pode apoiar senão num equilíbrio, numa justa medida, numa prudência, inscrita no coração de sua missão" (Garapon, *O guardador de promessas*: justiça e democracia, 1998, p. 273).

1232. "O bem julgar implica em exercício constante de faculdades garantidoras da higidez psíquica. A paciência, a prudência, o interesse pelos dramas humanos, a sadia análise dos fatos e seu cotejo com o fluir da história, convertem o juiz em eficaz redutor de conflitos" (Nalini, *Ética e justiça*, 1998, p. 71).

1233. "Assentado que o referencial da moralidade administrativa é a finalidade pública e entendido que esta é um elemento do ato administrativo, assim como o é do contrato administrativo e

dade[1234]. Os deveres que estão a premer o comportamento do funcionáric público são ainda agravados quando se trata da figura do juiz; é ele mais que um agente público, é um agente político[1235]. Por isso, para que se possa exigir do magistrado esse conjunto de deveres, diversas legítimas garantias lhe são deferidas, quais sejam: a inamovibilidade, a irredutibilidade de vencimentos e a vitaliciedade, como formas de manutenção da autonomia judicial[1236].

Para que a independência do juiz seja garantida, para que se possa alcançar a isenção dos julgamentos e a proteção da convicção racional, é mister que existam princípios reguladores e sustentadores da carreira. Esses princípios estão elevados ao plano constitucional e se enfileiram como garantias e vedações para o exercício da jurisdição. Uma e outras destinam-se à saudável existência da magistratura como órgão social autônomo, digno, desvinculado de outras instituições e descompromissado com a representação de quaisquer ideologias. Especialmente em tempos de redes sociais, superexposição de pessoas e profissionais, virtualização de dados e imagens, indiscrição comportamental virtual, midiatização de temas de justiça, é de decisiva importância o cuidado que os juízes devem ter com perfis em redes sociais, comentários que antecipam decisões judiciais, exposição de questões que envolvem discussões judiciais em curso, ficando sempre permitida a possibilidade das associações de classe terem e manterem posicionamentos militantes, atuação político-ins-

---

também do ato administrativo complexo, cinge-se o problema da caracterização da moralidade administrativa, ou seja, da vulneração infligida à regra moral interna do governo da coisa pública, à tarefa de demonstrar como isso ocorre e como pode ser diagnosticada" (Moreira Neto; Diogo de Figueiredo, Ética na administração pública (moralidade administrativa: do conceito à efetivação), in Martins (coord.), *Ética no direito e na economia*, 1999, p. 114).

1234. "Já se assinalou que, no processo, o juiz deve procurar manter a *imparcialidade*, empenhar-se na busca da *verdade real*, zelar pelo efetivo *cumprimento dos prazos* e atuar, enfim, com *devotamento*.

"A *imparcialidade* consiste em postar-se o juiz em situação de equidistância das partes. Mas é mais do que isso. Imparcial é o juiz que procura compensar a debilidade de uma das partes, para garantir o equilíbrio de oportunidades a cada qual conferidas. Imparcial é o juiz que se sensibiliza com o hipossuficiente, perante cuja insuficiência o atuar equidistante é sinônimo de injustiça. Imparcial é o juiz que não teme reconhecer ao poderoso a sua razão, quando ela é evidentemente superior à do mais fraco" (Nalini, *Ética geral e profissional*, 1999, p. 271).

1235. "A magistratura ocupa uma posição singular nessa nova engenharia institucional. Além de suas funções usuais, cabe ao Judiciário controlar a constitucionalidade e o caráter democrático das regulações sociais. Mais ainda: o juiz passa a integrar o circuito da negociação política" (Campilongo, Os desafios do judiciário: um enquadramento teórico, in *Direitos humanos, direitos sociais e justiça* (org. José Eduardo Faria), 1998, p. 49).

1236. "Os princípios de Bangalore de Conduta Judicial, elaborados pelo Grupo de Integridade Judicial das Nações Unidas, formulados em abril de 2001 em Bangalore, Índia e aprovados em novembro de 2002 em Haia, são: independência, imparcialidade, integridade, idoneidade, igualdade, competência e diligência" (Claudia Hilst Menezes Port, Considerações sobre ética no relacionamento do juiz e do advogado, in Fernando Rister Souza Lima; Ricardo Tinoco Goes; Willis Santiago Guerra Filho (coords.), *Compêndio de ética jurídica moderna*, Curitiba, Juruá, 2011, p. 228).

titucioñal e representativa dos interesses da classe profissional. Nesse particular, deve-se verificar o que há a respeito na CF/88:

"Art. 95. Os juízes gozam das seguintes garantias:

I — vitaliciedade, que, no primeiro grau, só será adquirida após dois anos de exercício, dependendo a perda do cargo, nesse período, de deliberação do tribunal a que o juiz estiver vinculado, e, nos demais casos, de sentença judicial transitada em julgado;

II — inamovibilidade, salvo por motivo de interesse público, na forma do art. 93, VIII;

III — irredutibilidade de subsídio, ressalvado o disposto nos arts. 37, X e XI, 39, § 4º, 150, II, 153, III, e 153, § 2º, I[1237].

Parágrafo único. Aos juízes é vedado:

I — exercer, ainda que em disponibilidade, outro cargo ou função, salvo uma de magistério;

II — receber, a qualquer título ou pretexto, custas ou participação em processo;

III — dedicar-se à atividade político-partidária"[1238].

Os desafios da carreira são inúmeros e, entre eles, confrontar poderes que não querem se curvar aos ditames da legislação, e nem às exigências da vida cidadã e democrática. Por isso, o juiz enfrenta inúmeros problemas e resistências. O poder do dinheiro, de comprar tudo; o poder da força, de reduzir tudo à língua-violência; o poder burocrático, de emperrar o atendimento à cidadania; o poder hierárquico, de exigir e de punir desmedidamente etc. O caso do assassinato da Juíza Patrícia Acioli abriu ao povo brasileiro a consciência de que, muitas vezes, o magistrado está confrontando forças tão sobejamente encasteladas e enredadas, que se sentem seguras a ameaçar a vida do profissional da justiça. Mas a instituição do Judiciário não deve ceder, e, neste sentido, sua tarefa, ainda que complexa, num país com problemas de criminalidade, violência, corrupção, milícias, desigualdades sociais acerbas e narcotráfico atuando em redes, é a de conceder maior proteção ao magistrado para o exercício de suas funções, e, nesse caso, não bastam as garantias profissionais (irredutibilidade, inamovibilidade...), devendo-se incluir o atendimento das demandas pontuais de escolta policial e proteção familiar.

Os desafios da carreira ainda são inúmeros, se forem consideradas as fortes exigências que cercam de ideais as tarefas do juiz, seu alto valor simbólico para a sociedade e o caráter de último posto de atendimento das necessidades do Direito. Não por outro motivo, o Judiciário deve saber ecoar as transformações que a democracia institui, seja a partir da cultura de princípios trazidos pela Constituição, seja pela capacidade de atribuir, ao lado de responsabilidades, liberdades aos próprios

---

1237. Inciso III com redação dada pela Emenda Constitucional n. 19, de 4-6-1998 (*DOU*, 5-6-1998, em vigor desde a publicação).

1238. "E o *dever da abstenção política*, corolário da imparcialidade, para que o magistrado, longe das pugnas partidárias, decida de acordo com o direito e sua consciência e não sob o impulso de orientação do partido" (Nalini, *Ética geral e profissional*, 1999, p. 261).

membros da magistratura. Num certo sentido, quando se toca no tema das liberdades dos magistrados, deve-se ter presente que as exercem dentro de um forte código de controle da conduta, que opera a necessária proteção da dignidade da profissão. No entanto, quando em nome destes valores se torna conservadora a cultura institucional, quando se perseguem magistrados a pretexto de se exercerem controles correcionais, e se impede a transformação de resquícios autoritários dentro dos organismos públicos — hoje instados à Lei de Transparência e à realização da Democracia —, soa como anacronismo toda defesa das instituições corporativas sobre a cultura dos avanços democráticos e do desenvolvimento de habilidades para os direitos humanos. Nessa medida é que o desafio é ainda maior para o magistrado, na medida em que o exercício de sua profissão de fé deve se dar muitas vezes dentro de um ambiente profissional ainda marcado por déficits democráticos[1239].

A importância social de que se reveste a carreira e a profissão de magistrado demandam cuidados especiais. É por isso que abundam em legislação previsões a respeito do comportamento pessoal, social e profissional do juiz, como a que segue na Lei Orgânica da Magistratura Nacional (LOMAN), que se encontra em revisão junto ao STF, e delineia os traços da carreira e explicita as vedações ligadas ao cargo público:

Lei Complementar n. 35, de 14-3-1979 (*DOU*, 14-3-1979) (Dispõe sobre a *Lei Orgânica da Magistratura Nacional*): Título III — Da Disciplina Judiciária (arts. 35 a 60), Capítulo I — Dos Deveres do Magistrado (arts. 35 a 39),

> "Art. 36. É vedado ao magistrado:
> I — exercer o comércio ou participar de sociedade comercial, inclusive de economia mista, exceto como acionista ou quotista;
> II — exercer cargo de direção ou técnico de sociedade civil, associação ou fundação, de qualquer natureza ou finalidade, salvo de associação de classe, e sem remuneração;
> III — manifestar, por qualquer meio de comunicação, opinião sobre processo pendente de julgamento, seu ou de outrem, ou juízo depreciativo sobre despachos, votos ou sentenças, de órgãos judiciais, ressalvada a crítica nos autos e em obras técnicas ou no exercício do magistério".

Além destas vedações, em recente decisão do CNJ (Resolução n. 226/2016), proíbe-se o *coaching* pelo magistrado[1240]. Ademais, há que se dizer que a atuação processual do juiz também vem cercada por preceitos de ordem pública e de caráter ético. São estes os impedimentos e as suspeições, que são instrumentos para que a

---

1239. Sobre déficits democráticos da cultura judiciária, *vide* Felippe, Kenarik Boujikian; Corcioli, Roberto Luiz. Judiciário na democracia e na ditadura. Tendências e Debates, *Folha de S. Paulo*, São Paulo, 4-9-2012, A3.

1240. "Assim, o Conselho Nacional de Justiça editou a Resolução n. 226/2016, pela qual alterou a Resolução n. 34/2007, a fim de proibir, expressamente, o *coaching*, que é o curso destinado ao assessoramento (individual ou coletivo) e acompanhamento do candidato, simultaneamente com seu progresso nas fases do concurso. A proibição, todavia, não abrange cursos preparatórios tradicionais para carreiras públicas" (Martins, *Regime jurídico-disciplinar da magistratura*, 2019, p. 58).

jurisdição não se converta em um nicho de favoritismos e ilegalidades. As suspeições e os impedimentos sustentam o magistrado no sentido de esquivar-se dos processos em que o equilíbrio, a serenidade, o envolvimento emocional, o comprometimento de qualquer natureza externo com as partes... viessem a contaminar a isenção do julgamento. Considerando estas preocupações, o Novo Código de Processo Civil (Lei n. 13.105/2015) diferencia, nos arts. 144 e 145, as hipóteses de impedimento do juiz para atuar no processo, e suspeição do juiz para atuar no processo, conforme as seguintes orientações:

"Art. 144. Há impedimento do juiz, sendo-lhe vedado exercer suas funções no processo:

I — em que interveio como mandatário da parte, oficiou como perito, funcionou como membro do Ministério Público ou prestou depoimento como testemunha;

II — de que conheceu em outro grau de jurisdição, tendo proferido decisão;

III — quando nele estiver postulando, como defensor público, advogado ou membro do Ministério Público, seu cônjuge ou companheiro, ou qualquer parente, consanguíneo ou afim, em linha reta ou colateral, até o terceiro grau, inclusive;

IV — quando for parte no processo ele próprio, seu cônjuge ou companheiro, ou parente, consanguíneo ou afim, em linha reta ou colateral, até o terceiro grau, inclusive;

V — quando for sócio ou membro de direção ou de administração de pessoa jurídica parte no processo;

VI — quando for herdeiro presuntivo, donatário ou empregador de qualquer das partes;

VII — em que figure como parte instituição de ensino com a qual tenha relação de emprego ou decorrente de contrato de prestação de serviços;

VIII — em que figure como parte cliente do escritório de advocacia de seu cônjuge, companheiro ou parente, consanguíneo ou afim, em linha reta ou colateral, até o terceiro grau, inclusive, mesmo que patrocinado por advogado de outro escritório;

IX — quando promover ação contra a parte ou seu advogado.

§ 1º Na hipótese do inciso III, o impedimento só se verifica quando o defensor público, o advogado ou o membro do Ministério Público já integrava o processo antes do início da atividade judicante do juiz.

§ 2º É vedada a criação de fato superveniente a fim de caracterizar impedimento do juiz.

§ 3º O impedimento previsto no inciso III também se verifica no caso de mandato conferido a membro de escritório de advocacia que tenha em seus quadros advogado que individualmente ostente a condição nele prevista, mesmo que não intervenha diretamente no processo".

Por sua vez, no que tange propriamente à suspeição, estão elencadas as seguintes hipóteses pela Lei:

"Art. 145. Há suspeição do juiz:

I — amigo íntimo ou inimigo de qualquer das partes ou de seus advogados;

II — que receber presentes de pessoas que tiverem interesse na causa antes ou depois de iniciado o processo, que aconselhar alguma das partes acerca do objeto da causa ou que subministrar meios para atender às despesas do litígio;

III — quando qualquer das partes for sua credora ou devedora, de seu cônjuge ou companheiro ou de parentes destes, em linha reta até o terceiro grau, inclusive;

IV — interessado no julgamento do processo em favor de qualquer das partes.

§ 1º Poderá o juiz declarar-se suspeito por motivo de foro íntimo, sem necessidade de declarar suas razões.

§ 2º Será ilegítima a alegação de suspeição quando:

I — houver sido provocada por quem a alega;

II — a parte que a alega houver praticado ato que signifique manifesta aceitação do arguido".

3.5.1.1. Ética e atribuições judiciais

Em seu mister, o juiz é responsável: pela custódia dos processos; pela organização cartorial; pelo comportamento dos funcionários da justiça; pela célere, ou ao menos tempestiva, solução dos litígios; pela correição dos serviços judiciários; pela conservação do patrimônio público disponibilizado para o serviço judiciário; pelo atendimento ao advogado e ao promotor público; pela produção das provas orais do processo; pelo proferimento de despachos de expediente, de decisões interlocutórias e de decisões definitivas (sentenças), entre outras atividades. Desde quando a celeridade procedimental e a efetividade do processo se tornaram direito fundamental (art. 5º, LXXVIII, da CF/88), a presteza tem sido exigida como tarefa jurisdicional primordial. O CNJ também tem pressionado os magistrados ao cumprimento de metas, entre as quais a de realizar plena devolução de direitos às partes, impedindo-se o protelamento exagerado dos feitos judiciais.

Ademais destas tarefas e exigências, fica claro que Magistrado(a)s e Promotores(a)s, especialmente quando estão diante do crime organizado (crimes praticados por organizações criminosas), estão sujeitos a enormes *riscos profissionais*, motivo, inclusive, da edição de Lei n. 12.694/2012, onde se encontram os dispositivos relativos à proteção pessoal do profissional da justiça e as atividades concernentes à polícia judiciária[1241].

1241. No art. 9º da Lei n. 12.694/2012, pode-se ler: "Diante de situação de risco, decorrente do exercício da função, das autoridades judiciais ou membros do Ministério Público e de seus familiares, o fato será comunicado à polícia judiciária, que avaliará a necessidade, o alcance e os parâmetros da proteção pessoal. § 1º A proteção pessoal será prestada de acordo com a avaliação realizada pela polícia judiciária e após a comunicação à autoridade judicial ou ao membro do Ministério Público, conforme o caso: I — pela própria polícia judiciária; II — pelos órgãos de segurança institucional; III — por outras forças policiais; IV — de forma conjunta pelos citados nos incisos I, II e III. § 2º Será prestada proteção pessoal imediata nos casos urgentes, sem prejuízo da adequação da medida, segundo a avaliação a que se referem o *caput* e o § 1º deste artigo. § 3º A prestação de proteção pessoal será comunicada ao Conselho Nacional de Justiça ou ao Conselho Nacional do Ministério Público, conforme o caso. § 4º Verificado o descumprimento dos procedimentos de segurança definidos pela polícia judiciária, esta encaminhará relatório ao Conselho Nacional de Justiça — CNJ ou ao Conselho Nacional do Ministério Público — CNMP".

3.5.2. Desafios éticos e desafios democráticos do Judiciário

O campo de correlação de forças entre ética e política não é simples. Mas a relação entre Poderes, na Constituição Federal de 1988, permite afirmar que os Poderes não estão isolados, e funcionam para o alcance dos mesmos fins sociais, normativamente circunscritos pelas normas constitucionais. O poder do Estado é exercido por suas funções, e, por isso, o Poder Judiciário também é considerado poder político, com regras, disciplina, cultura e ética peculiares. A questão é ainda mais nítida, quando se trata de verificar que não há democracia sem Judiciário, pois ele é garante da efetivação e concretização de direitos fundamentais, do acesso à justiça, do desenvolvimento social e humano e da cidadania. A democracia carece do Judiciário para afirmar seus avanços.

Se o Judiciário se mantém infenso a reformas e evita a transparência institucional, bem como mantém sua estrutura de funcionamento nos moldes meramente cartoriais, fica difícil o avanço da cultura de modernização, celerização e plenificação das necessidades concretas de justiça. A razão de ser do Judiciário é o atendimento das necessidades jurisdicionais da população. Nesse sentido, o *ésprit de corps* da instituição deve predominar menos do que a vontade de fazer avançar a realização concreta das necessidades de uma sociedade que procura corrigir sua falta de modernidade, sua arcaica estrutura de poderes e seus modos culturais de reafirmar desigualdades e assimetrias sociais.

Nessa medida, a Reforma do Judiciário é importante, e sua detonação, a partir da criação do Conselho Nacional de Justiça (CNJ) pela Emenda Constitucional n. 45, de 30 de dezembro de 2004 (art. 103-B da Constituição Federal de 1988), logrando êxito em mudar a cultura do Poder Judiciário em muitos aspectos. Com importantes atribuições dadas pela CF/88, incumbe ao CNJ: 1. zelar pela autonomia do Judiciário; 2. zelar pela legalidade dos atos administrativos do Poder Judiciário; 3. conhecer reclamações contra os membros do Poder Judiciário; 4. encaminhar para apuração ao MP infrações; 5. rever processos disciplinares; 6. elaborar relatório estatístico semestral, da Justiça em números; 7. indicar providências a serem tomadas pelo Judiciário. Assim, não extravasada de suas funções se apura irregularidades dentro das práticas judiciárias, e nem age fora da constitucionalidade, se apura fatos que se tornam de ampla repercussão e interesse públicos. Assim, o CNJ tem competência concorrente com as Corregedorias-Gerais dos Estados para apurar irregularidades do Judiciário[1242]. A ideia de uma Reforma do Judiciário, pois, envolve múltiplas tarefas, que vão: do saneamento das contas à eficiência do serviço cartorial; da celeridade do processo à informatização dos serviços judiciários; da capacitação dos funcionários à repreensão de condutas desviantes; da informação de salários publicados no diário

---

1242. "A competência para investigar e processar os magistrados pela prática de infrações disciplinares é concorrente entre as Corregedorias-Gerais e o Conselho Nacional de Justiça" (Martins, *Regime jurídico-disciplinar da magistratura*, 2019, p. 109).

oficial à reforma do processo civil; da forma como se lidam com conflitos fundiários às técnicas de conciliação e solução de necessidades sociais; do desenvolvimento de múltiplas modalidades de acesso à justiça à formação do magistrado nas Escolas da Magistratura. Nessa linha de raciocínio, tanto o juiz quanto o jurisdicionado saem ganhando com a Reforma do Judiciário. A feição, pois, de um "Judiciário em números" não é, por si mesma, e isoladamente, suficiente para caracterizar uma Reforma do Judiciário, ainda que esta seja necessária e importante para o próprio país no atual contexto. A eficiência da máquina judiciária é apenas um dos motes do desenvolvimento de uma cultura democrática para o Judiciário.

Considerando inúmeras mudanças recentes havidas na cultura judiciária, temas variados comparecem como dignos de serem considerados, quando se trata de acompanhar e enfrentar as mudanças da cultura judiciária no país. Entre eles: a relação do Judiciário com a mídia e com a comunicação social; a relação do Judiciário com os desvios de conduta e com a corrupção; a relação do Judiciário com a cultura dos direitos humanos e da democracia. Estes três temas são tratados a seguir.

O Judiciário moderno e democrático deve ser, do ponto de vista comunicativo, aberto à sociedade, nos limites da LOMAN e do *Código de Ética da Magistratura* (art. 12). Por isso, a proximidade da Justiça da Comunicação não pode comprometer a isenção e imparcialidade dos julgamentos. Na prática, pode-se assistir às seções do Supremo Tribunal Federal na TV Justiça, e também se pode acompanhar julgamentos históricos e marcantes, de casos especiais, com transmissão televisiva, ou pela *internet*, ao vivo. Essas são as virtudes do processo de ampliação da presença do Judiciário nos meios de comunicação. Porém, um Judiciário que adianta o teor de decisões, que abre polêmicas políticas perante a mídia, que está simplesmente sob o poder de pressão da mídia, acaba perdendo sua isenção e capacidade de sopesamento imparcial das tomadas de decisão. Um juiz midiático ou de holofotes não necessariamente é o melhor produto do processo de abertura e transparência judiciária. Mas, é claro que quanto mais se sobe na escala das hierarquias judiciárias maior se torna a necessidade de o Judiciário negociar aparições sopesadas com os meios de comunicação, até mesmo em função do interesse social e do direito à informação que a população tem sobre decisões de relevo nacional (células-tronco; feto anencefálico; mensalão etc.).

No que tange à relação do Judiciário com os desvios de conduta e com a corrupção[1243], se o cidadão que recorre à Justiça sabe que suas decisões são fruto de acordos subliminares, de atos de "vendas de sentenças", ou de negociatas privadas, o comprometimento da prestação jurisdicional não somente afeta a isenção dos julgamentos, como também a credibilidade da Justiça. O descrédito da justiça é o primeiro

---

1243. Na opinião de Luiz Flávio Gomes: "Não sou favorável ao abuso do direito penal, mesmo porque não confio muito na sua eficácia preventiva, mas ele se mostra adequado quando necessário para a moralização do comportamento dos agentes públicos. A moralidade que deve reger a gestão da coisa pública (*res publica*) depende da eliminação da vulgaridade moral e ética que simboliza, desgraçadamente, o nosso país" (Gomes, Luiz Flávio, Enriquecimento ilícito tem de ser crime. In: Tendências e Debates, *Folha de S. Paulo*, 3 de maio de 2012, Opinião A3).

passo para o incentivo indireto à autotutela por parte dos cidadãos... cujo último passo é um despontar das taxas de violência. Por isso, o CNJ tem envidado esforços no sentido de apurar situações escandalosas, que atentam contra a confiança que se deposita no Judiciário, evitando que a mácula institucional atinja de perto a capacidade do Judiciário recriminar, apurar e punir magistrados que denigrem a profissão da justiça. Muitas vezes, se as corregedorias locais junto aos Tribunais dos Estados não conseguem avançar na capacidade de repreender condutas que atentam contra os preceitos da profissão, deve-se considerar a importância do CNJ fazê-lo, por sua missão institucional. Como afirma Joaquim Falcão, em recente artigo publicado na *Folha de S. Paulo*: "A ética pública está com pressa. Pressionou o Congresso para aprovar a Lei da Ficha Limpa. E ao Supremo também. Apoia a Ministra Eliana Calmon em sua cruzada por uma administração judicial mais ética e transparente"[1244].

Considerando, por fim, a relação do Judiciário com a cultura dos direitos humanos e com a democracia, deve-se ter presente que o compromisso de combater a fome, a miséria, as desigualdades sociais, as distorções econômicas, assim como o de evitar graves violações dos direitos humanos, é não somente um compromisso que decorre da Constituição Federal de 1988, e se dirige a todos os cidadãos, e agentes políticos, como afeta também a atuação do Poder Judiciário. É teor de norma constitucional o conjunto dos objetivos fundamentais da República Federativa do Brasil, nos seguintes termos dos incisos do art. 3º: "I – construir uma sociedade livre, justa e solidária; II – garantir o desenvolvimento nacional; III – erradicar a pobreza e a marginalização e reduzir as desigualdades sociais e regionais; IV – promover o bem de todos, sem preconceitos de origem, raça, sexo, cor, idade e quaisquer outras formas de discriminação". Ademais, o Código de Ética da Magistratura afirma ser a dignidade da pessoa humana objetivo do exercício da atividade judicial (art. 3º, Código de Ética da Magistratura). Por isso, por vezes, a neutralidade diante desses temas pode simplesmente significar indiferença social, e não imparcialidade judiciária. Não é à toa que a ética é sempre o apelo à capacidade de sopesar os fatores em jogo, a cada decisão, segundo as circunstâncias, as condições socioeconômicas das partes, e as necessidades da justiça social. Numa visão mais ampla, algumas lições podem ser retiradas do PNDH-3, a partir de onde se pode pensar nas dimensões de um Judiciário Educador, de um Judiciário Acolhedor, de um Judiciário Participativo e de um Judiciário Acessível, na esteira do que já se pôde escrever sobre o tema[1245].

3.5.3. O compromisso social do juiz

Não se deve exagerar em pedir do homem-juiz que seja mais que homem. Mas se pode pedir do juiz que seja homem em sua plenitude, encarnando o ideal necessário da virtude e da prudência. Pode-se mesmo pedir engajamento e consciência

---

1244. Falcão, Joaquim, A força política da ética. In: Tendências e Debates, *Folha de S. Paulo*, Domingo, 18 de março de 2012, A3.

1245. A respeito, *vide* Bittar, Melo, A radicalização da democracia e o papel social da magistratura. In: *Boletim da AJD - Juízes para a Democracia*, jun./ago. 2010, n. 50; Ciccacio, Ana Maria (org.), *AJD: 20 anos para a democracia*, 2012, São Paulo, Dobra Editorial, p. 73.

social do juiz, porque responde por função social de alta notoriedade pública; um juiz acastelado em seu universo não está aberto para as necessidades sociais que o rodeiam, e corre o risco de converter sua atividade de julgar em mero ofício técnico[1246].

Pede-se consciência do magistrado na medida em que é ele a última palavra acerca da lei, devendo, portanto, prestar a atividade jurisdicional como sendo o último recurso de que dispõe o cidadão na defesa de seus direitos e garantias, no combate à arbitrariedade, à deslealdade, à inadimplência, ao desvio de poder, enfim, à ilegalidade e à inconstitucionalidade[1247]. Assim, em sua independência (funcional e intelectual) tem-se importante elemento de garantia de sua autonomia, o que não significa solipsismo[1248].

O compromisso e o atrelamento do juiz com a causa da justiça social faz com que se devam formular imperativos por meio dos quais se ilustrem os comportamentos desejados e os comportamentos indesejados do magistrado pela sociedade. Entende-se que não basta ao juiz simplesmente julgar, ou o que é pior, manejar mecanicamente a lei, subsumindo os casos concretos à sua literalidade[1249]; atualmente, não há mais lugar para arcaísmos, mentalidades retrógradas ou modelos de julgadores desarticulados das necessidades sociais[1250].

1246. "A popularização da palavra ética, neste século, foi muito grande, com certeza devido à sua beleza fonética, e tem uma explicação: sua simples menção transmite a imagem de cultura, mas cercada de mistério, por ser uma palavra indefinida, usada principalmente em lugar de conduta ('conduto', procedimento moral) ou de comportamento (1. Maneira de se comportar; procedimento, conduta; 2. Conjunto de atitudes e reações do indivíduo em face do meio social).

"A preocupação com a Ética é maior com o juiz de direito, ligado ao cidadão na comarca, no município, num atavismo histórico, desde o Império com o binômio juiz e padre.

"O juiz de ontem mergulhado no seu microcosmo não precisava de grande espaço social, ele era o mais importante, e, por isso, acima do seu mundo. Não era questionado, não era atacado, nada lhe perguntavam. Hoje, e mais no futuro, o juiz está sendo arguido pela sociedade, pois seus atos e atitudes são muito importantes e decisivos no contexto social. O mundo dele não é somente o processo, não serão os autos processuais, mas a sociedade exigindo dele atitudes acima da média" (Roberto Rosas, O Judiciário e as funções essenciais à justiça: conduta e ética no séc. XXI, in Martins (coord.), *Ética no direito e na economia*, 1999, p. 100).

1247. "O magistrado é hoje — e deverá ser chamado a continuar a sê-lo — o administrador de situações conflituosas. É a pessoa talentosa para resolver problemas alheios. Para tornar o direito algo perceptível, vivido e assimilável pelas pessoas. Se não puder exercer a pacificação interindividual e social, materializando o direito, convertendo-o de ficção em realidade, será substituído, cedo ou tarde, por outro operador" (Nalini, *Ética e justiça*, 1998, p. 151).

1248. "Apesar de independente, o juiz tem o dever de observar os provimentos vinculantes e de valorizar os postulados da doutrina, assim como os argumentos das partes. Independência não se confunde com arbitrariedade, nem pode ser invocada para fundamentar interpretações que desrespeitem certos limites objetivos" (Martins, *Regime jurídico-disciplinar da magistratura*, 2019, p. 42).

1249. "O cumprimento estrito de exigências éticas do dever funcional parece insuficiente para satisfazer as exigências éticas do mister judicial" (Nalini, *Ética e justiça*, 1998, p. 208).

1250. "No exercício de suas funções judicantes, a magistratura forjou a partir do Estado Liberal uma cultura técnica própria que, hoje, revela-se em descompasso com a realidade" (Faria (org.), As

O que se pode e o que se deve pedir do juiz é que, no exercício profissional, saiba discernir adequadamente os valores entre si a ponto de:

• Consciente da amplitude de seus poderes, possuir humildade suficiente para se destacar como fiel combatente contra as fileiras do nepotismo e do tráfico de influências.

• Consciente de sua importância no processo, tratar com urbanidade e respeito os demais profissionais que militam em torno de atividades jurisdicionais.

• Consciente dos reflexos práticos e sociais de suas decisões, estudar diuturnamente para que suas manifestações constituam legítimas intervenções sobre a vida e o patrimônio dos jurisdicionados.

• Consciente das necessidades coletivas e sociais de justiça, estar atualizado das carências e necessidades mais prementes da população, a ponto de atendê-las por meio do processo e em meio às demandas que sob sua jurisdição e competência se encontrarem.

• Consciente do mister de julgar, que sua atuação seja reflexo dos poderes da lei, mas que acima da estreita legalidade e procedimentalidade se encontrem as necessidades sociais envolvidas nas causas e a urgência de justiça material da pós-modernidade, que coloca em crise as estruturas jurídicas e judiciárias.

Pede-se ainda que não se converta:

• A imparcialidade em justificativa para a arrogância perante partes e operadores do direito.

• A inércia da jurisdição em morosidade e em motivo para a criação de maiores empecilhos para o acesso à justiça ou em princípio de vida na condução morosa do processo.

• A adstrição do juiz ao mundo do processo (*quod non est in actus non est in mundus*) em bitola legalista e em bastião para a fuga dos problemas sociais e ambientais que cercam o magistrado e que dele exigem posições rápidas e eficazes.

• O excesso de processos como barreira a desviar os ideais de justiça e de afrontar altaneiramente as jornadas de seu mister.

• A necessidade de transparência e visão arejada do Judiciário em oportunidade para a autopromoção na mídia (juiz midiático), ou ainda para se esquivar das contendas que moram em sua mesa de trabalho.

• A obscuridade da lei, ou mesmo a falta da lei, em motivos para que a decisão peque no aspecto do justo, e se faça sentir como impacto do arbítrio do espírito das partes envolvidas.

• A necessidade de preservar o vernáculo e de se utilizar de palavras técnico-jurídicas e termos legais em aparato barroco para o magistrado tornar-se ininteligível para a sociedade à qual destina seus mandamentos.

---

transformações do judiciário em face de suas responsabilidades sociais, in *Direitos humanos, direitos sociais e justiça*, 1998, p. 53).

• A liberdade de persuasão e convencimento do juiz em canal para a evasão de sentimentos parciais, de ideologias tendenciosas, de idiossincrasias perniciosas à isenção judicial.

Assim, há que se dizer que, de fato, o juiz encontra-se investido no poder de julgar, na medida em que necessidades sociais pulsam no sentido de destacar determinados membros do corpo social para desempenharem a importante tarefa de resolução de conflito[1251]. Enquanto vigorar a lei e a jurisdição, estar-se-á a afastar os fantasmas da violência e da desordem, da luta e da força física na definição de papéis sociais.

O juiz é um aplicador da lei; ele deve estar informado acerca dos conteúdos de lei, preparado para saber manejá-los adequadamente como sistema jurídico[1252], maduro para exercer a interpretação jurídica (literal, gramatical, lógica, histórica, axiológica e sistemática, se necessário, em conjunto) e dirimir antinomias jurídicas aparentes e reais. Quando possível, haverá de aplicar, na ausência da lei, ou seja, em caso de lacuna, analogia, equidade, costumes, princípios gerais de direito e equidade (art. 4º da LINDB). O juiz que, sem exceder suas funções, compromissado com sua atividade, dedicado às partes envolvidas, atencioso para com os reflexos de seus atos jurídico-processuais, atualizado com relação às necessidades e carências da sociedade, estudioso das inovações e tendências do direito...[1253] atua dessa forma, está apto para ser qualificado de juiz *ético*[1254].

Avulta ainda mais atualmente que não tenha tanta atenção com a lei formal e mais com as necessidades sociais e o equilíbrio da aplicação da justiça a cada caso. A noção de que o processo é o instrumento e não o fim de toda a atividade jurisdicional tornaria o juiz menos afeito a tendências burocráticas e mais aberto para reclamos sociais[1255].

1251. "O vínculo entre a aquisição efetiva dos direitos e o funcionamento eficiente da justiça explica a intensidade dos reclamos comunitários por um serviço público menos impregnado de burocracia, menos imprevisível e hermético. Numa palavra, mais acessível a qualquer do povo" (Nalini, *Ética e justiça*, 1999, p. 21).

1252. "O juiz há de ter visão de conjunto do sistema. Saber procurar a alternativa mais adequada a uma composição satisfatória do litígio, não apenas oferecendo a decisão formal" (Nalini, A formação do juiz, in Nalini (coord.), *Formação jurídica*, 1994, p. 124).

1253. "Os aspectos éticos da carreira preordenam todos os demais. Em virtude mesmo de seu compromisso com o bem é que o juiz se empenhará no estudo e no autoaperfeiçoamento. Não hesitará mesmo diante de desafios aparentemente invencíveis. Não desanimará. Zelará pela consecução da Justiça, mais do que pelo desencargo de tarefa rotineira. Conferirá dimensão de nobreza ao seu mister, razão primeira de sua aventura terrena" (Nalini, A formação do juiz, in Nalini (coord.), *Formação jurídica*, 1994, p. 128).

1254. "A *reengenharia ética* poderia contribuir para que o juiz se aproximasse do ideal do *juiz justo*. Muito mais do que do *juiz legalista*, ou do *juiz jurisprudencial*, ou do *juiz doutrinador*. A lei não consegue abarcar toda a justiça" (Nalini, *Ética geral e profissional*, 1999, p. 281).

1255. "Se a jurisdição é a atividade estatal destinada à atuação da lei; se a ação é o poder de estimular essa atividade e fazer com que ela atinja seu objetivo; se a defesa é pressuposto da legiti-

O compromisso do julgador, ademais, está atrelado às formas de proceder da jurisdição, e delas não pode totalmente se libertar. Porém, deve colocá-las, em todas as suas dimensões (documentação, coerção e decisão)[1256], em sintonia com as modificações de seu tempo.

3.5.4. Deveres do juiz

Apesar da ampla liberdade de atuação, convencimento, desempenho profissional, a atividade censória é imprescindível para o controle da conduta do magistrado. O juiz possui deveres fixados em lei e deve cumpri-los de modo escorreito, na medida em que de sua atuação profissional decorrem influxos decisórios sobre o destino material, moral, psicológico, familiar, grupal, profissional das pessoas. Como exercente de uma atividade pública, não pode o juiz se esquivar de seu compromisso, sob qualquer tipo de alegação, sob pena de comprometer o andamento e o exercício de uma atividade pública essencial, típica do Estado e indelegável. Então, seguem-se os deveres do juiz (LC n. 35/79, art. 35):

> "São deveres do magistrado:
> I — cumprir e fazer cumprir, com independência, serenidade e exatidão, as disposições legais e atos de ofício;
> II — não exceder injustificadamente os prazos para sentenciar ou despachar;
> III — determinar as providências necessárias para que os atos processuais se realizem nos prazos legais;
> IV — tratar com urbanidade as partes, os membros do Ministério Público, os advogados, as testemunhas, os funcionários e auxiliares da justiça, e atender aos que o procurarem, a qualquer momento, quando se trate de providência que reclame e possibilite solução de urgência;
> V — residir na sede da comarca, salvo autorização do órgão disciplinar a que estiver subordinado;
> VI — comparecer pontualmente à hora de iniciar-se o expediente ou a sessão, e não se ausentar injustificadamente antes de seu término;
> VII — exercer assídua fiscalização sobre os subordinados, especialmente no que se refere à cobrança de custas e emolumentos, embora não haja reclamação das partes;
> VIII — manter conduta irrepreensível na vida pública e particular".

Assim, o magistrado que se distanciar de suas atribuições legais, que deixar gritantemente do corporificar os misteres da profissão, sendo mais que imerecedor de

---

midade do provimento e imprescindível à correta imposição da norma ao caso concreto, o processo, palco em que essas três atividades se desenvolvem, deve ser considerado o meio através do qual se visa a um provimento justo, ou seja, que represente a correta formulação e imposição da regra concreta" (Bedaque, *Poderes instrutórios do juiz*, 1997, p. 51).

1256. "A jurisdição compreende três poderes: o de decisão, o de coerção e o de documentação" (Santos, *Primeiras linhas de direito processual civil*, 1978, p. 60).

promoção por mérito[1257], e assumir postura atentatória à dignidade e ao profissionalismo da carreira[1258], ficará sujeito à aplicação de sanções proporcionais à gravidade do desvio[1259]. Os desvios serão apurados e as sanções serão aplicadas pela Corregedoria-Geral de Justiça (e/ou CNJ),[1260] após amplo procedimento instrutório, com colheita de provas (escritas e orais) e oportunidade de defesa, mantendo-se sempre a possibilidade de recurso aos órgãos colegiados[1261]. Ao término da atividade correcional, que averigua a regularidade do funcionamento dos cartórios e da atividade ju-

---

1257. "Dentre eles, o valor do *merecimento* como um dos pilares da carreira judicial, ladeando a *antiguidade*. O mérito dos juízes será aferido pelos critérios da *presteza* e *segurança* no exercício da jurisdição e pela *frequência* e *aproveitamento* em cursos reconhecidos de aperfeiçoamento.

"Ao estabelecer tais critérios, o constituinte remeteu aos deveres éticos da *presteza* qualidade de quem é presto, rápido, célere. O juiz não pode, eticamente, retardar a outorga da prestação jurisdicional. Deve ser diligente ao impulsionar o feito, ao decidir as questões iniciais, ao sanear o processo, a instruí-lo devidamente e a julgá-lo" (Nalini, *Ética geral e profissional*, 1999, p. 260).

1258. No trato quotidiano com os advogados e demais profissionais da área, a perda do respeito pode prejudicar o profissionalismo do magistrado: "De fato, não é demais dizer acerca das dificuldades cotidianas de ambos os profissionais, que assoberbados pelo número de causas em que atuam e que possuem sob sua responsabilidade, não raras vezes permitem que a irritabilidade sobressaia quando a temperança e o bom senso devem imperar" (Claudia Hilst Menezes Port, Considerações sobre ética no relacionamento do juiz e do advogado, in Fernando Rister Souza Lima; Ricardo Tinoco Goes; Willis Santiago Guerra Filho (coords.), *Compêndio de ética jurídica moderna*, Curitiba, Juruá, 2011, p. 227).

1259. "O padrão de honestidade pode ser aferido em pequenos detalhes do comportamento do juiz. A assiduidade, a pontualidade, a dedicação ao trabalho, o dar o máximo de si na solução dos problemas. Atraso sistemático e consciência tranquila com essa situação refletem espírito mais vulnerável. A honestidade intelectual, que recomenda a pesquisa e o estudo intenso, não o descompromisso das decisões singelas. A indicação das fontes, quando as citações são extraídas de obra alheia, o rigor científico na busca de alternativa adequada à verdadeira solução da causa, a transparência em tudo, que é uma face de honestidade em sentido compreensivo.

"A humildade é sempre essencial. As culturas verdadeiramente sólidas só conseguem saber que nada sabem. E a postura humilde é a coroa que, sobranceia, completa as demais virtudes do homem sábio" (José Renato Nalini, A formação do juiz, in Nalini (coord.), *Formação jurídica*, 1994, p. 130-131).

1260. "Dessarte, a correição é uma das mais importantes áreas de atuação das Corregedorias-Gerais e visa à verificação da regularidade dos serviços judiciários prestados pelo primeiro grau de jurisdição, além da apuração de eventuais falhas cometidas por magistrados, servidores, agentes delegados e serventuários da justiça.

Na hipótese de tais erros serem identificados por ocasião da correição, será concedido prazo para a regularização e, se for o caso, poderão ser tomadas ainda providências de caráter disciplinar, com instauração de Sindicância ou Processo Administrativo para apuração de eventual falta funcional imputável a magistrados ou servidores do Quadro do primeiro grau de jurisdição" (Martins, *Regime jurídico-disciplinar da magistratura*, 2019, p. 247).

1261. Ainda, com relação a este tema: Lei Complementar n. 35, de 14-3-1979 (*DOU*, 14-3-1979), "Art. 50. Ao Conselho Nacional da Magistratura cabe conhecer de reclamações contra membros de tribunais, podendo avocar processos disciplinares contra juízes de primeira instância e, em qualquer caso, determinar a disponibilidade ou a aposentadoria de uns e outros, com vencimentos proporcionais ao tempo de serviço".

risdicional e funcional, o Relatório Reservado[1262] é o documento que registra todo o processo de avaliação, com ou sem recomendações. Ademais das sanções impostas à carreira, e de cunho administrativo, também incumbe ressaltar que a atuação do magistrado no processo, conforme o Novo Código de Processo Civil (Lei n. 13.105/2015), em seu art. 143, dispõe que:

> "O juiz responderá, civil e regressivamente, por perdas e danos quando:
> I — no exercício de suas funções, proceder com dolo ou fraude;
> II — recusar, omitir ou retardar, sem justo motivo, providência que deva ordenar de ofício ou a requerimento da parte.
> Parágrafo único. As hipóteses previstas no inciso II somente serão verificadas depois que a parte requerer ao juiz que determine a providência e o requerimento não for apreciado no prazo de 10 (dez) dias".

A atuação da Corregedoria deve centralizar a mentalidade de que investir contra a magistratura faltosa é, na verdade, investir a favor da sociedade. O corporativismo e o falso coleguismo protecionista só prejudicam o erário público, na manutenção de uma magistratura ineficiente e imoral; a célere e eficaz punição devem ser políticas efetivas dos órgãos de controle (interno ou externo). Mas, além de punir, e mesmo antes de punir, orientar é fundamental, na medida em que o espírito de equipe e a ética coletiva surgem do emprego desse tipo de administração do comportamento corporativo[1263]. O caráter excepcional da punição se justifica a partir do tipo de desvio de comportamento do magistrado, afora as eventuais sanções civis a que fica sujeito em caso de fraude ou dolo. A respeito das sanções (LC n. 35/79, arts. 41 e 42): [1264]

1262. "O Relatório Reservado é o documento oficial pelo qual é registrada a avaliação funcional do magistrado.

É dividido em duas partes:

a) Avaliação quantitativa e qualitativa dos processos: por amostragem são examinadas sentenças, despachos e decisões. Nesta fase o questionário a ser respondido pelas Corregedorias-Gerais deve conter as seguintes opções: 'sim'; 'sim com observação'; 'não' e 'prejudicado'. É a fase das constatações.

b) Encerramento: local em que os Corregedores-Gerais inserem as determinações, as recomendações específicas e o prazo para cumprimento" (Martins, *Regime jurídico-disciplinar da magistratura*, 2019, p. 260, 261).

1263. "O órgão disciplinar encarregado da fiscalização e controle da atividade funcional e da conduta particular dos juízes é a *Corregedoria-Geral da Justiça*. As Corregedorias recebem as denúncias formuladas contra os magistrados e as processam, ouvindo o interessado e a ele concedendo plenitude de defesa.

"Uma nova concepção de Judiciário postula atuação menos *punitiva* e mais *orientadora* das Corregedorias-Gerais de Justiça. Tais organismos hão de contribuir no aprimoramento da carreira, mediante orientação contínua, acompanhamento próximo aos juízes necessitados e disseminação de conhecimentos éticos" (Nalini, *Ética geral e profissional*, 1999, p. 278).

1264. "Os magistrados, em regra, não são responsabilizados pessoalmente pelo conteúdo, acerto ou erro, das decisões que proferem, com exceções dos casos em que incorrem em dolo, fraude, ou quando retardam, sem justo motivo, as providências que devem adotar de ofício, ou a requerimento das partes, de acordo com o art. 49 da Lei Complementar da Magistratura Nacional" (Martins, *Regime jurídico-disciplinar da magistratura*, 2019, p. 93).

"Salvo os casos de impropriedade ou excesso de linguagem, o magistrado não pode ser punido ou prejudicado pelas opiniões que manifestar ou pelo teor das decisões que proferir.

Art. 42. São penas disciplinares:

I — advertência;

II — censura;

III — remoção compulsória;

IV — disponibilidade com vencimentos proporcionais ao tempo de serviço;

V — aposentadoria compulsória com vencimentos proporcionais ao tempo de serviço;

VI — demissão.

Parágrafo único. As penas de advertência e de censura somente são aplicáveis aos juízes de primeira instância"[1265].

3.5.5. Código de Ética da magistratura

Um Código de Ética para a Magistratura só pode constituir um parâmetro fundamental para a atuação do juiz. Isso, seja do ponto de vista local, em iniciativa nacional, seja do ponto de vista regional, a exemplo do modelo de ética judicial instituído pelo *Código Modelo Iberoamericano de Ética Judicial*[1266]. Mais que isso, um Código de Ética só pode significar uma exaltação das magnas virtudes do julgador e de suas atribuições. Assim, se se espera do juiz maior proximidade das questões sociais e se se questiona o juiz para que abrace uma ética profissional mais ativa[1267], há que se tornar claras as principais virtudes da função.

1265. Sobre as penalidades aplicáveis no âmbito administrativo: "As penalidades estão previstas na Resolução n. 135/2011, em alguns Regimentos Internos dos Tribunais e na LOMAN na qual é mais detalhada.

As penalidades aplicáveis aos magistrados são de acordo com a gravidade das faltas funcionais praticadas. Nos termos do art. 42 da Lei Orgânica da Magistratura e do art. 3º da Resolução n. 135/2011, são elas: (a) a advertência; (b) a censura; (c) a remoção compulsória; (d) a disponibilidade; (e) a aposentadoria compulsória; e (f) a demissão" (Martins, *Regime jurídico-disciplinar da magistratura*, 2019, p. 215).

1266. Disponível em http://www.cumbrejudicial.org.

1267. "Toda a atividade pública está sendo hoje questionada em seus aspectos éticos. O movimento que resultou na utilização de instituto que ninguém acreditava pudesse vir a ser aplicado no Brasil — o *impeachment* — não por acaso se denominou movimento pela ética na política. E não se exige conduta eticamente irrepreensível apenas aos detentores de cargos no Executivo e no Legislativo. Mais até que os demais agentes políticos, o juiz tem obrigação de atuar sem o arranhão mínimo à moral: pois é quem julga, quem condena, quem ordena o sacrifício da liberdade, do patrimônio e da honra. Para poder fazê-lo sem suscetibilidades de consciência, há de conduzir-se limpo e transparente.

"O juiz moderno há de contribuir, com sua opinião abalizada, para trazer luz aos debates de interesse na vida nacional. No momento histórico em que se propõe a mudança da forma e do regime de governo, incompleto o encaminhamento se não houver ativa participação do Judiciário.

"Assim também, no processo legislativo. O conjunto de atos preordenado à produção de normas típicas do parlamento não pode prescindir de conduto para que o Judiciário formule suas proposições ou aperfeiçoe aquelas que digam respeito à função para a qual foi criado. Aquele que tem por dever de ofício aplicar a lei, não pode ser excluído da elaboração normativa" (Nalini, A formação do juiz, in Nalini (coord.), *Formação jurídica*, 1994, p. 129).

Muito já se cogitou sobre a formação jurídica, ética e humanista do magistrado. Enfim, na educação residiria a chave para o preparo de um melhor julgador. Nesse sentido, para uns, o verdadeiro juiz é nato, para outros, o verdadeiro juiz deve ser experiente e militante advogado, para outros, ainda, o verdadeiro juiz se forja na prática efetiva da jurisdição e no enfrentamento quotidiano das agruras da função, cogitando-se da formação de uma Escola da Magistratura que preparasse o magistrado durante longos períodos antes de judicar[1268]. A solução para o impasse às vezes se deposita inclusive na reformulação dos métodos de seleção do juiz[1269]. Atualmente, a questão tem sido conduzida de forma que se designe o *juiz formador*[1270] para acompanhar os juízes ingressantes, no exercício novato da jurisdição, funcionando como um orientador profissional.

Também contribuiria para a arquitetônica da imagem da magistratura: o desentravamento da legislação processual; a celerização dos procedimentos[1271]; a quebra de uma hierarquia fechada na ascensão da carreira; o investimento em qualificação de pessoal para trabalhar em equipe com o juiz; a quebra do modelo liberal e arca-

---

1268. "O ideal seria que todos os candidatos a juiz permanecessem por dois anos em uma Escola da Magistratura. Além da revisão das disciplinas jurídicas essenciais ao exercício de seu mister, receberiam experiência do trabalho judiciário, teriam desenvolvidas suas qualidades inatas mediante processos científicos de polimento da personalidade. Conviveriam com juízes mais experientes, exporiam suas expectativas e receberiam acompanhamento contínuo, até a nível psicológico, para a preservação do equilíbrio. Sem o qual não pode existir prestação jurisdicional eficaz" (Nalini, A formação do juiz, in Nalini (coord.), *Formação jurídica*, 1994, p. 142-143).

1269. "O ministro Sálvio de Figueiredo Teixeira (1977) resumiu os métodos de seleção de juízes assim: 1) do voto popular; 2) da livre nomeação pelo Executivo; 3) da livre nomeação pelo Judiciário; 4) da nomeação pelo Executivo com proposta de outros poderes; 5) da nomeação pelo Executivo, dependendo da aprovação do Legislativo; 6) da escolha por órgão especializado; 7) do concurso.

"A variedade dos sistemas de recrutamento e de formação dos magistrados é fruto de inúmeros motivos, a exemplo do peso da tradição e da história das instituições estatais em cada país. A verdade é que esta diversidade de critérios tem resultado na existência de bons e de maus juízes em todas as justiças, até porque *a melhor escola judicial não salvará um juiz, sem dedicação e interesse, de ser um mau juiz*" (Camolez, A escolha, formação e aperfeiçoamento do juiz, *Cidadania e justiça, Revista da AMB*, ano 3, n. 7, 2º semestre de 1999, p. 64).

1270. "Define-se o juiz formador como o magistrado vitalício, designado pelo Corregedor-Geral da Justiça, para acompanhar e orientar os juízes em início de carreira" (Martins, *Regime jurídico-disciplinar da magistratura*, 2019, p. 302).

1271. "Os descompassos entre o 'tempo' do processo judicial e o 'tempo' das modernas transações mercantis, os desajustes entre a aplicação judicial de regras jurídicas nacionais e as necessidades da internacionalização do processo produtivo, e o fortalecimento dos mecanismos alternativos de resolução de conflitos jurídicos — a 'desinstitucionalização' do conflito — não são sinais reveladores da inutilidade da magistratura. Mas são indicadores da urgência: da revisão dos procedimentos; da mudança na formação; do incremento da operacionalidade do Poder Judiciário" (Campilongo, Os desafios do judiciário: um enquadramento teórico, in *Direitos humanos, direitos sociais e justiça* (org. José Eduardo Faria), 1998, p. 44).

ísta de justiça formal[1272], a oferta de melhores condições de trabalho em determinadas comarcas; a ampliação do quadro de magistrados em regiões de grande movimento e expediente forense; a informatização de determinadas formalidades judiciárias; o extermínio da impunidade dos juízes infratores; a abertura para a mídia das decisões judiciais e a criação de instrumentos de aproximação da justiça e seus mistérios da população; a aproximação da justiça das regiões mais carentes e a formação de mecanismos de atendimento de necessidades aos desprovidos de condições de acesso à justiça; a ampliação do diálogo com a comunidade na formação das decisões políticas e institucionais da justiça pública; a reciclagem obrigatória dos juízes.

Em recente decisão, o Conselho Nacional de Justiça (68ª Sessão Ordinária do CNJ, de 6-8-2008, publicada no *DJ*, de 18-9-2008) publicou o *Código de Ética da Magistratura Nacional*, traçando importante pauta de referências para as virtudes éticas do magistrado. O Código de Ética para a Magistratura vem em boa hora, na medida em que contribui para orientar a forma como os profissionais que lidam com os interesses da justiça devem conduzir o quotidiano de sua atuação, e, sem caráter punitivo ou recriminatório, tem aerada visão de como as virtudes profissionais devem ser conduzidas, em consentâneo comprometimento com as virtudes pessoais e públicas. Os princípios da atividade judiciária são distinguidos a partir da independência profissional, da imparcialidade judicante, do conhecimento e capacitação intelectuais[1273], da cortesia no trato, da transparência nos atos administrativos e judiciais, do segredo nos casos, da prudência ética, da diligência no atendimento às demandas, da integridade moral profissional e pessoal, da dignidade do cargo, da honra e do decoro em suas posturas sociais (art. 1º). Inspirado no Código Ibero-Americano de Ética Judicial, os respectivos princípios diretivos do exercício profissional do magistrado são apresentados de modo minucioso, nos respectivos dispositivos do Código de Ética da Magistratura Nacional, respectivamente: independência (arts. 4º a 7º); imparcialidade (arts. 8º e 9º); transparência (arts. 10 a 14); integridade pessoal e profissional (arts. 15 a 19); diligência e dedicação (arts. 20 e 21); cortesia (arts. 22 e 23); prudência (arts. 24 a 26); sigilo profissional (arts. 27 e 28); conhecimento e capacitação (arts. 29 a 36); dignidade, honra e decoro (arts. 37 a 39).

3.5.6. A imagem do Poder Judiciário e a atuação dos magistrados nas redes sociais

O(A) juiz(a) não pode ignorar a *realidade virtual* e os desafios que traz para o mundo do Direito. Mas um(a) juiz(a) não precisa se se submeter à lógica das *redes sociais*. Um(a) *juiz(a) midiático(a)*, ou de "holofotes", não necessariamente é o melhor produto do processo de *abertura democrática* e *transparência judiciária*. Isso porque

---

1272. A respeito da necessidade de desmitificação de uma cultura jurídica utilitarista, individualista e formalista, *vide* Lopes, Crise da norma jurídica e a reforma do judiciário, in *Direitos humanos, direitos sociais e justiça* (org. José Eduardo Faria), 1998, p. 82-83.

1273. "A frequência e o aproveitamento dos cursos oficiais, além de constituir relevante fonte de capacitação, também atende ao comando constitucional e à recomendação do Conselho Nacional de Justiça, órgão competente para a coordenação administrativa do Poder Judiciário" (Martins, *Regime jurídico-disciplinar da magistratura*, 2019, p. 288).

envolve não somente o(a) juiz(a) e seus *atos digitais*, mas conjuntamente: (i) a liberdade de expressão enquanto direito fundamental do(a) juiz(a); (ii) os limites determinados pela ética profissional; (iii) o compromisso do profissional do Direito com a justiça; (iv) a imagem do Poder Judiciário; (v) o imaginário simbólico e social a respeito dos atributos da justiça; (vi) a autoridade do Estado brasileiro; (vii) o dever institucional de controle da conduta dos juízes.

Especialmente em tempos de redes sociais, *superexposição* de pessoas e profissionais, virtualização de dados e imagens, indiscrição comportamental virtual, midiatização de temas de justiça, é de decisiva importância o cuidado que os juízes devem ter com "perfis" em redes sociais[1274]. Neste momento, não se pode esquecer que os(as) juízes(as) devem se guiar, em sua atuação, não pelo *falso* e *atraente brilho das telas dos computadores,* mas pela *nobreza* dos princípios contidos no *Código de Ética da Magistratura,* quais sejam, a independência, a imparcialidade, o conhecimento e a capacitação, a cortesia, a transparência, o segredo profissional, a prudência, a diligência, a integridade profissional e pessoal, a dignidade, a honra e o decoro.

Nesse sentido, o cuidado impõe atitude reservada. Mas isso não se confunde com censura prévia, pois a liberdade de expressão não é um direito absoluto, assim como nenhum direito fundamental é absoluto no interior da Constituição Federal de 1988. Deve-se ter presente a importante tarefa social que o(a) juiz(a) desempenha, e, por consequência, a confiança e a credibilidade, a independência e a imparcialidade do próprio Poder Judiciário, do qual é expressão e ao qual se encontra institucionalmente vinculado.

As razões para os(as) juízes(as) serem cuidadosos(as) são várias e, no mínimo, se poderiam indicar as seguintes:

1. juízes(as) não devem postar e manifestar opiniões açodadas, que podem ser inimigas de mais detidas análises racionais e do uso prudente da linguagem;

2. juízes(as) podem, por suas manifestações em redes sociais, ferir direitos fundamentais (honra, imagem, dignidade);

3. juízes(as) podem se valer de sua liberdade de expressão, o que não autoriza o racismo, a homofobia, a misoginia, o antissemitismo, a intolerância religiosa, entre outras modalidades de manifestação do ódio e do preconceito, e isso por força dos arts. 3º e 6º do Provimento n. 71/2018 da Corregedoria de Justiça do Conselho Nacional de Justiça (CNJ)[1275];

1274. "No cenário contemporâneo, é importante ressaltar que o juiz deve ser discreto no uso das redes sociais. Nas plataformas digitais, as opiniões expostas, sobretudo por ocupantes de cargos com poderes de decisão, podendo ser compartilhadas e atingir grande número de pessoas" (Martins, *Regime jurídico-disciplinar da magistratura,* 2019, p. 64).

1275. "Art. 3º É dever do magistrado ter decoro e manter ilibada conduta pública e particular que assegure a confiança do cidadão, de modo que a manifestação de posicionamento, inclusive em redes sociais, não deve comprometer a imagem do Poder Judiciário nem violar direitos ou garantias

1. juízes(as) não podem se associar publicamente a atividades político-partidárias ou à imagem pública de candidatos ou exercentes de cargos no Poder Executivo, e isso por força do inciso III, do parágrafo único, do art. 95 da Constituição Federal de 1988: "Aos juízes é vedado: III – dedicar-se à atividade político-partidária" e do art. 2º do Provimento n. 71/2018 da Corregedoria de Justiça do Conselho Nacional de Justiça (CNJ)[1276];

2. juízes(as) podem difundir, ou colaborar para a disseminação, de falsas notícias (*fake news*);

3. juízes(as) podem se tornar impedidos(as) ou suspeitos(as) para atuar em determinados processos, a depender de suas postagens e posturas;

4. juízes(as) não podem seguir marcas ou produtos de empresas, pois associam sua imagem pública a imagens comerciais;

5. juízes(as), por motivos de segurança, podem dar pistas a criminosos a respeito de sua vida pessoal, de seus familiares e, inclusive, dos servidores da justiça;

6. juízes(as) não são "eunucos políticos", porém a ação transformadora do juiz do trabalho é a justiça, e não a atividade político-partidária. As atividades políticas dos juízes(as) devem se dar por meio do voto, e, além disso, por meio do associativismo de classe, dos movimentos sindicais, entidades de área, ações sociais e de cidadania, redes de pesquisadores(as), exercício de consultoria técnica, assessoria a órgãos e entidades, autoria de artigos/livros/estudos, colaboração com a iniciativa de políticas públicas, iniciativa de projetos de lei e projetos sociais, entre outras;

7. juízes(as) devem evitar menções positivas/negativas sobre o Chefe do Poder Executivo (Municipal; Estadual; Federal), sobre governo, partidos políticos e lideranças políticas;

8. juízes(as) podem se expor à desqualificação e à diminuição da qualidade de sua atividade jurisdicional, de sua imparcialidade, autonomia e independência pro-

---

fundamentais do cidadão (da CF/88, art. 37, *caput*, e Lei Complementar n. 35, de 14 de março de 1979, art. 35, VIII)"; "Art. 6º O magistrado deve evitar, em redes sociais, publicações que possam ser interpretadas como discriminatórias de raça, gênero, condição física, orientação sexual, religiosa e de outros valores ou direitos protegidos ou que comprometam os ideais defendidos pela CF/88".

1276. Deve-se atentar para o que dispõe o art. 2º, do Provimento n. 71 de 13 de junho de 2018: "§ 1º A vedação de atividade político-partidária aos membros da magistratura não restringe-se à prática de atos de filiação partidária, abrangendo a participação em situações que evidenciem apoio público a candidato ou a partido político. § 2º A vedação de atividade político-partidária aos magistrados não os impede de exercer o direito de expressar convicções pessoais sobre a matéria prevista no *caput* deste artigo, desde que não seja objeto de manifestação pública que caracterize, ainda que de modo informal, atividade com viés político-partidário. § 3º Não caracteriza atividade político-partidária a crítica pública dirigida por magistrado, entre outros, a ideias, ideologias, projetos legislativos, programas de governo, medidas econômicas. São vedados, contudo, ataques pessoais a candidato, liderança política ou partido político com a finalidade de descredenciá-los perante a opinião pública, em razão de ideias ou ideologias de que discorde o magistrado, o que configura violação do dever de manter conduta ilibada e decoro".

fissionais, pela perda de postura nas redes sociais, em função da prevenção gerada pela opinião pública popular em seu desfavor;

9. juízes(as) não devem se pronunciar e nem expor questões ou atos oficiais que envolvem discussões judiciais em curso;

10. juízes(as) não devem se pronunciar sobre julgamentos proferidos por si mesmos, por outros colegas e/ou sobre o desempenho profissional de advogados(as) e de servidores(as), e isso por força do disposto no art. 5º do Provimento n. 71/ 2018 do CNJ[1277];

11. juízes(as) não devem expor à opinião pública eventuais divergências profissionais entre membros do Poder Judiciário (magistrados e servidores), e isso por força do art. 36, inciso III, da Lei Complementar n. 35, de 14-3-1979 (*Lei Orgânica da Magistratura Nacional* – LOMAN), que prevê: "manifestar, por qualquer meio de comunicação, opinião sobre processo pendente de julgamento, seu ou de outrem, ou juízo depreciativo sobre despachos, votos ou sentenças, de órgãos judiciais, ressalvada a crítica nos autos e em obras técnicas ou no exercício do magistério".

12. juízes(as) não devem se envolver em discussões e embates com usuários das redes sociais, sob pena de desqualificação de sua imagem pública e profissional.

A partir de um perigoso jogo de negociação com o mundo virtual, o juiz poderá ver-se enovelado na turbulenta espiral da comunicação pública, para a qual não necessariamente se encontra tecnicamente preparado. Daí, a importância de diferenciar várias situações, podendo-se separá-las em quatro fundamentais dimensões:

1) a dimensão dos perfis pessoais dos juízes nas redes sociais: a moderação, a discrição, o decoro e a conduta ilibada devem orientar todas as formas de atuação nas redes sociais. O Provimento n. 71/2018 do CNJ assim dispõe, em seu art. 4º: "O magistrado deve agir com reserva, cautela e discrição ao publicar seus pontos de vista nos perfis pessoais nas redes sociais, evitando a violação de deveres funcionais e a exposição negativa do Poder Judiciário". Também, neste ponto: "A legitimação da atuação jurisdicional também pressupõe que a sociedade enxergue o Poder Judiciário como imparcial. Aqui, como em quase tudo mais, impõem-se as virtudes da prudência e da moderação" (Ministro do STF, Relator Luís Roberto Barroso, *Mando de Segurança* n. 35.793/DF, p. 18);

2) a dimensão da doutrina e da ciência do Direito: estão autorizadas as publicações científicas em *blogs*, *sites*, Twitter, com conteúdos que contenham doutrina, estudos técnicos, pareceres, documentos institucionais, teorias, comentários à legislação, artigos, jurisprudência e outros estudos de relevo para o Direito e a Justiça;

1277. "Art. 5º O magistrado deve evitar, nos perfis pessoais nas redes sociais, pronunciamentos oficiais sobre casos em que atuou, sem prejuízo do compartilhamento ou da divulgação, por meio dos referidos perfis, de publicações constantes de *sites* institucionais ou referentes a notícias já divulgadas oficialmente pelo Poder Judiciário".

513

3) a dimensão de representação de classe: estão autorizadas às entidades de classe dos magistrados proferir manifestações reativas, pró-ativas e militantes, em torno de causas ou situações, manifestando-se enquanto instituições na representação de direitos e interesses de classe, bem como em torno de causas de interesse público e na defesa do Estado Democrático de Direito;

4) a dimensão da comunicação com a imprensa: a comunicação e a transparência institucionais devem ser exercidas por profissionais da área da comunicação social ou por porta-vozes do Tribunal, da Corte ou do Juízo, perante a imprensa, especialmente em fortes casos de repercussão pública, devendo se responsabilizarem, sob a orientação dos juízes, pela tarefa de "tradução" de conteúdo inscrito em "linguagem jurídica" para a "linguagem jornalística", evitando-se a exposição da figura do(a) juiz(a).

Por isso, do ponto de vista ético, os(as) juízes(as) devem manter postura de *reserva,* de *cuidado*, de *distância* e de *crítica* perante as redes sociais. É melhor que se distanciem das redes sociais, para se tornarem mais observadores do que atuantes das redes sociais. E isso porque, na *internet*, pessoa e profissional não se separam. Aliás, a este respeito, o Ministro Luís Roberto Barroso afirma: "Magistrados não se despem da autoridade do cargo que ocupam, ainda que longe do exercício da função" (Ministro do STF, Relator Luís Roberto Barroso, *Mando de Segurança* n. 35.793 /DF, p. 16).

Ademais, o *Código de Ética da Magistratura Nacional* requer do(a) juiz(a) que atue de forma a que exerça o seu ofício com *independência* (arts. 5º e 7º, com especial atenção para o art. 7º. "A independência judicial implica que ao magistrado é vedado participar de atividade político-partidária") e com *imparcialidade* (arts. 8º e 9º, com especial atenção para o que dispõe o art. 9º: "Ao magistrado, no desempenho de sua atividade, cumpre dispensar às partes igualdade de tratamento, vedada qualquer espécie de injustificada discriminação").

Além disso, impõe-se que seja na vida privada, seja na vida profissional, o(a) juiz(a) atue de forma a conservar a sua integridade pessoal. Os arts. 15 e 16 do *Código de Ética da Magistratura Nacional* são esclarecedores neste ponto, conectando a *confiança na justiça* à *imagem pública dos(as) juízes(as)* (art. 15. "A integridade de conduta do magistrado fora do âmbito estrito da atividade jurisdicional contribui para uma fundada confiança dos cidadãos na judicatura"; art. 16. "O magistrado deve comportar-se na vida privada de modo a dignificar a função, cônscio de que o exercício da atividade jurisdicional impõe restrições e exigências pessoais distintas das acometidas aos cidadãos em geral").

A partir destas considerações, formou-se Grupo de Trabalho, designado pelo Presidente do CNJ, e instituído pela Portaria CNJ n. 69/2019, visando regulamentar a matéria, após estudos, seminários e discussões[1278]. A partir do relatório propositivo

---

1278. Nos termos do art. 2º da Portaria CNJ n. 69/2019: "Art. 1º Instituir o Grupo de Trabalho destinado a avaliar os parâmetros para o uso adequado das redes sociais pelos magistrados. Art. 2º

do GT, edita-se a Resolução n. 305, de 17 de dezembro de 2019, do Conselho Nacional de Justiça (CNJ), que trata de estabelecer parâmetros para o uso das redes sociais pelos membros do Poder Judiciário, normativa publicada após uma série de polêmicas e tensionamentos, envolvendo o uso das redes sociais por magistrados(as), e que deve ser seguida em sua íntegra pelos juízes. Desde a sua vigência, deve-se destacar, no entanto, especificamente, o que vem disposto no art. 3º.

"Art. 3º A atuação dos magistrados nas redes sociais deve observar as seguintes recomendações:

I – Relativas à presença nas redes sociais:

a) adotar postura seletiva e criteriosa para o ingresso em redes sociais, bem como para a identificação em cada uma delas;

b) observar que a moderação, o decoro e a conduta respeitosa devem orientar todas as formas de atuação nas redes sociais;

c) atentar que a utilização de pseudônimos não isenta a observância dos limites éticos de conduta e não exclui a incidência das normas vigentes; e

d) abster-se de utilizar a marca ou a logomarca da instituição como forma de identificação pessoal nas redes sociais.

II – Relativas ao teor das manifestações, independentemente da utilização do nome real ou de pseudônimo:

a) evitar expressar opiniões ou compartilhar informações que possam prejudicar o conceito da sociedade em relação à independência, à imparcialidade, à integridade e à idoneidade do magistrado ou que possam afetar a confiança do público no Poder Judiciário;

b) evitar manifestações que busquem autopromoção ou que evidenciem superexposição;

c) evitar manifestações cujo conteúdo, por impróprio ou inadequado, possa repercutir negativamente ou atente contra a moralidade administrativa, observada sempre a prudência da linguagem;

d) procurar apoio institucional caso seja vítima de ofensas ou abusos (*cyberbullying*, *trolls* e *haters*), em razão do exercício do cargo;

e) manter conduta cuidadosa, serena e discreta ao interagir nas redes sociais, evitando a violação de deveres funcionais e a exposição negativa do Poder Judiciário, observada sempre a prudência da linguagem;

f) evitar embates ou discussões, inclusive com a imprensa, não devendo responder pessoalmente a eventuais ataques recebidos;

g) evitar expressar opiniões ou aconselhamento em temas jurídicos concretos ou abstratos que, mesmo eventualmente, possam ser de sua atribuição ou competência jurisdicional, ressalvadas manifestações em obras técnicas ou no exercício do magistério; e

h) abster-se de compartilhar conteúdo ou a ele manifestar apoio sem convicção pessoal sobre a veracidade da informação, evitando a propagação de notícias falsas (*fake news*).

Integram o Grupo de Trabalho: I — o Ministro Aloysio Corrêa da Veiga, que o coordenará; II — o Dr. Eduardo Carlos Bianca Bittar; III — o Dr. Carl Olav Schmit, Juiz de Direito; IV — o Dr. Giovanni Olsson, Juiz do Trabalho; V — a Dra. Morgana de Almeida RIcha, Juíza do Trabalho; VII — a Dra. Inês da Fonseca Porto".

III – Relativas à privacidade e à segurança:

a) atentar para o fato de que o uso das redes sociais, sem as devidas precauções, e a exposição de informações e dados relacionados à vida profissional e privada podem representar risco à segurança pessoal e à privacidade do magistrado e de seus familiares;

b) conhecer as políticas, as regras e as configurações de segurança e privacidade das redes sociais que utiliza, revisando-as periodicamente; e

c) evitar seguir pessoas e entidades nas redes sociais sem a devida cautela quanto à sua segurança.

Parágrafo único. É estimulado o uso educativo e instrutivo das redes sociais por magistrados, para fins de divulgar publicações científicas, conteúdos de artigos de doutrina, conhecimentos teóricos, estudos técnicos, iniciativas sociais para a promoção da cidadania, dos direitos humanos fundamentais e de iniciativas de acesso à justiça".

3.6. Ética dos auxiliares da justiça: conciliadores e mediadores

3.6.1. A construção de uma nova cultura judiciária

No capítulo anterior, acaba-se de olhar de perto a atuação do juiz, o exercício da jurisdição estatal, os direitos e deveres dos magistrados. Em sequência, vale ressaltar, o surgimento institucionalizado de novas figuras na cultura institucional da Justiça brasileira, e que terão papel determinante na transformação dos fluxos judiciários e na forma de atuação da jurisdição estatal: os mediadores e os conciliadores. No *Livro III* (Dos Sujeitos do Processo) do Novo Código de Processo Civil (Lei n. 13.105/2015)[1279], o *Título IV* (Do juiz e dos Auxiliares da Justiça) é dedicado ao juiz e aos auxiliares da justiça, que lhe estão vinculados. No entanto, a *Seção V* do Capítulo III desse Título é inteiramente dedicada aos conciliadores e mediadores judiciais, ganhando um relevo nunca antes percebido, seja no desenvolvimento de uma cultura não adversarial no exercício da jurisdição[1280], seja na estrutura da justiça, seja nas etapas do processo, seja na tarefa institucional conferida a esses novos personagens da justiça brasileira. É certo que a figura já atuava de modo tímido no contexto da Lei n. 9.099/95, tendo

---

1279. "Em 2009, foi convocada uma Comissão de Juristas, presidida pelo Ministro Luiz Fux, com o objetivo de apresentar um novo Código de Processo Civil.

Na redação atualmente disponível do Projeto do novo CPC, podemos identificar a preocupação da Comissão com os institutos da conciliação e da mediação, especificamente nos artigos 166 a 176" (Alves de Pinho, Novos desafios da mediação judicial no Brasil: a preservação das garantias constitucionais e a implementação da advocacia colaborativa, *Revista de Informação Legislativa*, 2015, p. 59).

1280. "Um dos componentes fundamentais desse modelo é a capacidade de implementar meios não adversariais de solução de conflitos no aparelho judicial. Esses meios ou ferramentas devem ser utilizados de acordo com as peculiaridades de cada conflito, segundo o princípio da adequação. A ferramenta que vem chamando maior atenção dos estudiosos é a mediação" (Alves de Pinho, Novos desafios da mediação judicial no Brasil: a preservação das garantias constitucionais e a implementação da advocacia colaborativa, *Revista de Informação Legislativa*, 2015, p. 57).

ganhado maior institucionalidade a partir da Resolução n. 125/2010 do CNJ, devendo-se grifar que a tendência atual, portanto, é a da profissionalização da conciliação e da mediação[1281], sabendo-se que a remuneração para esta atuação deverá ser fixada pelo tribunal, com base em parâmetros nacionais fixados pelo CNJ (*caput* do art. 169 do Novo CPC), ou, ainda, ser exercida em caráter voluntário (§ 1º do art. 169 do Novo CPC).

Não existindo como figura explicitada no rol do antigo art. 139 do Código de Processo Civil (Lei n. 5.869/73), que previa seis auxiliares da justiça, o Novo Código de Processo Civil (Lei n. 13105/2015), em seu art. 149, não somente estende o rol dos auxiliares da justiça ("São auxiliares da Justiça, além de outros cujas atribuições sejam determinadas pelas normas de organização judiciária, o escrivão, o chefe de secretaria, o oficial de justiça, o perito, o depositário, o administrador, o intérprete, o tradutor, *o mediador, o conciliador judicial*, o partidor, o distribuidor, o contabilista e o regulador de avarias", grifos nossos), como cria a figura institucional do mediador, ao lado da figura do conciliador judicial, na esteira do que a Lei n. 9.099/95, em seu art. 7º, já houvera explicitado, revelando a importante função do conciliador na construção de uma cultura judiciária antilitigiosa, que valoriza a mediação e a conciliação dos conflitos, assegurando maior celeridade[1282], efetividade de justiça, a redução do número de processos e recursos em tramitação, bem como a restauração dos litígios.

Nos últimos 20 anos, veio ganhando significado a prática da mediação, já bem facilitada em outras esferas judiciais, como nos Juizados Especiais Cíveis e Penais (Lei n. 9.099/95), devendo-se ressaltar o papel que possui no âmbito trabalhista, facilitando a negociação e a obtenção de resultados mais céleres e eficientes para a solução de litígios[1283]. Mas, dentro do âmbito da nova cultura judiciária brasileira, e a partir do Novo Código de Processo Civil (Lei n. 13.105/2015), em conjunto com Lei n. 13.140, de 26 de junho de 2015, fica evidenciado o papel que terá para o exercício da jurisdição, consolidando-se uma exigência que não poderia ficar restrita à muito tímida menção que o antigo Código de Processo Civil fazia no que tange à audiência prevista no art. 331 e *parágrafos*, aplicável a direitos passíveis de transação, *ex vi* do disposto no inciso V do art. 139 do Novo Código de Processo Civil, quanto ao papel

---

1281. "Importante frisar, aqui, a relevância de a atividade ser conduzida por mediador profissional. Em outras palavras, a função de mediar não deve, como regra, ser acumulada por outros profissionais, como juízes, promotores e defensores públicos" (Alves de Pinho, Novos desafios da mediação judicial no Brasil: a preservação das garantias constitucionais e a implementação da advocacia colaborativa, *Revista de Informação Legislativa*, 2015, p. 59).

1282. "A insatisfação da sociedade com a demora do Poder Judiciário, a saturação da própria máquina judiciária abarrotada de processos, as condutas — muitas vezes ímprobas — das partes e de seus procuradores são elementos que, somados, geram um verdadeiro caos" (Alves de Pinho, Novos desafios da mediação judicial no Brasil: a preservação das garantias constitucionais e a implementação da advocacia colaborativa, *Revista de Informação Legislativa*, 2015, p. 57).

1283. "A autocomposição tem merecido crescente apoio estatal, sendo estimulada pelas evidentes vantagens que apresenta, quando confrontada com as demais formas de equacionamento de litígios intersubjetivos" (Lima, *Teoria geral do processo judicial*, 2013, p. 19).

do juiz no processo civil, em correlação com os auxiliares da justiça ("O juiz dirigirá o processo conforme as disposições deste Código, incumbindo-lhe: (...) V — promover, a qualquer tempo, a autocomposição, *preferencialmente com auxílio de conciliadores e mediadores judiciais* — grifos nossos).

A construção de uma nova cultura judiciária passa, em grande parte, pela valorização que se pode conferir ao papel que a mediação e a conciliação passam a ter no exercício do poder jurisdicional. Seguindo parâmetros nacionais fixados pelo CNJ, o art. 165 do Novo Código de Processo Civil passa a exigir que os tribunais criem "centros judiciários de solução consensual de conflitos", onde serão realizadas sessões e audiências de conciliação e mediação, devendo também organizar formas diversas de estímulo ao auxílio e orientação para a cultura de autocomposição, aí também se devendo indicar caminhos para as prestações de serviços de aconselhamento, apoio técnico preventivo por núcleos de profissionais multidisciplinares, produção de acesso à informação, acesso ao conhecimento, campanhas, educação em direitos, para a prevenção e pacificação de litígios. Vale grifar que as disposições do Novo Código de Processo Civil não inibem as preexistentes, e muito menos as iniciativas do sistema privado de conciliação e mediação[1284].

3.6.2. A mediação judicial e o papel de mediadores e conciliadores

A mediação judicial é forma de autocomposição, exercida por terceiro (mediador; conciliador), visando o alcance de solução acordada pelas partes envolvidas em conflito[1285]. É diferente da conciliação apenas no que pertine ao tipo de vínculo que une as partes envolvidas, pois, naquele caso, trata-se de partes cujos vínculos são permanentes, e, no caso da conciliação, o vínculo entre as partes é pontual. De qualquer forma, por esses meios, pode-se evitar que a sentença judicial, que avalia mérito e julga sobre a vontade das partes, traga um desfecho inadequado, inapropriado, delongado ou desfavorável ao caso. Por isso, a atuação do mediador deve apresentar, sempre amparado na legislação — nas técnicas mais avançadas de mediação, e, inclusive, na aplicação de técnicas negociais —, soluções, saídas e alternativas, à viola-

---

1284. É o que dispõe o art. 175 do Novo Código de Processo Civil: "As disposições desta Seção não excluem outras formas de conciliação e mediação extrajudiciais vinculadas a órgãos institucionais ou realizadas por intermédio de profissionais independentes, que poderão ser regulamentadas por lei específica. Parágrafo único. Os dispositivos desta Seção aplicam-se, no que couber, às câmaras privadas de conciliação e mediação".

1285. "A mediação 'é a intervenção de um terceiro imparcial e neutro, sem qualquer poder de decisão, para ajudar os envolvidos em um conflito a alcançar voluntariamente uma solução mutuamente aceitável'. O mediador se milita a interferir, no sentido de se chegar ao acordo, estimulando as partes ao entendimento. Não decide, não julga. Colabora apenas. Não detém quaisquer poderes judicantes, para impor aos envolvidos na controvérsia a solução que acaso repute adequada" (Lima, *Teoria geral do processo judicial*, 2013, p. 13).

ção de direitos que esteja sob avaliação, tornando possíveis às partes reverter uma situação concreta por suas próprias forças e meios[1286].

Isso indica um importante caminho para a atuação do profissional da mediação, dentro da nova cultura judiciária, não se podendo converter esta conquista a Justiça brasileira como meio de abreviar questões que envolvam direitos indisponíveis ou como forma de burlar a legislação. Muito menos ainda, pode-se por esta via *forçar* as partes a ceder no exercício de seus direitos, nem sequer podendo-se cogitar que a atuação do mediador passe por expedientes de constrangimento ou intimidação, que levem as partes a se conciliarem contra a própria vontade ou contra as determinações das causas envolvidas (§ 2º do art. 165 do Novo CPC: "O conciliador, que atuará preferencialmente nos casos em que não houver vínculo anterior entre as partes, poderá sugerir soluções para o litígio, sendo vedada a utilização de qualquer tipo de constrangimento ou intimidação para que as partes concilem").

Assim, enquanto etapa necessária do processo, a audiência prevista no art. 334 impulsiona o momento de entrada ("Se a petição inicial preencher os requisitos essenciais e não for o caso de improcedência liminar do pedido, o juiz designará audiência de conciliação ou de mediação"...), podendo inclusive ser realizada por meios eletrônicos (art. 334, § 7º), e a atuação anteriormente deferida ao juiz, agora é indicada como operação de fundamental importância para a institucionalização do papel de um profissional capacitado especificamente para facilitar a autocomposição judicial, conforme previsto no art. 334, § 1º ("O conciliador ou mediador, onde houver, atuará necessariamente na audiência de conciliação ou de mediação, observando o disposto neste Código, bem como as disposições da lei de organização judiciária"), ressalvadas as hipóteses do § 4º, incisos I e II, do mesmo artigo.

1286. Deve-se ressalvar, no entanto, o disposto como orientação do profissional, em sua atuação, pelo art. 2º do Código de Ética de Mediadores e Conciliadores (Resolução n. 125/2010): "As regras que regem o procedimento da conciliação/mediação são normas de conduta a serem observadas pelos conciliadores/mediadores para seu bom desenvolvimento, permitindo que haja o engajamento dos envolvidos, com vistas à sua pacificação e ao comprometimento com eventual acordo obtido, sendo elas: § 1º Informação — Dever de esclarecer os envolvidos sobre o método de trabalho a ser empregado, apresentando-o de forma completa, clara e precisa, informando sobre os princípios deontológicos referidos no capítulo I, as regras de conduta e as etapas do processo. § 2º Autonomia da vontade — Dever de respeitar os diferentes pontos de vista dos envolvidos, assegurando-lhes que cheguem a uma decisão voluntária e não coercitiva, com liberdade para tomar as próprias decisões durante ou ao final do processo, podendo inclusive interrompê-lo a qualquer momento. § 3º Ausência de obrigação de resultado — Dever de não forçar um acordo e de não tomar decisões pelos envolvidos, podendo, quando muito, no caso da conciliação, criar opções, que podem ou não ser acolhidas por eles. § 4º Desvinculação da profissão de origem — Dever de esclarecer aos envolvidos que atua desvinculado de sua profissão de origem, informando que, caso seja necessária orientação ou aconselhamento afetos a qualquer área do conhecimento poderá ser convocado para a sessão o profissional respectivo, desde que com o consentimento de todos. § 4º Teste de realidade — Dever de assegurar que os envolvidos, ao chegarem a um acordo, compreendam perfeitamente suas disposições, que devem ser exequíveis, gerando o comprometimento com seu cumprimento".

O sucesso da autocomposição judicial se resume na possibilidade de transacionar e chegar a benefícios para as partes, evitando-se os desgastes do processo, a luta contraditória por afirmação de direitos, o pugilismo judicial[1287], a mobilização da jurisdição do Estado, a delonga processual, o rito dos recursos, os custos processuais e dos advogados, devendo se tornar título executivo judicial, de conformidade com o disposto no art. 334, § 11 ("A autocomposição obtida será reduzida a termo e homologada por sentença").

3.6.3. *Os princípios da mediação e da conciliação e os deveres de mediadores e conciliadores*

Os princípios que regem tanto a conciliação quanto a mediação, apesar de serem institutos diversos, mas análogos, são traçados pelo art. 166 do Novo Código de Processo Civil. Ali, podem-se encontrar os princípios da independência, imparcialidade, autonomia da vontade, confidencialidade, oralidade, informalidade e decisão informada, que estruturam a forma de atuação dos auxiliares da justiça na obtenção de resultados favoráveis à justiça, mas que não violem outras garantias e direitos legalmente constituídos. Esses princípios devem estar presentes nas práticas, no ambiente, na cultura, na formação, no preparo administrativo e na forma de atuação dos centros de conciliação e no cotidiano das audiências e rodadas de conversação mediadas[1288].

Desnaturar a atividade da mediação e da conciliação é um risco sempre presente, na medida em que o espaço do diálogo, da facilitação da comunicação e das

---

1287. "Em um país como o Brasil, no qual a cultura do litígio ainda é muito forte, é necessário que nos desprendamos da noção de que a adjudicação é a resposta para todos os problemas da sociedade" (Alves de Pinho, Novos desafios da mediação judicial no Brasil: a preservação das garantias constitucionais e a implementação da advocacia colaborativa, *Revista de Informação Legislativa*, 2015, p. 61).

1288. O art. 1º do Código de Ética dos Conciliadores e Mediadores (Resolução n. 125/2010 do CNJ) também já versava sobre o assunto, da seguinte forma: "São princípios fundamentais que regem a atuação de conciliadores e mediadores judiciais: confidencialidade, competência, imparcialidade, neutralidade, independência e autonomia, respeito à ordem pública e às leis vigentes. § 1º Confidencialidade — Dever de manter sigilo sobre todas as informações obtidas na sessão, salvo autorização expressa das partes, violação à ordem pública ou às leis vigentes, não podendo ser testemunha do caso, nem atuar como advogado dos envolvidos, em qualquer hipótese; § 2º Competência — Dever de possuir qualificação que o habilite à atuação judicial, com capacitação na forma desta Resolução, observada a reciclagem periódica obrigatória para formação continuada; § 3º Imparcialidade — Dever de agir com ausência de favoritismo, preferência ou preconceito, assegurando que valores e conceitos pessoais não interfiram no resultado do trabalho, compreendendo a realidade dos envolvidos no conflito e jamais aceitando qualquer espécie de favor ou presente; § 4º Neutralidade — Dever de manter equidistância das partes, respeitando seus pontos de vista, com atribuição de igual valor a cada um deles; § 5º Independência e autonomia — Dever de atuar com liberdade, sem sofrer qualquer pressão interna ou externa, sendo permitido recusar, suspender ou interromper a sessão se ausentes as condições necessárias para seu bom desenvolvimento, tampouco havendo obrigação de redigir acordo ilegal ou inexequível; § 6º Respeito à ordem pública e às leis vigentes — Dever de velar para que eventual acordo entre os envolvidos não viole a ordem pública, nem contrarie as leis vigentes".

técnicas de negociação e conciliação podem ser mal-empregados. Por sua própria natureza, resguardar as práticas de conciliação e mediação dos desvios de sua finalidade é uma tarefa de importante cuidado, não descurada por parte do legislador, que tratou do tema, prevendo disposições gerais e específicas para o campo em análise.

Por isso, o primeiro dos deveres do novo personagem da cena processual brasileira é o dever de sigilo, decorrência direta do princípio da confidencialidade[1289], que atinge o conciliador e o mediador em sua atuação (§ 2º do art. 166 do Novo CPC). Não podendo comentar, divulgar, disseminar, informar ou comunicar o que se passa no interior de cada caso, vale ressaltar que esse profissional deve agir com a máxima discrição possível, resguardando as partes de ver o que apresentam sigilosamente em juízo ser alvo de publicação indevida. Para tanto, o preparo técnico, psicológico e social desse profissional deve colocá-lo na posição de quem tem dever de sigilo sobre os casos.

Os tribunais manterão listas de conciliadores e mediadores, cadastrados para acompanhamento. A lei processual determina que os conciliadores e mediadores deverão estar inscritos em cadastro nacional[1290], bem como em cadastro de tribunal de justiça ou de tribunal regional federal, para fins de registro (art. 167 do Novo CPC). Os conciliadores e mediadores deverão ter capacitação mínima (§ 1º do art. 167 do Novo CPC), obtida por meio de curso realizado por entidade credenciada, nos moldes dos parâmetros curriculares do CNJ, sendo o certificado o requisito para ingresso no cadastro nacional, podendo ser submetido a prévio concurso público (§§ 2º e 6º do art. 167 do Novo CPC). O acompanhamento das atividades do mediador será feito por meio do cadastro, valorizando-se os resultados de sua atuação, quantificando-se o número de processos de sua atuação, bem como o número de mediações realizadas com sucesso (§ 3º do art. 167 do Novo CPC), servindo inclusive para estudo e divulgação das estatísticas de mediação em todo o país, que passarão a referenciar a forma de atuação e desempenho em face dos desafios mais globais da justiça brasileira (§ 4º).

3.6.4. O Código de Ética dos Conciliadores e Mediadores Judiciais

A Resolução n. 125/2010 do Conselho Nacional de Justiça traçou as diretrizes nacionais para a Política Nacional de Tratamento dos Conflitos de Interesses, sabendo-se que, em seu primeiro Anexo, figura o *Código de Ética dos Conciliadores e Mediadores Judiciais*, visando a conferir imediato tratamento normativo ao campo de

---

1289. "Um dos pilares da mediação é o princípio da confidencialidade — o procedimento da mediação não é narrado ou comentado nem com o próprio juiz" (Alves de Pinho, Novos desafios da mediação judicial no Brasil: a preservação das garantias constitucionais e a implementação da advocacia colaborativa, *Revista de Informação Legislativa*, 2015, p. 65).

1290. Ditame este já previsto no art. 3º da Resolução n. 125/2010 do CNJ: "Apenas poderão exercer suas funções perante o Poder Judiciário conciliadores e mediadores devidamente capacitados e cadastrados pelos tribunais, aos quais competirá regulamentar o processo de inclusão e exclusão no respectivo cadastro".

atuação dessas novas figuras do cenário judiciário nacional. O principal preceito que orienta a conduta de mediadores e conciliadores é o próprio propósito da mediação/conciliação, lidando-se, nesses casos, com a frágil situação de pessoas em disputa, com o constrangimento de pessoas abrirem suas necessidades e disputas perante terceiro, considerando-se seu papel institucional, agora francamente legitimado e apoiado pela instituição do Estado e do Poder Judiciário. À parte a preocupação com as técnicas de mediação, a não disponibilidade dos direitos sujeitos à transação/disponibilidade, bem como a forma discreta de atuação, por meio do diálogo e do favorecimento ao entendimento, devem guiar a uma atuação técnica e resolutiva, nunca assertiva e decisória, facultando com que as partes encontrem os caminhos para uma autocomposição.

Não por outro motivo, à parte tantos outros dispositivos contidos na Resolução n. 125/2010 do CNJ, deve-se destacar aquele contido no art. 4º, em que se lê: "O conciliador/mediador deve exercer sua função com lisura, respeitando os princípios e regras deste Código, assinando, para tanto, no início do exercício, termo de compromisso e submetendo-se às orientações do juiz coordenador da unidade a que vinculado".

Para que se evite a confusão de papéis no processo, bem como não se incorra em troca cruzada de questões éticas, no campo da advocacia e no campo da mediação/conciliação, é importante afirmar que, para os casos em que o(a) advogado(a) se tornar mediador/conciliador(a), será defeso ao(à) mediador(a)/conciliador(a), na forma de impedimento, atuar no mesmo juízo em que desempenhe a atividade de conciliador(a) ou mediador(a) (§ 5º do art. 167 do Novo CPC).

Nas hipóteses de impedimento (art. 144 do Novo CPC)[1291], o(a) conciliador(a) ou mediador(a) comunicará ao juiz o impedimento de atuar no processo (art. 170 do Novo CPC), devendo-se proceder à nova distribuição do caso para novo conciliador ou mediador. No entanto, há outra forma de impedimento prevista especificamente para o conciliador/mediador, pelo prazo de 1 ano, contado após o término da última audiência, e que pertine propriamente aos interesses de envolvimento no assessoramento, representação ou patrocínio das partes, de causa que veio a ter conhecimento através do sigilo a que está jungido no momento em que exerce a atividade conciliadora ou mediadora, nos termos do art. 172 do Novo Código de Processo Civil.

No entanto, as consequências mais sérias previstas no Novo CPC são aquelas que propriamente decorrem do art. 173, e que devem ser apuradas por meio de processo administrativo, na medida em que este prevê a exclusão do cadastro de conciliadores e mediadores de todo aquele que atuar com dolo ou culpa na condução da conciliação ou mediação (inciso I), ou aceitar atuar em mediação ou conciliação, apesar de estar ciente de seu impedimento ou suspeição para atuação *in casu* (inciso II).

1291. As causas de impedimento e suspeição são as mesmas dos juízes, conforme dicção do art. 5º da Resolução n. 125/2010 do CNJ: "Aplicam-se aos conciliadores/mediadores os mesmos motivos de impedimento e suspeição dos juízes, devendo, quando constatados, serem informados aos envolvidos, com a interrupção da sessão e sua substituição".

Na medida da constatação de irregularidades na atuação do mediador/ concilia-dor, o juiz (coordenador do centro de conciliação e mediação) poderá afastá-lo do exercício de suas atividades por 180 dias, por meio de decisão fundamentada (§ 2º do art. 173). A esse respeito, também há o apoio do art. 8º da Resolução n. 125/2010, em que se prevê o tratamento a casos de desvios de conduta[1292].

3.7. Ética das partes: lealdade processual e procedimental

Quando a temática se detém na ética profissional, tem-se por hábito conceber o estudo da ética dos operadores do direito, no geral. Mas, a par desta importante dis-cussão, deve-se também levar em consideração que a legislação e o dever ético incidem da mesma forma sobre as partes que litigam em processo judicial ou em procedimen-to administrativo (art. 77 do Novo CPC), seja como sujeito ativo, seja como sujeito passivo. A elas também se pode ligar um conjunto de deveres e de prescrições legais, a que se pode chamar de lealdade processual[1293], visando à conduta ética, com vistas a que o processo judicial e o procedimento administrativo sejam instrumentos públicos não somente eficazes, mas, sobretudo, racionais e sóbrios de resolução de conflitos.

Às partes[1294], num processo ou procedimento, conforme os mais célebres ditames contidos nos incisos do art. 5º da CF de 1988, é deferido o devido processo legal (LIV), o amplo direito de defesa e de contraditório (LV), a oportunidade de se manifestar num procedimento em sua defesa, o direito de petição (XXXIV, *a*), a publicidade dos atos processuais (LX), o amplo acesso à justiça em caso de lesão ou ameaça de lesão a direito (XXXV). Ora, são essas garantias que constituem a lisura dos instrumentos públicos de aferição de litígios, com vistas à manutenção da imparcialidade e ao ofe-recimento de ampla oportunidade de manifestação antes que qualquer decisão (administrativa ou judicial) seja tomada.

Isso significa, em primeiro plano, que o processo não deve se converter em uma arena oficial, em ringue de ofensas onde se digladiam as partes até os limites de suas forças, ou por meio do qual se cometem arbitrariedades, conclaves ilícitos, favoreci-

---

1292. Na Resolução n. 125/2010 do CNJ, art. 8º: "O descumprimento dos princípios e regras es-tabelecidos neste Código, bem como a condenação definitiva em processo criminal, resultará na exclusão do conciliador/mediador do respectivo cadastro e no impedimento para atuar nesta função em qualquer outro órgão do Poder Judiciário nacional. Parágrafo único. Qualquer pessoa que venha a ter conhecimento de conduta inadequada por parte do conciliador/mediador poderá representá-lo ao Juiz Coordenador a fim de que sejam adotadas as providências cabíveis".

1293. "As regras que se condensam no princípio da *lealdade processual* têm por objetivo justa-mente conter os litigantes e lhes impor uma conduta em juízo que possa levar o processo à consecução de seus fins, sem que se tente alterar o desfecho acertado e justo da ação, com recursos ilícitos" (Marques, *Instituições de direito processual civil*, 1971, p. 111).

1294. Adota-se a seguinte conceituação de parte: "As partes, autor e réu, constituem o sujeito ativo e o sujeito passivo do processo. É quem pede e contra quem se pede o provimento jurisdicional" (Greco Filho, *Direito processual civil brasileiro*, 1989, v. 1, p. 89).

mentos pessoais, desvios, irregularidades, imoralidades. O processo, ou o procedimento, não pode se tornar o circo onde tudo é possível e onde se vê acontecerem fatos de toda natureza, em detrimento da moral e da legalidade; o devido processo legal avalia meios e fins, e, portanto, se inscreve como instrumento ético de aferição de direitos e de deveres. Ao juiz são deferidos poderes de condução do processo exatamente para que não se desvirtue sua natureza de instrumento público. De fato: "Um processo dominado pela chicana ou expedientes condenáveis seria a negação do processo, pois transformaria o *judicium* em tablado de luta desleal, onde venceria o mais hábil, em detrimento da justiça e da reta aplicação da lei"[1295].

É muito comum, em face da animosidade que movimenta as partes envolvidas em problemas compreensíveis, e que se acostam ao procedimento administrativo e ao processo judicial, a impermeabilidade de comunicação. Sem essa interação discursiva racional, despontam as mais vis paixões da alma humana, o que acaba por dar surgimento a um tétrico cenário de relacionamento, em que imperam: o ódio; a vingança; a desonestidade; a vontade de perseguição; a vontade de aniquilamento do outro; a rapina; a mentira; a corrupção; a impetuosidade; a má-fé; a velhacaria; a sórdida perfídia; a desconsideração; o desprezo; a manipulação; a atrocidade; o jogo de forças; a irascividade. Ora, em face desses sentimentos, perde-se de rumo a orientação racional da necessidade do pleito judicial ou administrativo; perde-se o norte da necessidade da intervenção de um terceiro julgador (autoridade decisória) para dar-se vazão a um sem-número de atribulações mesquinhas da alma humana, desvirtuando-se o compromisso plasmado sobre o processo de transformar a pendência entre as partes em uma decisão racional e imparcial.

O que se quer dizer é que o processo não pode ser a moradia da desordem e do tumulto, do mero conclave de ânimos exaltados, da desvairada vontade de massacre da parte contrária, da humilhação e da impetuosidade, do arbítrio e da vingança, mas sim da imparcialidade, da justiça, da mediania decisória, da autoridade, da racionalidade e do discurso[1296]. Quando o processo se converte em mero instrumento de extravasamento das baixas paixões da alma humana, ele já perdeu sua essência ou sua raiz racional, qual seja, a de servir para resolver conflitos de modo racional e imparcial, de modo institucional e equânime, para se converter na forma de prolongamento temporal da desdita humana, da miséria ética da humanidade, da desonra e da tortura sentimental, ou, ainda, numa forma de enlamear e afugentar o sentimento do ético e do justo.

É certo que o juiz, ou a autoridade decisória administrativa, possui grande participação nesse cenário, devendo estar consciente dessa problemática para afastar

---

1295. A afirmação é de José Frederico Marques, *Instituições de direito processual civil*, 1971, p. 110.

1296. "O mais amplo e expressivo dos deveres das partes é o de lealdade, com a repressão à litigância de má-fé e aos atos atentatórios à dignidade da Justiça (arts. 77, parágrafo 2º, 79-81 e 774 — infra, n. 117). O novo Código de Processo Civil enuncia também e dá realce ao dever de cooperação, imposto a todos os sujeitos processuais (art. 6º)" (Dinamarco; Lopes, *Teoria geral do novo Processo civil*, 2016, p. 168).

todo e qualquer uso inescrupuloso das vias institucionais para a realização de sentimentos antiéticos. Mas nem sempre se pode imputar ao julgador essa responsabilidade, assim como nem mesmo se pode cobrar dele essa percepção, por vezes, velada e mascarada pelas partes, que agem sorrateiramente nos bastidores dos acontecimentos processuais. O julgador não possui amplos poderes instrutórios e probatórios senão para a realização desse seu mister de boa condução do processo[1297].

Isso significa, também, num segundo plano, que se podem cobrar alguns comportamentos específicos das partes, seja por estarem previstos diretamente na legislação, seja por estarem subjacentes e implícitos no ordenamento ou numa certa ética da litigância, como segue:

1. Movimentar a justiça ou a máquina administrativa para elaborar pedidos levianos ou motivar-se a aventuras jurídicas, sabidamente incapazes de surtirem qualquer fruto real ou qualquer resultado realizável, sobretudo se conhecedor da ilogicidade de seu pleito administrativo ou judicial, em face da necessidade de provar a existência de interesse (art. 77, II, do Novo CPC).

2. Tratar a parte contrária nos momentos de conclave perante a autoridade decisória sem a mínima urbanidade. É certo que não constitui crime de calúnia, ou crime de difamação punível, a ofensa irrogada em juízo, na discussão da causa, pela parte ou por seu procurador (art. 142, I, do CP), o que não significa que haja nessa exceção legal o acobertamento de atitudes antiéticas a serem estimuladas ou louvadas, *ex vi* do art. 78 do Novo Código de Processo Civil.

3. Conduzir o processo mediante provas ilícitas e/ou obtidas de má-fé, tornando esse instrumento público de aferição de direitos e deveres o covil onde moram a rapina e a deslealdade processual, conforme prescreve a própria Constituição Federal (art. 5º, LVI). Não é sem razão que a lei processual civil brasileira se utiliza de uma expressão muito significativa quando se refere à produção de provas, como segue: "As partes têm o direito de empregar todos os meios legais, bem como os moralmente legítimos (...)" (art. 369 do novo CPC)[1298].

4. Converter os meios jurídicos e processuais para obter efeitos condenáveis, externos ao processo, para a realização de paixões vis e repugnantes. É comum na praxe forense: o pedido de falência de outra empresa somente com vistas ao abalo do crédito e do conceito do concorrente pelo simples não pagamento de uma nota ou documento hábil a instruir pedido de falência; o precipitado pedido de prisão por não pagamento de pensão alimentícia, não por real carência ou necessidade, mas pela sorrateira vontade de vingança pelo término da relação conjugal e para destruir a vida profissional do ex-companheiro; promover denúncia à polícia para dar início a

---

1297. A respeito, consulte-se a importante obra de José Roberto dos Santos Bedaque, *Poderes instrutórios do juiz*, 1994.

1298. A jurisprudência repudia veementemente a obtenção de provas ilícitas produzidas ou favorecidas pelas partes, como segue: *RTJ*, 84/609; *RT, 649/665*; *RT, 654/132*.

525

inquérito policial de fatos inexistentes, simplesmente para difamar ou prejudicar alguém que sabe ser inocente (art. 339 do CP).

5. Fomentar inverdades, alterando a verdade dos fatos e ostentar alegações inverídicas perante autoridades administrativas ou judiciais, com vistas à constituição de situações irreais ou à obtenção de mais direito do que lhe corresponde (art. 80, II, III e VI do Novo CPC). É certo que ninguém é obrigado a produzir prova em desfavor de si mesmo, ou mesmo depor sobre fatos e ocorrências dizendo verdades que o incriminam, mas a lisura do discurso é algo que se afere inclusive por meios probatórios para compor a decisão final do processo ou procedimento.

6. Agir processualmente em má-fé, como disposto no Novo Código de Processo Civil, conforme as disposições a seguir elencadas, no art. 79 ("Responde por perdas e danos aquele que litigar de má-fé como autor, réu ou interveniente"), no art. 80 ("Considera-se litigante de má-fé aquele que: I — deduzir pretensão ou defesa contra texto expresso de lei ou fato incontroverso; II — alterar a verdade dos fatos; III — usar do processo para conseguir objetivo ilegal; IV — opuser resistência injustificada ao andamento do processo; V — proceder de modo temerário em qualquer incidente ou ato do processo; VI — provocar incidente manifestamente infundado; VII — interpuser recurso com intuito manifestamente protelatório"), cabendo-se as sanções previstas no art. 81.

7. Falsear a verdade ao profissional que o representa administrativa ou judicialmente, de modo a induzi-lo a erro na representação processual ou procedimental, fazendo-o crer ser inocente quando é, em verdade, culpado consciente, fazendo-o crer que pleiteia justamente como vítima, quando, em verdade, é o autor de dano, deslealdade esta que pode ser motivo suficiente para a cessação do patrocínio da causa pelo profissional (renúncia ao mandato judicial ou administrativo) que se viu iludido ou persuadido a atuar por algo que não existia ou não correspondia à verdade.

8. Manipular testemunhas, uma vez que, em juízo, estas possuem o dever de dizer a verdade, de não calar sobre a verdade ou de não fazer afirmação falsa (art. 458 do Novo CPC), sendo assim instadas pela autoridade judicante (parágrafo único do art. 458 do Novo CPP e art. 203 do CPP).

9. Subornar funcionários, corromper serventuários da justiça, ou mesmo o juiz, com vistas à obtenção dos melhores favores da justiça, a serviço de seus interesses pessoais, ao prejuízo da parte contrária, ao ganho de causa injusto (arts. 316, 317 e 333 do CP).

10. Pressionar extrajudicialmente os envolvidos em processo ou procedimento por meios ilícitos e se utilizar de violência ou de grave ameaça contra autoridades, partes e quaisquer outras pessoas que funcionam em processo judicial, em juízo arbitral, em procedimento policial ou administrativo, para obter efeitos extraprocessuais (art. 344 do CP).

11. Provocar o desaparecimento de documentos (arts. 336, 337 e 356 do CP) ou manipular lugares e condições de prova a ponto de induzir a erro magistrado ou perito em processo civil ou administrativo (art. 347 do CP).

526

12. Praticar atos atentatórios à dignidade da justiça (§§ 1º e 2º do art. 77; inciso III do art. 139; parágrafo único do art. 161; § 8º do art. 334; inciso II do art. 772; art. 774; art. 777; § 6º do art. 903; parágrafo único do art. 918, todos do Novo CPC).

13. Provocar a perda de prazo ou a má defesa pela parte contrária, manipulando situações, causando impedimentos (físicos, psíquicos, judiciais, legais, materiais...) para a execução de tarefas relacionadas ao processo ou ao procedimento.

14. Outros.

CONCLUSÕES

Após o desenvolvimento das linhas que compõem esta obra, restam sejam ditas algumas palavras epilogais. Estas não procurarão retratar novamente o conteúdo da obra, mas perpassar suas marcas fundamentais e restabelecer o curso linear da estrutura das reflexões empreendidas.

Com os conceitos fundamentais da primeira parte (Parte I – Ética Geral), procurou-se introduzir o leitor na consciência da importância, da atualidade, das dificuldades e nuances científicas básicas que passam pela temática ética. Este item é composto por uma série de preocupações conceituais preliminares, que colaboraram para "situar" a leitura e a discussão de temas da ética, na relação com as transformações da sociedade, com as modificações dos costumes, com a comunicação, com o desenvolvimento da tecnologia, entre outros temas. Ao longo da exposição, foi possível atravessar vastos campos teóricos, inúmeros sistemas filosóficos, épocas históricas, desfiladeiros conceituais, tortuosas e traiçoeiras dificuldades teóricas que tornam emblemáticas e candentes as diversas preocupações éticas.

Com o escorço histórico, procurou-se refletir sobre a ética do ponto de vista filosófico, destacando-se as principais ideias e contribuições já formadas e enunciadas na história do pensamento. Procurou-se enfatizar não a exaustão das correntes de pensamento, mas a enunciação das principais e mais notórias categorias de reflexão lançadas a respeito; procurou-se não enfatizar os pensamentos de interesse somente para a história das ideias éticas, mas sobretudo aqueles que de alguma forma se vinculam às principais problemáticas jurídico-filosóficas. Assim, uma história da ética permitiu visitar uma história da justiça, enquanto campo conexo, não se tendo aproximado destas dimensões senão como dimensões interligadas da vida em sociedade.

Com a discussão sobre ética profissional (Parte II – *Ética Profissional Geral*) procurou-se instruir o leitor na imediata compreensão da imensa responsabilidade profissional e dos deveres práticos avocados pelas diversas profissões de forma geral. A importância prática e atual dos códigos de ética, além do crescimento dos apelos setoriais por regulação da conduta profissional, foi enfatizada. No que tange particularmente à dimensão da atuação dos profissionais do Direito (Parte III – *Ética Jurídica*),

529

procurou-se tratar das variadas carreiras profissionais na área do Direito, numa abordagem crítica e contemporânea, que não se fixa apenas nos deveres legais, mas transmite os princípios e os ideais de atuação de cada uma das carreiras na área do Direito. Em cada caso, a imensa responsabilidade do profissional do Direito é sempre ressaltada.

Desse modo, nestas linhas exordiais resta apenas a tarefa de sintetizar as principais contribuições que encerram esta obra em seu bojo, conclamando-se os profissionais do Direito ao efetivo exercício de seus deveres profissionais e de seu compromisso social, na perspectiva de se moldarem novas expectativas para a prática jurídica no século XXI.

Se o Brasil de ontem não é mais o Brasil de hoje – e se a marcha em direção à consolidação da democracia se torna um vetor cujo norte pode orientar os profissionais do Direito em sua atuação –, que este mote possa guiar o exercício das atividades profissionais diuturnas dos milhares de arautos da lei, da justiça e do direito, com vistas a que suas fronteiras se mesclem cada dia mais no limiar da ética, que perfila, na ideia de dignidade humana, a forma de sua realização.

BIBLIOGRAFIA

ABBAGNANO, Nicola. *Dicionário de filosofia*. Trad. Alfredo Bosi. São Paulo: Martins Fontes, 2000.

ABED AL-JABRI, Mohammed. *Introdução à crítica da razão árabe*. Trad. Roberto Leal Ferreira e Mamede Mustafá Jarouche. São Paulo: UNESP, 1999.

ACQUAVIVA, Marcus Cláudio. *Ética do advogado*. São Paulo: Jurídica Brasileira, 2000.

ADEODATO, João Maurício. *Ética e retórica*: para uma teoria da dogmática jurídica. 3. ed. São Paulo: Saraiva, 2007.

ADORNO, Sérgio. *Os aprendizes do poder*: o bacharelismo liberal na política brasileira. Rio de Janeiro: Paz e Terra, 1988.

ALENCAR, Ana Valderez Ayres Neves de. *O poder legislativo e a criação dos cursos jurídicos*. Obra comemorativa do Sesquicentenário da Lei de 11 de agosto de 1827, que criou os cursos de ciências jurídicas e sociais de São Paulo e Olinda. Brasília: Secretaria de Edições Técnicas do Senado Federal, 1977.

ALEXY, Robert; BULYGIN, Eugenio. *La pretensión de corrección del derecho*: la polémica sobre la relación entre derecho y moral. Colombia: Universidad Externado de Colombia, 2001.

ALMEIDA, Guilherme Assis de. *Direitos humanos e não violência*. São Paulo: Atlas, 2001.

_____; CHRISTMANN, Martha Ochsenhofer. *Ética e direito*: uma perspectiva integrada. São Paulo: Atlas, 2002.

ALVES, Alaôr Caffé et al. *O que é a filosofia do direito?* São Paulo: Manole, 2004.

AMEAL, João. *São Tomás de Aquino*. 2. ed. Porto: Livraria Tavares Martins, 1941.

ANDRADE, Rachel Gazolla de. *Platão*: o cosmo, o homem e a cidade. Um estudo sobre a alma. Petrópolis: Vozes, 1993.

APEL, Karl-Otto. Ética do discurso como ética da responsabilidade. *Cadernos de Tradução*, n. 3. Trad. Maria Nazaré de Camargo Pacheco Amaral. São Paulo: Departamento de Filosofia da Universidade de São Paulo, 1998.

AQUINO, Julio Groppa (org.). *Diferenças e preconceito na escola*: alternativas teóricas e práticas. São Paulo: Summus, 1998.

AQUINO, São Tomás de. *Cursus philosophicus thomisticus*: Naturalis philosophiae (Secundum exactam, veram, genuinam Aristotelis et Doctoris Angelici mentem). Nova editio. Taurini (Itália): Ex Officina Domus Editorialis Marietti, 1936.

_____. *La justicia*: comentarios a el libro quinto de la Ética a Nicomaco. Trad. Benito R. Raffo Magnasco. Buenos Aires, 1946.

_____. *Suma Contra os Gentios*. Trad. Odilão Moura O. S. B. Rio Grande do Sul: Escola Superior de Teologia São Lourenço de Brindes/Universidade Caxias do Sul/Livraria Sulina Editora, 1990. v. I, Livros I e II.

_____. *Suma Teológica*. Trad. Alexandre Correia. 2. ed. Rio Grande do Sul: Livraria Sulina Editora e Grafosul Indústria Gráfica Editora, 1980. v. II, III e IV.

_____. *Suma Teológica*: do direito, da justiça e de suas partes integrantes (IIª parte da Iª parte — Q. LVII-LXXIX). Trad. Alexandre Correia. São Paulo: Livraria Editora Odeon, 1937.

_____. *Tratado de la ley; Tratado de la justicia; Gobierno de los príncipes*. Quinta edición. Traducción y estudio introductivo por Carlos Ignacio González. México: Porrúa, 1996.

_____. *Commentario a1 De anima*. Traduzione, studi introduttivi e note di A. Caparello. Roma: Abete, 1971.

ARALDI, Clademir Luís. Para uma caracterização do niilismo na obra tardia de Nietzsche. *Cadernos Nietzsche*, v. 5, São Paulo: Grupo de Estudos Nietzsche; Discurso, 1998.

ARAÚJO, Cláudio. Hume e o direito natural. In: Cláudia Galvão Quirino; Cláudio Vouga; Gildo Brando (orgs.). *Clássicos do pensamento político*. São Paulo: EDUSP/FAPESP, 1998.

ARAUJO JUNIOR, Marco Antonio. *Gabaritando Ética*. 2. ed. São Paulo: Saraiva, 2019.

ARENDT, Hannah. *A condição humana*. Trad. Roberto Raposo. 10. ed. Rio de Janeiro: Forense Universitária, 2000.

_____. *A vida do espírito*: o pensar, o querer, o julgar. Trad. Antonio Abranches; Cesar Augusto R. de Almeida; Helena Martins. 2. ed. Rio de Janeiro: Relume-Dumará, 1993.

_____. *Entre o passado e o futuro*. Trad. Mauro W. Barbosa de Almeida. 2. ed. São Paulo: Perspectiva, 1979.

_____. *Sobre a violência*. Trad. André Duarte. 3. ed. Rio de Janeiro: Relume-Dumará, 2001.

ARISTÓTELES. *Etica Nicomachea*. Trad. Marcelo Zanatta. Milano: Rizzoli, 1993. 2 v.

_____. *A Ética de Nicômaco*. Trad. Cássio M. Fonseca. Biblioteca Clássica, v. XXXIII. São Paulo: Athena Editora, 1940.

_____. *Ética Nicomáquea. Ética Eudemia.* Madrid: Editorial Gredos: 1993.

ARMELLA, Virginia Aspe. *El concepto de técnica, arte y producción en la filosofía de Aristóteles.* México: Fondo de Cultura Económica, 1993.

ARNIN, Ioannes Ab (collegit). *Stoicorum veterum fragmenta. Chrysippi fragmenta moralia. Fragmenta successorum Chrysippi.* Lipsiae et Berolini in Aedibus B. G. Teubneri, 1923. v. III.

AROSO LINHARES, José Manuel. A ética do *continuum* das espécies e a resposta civilizacional do direito: breves considerações. *Boletim da Faculdade de Direito da Universidade de Coimbra.* Coimbra, v. 79, 2003, p. 197-216.

ATIENZA, Manuel. *Filosofía del derecho y transformación social.* Madrid: Trotta, 2017.

AZEREDO, Vânia Dutra de. *Nietzsche e a dissolução da moral.* São Paulo: Discurso Editorial/Editora UNIJUÍ, 2000.

BAPTISTA, Luiz Olavo. Comércio eletrônico: uma visão do direito brasileiro. *Revista da Faculdade de Direito da Universidade de São Paulo*, São Paulo, v. 94, 1999.

BARONI, Robison (org.). *Julgados do Tribunal de Ética Profissional*: ementas e pareceres 1995 e parte 1996. São Paulo: Ordem dos Advogados do Brasil, Secção São Paulo, Departamento Editorial, 1997. v. I a VI.

BARRERA, Jorge Martínez. Reduccionismo en la ética: la influencia de la bioética en la moral contemporánea. *A filosofia*: seu tempo, seus lugares (Hipnos, v. 5), ano 4, n. 5, ago./dez., São Paulo: EDUC; Palas Athena, 1999.

_____. Reduccionismo en la ética. La influencia de la bioética en la moral contemporánea. *A filosofia*: seu tempo, seus lugares (Hipnos, v. 5), 1999.

BASTIDE, Georges. *Traité de l'action morale.* Paris: PUF, 1961. v. 2.

BAUMAN, Zygmunt. *Ética pós-moderna.* Trad. João Rezende Costa. São Paulo: Paulus, 1997.

_____. *La globalización*: consecuencias humanas. Trad. Daniel Zadunaisky. 2. ed. México: Fondo de Cultura Económica, 2001.

_____. *Europa*: uma aventura inacabada. Trad. Carlos Alberto Medeiros. Rio de Janeiro: Jorge Zahar, 2006.

_____. *Comunidade*: a busca por segurança no mundo atual. Trad. Plínio Dentzien. Rio de Janeiro: Jorge Zahar, 2003.

_____. *Vida líquida.* Trad. Carlos Alberto Medeiros. Rio de Janeiro: Jorge Zahar, 2007.

_____. *Tempos líquidos.* Trad. Carlos Alberto Medeiros. Rio de Janeiro: Jorge Zahar, 2007.

BEDAQUE, José Roberto dos Santos. *Poderes instrutórios do juiz.* 2. ed. São Paulo: Revista dos Tribunais, 1997.

BELO, Fernando. *Leituras de Aristóteles e de Nietzsche*: a poética sobre a verdade e a mentira. Lisboa: Calouste Gulbenkian, 1994.

BENTHAM, Jeremy. *Uma introdução aos princípios da moral e da legislação*. Trad. Luiz João Baraúna. 2. ed. São Paulo: Abril Cultural, 1979. (Os pensadores.)

BITTAR, Carlos Alberto. *O direito do autor nos meios modernos de comunicação*. São Paulo: Revista dos Tribunais, 1989.

_____. *Os direitos da personalidade*. 8. ed. rev. e atual. por Eduardo C. B. Bittar. São Paulo: Saraiva, 2015.

_____. *Reparação civil por danos morais*. 4. ed. rev., atual. e aum. por Eduardo C. B. Bittar. São Paulo: Saraiva, 2015.

BITTAR, Eduardo C. B. *A justiça em Aristóteles*. Rio de Janeiro: Forense Universitária, 1999.

_____. Educação e metodologia para os direitos humanos: cultura democrática, autonomia e ensino jurídico. In: Rosa Maria Godoy Silveira et al. (orgs.). *Educação em direitos humanos*: fundamentos teórico-metodológicos. João Pessoa: Editora da UFPB, 2007.

_____. *O direito na pós-modernidade e reflexões frankfurtianas*. 2. ed. Rio de Janeiro: Forense Universitária, 2009.

_____. Ética, técnica e direitos humanos, in *Revista Brasileira de Estudos Políticos*, Revista de Pós-Graduação da Faculdade de Direito da UFMG, Belo Horizonte, UFMG, n. 103, jul./dez. 2011, p. 139-182.

_____. *Democracia, justiça e emancipação social*: reflexões jusfilosóficas a partir do pensamento de Jürgen Habermas. São Paulo: Quartier Latin, 2013.

_____; ALMEIDA, Guilherme Assis de. *Curso de filosofia do direito*. 10. ed. São Paulo: Atlas, 2012.

BOBBIO, Norberto. *Direito e estado no pensamento de Emmanuel Kant*. Trad. Alfredo Fait. 4. ed. Brasília: Editora Universidade de Brasília, 1997.

_____. *O futuro da democracia*. Trad. Marco Aurélio Nogueira. 5. ed. Rio de Janeiro: Paz e Terra, 1986.

_____. *A era dos direitos*. Trad. Carlos Nelson Coutinho. Rio de Janeiro: Campus, 1992.

BOFF, Leonardo. Justiça e cuidado: opostos ou complementares? In: Tânia da Silva Pereira; Guilherme de Oliveira (orgs.). *O cuidado como valor jurídico*. Rio de Janeiro: Forense Universitária, 2008.

BONAVIDES, Paulo. O direito à paz. *Folha de S. Paulo,* Tendências e debates, São Paulo, domingo, A3, 3 de dezembro de 2006.

BRÉHIER, Émile. *Les stoïciens*: textes tradutis par Émile Bréhier, edites sous la direction de Pierre Maxime Schuhl. Paris: Gallimard, 1997.

BRENTANO, Francisco. *El origen del conocimiento moral*. Trad. Manuel G. Morente. Madrid: Revista de Occidente, 1927.

CALDAS, Gilberto. *Nova Constituição brasileira anotada*. 3. ed. São Paulo: Ediprax Jurídica, 1991.

CAMARGO, Wagner Xavier; VAZ, Alexandre Fernandez. *De humanos e pós-humanos*: ponderações sobre o corpo *queer* na arena esportiva, in *O triunfo do corpo*: polêmicas contemporâneas (COUTO, Edvaldo Souza; GOELLNER, Silvana Vilodre, orgs.), Rio de Janeiro: Vozes, 2012.

CAMOLEZ, Denise. A escolha, formação e aperfeiçoamento do juiz. Cidadania e justiça, *Revista da Associação dos Magistrados Brasileiros*, ano 3, n. 7, 2º semestre, 1999.

CAMPOS, Diogo Leite de; BITTAR, Eduardo C. B. (coords.). *Os direitos humanos no espaço virtual, Galileu*: Revista de Economia e Direito, v. XVII, n. 1/n. 2, Universidade Autónoma de Lisboa, Lisboa, 2012, p. 5-360.

CANEVACCI, Massimo. Corpos polifônicos e tecnologias digitais, in *O triunfo do corpo*: polêmicas contemporâneas (COUTO, Edvaldo Souza; GOELLNER, Silvana Vilodre, orgs.), Rio de Janeiro: Vozes, 2012.

CASTELO BRANCO, Guilherme. As lutas pela autonomia em Michel Foucault. In: Margareth Rago; Luiz B. Lacerda Orlandi; Alfredo Veiga-Neto (orgs.), *Imagens de Foucault e Deleuze*: ressonâncias nietzschianas. Rio de Janeiro: DP&A, 2002.

CATTONI, Marcelo. *Direito, política e filosofia*: contribuições para uma teoria discursiva da constituição democrática no marco do patriotismo constitucional. Rio de Janeiro: Lumen Juris, 2007.

CHAUÍ, Marilena. *Convite à filosofia*. 12. ed. São Paulo: Ática, 1999.

_____. *Introdução à história da filosofia*: dos pré-socráticos a Aristóteles. 2. ed. São Paulo: Brasiliense, 1994. v. I.

_____. *Público, privado e despotismo*. In: Adauto Novaes (org.). *Ética*. São Paulo: Companhia das Letras/Secretaria Municipal de Cultura, 1992.

_____. *A nervura do real*: imanência e liberdade em Espinosa. São Paulo: Companhia das Letras, 1999.

CHEVALIER, Jacques. *Histoire de la pensée*. Paris: Flammarion, 1955. v. 1 e 2.

_____. *Histoire de la pensée*: la pensée antique. Paris: Flammarion, 1955.

CICCO, Cláudio de. A justiça e o direito moderno, *Revista Brasileira de Filosofia*, São Paulo, p. 162, abr./maio/jun., 1991.

CÍCERO. *Da república*. Trad. Amador Cisneiros. São Paulo: Edipro, 1996.

_____. *Das leis*. Trad. Otávio T. de Brito. São Paulo: Cultrix, 1967.

_____. *Orações* (Clássicos Jackson, v. II). Trad. Padre António Joaquim. São Paulo: W. M. Jackson Editores, 1952.

CICÉRON. *De finibus bonorum et malorum* (Collection des Univ. de France; Budé). Paris: Martha, 1928.

_____. *Des termes extrêmes des biens et des maux*. Trad. Jules Martha. Paris: Les Belles Lettres, 1928.

_____. *Traité des lois*. Trad. Georges de Plinval. Paris: Société d'Édition Les Belles Lettres, 1968.

CICERONE. *I doveri*. Trad. Anna Resta Barrile. Milano: Biblioteca Universale Rizzoli, 2. ed. 1989.

COHEN, David. Os dilemas da ética. *Revista Exame*, São Paulo: Abril Cultural, ano 37, n. 10, edição 792, 14-5-2003.

COMPARATO, Fábio Konder. A função do advogado na administração da justiça. *RT*, 694/43-49.

_____. *Ética*: direito, moral e religião no mundo moderno. São Paulo: Companhia das Letras, 2006.

COPLESTON, F. C. *El pensamiento de Santo Tomás*. México — Buenos Aires: Fondo de Cultura Económica, 1960.

CORNFORD, F. M. Mysticism and science in the pythagorean tradition. *The pre--socratics*: a collection of critical essays. Garden City — New York: Anchor Press/ Doubleday, 1974.

CORRÊA, Flávia Soares. *Educação e trabalho na dimensão humana*. São Paulo: LTr, 2011.

CORRÊA, Oscar Dias. *A Constituição de 1988*: contribuição crítica. São Paulo: Forense Universitária, 1991.

CORREIA, Alexandre. *Ensaios políticos e filosóficos*. São Paulo: Convívio/EDUSP, 1984.

CRETELLA JR., José. *Curso de filosofia do direito*. 4. ed. Rio de Janeiro: Forense, 1993.

CROISSANT, Jeanne. *La moralité comme trait distinctif de l'homme dans un texte de Cicéron. Études de philosophie ancienne* (Cahiers de philosophie ancienne, n. 4). Bruxelles: Ousia, 1986.

DAL POZZO, Antonio Araldo Ferraz (et al.). *Lei anticorrupção*: apontamentos sobre a Lei n. 12.846/2013. 2. ed. São Paulo: Contra-corrente, 2015.

DE PINHO, Humberto Dalla Bernardina; ALVES, Tatiana Machado. Novos desafios da mediação judicial no Brasil: a preservação das garantias constitucionais e a implementação da advocacia colaborativa, *Revista de Informação Legislativa*, Brasília, ano 52, n. 205, jan./mar. 2015, p. 55-70.

DEBRUN, Michel. *Gramsci*: filosofia, política e bom-senso. São Paulo: Editora da Unicamp, 2001.

DE LUCCA, Newton. *Da ética geral à ética empresarial*. São Paulo: Quartier Latin, 2009.

DEL VECCHIO, Giorgio. *Lições de filosofia do direito*. Trad. António José Brandão. 5. ed. Coimbra: Arménio Amado Ed., 1979.

_____. *A justiça*. Direção de Miguel Reale. Trad. Antônio Pinto de Carvalho. Coleção Direito e Cultura. São Paulo: Saraiva, 1960.

DEMANT, Peter. *O mundo muçulmano*. São Paulo: Contexto, 2004.

_____. Os dilemas dos muçulmanos na Europa. Panorama da Conjuntura Internacional, *Informativo do Grupo de Conjuntura Internacional da USP*, n. 39, ano 10, out./nov. 2008.

DE MASI, Domenico. *O ócio criativo*. Trad. Léa Manzi. 3. ed. Rio de Janeiro: Sextante, 2000.

DINIZ, Maria Helena. *O estado atual do biodireito*. São Paulo: Saraiva, 2001.

DORIA, Francisco Antonio. *Marcuse*. 3. ed. Rio de Janeiro: Paz e Terra, 1983.

DOUGLAS, Mary; ISHERWOOD, Baron. *O mundo dos bens*: para uma antropologia do consumo. Trad. Plínio Dentzein. Rio de Janeiro: Editora UFRJ, 2004.

DUARTE, André. Poder e violência no pensamento político de Hannah Arendt. *Sobre a violência*. 3. ed. Rio de Janeiro: Relume-Dumará, 2001.

DUBOUCHET, Paul. *Les normes de l'action*: Droit et morale. Introduction à la science normative. Paris: L'Hermès, 1990.

DUBY, Georges; ARIÈS, Philippe. *História da vida privada*. Trad. Hildegard Feis. São Paulo: Companhia das Letras, 1990.

_____. *História da vida privada*: do Império Romano ao ano mil. Paul Veine (org.). Trad. Hildegard Feis. São Paulo: Companhia das Letras, 1990.

DUNKER, Christian (et al.). Ética e pós-verdade. Porto Alegre: Dublinense, 2017.

DUNKER, Christina, Subjetividade em tempos de pós-verdade, in *Ética e pós-verdade* (DUNKER, Christian (et al.)), 2017.

DURING, Ingemar. *Aristóteles*: exposición e interpretación de su pensamiento. Trad. Bernabé Navarro. México: Universidad Nacional Autônoma de México, 1990.

EAGLETON, Terry. *A ideia de cultura.* Trad. Sandra Castello Branco. São Paulo: UNESP, 2005.

ECO, Umberto. *Apocalittici e integrati*: comunicazione di massa e teorie della cultura di massa. Milano: Bompiani, 1993.

EDITORIAL. Triste Defensoria. *Folha de S. Paulo*, Opinião, domingo, 22 de dezembro de 2013, A2.

ELIAS, Norbert. *O processo civilizador*: uma história dos costumes. Apresentação Renato Janine Ribeiro. v. I. Trad. Ruy Jungman. Rio de Janeiro: Jorge Zahar, 1994.

_____. *O processo civilizador*: formação do Estado e civilização. Apresentação Renato Janine Ribeiro. v. II. Trad. Ruy Jungman. Rio de Janeiro: Jorge Zahar, 1993.

EPICURO. *Massime e aforismi*. Trad. Antonangelo Liori. Roma: Newton, 1993.

ESPINOSA, Bento de. *Ética demostrada según el orden geométrico*. Madrid: Alianza, 1996.

ÉTICA: a bandeira do advogado. Conselho Federal da Ordem dos Advogados do Brasil. Brasília, 2000. 1 videocassete (20'); son., color. VHS.

ÉTICA 1 (A arte do viver. A culpa dos reis). Adauto Novaes; Paulo Morelli; Dario Vizeu. TV Cultura; O2 Filmes, 2001. 1 videocassete (97'); son., color. NTSC. VHS.

ÉTICA 2 (O drama burguês. A ética das aparências). Adauto Novaes; Paulo Morelli; Dario Vizeu. TV Cultura; O2 Filmes, 2001. 1 videocassete (92'); son., color. NTSC. VHS.

FARAH, Elias. *Ética do advogado*: I e II Seminários de Ética Profissional da OAB/SP. São Paulo: LTr, 2000.

FARIA, José Eduardo. *O direito na economia globalizada*. São Paulo: Malheiros, 2004.

_____ (org.). *Direitos humanos, direitos sociais e justiça*. São Paulo: Malheiros, 1998.

_____; CAMPILONGO, Celso Fernandes. *A sociologia jurídica no Brasil*. Porto Alegre: Sérgio A. Fabris Editor, 1991.

FAVARETO, Isolde. *Comportamento processual das partes como meio de prova*. Porto Alegre: Livraria Editora Acadêmica, 1993.

FELIPPE, Kenarik Boujikian; CORCIOLI, Roberto Luiz. Judiciário na democracia e na ditadura. Tendências e Debates. *Folha de S. Paulo*, São Paulo, 4-9-2012, A3.

FERRARI, G. R. F. Moral fecundity: a discussion of A. W. Price, Love and friendship in Plato and Aristotle. *Oxford Studies in Ancient Philosophy*, Oxford: Clarendon Press, v. IX, 1991.

FERRAZ JÚNIOR, Tércio Sampaio. La noción aristotélica de justicia. *Atlantica*, Madrid, v. III, mar./abr. 1969.

_____. *Escritos de filosofia do direito*. São Paulo: Atlas, 2002.

FERRAZ, Sérgio; MACHADO, Alberto de Paula (orgs.). *Ética na advocacia*: estudos diversos. Rio de Janeiro: Forense, 2000.

FERREIRA FILHO, Manoel Gonçalves. *Curso de direito constitucional*. 19. ed. São Paulo: Saraiva, 1991.

FERREIRA, Pinto. *Comentários à Constituição brasileira*. São Paulo: Saraiva, 1992. v. 5.

FINDLAY, J. N. *La transcendencia de la caverna*. Versión española de Jesús Díaz. Madrid: Gredos, 1969.

FORBES, Jorge. *Você quer o que deseja?* São Paulo: Best Seller, 2003.

FOUCAULT, Michel. *Ditos e escritos*: estratégia, poder-saber. Trad. Manoel Barros da Motta. Rio de Janeiro: Forense Universitária, 2003. v. IV.

FRANCA, Leonel. *A crise do mundo moderno*. Rio de Janeiro: Agir, 1955.

FRASER, Nancy. Reconhecimento sem ética? In: SOUZA, Jessé; MATTOS, Patrícia (orgs.). *Teoria crítica no século XXI*. São Paulo: Annablume, 2007.

FREIRE, Paulo. *Pedagogia da autonomia*: saberes necessários à prática educativa. 25. ed. São Paulo: Paz e Terra, 2002.

FREITAG, Bárbara. *Itinerários de Antígona*: a questão da moralidade. 3. ed. São Paulo: Papirus, 2002.

FREUD, Sigmund. *O mal-estar na civilização*. Trad. José Octávio de Aguiar Abreu. Rio de Janeiro: Imago, 1997.

FROMM, Eric. *A arte de amar*. Trad. Eduardo Brandão. São Paulo: Martins Fontes, 2006.

_____. *La revolución de la esperanza*. Trad. Daniel Jiménez Catillejo. México: Fondo de Cultura Económica, 2003.

_____. *Anatomia da destrutividade humana*. Trad. Maço Aurélio de Moura Matos. 2. ed. Rio de Janeiro: Guanabara, 1987.

GALISI FILHO, José. Escola de Frankfurt: a nova geração, Entrevista. *Folha de S.Paulo,* Caderno Mais!, domingo, 22 de junho, 2001.

GARAPON, Antoine. *O guardador de promessas*: justiça e democracia. Tradução de Francisco Aragão. Lisboa: Instituto Piaget, 1996.

GEHLEN, Arnold. *Moral e hipermoral*: uma ética pluralista. Trad. Margit Martincic. Rio de Janeiro: Tempo Brasileiro, 1984.

GIANOTTI, José Arthur. Moralidade pública e moralidade privada. In: NOVAES, Adauto (org.). *Ética*. São Paulo: Companhia das Letras/Secretaria Municipal de Cultura, 1992.

GILISSEN, John. *Introdução histórica ao direito*. Trad. A. M. Hespanha e L. M. Macaísta Malheiros. Lisboa: Calouste Gulbenkian, 1988.

GILSON, Étienne. *A filosofia na Idade Média*. Trad. Eduardo Brandão. São Paulo: Martins Fontes, 1998.

_____. *Le thomisme*: introduction à la philosophie de Saint Thomas d'Aquin. Paris: J. Vrin, 1965.

GOMES, Luiz Flávio. *A questão do controle externo do Poder Judiciário*: natureza e limites da independência judicial no Estado Democrático de Direito. São Paulo: Revista dos Tribunais, 1993.

GRECO FILHO, Vicente. *Direito processual civil brasileiro*. 6. ed. São Paulo: Saraiva, 1989. v. 1.

GRINOVER, Ada Pellegrini; CINTRA, Antônio Carlos de Araújo; DINAMARCO, Cândido Rangel. *Teoria geral do processo.* 6. ed. São Paulo: Revista dos Tribunais, 1987.

GROENINGA, Gisele Câmara; PEREIRA, Rodrigo da Cunha (coords.). *Direito de família e psicanálise*: rumo a uma nova epistemologia. Rio de Janeiro: Imago, 2003.

GROSSI, Miriam Pillar. Antropologia e direitos humanos: um campo consolidado. In: GROSSI, Miriam Pillar; HEILBORN, Maria Luiza; MACHADO, Lia Zanotta (orgs.). *Antropologia e direitos humanos,* n. 4. Blumenau: Nova Letra, 2006.

GUIMARÃES, Ylves José de Miranda. *Direito natural*: visão metafísica e antropológica. Rio de Janeiro: Forense Universitária, 1991.

GUISÁN, Esperanza. *Introducción a la ética*. Madrid: Cátedra, 1995.

GUTHRIE, W. K. C. *Los filósofos griegos*: de Tales a Aristóteles. Trad. Florentino M. Torner. 4. ed. México: Fondo de Cultura Económica, 1967.

_____. *Os sofistas*. Trad. João Rezende Costa. São Paulo: Paulus, 1995.

HÄBERLE, Peter. *Pluralismo y Constitución*: estudios de Teoría Constitucional de la sociedad abierta. Trad. Emilio Mikunda. Madrid: Tecnos, 2002.

HABERMAS, Jürgen. *Mudança estrutural da esfera pública*: investigações quanto a uma categoria da sociedade burguesa. Tradução de Flávio R. Kothe. Rio de Janeiro: Tempo Brasileiro, 1984.

_____. *Direito e democracia*. Trad. Flávio Beno Siebneichler. 2. ed. Rio de Janeiro: Tempo Brasileiro, 2003.

_____. *Consciência moral e agir comunicativo*. Trad. Guido de Almeida. Rio de Janeiro: Tempo Brasileiro, 1989.

_____. *Comentários à ética do discurso*. Tradução Gilda Lopes Encarnação. Lisboa: Instituto Piaget, 1991.

_____. O Estado-nação europeu frente aos desafios da globalização: o passado e o futuro da soberania e da cidadania. *Revista Novos Estudos*. Trad. Antonio Sérgio Rocha, São Paulo, CEBRAP, n. 43, nov. 1995.

_____. *Más allá del Estado nacional.* Trad. Manuel Jiménez Redondo. México: Fondo de Cultura Económica, 1998.

_____. Inclusão: integrar ou incorporar? Sobre a relação entre nação, Estado de Direito e democracia. *Revista Novos Estudos*, CEBRAP, Trad. Luciano Codato, São Paulo, n. 52, 1998.

_____. Bestialidade e humanidade: uma guerra no limite entre direito e moral, *Cadernos de filosofia alemã*. Trad. Luiz Repa, Departamento de Filosofia, São Paulo, Universidade de São Paulo, v. 5, ago. 1999.

_____. ¿Por qué necesita Europa una constitución? *Diálogo Científico. Revista semestral de investigaciones alemanas sobre sociedad, derecho y economía.* Centro de Comunicación Científica con Ibero-américa, Buenos Aires, v. 10, n. 1-2, 2001.

_____. *Israel o Atenas*: ensayos sobre religión, teología y racionalidad. Trad. Eduardo Mendieta. Madrid: Trotta, 2001.

_____. *A constelação pós-nacional*: ensaios políticos. Trad. Márcio Seligmann-Silva. São Paulo: Littera Mundi, 2001.

_____. *A inclusão do outro*: estudos de teoria política. Trad. George Sperber; Paulo Astor Soethe. São Paulo: Loyola, 2002.

_____. *Direito e democracia*: entre facticidade e validade. v. I. 2. ed. Trad. Flávio Beno Siebeneichler. Rio de Janeiro: Tempo Brasileiro, 2003.

_____. *Direito e democracia*: entre facticidade e validade. v. II. 2. ed. Trad. Flávio Beno Siebeneichler. Rio de Janeiro: Tempo Brasileiro, 2003.

_____. *Era das transições.* Trad. Flávio Beno Siebeneichler. Rio de Janeiro: Tempo Brasileiro, 2003.

_____. Fundamentalismo e terror. In: BORRADORI, Giovanna. *Filosofia em tempo de terror*: diálogos com Habermas e Derrida. Trad. Roberto Muggiati. Rio de Janeiro: Jorge Zahar, 2004.

_____. *Diagnósticos do tempo*: seis ensaios. Trad. Flávio Beno Siebeneichler. Rio de Janeiro: Tempo Brasileiro, 2005.

540

_____. ¿Es aún posible el proyecto kantiano de la constitucionalización del derecho internacional? *Derecho y justicia en una sociedad global,* Anales de la Cátedra Francisco Suárez, International Association for Philosophy of Law and Social Philosophy, Universidad de Granada, Granada, 2005, mayo 2005.

_____. *O Ocidente dividido.* Trad. Luciana Villas-Bôas. Rio de Janeiro: Tempo Brasileiro, 2006.

_____. *Entre naturalismo e religião:* estudos filosóficos. Trad. Flávio Beno Siebneichler. Rio de Janeiro: Tempo Brasileiro, 2007.

_____. *¡ Ay, Europa! Pequeños escritos políticos*. XI. Trad. José Luiz López de Lizaga. Madrid: Trotta, 2009.

HADOT, Pierre. *¿Qué es la filosofía antigua?* Trad. Eliane Cazenave Tapie Isoard. México: Fondo de Cultura Económica, 1998.

HAMESSE, Jacqueline. *Les auctoritates aristotelis*: un florilège médiéval. Étude historique et édition critique. Louvain — Paris: Publications Universitaires/Béatrice-Nauwelaerts, 1974.

HARET, Florence. Limites ao poder de legislar: a atitude ética exigida pela Constituição às casas legislativas. In: SOUZA LIMA, Fernando Rister; GOES, Ricardo Tinoco; GUERRA FILHO, Willis Santiago (coords.). *Compêndio de ética jurídica moderna.* Curitiba: Juruá, 2011.

HART, H. L. A. *O conceito de direito.* Trad. A. Ribeiro Mendes. Lisboa: Calouste Gulbenkian, 1986.

_____. Rawls and liberty and its priority. In: DANIELS, N. *Reading Rawls, critical studies of a theory of justice.* Oxford: Basil Blackwell.

HASSNER, Pierre, *verbete* Relações Internacionais, *in Dicionário de Ética e Filosofia Moral* (CANTO-SPERBER, Monique, org.), São Leopoldo, Unisinos, 2003.

HEINEMANN, F. *A filosofia no século XX.* Trad. Alexandre F. Morujão. 4. ed. Lisboa: Calouste Gulbenkian, 1993.

HOMO, Léon. *La civilisation romaine.* Paris: Payot, 1930.

HONNETH, Axel. *Luta por reconhecimento*: a gramática moral dos conflitos sociais. Trad. Luiz Repa. São Paulo: Editora 34, 2003.

_____. Reconhecimento ou redistribuição? A mudança de perspectivas na ordem moral da sociedade. In: SOUZA, Jessé; MATTOS, Patrícia (orgs.). *Teoria crítica no século XXI.* São Paulo: Annablume, 2007.

HUDSON, W. D. *La filosofía moral contemporánea.* Trad. José Hierro S. Pescador. Madrid: Alianza, s.d.

HUISMAN, Denis. *História do existencialismo.* Trad. Maria Leonor Loureiro. São Paulo: EDUSC, 2001.

HUMBERT, Jules. *Histoire illustré de la littérature latine.* Paris/Toulouse: Henri Didier/Edouard Privat, 1932.

HUME, David. *Uma investigação sobre os princípios da moral.* Trad. José Oscar de Almeida Marques. São Paulo: Editora da Unicamp, 1995.

HUNTINGTON, Samuel. *O choque das civilizações e a recomposição da ordem mundial.* Trad. M. H. C. Côrtes. Rio de Janeiro: Objetiva, 1997.

IANNI, Octávio. *A era do globalismo.* 8. ed. Rio de Janeiro: Civilização Brasileira, 2004.

IUDÍCIBUS, Sérgio de; MARION, José Carlos; FARIA, Ana Cristina de. *Introdução à Teoria da Contabilidade: para graduação.* 6. ed. São Paulo: Atlas, 2017.

JAEGER, Werner. *Aristóteles*: bases para la historia de su desarrollo intelectual. Trad. José Gaos. México: Fondo de Cultura Económica, 1992.

_____. *Paideia*: los ideales de la cultura griega. III versión española de Wenceslao Roces. México — Buenos Aires: Fondo de Cultura Económica, 1949.

_____. *Paideia*: los ideales de la cultura griega. Trad. Joaquín Xirau. México: Fondo de Cultura Económica, 1946.

JASPERS, Karl. *Nietzsche et le christianisme.* Trad. Jeanne Hersch. Paris: Minuit, 1949.

JERPHAGNON, Lucien. *História das grandes filosofias.* Trad. Luís Eduardo de Lima Brandão. São Paulo: Martins Fontes, 1992.

JESUS, Carlos Frederico Ramos de. *Entre pessoas e coisas*: o status *moral-jurídico dos animais.* Tese de doutorado. São Paulo: Universidade de São Paulo: Faculdade de Direito: Departamento de Filosofia e Teoria Geral do Direito, 2017.

JOLIVET, Régis. *Curso de filosofia.* Trad. Eduardo Prado de Mendonça. 18. ed. Rio de Janeiro: Agir, 1990.

KALINOWSKI, Georges; VILLEY, Michel. La mobilité du droit naturel chez Aristote et Thomas d'Aquin. *Archives de Philosophie du Droit.* Paris: Sirey, 1984. t. 29.

KANT, Immanuel. *Fundamentos da metafísica dos costumes.* Trad. Lourival de Queiroz Henkel. São Paulo: Ediouro, s.d.

_____. *A paz perpétua e outros opúsculos.* Trad. Artur Morão. Lisboa: Edições 70, 1995.

_____. *Crítica da razão prática.* Trad. Artur Morão. Lisboa: Edições 70, 1995.

_____. *Crítica da razão pura.* Trad. Manuela Pinto dos Santos; Alexandre Fradique Morujão. 3. ed. Lisboa: Calouste Gulbenkian, 1994.

KANT DE LIMA, Roberto (org.). *Antropologia e direitos humanos.* n. 3. Associação Brasileira de Antropologia, Niterói: EDUFF, 2001.

KELSEN, Hans. *A ilusão da justiça.* Trad. Sérgio Tellaroli. São Paulo: Martins Fontes, 1995.

_____. *O que é justiça?*: a justiça, o direito e a política no espelho da ciência. Trad. Luís Carlos Borges. São Paulo: Martins Fontes, 1998.

KORTE, Gustavo. *Iniciação à ética.* São Paulo: Juarez de Oliveira, 1999.

KRAUS, René. *Sócrates.* Trad. Marina Guaspari. 2. ed. Rio de Janeiro: Vecchi, 1960.

KUHATAS, Chandran; PETTIT, Philip. *Rawls*: uma teoria da justiça e os seus críticos. Trad. Maria Carvalho. São Paulo: Gradiva, 1995.

KUNG, Hans; Schmidt, Helmut. *Uma ética mundial e responsabilidades globais*. São Paulo: Loyola, 2001.

LAFER, Celso. A mentira: um capítulo das relações entre a ética e a política. In: NOVAES, Adauto (org.). *Ética*. São Paulo: Companhia das Letras/Secretaria Municipal de Cultura, 1992.

_____. *A reconstrução dos direitos humanos*: um diálogo com o pensamento de Hannah Arendt. São Paulo: Companhia das Letras, 2001.

_____. *A internacionalização dos direitos humanos*: constituição, racismo e relações internacionais. São Paulo: Manole, 2005.

LARENZ, Karl. *Metodologia da ciência do direito*. Lisboa: Calouste Gulbenkian, 1989.

LAZZARINI, Alvaro. *Estudos de direito administrativo*. São Paulo: Revista dos Tribunais, 1995.

LE BRETON, David. Individualização do corpo e tecnologias contemporâneas, in *O triunfo do corpo*: polêmicas contemporâneas (COUTO, Edvaldo Souza; GOELLNER, Silvana Vilodre, orgs.), Rio de Janeiro: Vozes, 2012.

LEONI, G. D. *A literatura de Roma*: esboço histórico da cultura latina. São Paulo: Sonora, 1949.

LEPARGNEUR, Hubert. *Bioética, novo conceito*: a caminho do consenso. São Paulo: Loyola, 1997.

LÉVI-STRAUSS, Claude. *Antropologia estrutural dois*. 4. ed. Trad. Maria do Carmo Pandolfo. Rio de Janeiro: Tempo Brasileiro, 1993.

LIMA, Fernando Antônio Negreiros. *Teoria geral do processo judicial*. São Paulo: Atlas, 2013.

LINDGREN ALVES, José Augusto. Cidadania, direitos humanos e globalização. *Direitos humanos, globalização econômica e integração regional*: desafios do direito constitucional internacional. São Paulo, Max Limonad, 2003.

LIPOVETSKY, Gilles. *Da leveza*: rumo a uma civilização sem peso. Tradução de Idalina Lopes. São Paulo: Barueri, 2016.

LLOYD, Dennis. *A ideia de lei*. Trad. Álvaro Cabral. São Paulo: Martins Fontes, 1998.

LOPES DE SÁ, Antonio. *Ética profissional*. São Paulo: Atlas, 1998.

MACHADO, Agapito. O advogado e o relator nos Tribunais. *RT*, 710/224.

MACYNTIRE, Alasdair. *Depois da virtude*. Trad. Jussara Simões. São Paulo: EDUSC, 2001.

MAGALHÃES-VILHENA, Vasco de. *O problema de Sócrates*: o Sócrates histórico e o Sócrates de Platão. Lisboa: Calouste Gulbenkian, 1984.

MAMEDE, Gladston. Mais de 500 questões de ética profissional para passar no exame de Ordem. São Paulo: Atlas, 2013.

MARCUSE, Herbert. *Eros e civilização*: uma interpretação filosófica do pensamento de Freud. Trad. Álvaro Cabral. 8. ed. Rio de Janeiro: LTc, 1999.

_____. Comentários para uma redefinição de cultura. *Cultura e sociedade,* v. 2. Trad. Robespierre de Oliveira. São Paulo, Paz e Terra, 1998.

_____. Sobre o caráter afirmativo da cultura. *Cultura e psicanálise.* 3. ed. Trad. Wolfgang Leo Maar, Robespierre de Oliveira, Isabel Loureiro. São Paulo, Paz e Terra, 2001.

MARITAIN, Jacques. *A filosofia moral*: exame histórico e crítico dos grandes sistemas. Trad. Alceu Amoroso Lima. Rio de Janeiro: Agir, 1964.

MARQUES, Cláudia Lima. A crise científica do direito na pós-modernidade e seus reflexos na pesquisa. *Arquivos do Ministério da Justiça*, 50 (189)/49-64, Brasília, jan./jun. 1998.

MARQUES, José Frederico. *Instituições de direito processual civil.* 4. ed. Rio de Janeiro: Forense, 1971.

MARTINELLI, Lucien. *Thomas d'Aquin et l'analyse linguistique.* Montréal/Paris: Institut d'études médiévales/J. Vrin, 1963.

MARTÍNEZ, Soares Pedro. *Textos de filosofia do direito.* Coimbra: Livr. Almedina, 1993.

MARTINS, Estevão de Rezende, Ética e relações internacionais: elementos de uma agenda político-cultural, *in Revista Brasileira de Política Internacional*, v. 44, n. 2, Brasília, jul.-dez. 2001. Disponível em: www.scielo.com. Acesso em: 2 dez. 2019.

MARTINS, Ives Gandra (coord.). *Ética no direito e na economia.* São Paulo: Pioneira, 1999.

MARTINS, Lidiane Rafaela Araújo. *Regime jurídico-disciplinar da magistratura.* Salvador: JusPodivm, 2019.

MARTON, Scarlett. *Nietzsche*: a transvaloração dos valores. 4. ed. São Paulo: Moderna, 1996.

MASIP, Vicente. *História da filosofia ocidental.* São Paulo: EPU, 2001.

MATHEUS, Carlos. Indivíduo e globalização. *A filosofia*: seu tempo, seus lugares (Hipnos, v. 5), ano 4, n. 5, São Paulo: EDUC/ ago. dez.; Palas Athenas, 1999.

MATOS, Francisco Gomes de. *Ética na Gestão Empresarial.* 3. ed. São Paulo: Saraiva, 2017.

MEDAUAR, Odete. *Direito administrativo moderno.* São Paulo: Revista dos Tribunais, 1996.

MEDINA, Paulo Roberto de Gouvêa. *Comentários ao Código de Ética e Disciplina da OAB.* Rio de Janeiro: Forense, 2016.

MEIRELLES, Hely Lopes. *Direito administrativo brasileiro.* 19. ed. São Paulo: Malheiros, 1994.

MELO, João Osório de. Inteligência artificial bate 20 advogados em teste de revisão de contratos, *in Consultor Jurídico*, 21 de novembro de 2018. Disponível em: https://www.conjur.com.br/. Acesso em: 5 jun. 2019.

544

MERCIER, Paul. *História da antropologia*. Trad. Claudia Menezes. São Paulo: Moraes, s. d.

MIRABETE, Julio Fabbrini. *Processo penal*. 4. ed. São Paulo: Atlas, 1995.

MOMMSEN, Theodor Ernst. *Histoire romaine*. Trad. De Guerle. Paris: C. Marpon et E. Flammarion, s.d.

MONTORO, André Franco. *Estudos de filosofia do direito*. 3. ed. São Paulo: Saraiva, 1999.

MOORE, George Edward. *Principia ethica*. Trad. Marcio Pugliese; Divaldo Roque de Meira. São Paulo: Ícone, 1998.

MORAES, Silvio Roberto Mello. *Princípios institucionais da Defensoria Pública*: Lei Complementar 80, de 12-1-1994, anotada. São Paulo: Revista dos Tribunais, 1995.

MORENTE, Manuel Garcia. *Fundamentos de filosofia*: lições preliminares. Trad. Miguel de la Cruz Coronado. 8. ed. São Paulo: Mestre Jou, 1980.

NADER, Paulo. *Filosofia do direito*. 7. ed. Rio de Janeiro: Forense, 1999.

NALINI, José Renato. *Ética e justiça*. São Paulo: Oliveira Mendes, 1998.

_____. *Ética geral e profissional*. 2. ed. São Paulo: Revista dos Tribunais, 1999.

_____. *Ética ambiental*. Campinas: Millennium, 2001.

NASCIMENTO, Amauri Mascaro; PINHO, Ruy Rebello. *Instituições de direito público e privado*. 6. ed. São Paulo: Atlas, 1975.

NESTLE, Wilhelm. *Historia del espíritu griego*. Trad. Manuel Sacristán. 4. ed. Barcelona: Ariel, 1987.

NIETZSCHE, F. *Ecce homo*: como cheguei a ser o que sou. Trad. Lourival de Q. Henzel. 4. ed. São Paulo: Brasil, s.d.

_____. *A genealogia da moral*. 3. ed. São Paulo: Moraes, 1991.

_____. *Além do bem e do mal*. Trad. Armando Amado Júnior. São Paulo: WVC, 2001.

_____. *Assim falava Zaratustra*. Trad. Alfredo Margarido. Lisboa: Guimarães, 1973.

_____. *Aurore*: réflexion sur les préjugés moraux. Trad. Henri Albert. Paris: Mercure de France, 1912.

_____. *Opere 1870/1881*. Milano: Newton, 1993.

_____. *Opere 1882/1895*. Milano: Newton, 1993.

NOHL, Herman. *Introducción a la ética*: las experiencias éticas fundamentales. Trad. Mariana Frenk. México: Fondo de Cultura Económica, 1993.

NUNES, Allan Titonelli. A AGU como função essencial à justiça. *Fórum Administrativo*, ano 12, n. 133, Belo Horizonte, mar. 2012.

NUSSBAUM, Martha C. *Frontiers of justice*. Cambridge: Harvard University Press, 2007.

OLIVEIRA, Manfredo Araújo. *Reviravolta linguístico-pragmática na filosofia contemporânea*. São Paulo: Loyola, 1996.

OLIVEIRA, Roberto Cardoso de. A questão étnica: qual a possibilidade de uma ética global? In: ARIZPE, Lourdes. *As dimensões culturais da transformação global*. Unesco, 2001.

_____; OLIVEIRA, Luís Roberto Cardoso de. *Ensaios antropológicos sobre moral e ética*. Rio de Janeiro: Tempo Brasileiro, 1996.

PEGORARO, Olinto A. *Ética é justiça*. 2. ed. Petrópolis: Vozes, 1997.

PEREIRA, Aloysio Ferraz. *Textos de filosofia geral e de filosofia do direito*. São Paulo: Revista dos Tribunais, 1980.

_____. *História da filosofia do direito*: das origens a Aristóteles. São Paulo: Revista dos Tribunais, 1980.

PEREIRA, Caio Mário da Silva. Advocacia e desenvolvimento social. *Revista da Ordem dos Advogados do Brasil*, n. 20, ano VII, v. VII, set./dez. 1976.

PEREIRA, Maria Helena da Rocha. *Estudos de história da cultura clássica*. 7. ed. Lisboa: Calouste Gulbenkian, 1993. v. I. (Cultura grega.)

PEREIRA, Rodrigo da Cunha. *Princípios fundamentais norteadores do direito de família*. Belo Horizonte: Del Rey, 2006.

PEREIRA E SILVA, Reinaldo. As prerrogativas constitucionais dos Procuradores do Estado, *Revista de Informação Legislativa*, ano 52, n. 206, abr./jun. 2015, p. 67-81.

PÉREZ, David J. (org.). *Moralistas espanhóis*. Trad. Acácio França. São Paulo: Jackson, 1952.

PERUZZO, Pedro Pulzatto. *Direitos humanos, povos indígenas e interculturalidade*. Dissertação de Mestrado. Faculdade de Direito. Universidade de São Paulo. São Paulo, 2011.

PETERS, F. E. *Termos filosóficos gregos*: um léxico histórico. Trad. Beatriz Rodrigues Barbosa. 2. ed. Lisboa: Calouste Gulbenkian, 1983.

PIOVESAN, Flávia. *Temas de direitos humanos*. 2. ed. São Paulo: Max Limonad, 2003.

PLATÃO. Apologia de Sócrates. *Sócrates*. Trad. Enrico Corvisieri. São Paulo: Nova Cultural, 1999. (Os pensadores.)

_____. Críton. *Sócrates*. Trad. Enrico Corvisieri. São Paulo: Nova Cultural, 1999. (Os pensadores.)

_____. Fédon. *Platão*. Trad. Enrico Corvisieri. São Paulo: Nova Cultural, 1999. (Os pensadores.)

PLATO. *Laws*, I-VI. Trad. R. G. Bury. Cambridge/London: Harvard University Press, 1994.

PLATON. *Protagoras. Euthydème. Gorgias. Menexène. Ménon. Cratyle*. Traduction, notices et notes par Émile Chambry. Paris: Garnier/Flammarion, 1967.

PLATONE. *La repubblica*. A cura di Giuseppe Lozza. Milano: Arnoldo Modadori Editore, 1990.

PORT, Claudia Hilst Menezes. Considerações sobre ética no relacionamento do juiz e do advogado. In: SOUZA LIMA, Fernando Rister; GOES, Ricardo Tinoco; GUERRA FILHO, Willis Santiago (coords.). *Compêndio de ética jurídica moderna.* Curitiba: Juruá, 2011.

PRADO, Lídia Reis de Almeida. *O juiz e a emoção*: aspecto da lógica da decisão judicial. 2. ed. Campinas: Millenium, 2003.

PUGLIESI, Márcio. Sigilo profissional e ética. In: SOUZA LIMA, Fernando Rister; GOES, Ricardo Tinoco; GUERRA FILHO, Willis Santiago (coords.). *Compêndio de ética jurídica moderna.* Curitiba: Juruá, 2011.

RADBRUCH, Gustav. *Filosofia do direito.* Trad. L. Cabral de Moncada. 6. ed. Coimbra: Arménio Amado Ed., 1997.

_____. *Introducción a la filosofía del derecho.* Trad. Wenceslao Roces. México: Fondo de Cultura Económica, 1993.

RANGEL JÚNIOR, Hamilton. *Princípio da moralidade institucional*: conceito, aplicabilidade e controle na Constituição de 1988. São Paulo: Juarez de Oliveira, 2001.

RAWLS, John. Justice as fairness: political not metaphysical. *Philosophy and Public Affairs*, 14, 1985.

_____. The priority of right and ideas of the good. *Philosophy and Public Affairs*, 17, 1988.

_____. *Uma teoria da justiça.* Trad. Carlos Pinto Correia. Lisboa: Presença, 1993.

REALE, Miguel. *Filosofia do direito.* 19. ed. São Paulo: Saraiva, 1999.

_____. *Lições preliminares de direito.* 24. ed. São Paulo: Saraiva, 1999.

RIBEIRO, Renato Janine. O retorno do bom governo. In: NOVAES, Adauto (org.). *Ética.* São Paulo: Companhia das Letras/Secretaria Municipal de Cultura, 1992.

RICOEUR, Paul. *Le juste.* Paris: Édition Esprit, 1995.

RIVAUD, Alberto. *As grandes correntes do pensamento antigo.* Trad. Antonio Pinto de Carvalho. São Paulo: Saraiva, 1940.

ROBLEDO, Antonio Gómez. *Platón*: los seis grandes temas de su filosofía. México: Fondo de Cultura Económica, 1993.

ROCHA, Francisco Ilidio Ferreira. Advocacia e publicidade. In: SOUZA LIMA, Fernando Rister; GOES, Ricardo Tinoco; GUERRA FILHO, Willis Santiago (coords.). *Compêndio de ética jurídica moderna.* Curitiba: Juruá, 2011.

ROCHLITZ, Rainer (coord.). *Habermas:* o uso público da razão. Trad. Lea Novaes. Rio de Janeiro: Tempo Brasileiro, 2005.

RODRÍGUEZ, Vicente Muñiz. *Introducción a la filosofía del lenguaje*: problemas ontológicos. Barcelona: Anthropos, 1989.

ROSA, F. A. de Miranda. *Sociologia do direito*: o fenômeno jurídico como fato social. 3. ed. Rio de Janeiro: Zahar, 1974.

ROSS, Alf. *Direito e justiça*. Trad. Edson Bini. São Paulo: Edipro, 2000.

ROSS, David. *Aristóteles*. Trad. Luís Felipe Bragança S. S. Teixeira. Lisboa: Dom Quixote, 1987.

ROUANET, Sergio Paulo. *As razões do Iluminismo*. São Paulo: Companhia das Letras, 1987.

_____. *Mal-estar na modernidade*: ensaios. São Paulo: Companhia das Letras, 1993.

ROWLAND, Robert. *Antropologia, história e diferença*: alguns aspectos. 3. ed. Porto: Afrontamento, 1997.

RUPPEL, Ernesto. *A captação da realidade segundo São Tomás de Aquino*. Braga: Livraria Cruz, 1974.

RUSSEL, Bertrand. *História da filosofia ocidental*. Trad. Brenno Silveira. 3. ed. São Paulo: Codil/Companhia Editora Nacional, 1969.

SÁ, Antonio Lopes de. *Ética profissional*. 2. ed. São Paulo: Atlas, 1998.

SADDY, André, Códigos de conduta e boas práticas, in *Revista de Informação Legislativa,* n. 215, ano 54, jul.-set. 2017, Brasília, Secretaria de Edições Técnicas do Senado Federal, p. 27-57.

SAFRANSKI, Rüdiger. *Nietzsche*: biografia de uma tragédia. Trad. Lya Luft. São Paulo: Geração, 2001.

SAID, Edward. *Orientalismo:* o Oriente como invenção do Ocidente. Trad. Tomás Rosa Bueno. São Paulo: Companhia das Letras, 1990.

_____. *Humanismo e crítica democrática*. Trad. Rosaura Eichenberg. São Paulo: Companhia das Letras, 2007.

SAINT-PIERRE, Héctor L. *Max Weber*: entre a razão e a paixão. São Paulo: Unicamp, 1999.

SANCHES, Sidney. O advogado e o Poder Judiciário. *RT*, 648/240-249.

SANTOS, Boaventura de Souza. *Introdução a uma ciência pós-moderna*. Rio de Janeiro: Graal, 1989.

SANTOS, Maria Celeste Cordeiro Leite. Contornos atuais da eutanásia e da ortotanásia: bioética e biodireito. A necessidade social de controle das técnicas médicas. *Revista da Faculdade de Direito da Universidade de São Paulo*, v. 94, 1999.

_____. *O equilíbrio do pêndulo. A bioética e a lei*: implicações médico-legais. São Paulo: Ícone, 1998.

SANTOS, Moacir Amaral. *Primeiras linhas de direito processual civil*. 6. ed. São Paulo: Saraiva, 1978.

SARLET, Ingo Wolfgang; FENSTERSEIFER, Tiago. Algumas notas sobre a dimensão ecológica da dignidade da pessoa humana e sobre a dignidade da vida em geral. *Revista Brasileira de Direito Animal*, n. 3, jul./dez. 2007, p. 69-94.

SCHILLING, Flávia Inês. *Educação e Direitos Humanos*: percepções sobre a escola justa. São Paulo: Cortez, 2014.

SCHRITZMEYER, Ana Lucia Pastore. Nossos muros e os dos outros. *Antropologia extramuros*: novas responsabilidades sociais e política dos antropólogos, 2008.

_____. Antropologia e educação em direitos humanos. In: BITTAR, Eduardo C. B. (org.). *Educação e metodologia para os direitos humanos*, 2008.

SCHUHL, Pierre Maxime (org.). *Les stoïciens*. Trad. Émile Bréhier. Paris: Gallimard, 1997.

SENA, Jaqueline Santa Brígida. *O dogma da neutralidade na prestação jurisdicional*. Dissertação de Mestrado, Faculdade de Direito, Universidade de São Paulo, São Paulo, 2010.

SÊNECA, L. A. *Consolação a minha mãe Hélvia; Da tranquilidade da alma; Medeia; Apocoloquintose do divino Cláudio*. Trad. Agostinho da Silva; Amador Cisnerios; Giulio Davide Leoni. São Paulo: Nova Cultural, 1988. (Os pensadores.)

_____. *L'ozio e la serenità*. Trad. Mario Scaffidi Abbate. 2. ed. Roma: Newton, 1993.

_____. *La felicità*. Trad. Mario Scaffidi Abbate. 4. ed. Roma: Newton, 1994.

_____. *Sobre a providência divina; sobre a firmeza do homem sábio*. Trad. Ricardo da Cunha Lima. São Paulo: Nova Alexandria, 2000.

SERRA, A. Truyol. *História da filosofia do direito e do estado*. Trad. Henrique Barrilaro Ruas. 3. ed. Lisboa: Instituto de Novas Profissões, 1990. v. 2; Madrid: Alianza Editorial, 1988.

SERTILLANGES, A.-D. *La philosophie de S. Thomas d'Aquin*. Nouvelle édition, revue et augmentée. Paris: Aubier, 1940.

SHECAIRA, Sergio Salomão. *Criminologia*. 6. ed. São Paulo: Revista dos Tribunais, 2014.

SICHES, Luis Recaséns. Nueva filosofía de la interpretación del Derecho. México: Porrúa, 1973.

SIDOU, J. M. Othon (org.). *Dicionário jurídico*: Academia Brasileira de Letras Jurídicas. 4. ed. Rio de Janeiro: Forense Universitária, 1997.

SILVEIRA, Carlos Frederico Gurgel Calvet; BENTES, Hilda Helena Soares. *A arte de ensinar a estudar o Direito*: mediar, sensibilizar, humanizar. Rio de Janeiro: Letra Capital, FAPERJ, 2012.

SILVEIRA, Fábio Guedes Garcia da, A lei n. 13.247/2016: criação da sociedade unipessoal de advocacia, in *Aspectos disciplinares de ética no exercício da advocacia* (SOLTANOVICH, Renata; OYA, Norberto, orgs.), São Paulo: Letras Jurídicas, 2018.

SINGER, Peter. *Libertação animal*. Trad. Marly Winckler e Marcelo Brandão Cipolla. São Paulo: Martins Fontes, 2013.

_____. *Vida ética*: os melhores ensaios do mais polêmico filósofo da atualidade. Trad. Alice Xavier. Rio de Janeiro: Ediouro, 2002.

SOARES, Ricardo Maurício Freire; SANTOS, Claiz Maria Pereira Gunça dos. A responsabilidade civil do advogado pela lide temerária à luz da deontologia jurídica. In: SOUZA LIMA, Fernando Rister; GOES, Ricardo Tinoco; GUERRA FILHO, Willis Santiago (coords.). *Compêndio de ética jurídica moderna*. Curitiba: Juruá, 2011.

SOLTANOVITCH, Renata; OYA, Norberto (orgs.). *Aspectos disciplinares de ética no exercício da advocacia*. São Paulo: Letras Jurídicas, 2014.

_____. *Aspectos disciplinares de ética no exercício da advocacia*. Letras Jurídicas. São Paulo: Letras Jurídicas, 2018.

SOLTANOVICH, Renata. A responsabilidade processual dos advogados, *in Aspectos disciplinares de ética no exercício da advocacia* (*SOLTANOVICH*, Renata; OYA, Norberto, orgs.), São Paulo: Letras Jurídicas, 2018, ps. 255-260.

SOUZA JR., José Geraldo (org., et al.). *Educando para os direitos humanos*: pautas pedagógicas para a cidadania na Universidade. Porto Alegre: Síntese, 2004.

SOUZA LIMA, Lucas Rister; CAZERTA, Natalia Vidigal Ferreira. Responsabilidade civil do advogado e de seu cliente pelas ofensas irrogadas em juízo. In: SOUZA LIMA, Fernando Rister; GOES, Ricardo Tinoco; GUERRA FILHO, Willis Santiago (coords.). *Compêndio de ética jurídica moderna*. Curitiba: Juruá, 2011.

SOUZA SANTOS, Boaventura de. *Reconhecer para libertar*: os caminhos do cosmopolitismo multicultural. Rio de Janeiro: Civilização Brasileira, 2003.

SROUR, Robert Henry. *Ética Empresarial*. 5. ed. Rio de Janeiro: Elsevier, 2018.

STEENBERGHEN, F. Van. *O tomismo*. Trad. J. M. da Cruz Pontes. Lisboa: Gradiva, 1990.

STONE, I. F. *O julgamento de Sócrates*. Trad. Paulo Henriques Brito. São Paulo: Companhia das Letras, 1988.

SUPIOT, Alain. *Critique du droit du travail*. 2. ed. Paris: Presses Universitaires de France, 2007.

TIBURI, Marcia, Pós-verdade, pós-ética: uma reflexão sobre delírios, atos digitais e inveja, in *Ética e pós-verdade* (DUNKER, Christian (et al.)), 2017.

TOSCHI, Thays Leite, Publicidade imoderada, in *Aspectos disciplinares de ética no exercício da advocacia* (SOLTANOVICH, Renata; OYA, Norberto, orgs.), São Paulo: Letras Jurídicas, 2018.

TOSI, Giuseppe. Guerra e direito no debate sobre a conquista da América. *Verba Iuris:* Anuário da Pós-Graduação em Direito, João Pessoa, Universidade Federal da Paraíba, ano 5, n. 5, jan./dez. 2006.

_____; BITTAR, Eduardo C. B. (orgs.). *Democracia e educação em direitos humanos numa época de insegurança*. Brasília: ANDHEP, SEDH, UNESCO, UFPB, 2008.

TOVAR, António. *Vida de Sócrates*. 2. ed. Madrid: Revista de Occidente, 1953.

TUGENDHAT, Ernst. *Lições sobre ética*. Trad. Róbson Ramos dos Reis et al. 5. ed. Petrópolis: Vozes, 2003.

ULLMAN, Reinholdo Aloysio. O estoicismo ético de Marco Aurélio. *Revista Brasileira de Filosofia*. São Paulo: Instituto Brasileiro de Filosofia, v. XLI, fasc. 169, jan./mar. 1993.

VÁRIOS AUTORES. Actas de la XIII reunión de amigos de la Ciudad Católica. *Santo Tomás de Aquino, hoy*. Madrid: Residencia del Pilar/Editora Spliro, noviembre de 1974.

VAZ, Henrique C. de Lima. *Escritos de filosofia IV e V:* introdução à ética filosófica 1 e 2. São Paulo: Loyola, 1999.

_____. *Escritos de filosofia II*: ética e cultura. São Paulo: Loyola, 1993.

_____. *Ética e direito*. São Paulo: Landy/Loyola, 2002.

VERNANT, Jean-Pierre. *As origens do pensamento grego*. Trad. Ísis Lana Borges. São Paulo: Difusão Europeia do Livro, 1972.

VERNIÈRES, Solange. *Éthique et politique chez Aristote*: physis, éthos, nomos. Paris: PUF, 1995.

WARAT, Luis Alberto. *Territórios desconhecidos*: a procura surrealista pelos lugares do abandono do sentido e da reconstrução da subjetividade. Florianópolis: Fundação Boiteux, 2004. v.1.

WEBER, Max. *A ética protestante e o espírito do capitalismo*. Trad. Pietro Nassetti. São Paulo: Martin Claret, 2001.

WOLFF, Francis. Quem é bárbaro? In: NOVAES, Adauto (org.). *Civilização e barbárie.* São Paulo: Companhia das Letras, 2004.

XENOFONTE. Apologia de Sócrates. *Sócrates.* Trad. Mirtes Coscodai. São Paulo: Nova Cultural, 1999. (Os pensadores.)

_____. Ditos e feitos memoráveis de Sócrates. *Sócrates.*Trad. Mirtes Coscodai. São Paulo: Nova Cultural, 1999. (Os pensadores.)